国家社科基金后期资助项目

认知语言学视域下的韩国语研究

A Cognitive Linguistic Study of the Korean Language

王芳 著

商务印书馆
创于1897 The Commercial Press

图书在版编目（CIP）数据

认知语言学视域下的韩国语研究 / 王芳著 . -- 北京：商务印书馆，2024. -- ISBN 978-7-100-24597-5

Ⅰ. H55

中国国家版本馆CIP数据核字第202474D3R5号

认知语言学视域下的韩国语研究

王芳　著

商　务　印　书　馆　出　版

（北京王府井大街 36 号　邮政编码 100710）

商　务　印　书　馆　发　行

北京虎彩文化传播有限公司印刷

ISBN 978 - 7 - 100 - 24597 - 5

2024 年 11 月第 1 版　　　　开本 710 × 1000　1/16

2024 年 11 月北京第 1 次印刷　　印张 29¼

定价：168.00 元

国家社科基金后期资助项目
出版说明

后期资助项目是国家社科基金设立的一类重要项目，旨在鼓励广大社科研究者潜心治学，支持基础研究多出优秀成果。它是经过严格评审，从接近完成的科研成果中遴选立项的。为扩大后期资助项目的影响，更好地推动学术发展，促进成果转化，全国哲学社会科学工作办公室按照“统一设计、统一标识、统一版式、形成系列”的总体要求，组织出版国家社科基金后期资助项目成果。

全国哲学社会科学工作办公室

目　　录

第二编　比喻认知与语言

第三编　概念整合理论与语义、语法

第四编　语言象似性与语义、语法

第五编　关于认知语言学的反思

绪　论

第一节　认知语言学的基础理论

认知语言学兴起于20世纪70年代末80年代初。认知语言学有广义和狭义之分。将人的语言能力当作认知能力来研究或者专门来研究语言与认知关系的属于广义的认知语言学领域。在广义的认知语言学内，存在两种对立的立场。一种认为语言能力是一种特殊的认知能力，本质上完全不同于人的其他认知能力，即生成语言学的立场和观点。还有一种认为语言能力不是一种特殊的认知能力，它同人的一般认知能力没有本质上的差别，即狭义的认知语言学。

认知语言学的基础是人类所具有的一些具有共性的认知能力，如“某些经验性的与生俱来的能力，可应用于任何经验域并对特定概念的出现具有重要作用的各种认知能力，建立关系的能力，将某一组事物归类的能力，心理扫描的能力，意象图式和隐喻能力等”（Langacker，1999：2；转引自束定芳，2008：10-11）。

人类普遍具有这些认知能力，而“认知是人类心智的基础，语言只是建立在这个基础之上的一种能力”（文旭，2014：iii），即语言是认知的一部分，它“是人类最重要和最明显的认知技能”（Tomasello，2003：323）。具体而言，人类借助通用的认知能力将世界和文化与语言联系在了一起，并且将人类对世界与文化的认知体现在了语言之中，并且语言文字也是文化中最重要的一种元素（联合国教科文组织等，2006），“语言是一个民族最基本的文化特质，世界上每一种语言都代表一种独特的人生经验和一种独特的世界观”（联合国教科文组织等，2006：20-21）。也就是说，语言的产生与发展都离不开人们的认知能力，离不开一个民族对周围世界的观察和思考，语言是一个民族认知的结晶。

关于“现实—认知—语言—文化”之间的关系，语言世界观多元论认为：这四个要素之间存在着“多重相互作用”，即现实决定认知，认知决定语言；语言影响认知，认知影响现实（王寅，2008b：8）。这是认知语言学研究立足的思想基础。

第一，认知语言学认为语言是人类以体验为基础形成的对现实以及文化的认知载体，这也被称作认知语言学的“体验观”与“互动观”。我国古人曾提出“近取诸身，远取诸物”的观点，这反映了我们的祖先认识和描写实体的基本原则。语言的发端，也就是最基础的词汇、表达都是从人类的身边开始的，然后逐渐从具体向抽象延伸，单义词逐渐成了多义词，并逐渐有了词组、惯用语、谚语等。这一系列的过程是人类利用头脑中的概念范畴使现实发生概念化的过程，而“概念化”也是人类的基本认知能力之一。

第二，语言反映了认知和兴趣所在，这也被称作认知语言学的“互动观”。通俗一点讲，语言是对事物做出的解释性符号，而对事物的解释首先要涉及事物的类别，“表面上看，事物的类别是先行的，不可能因为解释不同而改变，实际上却不尽然。一件瓷器，可以属于多种范畴：日常用品、艺术品、名贵奢侈品、古董、家常用具、考古文物、废物等等。解释方式是人的意识中元语言集合的搭配，意识能改变的不是事物，而是事物在解释意向性压力下形成的对象类型。”（赵毅衡，2017：227）也就是说，对事物做出何种分类与人的意识和认知密切相关。

与人类认知对事物的普通意义上的分类相比，借助语言符号来对事物进行分类和解释时，要受到人类对事物的感官经验的限制，借助语言所表达出的只是事物的一个、几个或多个特殊方面。或者说，语言所反映的是人类对事物的感官敏感性和对事物的关注点。反过来，我们可通过对同一事物的不同分类和命名方式，来探究和发现不同民族和文化的人们的视角和关注点，而这样的视角和关注点则是思维和认知的一个方面，借此可探索人类普遍的认知规律，也可探索不同语言所体现出的民族思维与认知特性。

第三，语言的发展离不开人类文化，这也被称作认知语言学的“百科观”。认知语言学认为语言与人类文化密切相关，也可以称作“百科知识”。认知语言学的百科知识范围要比文化语言学的“文化”的范围更广，本研究中所提到的“文化”不是狭义的文化，而是指相当于百科知识的广义的文化。“对概念的需求以及对概念的有关阐释先于词而存在，因为词不过是概念的明确表达。并且文明和文化可以自外部引入或者从内部发展出一些先前不为一些民族所知的概念”（洪堡特，2011：34）。所以，语言随着文化的发展和引入而发生不断变化。

杨元刚（2005：86）曾提出了“文化语义”这一说法，所谓“文化语义”指的是“在词语的概念意义上附着或所包含的价值观念、宗教信仰、生活方式、审美心理、人文地理、风土人情等民族文化因素，词语的文化语义是反映使用该语言的民族文化精神的一面镜子，非本族语使用者不能直接从字面上推导出其民族文化蕴含和民族文化精神，只有凭借特有的民族文化背景知识才能理解词语中的文化意义”，而这种具有特定文化语义的词语就是文化语义词语。他还说“词语的文化语义不仅体现在词语的表层概念意义之中，而且更多地是隐藏在词语的语用内涵意义之中”。而要想研究一个民族的各种文化，一个很重要的途径就是研究一个民族语言的文化词的词义，尤其是词的感情色彩意义和语用意义等。

“认知和思维模式是人类在成长过程中所接触到的各种民间印象无意识中综合作用的结果”（Aitchison，2003/2004：314）。同样，韩国周围的自然地理世界、动植物、生产方式以及空间方位等百科知识与文化都对韩语的表达、语义的发展起到了很大的影响作用。

第四，语言是思维和认知的载体，反过来也会影响思维与认知。“语言是同思维直接联系的，它把人的思维活动的结果、认识活动的成果用词和由词组成的句子记载下来，巩固起来，这样就使人类社会中的思想交流成为了可能”（斯大林，1971：19）。

著名的萨丕尔-沃尔夫假说（Sapir-Whorf Hypothesis）认为：第一，语言不同的人，具有不同的思维。第二，语言决定思维，思维不可能脱离语言而存在。钱冠连用证伪法证明了这个假说，认为“每一种语言的自主运动性能成了它独特的变异与选择途径，独特的变异与选择途径形成了各自合理的语言规则或框架，各自合理的语言规则或框架最终规定了操不同语言的人的思维框式”（钱冠连，2005：271）。“每一种语言都给讲该语言的人提供一种以其独特的方式观察世界、对周围环境作出反映以及表达思想等方面的导向作用”（卢红梅，2006：297）。

语言不仅会影响个人认知，也会影响社会认知。社会认知（social cogintion）又称社会知觉，是人们根据环境中的社会信息推论人或者事物的过程（Fiske & Taylor，1991），即人们选择、理解、识记和运用社会信息作出判断和决定的过程（侯玉波，2013：58）。而这种认知过程最终要表现为语言形式，语言反过来又会加强这种认知，并最终形成人们的刻板印象。而通过分析语言形式，我们则可以分析一种社会和文化的印象，继而分析背后的认知过程。

因为生活的任何领域都不可能脱离语言，而语言从本质上说可以表达为“世界现象”（Weisgerber，1953：20）。但语言所反映的“世界现象”与一般通过观察所得的“世界现象”不同，如果说通过观察所得的是表层文化，那么语言反映的则更多的是深层文化。이규호（1968）认为语言是源于其文化传统的一种世界观，日常的语言不仅构成人们的心理，还会形成心理现实。这种心理现实之一就是刻板印象。刻板印象[①]指对某种群体的特征、行为和所处环境有着某种强烈的预期，还会对他们有着特定的情感反应（孔达，2013：230）。从社会认知的角度来看，刻板印象是一种认知结构，其中包括我们对某一社会群体的了解、信念和期望（Hamilton & Sherman，1994），简单地说，刻板印象就是社会映射在我们“头脑中的图像”[②]，这种“图像”不是对客观世界的“照搬”，而是带有人的强烈的主观性，而这种认知和主观性最终必然要影响到语言表达的形成和变化。

“语言在一个民族中代代传播，它对民族中的每一个人都起着强大的限制作用，因为每一个人一方面把语言作为工具使用，并在交际中表现出一定的个性色彩，但另一方面又在语言的制约下和本民族的其他人保持着共同的世界观和理解的可能性”（申小龙，2014：38）。而这最终对民族思维认知特点的形成起到促进作用。

正因为人类认识到语言的这种作用，所以在语言交际这种社会行为中就产生了自己的社会规范，受到一定的社会控制；尽管社会没有明文规定要谁在什么情况下说什么话，但作为一种社会力量，它已形成一种潜约，在控制人们，使人们有意识或无意识地如此（高长江，1992：69）。这种控制的过程非常微妙且普遍，它深扎于社会生活中，有效地将绝大部分人口组织在社会规范中（莫菲，1988：117）。语言对人类的思维控制的最终结果是，生活在相同的社会规范下的韩国人具有了相同的认识和认知，而这反过来又作用于语言的使用和创造上。这种反复的相互作用最终强化了民族文化、语言和民族性格，使民族性和文化性变得更加突出。

第五，现实、文化、认知与语言并不完全一致。“文化对语言的影响是不均等的。……反映在语汇（甚至包括文字）上最浓烈、明显、突出、集中，而在语音、语法上则比较清淡；反映在言语的使用上比较显豁、典型，

---

① 社会心理学的“刻板印象”主要指对人的印象，但本研究引入这个概念，其对象不仅限于人，而是适用于整个社会。

② 1922年，Walter Lippman将刻板印象引入社会心理学，他把刻板印象简单地描述为“头脑中的图像”（孔达 2013：230）。

而反映在语言系统本身上则比较含蓄、隐蔽”（邵敬敏，1995：85）。文化又包括自然文化、生活文化和精神文化，这些不同层面的文化对语言的影响方面和程度也会有所不同。

语言并不是照搬客观世界，而人类的认知也不可能全部体现在语言上，因为语言具有经济性，因此就有了标记项与非标记项的区分，但世界万物并不存在标记项，所以语言与客观世界以及所反映的世界的认识之间并不完全对应。

文化具有多种表现形式和多个层次，其对语言的影响范围和程度不同，尤其是在跨文化对比中更突出。

语言也有多个下层分类，即使是一个词语，也有基本义和引申义之分，也有搭配关系的不同，还有惯用语、谚语等，这些语言现象可能是多个文化特点的反映，也可能只反映了某个区域、某个阶层、某个时代的文化现象，所以语言与文化之间的关系并不是简单明了、一对一的对等关系。

正因为现实、文化、认知与语言并不完全一致，所以跨文化语言对比就具有了研究意义与价值，尤其是中韩两国，由于地理位置相邻，所以自然客观现实具有相似性；韩国的历史与文化深受中国的影响，尤其是精神文化层面与中国传统文化具有很强的共性；但汉韩两种语言却分属不同的语系，具有很多差异。所以有必要对汉韩两种语言做对比研究来探究现实、文化、认知与语言之间的错综复杂的关系。

第六，语言最终反映的是人对客观世界和文化的认识，是人心智的表现。认知语言学认为“意义是基于我们感觉运动经验的，这种体验性意义一般通过注入概念隐喻、转喻、辐射性范畴和各种形式的概念整合等想象力机制得到延伸。”（Johnson & Lakoff，2002：245）在语言形成的过程中需要人动用体验、想象、范畴化、概念化、隐喻、转喻、认知模型、概念整合等认知能力与机制。所以认知语言学致力于从认知角度来对各种语言现象做出描写与解释。认知语言学研究可以通过对语言现象的分析来透视语言现象背后的文化现象及其发展的轨迹，去探索人类对世界的认知和实现机制。

第七，认知语义学家认为意义是用来解释概念内容的认知现象。认知语义学关注人类的认知是如何是产生、理解话语的。因为人类的认知活动调节着词汇与世界的关系，所以意义研究就是研究词汇是如何在人类活动的语境中产生的，以及它们是如何被用来唤起心理表征的（Coulson，2001：17）。不同语言之间存在或大或小的差异，“语言形成差异的主要原因是认知差异和概念结构差异所致，这是研究语言和认知规律的主要内容之一”（王寅，2007：14）。

第八，认知语言学是语言学中的一种新范式，将认知语言学与对比语言学结合起来，建立的则是一门新的学科，即对比认知语言学。文旭（2009）提出，对比认知语言学是对两种或多种语言的共性和差异性进行对比，并揭示其背后的认知机制和认知理据的研究，对比认知语言学的研究应从认知语言学、对比语言学、语言类型学的基本原理出发，并结合认知科学、神经科学、脑科学、认知心理学等相关学科的研究成果，对两种语言进行系统的对比研究。不仅如此，对比认知语言学还应结合文化语言学、语言哲学以及心智哲学等的研究成果来对两种语言进行对比研究。并且，对比认知语言学中的研究目的应该是在区分异同点的基础上以对比来重点研究某一语言与认知，对比研究应该是某一语言的认知语言学研究的方法之一。

本研究将以认知语言学与认知语义学的相关理论为基础从宏观角度来研究、解释韩语的产生、发展与识解机制，并在与汉语对比的基础上探讨韩语宏观意义上的语言特点。因为本研究力图利用认知语言学的多种具体理论来对韩语做出解释性探讨，相关的具体理论基础将在下面各章中进行具体讨论，此处从略。

第二节　关于韩语的认知语言学研究学术史梳理与研究框架

一、学术史梳理及存在问题

韩国的认知语言学研究始于 20 世纪 90 年代，已取得丰硕的研究成果。其中代表性的关于认知语言学的概要性专著很多，例如，김진우（1999）对认知语言学做了概括性的论述，이기동（2000）介绍了认知语言学的不同理论，박영순（2000）综合分析了韩语的隐喻现象，이수련（2001）分析了韩语的空间与篇章，신현정（2002）分析了韩语的概念与范畴化。권경일（2005）、김동환（2005）、임지룡（2008）、권연진（2013）讨论了韩语的认知语义学，김동환（2013）介绍了认知语言学的研究方法与概念整合理论，임지룡（2017）利用意象图式理论分析了感觉词、人体词、感情词的语义扩张，并分析了多义词与对立词的语义。이성모·이재호（1998）以及이정모等（2009）关注的则是认知心理学。

其次，还有很多个别研究是以韩语某一语言现象为研究对象，并且绝

大部分研究集中于感情与感觉词汇上。与感情词汇有关，용은미（2000）分析了与“화”有关的惯用语，임지룡（2000）分析了“화”的概念化现象，이정애（2007）则从文化交际的角度研究了韩语的“화”。与其他感情有关，임지룡（2001a）分析了“긴장”的概念化现象，임지룡（2001b）分析了“기쁨”“슬픔”的概念化，방영심与이정화（2007）研究了韩国人的“恨”感情等，임지룡（2006）分析了人类八种感情的隐喻与转喻现象，并分析了感情的概念化过程。임지룡（2003）分析了感情惯用语与生理反应之间的关系，김향숙（2003）详细分析了与感情有关的516条惯用语的意义。以感觉词汇为对象的研究也非常多，其中최창렬（1999）分析了文学作品中的通感现象，정재윤（1999）分析了韩语的感觉动词，김중현（2001）分析了通感的方向性问题。有的研究集中于某一类感觉词，例如송현주（2003）分析了色彩词的多义化现象，문금현（2013）主要分析了色彩词的认知意义；还有很多研究集中于味觉词汇，例如，이경수（2012）以大量的语料为基础、用认知模型与概念整合理论分析了韩语味觉词汇的概念化过程与特点，김해미（2014）利用概念整合理论分析了韩语“짜다”类词语的语义扩张。从认知语言学理论角度研究味觉词的还有황혜진（2002），정수진（2003，2005a，2005b），김민혜（2009）等。也有一些研究集中于空间、时间词汇，例如길본일（2006）研究了时间词的空间化、物化、移动性、资源化、身体化，임혜원（2004）分析了韩语空间概念的隐喻扩张。

还有一些研究以人体语言为对象，例如，김옥분（2000）主要以认知语言学的体验主义为基础分析了人体惯用语。임지룡等（2016）分析了人体语言的语义扩张与解释。

如上，关于韩语的具体语言现象的认知语言学研究主要集中在多义词以及惯用语上，除了以某一意义的惯用语为中心的研究之外，还有很多关于惯用语的综合研究，如최지훈（2007）分析了韩语里2200条惯用语的隐喻与转喻现象。심지연（2009）着眼于隐喻、转喻以及隐转喻的方式分析了51条惯用语的意义构成方式。只有极少数认知语言学研究关注到了谚语，例如임지룡（2012）分析了韩语动物谚语的认知语言学角度的价值论，정종수（2015）从经验意义出发分析了谚语的认知阐释。另外，还有部分研究借助认知语言学理论讨论了新词的形成机制，除了几篇硕士论文如김희영（1999），백영석（2001），박종순（2003）之外，还有김용선（2010），这是一篇博士论文，主要从隐喻、转喻角度分析了韩语新词的形成。

从所利用的认知语言学理论来看，大部分研究集中于隐喻、转喻，代表性的有이종열（2003）、김종도（2004，2005）、임혜원（2004）、임지룡（2006）、오예옥（2015）、권연진（2017）、췌이펑췌이（2017）等，另外，이종렬（2002，2005，2007）分别分析了韩语转喻特点、语法转喻以及对转喻的批判性思索。也有一些研究着眼于认知语言学的其他理论与方法，如김동환（2010）探讨了认知语言学的研究方法论，임지룡（1993ab）分析了原型理论与意义的范畴化。신현숙（2005）分析了韩语的语义扩张与韩国人的认知模型。이종열（1999，2000）利用心智空间理论分别分析了合成词与时态的语义识解。송현주（2011）分析了认知在韩语复合词、惯用语以及句子搭配里所起的作用与表现。

关于韩汉对比的认知语言学研究也取得了一定成果，但绝大部分都集中在感觉词汇上，尤其是味觉词汇的对比研究。例如，조윤경（2009）主要对比分析了韩汉味觉词“짜다，싱겁다”，김순자等（2015）分析了韩汉甜味形容词的语义扩张，이민（2011）分析了韩汉与甜味和咸味有关的词语，권희정（2008）、료자자（2010）、양나영（2011）、풍금란（2013）、유양（2013），主要分析了韩汉味觉形容词的认知语义，권희정（2014）对韩汉嗅觉形容词进行了对比。还有一些韩中对比研究与感情词汇有关，例如이선희（2010ab，2011ab，2015）分别分析了韩汉与“喜悦、悲伤、害怕、发火、爱情”有关的感情词汇。还有部分研究关注到韩汉空间词、温度词汇及通感角度中体现的差异，如김정필（2014a），석수영（2014），以及이선희（2012，2014）。

关于人体语言的对比研究也有丰富的研究成果，例如김보미（2007）研究了韩汉人体词汇的语义扩张，여정남（2010）研究了韩汉两种语言中与脸、心、头、眼有关的惯用语。유진（2011）研究了韩汉人体惯用语。왕보하（2010）进行了“体言＋用言”类惯用语与汉语的对比研究。췌이펑췌이（2017）研究了韩汉与“心”有关的表达。

此外还有一些个别研究，如석수영（2017），정아영（2016）分别研究了事物名称与动物惯用语。고명（2017）研究了韩汉饮食惯用语的对比与教育方案，김혜원（2006）主要比较分析了韩汉语言里与人体、自然、衣食住有关的惯用语，김정필（2014b）关注的是韩汉逆序词的语义相关性，채춘옥（2014）研究了韩汉两种语言的委婉语，서준（2002）从认知语言学角度研究了翻译错误。

韩汉对比研究中成果较多的还有教育研究，如박선옥（2008）以中国人和韩国人对词语联想意义的调查结果为基础探讨了韩语词汇教育法，우

유선（2002）以韩汉人体词汇的对比为中心分析了汉语的词汇教育。오성아（2017）、이미숙（2017）都着眼于面向中国人的韩语惯用语教育。박근희（2018）主要分析了韩语的惯用语的教育。이재춘（2010）着眼于利用韩语惯用语来研究韩国文化教育。김영란（2015）从汉韩惯用语的翻译入手研究了韩语惯用语教材内容的编撰。

国内与韩语（朝鲜语）有关的认知语言学研究发展较晚，还非常薄弱。期刊论文中，宗守云等（2014）、孙红娟（2010）、金晶银（2019）研究的都是人体隐喻，邹爱芳（2019）研究了新闻报道中的政治隐喻，侯晓丹（2016）研究了动词隐喻，汪新筱等（2017）研究了朝汉两个民族长幼概念的空间隐喻与重量隐喻，周文华（2018）研究了“比字句”的习得认知，王安红（2015）研究了音系认知同化与对韩汉语教学。学位论文中，博士论文有两篇，分别是李善熙（2017）、韩香花（2013），另外还有几篇硕士学位论文，如孟庆鑫（2015）、孟劲飞（2013）、李秀红（2015）、欧阳敏慧（2018）、方文文（2018）等，另外还有一些研究集中于词汇与惯用语，如李善熙（2017）、陈美玲（2016）、郑载儒（2013）、梁珊珊（2018）等。相比之下，韩国的对比研究主要集中于惯用语、多义词，中国国内的研究关注助词、语尾、敬语、情态短语、句型等更多一些。

认知语言学视角下的韩语研究虽然取得了一定成果，但还存在以下问题：

第一，很多研究局限于对国外认知语言学理论的介绍，具体语言现象研究少。

第二，与具体语言现象有关的研究中，绝大部分研究都属于个别化的微观研究，从研究理论与方法来看都仅仅侧重于认知语言学的某一方面，并且大部分都集中于隐喻研究，只有个别期刊论文涉及认知模型、心智空间、概念整合等理论。

第三，从研究对象来看，绝大部分具体研究都是侧重于语言现象的某一个方面，并且多集中在人体语言、感觉语言、感情语言、动物语言等。从所分析的语言形式来看，大部分研究集中于多义词、惯用语，鲜有关于谚语的认知语言学研究。而关于语音隐喻、语法隐喻、双关现象、语言符号象似性以及宏观角度的韩汉语言特点的认知语言学研究更是少之又少。

第四，关于韩语语言特点的研究多集中在语序上，其他语言特点的研究也多基于与欧美语言的对比，并且大部分都集中在社会语言学研究，认知语言学方面的研究非常少，没有整体性的宏观研究。没能将语法特点与语义特点以及认知思维特点综合联系起来。根据认知语言学理论，人们的思维、认知与语义语法是密切相关的。某一语言现象可能与多种认知和思维相关，某一思维特点可能表现为多种语言现象，所以单一的、个别性研究无法体现韩语与认知思维之间错综复杂的关系，无法将语言与认知有机结合起来，也无法全面概括和总结韩语的语言特点。

第五，绝大部分研究都集中于韩语，韩中跨文化对比研究非常少，并且所涉及的内容过于单一，多集中于味觉、感情词汇等。所以很难基于翔实的韩汉对比语料分析来对韩语的语言特点做全面的分析与探讨。

综上，认知语言学视角下的韩语研究虽然已经取得一定成果，但韩汉对比认知语言学研究还非常薄弱，研究内容单一，鲜有宏观与微观结合的综合研究。

“对比认知语言学是一门内容丰富，很有价值的学科，可以说，语言系统的任何方面，都可以从认知的角度进行对比研究”（文旭，2009：30）。鉴于此，本研究将以认知语言学理论与方法为基础，以韩汉对比为基本方法，来探讨韩语与现实、认知、文化之间错综复杂的关系，并最终在对比的基础上以丰富的语料分析来探讨韩语异于汉语的语言特点及其背后深层次的原因。

二、研究目的与对象

本研究旨在以认知语言学的相关理论为基础，以韩汉对比为基本方法，从一个宏观、全面的视域下解释客观现实、文化以及韩国人的认知是如何影响韩语及其意义的产生、发展与变化的，探讨韩语所表现出的语言共性以及特殊性，反过来验证认知语言学理论对韩语语言现象的解释力，并探讨分析韩汉两种语言的异同点及其深层次的原因，为认知语言学的类型学研究提供更多类型的语言研究。主要研究以下七大问题：

第一，探讨认知语言学的“体验哲学”与韩语的关系，探讨人类基本的范畴化能力、概念化与概念整合能力如何影响韩语各种语言现象的生成与识解。

第二，探讨人类普遍具有的比喻认知思维能力与韩语的关系，具体分析隐喻的构建基础以及韩语中的通感隐喻、语音隐喻、语法隐喻以及转喻等现象。

第三，运用心智空间、认知模型与概念整合理论来解释韩语的语义，重点分析韩语的语义泛化现象，揭示复合词、词组、惯用语、谚语等多种语言形式的语义是通过什么样的步骤完成概念整合的。其次，用框架移位理论来解释韩语话语交际中出现的特殊的语义双关现象。

第四，探讨语言象似性在韩语里的表现，具体分析语言象似性与韩语语序、灵活性、配义性、模糊性之间的关系。借此更加全面地深刻剖析韩语的语言特点。

第五，探讨认知语言学的百科知识背景是如何构建的。

要想对一种语言作全面的研究，需要围绕各种语言形式的语义、语法作综合研究。为保证研究的客观性、准确性与全面性，本研究共分析了 7805 个词语、2041 条惯用语（占《표준국어대사전》惯用语总数的 52.4%）、4298 条谚语（占《표준국어대사전》谚语总数的 57%），词语（惯用语、谚语）的选取力图全面反映韩国文化与韩语现象，内容涉及韩国自然文化、生活文化、精神文化等各个方面。以对这些语料的具体分析为基础，对韩语进行全面、系统研究，但受篇幅限制，本书稿仅呈现了能够反映韩汉两种语言认知与文化差异的、最具代表性的部分词语、惯用语、谚语以及相关的语义、语法形式。

三、语料来源

本研究涉及的词语以及释义分别采用的是韩国《표준국어대사전》（标准国语大辞典）、中国的《汉语大辞典》（v6.70 注册版）、“汉典”[①]的词典释义，如无特殊需要，文中不再做特别标注。本研究涉及的韩语惯用语和谚语都取自《표준국어대사전》。本研究涉及的汉语谚语、歇后语等来自《汉语大辞典》、前人研究以及网络资源。

为保证研究的客观性，本研究的例句全部是客观存在的自然语料。第一部分是韩国电视剧剧本台词（2005 ～ 2020 年），这是笔者参考有关的电视剧剧本以及对相应的音频资料转写而成，在本研究中用作例句和分析材料的台词都标记为《电视剧剧名》（集数），以便教学者与学习者需要时收看相关的前后语境。

第二部分是新闻报道资料，新闻报道属于书面语，可与口头语言的电视剧语料形成互补，保证语料的全面性。本研究参考的新闻有：《동아닷컴》《조선닷컴》《문화일보》。所有的新闻都标注报道的年月日，以便查询。

第三部分是语料库资源，韩语语料库主要参考了“꼬꼬마 세종 말뭉치（KKMA）”，而汉语主要利用了北大中文语料库（CCL）和 BCC 现代汉语语料库。部分古代语料的例句主要利用了 UNIConc 软件。

前三种渠道中无法获得的例句则参考了词典的例句，文中不作特别标示。最后，对一些新词、新的表达方式，由于以上渠道难以获得相关例句，

① http://www.zdic.net/

所以参考了一般性的网络资源，标注为《WL》。

四、研究方法

本研究所采用的方法主要有以下几种：

第一，跨文化对比。本研究的基本方法是韩汉语言对比，因为只有通过与汉语的对比才能更好地发现韩语所具有的语言共性与差异。但本研究并不是严格意义上的对比研究，而是以韩汉对比的方式来研究韩语异于汉语的语言特点。

第二，宏观研究与微观研究相结合。本研究属于宏观研究，主要从认知语言学的哲学、心理基础出发，来探讨体验哲学、范畴化能力、概念化能力、比喻思维、概念整合、框架移位以及语言象似性理论是如何影响韩语各种语言现象的构建与识解的，并在与汉语对比的基础上来探讨韩语所表现出的具象性、灵活性、配义性、模糊性等语言与认知特点。但宏观研究是以微观研究为基础的，微观研究是宏观研究的支撑，本研究以大量的微观语言分析构建了宏观分析的基础。

第三，静态与动态相结合。在对比研究中，静态对比是基础，没有静态对比，就不可能有准确的、科学的动态对比，动态对比在对比认知语言学中也很重要，因为认知语用学所研究的对象都是使用中的语言，是语用动态现象（文旭，2009），所以对比研究也需要使用动静结合的方法。

第四，例证与话语分析法。本研究采用了包括词典例句、电视剧台词、新闻、网络资料在内的大量鲜活的自然语料来进行例证，并对实际语料进行话语分析，分析言语活动与人们的认知、心理、文化之间的关系等。并借此保证静态与动态研究相结合。

第五，语义镜像法。“语义镜像法”最初源于自然语言处理，其基本假设是：在单一语言下，看似一致的语句一旦翻译到其他语言中去，其语义和语用差别就会清晰地显示出来。这意味着“我们观察一个词项时，它的意义在其他语言中也会被反映出来”（Dyvik，2002：1785）。“鉴于语言翻译中的对等性，有时源语中因某种因素未能明示的意义往往能够通过目标语中的不同等价词得以体现，所以对等价词的选择在一定程度上能够反映出源语中隐含的语义及语用差别”（姚双云，2017：3）。因此本研究的例句都提供韩汉对译的方式，借助汉语的等价词来反观韩语的语义与语法特点。

综上，本研究的框架示意图如图 1 所示：

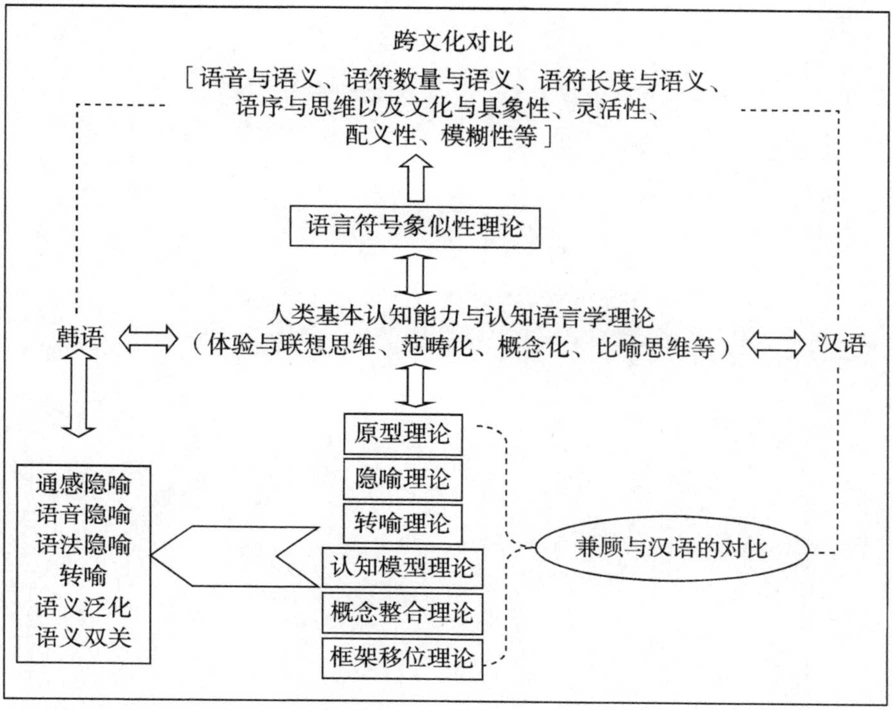
跨文化对比
［语音与语义、语符数量与语义、语符长度与语义、
语序与思维以及文化与具象性、灵活性、
配义性、模糊性等］
语言符号象似性理论
人类基本认知能力与认知语言学理论
（体验与联想思维、范畴化、概念化、比喻思维等）
韩语
汉语
原型理论
隐喻理论
转喻理论
认知模型理论
概念整合理论
框架移位理论
兼顾与汉语的对比
通感隐喻
语音隐喻
语法隐喻
转喻
语义泛化
语义双关

图 1　研究框架示意图

第一编　人类基本认知能力与语言

第一章　体验认知与语言

Lakoff 与 Johnson 于 1980 年提出了新经验主义（Experientialism）理论，1999 年又提出了体验哲学（Embodied Philosophy）理论，共三个基本观点：心智的体验性、认知的无意识性、思维的隐喻性，其中最重要的是心智的体验性。人类对世界的认识有一个先后过程，已知事物会在大脑里留下印象形成一定经验体系。经验体系对人类思维与语言会产生极大影响，本章将主要分析体验思维、联想思维、联想综合思维对韩语的影响，并探讨经验的共享如何影响语言的输入。

第一节　体验思维

《辞海》对“经验”的解释是“由实践得来的知识或技能；经历；体验”。美国十九世纪思想家爱默生认为，“经验”是人类力量在改造自然和社会中的沉淀，也是人类继续发展的基础（宫铭，2011：23）。也就是说，离开经验将无从论及人类的发展，无法讨论文化的发展，也无法讨论语言的产生与发展。

一、经验的产生

经验包含了所有让我们成为人类的东西——我们的身体、社会、语言和智力在复杂的相互作用中结合起来，构成了我们对世界的理解；作为动物，我们的身体与自然世界相连，我们的意识和理性与我们的身体取向，与环境的相互作用息息相关；我们的身体化对于我们是谁，对于意义是什么，对于我们做出理性推断和创造的能力，都是必不可少的（Johnson，1987：xvi，xxxviii）。因为人类认识世界首先认识到的是自己的身体，所以可以借助身体来体验世界，我们生活的世界是人类身体化认知的结果，人类本身或者说整个人类社会，也都是源于我们自身的身体化认识（张之沧、张蔄，2014：94）。

人类对世界的认识还包括对自然的客观世界的认识。首先，天地、日月星辰、风雨雷电等自然现象与人类的生存密切相关，所以人类在认识这些自然现象的过程中展开了丰富的想象，尤其是韩国人对各种自然现象产生了很多具有文化性的想象和联想；其次，与人们的日常生活密切相关的事物，如动植物等也必然成为关注的焦点，对韩国人来说，家畜、鱼类是尤为被关注的焦点。正是由于人类对这些自然事物现象的想象与关注，才使“它们落到了人的意识中，被意识符号化，才携带意义”（赵毅衡，2017：72）。

除自然世界之外，与日常生活有关的饮食、服饰、建筑、出行、政治、法律、经济、军事、医学、教育等也是人类经验的重要部分，从而在人脑中形成意象。这是人的基本的认知能力。“当人们在生活中发现某一陌生事物与经验体系中的某一事物具有相似性、象似性或相关性时，人们就会将熟悉的事物的某方面意象转移到陌生事物上，即将熟悉的认知域概念映射到陌生的认知域里，生成新的概念，借以理解陌生事物”（Lakoff & Johnson，1980；王文斌，2007a：56；齐振海、王义娜，2007：61—62；向二兰，2007：23）。在认知语言学里，人类这种识别世界的方式被称作人类思维的体验性和互动性，也反映了“体验哲学”的思想。

韩国文化以及韩语里众多的语言形式都是韩国人体验哲学的反映。例如，韩国人盘腿而坐的生活方式，影响了韩国传统建筑，其高度较低。韩国人喜欢用暖炕的取暖方式、进门脱鞋的文化也都受此影响，席地而坐的方式也使韩服形成又宽又长的样式特点，形成了“坐垫和坐席文化”。

坐式文化也影响到了韩国人的身体语言，例如，韩语有惯用语“무릎（을）치다”，比喻知道令人吃惊的事情、回想起某种模糊记忆或者非常高兴时拍膝盖。因为席地而坐时，手放在膝盖上，拍膝盖是顺势之举。而中国人表达惊叹时都是“一拍大腿”，因为垂足高坐时，手放在大腿上，中国人拍大腿是顺势之举。

韩国人睡觉的传统方式是睡在地板上，“床文化”不是韩国的传统文化，所以韩语里比喻结婚过日子的表达等都与床无关，而与被子有关。例如，韩国人多用“한 이불 덮고 살다”表达一起生活，而“한 이불 덮었다”也转喻婚姻生活。韩语中的汉字词“합금（合衾）”，也可比喻一起生活，“합금”还比喻性交，“合衾”里的“衾”是被子之意，也就是说“被子”在韩国文化里具有了性象征意义。

相反，中国人很早就已开始了高坐式文化[①]，睡觉是典型的床文化，因此有“同床共枕”，而“上床”也具有了性象征意义，但“被子”没有。这种文化也出现在西方，英语的“go to bed（上床）”已产生了明显的性象征意义，所以人们在一般谈话中也都尽量不用这个表达（戈德伯格，2003：95）。

表示夫妻关系不好时汉语用“同床异梦”，如果指关系和好则用“床头吵架床尾和”，都与床有关。韩语在表达夫妻关系时用“부부 싸움은 칼로 물 베기 夫妻打架是抽刀断水”“내외간 싸움은 개싸움 夫妻吵架如同狗打架”，这些表达都与床无关。

因为韩国人一般都坐在地上生活，如果人死了便会躺下，所以韩语里用坐着“앉아있다”来委婉地表达年纪大的人还活着。

综上，不同的文化经验都是基于人的体验而产生的，韩中两国不同的文化经验与语言表达也都是基于韩中两国人的不同体验而产生的。

二、经验的多样性

认知语言学所说的经验更多的是指百科知识经验，包括人们的知觉、行动、内感觉（interoception），还包括身体状态、物理环境以及社会环境（Barsalou，2016）。也就是说，人们的经验不仅包括直接经验，也包括间接经验；不仅包括对具体事物、现象、事件等具象化的经验，还包括各种精神文化和生活经验。

首先看具象化的经验，例如，过去家里舀水的器具是瓢子，韩语里产生了与此相关的谚语“물 묻은 바가지에 깨 엉겨 붙듯”，意为如果将沾了水的瓢子放在有芝麻的地方，那么就会沾满芝麻，比喻某物密密麻麻挤在一起的样子。这个谚语的产生源于韩国人对现实世界的具象化经验。

再看一般生活经验，韩语有谚语“밤새도록 가도 문 못 들기”，这种谚语的产生与古代社会的生活经验有关，在过去城池的城门每天晚上都要关闭，而要进城的人必须在关门之前赶到，但生活中经常会出现意想不到的情况，所以根据这种古代生活经验产生了上述谚语，意为虽然走了很久，但仍然没

① 虽然中国古代是席地而坐的文化，但随着服饰的变化，以及生产技术、社会习俗、文化交流等的影响，中国人的坐姿发生了很大变化，对此也有两种看法：一种认为其动因主要是佛教的传入，因为佛像有“倚像”，即倚坐之像，而倚坐就是垂足坐。随着佛教的深入流行，老百姓逐渐接受了倚坐的方式，这种高坐的坐具最具代表性的就是椅子（孙机，2014/2015：164）。还有一种观点认为高坐的习惯是受西域人的影响，因为东汉就有了“胡坐（高坐）”的记载（马未都，2017（1）：85）。

能进入城内，比喻尽了最大努力但仍然没能达到期限，没有得到想要的成果。

最后看非现实世界的事物。例如，鬼神并不是客观现实世界的事物，而是人主观创造出的事物，并且普遍存在于各种人类文化中，属于人的主观体验。韩国人基于这种主观体验而创造出了很多相关语言表达。例如，“물귀신（–鬼神）”指水里的鬼，惯用语“물귀신(이) 되다”指被水淹死，“물귀신”也比喻自己陷入困境时把别人也拖进去的人，惯用语“물귀신 심사”指自己陷入困境时想把别人也拖进去的坏心眼。此外，还有“우물귀신（––鬼神）”，指掉到井内溺死之人的冤魂，因为迷信认为溺井的冤魂只有把别人拽入井内淹死后，自己才能摆脱这种命运，所以产生了谚语“우물귀신 잡아넣듯 하다”比喻自己为了摆脱某种困境或忧虑而将别人拉入困境。这些表达是韩国人各种文化经验的综合。韩国还有一种民俗，即为了驱鬼而在家门口撒荞麦，所以“메밀이 있으면 뿌렸으면 좋겠다”比喻希望来过的人不要再来，但中国没有这种习俗，所以没有这种谚语。

综上，语言是基于人类的各种丰富经验产生的。韩语里丰富的语言形式是韩国人丰富经验的体现。但从经验到语言有人类的认知与主观性介入，因此即使拥有同样的经验与文化，在跨语言环境里有可能出现较大的不同。

三、经验的时代性

人类的经验具有时代性，这种时代性也表现在语言上，使语言表现出了与经验和文化同步变化的特点。但与经验和文化相比，语言又表现出了滞后于时代发展的一面。

（一）语言与经验和文化同步

语言一般会随着时代的发展而发生变化，新鲜事物的出现多会带来新词、新语的产生。这些新造词（语）多与日常生活密切相关，反映的是新的生活理念、生活方式以及新生事物对人的影响，因此具有很强的文化性。例如，“운도남녀”的产生是因为韩国职场人上班常态是穿正装、穿皮鞋，所以穿运动鞋上班就成了一种非常态的行为，因此在语言中就成了标记项。再如“스펙”，这个词的出现反映了韩国社会对求职人员“学历、学分、托福分数”的普遍要求，也反映了社会对人才的普遍预期。

时代和文化的发展也会使语言出现看似矛盾的表达。有时也会出现自然经验与语言的冲突。例如与节气有关，有“小寒”和“大寒”，韩语分别为“소한”“대한”，从字面上看，应该是“大寒”比“小寒”更冷，但现实是小寒更冷，所以就有了谚语“춥지 않은 소한 없고 추운 대한 없다”，意为没有不冷的小寒，没有冷的大寒。有时也会出现社会生活经验与语言

的冲突，例如，“50 대 젊은이”这种表达看似矛盾，但却是真实存在的，因为这种表达与人类寿命的延长和人口的老龄化有关，也反映了韩国严重的现实问题，也就是说 50 多岁相对于更高年龄的人来说还是年轻人。

除新词会受社会文化的影响，已有的各种语言表达形式的意义也深受社会文化的影响。例如，“선반（宣飯）”指过去衙门里给官吏们每餐提供饭菜的制度或指提供的那种饭菜。这种制度虽已消失，但“선반”并未消失，只是意义发生改变，指在工地给工人提供吃饭时间的制度或提供的吃饭时间，多用于惯用语“선반을 놓다”。

不仅是具体人或事物词语具有明显的时代性特征，有时形容词也会出现带有明显时代特征的语义变化。例如形容词“착하다”在《표준국어대사전》里被定义为言行或心灵美、端正、温和，这是原型范畴意义，如（1a）。但김철규（2012）通过分析 1991 年起至 2011 年 21 年间的新闻报道发现，从 20 世纪 90 年代开始，“착하다”语义逐渐发生变化，从 2005 年开始，逐渐可以修饰与话语交际、集团、认知、人工物、饮食、身体等有关的核心词，如（1b–h）。“착하다”意义的变化是因为这些不同的中心语而产生的，这些搭配反映的是现代韩国社会出现的新现象以及相应的新概念。

（1）a. 착한 사람 善良的人、好人 착한 마음씨 美好的心灵 착한 일 好事
b. 착한 댓글 温和的评论 / 留言 착한 드라마 充满温情的电视剧
c. 착한 기업 值得信赖的企业 착한 국가 温顺、听话的国家
d. 착한 경제학 / 기술 容易理解、学习的经济学 / 技术
e. 착한 모니터 / 가게 / 치과 物美价廉的显示屏 / 商店 / 牙科诊所
f. 착한 바이러스 有用的病毒
g. 착한 과자 / 원두커피 物美价廉的点心 / 原豆咖啡
h. 착한 가슴 / 뇌 / 유전자 魅力十足的胸部 / 大脑 / 遗传基因

——韩语例词来自김철규（2012）

如上，语言的变化具有很强的时代性，随着社会的发展，为了表达新的事物或概念，不仅会产生新的表达，还会使已有的表达发生意义变化。

（二）语言滞后于经验和文化

概念与语言的形成与人类的认识密切相关，受人类认识的限制，有的概念与语言其实是不符合客观事实的，但因为这些概念与语言“在一定的语境下或在一定的概念范围内是能够逻辑互洽的，即是能够有效地用于人之间的沟通和交流的”（吕新炎，2015：94），那么这样的概念与语言就会一直被人类使用。有时也会出现认识发生变化但语言未发生变化的类型。

这种现象也反映了语言对思维的规则化与范畴化。

例如，事物的命名一般来自于人类的经验，但古代社会人们的经验多是感性经验，有时缺乏一定的科学性。韩语里“마당발”本义为扁平足，另外还有一个比喻义，指人际关系广、活动范围大的人，古代韩国人认为脚板大的话走起路更有利，而善走的人自然交际比较广，认识的人也较多。还有惯用语“발이 넓다”，也指交际很广、很有人脉。这种抽象义的产生与“마당발”是一致的（王芳、王波，2022e：219）。但根据我们现在的科学知识，扁平足反而不利于走路，容易疲劳。尽管这种认识已成为一种常识，但“마당발”与惯用语“발이 넓다”的比喻义并没有消失或发生变化。

综上，尽管语言是随着经验与文化的发展而发展的，但语言在某种程度上也表现出了一定的滞后性，即使经验与文化发生了变化，有的语言形式也不一定发生形态变化。

四、经验与国家政策、民族情感

经验不仅局限于个人或群体的体验，还包括一个民族与社会的大的生活背景，即国家。国家通过语言政策对语言造成影响。在韩国，时间最早、影响最大的语言政策应该是15世纪中叶朝鲜世宗颁布《训民正音》，创建并推行韩文。众所周知，中国对韩国文化与语言产生了重大影响，汉字词在韩语里占据很大的分量，在韩语里，汉文的标记从韩汉混用、到汉文标注，再到现在的韩文专用，都是韩国国家语言政策在起决定性的作用①。

国家语言政策除了包括较大的方面外，也包括较细微的方面，例如部分词语的禁用与纯化。对词语的禁用包括对外来语的禁用。艾布拉姆·德·斯旺（2008：67）提到外来语时说道：“如果语言社团构成了一个国家，即便双语现象很普遍，政府也有能力阻止人们抛弃本土语言。它可以将国内政治、民族文化、教育、法律等领域划为本土保护区，防止外来语霸占全部的高声望领域。”汉字词对韩语来说，也是外来语的一部分。汉字词占据了韩语词汇系统的大部，离开汉字词，韩国人将无法沟通和交流。现代韩国政府对汉字词采取的政策就是“去汉字化”。此外，韩国政府也对日语外来词和英语外来语采取了纯化措施。

民族情感也影响着韩语的发展，韩文被创制后曾长期被轻视为女人的

① 민현식（2004：112-113）提到，韩国解放后的军政府时期和建国时期的语言政策都是韩文专用政策，当时朝鲜语学会的최현배从理论上起了领导作用，而当时第一代总统李承晚虽然精通汉文，但受基督教的影响，也开始支持韩文专用。

文字（也称作“阴文”），士大夫阶层仍沿用过去的汉字（也称作“阳文”）书写传统。反之，在下层韩国百姓眼里，汉文阻碍了他们知晓并参与公共事务的权利。随着时代的发展，汉字书写系统逐渐消失，韩国开始了汉韩并用、韩文专用的发展过程。

综上，经验源于客观现实，但不仅局限于此。韩语的产生与发展源于韩国的客观现实，但也深受社会文化生活、时代、国家政策与民族情感等多方面的影响。

第二节　联想思维

人类的认知能力中非常重要的一项就是想象力。“想象力”是整理我们经验的基本图式能力（Johnson，1987：xx），想象力是将众多的概念进行相互关联的过程，是“基于一定的主观性视角、并从纷繁的具象中甄别出某些相关具象进行联系的过程”（吕新炎，2015：13，123），借助这一过程，看似毫不关联的事物或领域之间才产生了联系（Hofstadter & Sander，2013：17）。产生关联、联想、类比的两个或多个事物（态）中，一般必须有一个或多个是为人类所熟悉的，即人类具有对它的经验性知识，根据经验的某些相关性才有可能产生关联与联想的过程和结果。经验思维是关联、联想和类比的基础。

韩国人将不同事物联系起来的形式主要有相似联想、关系联想以及对比联想。

一、相似联想

所谓相似联想（类比联想），是“事物之间在性质、形态上相似所引起的联想”，是指人在经验上由一事物联想到其他与之相近的事物（邱明正，1993：180，179）。借助两种事物的相似或相关性，将其联系起来，这是一种类比、类推思维。这种类比思维不仅用于日常分类中，还用于语言的创造、演变上。

（一）相似联想的文化性

虽然相似联想具有人类认知的共通性，但在具体表现形式上却具有很强的文化性。例如，韩语的一些谚语、惯用语和词语所涉及的事物并不是韩国社会仅有的现象，但韩国人却利用相似联想使其产生了异于汉语的特殊比喻义。

韩语有谚语形容人吝啬“말똥도 밤알처럼 생각한다 把马粪当作栗子仁”“말똥이 밤알 같으냐 你以为马粪是栗子啊”“쇠똥이 지짐 떡 같으냐 你以为牛粪是煎的年糕啊”，这种联想利用的是马粪和栗子仁、牛粪和煎年糕在颜色和形态上的相似性。惯用语“도지개를 틀다”与校弓器有关，校正弓时需要不断挪动身体，所以比喻人不安安静静地坐着，身体总是动来动去，这种联想非常生动，也具有很强的民族性。

词语“누비다”的基本义指在两层布之间絮上棉花后一行行地缝上，“누비다”还比喻到处自由行走往来，如（2a），利用的是行走与来回缝制衣服具有形态上的相似性等。“누비다”也俗指皱眉头，如（2b），这也与缝制衣服时会使衣服起皱褶有形态上的相似性。韩语还有“누비혼인”（천소영，2007/2010：285），也反映了人际关系与缝制衣服起皱褶的形态相似性，这种相似性更加抽象。在中国人的文化里，“缝”没有形成与“누비다”类似的比喻联想。

（2）a. 지가 홍길동이야? 동에 번쩍，서에 번쩍，완전 온 회사를 누비고 다니구만.《별난 가족》（15）她是什么洪吉童吗？在东边一晃，西边一晃的，把整个公司都踏遍了啊。

b. 그는 무엇이 못마땅한지 이마를 잔뜩 누비고 있었다. 不知道他有什么不满意的，把眉头皱得那样紧紧的。

（二）相似联想的结果

相似联想不局限于两个事物间，有可能会出现多组关系，会产生多种相关表达、近义表达等。

1. 相关表达

韩国人的主食是大米，对韩国人来说，捣米或磨米的工具或设备自然不陌生，这种工具韩语称作“방아”，相当于汉语的“碾”或者“碓臼”，类型主要有“물방아、디딜방아、물레방아、연자방아、기계 방아、쌍방아”等。因为对碓臼这种工具和相关动作非常熟悉，所以韩国人由此同许多身体动作产生了关联与联想，因为捣米时不能间断，所以惯用语“방아（를）찧다”比喻像捣米一样点头或动身体，这种比喻义的产生源于身体动作之间的关联和联想。如果坐着打盹或表示肯定时而不断地点头则称作“고갯방아”，多用于惯用语“고갯방아를 찧다”。相关的合成词还有“이마방아”，指身体弯曲头往下碰地，“엉덩방아”指摔了个屁股蹲儿，多用于“엉덩방아를 찧다”。韩国人还在捣米的动作与说话之间产生了相似联想，其中“맞방아”指两个人面对面捣米，因为两个人一起工作时动作配合很重要，所以惯用语“맞방아를 찧다”用于比喻义，意为应和、迎合

别人的话。如果嘴巴像捣米一样，则意为耍嘴皮子，韩语里用“입방아”来表达，惯用语“입방아(를) 찧다”也指随便乱说话。

除了用“방아”来形容人的各种动作之外，韩语还用“방아”来为动物命名，大尖头蝗称作“방아깨비”，是碓的古语“방하”与“아비”结合形成的“방하아비”，之后发生变形，而命名的理据是这种蝗虫如果抓住它的后腿，它就会像捣米一样动弹(조항범，2014：343)。

如上，根据捣米动作的形态特征以及相似联想，韩语里产生了与人体有关的各种类型的动作惯用语和蝗虫的命名方式。这些认知过程产生的结果就是将本来没有联系的各个人体动作以及蝗虫关联了起来，在韩国人的认知空间里形成了与“방아”有关的认知模型，如图 1-1 所示。

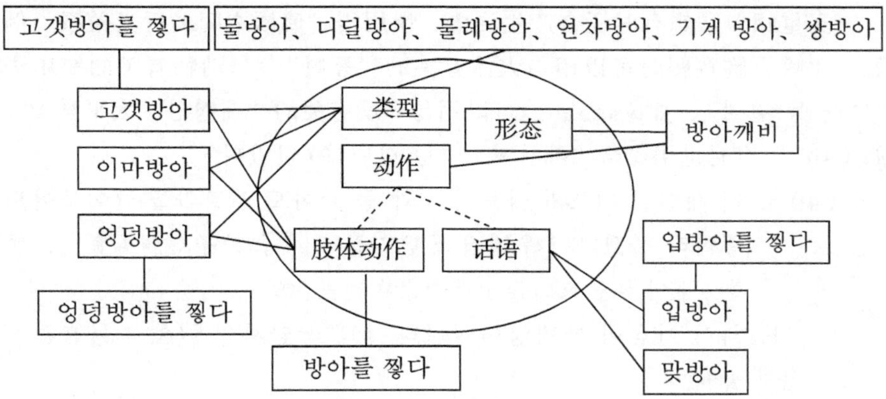

图 1-1　“방아”的认知模型(ICM)与联想

2. 近义表达

相似联想也会使韩语中出现很多近义惯用语。例如，在表达生气意义时，韩语里借用了屋顶、盖子等概念。与屋顶有关有惯用语“지붕을 뚫다”，如(3a)，可比喻非常生气。与盖子有关有惯用语“꼭지가 돌다”，源于水煮沸时盖子会出现转动、被掀起来的状态，也比喻生气、发火甚至是发疯，如(3b)。这种用法也与韩语表转动意义的动词“돌다”可以表达眩晕、精神出现异常等意义有关联。韩语还有“뚜껑이 열리다”，如(3c)，也比喻人很生气。这三种比喻表达的概念结构都是将人体视为房子或容器，生气就是把屋顶或盖子顶破或顶起来。

(3) a. 지붕이라도 뚫고 뛰쳐나가고 싶은 심정이겠지요.《사랑이 오네요》(109) 他现在的心情肯定是气得想把房顶都掀了跑出去吧。

b. 이가 우리한테 그렇게 당했는데 가만있을까요? 개 꼭지가 돌면 장난 아닌데.《해피시스터즈》(77) 华英被我们整了一顿，

会就这么罢休吗？她一旦爆发可不是闹着玩的。

c. 게 또 거짓말이네 . 아이구 뚜껑 열려!《최고의 연인》(82)
她又撒谎。气死我了。

近义表达中最有代表性的是近义谚语，主要表现为利用不同的事物表达同一意义，从而将多种事物联系在一起。例如比喻说胡话时有谚语“개나발 같은 소리 하지도 마라”“개뿔 같은 소리”“무슨 지렁이 갈빗대 같은 소리야？”“열사흘부스럼을 앓느냐”“고려 적 잠꼬대（같은 소리）”“부레풀로 일월을 붙인다”等，涉及的分别是“破喇叭”“狗角”“蚯蚓的肋骨”“发天花说胡话”“高丽时期的梦话”“用鱼胶黏日月”等并不相关的事物。

多重相似联想有时还会产生词语、惯用语、谚语之间的近义关系。例如，比喻心胸宽阔时可以用与人体有关的“통뼈”，与动物有关的惯用语“고래 등 같다”，如（4a）；也可以用与环境有关的“태평양（太平洋）”，如（4b）；有时也用谚语“바지저고리만 다닌다 / 앉았다”。

（4）a. 니 새언니 배포가 아무리 고래 등 같아도 시조카를 끌어들여도 좋아라 하겠다 .《우리집 꿀단지》(21) 你嫂子心胸再宽广，能喜欢把小姑子家的侄子也领来在这里住吗？

b. 역시 마음이 태평양이십니다 .《내딸 금사월》(33) 她真是心大啊。

二、关系联想

关系联想是指“反映事物之间的种与属，部分与整体，主体与宾体，原因与结果等关系的联想”（邱明正，1993：180）。吴礼权（2013：35）将关系联想分成了四类，即种属联想、偏全联想、主宾联想、因果联想。

关于种属联想，例如韩国渔业发达，想到渔业，就会联想到非常丰富的鱼类名称，如韩语里常见的鱼类有“동태、복어、미꾸라지、메기、붕어、도루묵、굴비、준치、전어、꼴뚜기、오징어、문어 / 낙지、가오리、넙치、뱀장어、송사리、자가사리、피래미、밴댕이、망둥이、가재、연어、숭어、금붕어”等，这是种属联想，韩语里的这些常见鱼类或本身产生了比喻义，或用于惯用语或谚语中表达比喻义。

偏全联想的例子也非常多，例如看到笼头、马嚼子、轭头、缰绳、鞭子、马刺、马鞍、马镫、马掌等，就会联想到马；看到铁铲、锄头、三齿耙、铁锹、木锨、温室、温床，就会联想到农业。

再看因果联想。例如，韩国古人看到电闪雷鸣，就以为是天在动，所以产生了“천동（天動）”这样的词语，这反映的是因果联想意义。韩语还有谚语“가락 바로잡는 집에 가져다가 세워 놨다 와도 좀 낫다”，意为把弯了的纱锭拿到修理店放一会儿直接拿回来，也会觉得不弯了，比喻在好环境里受一点影响就感觉到精神上得到了安慰，这体现的也是一种环境影响人心理的因果联想。

最后看主宾联想。主宾关系指事物之间具有主客体的关系，如人与饭的关系，人是主体，饭是客体。还有一种非典型性的主宾联想。例如，按照传统，身份等级是用财富和阶级衡量的（史蒂芬·平克，2015：371），但身份的外在表现和标识却可以是独特的穿着或话语，也可以是一些复杂的仪式传统，伴随着精心设计的意识形态（里克森、博伊德，2017：254），不仅如此，住居、位置、坐姿、饮食等也是身份的象征。从关系角度来看，身份与这些身份象征之间所形成的也是主宾关系。服饰的类型、颜色、长短、宽窄、多少、质地、新旧、装饰品有无等都与人的身份有关。具体而言，过去不同身份的人要戴不同的帽子；古代的服饰从皇帝到各级官员、老百姓在颜色上都有严格的规定；衣服长、装饰品多意味着是上层社会的人。日常用品中，如烟袋的长度也是身份象征，越长说明身份越高。因烟袋太长了，嘴里含着烟嘴，自己的手就无法够着烟锅，所以就有了点烟的侍童，韩国还出现了《연경（煙經）》（박태순，2009/2010：186-187）。

身份也可反映在人体上。养尊处优的人多是手不沾水、脚不沾土的，所以“발바닥에 흙 안 묻히고 살다”比喻生活清闲、不劳累。脚步也反映身份，如新媳妇的脚步是谨小慎微的，所以韩语里有了合成词“색시걸음”。位居高位、有身份的人，没必要急匆匆地行走，而下人才会东奔西走，所以韩语里表达人走路稳重时，多用与牛有关的谚语“느릿느릿 걸어도 황소 걸음이다”。此外，古代男人多是留有胡须的，尤其是老年人，所以有了谚语“늙은이한테는 수염이 있어야 한다”，意为无论如何都要有与之相配的标识才行。因为胡须是一种身份、威严的象征，尤其是长胡子，所以韩语里“수염이 대/열 자라도 먹어야 양반이다”“나룻이 석 자라도 먹어야 샌님”中都用长胡须比喻威严和体面。

住居方面如房屋的建筑形式、材料也与身份有关。例如，瓦房是贵族的象征，而草房是贫民的象征。房子的大小、方向以及大门的大小也与身

份密切相关，所以才有了“큰집 长房、작은집 妾室、정실（正室）、소실（小室）”等词语发展出了身份意义，而谚语“대문이 가문”意为不管家世如何显赫，如果房子和大门很小的话，看起来也没什么威严；或者比喻只有外表华丽才会给别人威严感。坐的位置与姿势同样反映人的身份。例如，开会时身份高的人一般坐得很随意，而身份低的人一般是正襟危坐（김숙현等，2001/2007：213）。睡觉的地方也与身份有关，韩国的传统房屋中各个房间都有明确的区分，即不同的人住不同的房间，在同一房间内的热炕上，睡在热炕头的人是家里身份最高、最重要的人。

饮食也可反映人的身份，单人单桌吃饭的“독상”是一种身份的象征，而勺子可以表达身份的等级，如“흙수저、금수저”等。但也有一些人的行为与身份不符合，所以就有谚语来讽刺或告诫这种现象，如“장 없는 놈이 국 즐긴다”“없는 놈 자두치 떡 즐겨한다”这是用喝汤和吃糕来反映韩国人认为人的行为要合身份这一思想。

综上，根据主宾关系，韩语里形成了与“人的身份”有关的认知模型，如图 1–2 所示：

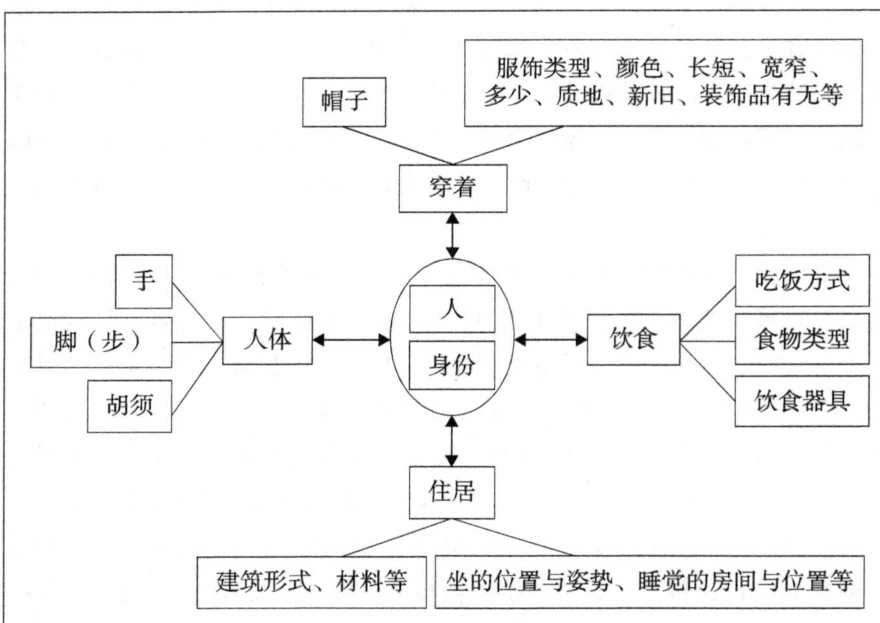

图 1–2　“人的身份”认知模型（ICM）

类似的还有一种间接的主宾联想，就是用不可能出现的事物关联其他事物。这种间接的主宾联想在韩语里比较突出，如表 1–1 所示：

表 1-1　与间接主宾联想有关的谚语

谚语	字面义	比喻义
절간에 가서 참빗 찾기	到庙里找梳子	比喻在不可能出现的地方找东西。
중의 관자 구멍이다	和尚的贯子孔	比喻变得没用或者没用的东西。
중의 빗 / 망건	和尚的梳子 / 纶巾	
중의 상투	和尚的发髻	比喻难以得到的东西。
중놈은 장（長）이라도 죽으니 무덤이 있나 사니 상투가 있나	死后没有坟墓，活着没有头发	蔑视和尚

如上，这些谚语分别与梳子、纶巾、帽子上的贯子、发髻等有关，韩国人将这些东西与和尚联系起来并赋予比喻义，而这些东西却是与和尚没有任何关系的事物，这种对事物的观察角度是一种间接的主宾联想思维。相反，汉语有“秃子当和尚——将就材料”“和尚打伞——无法无天”“和尚跟着月亮走——沾光”“和尚头上的虱子——明摆着”[①]，主要着眼于秃头、无发、发亮、一览无余等特点，这些都是与和尚本身直接相关的特点，反映的是一种直接联想思维。

僧人在饮食上的特点是吃素，不吃肉食，与此相关也出现了一些谚语，如表 1-2 所示：

表 1-2　与僧人的饮食有关的谚语

	谚语	意义
1	중 양식이 절 양식（이다）	不管是和尚饭还是寺庙的饭都是素餐，比喻不管怎么样结果都是一样的。
2	절에 가서 젓국 달라 한다	比喻到不可能有的地方去找。
3	절이 망하려니까 새우젓 장수가 들어온다	比喻做事奇怪。
4	중이 횟값 문다	和尚交了生鱼片或肉菜的钱，比喻交了冤枉钱。
5	중놈 돌고깃값 치른다	
6	어린 중 젓국 먹이듯	让童子僧吃虾酱汤，比喻哄骗纯真无邪的人做坏事。
7	중 먹을 국수는 고기를 / 생선을 속에 넣고 담는다	给僧人盛面条时放上肉或鱼，比喻照顾别人。
8	젓갈 가게에 중	虾酱店的和尚，比喻对不合适的事情产生了兴趣。

① 这几个汉语歇后语来自汪大昌（2009/2013：121）。

续表

	谚语	意义
9	중이 개고기 사 먹듯	比喻钱被一点点地全部花掉的样子；或者比喻钱被偷偷花掉的样子。
10	고기 맛본 중	比喻尝到被禁止的快感而上瘾的人。
11	중이 고기 맛을 보면 법당에 파리가 안 남는다	比喻被压抑的欲望如果得到满足或者遇到什么好事后，沉迷于其中不能自拔的样子。
12	중이 고기 맛을 알면 절에 빈대가 안 남는다	

如上，十二个谚语都与僧人的饮食有关，其中谚语 1 与正常的吃素有关，是直接的偏全联想。其他谚语都与非正常现象有关，涉及的食物对韩国僧人来说，都是禁忌，所以这些谚语反映的是一种间接的偏全联想，也间接地反映了普通韩国人的饮食文化，谚语中三个与虾酱有关，两个与鱼有关，说明对作为半岛国家的韩国来说，这些都是重要的食物来源，而与肉类有关的只有三个。这是因为渔业对韩国人非常重要，并由此产生了大量的比喻义、惯用语或谚语。

综上，在韩国人的认知思维里借助间接的主宾联想构建了与“韩国和尚”有关的认知模型，这是一种与规约性的客观现实不一致的认知模型。

有的主宾联想更加间接，例如，汉语有“吃了熊心豹子胆了”，是从吃胆子大的动物联想到人的胆子大，韩语也有类似的丰富表达，如表 1-3 所示：

表 1-3 与吃有关的反问谚语

相关事物	谚语	比喻义
호랑이 다리	호랑이 다리 삶아먹었나? 把老虎腿煮着吃了啊?	比喻快
호랑이 간	호랑이 간을 삶아 먹었나? 把老虎的肝煮着吃了啊?	比喻力量大
도깨비 약다리	도깨비 약다리를 구워먹었나? 把妖精腿烤着吃了啊?	比喻跑得快
참새	참새를 볶아 먹었나? 把麻雀炒着吃了啊?	比喻说话叽叽喳喳地很快
	참새를 까먹었나 ? 把麻雀嚼着吃了啊?	
참새 알	참새 알을 까먹었나? 把麻雀蛋嚼着吃了啊?	
화통	화통(을) 삶아 먹었나? 把火药桶煮着吃了啊?	嗓门大
중	중을 잡아먹었나 ? 把和尚吃了啊?	比喻说话嘟嘟囔囔，听不清

如上，这些事物所产生的比喻义与相关事物的象征意义有关，还与中韩两国人“吃什么补什么”的思想观念有关，认为吃了老虎的腿就补腿，所以跑得快；吃了老虎的肝可以力量大；吃了妖精腿可以跑得快；吃了麻雀（蛋）就说话叽叽喳喳；吃了烟囱就会嗓门大，类似的汉语有“吃枪药”，比喻声音大、火气大。不仅如此，韩语里还有“吃和尚”这一说法，因为和尚念经听不清，所以“중을 잡아먹었나？”比喻说话不知所云。

韩国人表达对方长寿时也用“먹다”有关的反问句，如“불로초를 먹었나？”，意为你吃长生不老药了吗？怎么这么长寿？

三、对比联想

对比联想是指“事物之间在性质、形态上的相异、相反所唤起的联想”，可分为反向对比联想和正向对比联想两种方式（邱明正，1993：180）。

韩国人的对比联想中比较突出的是反向对比，如将高官与小狗进行对比，如“죽은 정승이 산 강아지만 못하다”“산 개 새끼가 죽은 정승보다 낫다”。正因为这种对比联想的思维方式，韩语里产生了诸多成对或成组的语言表达。最代表性的是对比修辞格，例如同类对比有“오이씨에서 오이 나오고 콩에서 콩 나온다”，其中“오이”与“콩”都是植物；语义上的正反对比有“비싼 밥 먹고 헐한 걱정 한다”，其中“비싸다”与“헐하다”互为反义词，类似的还有“마소 새끼는 시골로 사람의 새끼는 서울로”，其中“마소”与“사람”以及“시골”与“서울”构成对比；结构上的对比如“식초병보다 병마개가 더 시다”，表现为比较词“보다、더”，“기린이 늙으면 노마만 못하다”体现为“-만 못하다”。

有的对比是隐性对比，如“같은 값이면 껌정소 잡아먹는다”，意为黑牛肉比黄牛肉好吃，比喻既然同样的价钱，肯定要选质量好的。

如上，我们分析了相似联想、关系联想以及对比联想对语言的影响。有时新词的产生是综合运用这些联想思维的结果。

例如，20世纪90年代产生了新词“오렌지족 橙子一族”，指住在江南区的20多岁的富二代，因这些人追求外国名牌、开进口车，使人与“韩国橙子也是进口的”之间产生相似联想，从而产生了“오렌지족”这个词。其反义词是“낑깡족 追富族”，其中“낑깡”指个头非常小的金橘，从形态上与橙子形成鲜明对比，所以“낑깡족”比喻那些竭力想追赶富二代的人（《대중문화사전》）。“낑깡족”的生成方式源于“追富族”与富二代的对比联想，金橘与橙子的对比联想，而“낑깡족、오렌지족”都是用水果

比喻人，都源于相似联想。而先产生“오렌지족”，之后再产生“낑깡족”，体现的是转喻手法（김옥동，2002/2003：190）。

“橙子一族”的突出特点之一就是乘坐豪车，在路上碰见喜欢的女性时，就会喊：“야！（차에）타！喂！上车！”借此来诱惑对方，从而形成了“야타족”，而与乘车相反的词语是步行，走路的样子韩语用副词“뚜벅뚜벅”形容，所以形成了“뚜벅이족”，这个词多用于自嘲（《대중문화사전》）。“뚜벅이족”的生成方式体现了与乘豪车的对比联想以及步行时形态的部分代替整体的关系联想。

第三节 联想综合与扩散式激活

吴礼权（2013：223）将从具体到抽象的思维方式称作“联想综合”。事物、事件或行为等都包含很多具象，我们周边一切物质的全部具象共同构成了一幅“具象态”，虽然具象态内容丰富，但人们却只能用“示意性”的方法来标注这些具象态，这个方法就是语言表述方法（吕新炎，2015：169−170）。

根据 Collins 与 Louftus（1975）的“扩散式激活”理论，人类心智是一个神经网络，当听到某词与神经网络中的词相似时，网络中的词就会自动激活，相关认知域也被激活（王寅，2007：308），但不同具象态具有不同激活水平，有的会被激活，有的不会被激活。根据相关具象在文化中的地位和重要性，其活跃程度并不相同，所以被激活的具象以及数量会出现不同，并且与其相关的语言也会出现数量和语言形式上的差异，则会出现丰富的相关表达与多义表达。下面主要从事物、状态动作、事件三种类型展开分析。

一、对同一事物的联想综合

每一事物都具有多种特点，当以微观思维视角去观察事物时，这些不同的特点以及非常细致的认知框架就会被激活并产生各自对应的语言表达。这些表达之间因都与某物相关而彼此形成相关关系。

韩语前缀非常发达，王芳通过对 229 个韩语前缀的语源进行分析发现，这些前缀的源语都是具体事物、动作、状态，具有多种语义特征，如果被关注到的是多个特征，那么就有可能发展成多义前缀，韩语里的多义前缀占 20.0%（王芳，2013：136）。如“쇠”，其本义是铁，现已发展成前缀

“쇠-”，根据铁块的颜色、体积、品质、硬度发展出了四个意义，分别是铁灰色的（5a）、小型的（5b）、质量不好的（5c）、坚硬的（5d），这反映了韩国人对铁这种事物的多种联想与抽象化思维。同时，前缀“쇠-”的派生词则构成相关词。

（5）a. 쇠개재비、쇠딱따구리、쇠뜸부기、쇠물돼지、쇠부엉이、쇠붉은뺨멧새、쇠찌르레기

b. 쇠기러기、쇠버마재비、쇠솔새、쇠제비갈매기、쇠청다리도요、쇠파랑벌

c. 쇠고비、쇠고사리、쇠돌피、쇠미역、쇠비름

d. 쇠팥、쇠호두

前缀多义性表现出的联想综合与同一事物的不同特点有关，有时联想综合还会出现在相关但不同的事物之间。例如，过去的住宅很多会用篱笆来代替墙壁，韩语为“울타리”，篱笆虽不如墙壁高大坚固，但也是阻隔与外部联系的一种屏障，篱笆内是一个狭小的生活空间，外面则是广阔的世界，所以惯用语“울타리 밖을 모르다”比喻待在一定的范围内，对外界的事情一无所知，反义结构的“울타리를 벗어나다”比喻脱离狭窄、有局限性的生活范围。篱笆本身并不坚固，所以谚语“울타리가 허니까 이웃집 개가 드나든다”意为篱笆不结实邻家的狗就会钻过来钻过去，比喻有缺点或不足的话就会被抓住。类似意义的谚语还有“울바자가 헐어지니 이웃집 개가 드나든다”，其中“울바자”指用来做篱笆的笆子。此外，与笆子相关还有谚语“다 삭은 바자 틈에 누렁개 주둥이 같다”“삭은 바자 구멍에 노란 개 주둥이（내밀듯）”，意为腐烂的笆子一碰就成一个窟窿，窟窿里突然冒出黄狗的大嘴巴，用来嘲讽那些胡乱插嘴的人。篱笆虽不结实，但也会给人安全感，所以“울타리”可比喻给予保护。总之，因篱笆在形态、制作材料、功用等方面的不同特点在韩国人的认知框架中都被激活，因此产生了各种语言形式与抽象的比喻义。

再看建筑物内部构造中的柱子，韩语为“기둥”，也指在下面支撑物体的东西，还比喻家庭、团体、国家等组织可依靠的重要任务或成为中心的东西。由于柱子与大梁连在一起，所以在韩国人的认知框架中两者被联系在一起产生了谚语“기둥을 치면 대들보가 / 들보가 / 봇장이 운다 / 울린다”，比喻旁敲侧击也听得懂；也比喻如果批评或打击主要对象，与其相关的东西也自然会受到影响。“기둥”还与椽子产生关系，“기둥보다 서까래가 더 굵다”比喻主次不同的东西因位置互换而不合事理。作支撑的柱子还称作“밑기둥”，因是建筑物赖以挺立的基础，所以可比喻可依靠的势力。

柱子也分柱头“기둥머리”和柱尾“기둥뿌리”，其中“기둥뿌리”可比喻支撑事物的基础，惯用语“기둥뿌리가 뽑히다 / 무너지다 / 흔들리다”都比喻非常危险，“기붕뿌리를 뽑다”比喻使对方灭亡。总之，因韩国人对柱子的功用、结构以及因位置而产生的与其他事物的关系等多角度观察形成了与柱子相关的认知模型与联想综合，才产生了这样丰富的表达与抽象比喻义。

如上，与事物有关的联想综合与激活可仅限于某一事物本身的特点，也可扩展到与某一事物具有相关关系的其他事物上。

二、对特定状态动作的联想综合

关于“水沸腾”这一状态，韩国人着眼于其各种表现，使“끓다”有了多种语义和表达，根据热度可比喻发烧；根据声音比喻消化不好、生病肚子发出声音、有痰鸣；根据水的涌动比喻感情强烈涌上来，形容很多东西挤过来挤过去的样子；根据开水危险比喻危险人物；根据开水被突然降温时的样子比喻闹哄哄的人群突然安静下来；根据水煮沸时盖子会动比喻发火生气。“끓다”还有多种结合方式，如与水结合形成惯用语“물 끓듯”，与粥结合形成惯用语“죽 끓다”，与身体器官结合形成“속이 끓다、속을 끓이다、창자가 끓다、피가 끓다[①]”等表达。

关于人体动作，有的人体部位能够实现多种动作，也会使人产生多种联想。例如，韩国人对下巴的动作有详细的观察，如表 1–4 所示：

表 1–4　与下巴有关的表达

	语言表达	意义
1	턱 떨어지는 줄 모른다	比喻精神集中于某事。
2	턱 빠지다	比喻高兴。
3	턱（을）대다	比喻以某人为依靠，仰人鼻息。
4	턱걸이	比喻勉强合格或依靠别人生活、仰人鼻息。
5	이마 위에 턱을 걸었다	一无是处的人仰仗自己的背景而傲慢行事。
6	턱으로 부리다	颐指气使。
7	턱을 까불다	比喻人死前最后的时刻。

韩语里与下巴“턱”有关的表达主要有四类：第一是掉下巴，惯用语 1 比喻集中于某事，惯用语 2 表达高兴。第二是把下巴放在、挂在某处，其

① 中国昆明近郊的倮倮语中发怒叫作“血滚”（罗常培，2011/2016：14），与韩语“피가 끓다”类似。

中惯用语 3、4 多和人结合，即把下巴靠在某人身上，而下巴与嘴巴密切相连，所以比喻依靠某人吃饭和生活。谚语 5 用“下巴挂在额头上了”比喻傲慢行事，因为傲慢的人会昂首挺胸、下巴高扬着，也是一种夸张手法。第三是惯用语 6，这源于生活常识，指使别人干活时如懒得说话可用往上抬下巴的动作来传达指示。第四是惯用语 7，是用下巴的抖动比喻人最后咽气的动作。总之，与下巴有关的各种具体动作被韩国人用表达工作状态、感情、行为以及时间意义等，语义已非常抽象。

三、对同一事件的联想综合

事件包含多种概念如主体、客体、动作、结果等，若对事态的认识涉及其中多个方面，那么就会产生多个不同抽象义。与事态有关的代表性语言形式就是谚语，谚语的多义性体现了对同一事态的多个概念的关注。

对同一事件的不同关涉者的关注产生多义谚语。谚语“죽은 고기 안문하기”字面义为拷问死鱼，有两个比喻义分别是故意虚张声势欺负无权无势的人；不管怎么恐吓折磨，一点反应也没有。前者关注的是主体——拷问的人，后者关注的是客体——被拷问的人。

对事件主体的不同动作区分产生的多义谚语。例如，“개 머루 / 약과 먹듯”字面义为狗吃葡萄或点心，根据狗吃东西时可能出现的动作产生了三个比喻义：第一，来不及品尝什么味道就咽下去了，类似意义的还有谚语“개가 약과 먹은 것 같다”，都比喻性子急；第二，只是舔舐外皮但不吃，比喻做事不认真、不考虑质量；第三，在上面两类意义基础上继续引申，比喻不深入干事还故意不懂装懂的人。

对事件关涉者与动作的关注产生的多义谚语。例如“총총들이 반병이라”，其字面义为即使装得满满的也只有半瓶，从两个角度去观察产生了两个比喻义，其一是着眼于瓶子太小，即使装满也达不到大瓶子的一半，比喻度量小的人；其二是着眼于动作本身，着急往瓶子里装东西却一半也没装满，比喻着急反而受损。

对事件关涉主体形象的多角度观察产生的多义谚语。如谚语“벌에 쏘였나”和“벌쐰 사람 같다”字面义分别是被蜜蜂蜇了和就像被蜜蜂蜇了的人一样，都有两个意义，其一比喻到处乱蹦乱跳的人，这源于被蜇之人的形象特征；其二比喻不说一句话来了马上就走的人，源于人被蜇之后的形象特征除又蹦又跳之外，还说不出话来。

对事件的动作、结果以及与其他事物的联系的多角度观察产生的多义谚语。如谚语“검은 구름에 백로 지나가기”意为白鹭飞跃黑云，有三个比

喻义，第一比喻居无定所到处漂泊，这个意义的产生是因为飞翔是动态行为无法安居一处；第二比喻不论做什么事都不留蛛丝马迹，是由鸟过无痕引申而来。第三比喻在众多事物中特别显眼，这是因为白鹭飞于黑云之上，黑白分明。

对同一事件的推理产生的多义谚语。如谚语“초사흘 달은 잰 며느리가 / 며느리라야 본다”与“초승달은 잰 며느리가 본다”，首先，两个谚语都包含了对自然现象的细致观察，即农历初四五月亮升起后马上就会落下；其次，借月亮比喻人勤劳，因为只有勤快起得早的人才能看到这样的月亮；第三，儿媳是一家人中起得最早或应该起得最早的人，反映了儿媳的辛劳。

对同一事件的原因分析产生的多义谚语。例如，天是大、多、广的象征，若将天看得很小就是特殊情况，需进行多角度原因分析，所以谚语“하늘이 돈짝만 / 돈닢만 / 콩짝만 하다”产生了三个意义，其一是因醉酒或受到打击而头脑不清晰、看不清，所以把天看小了；其二是狂妄自大到连天也不放在眼里；其三是勇敢、无所畏惧而不把天放在眼里。这反映了韩国人对同一事件的三种复杂认识和态度。

第四节 经验与共享

从经验到语言形式与意义的产生有一个前提是熟悉和共享（Croft，2009）。偶然经验很难产生社会共享基础，即使形成语言表达，也很难被大众理解和认可。只有源自于周围常见与熟悉的经验，语言形式才会产生社会共享基础，最终被大众认可并保留下来，从而形成民族性的共享基础。

一、跨文化经验的共享与民族性

认知语言学的基础是体验哲学，而体验哲学的基础是人体的体验性。世界各民族文化中都有借助人体表达情感的思维以及相应的语言表现形式，具有很强的文化共性。因为人体是人类最熟悉的，所以与之相关的很多表达具有人类共性。例如，韩语有“늙다리”表示年老的人或动物，反映的是对“变老先从腿开始”这种自然生理现象的观察，因为看一个人老不老，从腿的动作就能看出来，汉语也多用“腿脚不利索了、老胳膊老腿的”这种表达。

人体经验与语言虽具有一定的共性，但也具有很强的民族性。例如，韩国古代男人多留长胡子且沉思时常做从上往下捋胡须的动作，所以韩语

有“수염을 내리쓴다”比喻应做的事不做还装不知道、要赖。胡须还是易燃物，所以“수염의 불 끄듯”比喻不可迟疑，非常紧张的样子。打架时长胡须对男人来说是弱点，所以“수염 잡다”比喻抓别人的弱点。这些惯用语的产生都源于生活观察与体验。中国人也有类似生活经验，但形成的却是“溜须拍马、虎口拔须、须发皆白”等表达。再如，韩国人腌制泡菜或酱类的最上面一层称作“우거지”，根据其皱巴巴的品相可比喻面部表情不好看、总是皱着，可构成合成词“우거지상（---相）”，如（6）。中国人同样有腌菜的生活经验，但没有相关表达与比喻义。

（6）왜요? 제가 사부님 첫사랑인 조비서를 욕하니까 싫어요? 그래서 그렇게 우거지상인 거예요?《해피시스터즈》(78）怎么？我骂你的初恋赵秘书，你不高兴啊？所以才皱着眉头啊？

除具体事物外，地名也具有很强的民族性。例如，朝鲜半岛有地名“삼수（三水）”与“갑산（甲山）”，位于咸镜南道，以交通不便、酷寒、不宜人居闻名，在朝鲜时代是著名的流放地（조항범，2005），因此成了人们心目中的畏难之地，产生了很多让步结构的谚语，有“삼수갑산에 가는 한이 있어도”“삼수갑산을 가서 산전을 일궈 먹더라도”“나중에야 삼수갑산을 갈지라도”，比喻不管有什么危险也要做某事，如（7）。由于中国人不了解其中的文化语境，需意译成与模糊的上义词有关的“上刀山下火海”。

（7）삼수갑산에 가는 한이 있어도 그놈만큼은 내 손으로 잡겠다.我就是上刀山下火海也要把那小子亲手抓住。

民族性有时表现为各种文化经验的综合继承。例如，韩语有很多谚语与豁子嘴吃饭有关，其中，与生吃牡蛎有关有“언청이 굴회 마시듯”，比喻呼噜噜一下子喝进去的样子；与吃豆粉有关有“언청이 아가리에 콩가루”，因豁子嘴吃豆粉总会留下痕迹，比喻不论怎么掩饰也会露马脚；与吃芋头有关有“언청이 아가리에 토란 비어지듯”，因吃芋头时总会把芋头露出来，所以比喻总会露出马脚，还用来嘲笑插嘴说话。这些谚语反映了韩国人对唇裂这种身体状态的关注，也反映了韩国的饮食文化，如生吃牡蛎、吃豆粉和芋头等。

以韩国人的百科知识为经验背景的很多语言表达对中国人来说，因缺乏相关经验或相关经验在中国文化里不具突出地位而难以识解，很多共享的经验在汉语里也没有产生相似的语言表达或意义。

二、中国人对韩国语言和经验的识解

Wierzbicka（1988：2）曾指出：“在自然语言中，意义存在于人们对世界的解释之中”，对世界的解释依赖于人类的百科知识体系，要想理解说话者的语义，不仅需要语言内知识，还需要与主观认识、背景文化知识等有关的全方位的知识系统，很多情况下这些知识还具有无穷尽性与非明示性等特点（Garfinkel，1967；王寅，2007：304）。

在跨文化的语境中，当异文化者去识解非本族的文化和语言时，如果没有丰富的文化背景知识也常会遇到识解上的困难。中国人识解韩语时的困难主要有以下几种类型。

第一，对同一事物产生不同甚至是相反的解释。例如，韩语谚语“번갯불에 콩 볶듯이”的字面义为就像用闪电来炒豆子，笔者在课堂上向学生们提问时，有的学生就提出如果按照中国人的思维，应该是“大材小用”之意。조현용（2017：181）提到外国学生看到类似的谚语“번갯불에 콩 구워 먹는다”时，多理解为“非常危险的行动”。但韩语里这两个谚语却都比喻快速、性急。韩语还有谚语“번갯불에 솜 구워 먹겠다”，意为都能用闪电煎棉花吃了，指太能撒谎了。韩国人还用水的性质比喻人的性格，谚语“물도 씻어 먹을 사람”意为连水都要洗洗再喝的人，根据中国人的思维方式易理解为洁癖之意，但韩语却比喻心灵与行动非常干净、无一丝瑕疵的人。韩语里得了天花失去生命的小女孩的鬼魂称作“태주”，与此相关的谚语“알기는 태주 같다”，字面义是就像鬼魂一样先知先觉，但其实际意义却是用来讽刺那些好像是万事通的人。这种讽刺意义的产生也具有很强的民族性，因为这个谚语中国人也极易理解成肯定意义，而不是讽刺意义。再如“밥 빌어다가 죽을 쑤어 먹을 놈 / 자식”，意为把讨来的饭做成粥喝的人，对中国人来说这种行为是很正常的，因为讨饭意味着穷苦，做粥可以让更多的人得到食物，但在韩语里这个谚语却比喻人太懒了或者太笨了。

如上，中国学习者之所以无法准确识解韩语谚语意义，甚至是产生的错误的意义识解，这与中韩两国人对同样事物的联想思维、比喻思维的不同有关，反映的是中韩两国人认知框架的不同。

第二，难以理解韩语的逻辑。韩语某些表达的逻辑处于隐含状态，因此也会给跨文化者带来识解的困难。例如，韩语有谚语“죽은 죽어도 못 먹고 밥은 바빠서 못 먹고”，字面义是粥怎么也喝不下去，饭太忙了吃不下去，但其隐含的比喻义是：想喝酒了。但这种语义的引申比较隐晦，仅依靠这个谚语字面意思，非本国人理解起来就有一定难度。只有借用另外一个谚语“싫은 밥은 있어도 싫은 술은 없다”才会理解韩国人的这种逻辑，这个谚语的字面义是饭可以不吃，但酒不能不喝，比喻极其好酒的人认为酒是最

好的东西，而喜欢喝酒的人喜欢找酒喝。当将两个谚语联系起来时就容易理解了。即两个谚语中的“밥은 바빠서 못 먹고”与“싫은 밥은 있어도”表达的是同样的意义，也就是说，第一个谚语的谜底就是第二个谚语。

第三，难以激活与背景知识有关的认知框架。韩语有谚语“당나귀 새끼가 보다 술 때 아는 걸 보니”，意为看他对喝酒的时候这么熟悉，看来是个驴驹子吧，也是比喻人喜欢喝酒。这个谚语是基于韩国人认为驴喜欢喝酒这一认知框架。但中国人没有这一认知框架，所以也就难以理解为什么用“驴驹子”作比喻。

第四，难以将相关的认知框架通过联想连通。例如，韩语有谚语“골무는 시어미 죽은 넋이라”，意为做活时摘下来的顶针找不到时，站起身抖抖衣服，就会掉出来。但这里“골무”与“시어미 죽은 넋”的关系却让中国学习者感到费解。这个谚语的构建与识解是基于做针线活的百科知识以及婆媳文化两个认知模型。做针线活时，小小的顶针经常会脱落并到处滚动，使人到处去寻找，顶针的这种特点令人心烦；根据韩国的婆媳关系文化，婆婆一般具有“恶婆婆、爱找儿媳的麻烦、让人不得安生”这样的认知框架，因此，在韩国人的心智空间中，顶针与婆婆这两个事物的认知框架在“让人心烦”这一点上具有相似性，从而使两者同时作为输入空间进入同一个心智空间，并在谚语中整合出了新创意义（以下简称“新义”）——谚语意义。对中国人来说，虽然也存在这两个认知框架，但在中国人的心智空间中却难以通过联想进行连通，带来了识解的困难。

三、韩国人对外来语言和文化的输入与识解

韩国人在输入外来语言与文化时受各种背景知识与认知的影响语言会出现多种表现形式，其中最明显的就是外来语语义与原型文化语义的不同。

（一）词语语义范畴的混乱

汉字词在输入韩国后有时会出现语义范畴的混乱。例如，僧人诵经时叩击的木鱼为“团圆鱼口鳞形木鱼”，吃饭时敲击的是悬挂在斋堂或库房前的挺直的鱼形木鱼，称作“梆”（白化文，2011：234）。“梆”也可称作“鱼鼓”。韩语的“목어（木魚）”是上义词，可统称这两种木鱼。其中“방（梆）”指团圆形木鱼，与汉语“梆”的语义范畴相反。“목탁（木鐸）”也指圆形木鱼，但汉语“木铎”却指金口木舌的铜铃。也就是说，韩语的“방”与“목탁”与汉语的语义范畴不同。

汉字词的语义范畴也会因韩语的构词特点出现“语义矛盾词”。例如，汉字词“부모（父母）”指父亲与母亲，但其语义深受搭配影响，如“학부

모”指学生家长，“한 부모”指单亲，也就是说，“부모”虽指两个人，但实际运用时这个词已抽象化了。但汉语中指父母中一人时要借用无明确范围意义的“亲”来表达，形成“单亲女孩、单亲家庭”结构。这种现象与韩国人对汉字词的识解以及韩语的构词特点有关，汉字强大的构词能力可形成“单亲”这样的表达，但韩语单个语素不能随意搭配构词，源于中国的汉字词进入韩语语义系统后受其构词特点影响大部分（汉字词词缀除外）都不能独立使用并参与构词。

（二）无法区分外来语的词性或语法结构

韩国人对汉字词的词性与语法结构的认知也异于中国人。具有代表性的就是将汉语动词一律视为名词，再根据韩语构词规则添加动词后缀“-하다/되다”构成动词形式。这种构词特点受韩语形态语言特点的影响。例如，汉语“追忆”是动词，但输入到韩国后其动词性未被认知，“추억（追憶）”只能被用作名词，如要用作动词需添加“하다”形成新词“추억하다”。

韩语还将动宾结构的汉字词视为一个词，然后再带宾语。汉语虽也有高度词汇化了的动宾结构词语再带宾语，如动宾结构的动词“评价”可以再带宾语，但韩语里大量动宾结构汉字词也可带宾语。例如，汉语“观战”是动宾结构，一般不能再加宾语，但韩国人却无法识别“观战”的内部结构，需形成可带宾语的“관전하다”，如“권투 경기를 관전하다（观看拳击比赛）”，汉语多用可带宾语的“观看”。

（三）形成大量同义重复结构的外来语

韩语里有大量同义重复结构，其重要成因是韩国普通百姓对汉语理解不深。这里只看几个例子，如（8a）中的“천지（天地）”与“세상（世上）”构成同义重复结构的合成词，表达强调意义。（8b）中的“늙다리”与“노처녀（老處女）”以及（8c）中的“느닷없는”与“돌격（突擊）”构成的是同义重复的词组。

（8）a. 자식 고생시키고 싶은 부모 세상천지에 어딨어?《우리집 꿀단지》（3）天底下想让孩子受苦的父母有几个啊？

b. 늙다리 노처녀도 면사포 쓰는데.《사랑이 오네요》（83）连老处女都穿婚纱结婚了。

c. 그의 느닷없는 돌격에 나는 그만 중심을 잃고 쓰러졌다. 被他突然一击，我失去重心摔倒了。

（四）外来语产生了与原型文化不同的引申

受到韩国人认知、文化以及韩语特点的影响，韩语中的很多外来语产

生了与原型文化不同的引申。例如，英语外来语“킬러”本义为“杀手”，韩语却有“매운음식 킬러（嗜好吃辣的人）”“국수킬러”类表达，有时也用“킬러”作定语，如“킬러 문제”意为超高难度的问题。

汉字词“무마（撫摩）”字面义是抚摸，但现在主要指劝说、安慰，如（9a）；还指将纷争或事件等草草了事，如（9b）。汉语“抚摸”并没有此类比喻义。

（9）a. 나는 일을 그르쳐서는 안 된다고 그들을 간곡히 무마했다.《홍성암, 큰물로 가는 큰 고기》我对他们苦口婆心地说这件事千万不要搞砸了。

b. 상황이 어렵겠지만 어떻게든 이 번만 잘 무마해 줘.《김과장》（16）虽然现在情况非常难办，但希望你能想尽办法把这次的事情处理好。

（五）外来语出现感情色彩变化

语言在概念体系和意义体系上是一种价值观，而在价值体系上也是一种价值观（申小龙，2000：8），尤其是感情色彩强烈的词汇，其词义所表现出的价值观意义更加明显。因为感情色彩指的是词义中所反映的主体对客观对象的情感倾向、态度、评价等内容，这些内容具有很强的文化性。例如，因为东西方文化中对自由意义的解读不同，导致语言的感情色彩不同。对西方人来说，子女长大自己出去生活，在父母眼里是被赞许的行为，而在韩国文化里，这种行为意味着想离开父母为所欲为地生活，父母会为此而担心、责备甚至哀痛，因此从这个意义上讲，韩语“독립하다（獨立）”所具有的不是积极的感情色彩。再看“자유부인（自由夫人）”，这个词虽然字面义指新时代女性，但实际指的却是不顾自己的责任和义务，一心享受放纵生活的、不可取的女性，具有强烈的贬义色彩（김숙현等，2001/2007：199），这种贬义的产生与韩国人对女性的传统价值定位有关。

汉字词源于中国，具有原初的感情色彩意义，如果与汉语感情色彩意义相异，则说明受到韩国人的认知与文化的影响。韩语汉字词出现感情色彩变化的代表性类型有四种，这些变化的背后反映的是韩国人的文化认知与中国人文化认知的差异。

1. 中性词变成褒义词

这种类型比较常见，很多汉字词在韩语里都有积极的感情色彩。例如，汉语“猪突”指像野猪一样横冲直撞。汉字词“저돌（豬突）”比喻一往无前，有派生词“저돌적（豬突的）”指那种左冲右撞的样子，其语义具有积极性，如（10），对应汉语“勇猛”或“很强的”。

（10）a. 분노가 극에 달하여 적진으로 저돌을 시도했으나 패했다. 他怒发冲冠想冲入敌营，但是失败了。

b. 그 사람은 적극적이고 대담했으며 저돌적인 추진력을 지니고 있었다. 他性格激进、有胆量，具有很强的推进力。

2. 贬义词变成中性词或褒义词

韩语里还有很多汉字词是中性意义或褒义，但对应的汉语却是贬义词。例如，汉字词“당돌하다（唐突--）”，“唐突”在汉语里是消极意义，指冒犯、亵渎，韩语的“당돌하다”也有此意，如（11a）；但“당돌하다”还产生了积极意义，指无所畏惧的、大胆的，如（11b）。汉语“唐突”和韩语“당돌하다”的第一个意义都与中韩两国的垂直秩序文化密切相关，因为在强调尊卑有序的社会里顶撞长辈是不礼貌的。“당돌하다”第二个意义所表达的积极意义是从第一个意义发展来的，两个不同的意义并不能截然分开，因为两者反映的是韩国人对同一行为的不同角度的观察和价值判断。

（11）a. 당돌하고 무례하게 어른에게 대들다. 唐突、无礼地顶撞长辈。

b. 그는 어리지만 당돌하고 야무졌다. 他年龄虽小但是很有胆量、很成熟。

3. 褒义词变成贬义词

例如，汉语“丰年”指一年的收获颇多，是积极意义，韩语的汉字词“풍년（豐年）”不仅语用频率更高，还比喻礼物或事物所得甚多，如（12），这是积极肯定的意义。随着社会的发展，“풍년”还产生了新的语境义，前面搭配的词语可以是“지랄”类否定词（13a）或“충고、엄살”类中性词（13b，c），表达的都是消极的嘲讽意义。“풍년”还处于从褒义到贬义的发展过程中，其贬义的产生反映的是韩国现代年轻人对“过多干涉他人生活，将自己的思想强加于人”的传统思想的反抗。

（12）오늘 도시락 풍년이네요. 냉장고에 넣어다 저녁까지 먹어야겠다.《사랑이 오네요》（22）今天盒饭大丰收啊。我看得放在冰箱里留到晚上吃了。

（13）a. 지랄도 풍년이네. 남의 집 어묵 유통기한은 지가 뭔데 챙겨?《전생에 원수들》（90）真能管闲事啊。她算哪根葱啊？管别人家里的鱼饼过没过保质期。

b. 장부천한테 오늘 충고 풍년이구나. 왜 내 주변 입 달린 인간들은 다 나한테 충고를 해댈까?《돈꽃》（17）今天对张富川来说是忠告满天飞啊。怎么我周围只要有嘴的人都给我提忠告啊？

c. 엄살도 풍년이네 .《용왕님 보우하사》(9) 你真能装病啊。

4. 中性词变成贬义词

汉语中的有些中性词所对应的韩语汉字词是贬义词，这种现象比较多。例如，汉语“行脚”只有云游之意，是中性词。但韩语“행각（行脚）”却产生了贬义比喻义，比喻因某种目的而到处转悠，经常与乞讨、逃亡、行骗、犯罪等意义的词语结合，表达否定意义，如（14），“행각”语义的演变虽然与最初的基本义“云游”有关，但也反映出韩国人对过去僧人云游的消极看法。

（14）a. 구걸 행각 乞讨行径

b. 도피 행각 潜逃之行、逃亡之路

c. 사기 행각을 벌이다 展开骗局

d. 그의 범죄 행각이 백일하에 드러났다 . 他的犯罪行径暴露了。

综上，感情色彩的变化深受社会文化背景以及人们认知的影响，有时也会受到语言内部因素的影响。英语外来语与汉字词输入韩语之后发生的区别于原型文化感情色彩的变化，反映了韩国人的认知以及韩国的社会文化背景对语言的深刻影响。

第二章　范畴化与语言

认知科学认为，语言既是人类认知的创造物，又是为其服务的工具，因此其结构和功能很可能反映人类的更一般的认知能力，而认知能力中最重要的就是范畴化的能力，即在不同事物中发现相似性的能力（束定芳，2008：68）。Hofstadter 与 Sander（2013：14）认为范畴化其实就是将某个实体或某个情境与头脑中先前已有的范畴关联起来。王寅（2007：96）认为范畴化“是一种基于体验，以主客体互动为出发点，对外界事体（事物、事件、现象等）进行主观概括和类属划分的心智过程，是一种赋予世界以一定结构，并使其从无序转向有序的理性活动，也是人们认识世界的一个重要手段。”莱考夫（2017：5-6）也认为：“范畴化能力是一个不容轻视的问题，对于我们的思维、感知、行动和语言来说，没有什么比范畴化更基本了……探讨人们怎样范畴化，对理解人们究竟如何进行思维和从事活动非常重要。”总之，范畴化是人类最基本、最普遍的初级思维机制（Hofstadter & Sander，2013：18）。

每一种语言所编码的范畴都会受到事物之间的差别、人们与世界之间的互动方式以及概念形成的一般认知过程等三方面因素的综合影响（束定芳，2008：67）。受各个民族和国家所处的地理环境、生产方式、历史文化背景的影响，不同民族对世界万物的看法和分类都会有自己不同的视角和认识，范畴化的特点也不同，因此使语言的范畴化也出现不同。“因为人类自从有了语言，就自然会将范畴化和概念化的结果相对固定于词语表达中，这叫作范畴或概念的词汇化”（王寅，2005b：40）。

本章主要分析范畴与韩语的语言形式、词的构造、词义引申、词的虚化等之间的关系，最后探讨范畴是如何借助语言来对人的思维发生作用的。

第一节　范畴的层次

人们根据体验来使对象成为某个范畴概念，由人们的知觉而形成的概

念会形成一定的概念结构，概念结构越往上越具有图示化、抽象化的特点；在人们所形成的上层概念结构中存在两种概念形式，其中一种是意象图式，一种是认知框架，虽然两者相对于基本范畴概念来说都属于上层范畴，但两者亦有明显的区别，那就是意象图式相对来说是独立于社会与文化影响的，而认知框架深受社会与文化的影响（이동혁，2019：122–123），或者说，正像 Langacker 所言，意象图式是人天生的认知能力；而认知框架相对而言是后天形成。意象图式与认知框架会成为理解下位层次概念与范畴的百科知识与基础，因为在理解词语、短语、句子或语篇时，首先要建立一定的意象图式或认知框架（이동혁，2019：128）。

在众多概念形成概念结构的过程中，各个概念层次之间出现了认知上的差异。根据此可以对范畴进行分类，一般分为“上位范畴”“基本范畴”“下位范畴”，如下所示。

1 层位：上位范畴层位：乘用工具

2 层位：基本范畴层位：汽车

3 层位：下位范畴层位：豪华轿车

（Kövecses，2006/2010：82）

从心理学的角度来看，基本范畴层位要比其他层位的范畴重要得多（Rosch et al., 1976a; Kövecses，2006/2010：82）。Rosch 等（1976b）通过对三岁儿童的分类范畴化实验研究发现，基本层次范畴先于经典分类范畴而产生。“基本层次范畴具有其自身的完整性，它们是我们人类最早、最自然的范畴化形式”（莱考夫，2017：51）。这一点也可以通过韩语来证明，因为韩语中基本范畴以及下位范畴的词语中固有词的比例非常大，但在上位范畴中，绝大多数都是汉字词，这种词汇类型的不同反映了中国文化对韩国语言和文化的影响。也说明上位范畴这种抽象的集合观念是后来才形成的，人类最初关注的是能够产生相同感知的基本范畴的事物。从另外一个角度看，最初的这些基本范畴事物都是具象化的，这也证明人类的思维最初都是具象化的。

从范畴特征来看，基本层范畴具有一系列特征，具体如下：

a. 具有很多一致的特征（知觉）

b. 具有差不多的整体模样的最上层范畴（知觉）

c. 可以运用同一运动肌肉产生的动作而与范畴内的所有成员一起相互作用（行动）

d. 是可以通过多种方式进行沟通的最重要的层位，音节最少，最容易习得，最先进入词汇部（沟通）

e. 是具有更多属性的最上层范畴，人们拥有与其相关的更多知识（知识）

（Kövecses，2006/2010：83−85）

如上，基本层位范畴绝大部分与知觉、动作、机能和目的等相关。从语言的使用来看，基本范畴的词语与其他层位范畴的词语相比，语符数量更少，因为从认知的经济性来看，在概念结构中基本层位范畴是人们付出最小的认知努力而得到最多量信息的层位（이동혁，2019：123）。并且，基本范畴的词语在日常生活中用得最多，属于常用词。

基本层位范畴具有很强的语言共性，韩语的基本范畴词也表现出了上述几个特点。임지룡（2011）研究发现，韩语的基本层位范畴词绝大部分都是固有词，只有“사과、의자、총”是汉字词，“버스”是外来语；形态上，基本范畴词都是单音节或双音节词，只有“물고기”是三音节词；从语用频率来看，基本范畴词都是高频词。他还认为，韩语基本范畴词可使人们以最小的认知努力获得最大信息量，因此在知觉、行动、交际、知识层面具有上位范畴无法比拟的优势。

从范畴与文化的角度来看，“如果范畴分类的层位越多说明这个范畴的事物越是人们的认知和兴趣所在，而属于常用词的基本范畴层位就会向下移动。在某种文化里是下位范畴的词，在其他文化里有可能是基本范畴词，那么我们可以说，此事物在后面的文化里受到了更多的关注。”（王芳、王波，2022e：154）

第二节 范畴与语言形式

范畴可以按照从一般到特殊的梯度来划分，人类认知的基本范畴位于“中间”，向上趋于一般范畴，向下则趋于特殊范畴（莱考夫，2017：13）。在某一范畴内，如果相应的词语数量非常丰富说明此事物在该文化的重要程度之高。因为“每种文化的大部分词汇都是用来表示集合的。看一种文化的词汇，你就可以对这一文化的内容及其所看重的事物有个大致的了解”（霍尔，2010/2015：83），这里所说的“集合”就是范畴。

语言表达反映了人们认知和兴趣的所在，如果没有相应的表达，则说明人们没有这样的认知和兴趣（列维−斯特劳斯，2006/2014：6），这里所说的表达指的是基本的语言形式，例如词语、惯用语或谚语等。李葆嘉等在《女人、火与危险事物》的译注中曾提到一种范畴分类方法：由一组同义词构成的同义范畴，由某个词的若干不同义项组成的同根范畴，由若干同源词组成的同核范畴，以及围绕一件事的若干词所构成的同事范畴（莱考夫，2017：18）。这些范畴词的不同表现反映的是相关事物的文化重要性。

一、同义范畴

在不同的文化中，经常会出现一物多名的情况，即形成同义范畴，而“某个事物丰富的名称有助于辨别它对于某一文化的特殊重要性”（哈维兰，2014：13）。例如，与头有关，韩语里除基础词“머리”外，还有很多近义词，如“대가리、골치、골통、두각（头角）、골칫덩어리、골칫덩이、박、머리통”等，并且还有意为鸟头的“새다가리、조두（鳥頭）”等可比喻人的脑袋，这些词之间形成了“同义范畴”。再如，与脸有关，除基础词“얼굴”之外，还有众多的俚俗近义词，如“신관、낯、낯짝、얼굴、광대、쪽、빰、상통（相-）、면상（面上）、화상（畫像）”等，其中“신관”是敬语，“낯、얼굴”没有明显的感情色彩，“낯짝、광대、쪽、상통、면상、화상”是俚语，多具有贬义，“빰”指脸庞，“얼굴”的意义最多，这些近义词形成了“同义范畴”或“近义范畴词”。与嘴有关，韩语有“입、주둥이、주둥아리、아가리”等近义词，其中“입”是基本词；“주둥이”主要指动物的嘴，也可俗指人的嘴，还指瓶子或一部分器皿上长长的突出部分，“주둥아리”的意义比“주둥이”还要进一步，是人与鸟兽嘴的俗称。“아가리”俗指“입”，也指瓶子等器皿的口，或洞窟、帐幕、下水沟的入口。

如上，韩语里出现了与“头、脸、嘴”有关的丰富的同义范畴现象，虽然与这些人体范畴是人类最熟悉、最重要的事物这一地位有关，但这些同义范畴所具有的在褒贬义上的细微差异也说明韩国文化异于其他文化的一面。

二、同事范畴

莱考夫（2017：39）曾指出，基本层次的范畴依赖于人类的心理经验：格式塔感知、心理意象、肌肉运动、社会功能以及记忆力（指受试者在心理测试中，根据要求回忆测试者曾告诉他的某一范畴中的某些特定例子的能力）。但文化也会影响人们的基本层次范畴分类。如果与一种事物有关的范畴分类特别细致，那么可以说明这种事物在该文化中的重要性。因为对一个社会特别重要的事物或自然现象方面一般都有着非常丰富的词汇（C. 恩伯、M. 恩伯，1988：111），这些词汇所形成的就是同事范畴。同事范畴词汇丰富的一个典型表现就是某一范畴有丰富的下位范畴分类。

首先看与“鱼”有关的范畴。熊培云（2011/2016：309）曾提到“鱼”是思想家们常用的道具，从庄子的“濠梁之辩”中提到的“子非鱼，焉知鱼之乐”，到“鱼肉百姓、鱼死网破、鱼龙混杂、鱼目混珠、鱼尾纹”，都反映了过去中国人借鱼作比喻的思想。现代社会，汉语又用“炒鱿鱼”比喻被解雇。不过，汉语常见的还是用上位范畴词“鱼”作比喻，成语中出现的只有“鲍鱼之肆、信及豚鱼、鲂鱼赪尾、鲇鱼上竹竿、鲍鱼之次”等鱼类。

韩语中用作比喻的鱼类品种相对更多，根据这些鱼类的习性、长相的不同而产生了很多词语、惯用语、谚语，代表性的鱼类有“明太鱼、河豚、泥鳅、鲇鱼、鲫鱼、银鱼、鲥鱼、黄花鱼、刺儿鱼短蛸、鱿鱼、八爪鱼、鳐鱼、牙鲆、鳗鱼、鲻鱼、黄颡鱼、桃花鱼、青鳞鱼、虾虎鱼、小龙虾、三文鱼、鲻鱼、梭鱼、金鱼”等。此外“牡蛎、贝、螺”等海产品也都产生了丰富的比喻表达。[①]

举例而言，韩国人食用的最常见的鱼类之一是明太鱼，明太鱼根据捕捞方式，有“망태（網太）、조태（釣太）”；根据捕捞区域，有“강태（江太）、간태（杆太）”；根据捕捞时间有“막물태、은어바지、동지바지、섣달바지”。根据明太鱼的状态又有很多不同的称呼，首先新鲜的明太鱼称作“생태”，冰冻的称作“동태”，晒干的明太鱼小鱼称作“노가리”。一般晒干的明太鱼根据不同的状态和干燥方法，又有“북어（海边强风晒干的）、황태（整个冬天在晒渔场反复上冻化冻而晒干的）、찐태（因晒渔场天气太暖和而变软的）、백태（因晒渔场天气太冷而变白的）、먹태（因有雾、光照少而变黑的）、낙태（在晒渔场被风刮落的）、깡태（非常干硬的）、무두태（摘了鱼头晒干的）、파태（不完整的）”等（정문기，1936；王芳、王波，2022a：582）。

其中“동태”还多用于一些比喻义，如“동태가 되다”指因非常寒冷而被冻透，见（1a）。“썩을 동태 눈”比喻眼睛无神、视力不好等意义，如（1bc）。其中（1a，b）在汉语里对应的表达多无法与“鱼”对应，其中（1c）虽然可直译，但在汉语里更常用的是与上位范畴词有关的“死鱼眼”，如（1c″）。

（1）a. 엄동살에 동태 될 일이 있냐?《우리집 꿀단지》（30）三九寒天的，你想冻成冰棍啊？

b.（내 눈）썩을 동태 눈인줄 알아? 얘가! 내가 봤어 . 내가 똑똑

---

① 具体分析详见王芳、王波（2022a：580–609）。

히 봤어.《우리집 꿀단지》(52) 你以为我人老眼花了啊？这孩子！我看到了。清清楚楚地看到了。

c. 박기자，니 할 일 잘해. 니 눈이 졸려. 썩은 동태 눈깔이 뭐야. 뉴스 보다 자겠어.《질투의 화신》(22)

c' 朴记者，先把你自己的事干好吧。看你睡眼惺忪的样儿。像烂了的明太鱼眼一样。看你的新闻该睡着了。

c'' 朴记者，先把你自己的事干好吧。看你睡眼惺忪的样儿。像死鱼眼一样。看你的新闻该睡着了。

再看一个例子。韩语里可用"밴댕이(青鳞鱼)"比喻心胸狭窄，可以用于"밴댕이속"形式，如(2a)；有时"밴댕이"也可单独使用，如(2b)；"밴댕이"还可与"소갈머리"结合使用，如(2c)。조항범(2014：336-337)认为"밴댕이"的这种比喻义与它的两个生理特点有关，首先，这种鱼的内脏非常细小。第二，这种鱼还有一种特征，即被渔网一捕住就会扭曲身体瞬间死亡。

(2) a. 생긴 건 꼭 산적두목 생겨가지고 속은 밴댕이속 반만큼도 못하네.《우리집 꿀단지》(72) 长得就像山大王，但胸怀却鼠肚鸡肠/鼠腹蜗肠的。

b. 남자가 쪼짠하게 삐지고 그래. 말하다보면 그럴 수 있지. 입이 싼 것 사실이잖아！완전히 밴댕이 속이야.《왕가네 식구들》(38) 一个男人家的，怎么闹别扭啊。聊天时说这种话也是很正常的啊。他就是嘴比较贱嘛。简直就是鼠肚鸡肠/鼠腹蜗肠。

c. 너 가만 보면 완전 밴댕이 소갈딱지야.《쾌걸춘향》(3) 这么看来，你简直就是小心鬼啊！

如上，韩语里与明太鱼有关的丰富表达、与冻太鱼和青鳞鱼有关的比喻表达说明了韩国人对这些鱼类的关注及观察之仔细，也说明了这些鱼类在韩国人生活中的常见性与重要性。如果上升到中韩两种文化对比，可以说，韩语里与鱼类有关的众多比喻表达的产生与朝鲜半岛地理和渔业文化的丰富经验密切相关；反过来说，汉语多用上义范畴词"鱼"的这种语言现象反映出渔业文化在中国传统文化中居于相对次要位置。当然，这并不是说中国没有这样的渔业文化，沿海或渔业养殖发达地区也会产生很丰富的渔业文化，但具备渔业文化共享基础的区域相对局限，没有成为中国传统文化非常突出的一部分。

再看与娱乐有关的范畴。中韩两国都有荡秋千的娱乐活动，但汉语里"秋千"类型很单调，而韩语中有很多类型，如"땅그네、걸상그네、쌍그

네、어우렁그네、외그네、때때그네、댕기그네”等，还有“손그네”，指抱着孩子晃动，或者两个大人拉着小孩的胳膊让他跳动，如果没有这种对比就无法真正理解中韩两国秋千文化的差异。汉语里在表达韩语的这些概念时，用的都是解释性说明，而不是词语形式。

上面所分析的都是词语形式。除了词语，惯用语和谚语也可形成同事范畴。如果一种文化里，与某个文化现象相关有众多的近义惯用语或谚语，也说明这种文化现象在相关文化里占据重要位置。

例如，韩语里惯用语表现非常突出的有人体范畴中的眼睛范畴，《표준국어대사전》中收录的惯用语足有116条，其次是与手、口、头、脚、鼻、颈有关的惯用语，分别有93、75、74、71、50、50条。与脸有关的惯用语也非常丰富，并且很多与“面子文化”密切相关。这些身体部位惯用语的丰富说明韩国人对这些部位以及这些部位可能表现出的不同变化观察细致、非常了解。

具体而言，与眼睛相关的表达涉及眼睛的基础动作，如“睁眼、闭眼、眨眼、揉眼”，以及“眼珠子的动作”“视线的正斜”“眼睛的空间关系”“眼睛的感觉”“眼睛的颜色”“眼睛里长出的东西”“眼角”“眼睛与能力”等。其中，与眼珠结合的动词足有“돌다、돌리다、돌아가다、뒤집히다、뒤집어지다、곤두서다、나오다、빠지다”八种类型，韩国人用眼珠的这八种动作表达不同的感情义，从这些丰富的眼珠动作语言可以发现韩国人对人“眼神”的重视，这反映了韩国人重视“察言观色”的文化，也反映了韩国人重视“关系、人际和谐”的强语境文化，关于“瞪眼”，韩语也有“눈을 뜨다”“눈（을）똑바로 뜨다”“눈을 부릅뜨고”等多种不同程度的表达。

与鼻子有关，鼻子的位置、构造、状态、动作和声音、分泌物等也都有相关的惯用语表达，如（3），可以表达丰富的情感和心理意义。

（3）a. 콧등이 찡하다 / 시큰하다 / 시다、코허리가 저리고 시다

b. 콧등（이）붓다、콧등이 세다

c. 코가 솟다、코가 우뚝하다、코가 높다、코를 쳐들다

d. 콧대가 세다、콧대가 이마에 붙다、콧대가 높아지다、콧대가 천장을 뚫고 나가다、콧대가 오뚝하다、콧대를 세우다

e. 콧대를 꺾다、콧대를 깔아뭉개다、콧대를 내려놓다、콧대를 꺾다、콧대（를）낮추다

f. 코를 납작하게 만들다、코가 납작해지다、코（가）빠지다

g. 콧방귀를 뀌다、콧방귀도 안 나오다

h. 코대답、콧노래、코 먹은 소리

i. 코（를）빠뜨리다、눈물 콧물 다 빼다

j. 코푸렁이、코딱지

韩语里还有很多谚语表述的同事范畴，也说明谚语所表达的抽象比喻义在韩国文化里非常重要。例如，关于人的本质问题范畴，有很多同事谚语，具体如表 2-1 所示：

表 2-1　与本质有关的谚语

类型		谚语	意义
瑕不掩疵	米和秕谷	백미에는 뉘나 섞였지	白米这种好东西都会混杂一点稻子，这个不算是什么毛病。
	梨	봉산 참배는 물이나 있지	凤山梨水分很大啊。
	柚子	얽어도 유자	柚子即使表面坑坑洼洼也是柚子，比喻虽有一点缺陷，但本身有价值的东西不会受到严重影响。
无法改变	水和酒	술에 술 탄 듯 물에 물 탄 듯	比喻没有主见或分寸，话语或行动不分明，也可比喻不管怎么加工，本质是不会变的。
		물에 물 탄 듯 술에 술 탄 듯	
	木头和铁	나무 뚝배기 쇠 양푼 될까	天生的本质无法改变。
		나무 접시 놋접시 될까	
	乌鸦和鹤	까마귀 학이 되랴	
	鸡和凤	닭의 새끼 봉 되랴	
	马和马驹子	말 밑으로 빠진 것은 다 망아지다	
	牛马和麒麟	우마가 기린 되랴	
	狗尾巴	개 꼬리 삼 년 묵어도/묻어도/두어도 황모 되지 않는다	狗尾巴放三年也成不了狼毫。
		오그라진 개 꼬리 대봉통에 삼 년 두어도 아니 펴진다	弯曲的狗尾巴就是在竹筒里放三年也直不了。
		센 개 꼬리 시궁창에 삼 년 묻었다 보아도 센 개 꼬리다	白狗尾巴在臭水沟/黑烟囱里放三年还是白尾巴。
		흰 개 꼬리 굴뚝에 삼 년 두어도 흰 개 꼬리다	
		검둥개 멱 감긴 격이다	就像给黑狗洗澡一样。
	鸭子、野鸡	오리 새끼는 길러 놓으면 물로 가고 꿩 새끼는 산으로 간다	每个人都会按照自己的天性行动。
	螃蟹	게를 똑바로 기어가게 할 수는 없다	比喻无法改变本性。
		게 새끼는 나면서 집는다	比喻天性和本性是改变不了的；比喻本性凶恶的人从小就会害人。
	螃蟹、猫	게 새끼는 집고 고양이 새끼는 할퀸다	比喻本性凶恶的人从小就会害人。

续表

<table>
<tr><th colspan="2">类型</th><th>谚语</th><th>意义</th></tr>
<tr><td rowspan="5">本质不好</td><td>姓氏</td><td>성은 피가（皮哥）라도 옥관자 / 동지 맛에 다닌다</td><td>讽刺那些本质不好的人只重视外貌并洋洋自得。</td></tr>
<tr><td>头发和发带</td><td>더벅머리 댕기 치레하듯</td><td>比喻本质不好却过分注重外表装饰，显得很不合时宜</td></tr>
<tr><td>名字</td><td>이름이 좋아 불로초라</td><td>徒有虚名</td></tr>
<tr><td>野柿子和柿子</td><td>고욤 일흔이 감 하나만 못하다</td><td rowspan="2">差的东西再多也比不上一件好的。</td></tr>
<tr><td>麻雀和凤凰</td><td>천 마리 참새가 한 마리 봉만 못하다</td></tr>
<tr><td>本质可变</td><td>田鼠和蝴蝶</td><td>두더지는 나비가 못 되라는 법 있나</td><td>谁说田鼠就不能变成蝴蝶呢？比喻有可能发生别人无法想象的意外情况。</td></tr>
</table>

如上可以看出，韩语里关于本质主要有四种观点，第一种是瑕不掩瑜，即瑕疵掩盖不了本质；第二种是本质是改变不了的；第三种是讽刺本质不好的人做出不合适的行为，第四种是本质可变。从谚语的数量上来看，反映本质无法改变的谚语更丰富，这也说明事物的本质问题是韩国文化中非常重视的思想。

三、复杂类型

上面我们分别分析了不同事物所形成的同义范畴词、同事范畴词（惯用语、谚语），有的事物会同时出现同义范畴词、同事范畴词（惯用语、谚语）等多种表现形式，那么更可以说明此事物在文化中的重要性。

例如，与糕范畴有关，韩语里有很多下位范畴，如（4）所示，韩语里常见的糕共有三十三种，根据不同分类依据可以分为三个下位范畴，其中（4a）是用途分类，（4b）是名称分类，（4c）是特殊的糕类，也就是说，“떡”的语义发生了扩大，这些“떡”的合成词并不一定是糕，如“빈대떡（绿豆饼）”“호떡（糖馅油煎饼）”“비지떡（豆腐渣饼）”“기름떡（油渣饼）”[①]“장떡（醬-）（辣椒酱饼、大酱饼、酱油糕）”等，相当于汉语的“……饼（子）”。（5）中的“편”是“떡”比较文雅的称呼，也就是说两者形成了同义范畴。

① “기름떡 油渣饼”还有一个意义指用油煎的年糕，惯用语“기름떡 먹기”指又轻松又好的事情。

（4）a. 이사떡、개업떡、고사（告祀）떡、생일떡

b. 찰떡、나병（糯餠）、점병（粘餠）、개떡、보리떡、보리개떡、옥수수떡、콩떡、메떡、흰떡、산병（散餠）、쑥떡、송편、수수팥떡、오향고（五香糕）、시루떡、인절미、경단、선떡、아리랑떡、꿀떡

c. 빈대떡、호떡、비지떡、기름떡、장떡（醬-）

（5）편、송편、절편

韩语里糕还产生了丰富的意义，例如，"떡"本身具有多种意义，其一是比喻财物或意外之财，有惯用语"떡이 생기다"比喻发意外之财，有谚语"떡 주고 뺨 맞는다""어른 말을 들으면 자다가도 떡이 생긴다""자던 중도 떡 다섯 개""양손에 든 떡""양손에 떡을 쥐다"等，其中的"떡"都比喻利益或意外之财。有时韩国人会用年糕行贿，如谚语"이 떡 먹고 말 말아라"意为行贿让人三缄其口。发展到现代社会还出现了"떡값"，如"삼성 떡값 명단"，比喻受贿。"떡"还可比喻性格特别温顺的大好人，如（6）。年糕还比喻东西成了一个疙瘩，如（7），块状的东西也被比喻成年糕，如"귀지떡"是医学用语，指耳屎太多堵塞耳道，"피떡"指血块。

（6）그는 익은 떡이다．他是个老好人。

（7）a. 일주일을 감지 않았더니 머리가 떡이 되었다．头发一周没洗，都成疙瘩了。

b. 앞머리 떡진 것 같은데．《아버지가 이상해》（17）前面的刘海好像成绺了。

"떡"还发展成了前缀，如（8a）与动物词根结合，（8b）与植物词根结合，表达的意义都是"小的"，这种意义的产生与糕的形态特点有关，因为糕多是切成小块来食用。

（8）a. 떡붕어、떡부엉이、떡조개

b. 떡속소리나무、떡신갈나무、떡싹、떡애기、떡남줄갱이、떡느릅나무、떡잎、떡쑥

此外，与具体的糕类有关，"찰떡"是用黏米做的糕，并且还形成了合成词"찰떡같다""찰떡같이"比喻情感、信义、关系笃实。"송편"则有惯用语"송편을 물다"，比喻气鼓鼓的样子。与其他糕有关主要是产生了很多谚语，如表 2-2 所示，这些谚语的意义都与各种糕的特点有关。

表 2-2　与糕有关的谚语

谚语	意义
편보다 떡이 낫다	比喻即使同一类的东西，但却认为一方比另一方更好。
흰떡 집에 산병（散餅）맞추듯	比喻绝对没错的样子。
쑥떡 먹고 쓴소리한다	批评别人说话不中听
송편으로 목을 따 죽지	被松糕砍了脖子，比喻遭遇了不可理喻的事情而非常冤屈、悲痛。
수수팥떡 안팎이 없다	比喻难以区分里外的情况。
떡이 별 떡 있지 사람은 별사람 없다	虽然年糕有多种，但人却都一样。
보리떡을 떡이라 하며 의붓아비를 아비라 하랴	大麦糕也是糕吗？继父也是父亲吗？比喻大麦糕和继父都不好。
떡도 떡 같지 않은 옥수수떡이 배 속을 괴롭힌다	不起眼的小事反而惹麻烦。

韩语里与糕的制作原料、种类、装饰、食用等一系列过程的相关事物、特点、动作产生了众多的词语、惯用语和谚语，这些语言形式都被用来描述一定的现象、说明一定的道理，而“떡”本身也产生了三个比喻义。并且下位范畴的各种糕类很多也产生了丰富的表达与意义。这都体现了“糕”在韩国文化里的重要性。

综上，与某种事物有关，如果有众多的同义范畴词（惯用语、谚语），或者有众多的同事范畴词（惯用语、谚语），那么可以说在该文化中此事物占据重要的位置。

第三节　范畴与词的构造

前面分析了位于不同层位的范畴在语言学上表现出的不同特点。其中，上位层多是集合名词，而下位层多形成“修饰语＋中心词”的结构（Kövecses，2006/2010：83）。具体而言，属于基本层位范畴的词语一般出现较早，较为常用，是生活中的基本词语，形式简短，相反，下位范畴的词语常常需要基本层位范畴的词语来形成复合词（王寅，2007：138）。

复合词是比单纯词更复杂的结构，从音节上来看，一般具有较长的音节。刘丹青（1995a：102）曾说：“组合性单位的相对长度，与其文化重要性成反比，即同样的所指内容，在甲语言中用较简短的语言片段表示，显示它在此文化中占有较重要的地位，否则则处于非文化中心地位。”从象似性角度来看，“形态复杂性的增加，象似于语义复杂性的增加”（Haiman，1980：528），或者说“形式上的简短和复杂的对立，象似于概念上简短和复杂的对立，象似于信息上的熟悉和生疏”（王寅，1999：118）。因此可以从词语的构造来判断词语所代表的事物的范畴与文化的重要性。

英语里关于笑的表达大部分都是单纯词，如“smile、beam、chortle、chuckle、giggle、grin、guffaw、howl、roar、simper、smirk、snigger”，而韩语多是合成词，如“눈웃음、코웃음、털웃음、호걸웃음、함박웃음、선웃음、헛웃음、억지웃음、비웃음、쓴웃음、찬웃음”等，这说明英语圈人们的生活与笑距离更近，而韩国人与笑的距离相对来说要远，这也是儒家文化所倡导的“不苟言笑”的表现（박갑수，2014a：168），这一点也可以借助谚语来验证，韩语中有很多谚语是对各种笑进行指责和批评的。

例如，韩国人结婚典礼上一般讲究庄重，不让笑，反映这一思想的有谚语“초례청에서 웃으면 첫딸을 낳는다”，而谚语“삼일 안 새색시도 웃을 일”也反映出新娘子是不能随便笑的。平时经常笑也不被鼓励，有谚语“웃기는 선떡을 먹고 취했나”“사돈이 물에 빠졌나 웃기는 왜 웃어”都用来嘲笑那些没事傻笑的人。有时还用“곶감 죽을 쑤어 먹었나”来批评无缘无故发笑的人。有时还用“허파에 바람 들다”比喻笑个不停，韩语还用“허파 줄이 끊어졌나”来讽刺那些大声说笑的人。韩语还有汉字词“치자다소（癡者多笑）”，意为蠢笨的人爱笑。

由此看来，在韩国人眼里，经常笑的人显得没有城府、太傻。其实中国人也有这种思想，表现在语言上，汉语“笑”的下位范畴词绝大部分都是合成词形式，如“微笑、憨笑、狂笑、讪笑、取笑、偷笑、耍笑”等，汉语里形容人威严时多用“不苟言笑”。这与西方早期的基督徒不允许放纵自己大笑不同，因为在西方大笑被视为带有魔鬼性质的放肆（艾柯，2012/2015：135）。属于人类基本范畴词的“笑”在不同语言里的构词方式反映了不同文化对笑的不同认知和态度。

“构成合成词是出于用简洁的语言手段表达新义。除此之外，构成合成词还有一个用意，就是对同一事物进行分类”（张世广，1992：133），如果相应的合成词非常丰富，也说明在相应的文化里此类事物的丰富性以及分类的必要性。例如，韩语里睡觉为动词“자다”，睡眠为名词“잠”，此外还形成了与“잠”相关的丰富复合词，如表 2-3 所示：

表 2-3　与“睡眠”有关的词语

分类	韩语词语	对应汉语
睡觉的时间	낮잠	白天睡的觉
	쪽잠	忙里偷闲抽空睡得并不舒服的觉
	일잠、초저녁잠、저녁잠	早睡
	늦잠	晚睡
	봄잠	春困
	아침잠	睡到早上
	한잠[1]	睡一小觉
睡觉的地方	발칫잠	睡在别人脚下
	한뎃잠	露宿
	칼잠、갈치잠	几个人直挺挺地挤在小房子里睡
睡觉的样子	앉은잠	坐着睡
	말뚝잠	直挺挺坐着睡
	꾸벅잠	坐着点头打瞌睡
	고주박잠	坐着弯腰睡
	새우잠、시위잠	躺着弓腰睡
	개잠[1]	抱头弯腰侧睡
	나비잠	婴儿两手向上睡、虎抱头
	등걸잠	随便和衣而睡
	덕석잠	盖着牛衣睡指睡得不舒服
睡眠状态与质量	단잠、꿀잠、발편잠	安心睡觉
	개잠[1]、괭이잠、노루잠、토끼잠、벼룩잠、선잠	睡得不安稳
	겉잠、선잠、수잠、여윈잠	浅睡
	풋잠	没睡多久所以睡得不深
	첫잠	刚熟睡着
	속잠、귀잠、쇠잠、한잠[2]	熟睡
	통잠	睡得很好，一次也没醒
	곤잠（困–）	累得睡熟
	꽃잠	新婚之夜的觉
	개잠[2]（改–）、그루잠、두벌잠	睡醒了接着睡
	사로잠	因思虑而睡不踏实
	뜬잠	晚上醒了再也睡不着
	돌꼇잠	翻来覆去地睡
	덧잠	睡够了还继续睡
	아시잠、초벌잠	累了临时睡一会
	멍석잠	累得随便找个地方倒头就睡

续表

分类	韩语词语	对应汉语
睡眠状态与质量	이승잠、**서러운 잠**	病得昏睡
	도둑잠	偷偷睡
	꾀잠	装睡
	헛잠	装睡、似睡非睡
睡觉的人	잠동무	能够亲密地在一起睡觉的人

如上表所示，韩语里与睡眠有关的复合词特别丰富，足有60个，还有一个词组“**서러운 잠**”，说明睡眠范畴在韩国文化里占据很重要的地位。而汉语里在表达这些概念和范畴时，用的绝大部分都是词组等形式，没有这么丰富的词语。

从修饰语来看，如表2-4所示，“잠”的修饰语囊括了名、动、形、副、前缀等主要词类，说明其结合范围之广。“잠”的修饰语主要与时间、动物、物品等有关，尤其是用动物和物品比喻睡姿的用法具有很强的文化性。出现较少的是与身体、人、空间、农业、抽象名词、依存名词、副词、动词、形容词等有关的修饰语。

表2-4 “잠”的修饰语

修饰语分类		与“잠”有关的表达
名词	时间	첫잠、낮잠、일잠、아침잠、초저녁잠、저녁잠、늦잠、봄잠
	动物	갈치잠、새우잠、개잠、나비잠、노루잠、토끼잠、벼룩잠、개잠[1]
	花	꽃잠
	物品	칼잠、시위잠、말뚝잠、고주박잠、등결잠、덕석잠、멍석잠、돌꼇잠、괭이잠
	身体	발칫잠、발편잠
	人	도둑잠、잠동무
	空间	한뎃잠、이승잠
	农业	그루잠
	抽象名词	꾀잠
	依存名词	초벌잠、아시잠、두벌잠
副词		꾸벅잠
动词		앉은잠、여윈잠
形容词		곤잠（困-）、서러운 잠
前缀		단잠、꿀잠、덧잠、수잠、속잠、귀잠、쇠잠、통잠、사로잠、쪽잠、선잠、뜬잠、풋잠、겉잠、헛잠
单纯词		개잠[2]（改-）

韩语关于睡眠的表达如此丰富，修饰语所涉及的词类如此之广，说明韩国人非常重视睡眠，并且通过睡觉的各种要素来展现人的生活、人际关系等文化意义。除这些名词之外，表睡觉的动词“자다”也发生了语义泛化，足有七个意义，这都体现睡眠这个范畴在韩国文化里的重要位置。虽然中国人也喜欢用在基本范畴词前面添加各种表示“种差”的字词借用“定中构词法”来形成大量的合成词（王寅，1996：146–147），与睡眠或睡觉有关却没有如此多的复合词。

关于韩国人的睡眠，이규태（1983/2011b：84–87）认为因为韩国人的房屋建筑不隔音、多人一房同睡而导致晚上无法安睡、睡眠质量极差，所以韩国人才形成了白天随处都能入睡的习惯，韩国人早上的问候语是“안녕히 주무셨습니까？睡得好吗？”“밤새 안녕하셨습니까？晚上睡得好吧？”笔者认为韩语里众多的睡眠词语应该是这些现实生活原因的反映。当然，睡眠词的形成也与韩语的构词特点密切相关。

如果合成词既可以统指两类事物，也可以单指其中一类事物时，则体现出两类事物不同的重要性。例如，韩语有合成词“수저”，是“숟가락、젓가락”的总称，但“수저”也可单指“숟가락”。当一个词既可以指一种东西，也可以指包括前者的两种东西时，说明前者更重要。对韩国人来说，勺子是比筷子更重要的东西。筷子只是勺子的辅助工具（김영순，2003：60），而这也表现在其他语言形式中。例如，在准备吃饭时，韩国人一般经常说“수저를 나르다 / 놓다（拿 / 摆勺子）”，而中国人一般多说“拿 / 摆筷子”，筷子更具代表性。如果生气不吃饭了，韩国人是“밥숟가락을 던지다（扔勺子）”，而汉语是“摔筷子”。不让吃饭，韩国人用“밥숟가락을 뺏다（夺勺子）”，汉语是“夺筷子”。韩语的“밥숟가락”对应汉语的“筷子”。

某一事物或概念在某种文化里的重要与否可以从相关语言形式的构造来推测，如果其表现形式是单纯词、固有词，则可以说明它的重要性，而合成词或词组则意味着相关事物或概念的复杂性，则可以说明它的非中心文化性。这一规律同样也适合于跨文化环境中。如果合成词可以指代两种事物，也可以单指其中一种事物，则可以说明后者在文化中的重要性。

第四节　范畴与词义引申

不同范畴层次的词语在词义上也会出现较大的不同，其中，属于上位

范畴的词语大多是语义非常笼统的学科分类词，这类词语只是一种分类依据，无法说明特征一致的具体形象、动作，所以难以就某一属性特征产生比喻义。韩语里的这类词语多属于汉字词，如“人体、地理环境、动物、植物、饮食、服饰、住居、出行、农业、政治、法律、经济、军事、医学、教育”等，说明这类分类词是后来的文明产物，并且这些分类词中只有“동물（動物）”有派生词“동물적”，“식물（植物）”可比喻与植物生存状态相似的特殊的人体状态，“농사（農事）”可比喻生育和抚养孩子，其他上位分类词都没有发生意义变化。

属于基本范畴的常用词基本都是音节比较短的词语，容易产生比喻义。但基本范畴层位的范围可以很广，不同领域具体的分类范畴并不完全一致，有的领域范畴分类可以延伸至很多层次。

例如动植物范畴，一般而言，这两个范畴好像是同等意义的，但从比喻义的产生层位来看，却可以发现动植物对人类的意义有着很大差别。首先，动植物语言的范畴分类层级不同，动物语言具有更多的下位范畴层级分类，如表 2-5 所示：

表 2-5　动植物语言产生比喻义下位层级分类

<table>
<tr><th>一级范畴</th><th>二级范畴</th><th>三级范畴</th><th>四级范畴</th><th>五级范畴</th><th>六级范畴</th></tr>
<tr><td rowspan="15">动物</td><td rowspan="8">动物的繁殖和生长</td><td>发情</td><td rowspan="2"></td><td rowspan="8">……</td><td rowspan="8">……</td></tr>
<tr><td>哺乳动物的繁殖</td></tr>
<tr><td rowspan="4">卵生动物的繁殖</td><td>卵蛋的孵化</td></tr>
<tr><td>对卵蛋的认识</td></tr>
<tr><td>对皮壳的认识</td></tr>
<tr><td>幼虫</td></tr>
<tr><td>动物的外表</td><td rowspan="2">……</td></tr>
<tr><td>动物的排泄物</td></tr>
<tr><td rowspan="7">动物分类</td><td rowspan="7">家畜</td><td rowspan="7">牛</td><td>牛的分类</td><td rowspan="2">……</td></tr>
<tr><td>牛的身体部位</td></tr>
<tr><td rowspan="4">牛的形象特点</td><td>有灵性但听不懂、不会说话</td></tr>
<tr><td>体格大、力气大、食量大</td></tr>
<tr><td>行动慢</td></tr>
<tr><td>勤劳、温顺、固执</td></tr>
<tr><td>牛与其他动物的关系及解释</td><td>……</td></tr>
</table>

续表

<table>
<tr><th>一级范畴</th><th>二级范畴</th><th>三级范畴</th><th>四级范畴</th><th>五级范畴</th><th>六级范畴</th></tr>
<tr><td rowspan="11">动物</td><td rowspan="11">动物分类</td><td rowspan="7">家畜</td><td>马</td><td rowspan="7">……</td><td rowspan="7">……</td></tr>
<tr><td>狗</td></tr>
<tr><td>猫</td></tr>
<tr><td>鸡</td></tr>
<tr><td>鸭</td></tr>
<tr><td>猪</td></tr>
<tr><td>……</td></tr>
<tr><td>野生动物</td><td rowspan="4">……</td><td rowspan="4">……</td><td rowspan="4">……</td></tr>
<tr><td>飞禽</td></tr>
<tr><td>虫</td></tr>
<tr><td>水生动物</td></tr>
<tr><td rowspan="13">植物</td><td rowspan="6">植物的繁殖和生长</td><td>种子</td><td>各种种子</td><td rowspan="6">……</td><td rowspan="6">……</td></tr>
<tr><td>植物的种壳</td><td rowspan="5">……</td></tr>
<tr><td>发芽、开花</td></tr>
<tr><td>枝叶</td></tr>
<tr><td>根</td></tr>
<tr><td>草木的分泌物</td></tr>
<tr><td rowspan="7">植物分类</td><td rowspan="3">花</td><td>花的意义</td><td rowspan="7">……</td><td rowspan="7">……</td></tr>
<tr><td>花田</td></tr>
<tr><td>开花</td></tr>
<tr><td>草</td><td rowspan="4">……</td></tr>
<tr><td>树</td></tr>
<tr><td>葫芦</td></tr>
<tr><td>食用植物</td></tr>
</table>

根据上表可以发现动植物语言所表现出的不同：

第一，动物语言中很多可以有六级分类，而植物语言一般最多有四级分类，只有“树”这一范畴可以有五级分类。

第二，动植物语言中与繁殖有关的三级范畴的“发情、胎生、崽子、卵（蛋）、幼虫、种子”等都有比喻义，这是共性的地方，但动物的繁殖可以到四级范畴，而植物的繁殖一般只能到三级范畴，其中种子虽然可以到四级范畴，但数量有限。

第三，动物分类范畴中，主要是从属于四级范畴的“牛、马”等开始产生比喻义，而植物语言中主要是处于三级范畴的“花、草、树”产生比喻义。

第四，具体到三级范畴，动物语言有更多的三级分类，而植物语言的三级分类非常简单。当然本研究的分类与生物学上的分类不同，本研究是在所掌握的能够产生比喻义的词汇基础上再进行范畴分类，植物语言中能够产生比喻义的最多到食用植物。

第五，分类范畴中，动物的基本范畴层位要低于植物的基本范畴层位。

第六，根据动物与植物范畴的词汇中产生的比喻层位差异，可以说，动物与人类关系更加亲密，而植物相对来说关系较远。

如上所述，能够产生比喻义的词语不是最上位的，而是位于中间的具有实际的、具体的属性意义与特征的词语。因为这类“基本范畴”词所指称的事物（部分是动作行为）外延广，语义比较概括，具象特点丰富，不同角度对应不同特点，也就有了比喻义产生的可能，从而可以发生多角度、多层面的联想与语义引申。

也就是说，基本范畴词也反映了所代表的事物在某个社会中的重要性。例如，与繁殖有关的动植物语言几乎都发展出了比喻义。这种现象的产生，与繁殖对人类的重要性认识有关。从另外一个方面来看，这些词语如“胚胎、卵蛋、皮壳、小崽子、蜕皮”“种子、芽、枝叶、根”等都是上义词，也就是说这是所有的动植物都普遍具有的，语义具有可引申性。

与基本范畴词相比，如果是非常具体、意义非常狭小的下位范畴词，其特点特别具体、突出、强烈，属性特征不明显，那么发生比喻引申的可能性也会变得非常小。即使发生词义引申，也很难做到多角度和多层面的联想与语义引申。

例如，韩语里有“모퉁이”，这是个基本范畴词，可以发生语义泛化，产生了多个比喻义，但它的下位范畴词“산모퉁이”却只有具体义，指山拐弯的地方，没有产生抽象义。之所以产生这种区别，是因为“산모퉁이”的语义太过具体，语义已被限定，无法产生抽象的比喻义。

范畴分类源于认知，而认知受到多种因素的影响，不同文化和地区的人、不同职业的人等对事物的范畴分类都会有所不同。总的来说，与人类生活密切相关的事物更容易发生比喻引申，容易发生比喻义的范畴会随之下降到下位范畴（如动物语言），反之，与人类生活关系小的事物则不容易发生比喻引申，那么发生比喻义的范畴也会随之上升到上位范畴（如植物语言）。也就是说，基本范畴的层位会随着与人类关系的远近而上下移动。

例如，动物语言的上义词“动物”本身没有比喻义，与其相关的谚语或惯用语也极少。但其下义词，即具体的动物语言却通过各种形式拥有了丰富的语义和文化内涵，尤其是家畜词语的比喻义大部分都集中在分类、身体部位或长相、习性、与其他动物的关系等方面。尤其是“개”，除了

以上共同的方面外，与“狗食”有关的很多词语也都可以比喻人，如“개차반”俗指言行非常龌龊的人，有时也写作“개차반이”；“개죽”指做得像粥一样的狗食，也可比喻将几种食物掺在一起煮成的比较黏稠的质量很差的饭，有时与“쑤다”连用，俗指打算干的事情没有成功的那种状态，如（9a）；有时也单独使用，比喻心情不好，如（9b）。此外还有“개밥에 도토리”指受他人孤立的人，经常说“개밥에 도토리 신세”，如（10）。“개”还发展成了前缀“개-”，其意义发生了极大的抽象化。

（9）a. 이번 시험은 개죽을 쒔다. 这次考试考砸了。

b. 기분이 개죽이다. 心情非常不好。

（10）그러면 성님집 개밥에 도토리 신세 돼. 사위 앞날은 구만리인데 평생 홀애비로 늙어죽을 겨?《아이가 다섯》(2) 那样的话，姐姐你们家就被扔到脑后头去了。你女婿前途光明，能一辈子不再婚吗?

另外，韩语的动物语言中，如蛋、卵、皮、毛都可以喻指人，并且蛋卵具有积极的比喻义，而“소가죽 牛皮”“거북이 껍데기 龟壳”等可比喻人要有廉耻。动物的命运如“개팔자、닭팔자、매팔자”也比喻人的命运。动物可比喻孩子，如“새끼오리、토끼、복돼지、여우”。有时还用动物比喻人的动作或表情，如“염소웃음”比喻像山羊那样笑，“황소울음”比喻像黄牛叫那样大声哭，“용울음”比喻像龙出现那样突然大哭。动物的脚也可以根据形态的相似性比喻其他没有生命的事物，只有“까마귀발”比喻又脏又黑的脚，而鸡大腿“닭다리”是手枪的隐语。比喻走路缓慢时可以用动物的脚步，其中“달팽이걸음”比喻似走非走的慢步子，“거북이걸음”比喻使事情进展非常缓慢或指缓慢的速度，“우보（牛步）”比喻非常慢的步子，同样是牛步，但“황소걸음”除了比喻缓慢的步伐，还比喻虽然慢但却扎扎实实往前推进的行动；比喻用大长腿大踏步地走路时用“황새걸음”。“거위걸음”比喻小孩子一摇一摆地走路，“씨암탉걸음”比喻一摇一摆、静静地缓慢走路。“쥐걸음”比喻以焦急的心情观察四周、压低身子悄悄地走路。动物脚还比喻写字潦草，如“괴발개발、개발새발”比喻写字非常草，“게발글씨”指随便乱写的难以辨认的字，惯用语“발로 쓰다”也比喻写字不好，“발연기”比喻演技不好。“오리발”比喻装作没事人。动物的四蹄、四肢也可比喻人，其中固有词“네굽질”指牲畜踢动四蹄，也俗指人手舞足蹈，如“지랄 발광 네굽질”比喻就像疯了一样闹腾。动物内脏比喻事物，如与牛百叶有关有谚语“처녑에 똥 쌓였다”，比喻需要做的事情堆了很多。

虽然植物也是人类所处的客观环境的一部分，并且也与人类关系密切，尤其是对过去是农耕社会的韩国人来说，植物的生长繁殖，尤其是农业有关的植物是韩国人不得不重视的基础事物，所以韩语里的很多相关的植物语言也具有丰富的文化意义，但从整个植物范畴来看却无法与动物范畴语言相比。

例如，植物语言的上义词“花、草、树”等拥有丰富的比喻义，并且“풀”还发展成了前缀。但其下义词除了“박、콩、깨、밤、감、고추、호박”有相对丰富的语义外，其他植物下义词的语义都比较单一。具体而言，与树有关的“애송이、송진감투、가시덤불、가시밭、가시밭길、청대”等都可比喻人或人所处的状况。此外，葫芦的各种表达，如“뒤웅박、쪽박、오그랑쪽박、바가지、함지박、함박”、禾谷类的“쌀、좁쌀、숙맥、메밀、수수、콩、콩밭、깍짓동、깨、땅콩、밤”以及蔬菜水果类的“감、고추、호박、고사리、파、양파、배추、오이、수세미、무、고구마、가지、아욱”等也多比喻人的长相、品行、行动以及抽象的道理，但大部分的植物语言在语义的丰富性上要弱于动物语言。

从语言学的角度分析近义词之间容易产生比喻义的各种类型和表现，从词语的音节多少和长度来看，音节少、长度短的词语更容易产生比喻义。而前面所分析的基本范畴词汇基本都是音节最短的词语，这些词语最容易产生比喻义。也就是说，范畴角度的分析与语言学角度的分析结果是一致的。

从上面的分析中可以发现，与人们关系越密切的动植物词语，越容易产生比喻义，即使词语本身没有比喻义，也多出现于惯用语或谚语中。对这种现象产生的原因，马林诺夫斯基（Malinowski）认为：动植物可以为人类提供食物，因为食物需求在原始人的意识中占有优先地位，能够唤起强烈和多变的情感。所以，某些作为常备食品的动植物物种会成为人类最主要的关注点（列维–斯特劳斯，2012/2015：68）[①]。不仅与食物有关，“人们最初的审美活动，也总是欣赏与自己生存、生活、物质生产活动直接有关的产品、对象、环境，所以狩猎时期的原始民族，欣赏动物，拿动物的皮毛、牙齿、骨骼来装饰自己，却不欣赏植物”（王世德，1987：21）。

另外，通过对韩语动植物语言的分析发现，与植物语言相比，动物语言产生比喻义的可能性更高，在日常生活中的语用频率也更高。这种现象

---

① 虽然马林诺夫斯基的观点在解释图腾制度时遭到列维–斯特劳斯的批判，但是他的观点至少可以用来解释人类对动植物的关注与观察。

产生的原因可借用马林诺夫斯基的观点来解释：因为动物在外貌上与人极其相似，并且大部分动物都显得比人类能力更强，所以动物占据着人与自然的中间位置，能够唤起各种相互混杂的感受：敬慕与畏惧，对食物的贪欲等。但植物、自然现象、人类创造出的物品等都是不能活动的事物，所以与人类的关系要远于动物与人类的关系（列维－斯特劳斯 2012/2015：68）。根据这种观点，我们可以推论：人类更加关注有生命、与人类亲合关系更近的动物，对它们的观察更仔细，相关的语言则更容易产生比喻义。

除以上物质文化范畴外，还有经济、政治、医学、军事、教育等专业范畴。这些范畴的相关语言也会发生词义引申。例如，医学作为源域，可与经济、政治、军事等目标域发生关系，这种现象具有文化共性，例如英语的政治、经济问题常用病名来进行比喻（Urbonaitē & Šeškauskienē，2007），而韩语里也有这种现象，김해연（2016ab，2017ab）发现舆论语料中常用医学用语来描述经济不景气。此外，韩语的很多医学用语都发生了语义引申。

具体而言，韩语里的医学范畴可以分为病症、诊法、治疗方法等三大范畴。传统的"断指、割肉治疗、惊吓"治疗与现代医学有关的"出血、输血、换血、手术、缝合、氧气罩"等词汇也都产生了比喻义。尤其是与药有关，从药房、处方、中药名、抓药、熬药、吃药到药费，都有各种相关的表达和比喻义，并且"약"本身还产生了七类意义。古代的生活和医疗条件下，传染病最可怕，韩语里与此相关有五类代表性的传染病，由此引申的惯用语和谚语，大部分都比喻使人难受、让人感到困难、不吉利、奇怪、脏、丑、骂人等消极意义。由此可见，由于与人类的生活和健康息息相关，医学用语的语义引申现象非常普遍。

很多类比还出现在我们熟知的其他行业事物中（帕默尔，2016：87），建筑、交通、农业、教育、物理学、机械学、地质学、矿业、冶炼、天文学、化学、邮电通信等专用术语可比喻其他领域的事物或现象。例如，机械用语中的滑轮"고패"多用于惯用语中，"고패（를）빼다"表达屈服之意，"고패를 숙이다 / 드리다"指低头示弱，而"고패를 떨어뜨리다"指在院子里行礼。

与人体范畴、地理环境、动植物范畴、饮食范畴、住居范畴相比，这些专业范畴语言虽然也可以发生词义的引申，但从产生的可能性、频率等方面来看远远不如其他范畴。因为词义引申都是从人类最熟悉的身边事物开始的，即"近取诸身，远取诸物"，而既属于专业范畴又与人类生活息息相关的医学范畴则表现出了很强的语义引申性。

由于人类对客观世界的认识具有一定的主观性，因此不同民族之间也存在一定程度的认知差异，这也表现在范畴的划分之上，又加之日常交际的需要，所以允许有空缺和不同的分类方式（Ungerer & Schimd，1996：43-45），因此在不同文化中，范畴概念也会出现不同。在汉语里为上位范畴的词在韩语里有可能成为基本范畴或下位范畴，那么在语义引申上也会出现差异。

例如，“放牧”这个词传入韩国后成了汉字词“방목하다（放牧--）”，除放养牲畜这个基本义外，还比喻对孩子的自由式教育，如（11），汉语用“放羊式的教育”，在这个对应关系中，韩语用的是上义层次，汉语用的是下义层次。也就是说，在韩语里“放牧”是基本范畴词，而在汉语里“放牧”是上位范畴，“放羊”是基本范畴，这说明畜牧业在中国文化里的重要性，反之，牧业在韩国文化里的地位相对来说不那么重要，这也符合中韩两国古代的一般性生产特点。

（11）a. 아들을 방목하다 对儿子进行放羊式的教育

b. 애들을 지금까지 이렇게 키운 거야? 애를 방목하는 것도 정도가 있는 거야. 애가 없어졌다고. 우주가.《아이가 다섯》(17)
到现在为止你就是这样养孩子的吗？对孩子实行放羊式管理，也得有个限度啊。孩子不见了啊！雨竹不见了！

综上，不同范畴的词语其语义引申的可能性与特点不同。从范畴的层次来看，基本范畴词发生语义引申的可能性更大，而上位与底层下位范畴发生语义引申的可能性更小。从范畴的分类来看，与人类关系最密切、最重要的范畴的相关词语发生语义引申的可能性更大。范畴的分类与层次虽然具有一定的文化共性，但也具有一定的文化特殊性与民族性，同样的事物在不同文化里可能属于不同的范畴，那么发生语义引申的可能性也会不同。

第五节 范畴与词的虚化

语义的虚化是词义引申的一种，能够发生虚化的源语一般是基本范畴词，所以一个事物如果能够发生虚化成为词缀，则说明相关事物是基本范畴词。一个具有实际意义的词语要想实现语义的虚化而最终成为词缀，其中一个重要的条件就是很高的语用频率，只有高频词才最有可能发生语义的虚化。语用频率高反映的是词语的常用性和较强的可结合性，反映的是在某种文化中的高曝光度和重要性。同核范畴词指由若干同源词组成的一组词汇。其中具有代表性的就是由某个源语发展而来的词缀形成的一组派生词。如果某一源语形成了丰富的同核范畴词，则说明此源语所指事物在韩国文化中占据重要地位。

首先看前缀。例如，与动物有关，韩语“개（狗）”从实词发展成了否定意义的前缀“개-”，“개-”有三类意义，第一类可以指野生状态的、质量低下的、相近但不同的，如（12）。第二类意义指白白地、没用的、胡乱的、没有条理的，如（13）。第三类意义多用于否定意义的名词前，表示程度很深的，如（14）。并且出现了很多新词，如（15a）与“개-”的否定意义一致，都与否定性词根结合，而（15b）与中性词根结合，其中“개멋”，意为“臭拽”，类似的还有“개폼”，近义词为“똥폼”，指自己觉得很有范儿，但别人却觉得很一般。这些意义在汉语里更多地是用词组或解释性语言来表达。

（12）개금、개꿀、개떡、개먹、개살구、개철쭉

（13）개꿈、개나발、개수작、개죽음、개방귀、개소리、개지랄、개질、개짓거리、개사망

（14）개망나니、개놈、개잡놈、개불상놈、개년、개딸년、개잡년、개백정、개아들、개짐승、개꼴、개고생、개행실

（15）a. 개무시、개창피、개망신、개박살、개양아치

b. 개멋、개폼

再看后缀。韩语里表示头有两个近义词，分别是“머리”和“대가리”，这两个词形成了同义范畴，并且还都发展成了后缀“-머리”“-대가리”。

“대가리”这个词多指动物的头，也指有一定长度的东西的前端或上端，如“열차 대가리 列车头”“콩나물 대가리 黄豆芽头”，都没有贬义。“대가리”指人时是一种俚语，有贬义。“대가리”的这些词义形成了“同根范畴”，而动物脑袋“닭대가리、새대가리”等则与“대가리”形成了“同核范畴”。“대가리”在具体“头”的基础上虚化成了后缀，形成了很多派生词，如“겁대가리、맛대가리、멋대가리、재미대가리”等，已被词典收录；此外还有“재수대가리、정신대가리、천지대가리”，还没有被词典收录。

再看“머리”。这个词本身没有太多的引申意义，但“머리”发展出了后缀“-머리”，其派生词可以分为两类：第一类是（16a），词根都是消极意义的；第二类如（16b），其词根虽都是中性词，但与前面的派生词一样，都多用于否定结构，或表消极意义。此外，韩语的“엉덩머리”俗指屁股，汉语有“屁股蛋儿”，但一般不用“屁股头”。

（16）a. 얌통머리、염통머리、얌치머리、염치머리（廉耻--）、골머리、성질머리、잔머리、안달머리、주책머리、시퉁머리、심퉁머리（心---）、싹퉁머리、고집통머리（固執---）、진절머리

b. 소견머리（所見--）、구변머리（口辯--）、인정머리、정신머리（精神--）、공부머리、소행머리（所行--）、교양머리、싹수머리、성정머리（性情--）、주변머리、재숫머리（財數--）、주견머리（主見--）、지각머리（知覺--）、채신머리、행신머리（行身--）、행실머리（行實--）

如上，虽然“头”在任何文化里都具有很重要的地位，但韩国文化里不仅有两个同义范畴词，还都发展出了具有丰富的意义和派生能力的后缀。

韩语里这些前缀与后缀的存在既可以说明韩语从具象到抽象的演变过程，也说明韩语词缀的源语所代表的相关事物在古代韩国人生活里属于基本范畴词，占据重要的文化地位。

第六节 范畴、语言与思维

上面我们分析了范畴与语言形式、词的构造、词义引申与词的虚化的关系，这是范畴化和认知能力对语言的作用。反过来，因为语言具有约定俗成性和规约性，所以语言也会通过各种语言范畴来影响人类的认知与思维。正像钱冠连（2005：36）所说，靠语言成功表述的思维才算是具有了逻辑的、概念的以至范畴化的形式。

颜色词是每种文化和语言里都会出现的一个范畴。客观世界里自然万物的实际颜色是一致的，但在不同语言里，基本颜色词的数量却不同，这本身说明了不同文化的语言在对自然颜色进行范畴化时出现了不同。也说明范畴的划分具有一定灵活性和较高的实用性，正是因为这种灵活性，才使原型范畴具有了较大的效益和经济性。客观世界具有无限性、连续性、不可穷尽性，但人们出于认识颜色的需要而不得不对其进行切分，所以颜色词边界的模糊性在所难免，而不同民族和文化的人因认识和交际的需要而做了不同的切分，这也说明人类认识具有一定的主观性和模糊性（王寅，2007：124）。

当语言产生后，人类就要利用语言表达世界，不同的语言利用的是各自语言体系的颜色词来对客观存在的具体事物的颜色进行描写，并且各自在这个过程中则实现了对思维的范畴化和规则化。

例如韩语的“푸르다”与“파랗다”，自然世界中的天空、山、大海的实物颜色虽然并不相同，并且根据季节、观察点等的不同，同一事物也会呈现不同的颜色，但韩语里都统一用“푸르다”来描写，如“푸른 하늘 青天/蔚蓝的天空”“푸른 산 青山”“푸른 바다 碧绿的大海”，因为韩国人接受了这些语言表达，使这些语言组合具有了规约性。而在汉语里，这些颜色对应的却分别是“青/蔚蓝、青、蓝色/碧绿”，形容天空和山时，汉语也可以被统一为“青色”，但大海的颜色却无法统一为“青色”，而是用“蓝色”或“绿色”。“青色”在古时还可形容黑发，如“青丝”，因为在古人眼里黑、绿、蓝是同一类颜色，虽然对现代人来说并非如此，但在使用语言时依然沿用了过去的表达，这也反映了汉语颜色词对中国人思维的规约化。

再看交通信号灯的“绿灯”，韩语用“파란 불”，也用汉字词“청신호（青信號）”或混合词“초록불（草綠-）”，虽然上述颜色“파랗다 蓝色”“청 青”“초록 草绿”并不是同一种颜色，但在韩国人的思维里却被看作是同一种颜色范畴。学习韩语的中国人就会受韩语的影响，在使用韩语时被迫将“파랗다”“청”“초록”这三种颜色与同一事物等同起来，尽管汉语里只有一种表达——“绿灯”。类似的还有汉语“红茶”，英语为“black tea”（爱娃·海勒，2017：3），虽然“红”与“black”并不是同一种颜色，但在说英语时，中国人不得不将两者统一到一起。

除颜色词之外，语言对思维的范畴化与规则化在韩语中还有很多表现，其中比较突出的是敬语系统。与汉语相比，韩语非常典型的一点是敬语系统非常发达，这是对韩国社会讲究人际关系和上下秩序的反映，同时也影响到韩国人生活的方方面面。所以김광식（2014）深刻认识到了语言对思维的规则化能力，倡议要废除敬语、实现社会真正的平等。正因为敬语系统的发达，所以韩语里还出现了极具特点的“人称隐喻、敬语隐喻、语符长度隐喻”等现象，这些隐喻方式是韩国人间接表达感情与人际关系远近的重要手段。

第三章　概念化、概念整合理论与语言

M.Johnson 的一个基本见解是：经验是在任何现有的概念之前以一种重要的方式被结构化的，并且独立于任何现有的概念。概念，这听起来可能很神秘，但实际上很简单，很明显，以至于通常认为它不值得（Johnson，1987；Lakoff，1987：271）。但与概念有关的概念化能力却是人类非常重要的认知能力。并且概念只有被语言表达出来才能用于交际并被识解，而这就是概念的词汇化过程。随着社会的发展，新的概念不断出现，概念的词汇化过程表现出了更加复杂的一面。而随着社会和文化的发展与变化，有的语言形式的构建失去了当时的文化背景，因此在理解时就需要进行概念重塑。而随着社会的发展，语言形式也会发生语义变化，而新的语义的形成是通过人类的概念整合形成的，即使是一些看似矛盾、难以识解的语言形式，通过概念整合理论也可以得到很好的阐释。

本章主要分析概念的定义、概念化、概念的词汇化、概念的重塑、概念的整合等内容，借此来探讨如何借助概念整合理论来解释韩语的语言现象。

第一节　概念与概念化

概念是由人们关于客观事物的知识结构构成的，是“由具有该范畴全部通常属性的原型所表征的”（Rosh & Mervis，1975），概念是以原型的最佳实例表征出来的（王正元，2009：3）。

关于概念化，石毓智（2006）曾提出概念化是“一个民族如何把认识外在世界的成果用词语固定下来的一种认知行为”。周光庆（2009：43）则对概念化进行了具体描述，他认为“所谓概括，是人基于自己的知识、经验和目的、兴趣，从特定的视角出发，在分析的基础之上，将同一类事物的共同特征抽象出来归纳到一起，或者以同一范畴中的‘原型’为典范，将同一范畴中所有事物与‘原型’的共同相似性抽象出来归纳到一起，对它们做出相同的反应，进而形成概念，实现特定事物的‘概念化’”。

体验哲学也有以上观点，感知和肌肉运动等体验在人类的头脑中留下某种心智图像，这种心智图像最终形成了概念。在这种认知活动中社会实践即经验是概念形成的基础。“儿童概念的形成，起初并不是从许多现成的事物中抽出一个共同的意义，而是把旧有经验中的结果运用于新的经验中，以便帮助他理解和处理新的问题”（杜威，2005/2016：132），人在面对新的事物时都要借助经验来形成一种新的概念。概念是“植根于人类认知经验的，包括文化世界、社会世界、心智世界和物理世界的经验”（Sweetser，1990：12；王寅 2007：94）。也就是说，概念的形成是一种“体验性的概念化”（王寅，2008a：5）。

这种概念化思维是人类普遍具有的思维能力，所以 Langacker（1987：194）提出了“意义即概念化”的观点，认为意义不是客观给定的，而是人们通过积极的认知过程建构出来的。Langacker（2008：30）又对其做了详细的阐释，即：意义与概念并不一致，而是与概念化一致，选择“概念化”是为了突出它的动态性。概念化大体上包含了心理体验的任何方面；它被理解为包含：既包括已建立的概念，也包括新的概念；既有抽象的或“智力的”概念，还包括感官、运动和情感体验；对身体、语言、社会和文化背景的理解；通过加工时间发展和展开的概念（而不是同时表现出来）。“意义即概念化”，这使意义具有了动态性。

第二节 概念的词汇化

一个范畴、概念或意义在一种语言中可用一个词语将其相对地固定下来，就是范畴或概念的词汇化（王寅，2007：92-94）。换句话说，概念的命名过程就是概念的词汇化过程。

词汇化是客观世界经由人们的意识与认知通过概念化形成的，反映的是人们对客观世界的对象和事态的心理感受与主观认知。韩国人的造字反映了韩国人对客观世界的认识经验，而其中最能体现韩国人经验的民族性的就是韩国人自创了很多可以表达韩国文化特性、思想、感情的汉字词。

这里以“斗落”为例进行说明。汉语里指土地面积时多用“亩”，《说文解字》中有“亩，六尺为步，百步为亩。秦田二百四十步为亩。亩或从十久。”也就是说，百步为亩，是用土地的长度来计算土地的面积，这种面积计算方法与西周时期的井田制有关，也与当时的平原地形有关，因为平

坦的地形很容易用土地的长宽来测量面积。但韩国基本都是山地，土地形状很不规则，为了适应这种地形，韩国农民创造出的土地面积计量单位是“마지기”。这个计量单位是从“말（斗）+지（落）+기”发展而来的，字面义是“一斗米落下”，意为可以种一斗粮食的土地（최창렬，2002/2003：152），并且这个计量单位还可用韩国人自创的汉字词“두락（斗落）”表示。中韩两国人受各自所面对的客观世界、文化经验背景等的综合影响，在将相关的土地面积概念转换为语言符号的时候表现出了很强的民族性。

人们要想以某个事物的经验为基础来形成意象，并进而用其表达自己的思想，前提条件是已有的经验所涉及的事物是人非常熟悉、了解的事物，然后才能有意识地对其做出认知上所谓的着重、突显、显隐化、焦点突显等选择，才能准确地抓住事物的突出的、普遍的本质特征，形成具有普遍性的、可识解的“心理意象”或“表象”，进而形成语言符号。并且，语言表达的终极目的是交流，只有借用最熟悉的事物来为概念命名，才能获得共享基础，在交际对象之间形成同感和共鸣，并且被正确地识解，利于这种语言表达的扩散以及概念与语义的进一步发展。前面所提到的汉语“亩”与韩语“마지기”“두락（斗落）”的形成，都经历了类似的“从物自体到表象到意识对象，然后经历概念化、词汇化，最后成为语言符号”的过程，并且这三个语言符号的生成与过去中韩两国人民的生活密切相关，具有各自的共享基础。

综上，概念的词汇化或者说事物被命名的过程以及日常话语交际，都以人对客观世界的感知、感受与体验为基础，然后经过一系列的心智活动形成，在这些过程中，主体的文化背景也会影响对客观世界的感知、体验以及相应的心智活动，具有一定的主观性。尽管如此，不管哪种文化，为概念或意义命名所利用的事物都是日常生活中常见的、熟悉的。

第三节 新概念与语言

新的概念也都是基于体验产生的，并且更多依据于过去的经验。例如“김밥”的一般形态特点是从里到外分别是馅料、米饭、紫菜，但韩国还有“충무김밥”，只是紫菜包饭，大小有手指般粗细，吃的时候再配以海鲜小菜等，虽然制作方式和材料都不同于一般的紫菜包饭，但名称却依然借用了已有的概念——“김밥”，在此基础上添加了地名意义的“충무”，从而形成了具有地方特色的新的词语。再如，“벼락”指打雷，当出现新的事

物——支摘窗后，韩国人根据这种窗子关闭时的声音与打雷声音的相似性，将其命名为“벼락닫이”。

新的概念还包括与行为有关的概念，如“실수（失手）”意为失手，但也可形成“말실수”类新的词语，意为说错话。除名词之外，动词的形成也基于人的体验。例如，过去韩国教会里举行葬礼时会敲三下钟，正是基于此类文化经验，韩语里有了与“钟”有关的合成词“종치다”产生了新的意义，意为完蛋。

上面分析的都是用已有的词语形成新的词语表达新的事物与概念。有时在表达新的事物与概念时也可以不形成新的词语，而是对已有词语的意义进行改变，经常出现的类型是扩大语义的范围，例如，韩国人用“노루발、새발、까치발、까마귀발、문어발”等狍子、鸟、章鱼的脚当作源域比喻后来产生的目的域——羊角锤、筷子、搁板、琴柱、金属装饰套爪，或者用来修饰具有某种突出的异常特点的人体部位，使这些动物脚都成了多义词。

以上两种方式都是用已有的事物表达新的概念，此外，人们还会利用新事物来改造旧的语言形式或形成新的语言形式，从而实现对已有概念的发展。例如，在表达“火上浇油”这一概念时，韩语的传统表达是“불난집에 부채질하다”，即用扇蒲扇比喻，随着社会的发展出现了“가스통 煤气罐”“화염병 火焰瓶”等新的事物，所以韩国人转而用这些事物来表达强调意义，如（1）。

（1）a. 지금 불난 집에 가스통 던지러 왔어?《달콤한 원수》(112)
你这是来火上浇油啊?

b. 지금 가득이나 이혼당하게 생겨가지고. 불난 가슴에 화염병 던지고 있어?《밥상 차리는 남자》(24) 现在本来要被离婚了，（你）这是往（我）怒火中烧的胸口扔火焰瓶啊?

在表达班门弄斧时，韩语用“번데기 앞에서 주름잡다”。随着社会的发展又产生了与挖地有关的类似表达，其中用铁锹挖地表达为“삽질하다”，现在又有了新事物“포크레인 挖掘机”，所以就有了下面（2）的表达，在传统的谚语“번데기 앞에서 주름잡다”后面，又添加了新创造的“포크레인 앞에서 삽질하다”，两者结构与意义都相同。

（2）너 지금 번데기 앞에서 주름잡냐? 포크레인 앞에서 삽질해?《연인》(9) 你这是蚕蛹面前拿褶呢? 你这是在挖掘机面前耍铁锹啊?

在表达乞讨意义时，因古时乞丐一般都会在腰里拴个瓢子要饭吃，所以“쪽박（을）차다”指成为乞丐，类似的还有“바가지（를）차다”。随着

社会的发展，瓢子已不常见，但出现了“깡통”，很多乞丐乞讨时改用小铁桶，因此“깡통을 차다”就用来转喻乞讨，如（3）。

（3）아이구，강품호씨 웃겨！그 나이 먹어서 이혼하면 깡통밖에 더 차？《당신은 선물》（87）姜品浩，你真搞笑哎，你这种年纪，离了婚还不得去乞讨啊？

以上都是利用新事物对已有的语言形式进行改造来形成新的语言形式。有时也会直接利用新的事物表达新的概念。例如，现代建筑中很多公共场所的大门是“회전문（旋轉門）”，根据这种特点，韩语里有了新的表达“회전문 인사”，意为像旋转门一样的人事，即一部分人在重要部门循环任职的情况。主要指在公职上退了之后，到民营企业或单位待一段时间后又被起用到公职上。此外还有“회전문 고객”，指反复观看同一场演出的人。这两种表达都是根据旋转门的特点产生的。如果没有新的事物“가스통、화염병、포크레인、깡통、회전문”等的出现，那么就不会引起已有语言形式的变化，自然也不会形成各种新的概念。

第四节　概念重塑与识解

人们通过范畴化与概念化将体验到的客观现实反映到语言上，但语言形成初期所依据的经验会随社会发展而不为人所认知，因此就会使语言的理据性消失，有的语义甚至发生很大变化，代表性的就是同音异义词的出现。有时经验的消失也会使合成词、惯用语失去理据性。

如果要区分同音异义词、为其溯源，就需要复原过去的经验，为两者重塑概念整合的空间。在同音词的溯源过程中要利用很多词源学的知识，有时还要运用原型范畴理论和文化等百科观知识。例如，韩国《표준국어대사전》收录了两个同音词，分别是“법석[1]”与“법석[2]”，依据现代人的体验，这两个词几乎没有任何语义关联，因此被当成了同音异义词。对其进行经验复原，则会发现这两个词是同源词。其中，“법석[2]（法席）”指佛祖宣扬佛法的地方，这种地方可以安排在“강당（講堂）”，也可以安排在野外，如果在野外则称作“야단법석（野壇法席）”，其中“야단”即在野外建起的台子。之所以在野外举行，是为了向更多的人宣扬佛法。野外宣讲时，因听众多，自然就会人声鼎沸，非常骚乱，而“법석[1]”的意义正是比喻骚乱的样子，惯用语“법석이 일다”意为出现了非常骚乱的场面，并且还有动词“법석거리다、법석대다、법석이다、법석하다”，以及重叠词

“법석법석하다”等。显然，“**법석**[1]”与“**법석**[2]”从意义上来看是一组同源词。

收获谷物时，一般要将谷物去壳，韩语称作“바심、타작（打作）”，如果是打谷子，则称作“조바심”，这是原型意义。谷粒非常小，所以打谷子时格外费心费力，在此基础上，“조바심”这个词产生了感情义，比喻小心翼翼、焦躁不安的心情（김미형，2012：197），这种语义引申利用的是结果的相似性。但《표준국어대사전》将原型意义标注成了“조바심[2]”，而将引申意义标注成了“조바심[1]”。但通过对过去经验的溯源，可以明确“조바심[1]”与“조바심[2]”是同源词。

根据上面两组同源词的分析可以发现，《표준국어대사전》在收录词条时，不是根据语义的有缘性来标注顺序符号，而是根据常用性来进行标注的，因为“법석[2]”“조바심[2]”这类具体的原型意义已经不如“법석[1]”“조바심[1]”的引申意义常用。

再看动词同音词的例子。《표준국어대사전》有两个同音异义词“추다”。其中“추다[1]”是个多义词，分析其各个意义所表示的动作会发现，这些动作都具有［+舒展］［+向上］的隐含意义，如表3-1所示，其动作对象可以是东西、身体部位、人、空间词等。

表3-1　“추다[1]”的意义

意义	例句
把穿的东西或背的东西往上提	바지춤을 추다 提裤子；아주머니는 아이가 바동거리자 아이를 추어서 다시 업었다．孩子一动，大嫂把孩子往上托了托，继续背着他。
耸肩膀	아이는 어깨를 추면서 덜덜 떨었다．孩子缩着肩膀发抖。
支撑衰弱的身体	맥을 추다 振作精神；그는 한 번 쓰러지더니 영 몸을 추지 못한다．他病倒后就没能起来。
过度赞扬某人	염종은 비담이 말하기 전에 역시 최달을 추어 한마디 거들고 있었다．廉宗在非谈说话前，也捧了崔达几句。
翻找东西	온 방을 다 추어도 공책을 찾을 수가 없었다．把房间翻遍了也没找到练习本。
朝一定目标移动	언덕길을 다 내려가면 다시 이번에는 맞은편 언덕길을 추어 올라야 한다．下了这个坡，然后就要爬对面那个坡。

如上所示，“추다[1]”的基本特征就是向上的动作。而“추다[2]”的意义为表现出跳舞的动作。那么这两个词是同源词吗？分析两者之间的关系需要了解韩国的舞蹈文化。

韩国传统舞蹈的形式是以手、双臂、肩膀等上体为中心的舞蹈，这些众多的舞，都以“어깨춤 肩膀舞”为基础（赵要翰，2008：30），这种以

抖动肩膀为主要特征的舞蹈在过去具有很强的宗教性质，一般会伴随迎神时的欢愉表情，是韩国舞蹈的特点之一（박기환，2009：224）。因此，韩国传统舞蹈与以腿、脚等下体为中心的西方舞蹈具有明显的差异（최현주，2009：18），说得通俗一点，韩国的传统舞蹈典型的基本特征就是两手向上摆动，据此可以推测：在过去“추다”就有跳舞之意，不过后来其名词“춤”发展成了专名，指“舞蹈”，而“춤을 추다”中的“추다”也就形成了跳舞的跳义，具有了语义上的独立性，所以在词典里被标注成“추다[2]”，原型词“추다”就成了“추다[1]”，两者变成同音异义词。

再看另外一类词典有不同处理方式的例子。韩语有名词“참、한참”。过去驿站韩语称作“역참（驛站）”，其中重要功能之一就是为人提供更换的马匹。从一个驿站到下一个驿站之间的距离称作“한참”，也用来指跑完这段路程所需要的时间，之后又发展成了副词，指很长一段时间或超过一定时间、分量或程度的。这符合一般的语义演变规律，即空间意义是原型意义，之后又发展出了时间意义。不仅如此，与站有关的“참[5]（站）”也发展成了时间名词“참[3]”（최창렬，2006：130）。

有时概念的重塑会出现基于不同的解释。例如，韩语里有派生词“업둥이”，指被扔在家门口的孩子，结构是“업-둥이”，其中“-둥이”是表示儿童的后缀，那么“업-”是什么呢？根据同音词与韩国人喜欢背着孩子这一生活文化，很多人认为是动词“업다”的词根。对这个词的形成，还有一种观点，조항범（2005）认为是“업[1]”，即保护一个家庭并带来福气的动物或人，因为“업둥이”多被放在没有孩子的家庭门口，所以这样的孩子对这个家庭来说是宝贝，是福气。第二种观点的立足点是韩国的传统民俗文化，因为韩国人认为每个家族都有守护神，如果守护神离开这个家族，那么家族就会灭亡。本研究认为第二种观点更有说服力，因为박갑천（1995：220）提到即使不是抱养的孩子，自己生养的孩子中如果某个孩子出生后家里更加兴盛富足，这个孩子也被称作“업둥이”。

概念重塑有助于对合成词的理解。例如，韩语酒壶是“주전자（酒煎子）”，茶壶是“차관（茶罐）”，但茶壶也可称作“찻주전자（-酒煎子）”，是用已有的“주전자”来命名茶壶，这种搭配与过去的文化经验有关。过去人们喝酒都要加热之后再喝，酒壶与茶壶在“加热液体的器皿”这一点上具有相似性，产生了新的合成词“찻주전자”。但随着社会的发展，这种热酒的文化消失了，“주전자”也就没有了这层隐含的语义特征，“찻（茶）+주（酒）전자”成了字面上的语义矛盾词，失去了理据性。要想理解“찻주전자（-酒煎子）”的形成，就需要重新建立起对过去的热酒

文化的认知。

概念重塑也有助于对惯用语的理解。例如，惯用语“바가지를 쓰다”意为蒙受损失，这一意义的形成与过去的历史文化有关。韩国进入开化期之后，从中国引入了一种叫作“십인계（十人契）”的游戏，将内里标有数字一到十的瓢子倒扣过来，玩游戏的人如果猜中瓢子上的数字，就可以拿走猜错者的钱，如果都没有猜中，那么钱归东家所有。因为猜错就会输钱，“바가지 썼다”产生了“蒙受损失”之意（박일환，1994：92；박숙희、유동숙 편，2005：252；심지연，2009：195）。

如上，借助概念重塑，可以重新找到同音异义词、合成词、惯用语等语言形式的语义理据，增强语言形式的可识解性。

第五节　概念的整合

Fauconnier 与 Turner（2002）提出了“概念整合理论（Conceptual Blending Theory）”，认为概念整合理论一般包括四个空间：两个输入空间、一个类属空间和一个融合空间，人们可以有选择地从两个输入空间提取部分信息进行匹配并映射入融合空间；类属空间包括两个输入空间所共有的轮廓结构；融合空间会利用并发展两输入空间中对应部分的连接，将相关事件整合成一个更为复杂的事件；这四个空间通过一系列映射运作彼此联系起来形成一个概念整合网络（CIN：Conceptual Integration Network）（王寅，2007：215）。概念整合理论是心智空间理论的发展，旨在解释两个或多个心智空间的内容被结合起来产生新的推论的情况，概念整合过程是通过建立和开发映射、激活背景知识来进行的，经常涉及新的意象和心理模拟的使用。整合过程是用来概念化实际事物的，当两个输入空间中的信息彼此相差很大时，这种整合会产生非常新颖的结果。概念整合是人们想象的核心，语言是概念整合的结果（Fauconnier & Turner，2002：89，182）。

语言的意义不是通过组合而是通过整合获得的，自然语言中一些最简单的结构都要依赖于概念整合（Fauconnier，1994；Fauconnier & Turner，1998）。例如，在韩语里使用“숟가락 勺子”这个词时，需要建构、激活、联通、映射合适的空间、框架、认知模型的结构，其中一个结构成为关于“勺子”的基本概念，即用来吃饭或喝汤的工具，但实际上很多空间都被激活了：吃饭用的工具、经常一起使用的其他工具、使用场所、材质、粗细

轻重、储存场所、使用者等，为某一特殊目的而使用“숟가락”这个词时，需要从这些意义分布中做出合适选择，因为“一个词在不同的使用情景中会激活不同的心智空间”（王寅，2007：305）。而在概念整合理论下，“숟가락”在融合空间里整合出了很多新的意义。例如，惯用语“숟가락 얹다”是由“숟가락”和“얹다”结合形成的，字面义指往上放勺子、插勺子，但通过概念整合却产生了新义：比喻分占利益，并且这个惯用语的熟语性程度很高，在交际话语中，即使客观现实中没有出现“勺子”，也可以这样来说。例如，电视剧《쇼핑왕루이》（1）中，当女主在火车上吃自带的饭团时，对面的老太太直咽唾沫，所以女主拿起一个饭团要送给她吃，老太太说道：

（4）아가씨 혼자 먹기에도 부족할 것 같은데 내가 숟가락 얹으면 쓰나? 你自己吃都好像不太够，我再插一筷子能行吗？

根据剧情，因为主人公是用手拿着吃饭团，但话语中同样出现了“숟가락 얹다”，也就是说，惯用语中的“숟가락”的实物意义已消失，“숟가락 얹다”的语义已融合为一个整体。在此基础上，又产生了扩展形式的“숟가락부터 얹다”以及其他动词形式的“숟가락 꽂다、숟가락을 담그다”以及其他客体形式的“수저를 얹다”，这些惯用语都比喻抢占利益，如（5），译成汉语需要根据语境来翻译，（5a）可译成“分一勺羹”，（5b）因为前面出现了“밥상”，所以可直译成“放上把筷子、勺子”，（5c）需要根据剧中情节翻译为“抢生意”，（5d）译成“插一杠子瞎搅和”。

（5）a. 건축은 여러 사람 협법으로 하는 일이야. 누군가 뼈대를 세운 뒤에 그깟 살을 좀 붙였다고 숟가락 올려? 《내딸 금사월》（9）建筑是多人合作的工作。别人把主体建起后，你添上点东西，就想分一勺羹啊？

b. 팀장님이 다 해 놓은 밥상에 수저 하나 딱 얹는 건데，안 그렇습니까? 팀장님.《우리집 꿀단지》（65）系长所做的就是在做好的饭桌之上，放上把筷子、勺子就行。不是吗？系长。

c. 학생이면 학생답게 교실에 처박혀 공부나 할 일이지. 왜 남의 밥그릇에 숟가락 꽂아? 《내 남자의 비밀》（1）是学生的话，就像个学生似的窝在教室里学习啊。为什么来抢我的生意啊？

d. 내가 그 영감한테 얼마나 공을 들이고 있는데 서라가 왜 숟가락을 담궈? 《내 남자의 비밀》（54）我正在向那个老头发动攻势呢，西罗为什么插一杠子瞎搅和啊？

如上，“숟가락”的概念并不是静止的、稳定的、单一的，而是在不同

的使用情景中激活了不同的心智空间，并通过概念整合产生了不同的表达与意义。但“숟가락”的这些概念和意义只有在韩国这样的文化背景下才会产生，是以韩国文化为体验和认知背景的，具有民族性和文化性。

再看合成词的例子，韩语合成词“돼지발”有两个组成部分“돼지”“발”，但其的意义已经不是两个部分的简单组合，而是产生了区别于字面义的特殊意义，这个特殊意义的产生也可以用概念整合理论来分析，即有两个输入空间“돼지발 猪脚”与“手枪”，基于对这两种事物的经验，韩国人的“大脑在接受和处理该信息时，对两者共有的或相似的语义元素和结构进行高度概括，投射到类属空间，形成抽象的图式和框架”（刘芬，2012：158），并根据相似性在融合空间里经过整合产生了新的意义——“돼지발”是“手枪”的隐语。

在上述概念的形成和概念融合过程中，有真实世界和映射世界（也称作经验世界、现象世界）的区别，因为人们所经历的客观现实在很大程度上取决于心智组织程序（Jackendoff，1985：220），基于经验世界的概念化所形成的语言因此具有了主观性，正像 Langacker（1987：194）所说，语言的意义不是客观赋予的，而是通过对现实经验的理解人为地建构出来的，即使是与客观现实有关的语言表达，其意义也深受人的认知的影响。所以人们不能借助纯粹地描写客观现实来解释意义，而只能通过描述认知性理性常规，正是这些常规构成了人们对现实和意义的理解。语义分析的主观方面就是人们的概念化，我们所关心的结构，就是一个人通过主动地认知加工强加在他的心智经验之上的结构。换言之，意义就是概念化的结果，与人们的体验、认知途径、识解方式以及心智框架等密切相关（王寅，2007：298），具有人类共性，但同时也具有很强的文化性和民族性。

再看一个新词的产生。韩国 2020 年电视剧《포레스트》第七集中，当女主闻到远远飘来的烤牛排的香味时，别人不禁问她说：“코장금이야？”意为“你鼻子怎么这么尖啊？”这种表达的出现也可以用概念整合理论去分析，如图 3-1 所示，即存在两个输入空间，“코”是输入空间Ⅰ，“장금”是输入空间Ⅱ，“코”属于器官域，所具有的［+嗅觉器官］［+闻味］等语义特征具有人类共性，而“장금”是人名，是人域，“장금”是 2003 年韩国电视剧《대장금》中的女主人公，因这部电视剧的成功，“장금”这个人名成了韩国味觉灵敏、厨艺高超、医术高超等的代名词，两个输入空间属于部分与整体的关系，各自的概念意义元素在韩国人的百科知识和具体的语境下被投射到类属空间，然后在联想和逻辑推理等创新思维的作用

下，通过对类属空间概念元素的组合、完善、扩展和凝缩，再结合具体语境，形成了“코＋장금”的语义匹配，并在融合空间里形成了新的语言形式“코장금”以及“嗅觉灵敏的人”这一新的特殊意义。

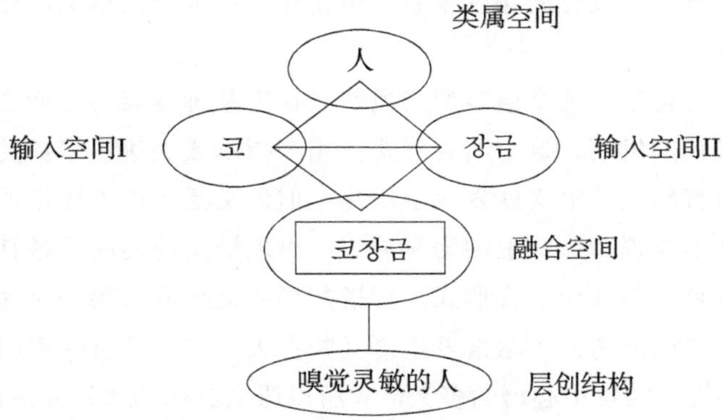

图 3-1　“코장금”的形式整合与概念整合

正像 Mark Turner（1996：57）所说：意义是由跨越多个心智空间的联系而产生的；意义不是概念容器中的一个沉积物，它是活的、活跃的、动态的、分布的，是为局部的认识和行动目的而构造的，意义不是局限在某个地方的精神对象，而是在多个空间上投射、绑定、连接、混合和整合的复杂的认知过程；意义是多重空间的融合和整合。新词“코장금”体现了意义的动态性以及民族性和文化性。

第六节　概念整合与解释漩涡

解释漩涡指“在同一个主体的同一次解释中，文本出现互相冲突的意义，它们无法协同参与解释，又无法以一者为主、另一个意义臣服形成反讽，此时它们就可能形成一个解释漩涡”（赵毅衡，2017：209－210）。例如，白居易《卖炭翁》中的“可怜身上衣正单，心忧炭贱愿天寒”，卖炭翁所表现出的这种矛盾心理就出现了解释漩涡。

解释漩涡表现在语言形式上，有多种表现形式，如词语内部组合的冲突、词组组合的冲突、句子成分之间的冲突、感情色彩的冲突等等。对这种表达，有人认为是不搭配的；有人认为是可搭配的，但却是难以解释的。例如，汉语的“白煤”，“白”与“煤”所隐含的黑色形成对立。与性别有关的“남자 신데렐라”和汉语的“女汉子”，从语言形式来看，这

两个表达都是不成立的，因为“신데렐라”的女性意义与“남자”冲突，“汉子”的男性意义与修饰语“女”形成冲突。这类表达形成了难以解释清楚的解释漩涡。从语言形式上看，也可以看作是思维与语言矛盾的一种表现形式；从语义变化的角度来看，可视作中心成分的语义泛化所产生的结果。

在旧的文化里，某个语言形式虽然只代表某种或某一方面的事物，但随着社会文化的发展，这个语言形式被用来指示或表达更多新的事物或概念，这个语言形式的语义就发生了泛化，但语义泛化更主要指词语意义的多义化，并不表现为形式上的语义冲突，出现语义冲突的只是其中的一部分，很多只是在与其他语言形式进行搭配形成词组或惯用语时才出现语义的扩大，或者词语的某个语素发生语义的扩大，或者词语的字面义出现语义冲突，并没有实现中心语的多义性。所以语义泛化的解释方法比较受限，在这里我们主要借助概念整合理论来解释。下面主要从概念整合类型分类进行分析，共有八种类型。

第一，词语的前后两部分（输入空间）在进入类属空间后其概念属性被有选择地激活，并进行语义搭配，进入融合空间，形成新的意义。例如，上面所提到的“白煤”是“形容词 + 名词”结构，构成的双音词作为一个整体形成了整合网络映射图式，如图 3-2 所示。在整合中“白”框架投射出来的是“颜色是白的、颜色很淡”的概念，“煤”框架是从真实框架中映出了的“黑色”“燃料”的概念，整体图式通过整合构建起来，整合中的选择成员语言可以被用作选择真实输入空间的对应物，在整合中，“煤”框架中的成员“黑色”“燃料”等特征和性质被投射到“白”的概念框架中，“白”以不可缺少的关系被压缩进入“煤”的真实特征中，“白”框架空间映射进入融合空间：“烟很淡的”“无烟的”，在“煤”与“烟很淡的”（或

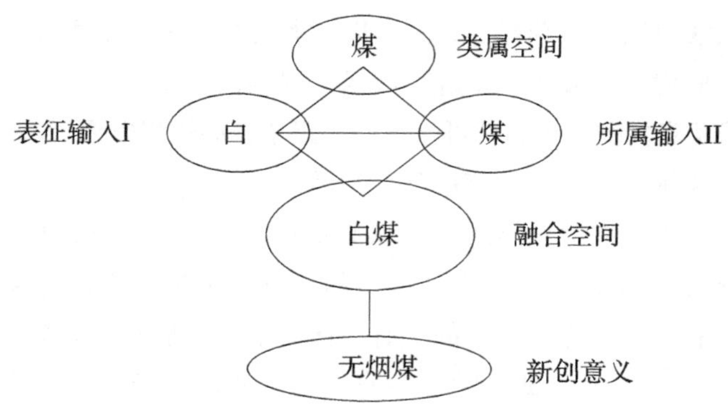

图 3-2 “白煤”的形式整合与概念整合

“无烟的”）两个空间之间，非类推关系将成员性质与“煤”的框架成员“燃料”连通起来，而“黑色”不能连通，这种关系被压缩进入性质融合空间中就成了“白煤”。“白煤”是在“烟很淡的”（或“无烟的”）和“煤”概念整合中衍生出来的浮现结构和浮现意义，虽然“白煤”相对于“黑煤”不是普遍意义上的煤，但也同样可以做燃料，具有同样的功能，所以“白煤”也是煤的层创结构所带来的新义或融合意义。

韩语有汉字词“호상（好喪）”，从字面义看是不符合逻辑的，但从概念整合的角度来，“丧”具有多个认知框架，如“失去生命”“没有生气”；“好”也具有多个认知框架，如“年轻”“健康”“长寿”等，在不同的心智空间里会激活不同的认知框架。当“호（好）”与“상（喪）”结合时，各自是“长寿”与“失去生命”框架被激活，因此形成了“호상”这样的语义搭配，并且在层创结构里产生了融合新义，指享尽富贵的长寿老人的丧事。长寿的人去世时有没有遭受太长久的痛苦，从某种意义上来说是一种好事。这种语言上的矛盾是以相关文化为背景的，过去《尚书·洪范》有“五福”之说，“五福：一曰寿，二曰富，三曰康宁，四曰攸好德，五曰考终命”。高寿是五福之一，在中国如果活到八旬以上，送礼不用白布，而是用红色的挽联和红色的帐子，称作“喜丧”（许晖，2015：336–337）。

再看与数量有关的例子，韩语“쌍둥이”意为双胞胎，但韩语还有“세쌍둥이 三胞胎、네쌍둥이四胞胎”，这两个词语中的“세”“네”都与“쌍”形成了数量上的矛盾，但在类属空间里，只有“세”“네”被激活，而“쌍”被忽略，因此形成了“三胞胎、四胞胎”这样的新义。

第二，词语并不是词语前后两部分的选择性激活与整合，而是形成语义搭配之后根据类推产生隐喻转义。例如，韩语有“풍년거지（豐年--）、풍년화자（豐年花子）、풍걸（豐乞）”类表达，这三个词语的前后两部分“풍년”“풍”与“거지”“화자”“걸”属于不同的域，因为丰收年会激活很多认知框架或概念成员，如“粮多”“有饭吃”“不挨饿”等，“乞丐”这个概念也会激活很多认知框架或概念成员，如“无粮”“无饭”“挨饿”等，如图3-3，也就是说，各自的概念属性看上去是不协调的，甚至是矛盾的。但是“一个形式与另一个形式相加而产生新形式的构词方法并不一定是逻辑的”，修饰语（输入Ⅰ）和中心词（输入Ⅱ）两个输入空间的映射是对各自概念和属性的有选择地激活，然后进入概念融合空间经过认知的合并、完善、精制过程而生成新义（王正元，2009：124）。同样，韩语的“풍년거지”也正是在这种概念整合的机制下，最终在融合空间产生了新义，即“别人都得到

了某种利益，唯独自己没有得到的人”。也就是说，词语前后两部分并不是被有选择激活，而是进入融合空间后根据相似性产生了隐喻转义。

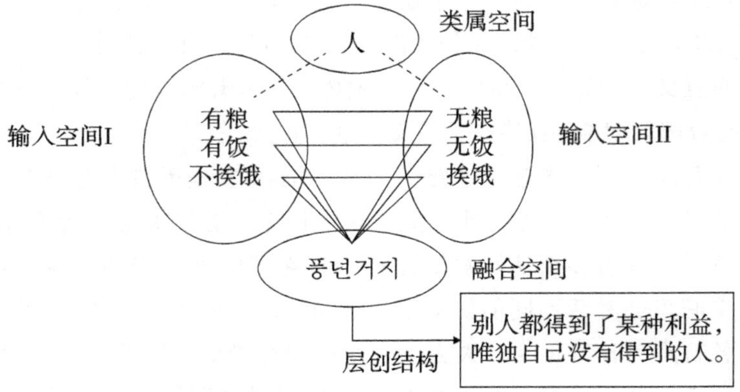

图 3-3 “풍년거지”的概念整合

第三，词组的前后两个词语各自都经历了概念整合，词组形成语义搭配之后，又再次经历了概念整合。例如，韩语“청사진（青寫眞）”是颜色词“青”与“写真”形成的合成词，这个词也可形成“장미빛 청사진”类搭配，其中“장미빛”意为玫瑰色的，从字面上来看，“玫瑰色”与“青色”是互相冲突的，在韩语里这种语义搭配之所以成立，是因为前后两个词的语义都已分别经历了概念整合，语义发生抽象化，分别为“美好”和“计划、步骤”，如图 3-4，已经与具体的颜色意义无关，而概念整合后的前后两个意义是完全可以搭配的。

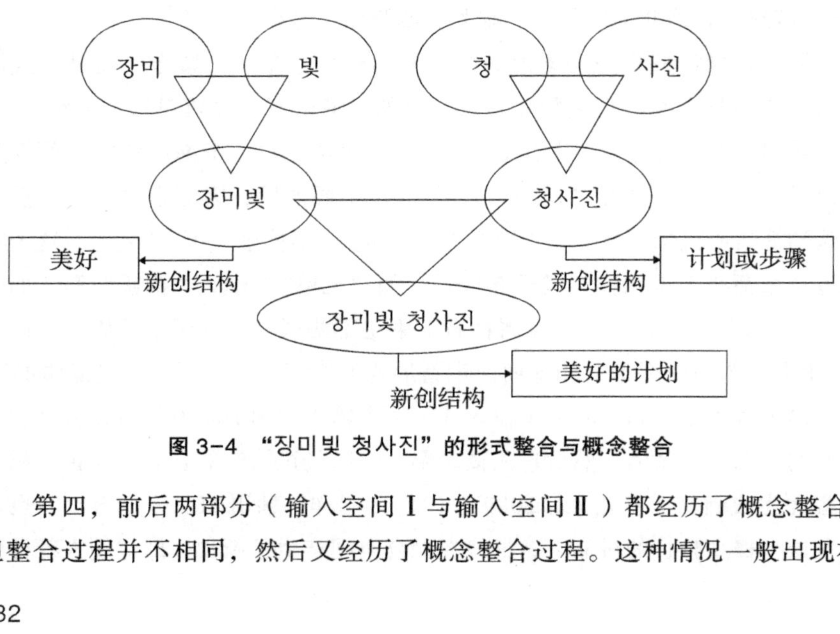

图 3-4 “장미빛 청사진”的形式整合与概念整合

第四，前后两部分（输入空间 I 与输入空间 II ）都经历了概念整合，但整合过程并不相同，然后又经历了概念整合过程。这种情况一般出现在

句子里。如（6），“오리발 내밀면서 발뺌을 하다”字面义是“一边伸出鸭脚一边抽出脚”，从动作的可实施性来看是不成立的。从概念整合的角度来分析的话，如图3-5，“닭 잡아먹다”与“오리발을 내밀다”首先通过概念整合形成谚语“닭 잡아먹고 오리발을 내밀다”，然后谚语又经过缩略而形成了惯用语“오리발을 내밀다”，其意义已不是字面义，而是已概念整合为“装作没事人、装傻、装蒜”。后面从句中的“발뺌”是合成词，其意义已不是原型结构“발을 빼다”的字面义，而是经历了从词组到合成词“발빼다”再到名词化的“발뺌”以及动词“발뺌하다”的形式变化过程，在这一系列的结构和形式变化中，其语义也通过概念整合变成了“逃避或摆脱自己应该尽的责任”，因此单从字面义上没有实现可能性的搭配，在概念整合过程中却可以发现，最后进行语义搭配的其实是由两个层创结构所生成的融合意义“装没事人”与“逃避、摆脱责任”之间的搭配，因此两者之间的语义就变得合乎一般逻辑了。

（6）흉악한 것들이 **오리발 내밀면서 발뺌**을 하면 안 되니까.《사랑이 오네요》(89) 不能任由那些恶人装傻，找个漏洞溜了。

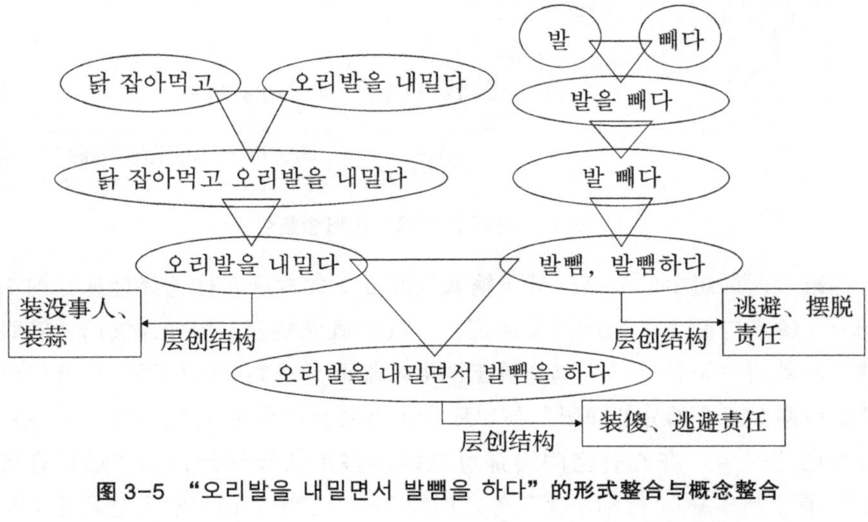

图3-5 “오리발을 내밀면서 발뺌을 하다”的形式整合与概念整合

如上，以上两种语义冲突类型之所以能够形成语义搭配，是因为前后两部分都经历了概念整合发展出了抽象的特殊意义，然后是抽象义之间再进行搭配。

第五，词组中的前面部分（输入空间Ⅰ）的概念属性选择性地与后面部分（输入空间Ⅱ）形成语义搭配，并进行概念整合。（7）中有一个语义矛盾的搭配“즐거운 비명”。从概念整合的视角去看，修饰语的作

用并不是对中心语的修饰、限定，“비명”会选择性地对输入空间Ⅰ的相关属性进行激活，输入空间Ⅱ与输入空间Ⅰ之间形成了图式属性特征关系的认知连通，限定词（输入Ⅰ）是中心词（输入Ⅱ）的搭配的呼应物（counterpart）。从整合关系中的因果关系去解释，因为感情或情绪的产生非常复杂，导致“叫苦连天”这种行为的原因很多，虽然消极性的情绪是常见的诱发原因，但积极性的情绪也有可能是诱发上述行为的原因，当原因空间与结果空间结合时，如果原因空间的各种框架中只有积极性的情绪被激活，如图 3-6，那么就会产生“즐거운 비명”这样的语义搭配，并且在融合空间里通过层创结构产生了新义，即“叫苦连天，但心里却很高兴”。

（7）자동차 수요가 늘면서 자동차 회사들이 주문량을 소화하지 못해 **즐거운 비명**을 지르고 있다. 随着汽车需求的增加，汽车公司不能满足订购量，虽然叫苦连天但心里却很高兴。

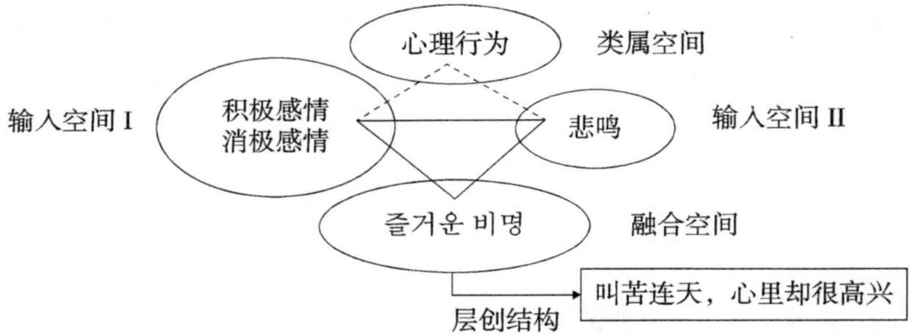

图 3-6 “즐거운 비명”的概念整合

第六，词组中的后面部分（输入空间Ⅱ）的概念属性选择性地与前面部分（输入空间Ⅰ）形成语义搭配，并进行概念整合。例如，汉语“睁眼瞎”与韩语“눈뜬장님”也都属于词语内部语义冲突型的词语。虽然词语的前后两个组合部分“睁眼”与“瞎”从语义上看是冲突的，但汉语“瞎”与韩语“장님”在心智空间里都可以激活多个认知框架，如“眼睛有残疾”“看不清事物”“行动不便”等，如图 3-7，当中心语（输入空间Ⅱ）与修饰语（输入空间Ⅰ）“睁眼”和“눈뜬”进行搭配时，中心语的认知框架中只有“看不清事物”这一认知框架或概念属性被激活，也就是说，输入空间Ⅱ的概念属性有选择地进入类属空间，并在融合空间形成了“睁眼瞎”“눈뜬장님”这样的语义搭配，即睁着眼看不清事物，然后经过层创结构的概念整合产生了融合意义：比喻没文化的人，不识字的人，缺乏知识的人。

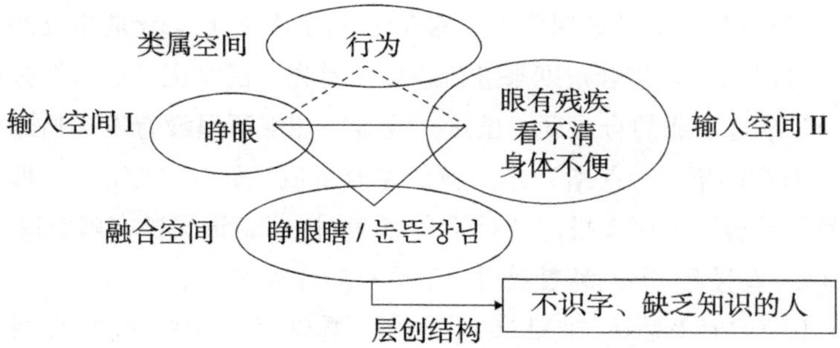

图 3-7 “睁眼瞎、눈뜬장님”的概念整合

第七，“截搭型”整合，也称作“半人半马”（centaur words）或“杂交词”（crossbreedingwords），是两个域的输入概念经过截搭整合而成（王正元，2009：129）。韩语里的一些句子结构也可以借用这种概念整合方式来进行解释。例如（9），句中有“없는 정 다 떨어졌어”，这个表达本身从逻辑上是矛盾的，因为没有的感情怎么会掉呢？这种句子搭配也是概念整合的常见形式，即“截搭型整合”，是把两个事件整合在一起产生新的概念意义。如图 3-8 所示，已有两个相似的事件“정이 없다”与“정이 떨어지다”，因为前后两个事件的主语相同，因此第一个事件被“截搭”成后一个事件主体的定语形式，从而使两个事件被整合成了一个句子，即“없는 정 다 떨어졌다”，并且在融合空间里通过层创结构产生了具有强调意义的新义，即“感情全无”。

（8）니 친부모 나타났을 때부터 나 너한테 **없는 정 다 떨어졌어**.《우리집 꿀단지》(58) 当你亲生父母出现时，我对你一点感情都没有了。

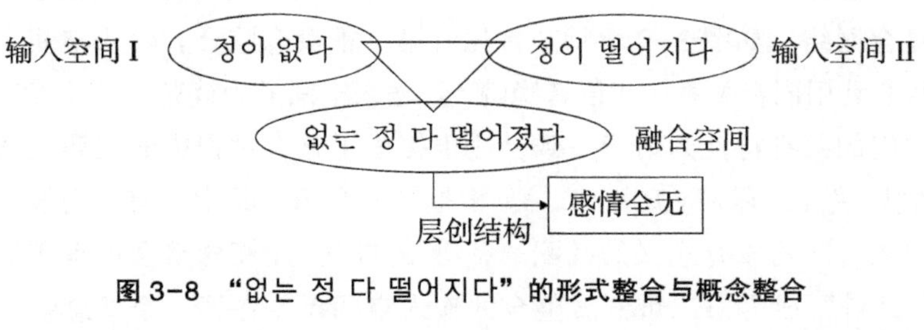

图 3-8 “없는 정 다 떨어지다”的形式整合与概念整合

第八，汉字词在韩语里经历概念整合后，与其他成分形成新的语义搭配。例如，汉字词“봉합（縫合）”可用于日常生活，比喻把事情解决好，如（9），并且如（9a）所示，“봉합”经常与“갈등”结合使用，经常出现在新闻标题里，对此，강재형（2018：18）认为这种搭配不合理，因为矛盾是要解开的，而不是要缝合的。韩语里与“矛盾”有关一般多形成“갈등

을 풀다”类搭配，而“풀다”与“봉합”从字面义上来看是相反的，对这种现象，可以从概念整合角度来进行解释。首先，汉字词“봉합”是由动词“缝”“合”结合而成的合成词，虽然“缝合”在汉语里没有发生概念整合形成转义，但在韩语里“봉합”经过概念整合生成了转义“解决”，那么就可与“갈등”结合形成语义搭配“갈등을 봉합하다”，语义冲突就解决了。

（9）a. **갈등**은 일단 **봉합됐다**. 矛盾短期内被解决了。

b. 이미 소문은 다 났고 어떻게든 빨리 봉합해야 하지 않아?《별난 가족》(46) 传闻已出，不管怎样得抓紧收拾，对吧？

综上，借助概念整合理论可以为一些传统语义学认为存在语义冲突的语言形式做出合理的解释，不同类型的语言形式有不同的概念整合过程，复杂的概念整合过程是由基础的概念整合构成的。

第七节　同音词与谚语的概念整合

韩语存在大量的同音词，韩国的语言政策也对韩语的强语境特点起到了推动的作用。例如，韩国现在执行的语言政策是汉字词不标记汉字，这导致韩语出现了很多没有任何区分的汉字同音词。当然，固有词也存在同音词。同音词可以出现在很多语言形式中，也可以出现在谚语中。谚语一般是通过对某种具体框架的构建来整合出抽象的比喻义，在框架构建中会出现一些核心词，如果这些核心词拥有很多同音异义词，那么就会使谚语的意义构建与识解变得模糊。

首先看谚语“병아리 우장 쓰다”的概念整合，这个谚语的概念整合是多域复合网络。如图 3-9 所示。首先看第一重概念整合。输入空间Ⅰ与输入空间Ⅱ利用同音关系构成语音隐喻①。输入空间Ⅱ为读音为“우장”的词语，它们的共有特性为语音一致，这也构成了整合过程中的类属空间：牛漿 / 雨裝 / 愚狀 / 愚將 / 烏江 쓰다。根据韩语常识，其中只有“雨裝”可与动词“쓰다”构成有意义的搭配“우장 쓰다”。此概念整合过程所形成的“우장 쓰다”成为第二重概念整合的输入空间Ⅳ。在第二个概念整合过程中，输入空间Ⅲ是“병아리”，输入空间Ⅳ是“우장（雨裝）쓰다”，两个

① 束定芳（2008：184）认为这种同音或谐音是语音符号的邻近，因此将其视为转喻关系。本研究认为这是一种语音隐喻关系，因为同音词或谐音词本来是没有任何关系的域，只是因为语音上具有相似性才产生了联系，其中一个域被投射到另外一个域，因此属于隐喻的映射关系。

输入空间之所以能够被连接起来，是因为在韩国人的心智空间中创建了一个虚拟网络。这个认知框架中的角色包括：小鸡、雨衣、小鸡穿雨衣的形象特点。因此在融合空间内形成了“병아리 우장 쓰다 小鸡穿雨衣”这种概念，在层创结构的作用下最终产生了新义“不合时宜”。

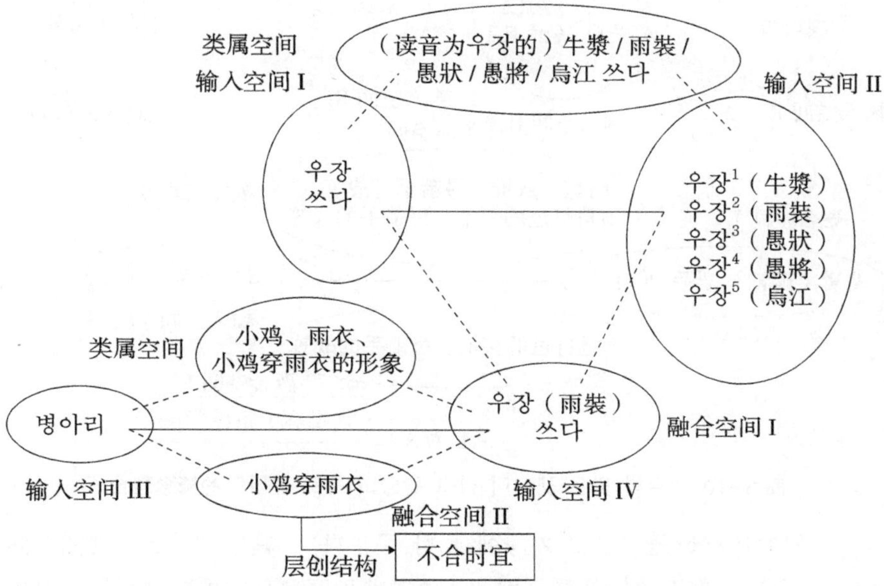

图 3-9 “병아리 우장 쓰다”的概念整合分析

有的谚语的概念整合更加复杂。例如，谚语“우박 맞은 잿더미 같고 활량의 사포 같다”是由“우박 맞은 잿더미 같다”“활량의 사포 같다”并列构成的，其识解过程需构建三个概念整合，如图 3-10 所示，首先，前后两部分各自要经历概念整合。其中，“우박 맞은 잿더미 같다”中“우박”有三个同音词，可以根据文化背景与语音隐喻对这三个同音词所形成的输入空间Ⅱ进行选择并判断这里的“우박”是“雨雹”，然后再与输入空间Ⅰ“잿더미”形成“우박（雨雹）맞은 잿더미 같다”这样的概念整合。后面的“활량의 사포 같다”也要经历相似的概念整合，核心词“사포”有十个同音词，可以根据韩语与文化常识以及语音隐喻来对这十个同音词所形成的输入空间Ⅳ进行选择，并判断这里的“사포”是“战笠”，然后再与输入空间Ⅲ“활량”形成“활량의 사포（战笠）같다”这样的概念整合。其次，各自经过概念整合所形成的谚语的前后两部分再分别作为输入空间Ⅴ、Ⅵ进入融合空间Ⅲ，其意义由“就像被冰雹打了的灰堆或弓箭手的战笠一样”被整合成了新义：比喻人的麻子脸非常严重。

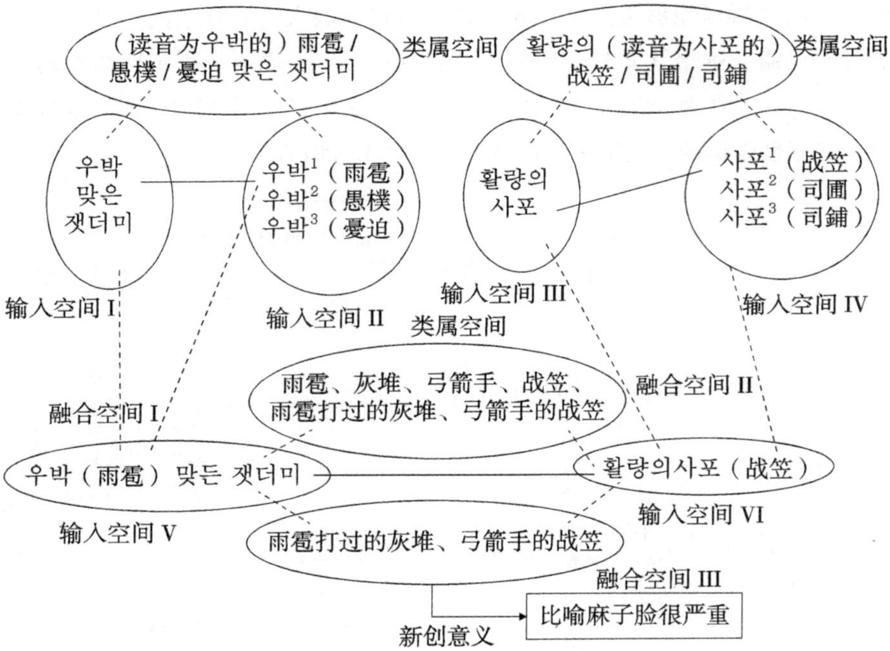

图 3-10　“우박 맞은 잿더미 같고 활량의 사포 같다”的概念整合

类似的还有谚语“산호 기둥에 호박 주추다”，其中“산호”有四个同音词，“호박”有五个同音词，因此谚语的前后两部分首先要进行第一重概念整合，并选择判断“산호”是“珊瑚”，“호박”是“琥珀”，分别形成相应的整合形式“珊瑚 기둥”“琥珀 주추”，然后再进行第二重概念整合，形成“用珊瑚做柱子，用琥珀做柱石”的概念，并且在层创结构中产生新义，比喻奢华的生活。

综上，同音词的存在使谚语的概念整合多了一重整合过程，同音词的选择与判断依据的是百科知识以及相应的文化常识。韩语谚语里所出现的这种同音词与第六章所分析的语音隐喻并不相同，因为第六章的语音隐喻是一种有意识的话语行为，也不同于汉语歇后语中的有意识的语音隐喻，如“坐飞机吹喇叭——响（想）得高”中的“响”与“想”是一种有意识的语音隐喻。本章所分析的韩语谚语里的同音词隐喻并不是有意识的语义构建，这种同音词造成的语义模糊反而增加了语义构建与识解的复杂与困难。有时谚语中出现的同音异义词还会使谚语呈现出多义性，这种谚语的形成一般是有意识构建的语音隐喻。

第二编　比喻认知与语言

第四章　隐喻的构建

隐喻在日常生活中无处不在，我们的思考和行动本质上是隐喻性的（Lakoff & Johnson，1980：4）。Berlin、Rosch、Hunn、Mervis、Tversky等通过原型理论的实证研究发现：人类与外部环境（基本层次）互动的一个重要层面，其特征是格式塔知觉、心理意象和情感运动。基本层次范畴化的研究表明，经验是先入为主的，我们有能力用格式塔感知来处理现实世界物体的部分——整体结构、动作、运动以及丰富的心理意象的形成。这些都给经验强加了一个前概念结构。基本概念与前概念结构相对应，并直接用它来理解，正是基本层次的亲身体验，最终为在不放弃实在主义的经验主义的基础上取代客观主义的认识论观点提供了基础（Lakoff，1987：270-271）。而这种前概念结构也为隐喻的产生提供了基础。因为基本隐喻往往和前语言、前概念的具身认知能力紧密结合在一起。所以隐喻“是不可或缺的最根本的概念”（Lakoff & Johnson，1980：56）。从语言哲学角度讲，隐喻“渗透了语言活动的全部领域并具有丰富的思想历程，它在现代思想中获得了空前的重要性，它从话语的修饰的边缘地位过渡到了对人类理解本身进行理解的中心地位”（Sheldon Sacks，1978：1；汪堂家，2015：6）。

本章将分析韩语隐喻的构建基础、隐喻的始源域、隐喻与相似性等三个内容，以此来探讨韩国人的隐喻认知。

第一节　隐喻的构建基础

隐喻最初的创造过程是从个人的经验、想象与联想开始的，作为个人的施喻者基于“人类经验、感知选择和文化偏好”创造出的新的隐喻能否被他人理解并接受，需满足四个条件：第一是自然条件，指的是“物质世界和精神世界彼此之间的诸种联系或内外在不同方面的相似性”（王文斌，2007b：99）；第二是文化条件，指受喻者是否具有与施喻者相同或相似的文化背景经验；第三是认知条件，指施喻者所创造的隐喻要符合基于人类的一般认知能力下所形成的具有共享能力的经验世界这一基础；第四是语言条件，指代表某个事物的语言形式之所以成为始源域并发生隐喻受现有的语言形式的影响。

一、隐喻的自然条件

隐喻的自然条件指的是事物之间的相似性。心理学研究证明，对一种事物人们会产生什么联想，由两方面的因素决定：一方面是事物之间联系的强度，一方面是人的定向、兴趣和情感等心理状态（曹日昌，1980：232；邢福义，2000：517）。从事物自身的性质来说，Davidson（1970）认为事物具有物理属性与心理属性，物理属性指的是事物的物理属性和特征，可还原为该事物；事物的心理属性指以事物的物理属性为主导而使人产生的心理感受，即主体在感受过程中对感知对象的某种独特的"像什么"的主观感受，可具体反映为感知主体的信念、感受、愿望、情感等。心理感受是由事物的物理性状而产生的，是同事物不可分割的，但不能还原为事物的自身。（徐盛桓，2011：9；廖巧云、徐盛桓，2012：49）

人作为思维主体进行隐喻活动的思维过程其实是对不同事物的物理属性之间的联系和相似性进行分类、归类的过程，这一分类、归类的过程就是隐喻发生的类比过程。人们的心智要在不同事物的众多物理属性之间进行选择，而这一选择过程之所以能够实现，是因为事物的心理特征随附于物理特征（Davidson，1970：85–89）。隐喻的建构就是在一类与自主并从的心–物随附性中实现的。但在隐喻的这一建构过程中，如果"心"对"物"的自主性强，那么就会使隐喻的可识解性变弱。尤其是在跨文化环境中，同一个物理事件所能激发的心理感受会表现出更大的差异，那么隐喻的可识解性会更弱，甚至不可识解，也就是认知语言学所说的缺乏"共享基础"。例如，麦芽糖具有很多物理属性，例如"甜""软""延伸性好"等，这些物理属性具有文化共性。在韩国人的心智里，根据麦芽糖可以自由拉伸到很长的物理属性，可形成惯用语"엿가락(을) 늘이다"，俗指絮絮叨叨地说话，也可比喻装斯文而等很长时间，韩语的麦芽糖产生了新的心理属性，即比喻说话或行为进行时间长。但在中国人的心智里却没有根据麦芽糖的类似物理属性而产生类似的心理属性，没有产生类似的隐喻表达。

二、隐喻的文化条件

认知语言学认为，语言是人们在对世界万物进行感知和体验的基础上通过认知加工形成的，是主客互动的结果。因此，人类在观察事物时，必然受到身体的限制。正像二十世纪法国著名哲学家和思想家梅洛·庞蒂所说，“身体在本体论和认识论维度上存在着本质缺陷，但又是人类认识能力中必然的、重要的部分，通过这种认识能力，我们能够对事物进行不同视角的观察并以此形成了一个世界；正因为身体的这些局限，所以身体必须栖居于某个特定的地方，这个局限性正好给我们一个感知或观察的视角，而正是通过这个视角，我们可以获取事物存在的相关信息；同时我们可以随意变动身体所处的场所，这就允许我们从不同的视角感知事物，从而将从不同角度获得的信息组成客观事物”（转引自舒斯特曼，2014：80−81）。

当事物作用于人的感觉器官时，人们就会认知它，并且会从各种离散的感觉材料中选择出某些固定的知觉中心，但在词汇化过程中往往只能局限于某一或几方面（王寅，2007：301），处于不同文化圈内的人拥有不同的感官知觉、概念化和范畴化能力、想象力以及心智结构，因此在选择事物的哪一方面或哪几个方面的特征时就会出现不同。并且，大多数事物、性质和事件都很复杂，具有多种物理属性；它们由可切分的部分组成一个整体，这些部分之中有的与当事人的目的相关，有的无关，而人们大多会把注意力集中在那些重要的部分上，而忽略其余的部分（帕默尔，2016：80）。

因此，在文化的作用、人的作用以及事物本身的物理复杂性等多重影响下，对事物之间特征的选择，隐喻发生在哪两个事物之间，两个事物的哪个或哪些部分的认知框架被激活，产生什么样的比喻义，这些就都具有了很强的文化性与民族性。

隐喻的文化条件指的是受喻者是否具有与施喻者相同或相似的文化背景经验。只有具有了文化条件，隐喻才能在施喻者与受喻者之间实现交际，否则隐喻就失去了共享基础，无法被识解，就失去了交际的可能性。因此，中国人在面对韩语的隐喻时，有时会出现各种识解上的差异。

三、隐喻的认知条件

从大的方面来看，客观世界以及人类看待和观察客观世界具有一定的认知共性，因为“人类的经验所遵循的途径大体上是一致的；在类似的情况下，人类的需要基本上是相同的；由于人类所有种族的大脑无不相同，因而心理法则的作用也是一致的”（摩尔根，1981：8）。人类的心智具有共性，所以人们在对事物之间的联系和相似性进行分类、连接时就具有了共性，所建立的不同事物之间的隐喻映射就具有了被识解的基础，因此才可以说这样的隐喻是成立的。

"隐喻的发生是对事物认识的一种方式。一个对象根据它同其他一些事物的共相图式可以生发出许许多多的隐喻"（徐盛桓，2014：371），表现在词语意义上，就会发生多义化。例如，韩语里脖子为"목"，有六个意义，如表 4-1 所示：

表 4-1 "목"的意义

意义		例句	汉语
1	脊椎动物的脖子	목이 긴 여자 脖子很长的女人	脖子
2	指嗓子眼	목이 컬컬하다 嗓子不舒服	嗓子
3	嗓音	목이 갈리다 嗓子哑了；목을 가다듬다 清嗓子；서러울 때는 목이 쉬도록 울어 버리는 것이 약이다 . 心里憋屈时，最好的办法是放开嗓子使劲哭。	
4	比喻物体上与动物的脖子相似的部分	목이 긴 장화 筒很长的靴子；그 병은 목이 길다 那瓶子的颈很长。	筒、颈、项
5	指地理位置好适合做买卖的地方或道路等	생각보다 좋은 것 같은데 . 목이 좋아서 그런가?《아이가 다섯》（27）（生意）比想象的好，可能是位置好的原因吧。	位置
6	指道路中间无法通往其他地方的非常重要的窄小的地方	지금 내 인생에 가장 힘든 목인가?《그래 그런 거야》（19）现在是我人生中最难的坎吗?	坎、关

"목"的前三个意义与汉语一致，其中 1、2 是根据整体与部分之间的相关性而产生的转喻意义；"목"还有三个隐喻意义，其中 4 比喻物体上像脖子的地方，这是充分考虑了脖子与物体形态上的相似性；"목"的第 5 个意义比喻地理位置好，之所以产生这个意义，应该与脖子的重要位置有关，脖子处于人体中轴线上，看起来像是十字路口，而适合做买卖的地理位置一般也都是十字路口，所以两者产生了相似性，使"목"产生了比喻义；另外，脖子在人体中也是非常狭小的部分，上面是硕大的头颅，下面连接的是庞大的身躯，根据这个特点，"목"产生了"窄小但却重要的地方"这一比喻义，汉语有"咽喉要地、瓶颈"，利用的也是脖子的这一位置重要性特点。也就是说，人体"颈"根据与其他事物的相关与相似关系而形成了多种转喻与隐喻意义。虽然与汉语"颈、喉"所产生的比喻义并不相同，但韩语"목"所产生的比喻义是可以被中国人所识解的。

除上述对人体的认知具有共性之外，隐喻构建的认知基础还有人类对客观世界的价值取向，而这种价值取向有时也会表现出很强的人类共性。例如，喝醉在韩语里有"취하다（醉--）、심취（深醉）、도취（陶醉）"，都可以指喝醉，也都指沉浸于某种情况，如（1）。比喻沉迷时韩语里还用

“곤죽”做比喻。印尼语中的“mabuk、mendam”也属于类似表达，都是用喝醉比喻沉醉于、迷恋等意义（黄树先，2012：299）。并且这些词语很多时候具有消极意义，这说明人类对喝醉这种行为的否定认知。

（1）a. 나 누님한테 취해서 내 동생 잃어버린 것도 잊어버린 거지요.《역적: 백성을 훔친 도적》（8）我沉醉于你的温柔乡之中，连我妹妹丢了这件事都给忘了。

b. 양복 만드는 데 너무 심취해 계셔서 날짜 가는 줄도 모르는 것 아닌가 걱정돼서.《월계수 양복점 신사들》（13）我担心你过于沉醉于做西服，是不是忘了日子了。

c. 특히 정치권은 대책도 없이 이 근거 없는 자신감에 도취한 수준이다.《아시아정제》（2017.01.12）特别是政治界的水平也不过是陶醉于这种毫无根据、毫无对策的自信中而已。

综上，比喻的普遍性“不仅体现了不同文化背景下，人们对某些现象的认识具有相同的审美态度、主观评价和价值取向，而且揭露了人类原初思维方式的共同之处”（郭淑伟，2012：151）。正因为如此，不同文化背景下的隐喻才具有了被识解的认知基础。

四、隐喻的语言条件

在某种文化中，隐喻能否被构建并识解还受到现有各种语言形式的影响。例如，与臭味有关，汉语、德语、英语的相关词语都可作为始源域进入合成词表达抽象的隐喻意义。其中，汉语的“臭”可用来修饰抽象的品质，如“臭脾气、臭架子”，有时也表示蔑视，如“臭男人、臭要饭的、臭流氓”等；德语的“stink（臭）”也可形成多个合成词表达否定意义，如“stinkfaul（臭懒）”表示懒得要命，“stinklangweilig（臭厌烦）”表示乏味透顶，“Stinkwut（臭怒）”表示大发雷霆，“Stinkstiefel（臭靴）”比喻令人极其厌恶者；英语“foulmouthed（臭嘴的）”意为说脏话的（支顺福，2012：36）。

韩语里表示臭味的词语也很多，都是多音节固有词。第一看“**고리다、코리다**”。“고리다”指烂草、烂鸡蛋等发出的味道，也比喻内心以及所做之事猥琐、吝啬，让人难以忍受。“코리다”是“고리다”的加强形势，除具体义外，也有类似的抽象比喻义。第二，“**구리다、쿠리다**”。“구리다”指大便或放屁的味道，还指所做的事情非常龌龊。在此基础上，还指行动不正当，令人怀疑。近义词是“쿠리다”。第三，“**타분하다、터분하다**”。“타분하다”指口腔味道不佳；食物味道不新鲜；天气不好、心情不爽快，

令人发闷。“타분하다”的相关词是“터분하다”，但语义比“타분하다”强。第四，“**고리타분하**다”。这个词是“고리다”与“타분하다”结合形成的合成词。有两个意义，可以指味道不新鲜，难闻，让人作呕；也指所作所为、性格迂腐，让人烦。有缩略及变形“고타분하다、골타분하다、쿠리터분하다、구리터분하다”，也都有以上两个意义。

如上，韩语的这些表达臭味的词语都是三音节以上的形容词，这些词语在表达味道意义的基础上，有的产生了猥琐、吝啬之意，有的产生了奇怪、不正当之意，有的产生了天气或心情不好之意，有的产生了性格不好、令人心烦之意。从隐喻意义上来看，韩语的“臭味”词与其他语言的表达既有一致之处，也有不同。从语法角度来看，韩语的这些固有词因为是多音节词汇，所以很难再出现在合成词里。

汉语、德语、英语所表达的“臭”的否定抽象概念在韩语里主要由具体事物“**똥**”来表达。因为排泄物“똥”具有认知框架“味道是臭的”，所以韩语里是用发出臭味的实物——“똥（屎）”表达众多的否定意义，此时“똥”作为始源域来转喻目标域，“똥”还可作为修饰语来形成众多的合成词，这些合成词又可作为始源域来隐喻其他抽象事物或人。具体而言，“똥바가지”有惯用语“똥바가지를 쓰다”，比喻人格遭到严重侮辱，也比喻自己冤枉地承担了别人应承担的责任。“똥항아리、똥주머니、똥단지、똥차”等都可以比喻人，“똥통”多比喻事物不好。“똥단지”除了指愚钝、沉闷的人，有时还以“똥단지 같은 소리、똥단지로 취급하다”的结构比喻不可理解的话。“똥손”比喻手艺不好。“똥배짱”比喻胆子大，“똥매너、똥고집”比喻礼貌或性格不好。总之，“**똥**”的合成词所发展出的隐喻意义大多具有否定性，尤其是“**똥**”作修饰语修饰人时，很多表达已脱离了原型意义，有发展为前缀的趋势。“**똥**”的这些意义和用法的产生有多方面的原因：一是语义上的关联性，“똥”的很多语义是根据形态特点、味道以及生活常识等联想推理出来的，不是凭空产生的，尽管在表达与人相关的意义时，语义已非常虚化。二是语音和音节的问题，在表达这些意义时，韩语里缺乏相应的能够作定语形成合成词的单音节词，与臭有关的固有词，如“고리다、코리다、구리다、쿠리다、타분하다、터분하다、고리타분하다”等都是多音节词汇，所以很难再出现在合成词里。而“똥”是单音节，所以非常容易进入合成词作前置成分，这样符合语言的经济学原理，也符合韩语前缀的形成规律，因为韩语几乎没有多音节的前缀，双音节的前缀也极少，绝大部分都是单音节前缀或者是双音节词变形产生的单音节前缀，而“똥”已逐渐产生了前缀化的趋势，因为其结合范围已极度扩大，并且语义也与原型意义相距甚

远。所以像汉语、德语、英语所表达的“臭”的否定概念在韩语里只能由“똥”这个禁忌词来担负起这个任务。三是民族性格的问题，“韩国人在发泄内心的郁闷、消解压力时，喜欢使用极端性的表达，而‘똥’作为禁忌语，也属于感情宣泄的一种方式”（王芳、王波 2022e：256）。正是这三个因素的综合影响，才最终形成了韩国独特的‘똥’文化。

综上，隐喻构建表现为多种形式，某一类概念的隐喻意义可能会表现出很强的一致性，“不好的味道”这种概念所形成的隐喻意义也具有一致性。但有时隐喻意义的产生也会受到多方面条件的影响，如“똥”隐喻意义的形成。

第二节　隐喻与始源域

一、始源域与语言形式

能够成为隐喻始源域的多是具体事物，因为从具体事物到人的映射是一种非常普遍的隐喻思维和语言现象。韩语里有专门表现这种拟物思想的词语，即“도구시하다（道具视--）”，意为将事物或人看作器具，如“인간을 도구시하는 사회 把人看作工具的社会。”除这个概括性的词语之外，韩语还有很多语言形式如合成词、词组或惯用语、谚语、后缀等可作为始源域。

（一）合成词

韩语里用来作为始源域的很多事物本身都是合成词，而词语也因为隐喻而发展成了比喻词。

表 4–2　韩语里喻人的事物

语言表达	字面义	比喻义
대갈마치	钉马掌的锤子	比喻经历了各种风霜而变得非常老练的人。
나무거울	木头镜子	比喻外表虽然像模像样的，但是却没有一点用处的人或东西。
쌍벽（雙壁）	双璧	比喻难以区分优劣的两个人。
연벽（連璧／聯璧）	连璧	比喻兄弟两人同时及第；两个亲密朋友的学识、才能相似。
걸레／걸레쪽／걸레부정（--不淨）	抹布片	比喻破旧的东西或脏兮兮的人。

如表4-2，“대갈마치、나무거울、쌍벽（雙璧）、연벽（連璧/聯璧）、걸레/걸레쪽/걸레부정（--不淨）”等语言形式所表达的是始源域，都是具体事物。这些具体事物中，大部分都是本身发展出了比喻义，有时也沿用到谚语中，如“대갈마치”有谚语“다 닳은 대갈마치라”，意思敲打了多次而破旧不堪的马掌锤子，打扫卫生时的总是用抹布擦拭脏东西，所以韩语里抹布成了脏的代名词，可比喻人很脏，还有谚语“걸레를 씹어 먹었나”比喻唠叨得太厉害。

除具体事物之外，有时表达具体事物状态的词也可以成为始源域比喻人的状态或行为。例如“잡동사니（雜---）”指多个事物混杂在一起，可比喻看起来不怎么样的小事或那样的人，也可喻人或想法不怎么样，如（2）。译成汉语时需要根据不同的搭配意译成“不入流”或“乱七八糟”。

（2）a. 기타 잡동사니 직업이 아닌 대학교수에 있어서는……《이희승, 먹추의 말참견》与其他不入流的职业相比，大学教授……

b. 온갖 잡동사니 생각들이 마구마구 드는 날이다.《YTN》（2018.4.02）这一天总是出现一些各种乱七八糟的想法。

韩语里还有一些具有概括性的上义范畴词可作为始源域。例如，“명물（名物）、퇴물（退物）”分别指某地有名的产物、从长辈那里传下来的物品，虽然指具体的物品，但两个词都属于上层范畴词，还分别指有特点的名人、贬称从某个职位上退下来的人，如（3），这都是以物喻人。但汉语“名物”一般没有这种隐喻意义，因此（3a）中的“명물”如果直译成“名物”，需要加双引号以示是特殊用法。而汉语里没有“退物”这种表达，因此（3b）需意译成“无用之人”。

（3）a. 민식 씨라면 이곳의 명인，아니 명물로 통하지 않겠어요?《이영치，흐린 날 황야에서》要说敏植，他不是这个地方的名人吗？啊，不对，是“名物”，所以很吃得开，是吧？

b. 퇴물이네요. 신선한 매력이 없어요.《불야성》（15）这是无用之人啊，魅力全无，没有新鲜感。

成为始源域的合成词中有的表现为：事物名词修饰表人的名词形成新的合成词，如韩语里笔盖称作“뚜껑、두겁”，因为笔盖是最顶端的东西，所以有了新的合成词“두겁조상”，也俗指“중시조（中始祖）”，意为使已败落的家族重新崛起的人，比喻祖先中名声最盛的人。

有的合成词在成为始源域产生隐喻意义时会出现多重隐喻。韩语有很多与手有关的合成词，例如“휫손、휠손、꺽짓손”指掌控、指使别人的手段，也指处理事情的能力；“두름손”指斡旋、变通的能力；“잡을손”指

处理事情的能力；“잡힐손”指有做好任何事的能力，这些合成词中都是先根据作用的相似性来用“손”隐喻能力，然后再用前面的修饰语来隐喻不同的能力。

（二）派生词

韩语里还存在派生词有关的始源域。有的具体事物会与后缀结合形成派生词来作始源域。例如，韩语里扇子为“부채”，有派生词“부채질”，指扇扇子，也可以用作始源域比喻加剧某种感情、争斗、状态变化的行为，如（4）。这个比喻义的产生利用了形象特征的相似，汉语“煽风点火”有类似意义，但一般多用于人，所以韩语的“부채질”需意译成“加剧、激化”等。

（4）a. 교통 혼잡을 부채질하다 加剧了交通混乱

b. 지역 감정을 부채질하다 激化区域感情

具体事物也会与表人后缀结合形成派生词作始源域。例如，韩语里“땜”指补锅，而给人补锅的人则是“땜”与后缀“-쟁이”结合形成的派生词“땜쟁이”，这个派生词也可作为始源域，用来嘲笑脖子周围长瘤子且化脓留下疤的人，这种比喻义应该源于这种人的身体特征与补锅后的痕迹具有形态上的相似性。

具体事物也会与表物或表人的后缀“-이”结合形成派生词作始源域。例如，韩语有动词“오그랑하다”，它的词根“오그랑”与表人或表物的后缀“-이”结合形成了派生词“오그랑이”，指凹进去或者有皱的东西，也可作为始源域比喻心术不正的人。

副词的动词派生词成为始源域，例如，动词“기웃거리다”是副词“기웃”与后缀“거리다”结合形成的派生词，指探头探脑，如（5a），此时的对象是空间词“방”。探头探脑、东张西望的身体动作反映心理状态不是光明正大的关心，所以这个词还比喻对别人的东西起了贪心而不停地偷看，如（5b），此时的对象是“딸”，有时对象也可以不出现，如（5c）。也就是说，“기웃거리다”是用人体动作来隐喻人的心理。

（5）a. 너는 아까부터 왜 내 방을 자꾸 기웃거리니? 你怎么从刚才开始就在我的房前露头露脑的？

b. 어떤 녀석이 내 딸을 자꾸 기웃거리는 거야? 这是哪个小子总是对我女儿垂涎三尺？

c. 유독 젊은 놈들이 눈알을 화등잔같이 밝히고 기웃거렸다.《송기숙, 녹두 장군》唯独那些年轻的家伙眼瞪得像探照灯一样，在这儿徘徊着不走。

（三）词组或惯用语

成为始源域的语言形式还有与具体事物有关的词组或惯用语。例如，韩语有“덤통”，指卖虾酱的商贩随身携带的装虾酱的汤桶，买了虾酱后，如果看着汤桶对着卖虾酱的商贩一笑，笑得对方高兴了，就会免费给点汤（이규태，2000：154），因此产生了惯用语“덤통 웃음”，并由此产生了比喻义，比喻为了某种目的而做出的计谋性的笑，是用与具体物品有关的惯用语作始源域比喻人的笑。

韩语里纺线车为“물레”，分为两部分，一部分是轮子，叫作“바퀴”，一部分是纱锭座，叫作“괴머리”，两者连成一个整体随着轮子转动，纺出来的线被缠在纱锭座上的纱锭上，纱锭座如果脱离了纺车就无任何用处，所以与纱锭座有关的惯用语“빠진 괴머리”被用作始源域比喻没有任何用处的人。

（四）谚语

具体的事物可出现在谚语里并成为始源域比喻人，如表 4-3 所示：

表 4-3　韩语里喻人的谚语

	谚语	字面义	比喻义
1	자식은 쪽박에 밤 주워 담듯 한다	孩子就像用小瓢子捡拾栗子一样，挤得满当当的。	比喻穷人家里孩子很多。
2	자식은 생물 장사	就像卖水果、鲜鱼那样总有东西烂了无法卖而扔掉一样。	孩子也有早夭的，也有长不大的孩子。
3	꾸어다 놓은 보릿자루 / 빗자루[①]	就像被借来的米袋子	比喻大家一起聊天时坐在旁边一句话也不说的人。
4	같고 꾸어 온 보릿자루 같다		
5	전당 잡은 촛대	就像被当了的烛台	

如表 4-3，谚语 1、2 中，都是以具体事物，即“밤 栗子”“생물 水果或鲜鱼”等作始源域来隐喻孩子。谚语 3、4 与 5 则是用具体事物“자루 布袋”和“촛대 烛台”作为始源域来隐喻不说话的人。这些谚语会经常出现在话语交际中，并且有时还会仿造出类似谚语的句子，如例句（6）中出现的谚语“꾸어다 놓은 보릿자루”以及仿造出的“훔쳐다 놓은 말가루부대”都是用布袋来隐喻人。汉语里“布袋”没有类似的谚语以及比喻义，因此需要根据前后语境意译。

（6）지가 살 집이면 앞장서서 여기저기 열어보고 들여다 봐야지 . 멍

① 这两个谚语中后者是从前者发展而来的，因为“보릿자루”与“빗자루”发音非常相似，所以又发展出了“꾸어다 놓은 빗자루”，意思是就像被借来的扫帚（최창렬，1999：56）。

청하니，꾸어다 놓은 보릿자루도 아니고 훔쳐다 놓은 말가루부대도 아니고.《우리 갑순이》(42）自己要住的房子得带头翻翻这里，看看那里的，不是吗？她倒好，傻乎乎地杵在那儿（好像是别人的家一样）。

（五）词缀

有时成为始源域的具体事物还会发展成表人的词缀。例如，“쇠”的基本义为铁，但现在已发展为表人后缀“-쇠”，如表4-4所示，这些派生词中有的仍然具有具体义，如“무쇠、갈고랑쇠”，但大部分已不表达具体义，仅有抽象义，比喻具有某种特点或习性的人。

表4-4 韩语里的后缀“-쇠”

派生词	意义
무쇠	铸铁；比喻人身体强壮、精神健康坚韧。
텡쇠	贬称外表结实内心虚弱的人。
갈고랑쇠	像钩子似的铁；比喻人很乖僻。
바닥쇠	贬称没有官职的贵族；贬称某个地方的土著。
밥쇠	指光吃饭不干活的人。
걸떡쇠	贬称贪吃的人。
모르쇠	不管知道不知道，都说不知道。
달랑쇠	不沉稳、冒冒失失的人。
구두쇠	吝啬的人。
벽쇠	

有的具体事物作始源域可以发展成前缀，相关的派生词不再用来比喻一般具体事物，而是可比喻人。例如具体事物“돌”通过语义变化发展成了前缀“돌-”，形成了很多派生词，这些派生词又可作始源域比喻具有某种特点的人。

表4-5 韩语里的前缀“돌-”的派生词

派生词	意义
돌계집	不孕的女人
돌중	行为不端的下人
돌놈	行为不端的人
돌무당	水平不行的巫婆或神汉
돌잡놈	行事极其不端的人

（六）综合类型

语言表达的发展不仅受语言本身的影响，还受认知、心理等的影响；

即使局限在语言本身，往往要考虑语音、音律、音节、语义、语法、语用频率等多种因素的综合影响。所以作为隐喻始源域的语言形式有时还会出现很复杂的类型。

例如，韩国建筑中的阁楼称作“다락”，这个词的结构是“닫”与表示小的空间的后缀“-악”结合形成的，“닫”本义是“山”，而山的特点之一就是高，因此“다락”也具有了高之意（조항범，2014：462-463），也就是说，具体事物“닫”与后缀结合所形成的派生词作为始源域产生了隐喻意义。在此基础上，“다락”又产生了比喻合成词“다락같다”，这个词又可作始源域来隐喻其他事物，可比喻物价非常高，也比喻体积或规模非常大。总之，始源域从“닫”到“다락”，再到“다락같다”，其形态不断发生变化，词语类型也从单纯词发展成了派生词，又发展到了合成词；而隐喻语义也逐渐从具体的“山”发展到了“阁楼”，然后发展到了“价钱高”“非常”等程度意义，如例（7），与始源域的原型意义之间的距离越来越远。

（7）a. 요즈음은 하루하루 물가가 오르는 것이 다락같아 살 수가 없다. 最近物价一天涨似一天，高得没法活了。

b. 날씨가 다락같이 추워지니까 밤에 잠이 안 옵니다.《박경리，토지》天气非常冷，晚上都冻得睡不着。

二、始源域与词源

如上，成为始源域的具体事物的各种语言形式从词源角度来看，主要表现为固有词和汉字词，除此之外，外来语也可以成为始源域。

例如，韩语中尼龙为外来语“나일론（nylon）”，具有韧性强、吸水性差、透气性差等特点，在用作衣料时，虽然看起来像模像样，但质量却不好，根据这一特点，韩语里出现了新的词组“나일론 환자”或“나일론 신자”，分别指那些没病装病的病号、并不笃信宗教但表面上却像信徒一样行事的人。并且在表示此类意义时，形态也发生了变化，多用“나일롱”，如“나일롱 환자、나일롱 신자、나일롱 참회、나일롱 박수”，有时也用“나이롱”。

三、始源域与具象性和抽象性

认知语言学一般认为隐喻映射的始源域多是表达具体事物的词语，这是一种非常普遍的隐喻现象。这里我们主要用“以人喻物”这样一类隐喻来说明始源域的具象性与抽象性特点。以人喻物是从人到物的映射，这种拟人隐喻反映的是类比思想以及“万物有灵”思想，“万物有灵”即人类将自己身上所具有的一些特征，如情感、意志、思想、个性等，投射、类推到身外的万事万物中去，使它们也具有类似的品格和特征（刘承华，2003：76），是使物人格化，这种类比也就是修辞上常说的“拟人”。拟人隐喻是作为喻体的始源域——人的部分特征向作为本体的目标域映射的结果。

以人喻物时，韩语里作为始源域的人又可以细分为“人体（人体部位、状态、动作等）、人称词、人际关系、人品”等，这些细分的不同始源域的具体性和抽象性并不相同。其中当始源域是“人体”时，其具象性更强，这也符合一般隐喻始源域的特点，但当始源域是“人称词、人际关系、人品”时，则抽象性更强。

抽象始源域的出现与社会文明的发展有关，王文斌（2007b：72–73）认为当语言中原有的表达方法不足以表述复杂的理性思维时，就会借用抽象的语言表达形式，因此许多抽象语言进入日常生活中，为人们熟知，并被用来隐喻具体的事物，成为隐喻的始源域，这是人类思维演进的必然结果。

（一）人体喻物

以人体来喻物具有世界共性。韩语里的人体器官语言非常丰富、文化性很强，其文化性主要表现在意义的多义性上。韩语中以人体喻物分为三种类型：人体部位喻物、人体状态喻物、人体动作喻物，具体如下：

1. 人体部位喻物

韩语中此类隐喻分为四种类型，第一类是以人体部位比喻具体事物，第二类是以人体部位比喻抽象事物，第三类是以性器官来喻物，第四类是人体器官词发展成词缀。

先看第一类。借用人体部位来隐喻其他事物具有普遍性，但是也不可避免地会受到文化的影响，可体现出较强的语言的差异性，如表 4–6 所示：

表 4–6　韩汉人体部位语言的隐喻

人体部位	韩语	汉语
耳朵	치마귀、섶귀、귀가 맞는 적삼	裙角、衣角
鼻子	계단코、구두코、그물코、검코（劍–）、꿩 한 코、명태 한 코	?
腋	나무 겨드랑이	树杈、枝杈

韩语用身体部位词比喻一般事物，并不能完全与汉语的相关身体部位对应。例如，韩语可以用“겨드랑이”比喻枝杈，而汉语“腋”没有这种用法。韩语的“코 鼻子”结合范围很广，可用来指台阶、皮鞋、网、剑的相关部位或者作量词，但汉语鼻子无法与其对应。韩语里的“눈、코”都

可与网联系起来指“网眼”。与耳朵有关，韩语的“귀”喻指的衣角、裙角多对应汉语“角”。

第二类是借用身体部位来说明抽象事物或道理。例如，“급소（急所）”这个词指人体内只要受一点的伤就会危及生命的重要部位，也指事物非常重要的地方，这样的说明可使事理更加形象生动。

第三类是以性器官来喻人或喻物，这种类型是韩语比较突出的文化现象，这类性器官词语主要有“불알、씹”等。例如，带钟摆的挂钟被叫作“불알시계（--時計）”，钟摆被叫作“시계불알（時計--）”，并且也比喻没事乱逛游的人，小时候一起长大的小伙伴叫作“불알친구”。

第四类是人体部位发展成了后缀，如“머리”形成了后缀“-머리”，因此有了“엉덩머리”，俗指屁股，汉语有“屁股蛋儿”，但一般不用“屁股头”。

2. 人体状态喻物

以人体状态词比喻事物时所涉及的大多是非正常的身体状态。例如，“곰보”本来指麻子脸，但也用来比喻表面不光滑的东西，其中“곰보빵”指表面不平的面包，“곰보철판”指表面凹凸不平的铁板，“곰보버섯”指羊肚菌，“곰보유리”指花玻璃，“곰보무늬”指有凹凸的花纹，“곰보망치”指圆头锤子。汉语的“麻子、麻子脸”没有此类比喻用法。

身体残疾也可用来比喻事物，如“절름발이”指瘸腿，可修饰有腿的事物，如“절름발이 책상”；“앉은뱅이”指瘫子，可用来修饰矮小的事物，如“앉은뱅이 거울 / 시계 / 바위 台镜 / 床头钟 / 矮石头”。身体上长的异常东西，如“혹（瘤子）”也可用来比喻成为负担的事物或人。身体残疾可转喻精神残疾，如“병신（病身）”本来指身体出现残疾，或者残疾人，也可贬称做事不太灵透的人，如（8a）；除了指人，“병신”还指事物，指有缺失的东西，如（8b），这属于以人喻物。汉语类似的是“废”或“残废”。

（8）a. 그런 것도 못하면 병신이다. 那种事情都不会做的话，那就是废人一个。

b. 장갑은 한 짝을 잃어버리면 병신이 되고 만다. 手套丢了一只，就成“残废”了。

如上，韩语的这些人体语言表达的比喻义都无法与汉语里相应的人体语言对应。

3. 人体动作喻物

与人的身体动作有关的词语也可比喻事物。前面已分析了性器官可

喻物，性动作也被韩国人用作比喻，例如，“빼도 박도 못하다”及缩略语“빼박”“빼박캔트（can't）”原义为通奸被发觉，比喻进退两难，非常狼狈。

（二）人称词喻物

韩语里与人有关的人称词也可用来比喻一般事物，但与前面分析的人体相比，人称词的抽象性更高。

首先看“**모태**（母胎）”，这个词本来指母亲胎中，如（9a），汉语里现在也用“母胎 solo”，但常用的还是“娘胎”；“모태”也比喻成为事物发生、发展的基础，是抽象义，如（9bc）。汉语有时用“母体”表达类似意义，如（9b），有时用“创始人”类表达，如（9c）。

（9）a. 너 모태 솔로 아니었어?《불야성》（6）你不是娘胎里的独身吗？

b. 남도 민요는 우리나라 민속 음악의 모태가 된다. 南岛民谣是韩国民谣音乐的母体。

c. 풍길당 모태이신 배국희 전 사장님 제 어머니이십니다.《우리집 꿀단지》（104）冯吉堂的创始人裴国姬社长是我母亲。

再看与小孩子有关的称呼。先看固有词。例如，韩语“새끼”有惯用语“새끼를 치다”可比喻使基础的东西延伸或扩张，是用添小崽子比喻抽象的事物或事件。汉语有时用“添枝加叶”，但一般不用“添小崽子”比喻。“꼬마”本是对小孩子的爱称，可引申为年龄小如（10a）；也用来作为对较小事物的爱称，如（10b），此时是用作定语，比喻物体时，“꼬마”的感情色彩没有发生贬化①。不过，박갑천（1995：50）认为命名意义的“꼬마피안다미조개”中的“꼬마”很难看作是“小”意义。韩语里有时也用“아기”或“애기”修饰动植物，比喻小巧可爱，如（11），汉语一般用抽象的形容词“小”来作修饰语。韩语的“애”也可形成一系列的合成词，如（12a），汉语对应的也是“小”。

（10）a. 꼬마 신랑 小新郎

b. 꼬마 자동차小汽车

c. 꼬마피안다미조개 魁蚶

（11）a. 아기 나무 小树

b. 아기 수박둥이 小圆坛子

c. 애기 진달래 小杜鹃花

---

① “꼬마”也用于嘲弄个子矮的人，是蔑称，感情色彩发生了贬化。

（12）a. 애솔나무、애송、애송나무、애송목、애솔 小松树

b. 애송이 小孩、小东西

不仅固有词人称词可作定语修饰一般事物，汉字词也具有这种倾向，如“동자（童子）”指孩子，“동자목（童子木）”指抽屉之间的搁板，有时也用作中心语，如“헛동자（-童子）”指放置于家具的抽屉之间像搁板一样的薄木板。汉语虽然有“童子鸡”，但“童子”修饰的是有生命的“鸡”，而不是一般无生命的事物。汉语还有“童子尿”，虽然修饰的是无生命的事物，但此时表达的是所有关系，而不是一般的形态修饰关系。韩语还有“쌍동밤（雙童-）”，指双头栗子，也是用童子比喻事物。

再看与成人身份有关的词语。“조종（祖宗）”本指祖先，但韩语里还比喻最根本、主要的东西，如（13）。

（13）a. 명산이다뿐인가 조선 팔도 산의 조종일세 .《홍명희，임꺽정》

哪里只是名山啊？可以说是朝鲜八道所有山的鼻祖了。

b. 아，여북해 지략의 조종이요 조화의 근본 아니오 .《김동리，화랑의 후예》啊，要不怎么成为谋略之祖、造化的根本啊？

韩语还有“홀애비、총각”，都指单身汉，前者指离婚或丧偶的，后者指未婚的，两者都可形容事物，如“홀애비김치”用光棍独自一人之意比喻用单一材料做成的泡菜。而“총각김치、총각깍두기、총각무、총각미역、총각버섯”则是利用过去小孩子头上的“总角”的形象特征以及男性生殖器的形象特征来命名食物。（王芳、王波，2021d：259）

韩语还有“아자비、아재비”，这两个词都指叔父，后者被认为是前者的方言，并且后者可用来给动植物命名，如“갈퀴아재비、골풀아재비、맥문아재비、미나리아재비、게아재비、방게아재비、벼룩아재비、왕버마재비、버마재비[①]”等，意为与前面的名词差不多的动植物，因为“아재비”指的是非常亲近的亲族关系（조항범，2014：345）。类似的还有父亲意义的“아비”，在过去可与昆虫结合形成“방하아비、방아깨비（大尖头蝗）”“장고아비、장고벌레（跟头虫）”“등에자비、등에 牛虻”等名称，这里的“아비”指成虫（조항범，2014：343），利用的是“父亲是成人”这一隐含特征，然后根据父亲与成虫具有“成年的”这一相似性，从而使“아비”具有了事物命名意义。

韩语儿子为“아들”，儿子是父亲的附属物，所以韩语有了“도리깨아들”，其中“도리깨”指韩国过去用来打豆子的工具，由两部分组成，主体

---

① “버마재비”从“범＋아재비”变形而来。

是一根长棍，附在上面的是带三个齿的树枝，被称作“도리깨아들”见图4-1，使用时要竖起来。这种命名的成立是因为在韩国人的心智空间中，儿子与带三个齿的树枝都具有“主体的附属物”这一相似性。

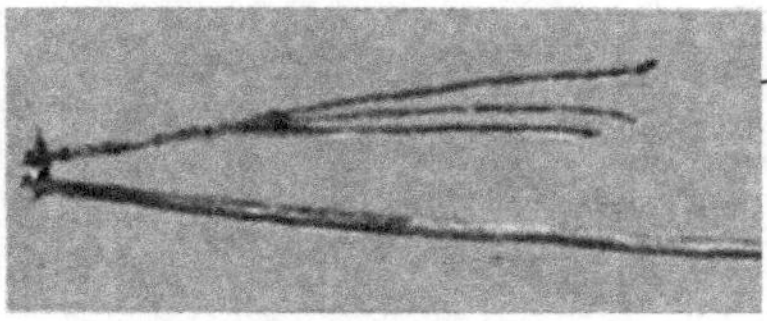

图 4-1 “도리깨”图示

韩语里儿媳为“며느리”，是意为寄生意义的“며늘”与“아이”结合形成的，所以“며느리”意为依附于儿子而生存的人，这种命名与男尊女卑思想有关，一些寄生植物也以“며느리”来命名，如“며느리밥풀、며느리배꼽、며느리주머니”都是一些花名（천소영，2005：212−213）。韩语还有“며느리발톱”，指小指后面又长出的指甲、（雄鸟）距或（牛、马等的）蹄后小趾，这些意义的产生源于同样的命名理据。

韩语还有“세 자매 농법”，字面义是三姊妹农法，所表达的意思是三种作物进行间种的农业种植方法，这里是用“세 자매”比喻进行间种的三种作物。类似的还有“소나기 삼 형제”，因为下雨时多形成三条水帘，所以韩语用“삼 형제 三兄弟”比喻这样的自然现象。

韩语还有“효자 종목、효자 상품、현대 차 성장에 효자 모델”等表达，是用“효자（孝子）”比喻起了很大作用的事物，而汉语“孝子”一般不形容物，所以上述表达应译成汉语“主要品种、主要商品、对现代车发展做出极大贡献的车型”。此外，韩语还有“효자손”，指痒痒挠。与孝子有关，韩语还有“효도 선물”，即“表示孝心的礼物”。

再看一组以人喻火的词语。韩语猛火为“무화（武火）”，弱火为“문화（文火）”，没了火苗的灰火称作“여화（女火）”，而同是“여화”，如果没了红火则称作“할미불”，如果还红彤彤的，则称作“새아기불”（이규태，2000：101）。这里出现的“武、文”“女”“할미 老太太”“새아기儿媳”都是指人的词语，但却都用来比喻火的状态。汉语里有“文火”“武火”，但没有其他类的比喻表达。

再看与人的身份和职业有关的词语。先看积极意义的例子。汉字词“왕（王）”除了指封建社会的最高爵位，此外还通过隐喻发生了语义的引申，可比喻头领，或者擅长。在比喻头领时，汉语有时用“头、头头”，这

也是隐喻意义。这种隐喻进一步发展，韩语“왕”发生了词缀化现象，发展出两个前缀，一个后缀，如表 4–7 所示：

表 4–7 “왕（王）”的词缀形式

词缀	意义	例词
왕[6]（王）–	更大的	왕개미 大蚂蚁、왕게 大螃蟹、왕느릅나무 大榆树
	很大的、很粗的	왕겨 粗糠、왕모래 粗纱、왕소금 粗盐、왕자갈 大石子
	非常严重的	왕가뭄 严重干旱、왕고집 非常固执
왕[7]（王）–	成为爷爷辈的	왕고모 祖姑、왕고모부 祖姑父、왕부모 祖父母
–왕[8]（王）	在一定领域或范围内成为首领的人或动物	발명왕 发明大王、싸움왕 打架大王、저축왕 储蓄大王、컴퓨터왕 计算机大王

出处：王芳、王波（2022b：440）

韩语三个词缀中，只有后缀“–왕[8]（王）”能与汉语“大王”对应，韩语也有汉字词“대왕（大王）”，但指去世的先王或德高望重的王，无法与汉语“大王”对应，但也可作定语修饰事物，如“대왕 오징어 特大鱿鱼、대왕 핫도그 特大热狗”。由此可见，韩语里用表人的词比喻事物的现象很突出。汉语“王”在书面语里也表示辈分高的，如“王父”，意义与“왕[7]（王）–”并不完全相同；“王”还表示“最强的”，如“王牌”。韩语“왕”的这些词缀意义与汉语“王”的语义变化都是通过隐喻实现的。前缀“왕[6]–”还继续发展，可修饰动词、形容词，如（15），其语义已非常虚化。

（14）a. 왕부담되는 자리라 안 돼요.《빛나라 은수》(9) 这个位置让人超级有负担，我不行。

b. 그 집 할머니 왕무서워요.《빛나라 은수》(17) 那家的老太太可吓人了。

类似的还有很多，如“왕좌（王座）”比喻最高的位置，“등극（登基）、대관식（戴冠式）”比喻登上某个领域的最高位置，“예황제（–皇帝）”比喻舒舒服服的王，而“황제（皇帝）、제왕（帝王）、여제（女帝）”等比喻在某个领域最杰出的存在，这些比喻义已成了词典意义，有的还仅止于语境义，如“황태후（皇太后）”在话语交际中可比喻不可一世的人。

再看消极意义的例子。“거지”这个词意为乞丐，除了指人，还用来骂人，如表 4–8 所示，其对象不仅是人，还可以是场所、事件、礼节、心情、品位等，修饰的范围非常广，多用于“거지와 같다”“거지 같은”结构。

表 4-8 “거지와 같다”类表达

对象	例子	翻译
人	거지 같은 게 어디 와서 행패야?	你这破烂货竟敢到这里来撒野?
	거지 같은 인생	下三滥人生
场所	거지 같은 농장	破烂农场
	거지 같은 집	破家烂窝
事件	이런 거지 같은 결혼 못하겠습니다.《그래 그런 거야》(16 회)	这种破婚我不能结。
礼节	어쩜 그렇게 거지 같은 매너가 다 있어?《미워도 사랑해》(15 회)	怎么一点礼貌都没有啊? / 怎么一点也不知道怜香惜玉啊?
心情	거지 같은 기분	心情糟透了。
品位	취향은 거지와 같다.	眼光真臭。

出处:王芳、王波(2022d:603)

韩语里还经常利用人物的形象特征赋予相关的人称词以比喻义。例如,佛教里守护佛法的是八大神将,分别为“천(天)、용(龍)、야차(夜叉)、건달바(乾闥婆)、아수라(阿修羅)、가루라(迦樓羅)、긴나라(緊那羅)、마후라가(摩睺羅迦)”①。其中,“건달바”也称作“건달”,是帝释天的乐神,靠吸食香气而活,惯于在空中飞翔。根据这种形象特征,“건달”的语义发展成了贬义,可指三种人,第一种指无事可做、游手好闲的人;第二种指没有任何财产的放荡之人;第三种指无任何财产的穷光蛋。汉语的“干达婆”没有产生这样的比喻义。

最后看与人称代词有关的词语。例如“우리”本指我们,也可用来指事物,如“우리 식물”,用人称代词“우리 我们”表达植物的所属关系,而汉语“我们”一般不直接修饰事物,而是用“我们家的”。

“나도”本是人称代词“나”与副词“도”结合形成的短语,却用于专有名词的命名,如“나도밤나무、나도양지꽃、나도바람꽃、나도생강、나도계피、나도감、나도미꾸리”等,《표준국어대사전》中收录有这样的专有名词共70个,并且都是植物名。当然,这种命名方式也是一种拟人化。这是韩国人从众心理在草木命名上的反映,而这种思想的形成与长期的农耕文化密切相关(이규태,1991a:272)。

韩语还有代词“놈”,主要指男性,也可用作俗称,指“这个”,如(15a,b);也可以“이놈의”的形式俗指说话人附近或正在思考的对象,

① 依据《표준국어대사전》的分类方法。

如（15c，d）。

（15）a. 이놈 가져다가 솥에 푹 삶아 먹어라. 把这东西拿去用锅煮烂吃吧。

b. 이놈을 숟갈로 먹어도 좋고，국수사리를 청하여 헹구어 먹어도 맛이 있다.《조풍연，청사 수필》这东西用勺子吃也行，或者用面条拌着吃也挺好吃。

c. 이놈의 차가 또 말썽이군. 这车又出毛病了。

d. 내 기억도 문제지만，지난 10 여 년 동안 이놈의 도시가 또 얼마나 많이 변모했나.《이동하，도시의 늪》虽然我的记忆也许会出现问题，但是过去十年间这城市发生了太大的变化啊。

韩语还用“도둑”与“놈”的合成词来给植物命名，如“도둑놈의갈고리”“애기도둑놈의갈고리”“큰도둑놈의갈고리”。

综上，韩语里与母胎、孩子、成人身份、职业有关的词语以及人称代词等可比喻、修饰一般事物，既可作修饰语，也可作中心语，用法非常灵活。汉语里有类似隐喻用法的词语很少。

（三）人际关系词喻物

人际关系词也是一种抽象词，韩语里亲属关系的远近之分多用“촌수（寸數）”来表达，如父母与子女之间是“일촌（一寸）”；兄弟姊妹之间是“이촌（二寸）”，叔伯姑姨舅与孩子是“삼촌（三寸）”，而叔伯姑姨舅的孩子则是自己的“사촌（四寸）”，这也是语言象似性的一种，即数量象似性，数字越大，表达的关系意义也越来越远。

除表达人际关系外，“사촌”还用来比喻非人事物的关系近，如韩语里把灰山椒鸟称作“할미새사촌”，因为其长相与“할미새”非常相似。这种亲属关系语现在还被用于网络，如“일촌”比喻非常亲密的关系，如（16），汉语“一寸”没有这种用法，所以需意译成“联盟”。

（16）저희 블로그 1 촌도 맺었어요…저희 일촌명이…영원한 친구랍니다.《내조의 여왕》（9）我们还建立了博客联盟。……我们联盟的名字是……“永远的朋友”。

（四）人品喻物

表示人品的词语比喻事物的类型比较少，其中代表性的就是形容词“착하다”，其本义为善良，但可作为始源域来隐喻多种事物，如：价格便宜（17a）、身材好（17b）、受信赖的 / 好的（17c）。汉语“善良”一般没有这种用法。汉语“好”本义为貌美，现在又衍生出了“善、优良、良好”之意，也可作为始源域来修饰一般事物，如（18bc），所以与韩语“착하다”具有相同的隐喻用法。但韩语“착하다”是直接从人品意义来喻物，

而汉语“好”是从外貌意义到人品意义，然后再喻物，因此两者并不完全相同。

（17）a. 가격은 더 착해. 만원에 5 개.《아버지가 이상해》（9）价格非常便宜，一万元 5 个。

b. 몸매가 착하다 身材好。

c. 제 7 회 2020 소비자에게 신뢰받는 착한브랜드 대상《동아일보》（2020.05.29）第七届 2020 消费者最信赖的好品牌大奖

四、始源域与现实性

“人体是我们最熟知的物质宇宙的组成部分。它不但是体验世界的条件，而且是一种可接近的物体，我们总是能够观察到它的特征”（段义孚，2017：72）。正因为如此，我们可借助身体来体验世界，“身体是我们掌握世界的最原初的工具”（舒斯特曼，2014：34）。例如，汉字构形就是“人本位”，大量汉字在字形上描绘出了人生景象，而一些非人类所有的事物，在造字构形时也采用人体或人事图像来表达（陈载舸，2017：17）。简而言之，人类对客观世界的认识是以人的体验为基础的，而人体又是体验的基础。人体主要被人类用来与人沟通、传递信息，以及表达心理感情。

前面已分析了人作为始源域的各种表现形式，另外，人体语言也可作为始源域来隐喻人的感情，不同的人体器官在隐喻人的心理感情时受现实可能性的限制，也就是说人体器官与感情之间的映射关系不是任意的。

韩国人表达感情心理时有很多手段，最常用的就是采用具体的肢体动作，如：用拳头捶打胸口，用棒槌使劲砸打东西、玩游戏等，有时也会用痛哭来发泄心情，穿着鞋子进屋也是韩国人表达感情的一种方式（这与韩国人的居住文化密切相关）。然后就是借助语言手段，韩语常用身体语言表达感情、情绪和心理。

在韩语里，与人体有关的二十二个部位器官及事物，即头、脸、眼、眉、耳、口、牙齿、鼻、颈、胸、背、肩、臂、腰、腹、腿、膝、手、脚、骨、排泄物、魂魄，根据其所能做出的动作，所能表现出的状态，以及韩国人所能据此所产生的联想与联系，这些身体部位产生了在沟通、传达信息、表达感情等方面的意义。尤其是头、眼、耳、鼻、口、手、脚等产生了极其丰富的意义和表达，而另一些身体部位，如脸、眉、齿、颈、胸、背、肩、臂、腰、腹、膝、骨等的意义则表现出比较集中的现象，这与韩国人对这些部位的认识以及这些部位可能表现出的不同变化（包括状态、动作）比较单一或集中有关。

人体所能表现的最突出的就是情感范畴。人体能够表达情感，除生理基础外，段义孚（2017：72）认为“人体是一种等级组织的图式，并被灌输了各种价值观。这些价值观或源于带有情绪的生理作用，或源于人们深入了解的社会经验”。具体而言，人体的各个部位在人心目中的地位不尽相同，人类根据自己的心理作用或社会经验赋予人体部位各自不同的价值，这些抽象的东西最终使人体语言具有了丰富抽象义并体现为丰富的惯用语、谚语等语言形式。

韩语里几乎所有的人体语言都可表示人的心理与感情，但不同人体器官表达的具体的感情义和丰富程度不同。김향숙（2001：175）认为表达感情的器官主要集中于人体上部[①]，这与本研究的结果基本一致，本研究发现，“头、眼、胸、口、鼻、肩”具有极其丰富的感情义，其中“胸”表达心理感情义具有文化共性，杜兰特（1997：37）曾说，“情感的位置在血液循环的心脏，它是经验和欲望的有机的共鸣。”因为心脏是最重要的脏器之一，心脏能更精细地感受人的生理与心理变化，所以韩语里的“가슴”和汉语的“心”都能表达丰富的感情义。具有文化共性的还有“头、眼、口、肩”。韩语的“鼻”可表达丰富的情感义则是韩国文化的特殊之处。

不同人体器官所能映射的目标域的感情也有差异。感情通常可分为“喜、怒、哀、惧、爱、恶、欲”等七种，在韩国文化里人体语言可表达这所有的感情。其中表达高兴意义的人体部位非常多，如（18a）；表达愤怒感情的人体部位也较丰富，如（18b）；表达伤心感情的人体部位，如（18c）；表示害怕感情的身体部位，如（18d）；表达爱情的人体部位较少，如（18e）；表达厌恶之情的人体部位，如（18f）；表达欲望的人体部位比较少，如（18g），其中“배”不仅表达男女之情，还表达生理欲望；“목、목구멍”表达生理欲望；“침”可表达贪欲。

（18）a. 얼굴、눈물、눈시울、콧날、입、입시울、어깨、가슴/속、심금、쓸개、허리、뱃속、다리、체증、발걸음、발길、배꼽、무릎、손뼉、콧노래、휘파람、등……

b. 눈、얼굴、핏대、주먹、고개、살、몸、이、가슴、복장、결창、부아、오장、속、피、거품……

c. 눈、눈물、눈갓、눈시울、눈앞、목、고개、어깨、심장、가슴、간장、속、창자、촌장、애간장、피、뼈、풀、기、한숨、마음……

① 其中表达感情的器官顺序是“眼睛 > 胸 > 脸 > 肠子 > 肩膀”。

d. 눈、귀、머리、얼굴、입、목、고개、등、무릎、오금、발、몸、피부、혀、속、가슴、심장、간담、간、숨、똥줄……

e. 눈、귀、가슴、심장……

f. 눈、코、이마、얼굴、입、머리、고개、등、혀、배、속、신물、침……

g. 배；목、목구멍、침……

韩国人体语言所表达的心理情感中，与积极意义相比，消极意义所占的比重更高。也就是说消极情感的表达是标记项。例如，"머리"多表达消极的"自高自大、屈服、害羞、羞愧、心烦、心情不好、操心"等意义。"눈"表达"不满、反抗、吃惊、发火、着急、愤怒、发疯、生气、嫉妒、呆、傻、凶"等消极意义，即使表达"喜欢、满意、关心"等，也多是对超出极限程度的一种否定。"가슴"表达"打击、痛苦、着急、担心、害怕、良心受谴责、邪恶的想法"等意义。"코"表达"自得、傲慢、了不起、丢人"等意义。

韩语表达的情感范畴有的可涉及多个身体部位，主要原因是某些人体部位紧密相连，人的动作、心理情感变化与这些人体器官都发生关联。例如，表示洋洋得意、傲慢时，可用肩膀系列的惯用语，如（19a）；也可用鼻子系列的惯用语，如（19b）；也可用脖子系列的惯用语，如（19c）；也可用与肚子有关的惯用语，如（19d）。之所以有这么多的类似表达，是因为这些人体部位的动作在表达洋洋得意、傲慢这类心理感情时，基本都是相连的，当人洋洋得意时，肩膀自然会舒展打开来、大摇大摆，而脖子自然就挺起来了，鼻子也感到挺起来一样，肚子一般也会挺起来而不是收进去。

（19）a. 어깨가 올라가다、어깨가를 으쓱거리다、어깨에 힘（을）주다 / 넣다、어깨에 힘이 들어가다

b. 콧대가 높다、코가 높다、코가 솟다、코가 우뚝하다、코를 쳐들다

c. 목에 힘을 주다、목에 힘이 들어가다

d. 배（를）내밀다

再如，人害怕时会出现心缩成一团、身体僵直、拉不动腿等身体反应，所以韩语里"가슴이 콩알만 하다 / 해지다、발이 저리다、손이 저리다、오금이 저리다、뼈저리다"都比喻害怕这种情感，涉及的器官有胸、脚、手、膝弯、骨头等。感到痛苦时也会有多个身体部位发生反应，所以韩语有了近义表达"가슴이 미어지다、심장이 미어지다、창자가 미어지다"等，分别涉及胸、心脏、肠子等部位。感到辛苦时会腰酸背痛，因此"등골이 빠

지게 일하다”和“뼈빠지게 일하다”都比喻辛苦，涉及脊骨、骨头等部位。表喜欢时，人体的反应可以说是盯着看，也可以是咽口水，所以“눈독을 들이다”“침을 흘리다”具有了类似的意义，涉及眼睛和嘴两个器官。表生气时人体也会有多个器官共同发生反应，例如“속이 끓다、창자를 끓다、피가 끓다”等具有相似意义，涉及心、肠子、血等。

韩语表达的情感范畴有的可涉及多个身体部位，有时是因为可用大的、整体、外部的人体器官来转喻小的、部分、内部的人体器官，或者正好相反。如“가슴이 타다、마음이 타다”都比喻内心焦灼，而“가슴”和“마음”分别是外部器官和内部器官，内心焦灼虽然是内心的心理感受，但可以外部器官“가슴”来转喻内部器官“마음”，因此两个惯用语意义相同。

韩语人体语言中还有很多多义表达，原因在于某个人体动作可以使人产生多种联想意义，或某个人体动作可表达多种感情。例如，“눈에 불을 켜다”既可表示嫉妒、发怒，也可表示关心。“손들다”既可表达佩服，也可表达投降。“벌린 입을 다물지 못하다 张开的嘴合不上”表达三个意义，一是非常惊叹，二是感到不可理喻，三是指说起话来刹不住车。“허리가 부러지다”可指累弯了腰，也指笑得直不起腰，还指气势被压制。还有一种类型，“눈을 부릅뜨다、눈이 동그래지다、눈이 등잔만 하다、눈이 화등잔（火燈盞）같다”等惯用语都具有多义性，可比喻惊讶，也可比喻害怕，因为人惊讶或害怕时都表现为眼睛瞪大。另外，这些惯用语又都属于睁大眼睛的近义表达，这些近义表达的出现反映了韩国人对“瞪眼”这种动作的关注。

多义表达产生的第二个原因是：同一身体器官可表达多种意义，也与这一身体器官动作的多样性有关，如（20），与腰有关的动作主要有以上三种类型，表达三种不同意义，其中（20a，c）都是主动形式，（20a）的动作比较复杂，可表达弯腰屈服，也可表达谦虚之意。（20c）主要与人大笑时的动作有关，所以意为笑得直不起腰来。（20b）是被动形式，所以多用来比喻负担重、劳累。与之相反，胳膊、膝盖的语义引申和表达较少，不是因为这两个人体部位不重要，而是因为两者能够产生的动作比较有限，难以引发更多的联想比喻。

（20）a. 허리를 굽히다

b. 허리가 부러지다、허리가 끊어지다

c. 허리를 잡다、허리를 쥐다

在不同的文化条件下，人体语言也具有了明显的民族性。例如，韩语里与头、脸、眼、耳、口、齿、鼻、胸有关的语言表达中，有一部分具有文化的共性，汉语也有类似的表达，与汉语相比，韩语关于人体语言的表达更加细致。

例如，韩语里可借用鼻子的状态表达诸如“自得、傲慢、了不起、固执、没了气焰、丢脸、没精神、抬不起头、受挫、喝醉酒、抓住把柄、以此为荣”等相关的感情和心理状态，韩语还借助鼻涕、掉在地上的鼻涕以及鼻屎等分泌物表达“搞破坏、行动猥琐、自私、轻松完成、胸有成竹、没骨气、软蛋”等意义，汉语里很少用身体语言表达此类意义。

韩语里后背的动作可形成多种惯用语，如（21），可表达多种意义，如依靠别人、支持和鼓动（21a）、断绝关系（21b）、抢夺财物（21d）、辛苦、难以忍受、精神高度紧张、伤心、害怕、厌烦、折磨别人（21e）等丰富的关系与感情。汉语表达感情义时一般无法用与“背”相关的表达。

韩国人还借助膝盖和膝弯表达多种感情，与膝盖有关的身体语言可表达使屈服、吃惊、高兴等感情，如（22a）。韩语还有与膝弯有关的身体语言，表达不安分、放荡、被吸引、害怕、被某物所累、放心悠闲、满意、不踏实、抓住把柄、恐吓或告诫等心理感情或心理状态义，如（22b）。汉语有“屈膝投降”“促膝而谈”等，但韩语中膝的其他心理、感情义一般无法用汉语中“膝”的相关词语来表达。

（21）a. 등（이）닿다、등（을）대다、등에 업다

b. 등을 밀어주다、등을 떠밀다

c. 등지다、등을 돌리다

d. 등골（을）빨아먹다 / 빼먹다、등을 긁어먹다 / 갉아먹다、등을 벗겨 먹다、등골（을）우리다、등골（을）뽑다、등 치고 간 내먹다

e. 등골（이）빠지다、등에 찬물을 끼얹는 듯、등（이）달다、등이 서늘어지다、등골이 선뜩하다、등을 쓰다듬어 준 강아지 발등 문다、등쌀（을）대다

（22）a. 무릎（을）꿇다、무릎（을）꿇리다、무릎을 마주하다 / 같이 하다 / 맞대다、무릎（을）치다

b. 오금이 쑤시다、오금에 바람 / 돌개바람（이）들다 / 차다、오금（이）뜨다、오금이 밀리다、오금이 붙다 / 얼어붙다、오금이 굳다、오금을 못 쓰다 / 추다 / 펴다、오금이 묶이다、오금을 떼다、오금을 펴다、오금이 저리다、오금이 가렵다、오금（을）박다、오금（이）박히다

综上，虽然成为隐喻中的始源域一般需要具备现实可能性，即体验性，尤其是人体语言，但相同的人体状态、动作能否成为始源域不仅受体验性的影响，还受人们的主观认知的影响，不同文化背景的人们由于对同一人体器官的价值判断、社会经验等具有不同之处，因此在能否成为始源域上也出现了较大的不同。

五、始源域与范畴

表达某一概念意义时有时会出现两个以上的近义词，根据第二章对范畴与词义引申的分析可知：具象性更强的基本范畴词容易成为始源域并发生语义引申，由本节分析可知抽象性的事物词语也可成为隐喻的始源域，那么近义词中哪个词语或哪类词语最有可能成为隐喻的始源域？本研究通过对大量近义词的分析发现有以下规律可循。

（一）贬称范畴词成为始源域的可能性较低

同是近义词，基本范畴词成为始源域并产生比喻义的可能性更大，而贬称词作为下位范畴成为始源域并产生比喻义的可能性较小。

例如，韩语里指牙齿的词语有“이、치（齿）”和贬称词“이빨”。其中，“이”不仅指牙齿，还比喻锯或刨子等的尖尖的部分；器具、机器等的接缝。但“이빨”仅指动物的牙齿，是贬称，没有其他比喻义。

韩语里与脸有关的词语有“신관、낯、낯짝、얼굴、광대、쪽、빰、상통（相-）、면상（面上）、화상（畫像）”等。其中“신관”是敬语，“낯、얼굴”没有明显的感情色彩，“낯짝、광대、쪽、상통、면상、화상”是俚语，多具有贬义，“빰”指脸庞。这些近义词中，基本范畴词“얼굴”的意义最多，可比喻评判或面子、心理状态所表现出的外部表情、活动于某领域的人以及代表某个事物的标志等意义。

（二）敬语范畴词成为始源域的可能性较低

韩语敬语除语法敬语形式外，还有词汇敬语形式，同一概念如果既有基本范畴词，又有敬语范畴词，一般基本范畴词容易成为始源域。

例如，表达睡眠范畴时，韩语有基本范畴词动词“자다”和名词“잠”，此外还有敬语范畴词“주무시다”。“자다”是多义词，基本义是睡觉，此外还成为始源域可分别比喻水、风、机器、氛围等平静下来；或者比喻东西都压在下面；蓬松的东西被压平；东西没被利用起来。名词“잠”除表达睡眠意义外，也成为始源域产生多种隐喻意义，其主体可以是人，也可以是蚕等生物，或者是抽象的地域名词，如（23）；还比喻东西被压平的状态。名词“잠”更多地继承了动词“자다”的隐喻意义。“자다”的敬

语形式是“주무시다”，虽然“자다”是多义词，但敬语“주무시다”却只有基本义，没有成为始源域产生隐喻引申。

（23）아프리카는 잠에서 깨어나려는 노력이 한창이다．大家都在为非洲的觉醒而努力。

（三）语用频率低的词成为始源域的可能性较低

从语用频率来看，基本范畴词一般是高频率的词语。从一组近义词来看，很多近义词也会表现出语用频率的不同，频率高的词竞争力更强，更容易成为始源域，产生隐喻意义。反之，频率过低的词则难以成为始源域。

例如，韩语里肩的基本范畴词为“어깨”，语用频率高，可成为始源域比喻整天炫耀武力或暴力的不良之辈，并且还多用于惯用语中，如“어깨가 가볍다、어깨가 무겁다”分别比喻摆脱某种责任而感到轻松、因沉重的责任而感到心里有负担，“어깨를 짓누르다”比喻义务、责任、制约等给人重压，“어깨에 걸머지다”比喻沉重的责任落到了自己身上，“어깨에 지다 / 짊어지다”比喻心里感到对某事有责任或义务。“어깨”还有近义的汉字词“견두（肩頭）”，但使用频率不高，也没有产生比喻义。

再看与石头有关的一组近义词“너럭바위、반석（磐石）、반암（盤巖）”，首先两个汉字词具有语用频率差异，其中“반석”语用频率高。再看“너럭바위”与“반석”，从融合度和音节长短来看，“반석”的融合度要高，所以容易产生比喻义，可比喻事物、思想、基础等非常牢固。

同源近义词中也会出现语用频率的差异，例如“짭짤하다”与“찝찔하다”分别是阳性词与阴性词，其中“짭짤하다”语用频率更高，并且成为始源域而产生了三个比喻义，分别是：事情或行动等规模较大，人很能干；事情进展很好，有收获；东西很好，值钱。相反，“찝찔하다”仅指味道太咸了，而没有其他比喻义。

（四）词语融合度低的语言形式成为始源域的可能性较低

从语言形式来看，词语的融合度也会影响成为始源域的可能性。虽然成为始源域的语言形式从词源来看更多的是固有词，从语言构造来看，可以是词语，也可以是词组或短语，但如果既存在词语又存在词组形式时，一般融合度较高的词语成为始源域的可能性更高，这与基本范畴词多是音节较短的词语这一特点也是一致的。与词的来源相比，词的构造与融合度对能否成为始源域具有更重要的影响。

例如，韩语里大鱼可用词组“큰 고기”来表示，本身没有比喻义，多用于谚语中，如“큰 고기는 깊은 물속에 있다”。韩语里大鱼还有汉字词“대어（大魚）”，其词语本身就可成为始源域，比喻在实现目标时需要的

重要物品或人，多与动词“낚다、건지다、놓치다、물다、잡다、잡히다”等结合。汉字词产生比喻义，是因为“큰 고기”是词组不是词，所以产生比喻义的可能性就弱于作为词语的“대어”。

韩语指不朝阳的地方时，有固有词“그늘받이”和汉字词“음지（陰地）”，两者都是偏正结构，但前者是四音节，后者是双音节，只有“음지”有比喻义，比喻无法得到惠泽的处境。固有词“허울벗기”和汉字词“탈피（脫皮）”是一组近义词，前者是主谓结构的名词形式，是四音节，而后者是双音节的动宾合成词，融合度要高，也产生了比喻义，比喻从一定状态或处境里完全摆脱出来。

再看“소낙비”与“소나기”，这两个词都是固有词，前者是“소낙”与“비”构成的偏正合成词，核心词是“비”，语义融合度低，并且语义已被限定为“雨”，所以难以发展出比喻义。与“소낙비”相比，“소나기”已不能再分割，语义融合度更高，所以容易成为始源域，比喻突然喷下、发生或降临的东西。

如果同一概念近义词较多，就会出现比较复杂的情况。例如，与灯有关，韩语有双音节的汉字词“등화（燈火）”，有两个意义，指灯或灯火。此外还有汉字词与固有词合成的混合词“등불（燈-）”，指灯，也指灯火，还产生了比喻义，指给未来带来希望的存在。此外还有三音节混合词“등잔불（燈盞-）”，仅指灯火，没有比喻义。如果比较“등불”“등잔불”，“등잔불”之所以没有成为始源域产生比喻义，可能与音节过长，并且“등잔 灯盏”的语义过于具体有关。同是双音节的“등화”与“등불”，“등불”之所以产生比喻义，可能与较高的语用频率有关。

如上，本研究从四个方面分析了在一组近义词中容易成为始源域的范畴词，以及比较难以成为始源域的范畴词，但这只是一种倾向性，并不具有绝对性。近义词能否成为始源域还有其他影响因素。

第三节　隐喻与相似性

隐喻构建的基础是事物、形态、动作、行为等之间的各种相似性，但相似性表现为多个方面，因此选择哪一种或哪几种相似性作比喻就体现了文化认知的差异，因此隐喻必然具有一定的文化特殊性与民族性，韩语里构建的隐喻有时在汉语里并不存在。韩语的隐喻从相似性角度来看，主要分为七种类型。

一、事物形象特征的相似

形象特征的产生与联想密切相关，事物之间因形象特征的相似而被联系在一起形成隐喻意义的现象最普遍。有时事物的状态也具有很强的相似性。

首先看与动物有关的例子。老鼠对韩国人来说，联想意义主要的是小、猥琐、讨人厌，由此出现了很多合成词，并且都有比喻义，如表 4-9 所示：

（24）a. 投鼠忌器 쥐를 때리려 해도 접시가 아깝다、독을 보아 쥐를 못 친다.

b. 有个老鼠洞也想钻进去 쥐구멍 있으면 들어가고 싶다.

表 4-9　韩语里与老鼠有关的合成词

区分	合成词	比喻义	形象特征
与身体部位有关	쥐뿔	比喻非常不起眼或非常小的东西	小
	쥐눈	与长相不符的小眼睛	
	쥐꼬리	非常少的东西	少
	쥐젖	皮肤上长的乳头状的小瘊子	小
	쥐코맞상	可供两人吃的非常简单的饭菜	简单
	쥐코밥상	由一碗饭和一两个小菜组成的非常简单的饭菜	
	쥐코조리	心眼小的人	抽象的“小”
抓老鼠	쥐구멍	能够藏身的最小的地方	空间“小”
	쥐약	某人的致命弱点	致命
	쥐포수	费尽心思去做一些小事的人	猥琐
卖老鼠肉干	쥐포육장수	不知羞耻地干一些猥琐事情的人	
小	쥐도독	小偷小摸的人	
	쥐벌이	小营生、小打小闹	
	쥐장난	讨人厌的小动作	
	쥐뼘	大拇指与食指之间的幅度	长度“短”
	쥐방울	马兜铃	体积小

如上所示，“쥐”的合成词大部分与老鼠的身体部位有关，这些词的比喻义的产生是依据老鼠的形象特征，是根据老鼠体型的小而产生了“小、少、短”或“简单”意义。韩语的这种比喻与汉语不同，如与“쥐눈”有关，汉语虽也有类似的“鼠目寸光”，但多用来比喻没有眼光，不比喻眼睛小[①]。“쥐”合成词中有的与抓老鼠有关，例如，“쥐구멍”与“쥐포수”

① 汉语里虽也有“鼠眼、雀眼、马眼”等类表达，但一般用于观相学，这样的表达并没有上升为词典的词条。“马眼”虽然被收录在“汉典”上，但指的不是外貌意义。

指小地方、小事，前者的“小”是空间意义，而后者的“小”是抽象义。“쥐약”比喻致命的弱点。而抓到老鼠再卖肉干，贬义更强，指猥琐的人。“쥐-”已发展成了前缀，表示干一些非常琐碎、不起眼事情的人或此类事情、事物，如“쥐도둑”。总之，韩语里与老鼠有关的表达中除“쥐약”之外，都利用了老鼠的体型小这个特点，由此产生了“小、简单、猥琐”等比喻义。

再看与植物有关的例子。韩语里有“새앙”，指生姜，有时也可作定语用于“새앙손이、새앙머리、새앙낭자”“새앙토끼、새앙쥐”中，分别指手指很短的人、小女孩的辫子、小兔子、小老鼠，是用生姜来修饰人的身体部位、发型、动物等。用于这些词语中时，“새앙”的意义经发生了变化，指非常小的，这种意义的产生与生姜的模样和大小有关（조항범，2014：286）。汉语里“姜”没有这种用法。

如果花草、水稻等耷拉头用“고스러지다”，也比喻人年纪大了或因病而没有气力，汉语有“形若枯槁”，两者类似。如果树木长得好，汉语多用“茂盛”来形容，韩语也有汉字词“무성하다（茂盛）”。根据树木的这种形象特征，“무성하다”也比喻毛或根等长得缠绕在一起；或者比喻想法、话语或传闻等被传得沸沸扬扬的。汉语“茂盛”没有类似的隐喻现象。

第三，与一般事物有关的例子。例如，韩国人用饮食器具比喻服饰，把男人穿的裤衩称作“사발고의（沙鉢--）”，而女人穿的称作“사발옷（沙鉢-）”，这是用饮食器具“사발”的形态特点比喻服饰。

第四，与汉字词有关的例子。韩语里一年能收获两次即“一年两熟”，称作“이모작（二毛作）、양모작（兩毛作）”，这两个词可用来比喻人生，如（25），这利用的也是农业生产方式与人生的相似性，汉语一般多用“第二人生、第三人生”。

（25）백세 시대에 인생은 일모작 안 돼요. 이모작, 세모작 준비해야지요.《우리 갑순이》（47）现在是百岁时代，人生不能一次就结束了，要准备我们的第二人生、第三人生。

二、动作形象特征的相似

关于动词的隐喻，史蒂芬·平克（2015：96）提到：发生比喻时，一起事件的观察与感受以及它所牵涉的具体事物与行为会被比喻淡化掉，而它的抽象结构（变化、因果关系、直接性、即时性）必须被突显出来。这里所说的抽象结构在认知语言学里称作意象图式。与动作有关的意象图式的形成也是以基于体验的相似性为基础的，主要表现为形态特征的相似、动作方向与结果的相似等。

（一）形态特征的相似

肢体动作具有很强的形象特征，例如“기지개”是身体用语，指伸懒腰，因为运动时先要伸伸腰做一下准备工作，所以惯用语“기지개를 켜다”除了指具体的身体动作外，还比喻慢慢进入活动状态，可用来比喻经济逐渐活跃；也比喻其他事物逐渐展现活力。也就是说，在韩国人的认知里，身体动作与经济或一般事物的状态产生了相似联想。而汉语的“伸懒腰”没有这样的比喻义。

（二）动作方向和结果的相似

有的动词隐喻意义的产生利用的是动作方向以及结果的相似性。例如，动词“누르다”的基本义指给物体的整体面或部分施加力量或重量，如（26a）。而这种动作义在韩国人的认知里也与压面条的动作相似，因此可把物体这个对象缩小为面块，指压面条，如（26b）。因为这种具体的动作都是从上往下用力，所以根据类比推理，对象可换为人，而具体的力量可以联想并替换为抽象的压力或规定，因此可比喻施加力量或规定使人不能随意行动，如（26c）。此外还可缩小到比赛或竞选中，指压制对方、并击败对方，如（26d）。以上这些意义的对象都是具体的，有时对象还可扩展到抽象的感情、想法等，比喻忍住、不外露自己的感情或想法，如（27）。这些意义中不管对象如何，都存在一种外部施加的或者当事人的努力，但这个动词的对象还可扩展到地方、区域，并且没有明显的外在力量，而只是一种决心，多用于“눌러 있다、눌러 지내다”形式，意为准备长期待在某地，这种行为虽然不具备明显的动作方向，但结果是不挪动地方，与基本义的结果具有相似性，如（28）。总之，动作联想意义是根据代表不同事物的主客体之间的动作的相似性而产生的，因此通过主客体的范围的扩大，动词就会产生隐喻意义，从而变成多义词。

（26）a. 초인종을 누르다 按门铃

b. 국수를 누르고 压面条

c. 왜 손과장을 그냥 보내요? 다리를 부러트려서라도 눌러앉혔어야죠.《이름없는 여자》（2）为什么就那样让孙科长走了？就是把他的腿打断了，也应该把他拿住 / 扣住啊。

d. 넌 베이시스트야. 너 강한결을 누를 수 있는 건 베이스뿐이라구.《그녀는 거짓말을 너무 사랑해》（12）你是贝斯吉他手。你能赢过江汉珏的只有贝斯。

（27）분노를 / 욕망을 누르다 压制愤怒 / 欲望

（28）a. 그는 고향에 눌러 있기로 했다. 他决定待在家乡不走了。

b. 그는 이번 기회에 친구 집에 눌러 지내기로 결정하였다. 他决定借此机会待在朋友家里不走了。

三、空间位置、大小相似

空间相似性隐喻表现为多种形式，例如空间方位、空间形状、地方和地点等，详见第五章第六节。这里仅举两个例子来说明。

例如，建筑装饰品有“匾额”，韩语称作“편액（扁额）”，匾额朝外的一面称作“액면（額面）”，多用来比喻用话或文章所表达的事实或外露出的样子，如（29），因为两者在“外露”这一点上具有相似性。韩语里贴身穿的内衣称作“속옷”，也比喻不显露于外的最深处的内心想法或内容，如（30），这是用贴身、隐私的衣服来隐喻人的内心，利用的是内衣与内心想法的空间位置相似性，即都处于身体或内心的“最深处”。

（29）그 사람 완은 액면 그대로 받아들에선 안 내. 那个人的话不能全盘接受。

（30）몇몇 저급한 매스컴들, 대중이 흥미로워한다는 이유만으로 그들이 작가를 대중 앞에 끌어내어 그 속옷까지 들춰 보이려 할 때….《이문열, 시대와의 불화》几个水平很低的大众舆论机构仅以大众感兴趣这个理由，而试图将作家拉到大众面前去剖析他的内心……

四、作用的相似

隐喻构建的相似性有时也表现为作用的相似性。例如，扇子上最关键的部位是扇钉，韩语称作“사북”，用来比喻最重要的部分，如（31），而汉语用“关键”，利用的是门闩的作用非常重要这一特点。韩语中的“아성（牙城）”，是军队中主将居住的内衙的卫城，也比喻非常重要的根据地，这个意义源于两者的作用相似。

（31）불교계의 투쟁은 이 나라 민주화 실현에 '사북'이었다.《불교신문》（2016.06.18）佛教界的斗争是实现这个国家民主化实现的关键。

五、结果的相似

有时隐喻构建的相似性也表现为结果的相似。例如，韩语里“삭다”的基本义是东西腐烂，在这基础上又发展出了七个引申义，如表 4-10 所示：

表 4-10 “삭다”的意义

	意义	例子
1	东西时间长了腐烂	옷감이 삭다 衣料烂了
2	又稠又硬的东西变稀	죽이 삭다 粥稀了
3	泡菜、虾酱等食物发酵、出味	젓갈이 삭다 虾酱腌好了
4	吃进去的食物被消化	밥이 삭다 饭消化了
5	紧张或火气消下去，心情平静下来	분이 삭다 气消了
6	火灭成灰	모닥불이 삭다 篝火烧成了灰
7	脸或身体失去生气	며칠 앓더니 몸이 많이 삭았구나. 病了几天，身体很虚。
8	咳嗽、咳痰症状减轻开始恢复	약을 먹었는데도 기침이 삭질 않는다. 虽然吃了药，但咳嗽没有减轻。

如上，“삭다”的意义中，第 2、3、4、6 项意义与事物有关，第 5、7、8 项意义都与人有关，是用事物的腐烂消解比喻人的心情平静下来、病症减轻，用事物消解的结果比喻身体失去生机。汉语里表腐烂意义的词语没有这样的比喻引申，也就是说，中国人没有将这样的事物特点与病症减轻、消瘦联系起来。

六、作用和结果相似的融合

有时隐喻的构建也表现在作用与结果相似的融合上。例如，遇到困难时，人就会像被囚禁起来一样难受，汉语的“困”就是由此意创造而成。如果被困之时突然有了一个小孔，那么就可逃离困境，因此韩语“구멍”被用来比喻解决困难的途径，如（32a）。但对围困者来说，留出一个孔就是给了别人可乘之机，因此，“구멍”还比喻弱点或缺点，如（32b，c）。这是从同一事件的两个不同角度进行分析产生的两个比喻义。此外，弱点义继续抽象，用来比喻前后逻辑不通的部分，如（32d）。

（32）a. 빠져나갈 구멍이 없다. 无路可逃

b. 사건의 수사에 많은 구멍이 뚫려 있다. 案件的搜查有很多漏洞

c. 욕심 많은 사람이라서 분명 더 큰 구멍이 있을 거야.《내 남자의 비밀》（12）他的野心很大，肯定还有更大的把柄。

d. 언제나 논리에 구멍이 없는지 꼼꼼히 따져 봐야 한다. 不管什么时候，一定要好好地看看逻辑上是不是有漏洞。

如上，比喻解决困难的途径，这是作用的相似，但比喻弱点或缺点或逻辑不通时，利用的是结果的相似。

七、形象特征和作用、结果的相似

隐喻构建有时还表现为形象特征与作用、结果的相似。例如，触角是某些动物感知外界的重要手段，汉字词“촉각（觸角）”比喻能够感知周围各种变化的能力，这种比喻义的产生利用的是作用的相似性，但惯用语“촉각을 곤두세우다”指集中精神和神经，做出立刻就能反应的态势，利用的是形象特征的相似性，因为动物集中精神的时候都会把触角竖起来，如（33）。

（33）a. 어제밤 그 난리때문에 기자들이 전부 촉각을 곧세우기 시작해서…《김과장》（18）因为昨天闹了那一通之后，记者全都开始关注这件事了。

b. 촉각을 곤두세우고 상대편의 행동을 살폈다．振作精神，密切注视对方的行动。

“곤두박질하다、곤두질하다”指身体突然头朝下倒过来，如（34a）。当动作主体不是人，而是抽象事物时，就成了比喻，比喻急速转为不好的状态，这两种意义之所以会产生联系，是因为形象特征的相似，强调的都是突如其来的动作，并且从正转为反，从上转为下，一般都比喻从好转为不好，而这利用的是结果的相似，如（34b，c）。

（34）a. 수레가 논두렁에 곤두박질하다 推车在地垄里翻了个倒栽葱。

b. 경기가 곤두박질하면서 실업률이 증가하기 시작했다．经济出现大滑坡，失业率开始上升。

c. 그 행복은 얼마 되지 않아 곤두박질치게 된다．《WL》幸福不久就被打破了。

综上，隐喻的构建基础是事物、形态、动作等在各个方面所表现出来的相似性，但相似性的表现有时并不唯一，通常表现为多种形式的相似性的融合。

第五章　通感隐喻

通感又称感觉挪移、联觉、移觉，它本是一种心理现象，表现在语言学上一般被称作“通感”。人们在交流思想的过程中，为了提高语言的表达效果、增强语言感染力，会有意地把人的各种不同的感觉，如视觉、听觉、嗅觉、味觉、触觉等，互相沟通起来，这种话语方式在修辞学上被称作“通感修辞”，而认知语言学上则称作“通感隐喻”，这种通感隐喻还会带来词语意义的泛化。除通常意义上的感觉之外，还有一种在通感式语义引申中经常出现的感觉是“意觉”。关于意觉，有的认为是情感（杨仕章，1998：82），有的认为是与心理、精神、智力等方面有关的概念（卢彦，2009：89），也就是说，意觉表达的是一种“感情、心理、评价”概念。可以说通感的终点就是语义的抽象化，或者说“所有抽象的词语起初基本上都是感官上的”（戈德伯格，2003：27）。

本章首先分析通感的构建基础，然后分别从触觉通感、味觉与嗅觉通感、视觉通感、听觉通感、空间通感以及其他生理感官等方面来分析韩语的通感隐喻。因为韩语的通感基本都产生了意觉意义，最后分析韩语意觉通感的倾向性。

第一节　通感的构建基础

通感隐喻的构建需要一定的条件，可分为自然条件、认知条件与语言条件。

一、通感的自然条件

通感自然基础是人类的体验。事物只有被人所观察和体验，才有可能进入人的意识，从而上升为语言符号获得意义。而在观察事物时，“人类心灵自然而然地倾向于各种感官，由身体自外向内来看心灵本身，只有凭借艰巨的努力，心灵才会凭反思来理解它自己。这条公理向我们提供了一切语种中的词源学的普遍原则：语词都是从身体和身体的属性转运过来指心灵或精神方面的各种创设”（奥尼尔，2010：14）。也就是说，语词是从感官和感觉开始的。

英语里的“Aesthetics”意为美学，其古希腊语语源为“感觉”。而美是一种情感，也就是说感觉与情感直接相关。冯特（2016：30）曾提到：只有在现代心理学中，“感觉”和“情感”才被区分开来，在更早的心理学著作中，这两个术语有时并没有区别，有时还被互换使用；触觉和来自内脏的感觉也被称作情感，甚至触觉本身也被视为“情感感觉”。与身体有关的众多感觉，这些感觉可被用来表达众多的心理感情以及其他抽象的比喻义。这种现象的产生可从“感觉”最初与“情感”同义这一角度来解释。直到后来，“感觉”的语义才发生缩小，仅指外部感觉刺激的印象。

所有直接经验中都有感觉的踪影（冯特，2016：30），感觉的诞生通常依赖于一些物理过程，这些过程一部分源于我们周围的外在世界，一部分来源于身体器官（冯特，2016：32）。通过某种感官所接收到的信息，以及由这些信息得来的对外部世界的知识称作感官体验（迪尔茨，2016：10）。这些感官体验是发生通感的基础。

二、通感的认知条件

人认识世界有一个先后顺序，首先是感官接受外界的讯息并传至大脑，如果这一讯息的意义未经辨识则成为“感觉”；如果进一步分析、解释而获得了了解，即成为“知觉”。《辞海》给知觉的定义是“人对客观事物各个部分或属性的整体反映。大多是几种感觉的综合。感觉决定于客观事物的物理特性，相同刺激会引起同样的感觉，而知觉在很大程度上依赖于人的态度、知识和经验。知觉是感觉和思维之间的重要环节，属认识的感性阶段。”人们借助感觉来认识并适应周围的自然客观环境，还会借用感觉作为始源域表达抽象的思维和观念。即“我们的思维经常以我们的感觉为开端，通过新的感觉输入而得到发展，然后使自身与我们的感觉习惯相适应，反过来，思维又可以塑造我们的感觉方式”（卡比、古德帕斯特地，2016：61）。

感官对外界事物的感觉的灵敏度、分辨度都是文化的产物或者后果（李鹏程，1994/2008：121）。因为“人的感知极其丰富、非常强劲，所以人不能同时注意所有的感知。在很大程度上，文化以这样那样的方式教导人学会富有成果的专门化。文化使人更注意其中一些感知，以此组织他的感知比率（ratio of sense），使一些感知成为他关注的重点，令其他一些感知受到相对的忽视”（Walter，1967：6；普罗瑟，2013：98）。

“因为人人都有感知能力，所以感知能力在一定程度上具有共性，但感知又需要文化的共同体验，这使感知又具有文化的差异性，这种感知差异最终会表现在语言上，因此就形成了因感知和文化不同而产生的具体语言形式与意义的不同。”（王芳、王波，2022e：26）

三、通感的语言条件

韩语感觉词汇发达，表感觉的词语中，尤其是与味觉、视觉、听觉有关的词语有许多因元音或辅音不同而形成的一系列近义词，如：

（1）a. 시다、시근하다、시큰하다

b. 달다、달콤하다、달짝지근하다、달달하다、달갑다

c. 쓰다、쓰디쓰다

d. 알알하다、얼얼하다

e. 알근하다、얼근하다、얼큰하다

f. 짜다、짭짤하다、건건찝찔하다

g. 맹맹하다、밍밍하다、밋밋하다、맹숭맹숭하다

h. 떫다、떨떠름하다

i. 고소하다、구수하다

j. 고리다、코리다

k. 구리다、쿠리다

l. 타분하다、터분하다

m. 고리타분하다、고타분하다、골타분하다、쿠리터분하다、구리터분하다

n. 노리다、누리다

o. 파랗다、퍼렇다、새파랗다、시퍼렇다

p. 까맣다、까마아득하다、까마득하다

q. 달랑、탈랑、딸랑、덜렁

r. 삐걱거리다、삐거덕거리다

s. 야근야근、어근어근

如上，（1a–n）都是味觉词，（1o，p）是视觉词，（1q–s）是听觉词，每组词语都由元音或辅音变化或添加了词缀等形成近义词，只是在程度与意义上有区别。这些近义词族的出现与韩语的语言特点密切相关，近义词族的存在也反映了韩国人感觉的敏感性和表达的需要。因为语言是为人服务的，这种语言现象背后隐藏的是韩国人的微观思维，即非常注重对事物的微观差异进行观察，而这些词族的微观差异追根究底反映的是韩国人对事物的一种细致的感觉体验，对事物的一种主观认识。

韩语中丰富的感觉词汇构成了通感隐喻的语言基础，包括上述词族在内的韩语的感觉词很多都从具体的知觉意义发展出了抽象的心理感情义，即意觉。

本章将主要分析韩语里的感觉词语是如何作为始源域来映射目标域并发生抽象化的，借此来理解韩国人是如何将感官知觉作为始源域与语言和人的思维联系起来的。

第二节　触觉通感

冯特（2016：33）认为，最初的感觉器官是包裹内着感觉器官的皮肤，后来，味觉、嗅觉、听觉和视觉从皮肤结构分化出来。缪勒（2010/2014：107）认为：从进化论的角度来看，触觉是最古老的感觉，是最低等的感觉。一般认为，触觉包括四种同质的感觉体系，如压力、热、冷和痛苦等（冯特，2016：29）。具体到韩语语言现象，人们经常关注的除轻重、冷热、疼痛等触觉语言之外，软硬、糙滑等触觉语言也具有重要的位置，本研究将主要分析软硬、糙滑等触觉语言。

一、软硬

韩语里与软硬有关的表达非常丰富，且都是多义词。首先看与软有关的表达，其中“무르다”指软、不硬；水分多不结实；心太软、太小；处理事情不成熟。“묽다”指食物或颜料、药等水分过多，也比喻处理事情不成熟。“물렁하다”指非常软，也指人的身体、气质或纪律不好。“물렁물렁하다”也有这两个意义，但程度被加强。这些词语都是最初的触觉意义逐渐发生抽象化，最终比喻人的某种性质，并且都是消极意义的。韩语里与人有关的“软”义都具有消极的感情色彩。

此外，“물렁하다”还有名词“물렁이”，嘲笑没有骨气的人。韩语还有“푸석이”指不结实容易粉碎的东西，也用来嘲笑不壮实、软弱的人。在比喻这样的人或东西时还可以用物质名词，如“무골충、무럼생선”等都比喻没有骨气的人，有时还用南瓜粥“호박죽”。相关的还有“물수능、맹물 수능”，是用水来形容韩国高考难度小或非常小，这种比喻义的产生与前面是一致的。从形态上看，“무르다、묽다、물렁하다、물렁물렁하다、물렁이、무골충、무럼생선”等都与“물”有关。

韩语还有汉字词“연하다（软）”，汉字“软”意为“柔软”，但韩语“연하다”的结合范围可以是肉、菜、粥、颜色等，如（2a，b），语义经历了“触觉→视觉”的演变过程，这也符合触觉多向视觉迁移这一规律（徐莲，2004 ： 17）。“연하다”还发展出了前缀“연（软）-”，如（2c，d），可形成“연갈색、연노랑、연붉다、연푸르다”等颜色词，可与名词、形容词结合，失去了独立性，语义从本义发生了极大的虚化，表示色彩浅、清新，可视作虚化成了前缀（王芳，2013 ： 55）。

（2）a. 뼈가 연하다 骨头很软

b. 고기가 연하다 肉很嫩

c. 죽을 연하게 쑤었다 把粥煮得很稀

d. 연한 분홍색 淡粉色

除词语外，韩语还有相关的谚语，如“모양이 개잘량이라”，其概念整合过程如图 5-1 所示，输入空间Ⅰ提供了事物相似关系的“A 像 B”认知框架，输入空间Ⅱ提供了“模样”“鞣制好的狗皮”这样的具体元素。输入空间Ⅱ中的元素能够填充完全抽象的输入空间Ⅰ。类属空间里“相似关系”这一特征使两个输入空间实现了跨空间映射。再经过投射，输入空间Ⅱ中的两个元素被用来填充到抽象框架中的 A 和 B，从而完成了概念整合的组合步骤。以此为基础，输入空间Ⅱ中“模样”“鞣制好的狗皮”触发人们的认知机制，激活了人们的知识记忆、背景知识等，即鞣制好的狗皮很软，这属于常识。这个过程是概念整合的完善步骤。到此为止所形成的都是触觉与视觉意义。以此为基础，“模样”“鞣制好的狗皮”与激活的相关背景知识相结合，在融合空间产生一个层创结构：人的模样就像鞣制好的狗皮，因此谚语产生了新义，比喻没了体面和名誉。此时意义已从触觉、视觉意义发展成了意觉意义。

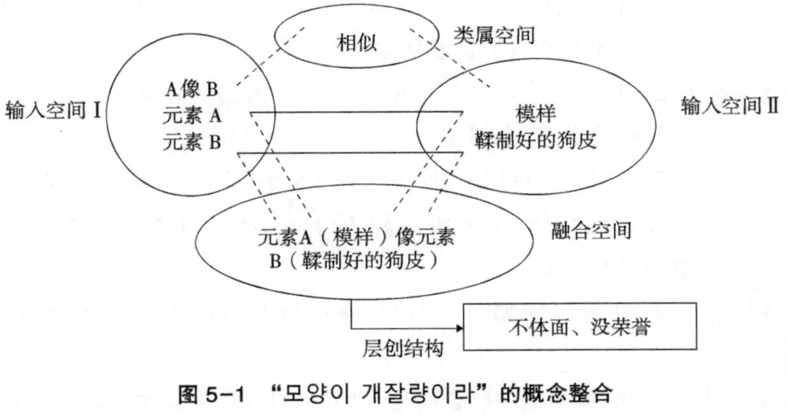

图 5-1　“모양이 개잘량이라”的概念整合

类似的谚语还有“삶아 논 녹비 끈”，也经历了与“모양이 개잘량이라”类似的概念整合过程，在融合空间产生一个层创结构：人就像煮熟做成的鹿皮带一样，比喻听从别人的布置，不作任何反抗的人。这个谚语比喻义的产生也经历了从触觉、视觉到意觉的变化过程。类似的谚语还有“찐 붕어가 되었다”，意为成了蒸鲫鱼了，蒸熟的鲫鱼软塌塌的样子是触觉与视觉意义，在韩国人的心智空间里，通过概念整合，这个谚语产生了新义，比喻没了气势，变得不怎么样。

再看与柔有关的表达。根据前面的分析可以发现，“软”在韩语里表达的都是消极意义。相反，“柔”却多具有中性或积极意义，例如“여리다”是从触觉意义的“软、弱”发展而来，与汉字词“연연하다（軟軟--）”一样都指心很脆弱、软弱，尤其是在指女性时强调的是不狠毒，表达的更多的是一种中性意义。

与柔有关，还有“부드럽다”，有五个意义，分别是接触或掠过的感觉很柔软；性子或态度不生硬，很温和；粉末一类的东西非常细腻；事情的状况或动作不生硬；此外，还可指酒味道不烈，容易下咽。“부드럽다”的意义从触觉逐渐抽象化，可比喻性格或态度、事情或动作等。

类似的还有“살갑다”，指家或居住空间比看起来要宽，也指人温柔、温和；触感轻柔；对物品产生感情等。表柔软的还有形容词“야들야들하다”，指柔软、发亮的模样，如（3a），这是视觉和触觉意义；此外还可指声音非常明朗、温柔，如（3b，c）。在视觉、触觉与听觉基础上，“야들야들하다”还发展出了抽象义，如（3d），修饰“분위기”。汉语与其对应的是“柔”，但需要根据不同的搭配形成“柔软”或“温柔”等双音词，在修饰氛围时要用“温馨”。

（3）a. 거무스레한 피부는 야들야들 윤이 나고 퉁기듯이 탄력이 있어 보였다.《한무숙，어둠에 갇힌 불꽃들》黑黑的皮肤柔软发亮，就像要绷起来似的富有弹力。

b. 야들야들 들려오는 노랫소리 传来了温柔的歌声

c. 야들야들한 말씨 温柔的话语

d. 쓰러지시기 전에는 이런 야들야들한 분위기 얼마나 좋아하셨는데요.《내 남자의 비밀》（50）你生病前不是非常喜欢这种温馨的感觉吗？

韩语里有时也用实物如“솜사탕 棉花糖”表达温柔等抽象义，如（4）。

（4）개는 나랑 살았을 때 솜사탕 같았는데 왜 이렇게 억척스러워졌

대?《미워도 사랑해》(104) 她和我一起生活的时候就像棉花糖一样温柔，怎么现在变得这样可怕啊？

第三，与硬有关的表达。韩语有“뼈대”，指坚硬的东西，也比喻有骨气，还有“강골(強骨)、강골한(強骨漢)”比喻坚强不知屈服的人或那种气质。形容词“단단하다”，其意义也是积极的，指结实、生活富裕、意志坚强、学识丰富、基础牢固，“튼튼하다”指物体或身体结实、组织基础牢固、思想坚定，但“딱딱하다”具有消极意义，比喻态度、言语、氛围过于严厉。结实的东西变硬，就成了“굳다”，过犹不及，所以“굳다”的意义具有消极性，指土地或油等结块、身体表情僵硬、形成不好的习惯或性格，此外还指人守住钱财，进而发展成吝啬，这些意义之所以都发展成了贬义，是因为这些东西都有一定的限度，但只有一样东西坚硬的程度越深越好，那就是人的决心、毅力、誓言等，所以“굳다”产生了一个积极意义，如(5)。

(5) a. 굳은 결심 坚定的信心

b. 굳게 맹세하다 信誓旦旦

如上，触觉意义中，“软”多表达消极意义，这种思想的产生与人类的进化有关，人必须结实、坚韧才能在艰苦的环境里生存下来，所以不具备这些素质的软弱的人就成了被嫌弃的对象，而坚韧、结实的人成了值得肯定的对象。但“结实”发展成“硬”，就产生了消极意义。

从词语的音节构成来看，韩语里表柔软的词语首音节一般为元音，如“여리다、연연하다”，或唇音“ㅁ”，如“무르다、물렁하다、물렁물렁하다”，而韩语里的水也是“ㅁ”开头的“물”。表柔软意义的词语还多用“ㄹ”，如“여리다、무르다、물렁하다、물렁물렁하다、부드럽다、야들야들하다、야들야들하다”等。但表示硬、结实的词语的首字母都是辅音“ㄷ、ㅌ、ㄸ、ㄱ”，如“단단하다、튼튼하다、딱딱하다、굳다”。语音与语义之间的这种象似性关系，不仅存在于韩语中，很多语言中表示“强”的词语是以“强”辅音(塞音 p、t、k 等，擦音 f、s 等，塞擦音 ts、tʃ 等)开头，或含有这样的辅音，而表示“软、弱”的词语多以“边音 l、卷舌音 r、半元音 w、鼻音 m、n”等开头(支顺福，2012：14)。

除上述形容词外，韩语里还有许多具有“软”性质的事物也产生了比喻义，如(6)，因为麦芽糖太软，不成形，所以韩语还用麦芽糖比喻命运不好，如(6a，b)；有时也用来骂人，如(6c，d)。

(6) a. 엿 같은 내 팔자야.《그래 그런 거야》(2) 我这命真苦啊。

b. 엿 같은 내 인생! 我这命啊!

c. 엿 같은 시어머니 该死的婆婆

d. 엿 같은 인상 极差的印象

二、糙滑

韩语里“糙”为“거칠다”，是多义词，其意义可分为几种类型：第一类表示事物（树木、皮肤、衣料）的纹理不细腻。第二类指粉、颗粒体积大；食物难以下咽。第三类指石头有棱角。第四类指土地不适合耕作；风浪大不宜出行。第五类指肉体劳动劳累；呼吸或咳嗽不均匀。第六类指态度、手艺不稳重；图画或文字不洗练；说话不干练、不庄重；性格、行动凶狠。“거칠다”的意义从具体事物的纹理、体积逐渐变得抽象，开始用于表达人们的感觉，即不适合、劳累、不顺畅、不稳重、不洗练，并且发展到对人的评价如：不庄重、凶狠等。从通感角度来看，是从视觉、触觉发展出了听觉意义，并发展出了意觉意义。

与“거칠다”的丰富意义相比，韩语里表达“滑”意义的“매끄럽다”的意义有四类，第一类指表面光滑；第二类指触觉、皮肤、服饰非常软；第三类指话语或文章逻辑顺畅；第四类指人很狡黠。其意义从触觉、视觉意义发展到了听觉与意觉意义。而“미끄럽다”一般只用于第四类意义，形容人的品行。近义词“반드럽다”除了指触觉意义上的非常光滑外；还有一个意义指人非常狡猾，从触觉发展到了意觉意义。近义副词有两个，其中“반들반들[1]”，主要指皮革等非常光滑发亮的样子，也指非常狡黠的样子，而“반들반들[2]”指人不干活、懒惰，让人生厌的样子。韩语里还用与饮食有关的“밀만두 面粉做的饺子”来嘲笑油滑的人。汉语也有类似的“油头粉面、滑头”，但一般不用饺子比喻。这都是从触觉、视觉发展到了意觉意义。

如上，韩语中表示“粗、糙”意义的表达比较少，但“거칠다”意义非常丰富。表示“滑”意义的词语非常丰富，但每个词语本身的意义相对来说较少，并且多用来比喻人的品行。在比喻人时，表示粗滑的词语都具有消极意义，但侧重点不同，“거칠다”侧重不稳重、凶狠，而“매끄럽다、미끄럽다、반드럽다、반들반들[1]、반들반들[2]”多侧重狡黠、偷奸摸滑。

综上，触觉通感具有很强的语言共性，并且触觉经常与视觉融于一体，然后再产生意觉意义。韩语里触觉词所产生的意觉意义具有很强的价值取向。汉语里虽也有相关的触觉通感，但在语言形式上有时与韩语并不一致。

第三节　味觉、嗅觉通感

一、味觉、嗅觉与生活

“烹饪把所有文化概括成了单一的感觉。仅有极少数事物能让我们每天的生活不只是为了生存，而是会令人感觉愉悦，味道就是其中之一”（麦奎德，2017：7）。味道与味觉有关，味觉可以说是人的感觉体系中非常基础、原始的一种感觉，麦奎德（2017：24–28）从进化论的角度出发提出“味道胜于视觉、听觉甚至是性，是我们之所以为人的核心要素。它创造了我们”，他还提出：“哺乳动物胎儿的大脑新皮质发育最早的部分是代表嘴和舌头的区域，因为那是让它存活下来的重要角色。胎儿最早处理的感觉是温暖度、气味、甜味，以及对母乳的满足感。最早的哺乳动物有长长的口鼻部与强有力的嘴唇，还有发达的胡须。嘴巴和鼻子不只是用来追踪事物的生理工具，它们还让食物变成所有生命体验的焦点。”（麦奎德，2017：35）

发展到现代人类，我们也可发现，婴儿最初认识世界的时候都是用嘴，他们会将很多东西都放在嘴里“吃”或者“咬一咬”，这种吃和咬的动作实际是他们认识世界的一种手段，韩语里“吃、喝、吞咽、咬、啃、嚼”等动词都发展出了比喻义，与“口”有关，产生了与饭后抹嘴有关的惯用语“입（을）씻다 / 닦다”，还产生了很多与“不长牙”“不长牙就吃硬东西”以及“咬不动”等有关的惯用语和谚语，都产生了抽象的比喻义。而用嘴吃、咬等动作最终与人的味觉相连，韩语的“맛보다”则发展出了亲身经历意义，也就是说味觉的品尝与亲身经历直接相关。

一般感觉移动的方向主要是由较低级向较高级、由较简单向较复杂（Ullmann，1964：86），味觉作为一种低级、原始的感觉也出现了向高级、复杂发展的趋向，表现在味觉词汇上，就是味觉词义向抽象词义的发展。例如汉语有“品”，从“品茶”开始到“品位、品相、一品官”，是从味觉发展到了到视觉和等级意义；还有“尝”，从“品尝”到“尝试”；还有“秀色可餐、长得很有味道、女人味、没人味”也是用味觉来形容视觉的东西。荷兰格罗宁根大学曾进行过一项实验，目的是要探索味觉和情绪之间的关系。他们发现，“当测试志愿者在想像辛酸的故事，或是看到嫌恶皱眉表情的照片时，他们的大脑会体验到“苦”的反应。味觉似乎成了想象力和情感这类更高等功能的基础”（麦奎德，2017：16）。

至于味觉与嗅觉，它们实际上很难区分开，当我们进食时，嗅觉和味觉是协调一致的，食物分子会同时引起嗅觉和味觉感受器的兴奋，从而产生一个整体的感觉印象，叫作“口味”（比奈尔，2017：148）。科学研究证明，味觉和嗅觉与人类的记忆密切相关，并且有著名的“普鲁斯特现象（Proust phenomenon）”，法国作家普鲁斯特在他的代表作《追忆似水年华》中提到，主人公在母亲给他端来的红茶和松糕的味道下开始了儿时的记忆之旅。也就是说，味道记忆会连带出其他相关的记忆，而人的这种生理和认知倾向反过来可解释为什么味觉词可以表达非味觉意义。

从生理心理学角度来看，味觉主要是“苦味、酸味、甜味、咸味、鲜味、脂肪的味道”（Carlson，2017：201），但表现在语言上的味道却不仅止于此。

二、味觉与视觉

韩语“맛”在过去本来指食物“음식”，食物最初是为了果腹，但随着食物变得极大丰富，人们开始讲究起食物的味道来，所以表达食物意义的‘맛’具有了味道意义。这种变化是从视觉到味觉的变化，因为食物作为一种事物，呈现给人最初始的是视觉意义。（王芳、王波，2022e：44）。

韩语有一个突出的特点是阴性词与阳性词在语义上出现差异，而“맛”与“멋”是一对阳性词与阴性词，其中视觉意义的“멋”是从味觉意义的“맛”发展而来，这从很多谚语中也能反映出来，如“물독 뒤에서 자랐느냐”，意为你是在水缸后面长大的吗？因为在水缸后面长大的，所以没有一点味道，而从视觉上看，就是没有风韵，只长了个大个子，用来比喻又瘦又高的人。由此可见，味觉可以发展出视觉意义。从语义上看，“맛”与“멋”已出现了差异，与一般的阳性词与阴性词多表现为程度差异不同，“멋”更多的是视觉和意觉意义，首先指衣着、行动或人品等漂亮、干练；还指高尚的品格或韵致。

“냄새”也从“味道”发展出了视觉意义，指从某物或氛围中感觉到的某种特殊的性质或迹象，如（7）中所表达的“穷相、骗子模样”等都是视觉意义。也就是说，韩国人是通过嗅觉来判断对象的，嗅觉发挥了视觉的作用，从而实现了嗅觉与视觉的通感。汉语对应的都是视觉意义的“相、模样”。

（7）a. 가난뱅이 냄새 穷相

b. 사기꾼 냄새 一副骗子模样

“싱겁다”指味道很淡，还指烟酒、药等的味道不烈，这都是味觉意

义，还指在物体或画作的安排上闲置的地方太多，不紧凑，太松散，如（8），已从味觉意义发展成了视觉意义。汉语与其对应的是视觉词“单薄、单调”。

（8）a. 집안 분위기가 싱거운 것 같으니 화초라도 좀 키우자. 家里的氛围有点太单调了，养点花花草草的吧。

b. 그 사진은 잡지 표지치고는 좀 싱겁다. 那个照片当杂志的封面有点太单薄了。

再看汉字词的例子。汉字词“풍미（風味）”本指饮食高贵的味道，相当于“맛매”。此外“풍미”发展出了视觉意义，比喻潇洒、美丽的人品，但汉语“风味”并没有这种视觉意义。再看与具体味道有关的汉字词“담백하다（淡白--）”与“담박하다（淡泊--/澹泊--）”，两者都指没有味道、味道太淡；食物不油腻，吃了令人爽快；比喻人淡泊不贪心，这是意觉意义；比喻颜色不浓、清新，如（9），这也是一种视觉意义。现代汉语里“淡白”不是一个词语，“淡泊”仅指不看重名利，已没有了味觉意义，也没有产生视觉意义。

（9）a. 담백한 색의 옷 颜色清爽的衣服

b. 어머니께서 한복을 담박하게 차려입으셨다. 母亲穿了一身淡雅的韩服。

类似的词语还有“시원하다、시원시원하다”“담담하다、덤덤하다”“달콤하다、떫다”等都从味觉意义发展出了视觉意义。

三、味觉与听觉

味觉还与听觉发生关系。一般多是味觉词发展出听觉意义。例如“감칠맛”这个词可指食物诱人的味道，还可以指吸引人的力量，主要指人的嗓音或话语具有诱人的力量，如（10）。有时汉语也用味觉词“回味无穷”来表达，也可译成“有魅力”。

（10）a. 목소리가 감칠맛 있게 곱다. 嗓音非常美，非常有魅力。

b. 그녀는 이야기를 감칠맛 나게 잘한다. 她很会说话，让人回味无穷。

韩语还有与酸味有关的词语“시다”，可修饰“소리”形成名词“신소리”，指用比较唐突的语言把别人的话接过来说，是用味觉表达听觉意义，如（11）。汉语相关的有“说话酸溜溜的”，意义与韩语并不相同。

（11）a. 구경꾼들은 신소리를 해 대며 웃었다.《하근찬，야호》观客们互相调侃着笑着。

b. 연방 신소리하던 그는 낯선 사내의 고함 소리에 겨우 입을 다물었다. 陌生男人一声高喊，一直说玩笑话的他才勉强闭上了嘴。

表达“淡”意义的“싱겁다”也有听觉意义，如（12a），汉语“风凉话”中的“凉”是触觉词。韩语类似的还有“담담하다”，从没有味道发展出了声音、表情、心境等平静、沉着、安定的意义，如（12b）；“덤덤하다”也从味道意义发展出了听觉意义，指在需要说话的场合非常安静、无任何表情，也无任何话语与反应，如（12c）。汉语用“平静、静静”等表达类似意义。汉语有时也用“淡淡的笑”，但意义与“담담하다”有所不同。

（12）a. 싱거로운 소리 风凉话

b. 담담한 목소리 / 표정 平静的嗓音 / 表情

c. 열띤 토론이 진행되는 중에도 그는 덤덤하게 앉아 있기만 했다. 就是在激烈的讨论中，他也只是静静地坐着。

韩语还有与食物有关的“개떡”，这个词本来指质量不好、味道一般的食物，也可用来表达听觉意义，如（13a，b）。有时也用于意觉，如（13c）。汉语一般不用食物表达类似意义。

（13）a. 무슨 개떡 같은 소리야?《우리집 꿀단지》(67) 这是什么屁话啊?

b. 말은 참으로 웃기는 개떡으로 하시네.《내딸 금사월》(9) 你说话还真是不讲理啊。

c. 기분이 개떡 같다. 心情非常糟糕。

韩语有时也用味觉词来修饰声音，如（14）中的“달콤하다”修饰充满魅力的声音。韩国有首歌的名字叫作“님의 침묵”，其歌词中如（15）所示，这句歌词里是用“香气扑鼻”来修饰声音（박갑수，2015：32），但汉语却很少用“香、香气”来修饰话语。韩语里屁味是“구린내”，有时也用来修饰声音，如（16），汉语可用“屁话”，也可意译成“无聊的话”。

（14）달콤한 목소리 魅力十足、甜美的声音

（15）나는 향기로운 님의 말소리에 귀먹고 꽃다운 님의 얼굴에 눈멀었습니다. 我被你香气扑鼻的话语蛊惑，因你鲜花般的面孔而迷惑。

（16）내 말이 구린내 나는 소리 안 들으려면 …《그래 그런거야》(2) 我意思是要是不想听这种屁话……

除具体的味道意义之外，与味道有关的还有咀嚼食物的感觉。韩国人特别喜欢有嚼劲的食物，例如作为下酒菜的干鱿鱼条等，这种有嚼劲的感觉称作“쫄깃하다”，有时也用来比喻津津有味、饶有兴趣，如（17）。汉语的“津津有味”也是味觉通感听觉。

（17）과연 진범은 누구일지，결말을 향해 달려갈수록 한층 더 쫄깃해지고 있다.《일간스포츠》（2018.03.11）到底谁是真凶啊？随着尾声的接近，剧情的展开更加津津有味。

综上，韩语里的味觉可与听觉发生通感，汉语“酸溜溜”“回味无穷”“甜（美）”“蜜”“津津有味”等虽也是味觉通感听觉，但很多情况下，韩语的味觉通感并不能与汉语的味觉通感对应。也就是说，味觉通感听觉虽然具有文化共性，但在具体的语言实现形式上会表现出较大的文化差异，这反映了隐喻构建的主观性与文化性。

四、味觉与意觉和情感

发展出意觉与情感义的味觉词中，具有代表性是“맛”以及其相关词。

（一）“맛”与情感

韩语里与味道有关还有“밥맛、감칠맛、입맛、살맛、죽을 맛、돈맛、잠맛、태권도 맛、된맛、매맛”等，这些词语或词组表达的意义主要是情感义、意觉意义，既有消极意义也有积极意义，主要有以下四类：

1. 令人讨厌

米饭对韩国人非常重要，所以胃口也被称作“밥맛”，指想吃包括米饭在内的一切食物的状态，如（18a）。这里的“밥”已不单指米饭，而是泛指一切食物。“밥맛”还用来形容人，如（18b），可直接用来指人没有意思，如（18c）；有时也比喻长相不好，如（18d）；有时比喻行为讨人厌，如（18e）。合成词“밥맛없다、밥맛없이”比喻行为让人倒胃口、生厌，如（19）。

（18）a. 밥맛이 나다 / 당기다 有胃口 / 勾起胃口

b. 밥맛 떨어지는 스타일 让人反胃的一类人

c. 그 사람이 완전 밥맛이다. 他那个人简直就是白开水一碗。

d. 생긴 것 완전 밥맛이지.《왕가네 식구들》（45）他的模样让人一点也不喜欢。

e. 우리 엄마 사람 잡을 때는 과장이 심해서 저도 밥맛이에요. 我妈挖苦人的时候，特别夸大其词，我也不喜欢。

（19）그는 하도 밥맛없게 굴어서 같이 다니고 싶지 않다. 他太让人烦了，我不愿和他在一起。

与人讨厌有关，有谚语“작년 추석 / 팔월에 먹었던 오례송편이 나온다”，意为把去年中秋节吃的早稻饼都要吐出来了，比喻看到别人令人生厌的行动而胃里不舒服。

如上，当讨厌一个人时，可能会带来的味觉上的反应，主要表现为没有胃口、反胃、呕吐等。

2. 关心、感兴趣

与“밥맛”相反，韩语还有“입맛”，这个词本来指口味，也比喻对某事或物品产生兴趣或者想拥有，如（20）。韩语还有汉字词“구미（口味）”，用于惯用语时可表达比喻义，其中“구미가 당기다/돌다”比喻产生欲求或关心，如（21a，b）。“구미를 돋우다”指使产生关心，如（21c）。“구미가 동하다”比喻产生占据某物的想法，如（21d）。

汉语“口味”有时也指对事物的爱好，但搭配很受限，多用于“合口味”，如（20a）。但（20b）中的“입맛”却需意译成“心里”，（21）中的“구미”分别译成“心动、垂涎三尺、欲望、想法”，其他三个词语都与“心”有关，只有“垂涎三尺”与味觉生理反应有关。

（20）a. 세상일이 다 그렇게 니 입맛에 척척 맞는 줄 알아? 일단 회사에 들어왔으면 그 안의 룰을 따라야지.《별난 가족》（21）你以为世上的事情都合自己的口味啊？既然进了公司，就得按那里的规矩来。

b. 알긴 아는데 입맛이 달갑지 않다.《그래 그런 거야》（53）我虽然明白道理，但是心里很不痛快。

（21）a. 어머니 제안 확 구미가 당기네요.《내 남자의 비밀》（89）您的提议让我很心动啊。

b. 이것 내가 만든 건데도 구미도 확 당긴다 말이지요.《이름없는 여자》（19）虽然这是我做的，但是看着也是垂涎三尺啊。

c. 광고는 소비자의 구미를 돋운다. 广告刺激消费者的欲望。

d. 그녀는 옷값이 적당하여 구미가 동했다. 看到衣服价钱合适，她不禁有了想法。

3. 乐趣、睡意

韩语表达乐趣类意义的有“살맛”，指活着的兴趣和热情，如（22）。韩语还有“돈맛”，指花钱、挣钱的乐趣，如（23）。与此相关，汉语有与味道有关的“铜臭味”，一般多用于贬义。韩语还有“잠맛”，指睡意。

（22）a. 살맛이 나다 活得带劲

b. 살맛을 잃다 失去了生活的乐趣

c. 살맛이 없다/떨어지다 活着没多大意思

（23）a. 돈맛을 알다 知道挣钱的乐趣了

b. 돈맛이 들다 对钱产生兴趣

c. 돈맛을 보았다 挣钱了

4. 痛苦

“살맛”的反义词是“죽을 맛”，比喻无法忍受的痛苦，或没有任何希望，前途一片黑暗。表达痛苦意义的还有“된맛”，指遭受的程度极大的苦痛，如（24a）。还有“매맛”指挨鞭子的痛感，如（24b，c）；此外，韩语有时还会有“运动＋맛”，如（24d），这里的“태권도 맛”也比喻给别人伤痛。

（24）a. 된맛을 보고서도 정신을 못 차리고 있다. 受了那样的罪，精神也没有振作起来。

b. 너 이놈, 어디 매맛 좀 볼래? 你小子，想尝尝鞭子的厉害是吧？

c. 매맛이 어떠냐? 挨鞭子的感觉如何？

d. 태권도 맛 보여줄게. 让你尝尝我跆拳道的厉害。

如上，在表达类似的痛苦意义时，汉语有时也用表味道的动词“尝尝”来表达，但多限于后面可加具体的事物时，如“鞭子”“跆拳道”等，如果是抽象义的“된맛”，汉语则不能用“尝”。并且汉语的“尝”不能用于被动意义，所以（24c）无法译成“尝”。

（二）其他味觉词与情感

除以上由“맛”形成的合成词、词组之外，韩语里还有很多表达味觉的词语也都发展出了意觉与情感义。

首先看与霉味有关的三个表达，名词“곰팡냄새”指霉菌产生的霉味，也可比喻落后于时代的事物或又老又土的不合时宜的奇怪行动或思想，如（25）。“곰팡내”的意义与“곰팡냄새”类似，也有两个意义，第一个指具体的霉味，第二个是比喻义，如（26）。“곰팡스럽다”只有比喻义，比喻想法或行动等陈旧、古怪。汉语的“霉味”多用于味道意义，所以与韩语对应的多是“老掉牙、土得掉渣”等表达。

（25）a. 곰팡냄새가 풍기는 낡은 도서관 老掉牙的破旧图书馆

b. 그런 케케묵은 곰팡냄새 나는 설교는 누구도 들으려 하지 않는다. 那种陈腐、老掉牙的说教，谁也不想听的。

（26）딱하구나. 요즘이 어떤 세상인데 곰팡내 나는 그따위 생각을 하나. 그도 젊은 사람이.《박경리，토지》挺可怜的。现在都什么时代了，竟然还有那种土得掉渣的想法，并且还是个年轻人。

韩语还有与涩味有关的两个形容词，一个是“떫다”，一个是“떨떠름하다”，两者都有比喻义，“떫다”比喻言行让人不满意，这种心理感情主要表现在脸上，如（27），汉语用“哭丧着脸”。“떨떠름하다”意义比较

多，可比喻晕乎乎的不聪明，也指心里不情愿。

（27）이 집안 사람들은 어찌 모두 시큰둥하고 떫은 얼굴들이야.《최일남，거룩한 응달》这家人怎么一个个都哭丧着脸啊？

再看与膻味有关的“**노리다**、**누리다**”，两者都指动物肉所散发出的膻味，或动物肉毛燃烧所产生的令人作呕的味道，在这些意义的基础上，还比喻人非常吝啬、龌龊，如（28）。汉语“膻味”只有味道意义，没有吝啬、龌龊之意。

（28）천석꾼이라더니 그렇게 노린 사람은 처음 본다. 还说是千户侯呢，我还是第一次见到这么抠门的人。

韩语还有一个形容词为“**고약하다**”，基本义指味道、气味难闻，还有五个非味觉意义，如表 5-1 所示，“고약하다”的意义从味觉发展到了视觉，如形容人长相不好或天气不好，此外还发展到了意觉意义，指人心不古、事情变得难以处理。译成汉语时需意译。

表 5-1 “고약하다”的比喻义

意义		例子
1	形容人长相凶恶	얼굴은 흉터가 있어 고약하게 보이지만 마음은 착하다. 脸上有疤，看起来很凶，但心地善良。비위가 상해 얼굴을 고약하게 일그러뜨리고 자리를 피했다.《박완서，미망》心里不舒服，拉下脸，起身走了。
2	比喻性情、言行很恶劣	고약한 심보 坏心眼；술버릇이 고약하다 酒品很差；잠버릇이 고약하다 睡觉不老实；범죄가 늘어나고 수법도 고약해지고 있는 듯 합니다. 犯罪在增多，手段也变得越来越坏。
3	人心或风俗不合常理	그 집은 지나는 나그네에게 물 한 모금 주지 않는 고약한 인심을 가졌다. 那家人没有人情味，对过路的人，连碗水都不给。
4	天气不好、风很大	천둥，번개가 치는 고약한 날씨 电闪雷鸣的坏天气
5	事情变得很难处理	양극화가 고약해지고 있다.《충청투데이》（2017.09.27）两极化越来越厉害。

韩语还有表达甜味的多个形容词，其中“달다”从味觉“甜”出发还发展出了提味、味道好，好吃，酒好喝，满意、高兴等意义。还有合成词“단춤”，是“달다”的定语形式“단”修饰舞蹈，意为高高兴兴地跳的舞。舞蹈最明显的表现是一种视觉行为，跳舞之人心情也是通过舞蹈的视觉表达出来的。因此“단춤”将味觉、视觉、情感统一在了一起。另外，“달콤하다”除了指味觉上的甜，还指非常可爱或声音模样等动人心弦、令人感

兴趣，如（29a，b）。也指平安舒服，如（29c，d），也将味觉、听觉、视觉以及意觉统一在了一起。

（29）a. 달콤한 감상 甜美的感想

b. 달콤한 여자 甜美的女人

c. 정말 오랜만의 달콤한 꿈이었어요.《월계수 양복점의 신사들》（10）这么美好的梦真是久违了。

d. 모처럼 달콤하게 쉬었다. 终于好好地休息了一次。

再看与一般具体事物有关的味觉表达。先看“개살구”，这个词指山杏，味道酸涩，韩语里多用来比喻没出息的人或事物，也可比喻不顺心的事情，如（30）中的“빛 좋은 개살구”比喻只是外表光鲜。“개살구”多用于谚语中，表达消极意义，其中“개살구 먹은 뒷맛”意为酸酸的、发涩的余味，如（31）。而“개살구 지레 터진다”“지레 터진 개살구”意为不好吃的山杏反而比好吃的杏早成熟，比喻没出息的人反而自以为是，觉得自己了不起，或者总是出头显能。

（30）얘，빛 좋은 개살구래. 청자도 니 입으로 빛좋은 개살구라고 했어? 안했어? 그러니까 니가 벌어서 써. 계집애야，남의 돈 갖고 유세 부리지 말구.《불어라 미풍아》（11）她，说是驴屎蛋子外面光哎。青子，你是不是自己说过自己是驴屎蛋子外面光啊？所以说，你要花的钱自己去挣，不要拿着别人的钱显摆！

（31）일은 끝냈지만 기분은 개살구 먹은 뒷맛이다. 事情虽然结束了，但心里却感觉不好，觉得不舒服。

韩语的抹布称作“걸레”，有谚语“걸레 씹는 맛이다”，字面义是就像嚼抹布的味道，意为食物没有味道，比喻想起某事时越想越生气。而“걸레를 씹어먹었나？”则比喻唠叨得太厉害了。汉语里的抹布一般不会与食物味道产生联系，也不会产生感情义。韩语还有用萝卜缨子非常多的小萝卜腌制的“열무김치”，有谚语“열무김치 맛도 안 들어서 군내부터 난다”，意为小萝卜泡菜还没腌好就有了臭味，用来嘲笑还没有成人就不学好、花心，这都是用味道比喻人。

韩语里有时也借用具有某种明显味道的食物比喻人。第一，利用液体类实物来表达。例如，“맹탕”意为淡汤，比喻人不实诚、不中用、没劲，指事情没劲；除了词语外，还有一些惯用语，其中“숭늉에 물 탄 격”可比喻饭菜味道太淡，也可比喻人没有意思或没有意思的情景；“술에 물 탄 이”“술에 물 탄 것 같다”“술에 술 탄 이”意为像酒里掺了水、水一样的人，比喻性格或品行不温不火，不聪明的人；“냉수에 뼈뜯이”意为把从骨

头上剔下来的肉放在凉水里，比喻没有味道的食物，也比喻没滋没味的人。

韩语还有“개살구도 맛 들일 탓”“떫은 배도 씹어 볼 만하다”“신 배도 맛 들일 탓”“쓴 배 / 개살구 / 외도 맛 들일 탓”等谚语，意为不好的味道习惯了也就觉得好吃了，比喻日久生情。谚语字面义与比喻义利用的是味道与感情的通感。这几个谚语分别涉及几种不同的味道，即酸味、涩味、苦味，给人带来的都是消极的生理感觉。

如上，韩国人非常喜欢用各种不同的味道表达人的各种心理感受、感情以及其他抽象义。对韩国人来说，味觉和嗅觉除了单纯的味道意义，还成为韩国人认识世界、认识他人，评价他人的手段。这些语言形式表达的意义与给人带来的生理反应是一致的，引起美好生理反应的味觉体验表达的也多是积极意义，反之则是消极意义。

综上，韩语里有丰富的味觉、嗅觉形容词与名词，还有很多具有突出味觉特征的事物，这些味觉（嗅觉）词与具体的事物可以表达视觉、听觉、意觉与情感等意义。味觉（嗅觉）通感使韩语里的相关语言形式表现出了很强的多义性。韩语的这些表达中虽然有的可与汉语的相关味觉词对应，但很多情况下无法对应，多须意译。

第四节 视觉通感

一、视觉与生活

亚里士多德曾说过：“人生来就充满了求知欲。我们乐于使用各种官能就是这样一种体现；除了其实用性的原因之外，人们热爱感官知觉本身。在各种官能中，视觉最受重视。我们为了行动而使用视觉，即便无须行动的时候，我们对视觉的热爱也超过对其他的官能的爱好。这是因为，我们必须依赖自身的官能，尤其是视觉来认识事物，并通过它们来发现事物之间的差别”（转引自卡西尔，2014：4−5）。而德国哲学家汉斯·约纳斯在《感觉哲学的研究》中指出：“高贵的思想活动——理论，是以主要源自视觉领域的隐喻加以描述的。”（转引自布鲁克斯，2005：116）

地理环境、动植物、人体语言以及衣食住行、生产文化无不与视觉发生密切关系。如果没有视觉，则会造成各种不便和不利。与身体的各种感觉相关，有众多的谚语来反映视觉的缺失，如表 5−2 所示，这足以说明视觉的重要性。

表 5–2　与视觉缺失有关的谚语

	谚语	意义
生育	소경 갓난아이 더듬듯	比喻分不清事情的缘由，不知所措。
	소경 아이 낳아 만지듯	
睡觉	소경 잠자나 마나	做不做都一样。
	봉사 안경 쓰나 마나	
	장님 잠자나 마나	
饮食	소경 제 닭 잡아먹기	盲人以为发了横财非常高兴，但结果却发现是自己的东西。比喻意为发了财结果却是自己受了损失或者一无所获。
	소경 제 호박 따기	
	소경 장 떠먹기	不知内容只靠估摸来做事。
	소경이 장 먹듯	
	소경 머루 먹듯	无法分辨好坏只能随手而取。
	들녘 소경 머루 먹듯	
工作	소경 파밭 두드리듯 / 매듯	比喻没有事前准备胡乱行事而误事；比喻不加分辨地胡乱行事。
	소경 시집 다녀오듯	比喻派人去某地时不说明缘由导致事情无法做好。
	소경 집 보다	瞎子看家，比喻无法完成的事情。
	소경이 코끼리 만지고 말하듯 소경 코끼리 배 만진 격	盲人摸象。
	소경 매질하듯 / 팔매질하듯	就像盲人抽鞭子一样，比喻就像盲人一样不分青红皂白乱打一气；没有是非判断能力的人却逞能批评他人；讽刺那些不问前因后果就胡乱处理事情的人。
算命谋生	소경 눈치 보아 뭘 하나 점 잘 치면 됐지	算命瞎子看别人什么脸色啊，只要把卦算明白了就可以了。比喻只要干好分内之事得到实惠就可以了，不应察言观色随波逐流。
	소경의 초하룻날	初一有很多人来找算命瞎子算命所以收入很高，比喻运气好、收入高的情况。
	소경이 저 죽을 날 모른다	给人算命的算命瞎子无法预测自己的死期，比喻对他人之事好像非常明白但对自己的未来却一无所知。
游玩娱乐	소경이 넘어지면 막대 / 지팡이 탓이다	怨天尤人
	소경 개천 그르다 하여 무얼 해	瞎子掉到水里却怨水有问题，比喻不反思自己的缺点而只埋怨无辜的人或埋怨条件。
	소경 개천 나무란다	
	눈먼 탓이나 하지 개천 나무래 무엇 하나	

续表

<table>
<tr><th colspan="2">谚语</th><th>意义</th></tr>
<tr><td rowspan="7">游玩娱乐</td><td>봉사 개천 나무란다</td><td rowspan="4"></td></tr>
<tr><td>소경 개천 그르다 하여 무얼 해</td></tr>
<tr><td>소경이 그르냐 개천이 그르냐</td></tr>
<tr><td>장님 개천 나무란다</td></tr>
<tr><td>소경 관등（觀燈）가듯</td><td rowspan="2">比喻无法理解事物的真正面目；比喻不管怎么看也难以具备探得真美的能力。</td></tr>
<tr><td>소경 단청 구경</td></tr>
<tr><td>소경 북자루 쥐듯</td><td>就像瞎子抓鼓槌，比喻做不好但却抓住某事或某物而不撒手。</td></tr>
<tr><td rowspan="3">宗教</td><td>소경 경 읽듯</td><td rowspan="3">比喻不知所云地嘟嘟囔囔背诵。</td></tr>
<tr><td>소경 팔양경 외듯</td></tr>
<tr><td>아동판수 육갑 외듯</td></tr>
</table>

如上所示，视觉的缺失影响到养育孩子、睡觉、饮食、工作、谋生、游玩娱乐以及宗教生活等，几乎会影响人的一切。

发展到现代社会，视觉事物对文化建构最为重要。我们被各种不同的视觉技术以及它们展示的影像围绕。这些技术和影像用视觉语言来表现世界。

“视觉是代表整个认识论计划的感官，它最能对现实作出揭示事实的考察。至于视觉为什么会在人的认知活动中具有如此大的作用，原因就是人类固有的观看的本能或冲动与追逐知识的本能或冲动是密切联系着的”（张之沧、张禹，2014：168）。视觉的价值就在于把注视提升为对现实的考察（布鲁克斯，2005：120）。

二、视觉与语言

视觉是人类认知中效率最高的感觉和最发达的机能，视觉发挥着思考第一层次的媒介作用（김웅헌，1989：9）。“视觉系的感官认知制约着我们的语言，对口语、手语，以及形意文字（如古文字）都有显著的影响”（游顺钊，2013：14）。从前面的分析可以看出，语言的发展离不开对事物的观察和分析，只有对事物特征的细致分析和联想，才会赋予它新的语义发展的可能性，才会出现各种比喻表达、比喻义，这些都源于人的视觉。

不同文化里的视觉动词“看”都发展出了丰富的意义。例如，英语里“I see”是理解的意义，而韩语动词“보다”与汉语“看”也都发展出多种意义，如表 5–3 所示：

表 5-3 "보다"和"看"的意义

类型	韩语	意义	汉语
一致	연극을 보다（감상하다）	鉴赏	看话剧
	책을 보다（읽다）	读	看书
	집을 보다（지키다）	守护	看家
	환자를 보다（치료하다）	治疗	看病
不一致	사무를 보다（처리하다）	处理	
	며느리를 보다（맞이하다）	迎接	
	합의를 보다（이르다）	达成	
	시험을 보다（치르다）	考试	
	손해를 보다（당하다）	遭受	

如上所示，韩语"보다"与汉语"看"都有"鉴赏、读、守护、治疗"等意义，这些都是视觉意义。另外，韩语"보다"还表达"处理、迎接、达成、考试、遭受"等意义，这些意义的产生是因为这些动作或行为本身隐含了视觉意义，说明视觉与语言的密切关系，但汉语"看"没有这些意义。

视觉还代表距离和可能性，如"구경도 못 하다""连看都没看一眼"，这里隐含的意义是视觉是最基本的，因为视觉可以是远距离的，如果连看都看不上则说明失去了一切可能性。

视觉还代表关注和满意程度，但在不同语言里会有不同的引申方向。例如，韩语里"봐주다"表达的是给予机会之意，如（32）。因为视觉表达的是关注，如果不喜欢某人，最好的身体语言就是不理不睬，所以看某人就是给予机会，而请求别人看自己，就成了求饶。

（32）그는 채권자에게 한 번만 봐 달라고 침이 마르도록 사정했다．他苦苦哀求债主们再给一次机会，再饶自己一次。

汉语里表示满意用"看上"，表示不满意用"看不上"，韩语分别用"눈에 들다"与"눈에 안 차다"，用的是与视觉有关的眼睛"눈"。表示威胁时，汉语用"有你好看的""给你好看的""等着瞧""骑驴看唱本走着瞧"，韩语用"두고 봐""손을 봐주다""어디（두고）보자"，用的是动词"보다"。

韩语还有"여보"与"이보"，是"여기 보시오"的缩略语，是用来称呼不亲近的人时的称呼语，现在多写作"여보""여보쇼"或"이봐""이봐야"。本来是称呼一般人的，后来也用于夫妻之间。现代韩语里当想与某人谈话时，也会说"나 좀 봐．"这几种不同的用法所隐藏的意义是：让别人听我说话时，先让对方来看我。汉语类似的情况也有"你看""看看我"

等。韩汉两种语言都是用让别人来看我以引起别人注意，并让对方来倾听自己的话语。

视觉还可以表达很多抽象的东西。例如，“보다”被动词“보이다”可表达多种意义，如表 5-4 所示：

表 5-4 “보이다”的用法

序号	用法	对应汉语
1	산이 보이다 . 前面有山。멀리 건물 사이로 하늘이 보인다 . 远处的天空横在建筑群之间。	有、横在
2	기회가 보이다 . 看到机会了。이야기의 결말이 보이다 . 看到了故事的结局。	看到
3	합의의 결과가 보이다 达成协议了。	达成
4	아무리 감정을 잡으려고 해도 그는 단순한 남자 후배로만 보였다 . 不管我怎么动用感情，但他对我来说，只是个男性晚辈。	看作
5	오늘따라 그 소녀는 퍽 예뻐 보였다 . 今天那个女孩看起来格外漂亮。	看起来
6	근데 목소리가 별로 안 좋아 보여 .《마성의 기쁨》(14) 听你的声音好像有不好的事情吧。	听起来好像

如上，“보이다”可表达具体的存现意义，也可表达抽象的存现意义，其主语可以是具体的空间词“산、하늘”，也可以是抽象的“기회、결말、결과”，还可以是人或声音。也就是说，“보이다”的意义已不再单纯表达视觉意义（如 1），还表达抽象的预测（如 2）、关系（如 3、4）以及主观的视觉意义（如 5）和听觉意义（如 6）。换句话说，韩语里这些抽象、主观的意义都被转化成了视觉表达。

三、视觉与空间、时间、意觉

颜色也是基于人的视觉而产生的。韩语里的颜色词可借助通感而发展出空间意义，继而产生时间意义和意觉意义。其中代表性的是“까맣다”。

“까맣다”的基本义是颜色意义，这种视觉意义可转变为空间或时间意义，指距离或时间非常远。这种意义的产生源于生活常识，即“遥远的东西看起来是黑的”。在这基础上，还产生了无所知、无记忆的意义，这源于“因遥远而看不清楚，所以无法了解，因此无知”这种思维。类似的还有“절벽（絕壁）”的语义引申，但差别是“까맣다”是由颜色意义产生了空间意义，而“절벽”是由空间意义产生颜色意义，引申方向相反。另外，“까맣다”与“절벽”的这种语义引申也说明了视觉对人类的重要性，即只有对事物进行近距离观察，才能实现对事物的认知，同时也说明了体验于

认知的重要性。

“까맣다”还有数量意义，指非常多，这个意义也是从视觉意义发展而来的，也源于生活常识，即人多了看上去是黑色的，汉语也用“黑压压一片”比喻人多，如（33）。这与（34）中的“하얗게”比喻人多是两种不同的体验与认知视角。

（33）마을 사람들이 까맣게 둑 위에 서서 무당의 춤과 넋두리를 구경했다.《윤흥길，무제》村民们黑压压地站在大坝上观看巫婆跳大神。

（34）사람들이 하얗게 몰려왔다. 人们来了黑压压的一片。

如（34），这句话字面义是“人们来了白乎乎的一片”，这种表达的构建基础是韩国的传统服饰文化，韩国人的传统服饰是韩服，颜色以白色为主，这种大面积的白色给人们的视觉感受要远远强于人们的黑头发，因此韩语在形容人多时，视线不由自主地集中在人们的白色服装上，所以形成了“하얗게 몰려왔다”的场景。

有时视觉词还可直接产生时间意义。例如，汉语“黄昏”指日落以后至天还没有完全黑的这段时间，是时间词，这个词本身有“黄”这个表颜色的词，是指太阳西落天空发黄发昏的颜色，是用颜色表达时间。类似的还有“大白天”“黑天”等。

韩语里的汉字词“황혼（黄昏）”也有这个意义，此外，“황혼”也比喻人、生活、国家、命运等开始衰退，到达暮年，多用于惯用语“황혼이 깃들다”，如（35）。用于此意义时，还有“황혼기（黄昏期）”，如（36）。而“황혼연설（黄昏演說）”俗指老人的唠叨。

（35）황혼이 깃드는 나이가 되니까 자연히 내가 걸어온 삶의 흔적들을 되돌아보게 되었다. 人到暮年时，自然会反思过去的人生轨迹。

（36）a. 로마 제국의 황혼기 罗马帝国的黄昏

b. 황혼기에 접어든 인생 人到黄昏暮年

c. 인생의 황혼기를 맞다 人到黄昏暮年

四、视觉与触觉、嗅觉、意觉

汉字“顺”本义是“沿着同一方向”，是视觉意义。而韩语汉字词“순하다（顺）”意为“风向一致”（37a）、“山势不陡、水势不急”等（37b，c），这都是视觉意义；（37d）指风势温和，则有触觉意义；（37e，f）指“味道不浓、不烈”，是味觉意义；（37g）指事情处理得顺利，（37h–j）指行为、话语等不强硬，这都是心理感觉意义。即“순하다”的适用范围从“山、水、风”泛化成了“味道、食物、事情、行为、话语、长相”等，实

现了视觉到触觉、味觉、意觉的通感意义变化。

（37）a. 순한 바람을 안고 배는 미끄러지듯 달린다 船顺风而下

b. 물살이 순하다 水流平稳

c. 산길은 순하다 山路和缓

d. 순한 봄바람 温和的风

e. 순한 술 不烈的酒

f. 산나물은 맛이 순하다 山上的野菜味道很淡

g. 일을 순하게 매듭짓다 事情顺利地解决了

h. 순하게 생긴 얼굴 长得很温顺的脸

i. 순하게 따르다 温顺地跟着

j. 순한 말로 타이르다 用柔和的话进行说服

汉字词"순하다"的本义虽然是视觉意义，但在韩语里发展出了触觉、嗅觉或味觉意义，并最终发展出了意觉意义。

五、视觉与听觉、意觉

（一）视觉短语发展出听觉意义

此类型主要表现为惯用语，如"손발（을）치다"字面义为击打手脚，这是视觉意义，但实际意义是将自己发现的东西大声告诉其他人，如（38）。之所以产生这种从视觉到听觉的转移，应该与人们的生活体验有关。当人们在将自己的发现告诉他人时，尤其是距离较远时，更直观或更有效的方式是手的动作，同时会辅之以大声喊叫，因此视觉就与听觉结合起来，成了同一事件的两个不同表现形式。基于这种体验，上述惯用语最终发展出了听觉意义。

（38）앞서가던 그는 숲속에서 오래된 유적을 발견하고 뒤따라오는 사람들에게 손발을 쳤다. 一直走在前面的他发现树林深处的古代遗迹后便大声呼喊后面跟上来的人们。

（二）视觉词发展出听觉、意觉意义

此类型的词语主要是视觉动词、名词和形容词，这些词语很多发展出了听觉意义、意觉意义。此外，还有一些谚语也表现出了视觉与听觉之间的通感。

天气晴朗是一种视觉，"개다"指天气转晴，如（39a）；也可比喻不高兴的心情变好，如（39b），这是一种意觉意义。

（39）a. 날이 개다 天晴了

b. 기분이 개다 心情变好

“밝다”指火光非常明亮、色彩鲜艳，还指感觉或知觉能力非常优秀，可与眼“눈”以及耳“귀”结合，如（40a）；还与声音结合，如（40b），意为气氛、表情等非常令人愉快；也可与鼻子“코”结合，如（40c）；可与抽象词结合，如（40d），意为想法、态度等分明且正确。与不同感觉词结合，“밝다”的意义也发生了变化。

（40）a. 농사를 짓는다 해도 다른 데 농민들과는 달리 귀와 눈이 밝았고, 따라서 입이 야무졌다.《조정래, 태백산맥》虽说也都是种田的，但和其他地方的农民不同的是，这里的农民耳聪目明，因此口才很好。

b. 밝은 목소리 愉悦的声音

c. 코 밝은 강아지 嗅觉灵敏的小狗

d. 사리가 밝다 事理分明

“초롱초롱하다”的基本义是视觉意义，指眼睛忽闪忽闪地非常有灵气，如（41a）；意义二指星光或火光非常明亮，如（41b）；意义三指精神头好、清醒，如（41c）。汉语表达此类意义时，如果是人多用“精神”，如果是物多用“闪烁”，也都是视觉意义。“초롱초롱하다”还有听觉意义，指嗓音清亮，如（41d）。

（41）a. 눈이 초롱초롱하다. 眼睛很精神、闪闪发光

b. 초롱초롱 별이 보이기 시작할 때까지 앉아 있곤 했었다.《최인훈, 광장》他们经常坐到天上星星闪烁的时候。

c. 눈을 붙이고 싶었으나 머릿속은 더더욱 초롱초롱 맑아 왔다.《이호철, 문》虽然想眯一会眼，但脑子却越来越精神。

d. 너의 초롱초롱한 목소리에 가슴이 두근거려.（김영국, 너의 전화 목소리는）[①] 听到你朗朗的声音，我的心开始咚咚跳起来。

“청명（清明）하다”指形象清晰、鲜明，如（42a）。除此视觉意义外，还指声音清脆、明朗，是从视觉到听觉的转移，如（42b）。

（42）a. 달빛이 유난히 청명했다. 月亮尤其明亮。

b. 청명한 까치 울음소리가 들려왔다. 传来了喜鹊清亮的叫声。

韩语“야（冶）하다”和汉语“冶”都有艳丽之意。汉语多用于书面语，形容装束，是视觉意义。韩语“야하다”可与装束、化妆、容貌、电影、行为（舞蹈）或声音等结合，如（43），从视觉发展到了听觉和意觉意义，当与声音词搭配时，如（43e），已发展为“야하다”的一个独立义，

---

① https://blog.naver.com/guk7044/220218743217

对应汉语多用兼具视觉与触觉意义的“轻浮”。

（43）a. 화장이 야하다 妆化得很妖冶

b. 얼굴이 야하게 생겼다 脸长得很妖冶

c. 옷차림이 야하다 装束妖艳

d. 야한 영화 色情电影

e. 야한 웃음소리 轻浮的笑声

汉语“狼藉”指杂乱不堪，韩语“낭자（狼藉）하다”也保留了此意，如（44a）。但“낭자하다”还指闹哄哄的，如（44b-d）。明显与听觉有关，“闹”本义是市场上的争斗，更多的是视觉意义，但也会伴随听觉意义，所以“闹哄哄”兼具视觉与听觉意义。

（44）a. 신발짝들이 사방에 낭자하게 흩어져 있다．鞋子散落得到处都是。

b. 낭자한 웃음소리 放肆的笑声

c. 매미가 낭자하게 울어 대다 蝉大声叫个不停

d. 낭자하게 떠들어 대다 闹哄哄地聊天

韩语还有一些与花有关的表达，其中“만발（滿發）하다”指鲜花盛开，也指推测或笑声等瞬间爆发，如（45a）。“웃음꽃”比喻像盛开的花一样明朗、愉快的笑或一群人的笑声，如（45b）。韩语还有“이야기꽃”“얘기꽃”，比喻高兴、有意思的故事或讲故事的场景，汉语一般用“说说笑笑”，听觉意义更强。

（45）a. 추측이 만발하다 各种推测都出来了

b. 집 안에는 웃음꽃이 만발하였다．家里一片笑声。

综上，韩语里视觉可与触觉、嗅觉、听觉、意觉等发生通感，从通感的结果来看，不仅表现为词语语义的引申，还表现为句中的灵活搭配。汉语里的视觉词虽也会与其他感觉发生较多的通感，但与韩语表现出了较大差异。

第五节　听觉通感

在文字产生之前的音声语言时代，听觉在交际中占据支配性的地位，因为当时的交际媒介就是话语，当时的文化是口口相传的文化；随着文字的产生，听觉所具有的支配性地位逐渐让步于视觉（김정탁，2004：103）。关于声音与语言的关系，主要有两种观点。一种是社会约定论的观

点，认为事物与名字之间只是一种社会性的约定；一种是关于 r 的观点，认为名字与事物之间有自然的关系，代表性的就是拟声拟态词的存在，并且不同的语音、声调可表达不同的意义。

关于 r 的观点，具体指的是英语中带有 r 音的词语往往和某种动作有关，如“rhein 流”“rhoe 水流”“tromos 颤抖”，任韶堂（2017：172-173）将这种声音携带意思的现象称作“声音象征”。例如两组不同的元音，如前元音和后元音各自表达不同的意思，许多语言中，前元音往往用于表述小的、瘦的、轻的东西，而后元音则用于表述大的、胖的、重的东西。这也是语言象似性的一种表现形式。

“声音象征”体现的也是一种隐喻思想，“声音的特征与隐喻在每一种语言里都有自己的惯例与模式。……在所有的语言中毫无疑问存在着感觉上的联合与联想的现象，这种联觉的现象一直被诗人们正确、精心地使用着”（韦勒克等，1984：171-172）。格拉蒙（M.Grammont）对法国诗歌的表现力做了最细致和独到的研究，他把法语的所有辅音和元音加以分类，探讨了它们在不同诗人的作品中表达的效果。例如，清晰的元音表达微小、迅速、冲动、优雅之类的性质，前元音（e 或 i）和单薄的、迅捷的、清晰的以及明亮的物体之间的基本联系，后元音（o 或 u）和笨重的、缓慢的、模糊的以及阴暗的物体间的基本联系都能够被音响科学的实验所证实。相关研究还表明辅音也可分成阴暗的（纯辅音和软腭辅音）和明亮的（齿辅音与上颚音）两类（韦勒克等，1984：172）。

此外，音节的长短和音调也可表达意义。史蒂芬·平克（2015：352）曾提出：长词可能被用于指称较大或较粗糙的事物，节奏不连贯的词用于表述锋利或迅猛的东西，用口腔或喉咙深处发音的单词用于指称很久以前或在很远的地方发生的事件。他还提出图形与声音之间的暗喻，例如尖状图形提醒人们尖尖的声音，而雾状的形状会让人想起缥缈的声音；而如果让一个不懂汉语的人为“重（zhòng）、轻（qīng）”注音，大部分人都能猜出前者是降调，后者是平调。

韩语里也有用语音表达意义的情况，例如阳元音与阴元音的区分，其中阳元音多表达程度浅、轻、欢快的东西，而阴元音多表达程度深、重、凝重的东西。此外辅音的不同也表达不同的程度，平音、硬音、送气音表达的程度越来越深。例如，表示软硬的词语在语音上具有一定的相关性，其中元音和纯音“ㅁ”多表达柔软，而辅音“ㄷ、ㅌ、ㄸ、ㄱ”多表达坚硬。很多语言中表示“软、弱”的词语多以“边音 l、卷舌音 r、半元音 w、鼻音 m、n”等开头，表示“强”的词语都是以“强”辅音（塞音 p、t、k

等，擦音 f、s 等，塞擦音 ts、tʃ 等）开头（或含有这样的辅音）（支顺福，2012：14）。

韩语里元音和辅音有时会同时影响意义。例如，表达铃铛或悬挂的物体晃动发出的声音时，有拟声拟态词“달랑、탈랑、딸랑、덜렁”等，根据第一个音节中首字母——辅音的变化，以及第二个音节中元音的变化，表达的程度越来越深。

声音除了具有以上意义之外，韩语里的语音词还可发展出视觉意义。例如，韩语副词“우”指强风吹过时的声音，是听觉词，“우”还可形容许多人一下子蜂拥到某个地方的样子，语义从听觉发展到了视觉意义，如（46）。

（46）문간에 앉았던 사람들이 우 일어나서 불청객을 못 들어오게 막았다. 坐在门洞里的人们忽地站起身来拦住了不速之客。

韩语里语音词有时还会产生不同的意觉意义。

第一，很多拟声词还同时是拟态词，除表达形象意义外，很多还有比喻义。例如，上面提到的“달랑、달랑거리다、달랑이다”虽是听觉词，但还伴随着铃铛摇晃的样子这种形态意义，在此基础上还发生了通感，比喻不沉着、行动轻浮的样子，如（47）；也比喻非常害怕而心脏一痛的感觉。表示毛毛躁躁的人时有派生词“달랑쇠、달랑이”。

（47）a. 한 달 용돈을 이틀 만에 달랑 다 썼다. 一个月的零花钱两天就全花完了。

b. 달랑거리지 말고 점잖게 앉아 있어라. 别嘚嘚瑟瑟的，安静地坐好。

c. 달랑이는 성격 不沉稳的性格

第二，有的拟声词是直接从声音产生通感，表达意觉意义。例如“삐걱거리다、삐거덕거리다”“야근야근、어근어근”“알력（軋轢）”“시끄럽다”等，这些声音都是一些不美妙的声音，由通感产生的表达也是否定意义。

其中“삐걱거리다”指发出咯吱咯吱的声响，比喻人际关系不和谐，如（48）。“아근바근、어근버근”是木质家具或门扇无法合拢时发出的声音，都比喻关系不好、不一条心，如（49）。

（48）박무삼 회장님하고 요새도 삐걱거리지요?《불야성》（18）你和朴武三会长还是关系不融洽，是吧？

（49）나이가 같은 옆집 부부는 곧잘 아근바근 싸우지만 또 금방 화를 풀고 사이좋게 지낸다. 隔壁同龄的夫妇有时打打闹闹，但是马上就会和好如初。

再看汉字词“알력（軋轢）”，以前的木质车轮或地排车车轮等因为构造的原因，会发出吱吱的声响，“轧轹”一词输入韩语之后，“声音大”这个认知框架被激活产生了声音意义。此外还根据动作形态特征与结果产生了比喻义，指意见互相不一致而关系不好或起冲突，如（50）。这两种意义的产生与固有词“삐걱거리다”和“아근바근、어근버근”等的语义引申是一致的。因为声音意义是“碾压”类动作本身所具有的认知框架，而比喻关系不好是后来产生的抽象义，从语义的引申方向来看，是用声音比喻抽象的人际关系。这种听觉与意觉之间的通感隐喻关系也表现在谚语里，例如，汉语有“最坏的车轮，声最响”，是用“声音最响”来隐喻品质“最坏”。

（50）보수파와 개혁파 사이에 알력이 심하다．保守派与改革派之间倾轧现象严重。

如上，“삐걱거리다”“야근야근”与“알력”等都是拟声词，由这些具体声音给人带来的感觉引起了意觉意义的产生。

第六节 空间感觉与多种感觉发生通感

“如果我们寻找基本的空间组织原理，那么我们将发现两类事实，即人类身体的姿势和结构，以及人与人之间的（或亲密或疏远）关系。人类会根据自己的身体或者与其他人接触获得的经验来组织空间，以便所组织的空间能够满足自己的生物需要和社会关系需要”（段义孚，2017：27）。例如，非洲语言中87%都利用“头”发展出了与上有关的介词，84.6%的语言利用“屁股、肛门”发展出了表示下的介词（Heine，1997：41）。汉语与韩语也都是利用“头”发展出了表示“上”的意义，但“屁股、肛门”并没有发展出“下”的意义，而是借用了其他手段。

虽然汉语与韩语都可以用“头”表达相似的意义，但具体到细节并不完全相同。

表5-5 “머리”的意义

	意义	例子
1	事物的前部或上部	기차의 머리 火车头
2	事情的开始或第一次	머리도 끝도 없이 일이 뒤죽박죽이 되었다．事情变得没头没尾，一塌糊涂。
3	事情的一个回合、一盘	한 머리 태풍이 지나고 햇빛이 비쳤다．一阵台风过后，天空露出一丝阳光。

续表

意义		例子
4	一边或最边缘的地方	한 머리에서는 장구를 치고 또 한 머리에서는 징을 두드려대고 있었다. 一头打着鼓，一头敲着锣；책상머리를 지키는 사람 把着桌子边的人。
5	某个时间开始的时候	해질 머리 太阳开始下山的时候；길을 재촉하여 컴컴할 머리에 겨우 증심사에 당도하였다. 急急匆匆地赶路，到了快黑天时，才勉强到达证心寺。
6	集体的头目	그는 우리 모임의 머리 노릇을 하고 있다. 他担任我们聚会的头头。

如上，“머리”有六个意义，可指具体事物、抽象事物、空间、时间、人，大部分可与汉语“头”对应，但当比喻事情的回合、盘或时间时，不能与汉语“头”对应。

再如，“民间对长度的测量是根据人体的某些部分进行的。广泛使用的是手指或拇指的宽度或长度、拇指到小指指尖或者拇指到食指指尖的间距、中指指尖到肘部的间距（腕尺）或者伸开两臂之后由一侧的指尖到另一侧的指尖的间距”（段义孚，2017：36）。韩语也有这种用法，如“뼘”为大拇指和中指（或小指）间的长短；拇指与中指之间的距离也称作“장뼘”；拇指与食指之间的长度为“집게뼘、집뼘、지뼘”；大拇指与小指之间的长度为“쥐뼘”。

如上，不同文化的人在利用身体确定空间关系时既有共性亦有差异。除了利用身体表达空间意义，人类还利用所居住的空间环境进行比喻，如韩语里与住居有关的“안방、뒷방、마당、뜨락、터、바닥、벽”等空间词都发展出了比喻义。此外，人类还根据空间方位、形状、地方或地点来对空间分类，这是个复杂概念，与触觉、视觉、听觉、意觉等密切相关。表现在语言上，就是大量的空间词具有多种意义，从而使空间语言具有了多义性。这里主要分析典型的空间方位和代表性的空间形状、空间状态词。

一、空间方位

人类在对时空的感知和语言的建构过程中发挥着中心作用（H. Clark，1973；转引自王寅，2007：289）。具体的“空间被人类根据自己的身体结构区分为前后轴和左右轴。垂直水平、上下、前后、左右是人们推断的身体在空间中的位置和坐标”（段义孚，2017：28）

人类不仅将周围的世界分割成这些不同的空间，并且还赋予这些空间以抽象的文化意义，其文化意义都与地位、身份、级别、正当与否等有关。这种空间方位所表现出的各种意义也是一种隐喻，称作方位隐喻（orientational metaphors），这种方位隐喻并不是随意的，而是以我们的物理、文化经验为基础的（Lakoff & Johnson，1980/2004：34）。

（一）上下

在人们的普遍思维中，都有“上是好的，下是不好的”这种隐喻思维。因为物理的高低带来的是身份地位的高低，重要的建筑物总是建在台基上，高大的纪念塔或胜利纪念柱比低矮的更让人肃然起敬（段义孚，2017：30）。上下高低所具有的这种隐喻思想在语言上有不同的表现形式。

第一，表示上下的上义词。韩语里表示上的上义词有固有名词“위”，也有表示级别的汉字词“상등（上等）”，还有相关合成词“윗사람、높은 사람、상등품”等，意为身份高的或品质好的，这些词表达的多是中性意义或积极意义。反之，表示下的“하（下）、아래、하등（下等）”等则表示不好、低级等意义。例如“하”与汉语“下”都表示处于低处的，与“上”相对；两者还都表示品质低的，这都是用空间位置的高低比喻质量的级别。

韩语里表示高低的上义形容词为“높다、낮다”，“높다”的意义要明显多于“낮다”，这反映的是韩国人对“高”的关注和重视；从具体义项看，“높다”除空间意义外，还表述数量、品质、标准、能力、价值、价钱、声音、名字或名声、气势、意见、梦想等抽象义，反之，“낮다”表达的意义就非常笼统。根据“低即不好”这种语义认识，“낮다”还通过“낮+브다（后缀）”派生出了形容词“나쁘다”（천소영，2005：173），实现了从“低”到“坏”的语义转化。韩语“눈이 높다”具有褒、贬两类意义，强调形式的“눈이 이마에 붙었다”和汉语“眼眶子高”都只有贬义（王芳、王波，2022e：116）。

第二，表示上下方位、位置的词。“상류（上流）”与汉语“上流”都指靠近江或溪水发源地的部分，都比喻较高的社会地位。与高低有关的其他事物也可比喻抽象义，如江河湖海的“수위（水位）”比喻某事进行的程度。意为涨潮时海面最高状态的“고조（高潮）”比喻感情或气势非常高涨的状态；“최고조（最高潮）”仅有抽象义，比喻某种氛围或感情到达了最高状态。这都是用具体事物的高低比喻抽象事物。与山地有关的“절정（絕頂）、최고봉（最高峯）”都比喻最高境界或水准。与地势高有关，“언덕”比喻可依靠的人，“고지（高地）”比喻要达到的目标或达到那个水平的阶段。而天“하늘”可比喻至高无上的权威、无法企及的对象。

表达“下”意义时，许多空间固有词，如“땅、바닥、구렁、구렁텅（이）、개천、시궁/시궁창、늪”等，都比喻不好的境遇或环境等消极意

义，这些空间词都具有“下、底端、艰难、难以摆脱”等象征意义。

但是，事物的价值因观察视角的不同而不同，位于底部的东西如果从它的作用来看，反而可成为其他事物发展的基础，所以一部分与底部相关的词语又具有了积极意义，例如，“토대”指建筑物的基础，比喻事物或事业的基础性东西。同样意为垫板的“발판”可比喻可利用的手段，意为垫脚之物的“발돋움”可比喻朝着某个位置前进。汉语“垫脚石”可比喻可借以往上攀升的人或事物。

如上，与高处的东西相比，低处的东西虽多具消极意义，但低处也可成为基础、手段、机会，因而也产生了积极意义。所以“低”具有正反两种意义。

与道路有关，“오르막길、오름길”指上坡路，可比喻力气和气势进入上升阶段。反义词“내리막길、내림길”指下坡路，可比喻力气和气势过了鼎盛期进入衰退阶段。即“上”为升，“下”为衰退。

第三，人体词。前面已分析了“머리”的意义。人体词还有位于人体最下端和末端的脚后跟、脚掌，韩语“발꿈치、발뒤꿈치、발끝、발바닥”都可比喻他人能力或资质的最低水平。“윗도리、아랫도리”分别指身体腰部以上和腰部以下，两者还分别隐喻“地位高的阶级”或“地位低的阶级”。“윗도리”还比喻泥瓦工的头头，“아랫도리”无此意。

因为高给人以身份高的感觉，所以韩语里将抬高他人比喻为称赞，如“싸리말을 태우다、가마를 태우다、비행기를 태우다”等，如果总是喜欢称赞别人，则用“난쟁이 허리춤 추키듯”，因个矮之人的腰部很短导致裤子总是下滑，不得已要不断提裤子，由此特点产生了抽象义，比喻爱称赞他人。

从人体经验来看，人在高兴、幸福、自豪或身体舒适的时候会出现向上的身体动作，如昂头挺胸、耸肩、挺脖子等；相反，当悲伤、痛苦、羞愧、没有自信或身体不舒服时，身体都出现向下的动作（권연진，2017：182）。表现在语言上，与身体向上有关的“들다、올라가다、으쓱거리다、솟다、우뚝하다、쳐들다、높다、올라가다”等都可表达积极的心理感情或身体状态，而与身体向下有关的“굽히다、숙이다、조아리다、수그러지다、처지다、낮아지다、늘어지다、움츠러들다、꺾다、납작해지다、내려놓다、깔아뭉개다、낮추다”等都表达消极的心理感情或身体状态。

例如形容吃惊时，韩语用与掉有关的动词“내려앉다”，如（51a）；表示伤心时，用“가슴이 무너지다”，如（51b）；有时还用“빠지다”，如（51c）。

（51）a. 뜻밖의 소식에 나는 심장이 덜컥 내려앉았다. 听到这个意外消息，我不禁心里咯噔一下子。

b. 니가 울면 가슴이 무너진다.《해피시스터즈》(58）你一哭，我心里就难受。

c. 김씨는 억울하고 분통이 터져 한동안 실의에 빠져 있어야만 했다.《헤럴드경제》(2004.02.23）金某又怨又愤，一度陷入失意之中。

韩语里表达消极感情时非常突出的一点是多利用身体隐喻的方式。舒尔茨（2016：13）认为这是因为韩语里缺少描述抑郁的丰富词汇。此外，韩语也很少有其他表示情感的抽象词汇，仅有的情感词汇中还有很多汉字词，所以韩国人只好借助身体语言来描述心理状况，因为这是一种本能的表达情感的方式。

第四，位于上下端的人或物也表达抽象义，如“황제（皇帝）、제왕（帝王）、여제（女帝）”比喻在某个领域最杰出的存在，“왕（王）”比喻爷爷辈的、最强的，“왕좌（王座）”比喻最高位置，“등극（登基）”比喻登上某个领域的最高位置。相反，位于底端的人物则表达消极意义，例如，因为乞丐是无衣无食且无家可归的人，所以韩语里常用“거지”比喻消极的东西或感情。

（二）左右

“左、右”在不同的语言里表现出了共性，几乎所有文化都认为右侧优于左侧（段义孚，2017：34）。例如英语里“right”表示正确或“OK”，而古拉丁语中“left”与邪恶凶险同义，门不当户不对的婚姻称作“left-handed”，因为过去和一个地位低的人结婚时，是把左手伸给新娘而不是伸出右手（戈德伯格，2003：28）。

韩语固有词“옳다 正确”和“외다 误”的冠形词分别是“오른-”和“왼-”，两个冠词形式发展成前缀，分别表示“右”“左”（고영진，1997：49-50），并且形成的派生词具有不同的意义。另外还有一些派生词、惯用语结成了标记项，例如，“왼고개”表示反对意义，“왼소리”指人的死讯。“왼새끼”指向左拧成的绳子，惯用语“왼새끼를 꼬다”产生了四个消极意义：比喻不知道事情会如何发展而焦躁、非常担心地说或行动、说话拗着来或阴阳怪气、心怀鬼胎或打小算盘。相关谚语“왼새끼 내던졌다”比喻完全扔掉、不再理睬。与左有关还有惯用语“고개를 외로 돌리다”比喻歪头，“왼 눈도 깜짝 아니 한다”比喻一点也不吃惊，其中“왼 눈”比喻不重要的，“왼발 구르고 침 뱉는다”比喻率先做事但很快就缩头，“기역자도 왼 다리도 못 그린다”比喻非常无知（김동섭，2013：82）。韩语还有汉

字词“좌족（左族）”，义同“서족（庶族）”，具有消极性；而“우족（右族）”指嫡子系统，也指名门望族，具有积极性。김동섭（2013：82）认为“左、右”所表达的此类意义是一种习惯。

韩国人日常生活中也区分左右，例如，摆放饭碗时多是饭左汤右，如果是祭桌摆放规则正相反，如果把饭放在右边，那么就是祭饭（박갑수，2015：492）。韩国人给长辈行大礼时需两手相合，男性是左手在上，右手在下，女性则正相反（김동섭，2013：87）。

韩语右臂意义的“오른팔、바른팔”都可比喻身边负责重要任务的人，但左臂“왼팔”却无比喻义，意义不同的产生基础是人体论。

世界上绝大部分的人都是右撇子[①]，所以右边就自然成了具有肯定意义的方向，而左边成了具有否定意义的方向（임혜원，2013：67）。

（三）前后

“前”与“后”是空间意义，也可比喻抽象的身份意义，如“전신（前身）”与“후신（後身）”分别比喻身份、团体、公司等发生变化前的原体，“전신”也指佛教的“前生”。

与“前”相比，表达“后”意义的词语多表达否定意义。例如“뒷손、뒷문、뒷구멍、배후、백、빽、뒷배”等都与“后”有关，都具有否定意义。韩语“뒤”还是大便或屁股的委婉语，也有其他消极意义，如“뒷구멍을 캐다/파다”指找别人的毛病，“뒷구멍으로 호박씨 깐다”比喻表面斯文稳重之人于无人之处干奇怪的事情。还有一些词表达“不正当、偷偷摸摸”等意义，如表5-6。

表5-6　与后有关的复合词

词语	具体义	比喻义	例句
뒷주머니	裤子的后口袋	偷偷准备的	그런에 이 미친 놈이 마님 몰래 뒷주머니를 찬 거야. 这个疯子却背着太太中饱私囊了。
뒤안길	一排房子后面的路	被他物遮挡，得不到关注的凄凉生活或处境	인생의 뒤안길 人生的黑暗；역사의 뒤안길 历史的背后

---

① 世界人口中右撇子与左撇子的比例为4：1，关于这种现象的出现原因，有两种观点。第一种认为这源于战士的习惯，古代战士为了保护位于左边的心脏而形成了左手拿盾牌、右手拿刀枪的习惯，女性虽然不用拿武器，但是受到“拿刀枪的右手是赞扬的对象”这种思想的影响也形成了右撇子的习惯；第二种观点认为这与太阳的运行有关，人面向太阳升起的东方时，太阳沿着向右的轨迹（即从南向西）运动，而有太阳的地方是光和温暖的源泉，因此右边就具有了积极意义，相反方向的左边就具有了消极意义（Bertrand，2002）。

续表

词语	具体义	比喻义	例句
뒷거리	城市隐蔽的道路	社会黑暗之处的人间世界	뒷거리의 건달 黑社会的小痞子
뒷골목	大路后面的小胡同	暴力或卖淫事件频发的阴暗世界	뒷골목을 주름잡던 사나이 在黑社会呼风唤雨的男人；우리 뒷골목에도 질서가 있습니다．我们黑社会也有自己的秩序。
뒷걸음질	往后退	比原先落后	수출 산업의 심각한 뒷걸음질 出口业务的急剧萎缩
뒷말	后话	背后说坏话	이번 회의의 결정 사항은 뒷말이 많이 들린다．很多人都在议论这次会议的决定事项。
뒷소리			친구들끼리 모이면 다들 자기 마누라 뒷소리에 열을 냈다．朋友们聚在一起就会热火朝天地说自己老婆的坏话。
뒷담화			너 어떻게 시어머니 앞에서 시누이의 뒷담화를 해? 你怎么能在婆婆面前说小姑子的坏话啊?
뒷공론		马后炮	이미 결정된 일에 대하여 더 이상 뒷공론을 벌이는 것은 의미가 없다．对已经决定的事情再马后炮没意义。
뒷방공론		背后说坏话	이번 인사이동이 부당하다고 직원들이 수군수군 뒷공론이 많다．员工们议论纷纷说这次人事调动不合理。
뒷돈	随后给的本钱；生意场或赌场等地供给的后续的钱	秘密收受的钱	뒷돈을 대어 주다 给黑钱

如上，韩语里与“后”有关的复合词中，“뒷주머니、뒷말、뒷소리”分别有反义词“앞주머니、앞말、앞소리”，但这些表示“前”的词语都没有比喻义。其他词语都没有与“前”有关的反义词，可见这些词语表达的都是抽象义。

二、空间形状——大、小

空间形状可分为“大小、长短、粗细、宽窄”以及“圆、突、尖”等。与这些空间形状有关的韩语除表达空间形状意义外，还表达数量、程度意义，以及与人的能力、眼光、见识、品质、性格等有关的抽象义。在这里主要分析与大小有关的词语。

首先看形容词“크다、작다”，这两个词都是多义词，如表 5-7 所示：

表 5-7　“크다、작다”的意义

序号	크다	작다
1	外形长高宽、体积超过平常	外形长高宽、体积低于平常
2	衣服、鞋子超过正常尺寸	大小不够定好的尺寸
3	事情的规模、范围、程度、力量等非常大或强	事情的规模、范围、程度、力量等不到普通水平
4	人品优秀	人品、想法不起眼
5	声音强到刺耳	声音弱小
6	钱的金额高	钱的金额低
7	身体或心里所感受到的影响、冲击超过平常	
8	想法的范围或度量广	
9	无惧、勇敢	
10	可能性很多	
11	扩大范围的话	缩小范围的话
12	大体、大约	
13	(性质)重要、优秀	
14	长大	
15	长大成人	
16	水平或地位得到提高	

如上，从义项多少来看，“작다”主要与“크다”的七个意义对应，这说明在韩国文化里“크다”所表达的这些抽象本质或意义大多是人们认为重要或所向往和追求的。

从具体义来看，这两个词都从空间形状意义发展到了长度、规模、范围、程度、力量、人品、想法、声音、金额等方面；“크다”的意义还扩大到了心理感受、性格、可能性、性质、水平、地位等，与“작다”具有消极、否定意义相比，“크다”的象征意义是积极、肯定的。

韩语里与小有关的很多词语具有两面性，有时具有积极意义，有时具有消极意义。

首先看形容词。例如，形容词“잘다”共有五个意义，前两个是具体义，分别指粮食、水果、沙子等圆圆的东西或文字很小；有长度的东西体积细小。第三个是消极意义，比喻事情很小、琐碎；第四个是积极意义，比喻态度细密、仔细，如（52a）；第五个是消极意义，比喻想法或性格不大胆、很小气，如（52b）。其中，第四、五个意义都与人有关，当指态度时是积极意义，当指想法或性格时却是消极意义，这是从对人不同角度的

观察所产生的相反意义。

（52）a. 소설을 잘게 분석하다 细致分析小说

b. 그는 사람 됨됨이가 잘고 경망스러워 보인다. 他看起来很懦弱、轻浮。

再看名词韩语里小米为“좁쌀”，可比喻非常小的东西，也比喻非常小气的人，此外还有谚语“좁쌀 썰어 먹을 놈”，嘲讽非常小气的人，“좁쌀에 뒤웅 판다”可比喻做没有希望的事情，也可比喻非常唠叨。

再如，蒲公英种子“민들레 홀씨”比喻浅薄；烟种“담배씨”比喻非常少或小的东西，“담배씨네 외손자”比喻性情非常小气、心胸非常狭窄的人，“담배씨로 뒤웅박을 판다 / 딴다”比喻非常小气或者非常爱唠叨；枣核为“대추씨”比喻像大枣的种子一样个小却非常结实、硬朗的人，“콧구멍에 낀 대추씨”比喻非常小、不怎么样的东西。

韩语里比喻身份很低时用蝌蚪“올챙이”，比喻菜鸟或某个组织最末端的位置，因为蝌蚪是蜕变成青蛙的最初始阶段。谚语里比喻低贱存在的有“벌레、파리、개미、미꾸라지、송충이、피라미、오징어、송사리”等动物，主要是体型非常小的虫类、鱼类。有时还会利用一些动物的肢体语言，如螃蟹的尾部非常小，所以“게꽁지”比喻知识或才能很少或拿不出手。相反，比喻高贵、优秀的人时，多用“호랑이、용（龍）、봉（鳳）”等体型雄壮或虚构的存在。

韩语中的“나부랭이、너부렁이”，指纸片或布头等的一小角，也可贬称属于某一类的人或东西，主要用于表身份的名词后面做中心语，如“양반 나부랭이”，属于以物喻人。再如，“부스러기”指非常小的碎屑，也指从剩下的东西中挑出来的无用之物。因为碎屑、剩下的东西都是不太好的，所以“부스러기”可比喻小人物或不值钱的小东西，如“부스러기 인생 低贱的人生”，“부스러기”主要用作定语。

另外还有一些小的事物产生了比喻义，例如“꼽재기”指灰尘、污垢等又小又脏的东西，也比喻非常不起眼的小事物。“새알꼽재기”指像鸟蛋那样非常小或少的分量，也贬称卑微、卑鄙的人。韩语里还用酱油碟子“간장 종지”比喻肚量小。

接下来看关于小的前缀和后缀。例如，“좀-”是从副词“조금”发展而来，具有小之意，它的派生词都表达消极意义，“좀팽이”指非常不起眼的东西，也贬称瘦削矮小不像样的人。“좀생이”指小气的人或琐碎的东西。韩语还有指小后缀“-아지”，如“모가지、배아지、소가지、꼬라지”分别是与身体相关词“목、배、속、꼴”结合形成的派生词，“싸가지”是

与植物语言“싹”结合形成的派生词，但比喻人，“강아지、망아지、송아지”是与动物“개、말、소”等结合形成的派生词。从感情色彩来看，与人有关的“모가지、배아지、소가지、꼬라지”等具有消极感情色彩，但与动物有关的“강아지、망아지、송아지”没有明显的感情色彩，一般多指“小的”（박갑천，1995：79）。

惯用语、谚语。惯用语“손이 작다”比喻人小气或手段少。也有很多谚语与品行、行为有关，并且都是以表达消极意义，如表 5-8。

表 5-8　与品行、行为有关的谚语

<table>
<tr><th></th><th>谚语</th><th>意义</th></tr>
<tr><td>1</td><td>부시통에 연풍대 하겠다</td><td>嘲笑那些做事非常小气、看不清形势的人。</td></tr>
<tr><td>2</td><td>등잔불에 콩 볶아 먹을 놈</td><td rowspan="2">贬称那些做事非常无语的愚笨、小气的人</td></tr>
<tr><td>3</td><td>머리카락에 홈 파겠다</td></tr>
<tr><td>4</td><td>모기 밑구멍에 당나귀 신（腎）이 당할까</td><td>对小的东西来说大东西是不合适的；比喻无法承担过分的报酬或地位。</td></tr>
<tr><td>5</td><td>모기 보고 칼빼기</td><td>比喻对小事兴师动众，也比喻应对小事情时却采用不合时宜的大动作。</td></tr>
<tr><td>6</td><td>벼룩의 등에 육간대청（六间大厅）을 짓겠다</td><td>比喻所做之事不合常理、度量狭小。</td></tr>
<tr><td>7</td><td>쥐 코 조림 같다</td><td>就像炒老鼠鼻子一样，比喻非常不起眼的东西。</td></tr>
<tr><td>8</td><td>개미 한 잔둥이만큼 걸린다</td><td>比喻有一点点担心。</td></tr>
<tr><td>9</td><td>가랑잎에 불 붙기</td><td>给细小的叶子点火，比喻性格急躁而又心胸狭窄的人。</td></tr>
<tr><td>10</td><td>고추 나무에 그네를 뛰고 잣 겁질로 배를 만들어 타겠다</td><td>比喻世界灭亡之际所出现的怪现象；比喻一些不可能实现的小伎俩。</td></tr>
<tr><td>11</td><td>바늘 꽂을 데 없이</td><td>强调无从下手。</td></tr>
<tr><td rowspan="3">12</td><td>벼룩 꿇어앉을 땅도 없다</td><td rowspan="3">比喻没有一点土地</td></tr>
<tr><td>송곳 박을 땅도 없다</td></tr>
<tr><td>제 땅이라고는 메밀 씨 모로 박을 땅도 없다</td></tr>
</table>

如上，上面这些谚语所涉及的事物原本都很小，涉及的对象有火镰盒、灯火、头发丝、蚊子肛门、蚊子、跳蚤、老鼠鼻子、蚂蚁背、小树叶、辣椒、针、锥子、荞麦种子等体积非常小的东西，借此比喻不可能、小气、蠢笨、无法承担、兴师动众、不合时宜、非常小的担心、急躁且心胸狭窄、小伎俩、无从下手、毫无等消极意义。

借用小事物表达积极意义的谚语比较少，如“새 한 마리도 백 놈이 갈라 먹는다”用了夸张手法比喻再小的东西，只要心诚，就可多人享用或者

拥有。“잔고기 가시 세다”意为鱼小但刺很硬吃起来非常麻烦，比喻身体虽小，但内心有胆量，很坚强。

如上，韩语里与小有关的表达中，有的具有可爱之意，但在指人的长相、言行、品行、才干等时多是消极意义。

综上，与“大、小”有关的表达中，“**크다**”的义项多，多表达积极、肯定意义，相反“**작다**”的义项少，且多表达消极、否定意义。

三、空间状态——直、曲

与事物直曲有关的表达大部分都是多义词，其语义引申的机制是隐喻，这种隐喻意义具有一定共性，即与“直”有关的表达多产生了积极意义，相反，与“曲”有关的表达多产生了消极意义。这种语义引申方向反映的是不同空间形状的联想意义的不同，也反映了社会的价值判断倾向。

与直有关，首先看形容词“곧다”，这个词可指具体事物不弯，也比喻有气节、有正确的想法。此外，“곧은 창자다”比喻不会撒谎非常耿直的人。谚语“곧기는 먹줄 같다”则是用笔直的墨线比喻人非常正直。形容词“꼬장꼬장하다”指又细又长的东西非常直，也指老人的腰不弯，很直；还比喻性情刚正不阿，不喜欢听别人的话。

再看名词。汉字词“직선（直線）”意为直线，也比喻性情耿直，其派生词“직선적”第一个意义指没有弯折、直的，是中性意义，有时也有贬义，如（53a）；“직선적”还指不拐弯抹角，直接做的，多形容人的性情，如（53b）。

（53）a. 인사행정이 너무 직선적이고 무모한 것이 아니었나 하는 생각이 든다.《언론과 부정부패》我突然产生了一种想法，是不是人事行政过于僵直、轻率了？

b. 나 빼고 다른 사람들한테 얼마나 직선적인지 여기서 부딪치고 저기서 충돌하고 내가 아주 진땀난다.《사랑이 오네요》(38) 除了对我，他对其他人太耿直，所以到处得罪人，我都替他捏把汗。

韩语还有与道路有关的词，如“직행（直行）、곡행（曲行）、파행（跛行）”分别比喻“正确的行动”“不正确、不合道理”“不顺利、奇怪”等抽象义。

再看谚语，“딱딱하기는 삼 년 묵은 물박달나무 같다”意为就像多年的檀木不会弯曲、不会断一样，比喻非常固执，没有融通性。

如上，表示直的语词多表达积极意义，相反，表示弯曲的语词多表达否定意义。下面分析几个与“弯曲”有关的词语。

先看名词“고비”意为弯曲，合成词“고비판、고빗사위”指最重要阶段中最危险的时刻或形式，“고빗길”指陡峭危险的道路，也比喻困难的时刻。

动词“꼬다、비꼬다”指搓绳子、扭身子，都是扭曲之意，也都可比喻讥讽、挖苦别人，或曲解别人的意思。谚语“꼬기는 칠팔월 수숫잎 꼬이듯”“동풍 안개 속에 수숫잎 꼬이듯”等都比喻心术不正的人，前者还比喻吞吞吐吐地不明确表达自己意思的那种样子。鱼叉是弯的，鱼叉似的铁东西称作“갈고랑쇠”，也比喻性格怪僻、别别扭扭的人。

汉字词“곡절（曲折）”指弯曲的状态，还比喻使事情不顺的复杂原因，也比喻文脉充满变化、不单调。“굴곡（屈曲）”指弯弯曲曲，也比喻人生顺利与不顺利交错的变动。动词“굴곡지다”也比喻人生充满曲折。“반곡（反曲）”意为向相反方向歪斜或往后弯曲，比喻不听话对着干。

如果是弯身向下则具有积极意义，如“굽어보다”指从很高的位置上弯腰往下看，也比喻照顾下属、晚辈或者可怜的人。“굽어살피다”也有此比喻义。

第七节　其他生理感官通感

除上面所讨论的“触觉、味觉、嗅觉、视觉、听觉、空间感觉”之外，人类还有很多生理感官知觉，如“渴、热、眩晕、麻痹”等，本来是身体病症，但也发生了比喻义，成为人类认知世界的一种方式，例如“마비（麻痺）”与汉语的“麻痹、瘫痪”等都可比喻机能减弱或停止。

例如，韩语里“-증（症）”的很多合成词与人的直接生理感觉有关，如表 5-9。

表 5-9 “-증（症）”合成词

词语	意义	例子
갈급증（渴急症）	比喻就像口渴一样非常急切地渴望某种东西	전문 대학으로는 교육에 대한 내 갈증이 해소되지 않았다. 专科大学没有满足我对教育的渴望。
갈증（渴症）		
체증（滞症）	饭不消化的症状，也比喻交通不顺畅，道路阻塞的状态	도로가 극심한 체증을 빚고 있다. 道路出现严重堵塞。

续表

词语	意义	例子
불감증（不感症）	在医学上指感觉不到快感的病症，在日常生活中比喻感觉迟钝，或者因习以为常而没有特殊感觉	이번 사고는 도덕적 불감증에 걸린 우리 사회의 분위기를 말해 주는 것이었다. 这次事故告诉我们，这个社会充斥着道德冷漠。
멀미、멀미증（--症）	晕车、晕船、晕飞机等症状，比喻让人讨厌得要命，令人头疼；比喻沉醉于某种氛围时所感到的眩晕。	그 일이라면 모두 멀미를 내었다. 提到那件事大家都头疼。그는 남들이 자신에게 아첨하는 소리에 멀미를 느꼈다. 他听到别人奉承自己就觉得恶心。

（王芳、王波 2022b：620）

如上，“갈급증、갈증、체증、불감증、멀미、멀미증”都是人的生理感觉，而人类认知世界时最基础的就是借助感官知觉，所以这些感觉词能够发展出比喻义，既可比喻抽象的心理感情，如“갈급증、갈증、멀미、멀미증”；也可以人喻物比喻交通、社会现象，如“체증、불감증”。

再看另外几个例子。例如，“식상（食傷）”的基本义与汉语“伤食”同义，但“식상”还比喻厌烦，如（54），是用生理感觉来隐喻心理感觉。“감질（疳疾）”可比喻达不到自己所期望的程度而倍受煎熬，如（55a）。合成词“감질나다”也多用于比喻义，如（55b）。

（54）아침마다 되풀이되는 김 부장의 잔소리는 이제 식상이 되어 버렸다. 每天早上金部长都重复那些废话，现在真是听烦了。

（55）a. 아이는 감질이 올라서 닿을락 말락 하는 밥그릇을 붙들려고 애를 쓴다. 孩子馋虫上来了，费劲地想够那几乎够不着的饭碗。

b. 감질나게 조금씩 주지 말고 듬뿍듬뿍 주어라. 不要给那么一点，吊人的胃口，大把大把地给他们。

韩语中还有一种病症为“몸살”，惯用语“몸살을 앓다”可指人生病，也比喻因某事而倍受折磨，如（56）动作的主体是办公室，汉语用“被折腾坏了”。惯用语“몸살（이）나다”比喻非常想干某事，控制不住自己，如（57a），也可用于使动结构，比喻使别人心烦受罪，如（57b）。相关表达还有“몸살 차살 하다”，比喻坐不住折腾人让人心烦。总之，“몸살”的惯用语都是借用身体的生理感觉比喻心理感觉。

（56）이날 …박상기 법무부 장관 사무실은 ‘손해를 책임질 것이냐’며 반발하는 투자자들의 전화로 몸살을 앓았다.《동아일보》（2018.01.12）这一天，因为不断有反对的投资者打电话质问“我们的损失你们给负责吗？”法务部长官朴相基的办公室被折腾坏了。

（57）a. 여행을 못 가 몸살이 나다. 因为无法去旅行，所以快疯了。

b. 가족들이 또 몸살 나게 생겼네요.《사랑이 오네요》（108）我们一家又该遭罪了啊。

第八节　通感方向与特点

上面我们分析了韩语里普通意义上的“触觉、味觉、嗅觉、视觉、听觉”等五种感觉以及空间感觉词、生理感官知觉等之间的通感隐喻现象。

根据前面的分析可以发现韩语通感隐喻具有如下几个特点：

第一，通感现象很普遍。其一，触觉类词语都是从较低级的触觉向高级感觉——听觉、味觉、视觉、意觉——迁移，并且触觉与视觉经常融为一体；其二，嗅觉可与视觉、听觉发生通感，并且有时还会直接发展出意觉意义，有时则是先发展出视觉意义，然后再发展出意觉意义；其三，味觉词的通感更加普遍，一般可与视觉、嗅觉、听觉等发生通感，有时还会在视觉意义上再发展出意觉意义，有时还会同时出现与视觉、听觉、意觉的通感，如“시원하다”与“싱겁다”；其四，视觉的通感更加普遍，可与听觉、味觉、视觉、嗅觉、时间感觉以及意觉等发生通感，并且有时可同时与多种感觉发生通感；其五，听觉主要与视觉、意觉发生通感，有时可直接与视觉或意觉发生通感，有时也可与视觉、意觉同时发生通感；其六，空间感觉中的上下、左右、前后、大小、直曲等多会产生意觉意义，其中前后、大小等空间感觉还会与听觉发生通感；其七，生理感官知觉主要与意觉发生通感。

第二，韩语的通感符合一般通感规律，即一般感觉移动方向主要为由较低级向较高级、由较简单向较复杂（Ullmann，1964：86），但也有部分词语出现了反向挪移。例如，“맛、순하다、독하다、진하다、야하다”等都是从高级感觉“视觉”向较低级感觉的“味觉”或“听觉”迁移；“순하다”还从“视觉”发展到了“触觉”意义；“초롱초롱하다、청명、야들야들하다、어수선하다、낭자하다”都是“视觉”向“听觉”的迁移，这符合视觉与听觉转移是双向转移（宋德生，2006：22）这一通感引申规律。此类特例出现的原因，宋德生（2006：22）将其视为美学角度上的突发奇想和临时借用，但韩语的汉字词已出现了词义的引申，不仅止于临时借用，并且汉语也有此用法，如“话语 / 节奏明快”是“视觉→听觉”的反向挪移，“味道清醇”是“视觉→味觉”的反向挪移。

第三，在普遍意义的通感上，感觉词大多产生了［+意觉］意义，是客观到主观的变化过程，比一般的通感语义更加虚化[①]。例如，空间方位本身隐含着视觉意义，此外还会产生地位、身份、级别、正当与否等有关的意觉意义。空间形状本身则蕴含着视觉和触觉意义，在此基础上，还发展出数量、程度、时间、声音意义，以及与人的能力、眼光、见识、品质、性格等有关的抽象义。“개다、야들야들하다、야하다”以及大量的色彩词等则从视觉意义发展出了意觉意义，这也符合一般的通感引申方向。

韩语里的很多感觉词还发展出了性格意义，如“부드럽다、굳다、거칠다、차다、쌀쌀하다、싸늘하다、맵다、담백하다、담박하다、시원하다、시원시원하다、고리타분하다、지독하다、달랑이다、크다、잘다、꼬장꼬장하다”，很多惯用语也产生了性格意义。

第四，通感一般不会改变词语隐含的语义特征。例如，表达味觉令人不满意的词语在语义抽象过程中，在表达心理感情、对人的评价等意觉意义时也多具有消极意义。本义为名词的“진하다（津）、독하다（毒）”都产生了“嗅觉”与其他感官的通感，并且在［+意觉］意义上，“진하다”具有［+积极］义征，而“독하다”具有［-积极］义征，这与其本义的固有义征有关。

第五，通感、虚化的结果是语义发生泛化，具有了多义性和模糊性。

第六，韩语的通感隐喻词大多是多义形容词，语义泛化都是以通感的形式完成的。韩语还有部分惯用语、谚语也产生了通感隐喻。韩语通感还有比较特殊的一点是利用大量具有某种明显特征的实物进行通感，代表性的有“푸석이、무골충、무골생선、호박죽、강골、뻐대、밀만두、개살구、개떡、걸레、좁쌀、콩알、올챙이、나부랭이、너부렁이、꼽재기、부스러기”等。

① 缑瑞隆（2003）的研究也证明视觉、触（动）觉、味觉、嗅觉范畴都具有与“智能”有关的隐喻义或隐喻用法，这实际上体现了由初级神经活动向高级精神活动发展的轨迹。这儿的“智能”与本文的“意觉”一致。

第六章　语音隐喻

Fónagy（1999：19）提出了语音隐喻的概念，主要是指语音与所指对象之间的象似性。语音相同或相近为语音隐喻（phonetic metaphor）提供了可能。韩语有大量的同音词，日常生活中也经常出现利用谐音来创造特殊语言效果的情形。因为韩语是语音文字，词语尤其是动词和形容词会因活用而产生丰富的变形词，因此语音隐喻的类型更加丰富。

本章将主要分析韩语语音隐喻的构建基础、语义分类、词性分类以及语音隐喻的文化性与识解等方面的内容。

第一节　语音隐喻的构建基础

与一般隐喻相同，语音隐喻的构建也需要几个条件，主要包括语言条件、文化与认知条件、语用条件等。

一、语言条件

语音隐喻是通过语音相似性进行的跨域映射。跨域映射发生在两个意义互不相关但在发音上相同或相似的域之间。也就是说，语音隐喻构建的基础是同音谐音将两个没有任何关系的不同事物联系在一起，并产生了某种联想意义。

韩语里同音词非常丰富，如表 6-1 所示：

表 6-1　韩语的同音词

	单词	同音词	同音词的比例
우리말 큰사전（한글학회）	339249	103080	30%
중사전（남광우，1970：11）	91825	22983	25%
표준국어대사전（강범모，2005）	254033	79741	31%
세종의미분석말뭉치（양염，2013）	2509844	819837	33%

如上，不同词典与语料库虽然收录的单词以及同音词的数量各不相同，但同音词占全部单词的比例却并无太大的差异。在同音词中，汉字词占的比例很高，박영환（1978）统计发现韩语的同音词有21509对，其中固有词有1463对，占6.8%。也就是说固有词同音词的比例较低，93.2%都是汉字词同音词。남광우（1970：11）的研究发现，在韩语22983个同音词中，汉字词占了76%。이을환和이용주（1975）的研究发现，韩语双音节汉字词中，同音词占了66.7%。

韩语的同音隐喻不仅可发生在汉字词或固有词的内部，也会发生在汉字词与固有词之间，甚至外来语也可与固有词或汉字词发生同音隐喻。除一般同音词之外，因为韩语是语音文字，还会因为音韵方面的原因，如鼻音化、中和、词语内的连音、缩略、发音上的相似性，形态方面的原因，如词与词的连读，在交际中产生大量临时性的语用同音词（김병균，1988：48-52）。

总之，韩语的上述语音特点都使日常交际中出现了大量的同音或谐音现象，这就为语音隐喻的构建提供了语言上的条件。

二、文化与认知条件

语音隐喻的建构还需要施喻者具备人类的一般认知能力以及基于体验的经验世界。因此，能够根据语音的相似性而连接的始源域与目的域必须是常见的事物或者人们非常关心的事物、现象或概念，熟悉的事物、现象或概念才能够让人们通过同音谐音产生联想。

例如，电视剧《미녀 공심이》中，공심与안단태有下面的对话，如（1），第一句出现的“일병”是数量词“一瓶”，第二句中出现的“일병（一兵）”是军人职级，指一等兵，안단태借此表达对공심的调侃，也表达了酒不能再喝之意。因为안단태是男人，而韩国男人都是服兵役的，所以才会在日常用语中随口说出这样的表达，韩国社会也形成了军事语言向日常生活语言的扩散。

（1）a. 공심：안단태씨，우리 저기 감자탕집에 가서 소주 일병만 더 마시자．딱 일병만．安丹泰，我们去那边的土豆排骨店再喝一瓶烧酒吧。就一瓶。

b. 안단태：일병은 군인이고 집에 갑시다．가요．좀．“일병”是军人，我们还是回家吧。走吧。

语言符号是具有音义的象征单位，而语音隐喻实际上是“用一个象征单位（一种音义关系）来喻说或激活另一个象征单位”（李弘 2005：71），其中“象征单位 = 语义单位 + 音位单位”。有时一个象征单位在激活另一个象征单位时比较隐晦，因此对施喻者和受喻者的经验和认知的要求比较高。

例如，韩语有两个同音异义词“병신（丙申）”和“병신（病身）”，后者指身体有残疾，或者骂不中用的人，是贬义词。电视剧《사랑이 오네요》（119）中有如下对话，对话中所提到的“병신년”指丙申年，借助语音的相同从“丙申”联想到了同音异义词“病身”，又联想到后者所具有的消极意义，所以第二句话中才提到是不是因为今年的名字问题，所以公司里才出现了很多不好的事情。在这一过程中，施喻者以“病身”为始源域（输入空间Ⅱ）将它的消极意义映射到了目标域（输入空间Ⅰ）——丙申年（的公司状况），从而使两者在人们的心智空间中连通起来，并在融合空间中产生了新义，即“因为是丙申年，所以产生了不好的事情”，从而使上面的对话成立。但对话中只出现了本体“丙申年”，没有出现喻体“病身”，出现的只有喻体意义。

（2）a. 박사장: 이젠 올해 **병신년** 마무리 잘하면 되겠습니다. 现在只要把丙申年最后的收尾做好就可以了。

b. 나회장: 그러네요. 올해가 **병신년**…이름 때문인지 회사 일도 많았습니다. 就是。今年是丙申年……说不定就是因为名字的问题，所以公司出了这么多（不好）的事情。

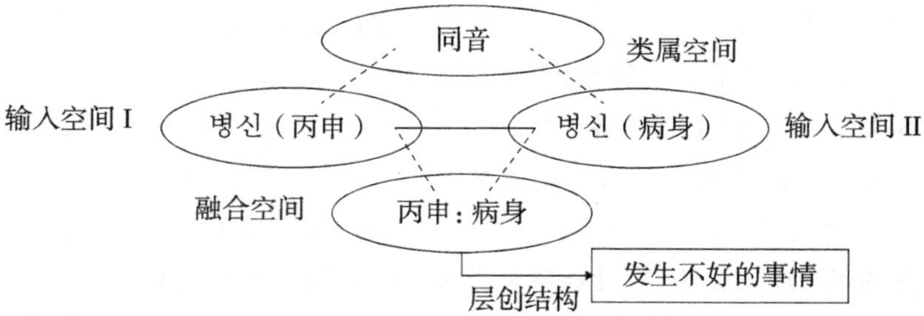

图 6-1　“병신년”的概念整合

可见，语音隐喻可以让人们将两个完全不相干的事物联系起来，并在人们的心智空间中产生一系列心理反应和映射，最后在融合空间被赋予一定的文化新义。

语音隐喻也会在多个表达中出现。例如，韩语里有劳动能力但没职业的人称作“백수（白手）”，以前这个词没有性别之分，因为传统韩国文化是男主外、女主内，所以女人即使没有工作也不会成为标记项。随着社会的发展，女性也开始走向职场，有工作的女性成了常态，没有工作的反而

成了非常态的，所以需要语言表达这个新的概念，因此韩国人就拿已有的词语——“백조（白鸟）”作喻体。这过程借助了多层级概念整合。首先，表达不工作意义的词语“백수（白手）”借助语音隐喻与“백수（百兽）”连通起来，“백수（百兽）”又与“백조（白鸟）”因动物和第一个音节发音同为“백”而连通起来，最终将“백수（白手）”与“백조（白鸟）”连通了起来，使“백조”与“不工作的人”产生了联系，然后在融合空间中，人们的认知机制与背景知识被激活，即“兽”多象征男性，“鸟”多象征女性，因此在层创结构里“백조（白鸟）”产生了“不工作的女人”这一意义。“백조”比喻义的产生同时受到了“백수（百兽）”和“백수（白手）”两个词的影响。

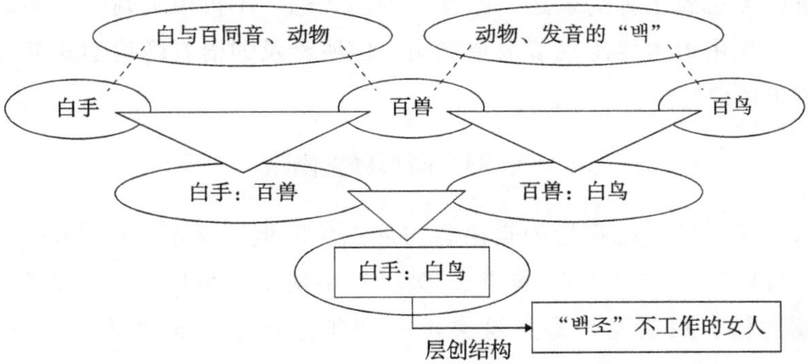

图 6-2　“백조”的概念整合

三、语用条件

语言不仅受文化的影响，还受具体交际中的语境影响，这就需要提到语用学。语用学中的代表性理论就是言语行为理论，这个理论认为讲一句话仅构成一个言语是极端错误的，任何一个言语行为都由三个次行为构成，即话语行为、话语施事行为和话语施效行为（奥斯汀，2013）。言语行为理论的创新和发展主要在于语用行为。

语音隐喻更多表现为一种语用行为，因此语音隐喻的构建与识解都需立足于一定的语境。这个语境可以是狭义的前后语境，也可以是以话语交际者的文化背景为基础的百科知识。如果受喻者不具备施喻者所具备的文化背景，那么就无法理解相关隐喻的现象。

综上，语音隐喻的构建不仅需具备一定的语言条件，还需具备一定的文化与认知条件以及语用条件，而将不同的事物借助语音隐喻联系起来还需要人类共通的想象与联想思维。

第二节　语音隐喻的语义分类

李弘（2005）依据语义单位和音位单位的关系将语音隐喻分为六类：（1）音同异义类隐喻（homonym metaphor）；（2）歇后语和诗文对联；（3）基于完全音同形同义异的语音双关（如禁忌语）；（4）语音仿拟（parody）；（5）押韵表达；（6）民俗文化中的语音隐喻（如委婉语）等。韩语的语音隐喻根据语义单位和音位单位也可分为四类：同音同形异义、同音异形异义①、谐音（部分同音）异义、语音仿拟等。其中第三类的一部分与第四类也属于押韵表达，因此“押韵表达”不再单独列类，韩语里很多谚语、惯用语里也出现了语音隐喻，但所涉及的语音隐喻形式都包括在这四类里面。

一、同音同形异义隐喻

同音同形异义隐喻指的是语音与形态相同但语义不同的隐喻。例如，“달이 차다”与“거지가 쪽박을 찼다”中两个“차다”是同音异义词，前者意为满，后者意为踢，这类词在词典里会标注成“차다[1]”和“차다[2]”。

韩语里还有汉字词与固有词形成的同音同形异义词，如“구두[1]”与“구두[4]（口頭）”。如（3），剧中최고야与오사라在鱼市场发生冲突，（3a）中当최고야提到“구두 계약 口头协议”时，（3b）中오사라要赖故意提到了皮鞋意义的“구두[1]”，两者之间就形成了语音隐喻。根据概念整合理论，两个输入空间因同音关系而被连通在一起并投射到融合空间，并产生了新义，即借助这种语音隐喻来反驳对方的话。

（3）a. 최고야：제가 먼저 사기로 했고 사장님도 오키하셨으니까 소유권은 이미 저한테 있습니다. **구두 계약**도 계약인 것 모르세요. 我先决定买的，老板也同意了，所以所有权在我这儿。口头协议也是协议啊，您不知道吗？

b. 오사라：아니，여기서 갑자기 왜 **구두** 얘기가 나와？여기가 랍스타 가게지，**구두 가게**야？哎，怎么突然说皮鞋啊？这里是龙虾店，可不是皮鞋店啊。《전생에 원수들》（24）

① 韩语修辞学里称作“동음이의어법（同音異義語法）、“괘사법（卦辭法）”。

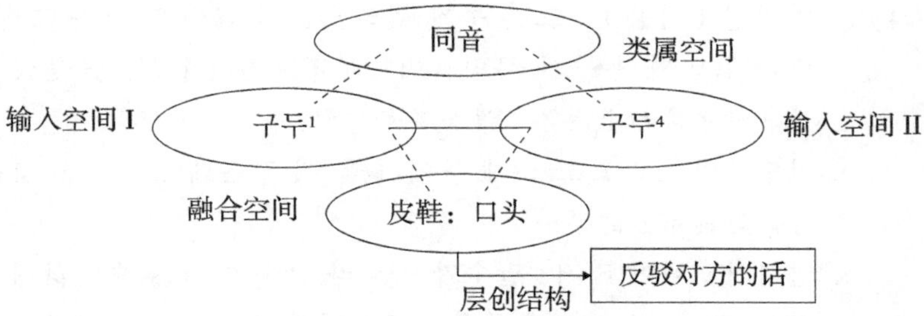

图 6-3 “구두”的概念整合

如上，韩语的这种同音隐喻只有在具有相同文化背景的韩国人之间才能构建并被识解。译成汉语后这种话语交际效果就消失了。

二、同音异形异义隐喻

同音异形异义隐喻所涉及的同音词可称作“发音上的同音词”，这与韩语是字母文字及其发音规则有关，例如“그 [소녀는] 소녀를 그리워했다”这句话里，从发音上来看，主语有可能是“그 소년은”，也有可能是与发音一致的“그 소녀는”，这就造成了歧义，即语义上就不那么明确清晰。而发音是 [나를 잡았다] 的原型有两种可能性，即“나를 잡았다”与“날을 잡았다”，因为“잡다”是多义词，当用于“나를 잡았다”时，指具体的“抓”，而用于“날을 잡았다”时，则是抽象义，指定好日子。

发音上的同音词在动词或形容词等可以活用的词语中出现更多，如“벗어：버서”，另外韩语的数字同音词也比较突出。

发音上的同音词常用于日常对话中。

电视剧《내조의 여왕》(8)，会议中讨论产品问题时发生了下面的对话，如（4），由于달수说的话不太合心意，所以杨课长拿着달수的名字做文章进行训斥，因为“달”与“닭”的发音只有收音不同，“닭”的发音是“닥”，因此“닭수”与“달수”产生了语音关联，在心智空间中两个输入空间被连通起来，并在融合空间产生了新义“달수는 닭수이다”。然后，杨课长进一步借题发挥，说“달수”是“닭대가리”，两者也是借助“닭수”与“닭대가리”中有同音语素“닭”而被连通起来的，在融合空间中“달수、닭수、닭대가리”等的相关认知框架被激活，其中“대가리”多指动物，如果用于人则是贬义，所以说人是鸡脑子，即骂人是笨蛋。也就是说，首先借助语音隐喻使“닭수”成为“달수”的喻体，再根据“닭”的合成词“닭대가리”所具有的贬义将其映射到本体“달수”身上，从而构建起了对“달수”进行贬低和挖苦的话语交际。

（4）a. 양과장（짜증）：그걸 누가 몰라? 돈이 많이 드니까 그렇지 . 단가 올라가면 누가 사먹겠어? 谁不知道这个啊？只是太花钱了。如果价钱上去了，谁会买着吃啊？

b. 달수：아 ... 그래도 그게 몸에 좋을 것 같은데 .... 啊……但是对身体好的东西的话……

c. 양과장：뭐야 저거 . **달수**가 아니라 **닭수** 아냐 **닭수**? **닭대가리** 잖아 완전히！他这是干什么啊？不是“달수（达洙）”，而是“닭수”吧，“닭수”！简直就是鸡脑袋啊。

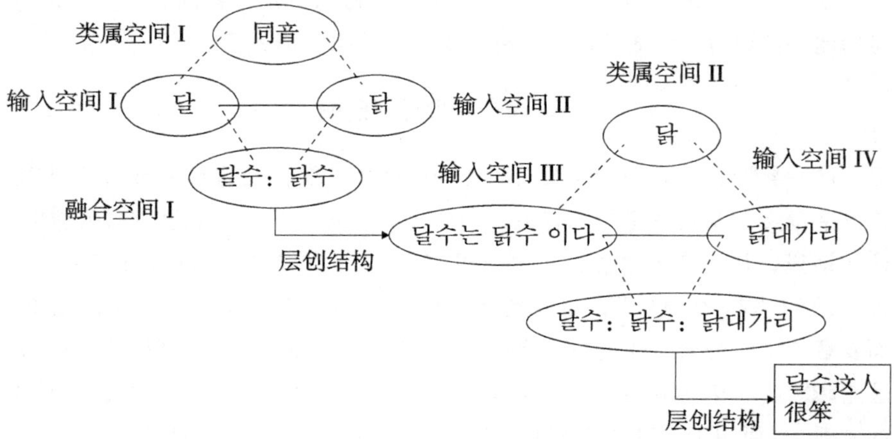

图 6-4　“달수가 아니라 닭수 아냐 닭수 ? 닭대가리잖아 완전히 ! ”的概念整合

三、谐音异义隐喻

谐音异义隐喻指的是喻体与本体只有部分音节相同，根据相同音节的位置和谐音的产生方法又可分为三类：前半部音节谐音、最后一个音节谐音、缩略谐音。

（一）前半部音节谐音

先看下面的电视剧台词，剧中女二叫作비비안，但由于主人公对外国名字不太熟悉，当儿子给他反复说叫비비안时，主人公说了上面的话，如（5a），这种台词的产生利用的是人名“비비안”与韩语“비빔밥”的前半部分的音节谐音。表达的是对当事人的不满。（5b）中，因为对儿子所找的女朋友강하리条件不满意，主人公非常冒火，所以打电话对儿子说了上面的话，因为강하리的名字与表小狗意义的강아지发音相似，所以用了“강하리인지 강아지인지”表达心中的不满。

（5）a. **비비안이든 비빔밥이든** .《신이라 불리운 사나이》不管是薇薇

安，还是拌饭。

b. 당장 **강하리인지 강아지인지** 개랑 자리 만들어. 오늘 당장!《언니는 살아있다》(2) 马上安排那个叫姜何莉还是叫姜阿吉的和我见面！今天马上！

韩语还有动词“가만있다”，意为安安静静地待着，名词“가만때기、가마니、가마”指麻袋或麻袋片，因两个词前面的两个音节同音，所以出现了（6）这样的表达。类似的还有“보자기”与“보자보자하다”（7）以及“헌신짝”与“헌신（獻身）하다”（8）。

（6）a. **가만있으**니까 가만때긴 줄 알아? 我不说什么，这是把我当成没有任何用处的麻袋片了啊?

b. **가만히** 있으니까 내가 **가마니**로 보이냐? 我不说什么，这是把我当成没有任何用处的麻袋片了啊?

c. 내가 **가마**야? **가만있게**?《아이가 다섯》(16) 我是没有生命的麻袋啊，你让我光安静地待着?

（7）양씨，당신 **보자보자하니깐** 우리를 아주 **보자기**로 보는데 우리 언니랑 승혜는 그렇게만만해?《오늘부터 사랑해》(80) 姓杨的，我们这样忍让你，你这是把我们当软蛋了啊。你以为我姐和盛惠是好欺负的啊?

（8）**헌신하면 헌신짝** 되는 거 몰라?《다시，첫사랑》(1) 你不知道“献身对方就会被抛弃吗?”

根据概念整合理论，在韩国人的心智空间中，实际人名“비비안、강하리”或动词“가만있다、보자보자하다、헌신하다”等是输入空间Ⅰ，谐音词“비빔밥、강아지、가마、가마니、보자기、헌신짝”等是输入空间Ⅱ，两个输入空间借助类属空间的语音相似关系被分别连通起来并投射到融合空间，在融合空间里相关背景知识与文化模式被激活，即不正确地称呼对方名字是不尊重，根据对方的行为将对方视作某种物品也是不尊重。然后在层创结构产生了新义：使说话者所要表达的不满情绪得到强调。

这种语音隐喻深受韩语的语音特点以及韩国文化的影响，译成汉语时因为没有相关的背景知识与语言知识，因此很难取得好的翻译效果。

（二）最后一个音节谐音

这种类型的谐音词主要是利用两个词语的最后一个音节同音而形成谐音效果，主要有四类，第一，与某些动词形成宾动结构的名词，如电视剧《월계수 양복점 신사들》(23) 中当看到妻子不好好做饭时，丈夫与妻

子之间有了下面的对话，如（9），丈夫口里“삐딱선”指对着干，不好好做。而妻子听后所说的话，利用了“삐딱선”和“유람선”最后一个音节同音，前者意为“线”，后者意为“船”，两者所结合的动词都是“타다”，因此输入空间Ⅰ与输入空间Ⅱ根据类属空间“선”的同音关系以及“-선을 타다”的语法关系而被连通起来并投射到融合空间。在融合空间里，相关的韩语知识与文化模式被激活，即“삐딱선 타다”意为不走正路，而“유람선 타다”指坐游轮，然后在层创结构里产生了新义，即反驳对方的话。

（9）a. 배삼도：당신 자주 이렇게 삐닥선 탈래？你怎么天天这么乱来啊？

b. 복선녀：남이 **삐딱선 탈 지 유람선 탈 지** 무슨 상관이야？我乱来不乱来，你管得着吗？

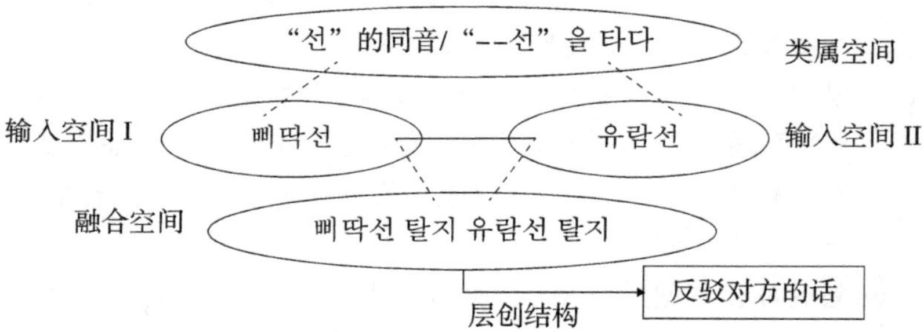

图 6-5　“삐딱선 탈 지 유람선 탈 지”的形式整合与概念整合

“삐닥선”与“유람선”之间的语音隐喻具有很强的随意性，只要具备类属空间的语音与语法关系，那么其他词语也可进入输入空间Ⅱ，例如，妻子还说了“남이 삐딱선 타든 원양선 타든 무슨 상관이야？”，在心智空间里，这句话里的“원양선”也可进入输入空间Ⅱ。

第二，单纯动词谐音。先看下面电视剧的对话，（10a）中的“튕기다”指拒绝别人的好意或请求，（10b）中的“튀기다”发音与“튕기다”相似，意为往外弹。根据概念整合理论，在韩国人的心智空间里，“튕기다”与“튀기다”根据谐音关系被连通起来并投射到融合空间，相关的语言知识与文化模式被激活，即“튀기다”常与宾语“농구공”结合。在层创结构里，（10b）产生了新义，即反驳对方的话。

（10）a. 현규：지금 **튕기는** 거야？你这是故意往外推我是吧？

b. 현주：제가 농구공도 아닌데 **튀기긴요**.《부탁해요 엄마》(33)　我又不是篮球，推什么啊？

第三，单纯名词之间的谐音。如（11a）中，“유산（遺產）、부동산（不動產）、양산（陽傘）”都有一个共同的音节“-산”，所以在类属空间里因为“最后一个音节押韵”这种相似性被连通起来并整合出新义，即表达吃惊的感情。（11b）中，“검사（檢事）”和“감사（監事）”因“最后一个音节谐音”这种相似性被连通起来并整合出新义，即强调不知道。

（11）a. **유산**도 아니고 **부동산**도 아니고 어떻게 **양산**에 넘어가냐? 윤미주!《연인》(4) 既不是遗产，也不是不动产，怎么就因为一把阳伞就被他俘虏了啊？尹美珠！

b. 예비손녀사위，**검사**인지 **감사**인지 난 그건 모르겠고 이 할미랑 차 한 잔 드는 게 어때?《내딸 금사월》(33) 准孙女婿是检察官还是监察官我不太清楚，你和我这个老太婆喝一杯怎么样？

第四，谚语里也会出现这种类型的谐音词，如“혼사 말하는 데 장사/상사 말한다”，意为谈婚事时却说“장사”或“상사”，比喻说与主题无关的其他的话，这句谚语利用的也是“혼사”与“장사”或“상사”是半同音词而押韵的特点产生的。

（三）缩略谐音

韩语是语音文字，缩略语非常发达，其中常见的缩略谐音词可分为人名、指称、地名、品牌名、行为以及祝酒词等。其中一般缩略谐音词如表6-2所示，一般性的缩略语主要与名称有关，这些缩略语的喻体绝大部分都是人们熟知的人名、指称词、地名、品牌名等。

表6-2　一般缩略谐音词

分类	缩略词	原形	意义
人名	공자	공장에 다니는 사람	孔子＝在工厂上班的人
	링컨대통령	건닝 대왕	林肯总统＝抄袭大王
指称	미인	미친 인간	美人＝疯子
	상남자	상 차리는 남자	真男人＝摆饭桌的男人
	자발녀	자체 발광 그녀	自发女＝自我发光的女人
	스발녀	스스로 발광 그녀	
地名	방콕	방에 콕 처박다	曼谷＝宅男宅女
品牌名	나이키	나 이쁘면 키스해줘	耐克＝如果觉得我漂亮请吻我

韩国酒文化非常发达，并且具有很强的民族特色，不仅产生了大量与酿酒、饮酒有关的语言文化现象，还产生了大量与祝酒词有关的缩略语，如表6-3所示：

表 6-3　与祝酒词有关的谐音缩略

分类	缩略词	原形	意义
植物	무화과	무척이나 화려했던 과거를 위하여.	无花果 = 为我们无比绚丽的过去干杯。
	단무지	단순하고 무식해도 무지 행복하게 살자.	甜萝卜 = 哪怕单纯点无知点也没关系，让我们幸福地活着。
	진달래	진하고 달콤한 내일을 위하여.	金达莱 = 为了我们美好的未来干杯。
	고사리	고마워요，사랑해요，이해해요.	蕨菜 = 感谢，爱，理解。
动物	당나귀	당신과 나의 귀한 만남을 위하여.	驴子 = 为我们宝贵的相遇干杯。
	오징어	오래도록 징그럽게 어울리자!	鱿鱼 = 让我们相处一生。
食物	막걸리	막힘없이 걸쭉하게 리드미컬하게!	米酒 = 顺畅！丰盛！优雅！
	사이다	사랑을 이 술잔에 담아 다 함께 원샷!	雪碧 = 把满满一杯的爱都干掉！
物品	명품백	명퇴 조심，품위유지，백수 방지!	名牌包 = 小心名誉退职！保持品位！防止失业！
	새신발	새롭게 신나게 발랄하게!	新鞋子 = 创新！尽兴！蓬勃！
	청바지	청춘을 바로 지금부터!	牛仔裤 = 青春就在眼前！
	미사일	미래를 위해 사랑을 위해 일을 위해!	导弹 = 为了将来、为了爱、为了工作！
	개나발	개인과 나라의 발전을 위하여	胡说 = 为了祖国和个人的发展！
场所	기숙사	기분 좋게 숙취 없게 사이좋게!	宿舍 = 高高兴兴、醉醉醺醺、和和气气！
	사우나	사랑과 우정을 나누자	桑拿浴 = 分享我们的爱和友情！
人体、人名、艺名	마당발	마주 앉은 당신의 발전을 위하여!	自来熟 = 为了面前的你！为了你的发展！
	누나언니	누가 나의 편? 언제나 니（네）편!	两个姐姐 = 谁和我一伙？我永远和你一伙！
	변사또	변치 말고 사랑하자，또또또 사랑하자! 변함없는 사랑으로 또 다시 만나자.	卞使道 = 以永恒不变的爱让我们再次相遇！
	오바마	오직，바라는 대로，마음먹은 대로.	奥巴马 = 只要，按照希望的，下定决心的（进行）。
	마돈나	마시고 돈주고 나가자.	麦当娜 = 喝完酒给完钱走。
	박보검	박수를 보냅니다，올 한 해 검（겁）나 수고하셨습니다!	朴宝剑 = 为你喝彩！今年辛苦了！
	원더걸스	원하는 만큼 더도 말고 걸러서 스스로 마시자!	Wonder Girls= 想喝多少喝多少！
歌名	지화자	지금부터 화목한 자리를 위하여.	祈愿丰 = 从现在开始为我们和睦相处干杯。

续表

分类	缩略词	原形	意义
流行语、报警电话	무한도전	무조건 도와주고 한없이 도와주고 도와달라 하기 전에 도와주고 전화하기 전에 도와주자!	无限挑战＝无条件支持，全方位支持，不用说就来支持，打电话前就来支持！
	너나잘해	너와 나의 잘 나가는 한 해를 위하여!	干好你的事吧＝为了你我灿烂的一年时光干杯！
	119	한가지 술로만 1 차로 끝내고 9 시까지 집에 가자.	119= 只喝一种酒，一轮完事之后九点之前就回家。
单词	나가자	나라를 위하여，가정을 위하여，자신을 위하여	一起出去吧＝为了祖国，为了家庭，为了我们自己！
	재건축	재미있고 건강하게（서로를）축복하며 살자.	再开发＝祝福大家一声健康快乐。
	일파만파	한 사람이 파이팅 하면 모든 사람이 파이팅 한다!	一波万波＝一人加油，大家都加油！
	마무리	마음먹은 것은 무엇이든 이루자!	收尾＝祝大家心想事成！

说明：根据인사이트（2017.12.07）报道整理而成[①]

韩语的这些缩略谐音词是通过与人们非常熟悉的常用词同音或部分同音而构建的。缩略词与原词两个输入空间根据类属空间的语音的相似被连通起来并投射到融合空间。在融合空间里，相关的背景知识与文化模式被激活，然后在层创结构里产生新义。

四、语音仿拟隐喻

李宏（2005：73）认为“仿拟（Parody）主要指通过模仿现有的短语、句子或篇章，改动其中部分词语或语序，为创造特殊效果而临时造出。这种辞格也可通过语音手段来实现，通过套用或改动现有表达中的语音来造出新的词语，这就叫语音仿拟。

韩语的语音仿拟可分为三类。第一，根据现有的词的语音特点临时创造出一个并不存在的新谐音词。例如，韩语有汉字词“재탕（再湯）”，比喻反复说、重复提，如（12），这里出现了“삼탕”，是根据“재탕”产生的临时造词。原词“재탕”的意义也被映射到仿造词“삼탕”之上，使后者也产生了“反复、重复”的意义。汉语没有此类对应词，需意译成“两三次”。

（12）한 달간 논의해 내놓은“셀프 개혁안”이 **재탕. 삼탕**이라니 실망스럽다.《동아일보》（2016.09.01）论证一个月提出的“自我

① http://www.insight.co.kr/news/129226

改革案”竟然已经提了两三次了，真让人失望。

第二，临时创造出的新谐音词与现有的词形成固定搭配，并发展成合成词。这种类型的合成词很多。例如，感叹词“얼씨구”多用来迎合对方，根据这个词的语音与结构还出现了临时造词“절씨구”，两者不仅语音相似，“얼씨구”的语义也被映射到“절씨구”之上，使始源域的语义得到加强，并且“절씨구”不能单独使用，只能与“얼씨구”一起出现，如(13)，“얼씨구절씨구”已被词典收录。

(13) 야, 신난다. 젊은 여자가 날 좋단다. **얼씨구, 절씨구**. “아버님, 어머님 저 결혼합니다” 해?《그래 그런 거야》(30) 呀，真高兴啊。一个年轻女人说喜欢我。我就高兴地又蹦又跳地说“爸，妈，我要结婚。”这样行?

副词“흥”指擤鼻涕或用鼻子哼歌的声音，还有副词“흥이야항이야”或缩略语“흥야항야”，比喻参与无关之事且多嘴多舌的样子，其中的“항이야”或“항야”是为了与前面的“흥이야”形成谐音而生成的（김동진・조항범，2001：241），并且“흥이야”的语义也被映射到“항이야”上，两者一起使用表达强调意义。

名词“알나리”用来嘲笑那些小小年纪、个子很小就当官的人，还形成了感叹词“알나리깔나리”，“깔나리”是为了与“알나리”形成谐音而创造出的谐音词，“알나리”的语义也被映射到“깔나리”之上，合成词的嘲笑之意得到加强。

名词“눈치”有强调词“눈치코치”，“-코치”是不存在的词语，只存在于“눈치코치”中，“-코치”的仿造，利用的是韩语语言知识以及文化模式，因为眼睛与鼻子密切相关，这是常识。

类似的还有“티격태격、올망졸망、곤드레만드레”，前面部分“티격、올망、곤드레”等都是可独立存在的词语，而后面的“태격、졸망、만드레”等都是根据前面部分创造出来的，不能独立存在。

上面所分析的合成词的前一部分都可独立使用，韩语还存在另外一类词语，如“울긋부긋、울퉁불퉁、생게망게하다”等，词语的前后部分虽然是依据语音仿拟创造出来的，但前后两部分都不能单独使用，只能作为一个整体出现。

第三，仿拟谐音词与原词出现在惯用语中。例如，“몸살”有惯用语“몸살 차살 하다”，比喻坐不住折腾人，让人心烦，这个惯用语里出现的“차살”是根据“몸살”临时造出来的词语，不能单独使用，作用是加强“몸살”的语义。

第三节　语音隐喻的词性分类

韩语的语音隐喻从词性上主要涉及名词、代词、动词、副词和数词等，有的语音隐喻还利用了固有词与汉字词两者间的语音相同或相似。

一、名词隐喻

韩语的名词性语音隐喻很多与人名有关，主要分为四种类型。第一，名字与事物谐音。如电视剧《부탁해요 엄마》（33）中有个叫“유자”的人物，有一句台词是“유자누나가 유자를 가져왔네”，第一个“유자”是人名，后一个是水果名“유자（柚子）”，两者因同音关系被连通起来，表达了幽默愉快的话语效果。

第二，名字与抽象词同音。电视剧《가족을 지켜라》（69）中，弟弟호재因为最近人生非常不顺利，所以就说了下面的话（14），这段台词的构建与识解需要三个概念整合过程。第一个是名字“호재”与表示利好的“호재（好材）”因同音关系被连通起来并投射到融合空间，在融合空间里相关语言知识与文化模式被激活，即人们起名时喜欢寄予名字以一定寓意，其中一种方式就是利用语音上的效果，让名字与某些事物或现象的语言表达形成谐音，起到锦上添花的作用，因此产生了新义，即希望命运随着名字走。再看第二个概念整合过程，“호재（好材）”与“악재（恶材）”因类属空间的反义关系被连通并投射到融合空间。经过两个概念整合过程所形成的融合空间又各自成为第三个概念整合过程的输入空间“恶材：好材”与“好材：名字”，两个输入空间因为都有“好材”而被连通起来并进入融合空间，在融合空间里相关的语言知识与文化模式被激活，在层创结构里产生了新义，表达说话者对现实的不满。

（14）인생은 이름 따라 간다는데 나 아닌가봐요. **호재**는 아니고 계속 **악재**만 들어왔네요. 都说人生的命运随着名字而走，看来这句话不对。不是什么“利好”，总是出现“利空”。

第三，外号或身份与动物谐音。电视剧《도깨비》（16）中，김선给刑警왕요手腕上套上了一个手链，当被问及这是什么时，김선说道：

（15）수갑 같은 걸로 생각하세요. 지금 내 마음을 훔쳤으니까. 여기 **사자** 보이지요? 별명이 강력팀 **저승사자**라며. 你就当作是我给你戴的手铐吧。因为你现在把我的心给偷走了。你看这儿刻有一

个狮子是吧？听说你的外号是刑警队的“阴间使者”。

这句台词之所以出现刻有狮子的手链，是因为“사자（狮子）”与“사자（使者）”同音，而送项链者的外号是“阴间使者”，因此根据同音关系将两者连通起来，使礼物具有了特殊意义。

第四，身份名词与方向词同音。韩语“서방（書房）”意为姑爷，有同音词“서방（西方）”，“서방”的反义词是“동방（東方）”，所以表达不满时可说“서방님이든 동방님이든”。南方为“남방（南方）”，所以也可说“서방이든 남방이든”。（16）中的对话两人是男女朋友，随着对话的展开，先出现了“서방질、서방”，后又出现了“서방인지 남방인지”，这是借助“서방”与“남방”末尾音节相同形成的谐音。“서방（書房）”与“동방、남방”之间的概念图式如图 6-6 所示，首先是“서방（書房）”与“서방（西方）”之间借助语音隐喻建立连接，然后“西方”又与“东方、南方”借助反义关系建立连接，最终使“서방（書房）”与“동방（東方）”“남방（南方）”之间建立了连接。

（16）a. 왕광박：솔직히 선 보는 것 맞지만 다급해서 그런 것 아니고 약올라서 확！화김에！说实话，我是相亲了。不过不是因为心里着急（嫁出去），而是因为心里上火，所以一上火！就！

b. 최상남：화김에 **서방질**？一上火就搞外遇了？

c. 왕광박：무슨 그런？**서방**도 아니면서．你这是什么话啊？你又不是我老公。

d. 최상남：**서방인지 남방인지** 밥부터 먹으면서 따져봅시다．《왕가네 식구들》（16）至于是不是老公，先吃饭，再理论。

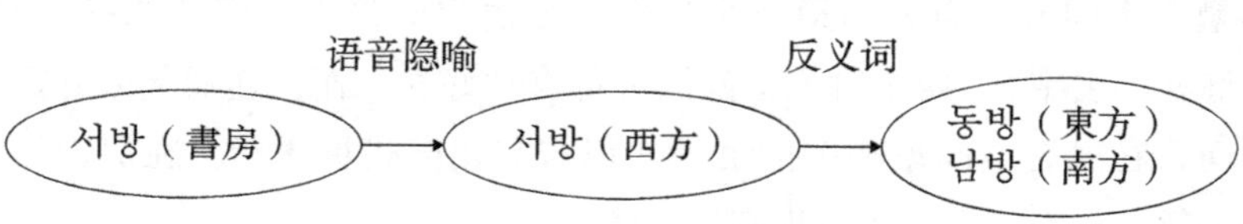

图 6-6　“서방인지 남방인지”的概念图式

二、代词隐喻

韩语里的代词隐喻主要是指示代词和人称代词，其中指示代词有“이 / 고、그 / 고、저 / 요”等，人称代词有“나、너”等。这些代词有时会根据语音与其他事物形成语音隐喻，从而形成特殊的交际语言。

第一，指示代词与姓之间有时会因同音形成语音隐喻。韩国人有时会故意避开这种同音现象，例如，指示代词“这”“이”与姓“李”“이”同

音，韩国人在李姓人的面前一般不说“이 개这狗”，因为容易因同音隐喻让对方产生误会，所以会改用同样具有指示意义的“요 / 조 개”。有时韩国人也会故意利用同音关系形成语音隐喻表达不满情绪。例如，电视剧《쾌걸춘향》（7）中，女儿受李梦龙影响连大学也没能上成，母亲月梅非常伤心，所以说了下面的话，如（17），因李梦龙的姓“이”与指示代词“이 这”是同音词，而“이 这”的相关词是“저 那”，所以形成了“이몽룡인지 저 몽룡인지”，其概念图式如图 6-7 所示：

（17）**이몽룡인지 저 몽룡인지** 때문에 내 딸 대학도 못 가고 신세 망친 거 생각하니 속이 뒤집혀서 좀 마셨다 . 왜! 因为李梦龙还是张梦龙，我闺女连大学都没上成，一辈子都完了，想到这个我心里难受，所以就喝酒了，怎么了?

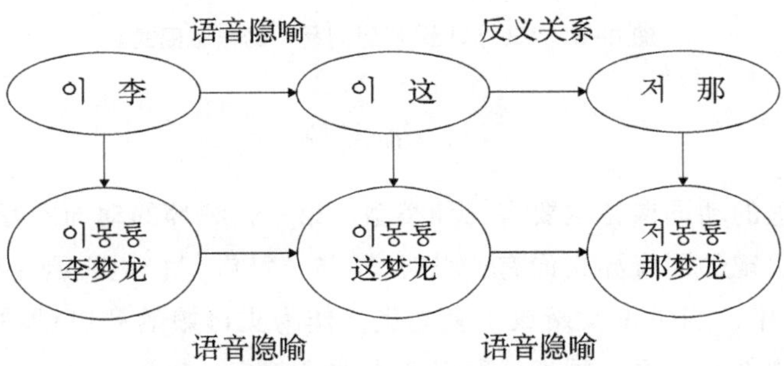

图 6-7 “이몽룡인지 저 몽룡인지”的概念图式

如上，从姓“이”到指示代词“이”是一组语音隐喻，从指示代词“이”到指示代词“저”是反义词关系，在此基础上又形成了“李梦龙”与“这梦龙”的语音隐喻，以及“这梦龙”与“那梦龙”语音隐喻，最终使“李梦龙”与“那梦龙”连接了起来。借助这一系列的隐喻过程，最终形成了上面的交际语言。

第二，人称代词与姓氏形成语音隐喻。例如，韩语有人称代词“나 我”“너 你”等，其中“나我”与“나罗”同音，语言交际中常借此表达不满，如“나서방이든 너서방이든”，首先利用“나 我”与“나 罗”之间的语音隐喻，然后又利用“나 我”与“너 你”的反义关系，意为别管罗姑爷不罗姑爷的。其概念图式与指示代词“이”类似。

第三，指示代词与冠形词形成语音隐喻。例如，“고”是冠形词，是指示代词“그”的贬称或用作可爱的称呼，“고양이”的第一个音节与其同音，所以就有了“고양이든 저양이든”，字面义为“不管猫不猫的”，实际意思是“不管这样还是那样”，其概念图式如图 6-8 所示：首先是冠形

词“고”与指示代词“그”之间通过近义关系连接起来，然后“그”又与“저”借助反义关系连接起来。在此基础上，“고양이”与“그양이”形成语音隐喻，然后“그양이”又与“저양이”形成语音隐喻，最后使“고양이”与“저양이”连通起来产生了“고양이든 저양이든”这样的表达。

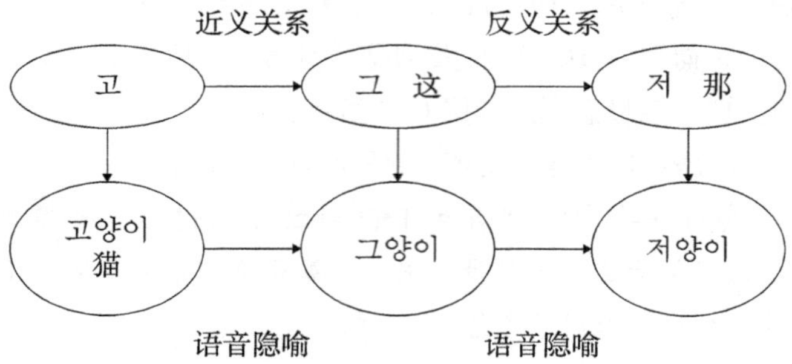

图 6-8　“고양이든 저양이든”的概念图式

三、动词隐喻

韩语里的动词谐音主要有三种类型。第一，纯粹的动词同音同形异义词。经常出现的同音异义词有“차다^{2}”与“차다^{3}”。电视剧《당신은 선물》(87) 中，当听说女婿成了穷光蛋，作为丈母娘的유미란吵着让女儿离婚，但丈夫강품호不同意，所以两人吵了起来，对话中，(18a) 中的惯用语“깡통 차다”意为讨饭，其动词“차다”意为栓、挂，词典里标注为“차다^{3}”。(18b) 中，“너부터 차다”中的“차다”意为踢，词典里标注为“차다^{2}”。根据概念整合理论，“깡통 차다”与“너부터 차다”因有同音词“차다”而被连通起来并投射到融合空间，在融合空间里相关语言知识与文化模式被激活，然后在层创结构里产生新义，表达对听者的不满以及说话者的消极感情。

(18) a. 유미란：흥，강품호씨 웃겨！그 나이 먹어서 이혼하면 **깡통밖에 더 차**? 哼！姜品浩你真可笑！你这么大年纪了，离了婚还不得去讨饭啊？

b. 강품호：내가 **깡통 차기 전에** 너부터 **찬다**. 유미란，갈라서！我（拿着易拉罐）去讨饭前先把你踹了！刘美兰，我们离婚！

第二，动词的活用形式与其他动词形成谐音。例如，韩语动词“묻다 问”的助动词结构“물어보다”与“물다 咬”的助动词结构“물어가다”可形成谐音关系。

(19) a. 우진작은엄마：아까 아주머니는 나가시는데 계약서에 사인하

셨어요？刚才看大伯哥出门了，他在合同上签字了吗？

b. 우진엄마：동서는 그 돈에 침을 바를 생각도 말아 . 弟媳啊，你可不要打那笔钱的主意。

c. 우진작은엄마：그냥 **물어만 보는 거예요** . 我就是问问而已。

d. 우진엄마：글쎄，물어보지도 말래니까 . 嗯，我意思是你问也别问。

e. 우진작은엄마：정말 너무하세요 . 您也太过分了。

f. 우진엄마：그냥 물어본다고 하다가 홀랑 물어갈까봐 겁나는 내 심정은 알아？《가족을 지켜라》(117) 我怕你一问三问地最后叫你一口叼走了，你知道我这种心情吗？

(19) 是妯娌两人关于合同的对话，(19cd) 中的"물어보다"是"묻다"的助动词结构，与 (19f) 中的"물어보다"相同，(19f) 中的"물어가다"是"물다"的助动词结构。"묻다"与"물다"虽基本形不同音，但与助动词"-보다、-가다"结合后出现了谐音现象，且在融合空间整合出了新义，即说话者对听者行为的不满。

第三，动词的活用形与名词谐音。例如，表示话总是被绊住、说不出来时，韩语用动词"걸리다"，其强调形式是"마구 걸리다"，缩写为"막걸리다"，与名词"막걸리 马格利酒"谐音，两者借此被连通并投射到融合空间，因这种谐音关系常用于"说话"语境，所以可形成"말이에요？막걸리예요？"结构。电视剧《월계수 양복점 신사들》(19) 中，对话中出现了"그게 말이야 막걸리야？"，通过概念整合后产生了新义：表示对方所说的话让人无语。

(20) a. 엄마：한 살이라도 어려보여야 그 남자가 마음에 들 것 아니야？（好好打扮一下）哪怕一岁呢，显年轻点，才会让那（相亲的）男人中意，不是吗？

b. 동숙 (딸)：됐어 . 늙은 여자가 싫다고 하면 관두면 되는 거지，뭐 . 算了吧。如果他不喜欢老女人，就拉倒呗。

c. 엄마：**그게 말이야 막걸리야**？你这是说什么胡话啊？

d. 동숙：알았어 . 알았다구 . 知道了，知道了！

四、名形、名动隐喻

名形或名动隐喻指两个谐音词分别是名词和形容词、名词和动词。首先看名形谐音。名形谐音不多见。例如，韩语可用食物"설렁탕"比喻氛围不好，之所以出现这种用法，是因为韩语里表达氛围冷清、不好的形容

词是“설렁하다”，与“설렁탕”属于部分同音。

再看名动谐音，有四种类型。第一，名词与动词性名词是同音异义词，例如（21）中，检察官“검사[2]（檢事）”与动词性名词“검사[3]（檢查）”因同音被连通起来并整合出新义：表达说话人对听者的不满。译成汉语时，因汉语“检察官”与“检查”具有相同的“检”字，所以可形成与韩语同样的新义。

（21）**검사**? 니 주머니 **검사**나 하셔!《수상한 삼형제》（1）检察官？你还是检查一下自己的腰包吧！

第二，名词与动词因民间传说而产生了某种联系。韩国民间传说认为乌鸦记忆力不好，所以“까마귀”与“까먹다”两者之间发生了联系。当然也有人认为“乌鸦”之所以能与“忘了”联系起来，就是因为“乌鸦”的韩语发音“까마귀”与“忘了”的发音“까먹다”相似。不管原因如何，韩国人常用两者的谐音关系表达强调语气。例如，电视剧《부탁해요 엄마》（29）中，主人公的母亲多次对结婚表示反对，但女儿不听，所以母亲说了下面的话，如（22），这句话里，“까마귀”与“까먹다”因同音关系被连通并投射到融合空间，在融合空间里相关的语言知识与民间传说被激活，因此产生了新义：表达对听者记忆力不好的不满。中国文化里没有相应的民间传说背景与谐音，因此需建立基于中国语言与文化背景的新的连通机制，所以可将“까마귀”译成“猪脑子”。

（22）너 **까마귀**야? 벌써 **까먹었어**?

a. 你是乌鸦啊？怎么这么快就忘了？

b. 你是猪脑子啊？怎么这么快就忘了？

第三，名词与动词之间只是单纯谐音，没有任何语义联系。例如名词“모자（母子）”意为母子，动词“모자라다”意为不懂事，两者之间没有任何语义关联。电视剧《사랑은 방울방울》（31）中，当看到大儿子和妻子为了抢东西而采取了各种手段时，丈夫윤계능不禁长叹一声，说道：

（23）에이구! **모자**는 똑같애. **모자란 모자**. 哎哟！儿子和当妈的都一样啊！都这么不懂事！

这里只是单纯利用了名词“모자（母子）”与动词“모자라다”的同音，并且第二句话“모자란 모자”可以有两种理解，其一是把“모자란”看作动词“모자라다”的定语活用形式，所以这句话意思是“不懂事的母子俩啊”；其二是把“모자란”看作名词“모자”后加助词“란”而形成的，意为“所谓的”，因此这句话就成了“所谓的母子啊……”，从语义上

也讲得通，即起到了语义双关作用。译成汉语时，因为汉语没有相应的谐音对应词，所以韩语所形成的两种话语交际效果无法实现。

再看（24），句中“우롱차（烏龍茶）”与“우롱（愚弄）하다”虽无任何语义关联，但两者的前两个音节发音相同，所以被用以表达不满情绪。译成汉语时，因“愚弄”与“乌龙”的谐音不明显，所以无法达到韩语所取得的交际效果。

（24）수아씨! 프린터에 왜 종이 안 채워놔? 그리고 탕빙실에 **우롱차** 없던데? 내가 **우롱차** 좋아하는 거 몰라? 지금 나 **우롱해**?《막돼먹은 영애씨》（4）秀雅，为什么不把打印机的纸放好啊？还有茶水室没有乌龙茶啊。不知道我喜欢乌龙茶吗？你这是愚弄我呢？

第四，名词的缩略词与动词同音。电视剧《왕가네 식구들》（19）中，有一句台词，如（25）有两个“상대”，前一个“상대（商大）”是“상과대학（商科大學）”的缩写，第二个是动词性名词“상대（相對）”，意为理睬人。译成汉语后，韩语的谐音效果消失了。

（25）**상대** 나와도 제대로 **상대** 안 해주더라．从商科大学出来，但是却不理人。

五、副词隐喻

副词谐音指的是副词与其他词语产生谐音，例如可与其他副词或形容词、名词谐音。

首先看副词与副词的隐喻。副词“이러쿵저러쿵”意为说这说那地，拟声副词“쿵”指重物落地发出的声音，两者可形成末尾音节相同的押韵式谐音。电视剧《가화만사성》（35）中有相关台词，如（26），根据前后语境产生了新义：表达对听者的告诫。译成汉语时，“이러쿵저러쿵”译成“这种那种”，“쿵”译成“咣”，但谐音效果消失了。

（26）낙하산 방에 자주 드나들면 **이러쿵 저러쿵** 소문에 **쿵** 떨어지니까．你要经常出入我这个空降兵的房间的话，会因为这种那种的传言而“咣”的一声坠地而亡的。

再看副词与形容词的隐喻。韩语有两个同音词，一个是副词“싹싹[1]”，其中一个意义指非常清脆、快速地切东西，一个是形容词词根“싹싹[2]”，指非常有眼力、非常讨人喜欢。因这两个词（根）同音，所以有谚语“싹싹하기란 제철 참배 맛이다”，意为性格爽快就像吃当季的梨。性格爽快与梨之所以能够发生联系，是因为当季的梨吃起来咔嚓咔嚓地非常清脆，借

此与副词“싹싹[1]”形成连通，而副词“싹싹[1]”又与形容词“싹싹[2]하다”因同音发生连通，从而使“참배”与“싹싹[2]하다”连通起来，最终形成了上面的谚语，听觉、味觉、视觉最终与人的性格联系起来，并产生新义：比喻性格爽快。

最后看副词与名词的隐喻。副词“두루두루 统统”与名词“두루치기 杂烩菜”具有语音上的谐音关系，有时可用于日常生活中。例如，电视剧《왕가네 식구들》(45)中，왕호박怀孕了却来照顾受伤的母亲，也没让父母知道自己怀孕的事情，丈夫허세달给她买来了好吃的食物时，家人之间发生了下面的对话：

(27) a. 허세달：임산부한테만 좋겠어? **두루두루** 다 좋겠지. 특히 임산부는 마음 편안하게 하고 피곤하게 하면 안 된대. 마음을 편하게 하는 것 임산부한테만 좋겠어? **두루두루** 다…怎么会只对孕妇管用啊？统统管用。特别是孕妇，不能让她生气，不能让她累着了。不生气只对孕妇好吗？统统都好，都……

b. 왕호박：그만해. 오늘따라 왜 이래? **두루두루**, 무슨 **두루치기**도 아니고 임산부타령이나 하고…别说了。今天你怎么回事啊？统统什么啊，又不是什么吃杂烩，怎么光说孕妇的事啊……

如上，当丈夫一直说“두루두루”时，妻子怕自己怀孕的事情被父母知道，所以赶紧打圆场，利用的就是“두루두루”和“두루치기”的谐音，表达对丈夫的反驳。

韩语还有副词“꼬치꼬치”与食物名词“꼬치”，两者语音上的相似性产生了下面的表达，如(28)，通过“꼬치”与“꼬치꼬치”之间的谐音关系，表达了对对方的厌恶。

(28) **꼬치**를 먹어왔나? 왜 **꼬치꼬치** 캐묻고 성가시게. 회사일 때문에 불렀어. 됐어? 《가화만사성》(16) 你吃烤肉串来了吗？怎么打破砂锅问到底啊，让人心烦。我叫他是因为公司的事情，行了吧？

六、数词隐喻

韩语的数字谐音主要分为两类，一类是固定谐音，指的是根据数字原有的发音所形成的谐音；另一类是根据语音仿拟形成的谐音。

（一）固定数字隐喻

韩国语的固定数字隐喻多表达特殊意义。例如，“사오정”本来指称

《西游记》的沙悟净，但同时又与“45 세 정년 45 岁退休”的缩略语“사오정”同音。这些谐音和文化思想是将客观事物或现象数字化，再物化为象征物的思维模式和象征方法（丁广惠，2016：138–139）。这里出现的象征物分别是文学作品人物、岛屿、指人名词等。

韩语还会利用一系列数词的谐音表达一些特殊的意义，这些数字符号都利用了“88”与韩语“팔팔하다”的谐音表示朝气蓬勃。这些数字组中的“99”都指 99 岁，此外，第 1 组数字中的“23”、第 2 组的“12”、第 3 组和第 4 组的“23”都指天数。第 4 组数字中的“1”即“일말（一抹）”，意为一点。前三组中的“4”都指汉字词“사（死）”。第 5 组中的“20000”为数字两万，发音为“이만”，这与副词“이만”同音，意为就这样吧，即就此为止，再见。根据数字谐音表达出了韩国人对健康与生命的诙谐看法，显得比较新颖、有趣。

表 6–4　数字谐音

序号	数字	意义	翻译
1	9988234	99 세까지 팔팔하게 살고 이삼일 앓다가 죽는다.	健康活到 99，病上两三天，死亡。
2	9988124	99 세까지 팔팔하게 살고 하루, 이틀 앓다가 죽는다.	健康活到 99，病上一两天，死亡。
3	99881234	99 세까지 팔팔하게 살다가 일말의 양심이 발견되어 이삼일 앓다가 죽는다.	健康活到 99，终于一抹良心发现，病上两三天，死亡。
4	99881238	99 세까지 팔팔하게 살다가 일말의 양심이 발견되어 이삼일 앓다가 다시 팔팔하게 산다.	健康活到 99，终于一抹良心发现，病了两三天，又健康地活了过来。
5	20000	이만 안녕	就到这吧，再见。

（二）语音仿拟形成的数字隐喻

韩语里有一些词语是数字或与数字同音，所以也出现了一些语音仿拟造词。利用数字来仿拟造词时有一定的规律，一般多利用“三四、四五、五六、七八、九十”等成对数字或“五、十”“千、万、亿”等成倍数字，有时与一、二有关也有“한심 넘어 두심이다”类表达，但不太常见。从词汇系统来看，有时用固有词数字，有时也用汉字词数字，但汉字词数字出现得最多，固有词出现的主要是与三、四有关的数字。

首先看与三、四有关的谐音。如（29），发生的场景是剧中因为火灾一事母亲被儿子怀疑，所以她气急败坏地对儿子说了下面的话，这里提到的

“세종”实际上是人名“世宗”，因为“세（世）”与“세 三”同音，在第一个心智空间中被连通起来形成语音隐喻，在融合空间中“세종（世宗）”就成了“세종（三宗）”。进入第二个心智空间后，根据“三”与“四”是相连数字，所以“세종（三宗）”与“네종（四宗）”进入输入空间并被连通起来，在融合空间中产生了新义，表达对“世宗”的不满感情。

（29）그래，내가 불 질렀어．방화는 보험금이 안 나오니까 **세종인지 네종인지**가 불장난으로 몰아서 보험금을 타려고．그 보험금을 내가 꿀꺽 하려고 그랬다．됐지？《훈장 오순남》（12）对！火是我放的。因为纵火得不到保险赔偿，所以我就借口是那个叫‘세종’还是叫‘네종’什么的玩火（导致的火灾），想借此领保险。然后把保险全吞了，行了吧？”

再看（34），句中出现了“세월아 네월아”，其中“세월（歲月）”中的“월”与表示月份的“월”是一个字，并且“세 岁”与三的固有词“세”同音，所以据此造出了“세월아 네월아”这样的表达，表达的是对当事人的不满情绪。

（30）사업이란 게 **세월아 네월아** 마냥 기다릴 수 없는 게 배고문이 더 잘 알고 계시지 않습니까？《우리집 꿀단지》（117）干事业不能一直坐等下去吧，这一点裴顾问应该更清楚吧？

类似的还有“삼신할머니든 사신할머니든”，前面的“삼신할머니”是混合词“三神＋奶奶”，所以临时造出了四神＋奶奶“사신할머니”。

下面看与四五有关的临时造词。韩语里青春期为“사춘기（思春期）”，其中“사（思）”与数字四的汉字词“사（四）”同音，根据这个特点就有了“오춘기、육춘기”等仿拟造词，如（31b）中，三人谈论正值青春期的춘향最近感情起伏比较大，몽룡说道：“完全是超过了思春期，到了五春期、六春期。”

（31）a. 단희：용용．안 봐도 비디오다．니가 잘 못하니까 춘향이가 그러지．龙龙，不用看也知道。肯定是你做错了事情，春香才会那样啊。

b. 몽룡：내가 요즘에 걔한테 얼마나 잘해줬는데．완전 **사춘기** 넘어서 **오춘기 육춘기**야．내가 힘들어죽겠다．你不知道我最近对她多好啊。她现在不是“사춘기”，而是“오춘기”“육춘기”，我快被折磨死了。

c. 지혁：몽룡아．**육춘기** 니 마누라 온다．《쾌걸춘향》（5）梦龙，你的“육춘기”老婆来了。

类似的还有“사랑이든 오랑이든”，其依据是“사랑”的“사”与“사（四）”同音，然后又造出了“오랑（五-）”。

第三，五与六的临时造词。例如，电视剧《가화만사성》（28）中有叫오만정的人，平常说话高嗓门、很不稳重，所以当她接电话时故意压低声音，做出很稳重的样子时，有人讽刺道：

（32）목소리 차분하게 낮게 하면 **오만정**이 **육만정**이 되냐？你以为把声音压低，话说慢一点，你吴万静就变成六万静了。

句中人物叫“오만정”，其中“오”是姓氏“오（吴）”，其发音与表数字五意义的数字“오（五）”同音，因此形成语音隐喻，然后又根据数字五六是连续数字，因此仿拟造出了“육만정 六万静”。

有时数字“오（五）”也会因与外来语同音而产生临时造词。例如：

（33）a. 우진이 작은엄마：형님，우진이 결혼 문제는 형님 혼자의 문제가 아니에요．우리 집안 문제예요．그러니까 형님은 **오픈**을 하셔야 해요．嫂子，宇真的婚事不是嫂子你一个人的事情，这是我们整个家庭的事情。所以嫂子你得公开才行。

b. 우진이 엄마：**오픈**이건 **육픈**이건 나 지금 동서하고 입씨름할 정신이 없으니까 좀 나가줘．《가족을 지켜라》（94）别说什么公开不公开的话，我现在没心情和你叨叨这个，你先出去。

（33）是妯娌间的对话，提到了“오픈 open”，因“오”的发音与数字“오（五）”同音，所以“우진이 엄마”临时造出“육픈”，表达对对方的不满。

有时还会因为数字“**오**（五）”与“**오해**（誤會）”同音而产生非临时造词的临时搭配。例如，电视剧《그래 그런 거야》（3）中妈妈辩解说是误会，而女儿却说道：

（34）**오해**고 **육회**고 아무튼 이사했잖아？不管是误会不误会，我们不是搬家了吗？

如果根据前面所分析的例子中的仿拟造词形式，应该根据“오해”造出“육해”，但韩语有生拌牛肉“육회（肉膾）”，其发音与“오해”相似，又因“오해”和“육회”的第一个音节分别与数字“오（五）、육（六）”同音，所以与其临时造出一个不存在的“육해”，不如借用既有的谐音词“육회”。

第四，与七八有关的临时造词。韩语“질색（窒塞）”意为极为讨厌或顾忌，在日常对话中可形成“질색팔색하다”，如（35）。出现这样的表达是因为“질색”的发音与“칠색”近似，而“칠”是数字七的发音，所

以在后面又按照同样的构词临时造出了“팔색”，形成“질색팔색”表示强调，有时干脆把“질색”换成“칠색”，形成“칠색팔색하다”。这样的谐音造词表达的是对“질색”程度的强调。

（35）a. 우리도 좋아하고 우리 엄마도 엄청 좋아하는데 할머니가 **질색팔색하셔서** 그러지요.《내딸 금사월》(18) 我们喜欢，我妈也很喜欢，但我奶奶特别讨厌（小鸡）。

b. 아니，철없는 어린애 의견에 왜 **질색팔색**을 하는 거지? 오빠도 내 스타일이 아니거든.《딴따라》(9) 哎，你怎么对一个不懂事的小孩的话这么敏感啊？你也不是我的理想型哎。

c. 큰형은 단발머리가 징그럽다고 **질색팔색**이래요. 엄마.《그래 그런 거야》(10) 妈，大哥说短头发太恶心了，所以非常不乐意。

第五，与九、十有关的临时造词。例如，“구박（驅迫）”意为折磨、虐待，其中的“구”与“구（九）”同音，所以就出现了“구박도 모자라 십박까지 당했다”，这里的“십박（十迫）”是根据“구박”临时造出来的强调词，意为不仅受折磨，还备受摧残。

第六，与五、十有关的临时造词。例如，因“오리 鸭子”与长度意义的“오 리 五里”同音，两只鸭子就成了“십 리”，“십 리 반찬”指用两只鸭子做出的菜，比喻好菜。

第七，与千、万、亿有关的临时造词。例如，电视剧《비밀과 거짓말》(112)中有下面的台词：

（36）a. 오상필：벼락을 맞을 각오는 돼 있어? 你做好遭雷劈的准备了？

b. 윤창수：돼 있습니다. **천벌 만벌 억벌** 받을 준비 돼 있습니다. 准备好了。不管是雷劈，电击，还是五雷轰，我都做好承受的准备了。

句中“천벌”本是“天罚”，但“천（天）”与“천（千）”同音，所以根据“千”，又临时造出了强调词万罚“만벌”与亿罚“억벌”。

综上，韩语里借助仿拟创造出的数字隐喻具有明显异于汉语的特点：第一，韩语喜欢用“一、二”“三、四”“四、五”“五、六”“七、八”“九、十”“五、十”“千、万”等连续数字或成倍数字，而不会出现跨越式的“三、五”类数字隐喻，因为相连的数字更容易形成一个意象进入心智空间并被激活和突显。其次，这些数字中出现最多的是汉字词，鲜有固有词，这可能与汉字数词是单音节而固有词多是双音词有关，因为单音词比双音

词构词能力强。第三，韩语里仿拟数字隐喻可出现加强型，如从“사춘기”仿拟出“오춘기、육춘기”，从“천벌”仿拟出“만벌、억벌”。

七、词缀隐喻

词缀谐音隐喻经常出现的前缀是“시（媤）−”，如（37），这句话的背景知识是韩国婆媳关系紧张，婆家生活比较辛苦，所以韩国儿媳们不仅不想提婆婆家，还有“恨”屋及乌的感情，对没有任何关联的带“시”的字词也恨之入骨，不想去提，就连那么美味的“시금치”提起来就心烦。两者是根据谐音连通起来并进行概念整合的，所产生的新义是强调对婆家人的厌恶。

（37）‘시’가 들어가는 글자도 피하고 싶다. 시금치도 징글징글하다.
连带“시”字的词我都想躲得远远儿的。就是菠菜我也是听够了。

有时还会出现后缀谐音的类型。如（38），这是剧中母亲被婆婆硬拽着去参观美术馆后对儿子诉苦水时说的话，这里利用了“관”有多个同音异义词的语言现象，其中第一个是“관（棺）棺材”，第二个“미술관”是后缀“−관（館）”的派生词。

（38）너 알지? 나 **관**이라면 무덤 속에 들어가는 것 다음 싫어하는 것 **미술관**인 것.《전생에 원수들》(1) 你是知道啊，是吧？说起“관”，我第一讨厌的是棺材的棺，第二讨厌的就是美术馆。

八、固有词、汉字词、外来语的隐喻

韩语有三个词汇系统，分别是固有词系统、汉字词系统与外来语系统，如果充分利用这种词汇系统特点就会获得很好的说话效果。

汉字词与固有词之间的谐音多表现为数字隐喻。韩语的数词有两个系统，即汉字词系统和固有词系统。例如，谚语“개 팔아 두 냥（两）반（半）”字面义是卖狗卖了二两半，这个谚语的构建与识解利用了数字谐音。首先，“두 냥 반”的发音与“두 양반 两个贵族”相同，两者因谐音关系被连通起来。然后“두 양반”又与“한 양반”因数字相连关系被连通在一起。而一个贵族虽写作“한 양반”，但发音是［한냥반］，因此与“한 냥 반 一两半”因谐音关系连通起来。最终“개 팔아 두 냥 반”就与“한 양반 한 냥 반”连通起来成为“개 팔아 두 냥 반，한 양반 한 냥 반”形式。而“한 양반은 한 냥 반”的字面义是：一个贵族，其价钱只有一两半。但“개 팔아 두 냥（两）반（半）”的字面义是：一只狗二两半。两者联合起来就成了：一只狗二两半，而一个贵族只有一两半，即贵族还不如一只狗

值钱呢。但根据语言的经济性，谚语只保留了前半部分，即“개 팔아 두 냥 반”，用来嘲笑那些贵族。类似的谚语还有“양반인가 두 냥 반인가？”

韩语还有谚语“양반 양반 두 양반”，语义的构建与识解过程与上面的概念整合类似。利用的都是两个两班贵族“두 양반”与二两钱“두 냥반”之间的谐音，所以隐含的意义是“两班，两班，二两半”，用来嘲笑是买来的两班身份。有时也用“두반”嘲笑这些贵族。

韩语里表示数量五时有固有词“닷”与汉字词“오（五）”，前者多与重量单位词结合，如五斤“닷 근”。电视剧《구암 허준》中有一个人物叫“林五根”，韩国人的名字从高丽时期开始基本都采用汉字词，所以其韩语名字是“임오근”。因“오（五）”与“닷”是同义词，而“근（根）”与“근（斤）”是同音词，所以周围的人就取笑他说“임닷근”，意为“林五斤”。

有时外来语之间也会产生谐音，例如《최고의 연인》（65）中，母亲不想吃饭并把饭桌打翻在地，所以女儿与母亲有了下面的对话，（39b）中有“오바고 잠바고”，其中“오바（over）过头”与“잠바（jumper）夹克”都是外来语，都有“바”音，所以起到了很好的语言效果。不过词典里多把表示过头意义的外来语写作“오버”，如果按照词典的表达，那么就会失去谐音效果。

（39）a. 최규리：엄마，아무리 단식 투쟁이래도 밥상을 날린 것 좀 **오바다**. 妈，就算你在绝食示威，但是把饭桌子打翻有点太过分了吧？

b. 장복남：**오바고 잠바고** 내 아들 집을 나가가지고서 밥을 먹는지 굶는지 어디서 해매고 있는지도 모르는데 애미가 돼가지고 밥이 목구멍으로 넘어가？什么过分不过分的啊？我儿子离家出走，不知道吃上饭没有？也不知道是不是在街上乱逛呢？我一个当妈的，怎么能吃得下去啊？

第四节　语音隐喻的文化性与识解

关于隐喻的识解，陈新葵、莫雷和张积家（2006）认为，无论是惯用隐喻还是新颖隐喻，理解都需要概念匹配，即通达源域和目标域的映射关系。映射关系以经验为基础，经验对构建概念图式起着重要作用。借助语音隐喻可以起到比较好的语言效果以及交际效果，但要想使双方达到较好的交流效果，需要认知对接。建构与解读的过程还涉及认知主体对相关信息的筛选过滤，需锁定核心认知关联（吉益民，2012：75）。

徐盛桓提出“基于心理模型的语用推理”的理论，有三点理论假设：第一，话语表达是表达意向（Grice，1989：36，86–116，117–137）；第二，话语表达一般是不完备的。徐盛桓（2006a：163–170）从含意本体论认为，话语具有一种基本特征，那就是含意性（imp licativeness），它在语言的形成和发展中，在话语的表达中，具有本体地位。含意可以看成话语的隐性表述，话语的字面表达是话语显性表述；显性表述通常都是不完备的，有待它所蕴含的隐性表述加以补足或阐释，成为相对完备的表述，达至对话语的理解；第三，话语的不完备依靠常规关系补足或阐释（徐盛桓，2006bc，2007a）。拥有两个分析框架，一个是话语理解框架，即“显性表述与隐性表述的分析框架”（徐盛桓，2007b），一个是话语生成框架，即“自主–依存分析框架”，主要内容是：隐性表述为自主成分，显性表述为依存成分。从隐性表述开端，自主成分以交际的意向性为导向，以相邻/相似关系的认定为主要手段，通过“拈连”推衍出依存成分，即实现显性表述的生成；向依存成分的意向性回归，在需要时原则上可以反溯出自主成分的内容（徐盛桓，2007b；黄星、徐盛桓，2010：111）。黄星、徐盛桓（2010）提出了“自主—依存框架下隐语的生成与理解机理的模型”，分析了隐语的理解机理。

隐语与语音隐喻的生成与识解具有很强的相似性，因此可借助这个模型来构建语音隐喻的生成与识解机理，如图 6–9 所示。

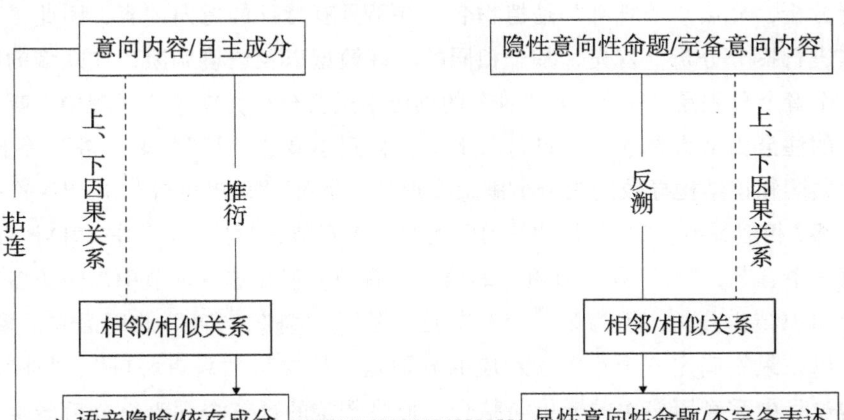

图 6–9　自主—依存框架下的语音隐喻的生成与理解机理的模型

根据上述模型，语音隐喻的隐性意向性命题是较完备的意向内容，是语音隐喻的自主成分。语音隐喻的显性意向性命题是较不完备的表述，是语音隐喻的依存成分。语音隐喻表达的生成过程是从较完备的意向内容通过相邻/相似关系拈连到较不完备的显性表述[①]，这个过程是较完备的意向内容的概念整合过程。语音隐喻的识解过程是以抽象为相邻/相似关系的常规关系为逻辑前提条件，以意向性为依归，从较不完备的语音隐喻显性表达（依存成分）到较完备的意向内容（自主成分）的回溯，这个过程也是对概念整合过程的反溯识解。

语音隐喻生成机理中的推衍和理解机理中的反溯都是在自主—依存的框架中运作的，体现了在下向和上向因果力的共同作用下自主成分和依存成分的复杂转换关系。语音隐喻中的自主—依存关系是在意向性的导向下，以相邻相似关系的认定为基础，以心理模型为认知框架建立起来的复杂因果关系。

语音隐喻之所以能进行回溯而得到理解是与心理模型有着密切关系的，相似或相同的心理模型是语音隐喻反溯中从依存成分回到自主成分的重要条件，心理模型在话语的生成和理解中都很重要，而在话语的理解中尤其重要。心理模型是推理的基本形式，与语用推理有着密切关系，语用推理的基本运作要依赖心理模型，语用推理的过程就是创建和操作心理模型的认知过程。

例如，韩语祝酒词中有“무화과”，这是显性表述和依存成分，所表达的意向内容是“무척이라 화려한 과거”，这是隐性表述。首先，在共同心理模型的基础上，根据格式塔心理学，听话人要对显性表述和依存成分进行分析，显然“무화과”是植物名，并不具有特殊的意向内容，因此需对其进行拆分分析，首先，基于相同的心理模型以及语境刺激，在众多的第一个音节分别是“무”“화”“과”的词语中进行分析，在这个过程中，听话人的注意力从大概念“무화과”上被转移到小概念“무”“화”“과”等上，由共同知识结构导致这三个小概念分别与“무척”“화려하다”“과거”产生相邻/相似关系，“무”是“무척”的第一个音节，“화”是“화려하다”的第一个音节，“과”是“과거”的第一个音节，但在这一环节中需经历多次的知识结构分析，因为第一个音节是“무”、“화”、“과”的词语非常多，所以在最终确定三个小概念对应的分别是“무척”、“화려하다”、“과거”的过程中需经历多次的分析与整合，最终选定的这三个词语组合后产生的语义符合祝酒词的美好祝愿意义。因此，“무척이나 화려한 과거”的自主

---

① 这里的“拈连”是一种修辞手法，指甲乙两个事物连在一起叙述时，把本来只适用于甲事物的词语拈来用到乙事物上，这种修辞手法就叫拈连，又叫“顺拈”。

成分和“무화과”的依存成分构成外在的意向性框架，“무”和“무척”、“화”和“화려한”、“과”和“과거”读音导致的共同知识结构，为解读“무화과”提供了前提条件。

如上，在对语音隐喻的识解过程中，需要在心理模型的基础上，充分动用共同的知识结构、语境以及隐性意向内容等因素，涉及非常丰富的东西，“一名成功的交际者除了应掌握交际中所使用的语言知识外，还应充分了解语言以外的知识，包括交际背景知识、交际情景知识以及交际者共享的知识”（何兆熊，1989：25），否则就会产生很多因语境或共享知识有关的交流障碍。

综上可以发现韩语语音隐喻在话语交际中，作为字面义的显性表述大多是不完备的，需借助隐性表述来加以补足，虽然韩国听者能够借助心理模型来实现对隐性描述的回溯而达到识解，但韩语的语音隐喻因为深受韩语的语言特点以及文化背景的影响，很多情况下无法在汉语里找到相应的谐音表达，具有很强的文化性与民族性。这使中国学习者在学习和识解韩语的语音隐喻时遇到很多障碍。

第七章 语法隐喻

语法隐喻是 Halliday（1985：342）首先提出来的，他认为隐喻不仅存在于词汇层面，还存在于语法层面，他给语法隐喻预设了一个工作假设：第一，任何意义项目都存在一个原始的接近人的认知习惯的表达式；第二，一致式是隐喻式的前提条件，隐喻式预设一致式的存在；第三，承认一致式和隐喻式之间在语义上的差别，但强调两类表达式在意义上的同一性。意义层的项目都有被词汇语法层体现的潜势，可用接近人们认知习惯的表达式来表述，这就是一致式，它是隐喻式存在的前提条件。

"一致式"与"隐喻式"是相对照而言的，Halliday 等（1993：218）提出，在"平白体"英语中，语义和形式、语义学和语法之间存在"自然"的关系，如动作体现为动词，描述体现为形容词，逻辑关系体现为连词等。这种表示意义"合乎自然"的方式，就是语法的一致式。朱永生（1994）认为"一致式"结构中每个成分所表达的语义功能与现实情况是完全相符的，所用的语言是白描式的，直截了当的，是一种典型的或无标记的体现形式。明确了"一致式"的含义，实际上就明确了"隐喻式"的含义，即"隐喻式"是表示意义"不合乎自然"的方式（范文芳，2007：13）。

不管怎样，我们使用语言时可采用"一致式"的方式，即表述更为接近现实的典型的或无标记的形式，也可采用与现实不相符或完全不相符的形式，这就使语句具有了一定的标记性，那么这种语句就产生了隐喻性（王寅，2007：445）。

本章主要分析韩语里所出现的四类语法隐喻：语法术语的隐喻、人称词的隐喻、敬语隐喻、语符长度隐喻。

第一节 语法术语隐喻

胡壮麟（1996：2）认为语法隐喻的最简单形式就是利用语法术语的多

义性来隐喻现实生活中的事物，相当于一个扩展的双关语。从隐喻映射的方向来看，其映射的方向是从抽象域到具象域，因为这些语法术语都是抽象的概念。语法包括很多内容，韩语里用于日常生活并产生隐喻意义的语法术语主要与词类、时态、段落与逻辑、文字、体裁等有关。

一、词类

语言学里有各种词类，具有比喻义的主要有两类，一类是代名词，称作“대명사（代名詞）”，比喻代表某种属性的东西，如“황금은 부를 상징하는 대명사이다．黄金是财富的代名词。”汉语“代名词”也有此类隐喻意义。

第二类是助词，韩语里代表性的助词有“토”，指汉文（文言文）句后所附上的韩语助词，如（1a）。因为“토”作助词时总是附在词语后面，所以惯用语“토（를）달다”指在某句话后面再添加其他的话，如（1b）；有时还比喻在别人做某事时说三道四，如（1c）。有时根据语境，意义略有不同，如（1d，e），多比喻对着干、顶嘴等意义。

助词也称作“토씨”，如（2），此时汉语多用“标点符号”。“토”还有合成词“명토（名-）”，意为指出是谁或什么东西，如（3a）。惯用语“명토（를）박다”意为指名道姓，如（3b）。

（1）a. 한문 어구에 토를 달다．在汉文语句后加上韩语部分。

b. 우리 엄마 말할 때 토 다는 것 제일 질색이세요．《폼나게 살 거야》（34）我妈就讨厌她说话时别人接嘴了。

c. 앞으로 내가 하는 일에 토 달지 마라．《빛나라 은수》（10）以后你不要对我的事情说三道四的。

d. 너 지금 상택 보는 앞에서 나한테 토 다냐？《연인》（4）你这是在尚泽面前让我下不来台啊？

e. 남편 말에 토를 달아요？《가족을 지켜라》（108）你这是顶你丈夫的话吗？

（2）토씨 하나 빠트리지 말고 다 전해．알아들었어？《사랑이 오네요》（87）连标点符号也不要给我落了，都给我传达到。你听明白了吗？

（3）a. 아버지가 방문 앞에서 명토도 없이 빨리 밖으로 나오라고 하셨다．父亲在门口说快点出来，但没说让谁出来。

b. 명토 박아 말하다 题名道姓地说

如上，“토、토씨”以及“명토”在作为形态语言的韩语里具有非常重要的地位，也正因为如此，根据其语法特点而产生了上述丰富的隐喻形式。

相反，汉语里虽也有大量助词，但能用于语法隐喻形式的多是“之、乎、者、也”等文言文的虚词，并且已固化为成语“之乎者也”，讽刺人说话喜欢咬文嚼字；有时也用来形容文言文，或形容半文不白的文章。根据语境，与（3）中的“토씨”对应的汉语是“标点符号”，这也可视为语法隐喻。

二、时态

韩语的时制分为现在、过去、将来，时态分为现在进行时态、完成时态，这些语言学用语还可用作比喻。

（4）a. 나아라: 신형아, 우리 다시 시작하자. 나 널 안 보냈어. 아직 내 마음속에 있어. 우리 다 끝난 줄 알았는데 **현재 진행형**이야. 다시 시작하면 안 될까? 新桁啊，我们再重新开始吧。我心里并没有把你抹掉，你还在我心里呢。我以为我们已经结束了，但现在却还是现在进行时啊。我们再重新开始不行吗？

b. 최신형: 아니야, 우린 끝났어. 나한테는 넌 **과거 완료형**이야. 이미 지나간 추억이지.《폼나게 살 거야》(28) 不是，我们已经结束了，对我来说，你已经是过去时的女人了。是过去的回忆了。

（5）a. 갤노트 7 사태가 아직 **진행형**인 상황에서 수천만원의 성과급을 지급하는 것은 부담이 될 수 있다.《동아일보》(2016.10.23) 因为三星 note7 事件还没结束，所以不可能支付几千万韩元的绩效奖。

b. 너하고 나하고 무슨 사이라고? 우린 이미 **지나간 과거 완료형**이야.《폼나게 살 거야》(13) 你问你和我什么关系？我们已经是过去完成时了。

上面例句中都出现了与时制有关的表达，其中（4a）提到了“현재 진행형（現在進行形）”，即进行时态，有时也可单独用“진행형”，如（5a）。（4b）提到了“과거 완료형（過去完了形）”，即过去完成时态，日常生活中指过去了；前面有时可添加修饰语“지나간”，如（5b）。时制术语的隐喻意义在汉语里也会出现，因此（4a，b）（5b）可直译，但有时受语境影响也会出现不对应的情况，如（5a）中的“진행형”需意译成“还没结束”。

三、段落与逻辑

韩语里段落为汉字词“단락（段落）”，也指某件事情在某种程度上结

束，如（6）。“일단락（一段落）”的语义则固化为“在事情的某个阶段结束”，如（7）。汉语一般用“告一段落、暂告一段落、已告一段落”等，多表达对已结束事情的描述，如（6）（7ab）；一般不用于未进行的事情，所以（7c）一般用“解决”，而不用“告一段落”。

（6）이번 일은 우선 여기서 단락을 맺지만，그렇다고 아직 다 끝난 것은 아니다．这件事情虽然现在告一段落了，但是不能说就这样结束了。

（7）a. 현재 검찰에서도 정준영에 대한 추가 조사에 필요성이 없다고 보고 있어 무혐의로 일단락될 것으로 보입니다．《동아일보》（2016.9.24）现在检察方面也认为没必要对郑俊英进行后续调查，事情以没有嫌疑暂告一段落。

b. 시말서로 일단락됐으니까．《사랑이 오네요》（80）她写了检查，这事就算告一段落了。

c. 내 입장은 분명해요．누나 일은 일단락 짓고 우리 문제는 달리 얘기하는 거예요．《사랑이 오네요》（52）我的立场很明确。那就是先把你姐姐的事情解决好再看我们的问题。

写文章时最重要的是起承转结要合乎逻辑，韩语起承转结为“기승전결（起承轉結）”，有时也可比喻事情的进展，如（8），但汉语的“起承转结”一般没有这种隐喻用法。

（8）너만 나타나면 모든 일의 기승전결이 너를 타도하는 걸로 끝이 나게 만들어．니가．《최고의 연인》（33）只要你出现，所有事情的展开最终都会朝着打倒你的方向进行。你！

四、标点符号

韩语里常用于日常生活中并产生比喻义的标点符号主要是句号和问号。句号为“방점（傍點）”，也指为引起读者注意而在字的旁边或上方点上的点；也指《训民正音》中对中世纪韩语各音节的声调标注法；日常生活中多表示利用某种动作或话语来强调某种意义，多用于惯用语“방점을 찍다”或被动形式的“방점이 찍히다”，相当于汉语的“着重指出”。

韩语里句号也称作“마침표、종지부（終止符）”，点句号称作“마침표를 찍다、종지부（를）찍다”，比喻某事结束或使其结束，汉语有时也用“画上句号”。

问号为“물음표”，日常生活中多用“물음표를 던지다”比喻发问，如（9），汉语译成“发问”，汉语也常用“问号”，但多表达有疑问或疑虑

的想法或表情，如（10）。

（9）'정말로 우리가 그걸 필요로 한다고 생각하느냐' 고 물음표를 던졌다.《동아일보》（2016.10.24）他发问说："你以为我们真的需要那个吗？"

（10）a. 这些项目的投资回报是否赶得上4%，显然是个大问号。

b. 这是现场面见到他的每一个人心里打的问号。

c. 大约是看出了笔者脸上的问号，厂长谈起了他们的广告观。

五、文字

文字是书写出来的，其中"획（劃）"指写字或画画时用笔写出的一笔，有惯用语"큰 획을 긋다、한 획을 긋다"，比喻业绩斐然或有重大意义，如（11），汉语用"划下重重的一笔"。韩语是用"大笔划"作比喻，汉语是用"重重一笔"作比喻。

（11）저 작가 우리 나라 미술사에 한 획을 그어놓을 겁니다.《내딸 금사월》（24）那位作者会在韩国美术史上划下重重的一笔的。

文字书写有大小之分，韩语里有"대자（大字）"指大的字，多用于"대자로"形式，如（12a）；有时也表示不满，如（12b，c）。反义词"소자（小字）"没有比喻义。

（12）a. 대자로 눕다 / 뻗다 四仰八叉

b. 입이 오리처럼 대자로 나와서 嘴噘得老高，像鸭子嘴似的。

c. 입이 대자로 나와서 통통 부었구만. 밥상 좀 차려달라고 그러냐?《수상한 삼 형제》（8）你的嘴噘得这么高，像肿了似的。我让你给我准备饭，就这样啊?

韩语还有"대문자（大文字）"，指西方字母文字中的大写字母，在韩语里多指头条，如（13a），是用字的大小来隐喻重大或重要新闻。"대문자"有时仅用于强调大小，对应汉语"斗大的"，如（13b）。

（13）a. 인터넷에서 기사가 대문자로 나왔습니다.《우리집 꿀단지》（78）在网上都成了头条新闻了。

b. 오늘 신문에도 내 사진 대문자만하게 실렸는데.《가화만사성》（6）今天的报纸上也登了我斗大的照片。

"대서특필（大書特筆）"指为醒目而把字写得很大，主要指报纸等出版行业对某件新闻特别重视而给予大篇幅，类似的还有"대서특기（大寫特記）、대서특서（大書特書）、대자특서（打字特寫）、특필대서（特筆大寫）"。

六、体裁

韩语里常用于比喻义的体裁形式有书信、诗歌、小说、传记、作品、电视剧等。

书信有一定的格式以及某些必不可少的内容，如问候语，所以“편지에 문안”比喻从来都不会落下，一定会参加，也比喻不会忘记做的事情。

诗歌为汉字词“시가（詩歌）”，诗歌创作称作“시가를 짓다”，有时还用“폐풍월（吠風月）”讽刺创作，这种讽刺表达的产生原因之一是作诗的动词“짓다”与狗叫“짖다”的发音都是［진따］，属于同音；原因之二是：狗有对着月亮吠叫的现象，而文人创作又是风月之事，所以狗与文人都与月亮产生关系。

韩国古典诗歌中有大量汉诗。汉诗讲究押韵与韵脚。韵脚称作“운（韻）、운자（韻字）”，惯用语“운을 달다”指添加的话，“운을 떼다、운자를 떼다”指开头，“운（을）밟다”指模仿别人的行动。

过去用韩文作的诗歌称作“언문풍월（諺文風月）”，与汉诗相比，格式不那么固定，所以可比喻不拘于形式的。有谚语“언문풍월에 염이 있으랴”，意为难以轻松完成的事情就不能去谈论成果的好坏。

韩国高丽末期发展出一种叫作“시조（時調）”的固有定型诗，也指朝鲜时代在定型诗基础上赋予一定节奏编制而成的无伴奏歌曲，有谚语“시조를 하느냐 양시조를 하느냐”，用来嘲笑那些嘟嘟囔囔说废话的人，而“시조하라 하면 발뒤축이 아프다 한다”意为让他唱时调但他却说脚后跟疼，比喻让干某事时找一些奇怪的借口来逃避。时调的结构一般分“초장（初章）、중장（中章）、종장（終章）”，其中初章、中章合称“초중장（初中章）”，谚语“초중장에도 빼어 놓겠다”意为在那么重要的初章、中章里都要排除出来，比喻非常讨厌或顾忌某人。

韩语里小说为“소설（小說）”，因小说是作者主观创作出来的作品，所以惯用语“소설을 쓰다”比喻杜撰或说谎。

传记中有“입지전（立志傳）”，指在逆境中成长起来的人物传记，有派生词“입지전적”，指传奇式的。

文学艺术成品称作“작품（作品）”，比喻经过设计、策划的事情，如（14），多表达讥讽之意，汉语多用“杰作、大作、好事”等。“杰作、大作”是“作品”的下义词，带有强烈的褒义，常用作反语，指精心策划的阴谋事件，但汉语一般要加双引号以示是反语。韩语“작품”是从中性意义到贬义，汉语的“杰作”是从褒义到贬义，都发生了贬化。

（14）a. 그럼 한아름 횡령사건은 아버지 작품이에요?《최고의 연인》（70）那么韩雅凛的贪污事件也是父亲你的杰作吗？

b. 이것 작품이 될 것 같은데요.《최고의 연인》（54）这个真能成"大作"啊。

c. 이 얼굴 좀 보세요. 동생분 작품이에요. 이래놓고 무슨 양보예요?《빛나라 은수》（10）你看看（我弟弟）他的脸，这是你那位弟弟干的好事啊。给打成这个样，还让我们让步？

电视剧为"드라마"，惯用语"드라마를 쓰다"可比喻戏剧性表演，常与"반전"结合形成"반전의 드라마를 쓰다"或"반전 드라마를 쓰다"结构，如（15a），有时"반전드라마"也可单独使用，尤其是新闻标题中，如（15b）。

（15）a. 밑바닥 민심 확인했다…충청서 '반전드라마' 쓸 것.《한국경제》（2021.09.03）已掌握底层民意……（我们）将在忠清道创造戏剧性反转。

b. 효성, 계열사 고성장에 반전드라마...《업다운뉴스》（2021.04.19）晓星，子公司的高速发展带来戏剧性反转……

第二节　人称隐喻

韩语的人称隐喻主要表现在第一人称复数代词与第二人称代词上。

一、第一人称代词

不同文化的语言在代词的单复数使用上也有差异。西方社会中，因个人主义的影响，人们很少使用"我们"，但西方人在复数"我们"的使用上也有特殊情况。例如任韶堂（2017：108）研究饮食差评表达发现，虽然其他评论中也有使用代词"我们"的，但差评中"我们"用得更多。他还引用了得克萨斯的心理学教授詹姆斯·佩尼贝克的研究，后者研究发现，人们在受到创伤后需立即通过描述这段经历来释放他们的负面情绪，他也提出受到创伤的人为了证实他们的归属感会在集体中寻求抚慰，因此会更常使用"我们"。这里所使用的"我们"就是一种语法隐喻形式，是用复数代词来代替单数人称词，这种异于一般用法的"隐喻式"用法主要表达特殊的情感。

汉语和韩语中的人称代词还有其他用法。汉语常用复数"我们"来自称我一个人，表现谦虚语气，这是中国人将个体融入集体的文化观念的流露（姚亚平，1990：135）。这样做的“好处”是可以将自己的真实想法隐藏起来，也可避免将锋芒直指某个人（汪凤炎等，2004/2015：95）。这种用法也是“我们”的隐喻式用法，与一般式的单数代词“我”相比，目的是为了表达谦虚、隐藏真实想法，这也是隐喻式与一般式的语义区别所在。

韩语的“我们”又与汉语“我们”有很大不同。韩国人表达“我们”之意时有两种方式，一是“우리”，二是谦称“저희”，两者所表达的更多的是把个体融入集体的文化观念，表现的是一种集团融合意识，会将双方拉入一个战线。

韩国人心目中“우리”具有非常特别的隐喻用法，主要表现在五个方面。首先，“**우리**”代表集体与同质关系。주월랑（2013）对五所大学机构的韩语教材进行研究，发现出现“우리”的句子共907个，主要结构是“우리＋名词”（共651个）。笔者检索“꼬꼬마”语料库发现与“우리”经常搭配的高频词主要是“나라（4.17%）、사회（1.63%）、집（1.5%）、사람（0.91%）”，其次出现的高频词主要是家属称谓语“엄마、어머니、아이、아버지”等。这种“우리＋家属称谓语”现象的出现与韩国人无我的价值观——集体主义密切相关。但汉语一般不在家属称谓语面前加“我们”，而是用“我”，在中国人思维里家人是无法与一般听者或他人“共享”的。韩国人的这种“家人共享”思想还表现在一般称谓语的隐喻用法上，如“아버지、어머니”不仅指自己的父母亲，还可称呼同辈人的父母亲，例如，营业场所的员工在称呼父母辈的客人时都直接称呼“아버님、어머님”，表达的也是一种所属关系的隐喻，这也使韩语的“아버지、어머니”等变成了多义词。

与“隐喻式”用法相对的是“一致式”用法，即用单数代词“나”称呼自己或用“아저씨、아주마”等来称呼父母辈的他人，是符合客观现实的用法，但在韩国人的生活中用的较少。

第二，“**우리**”成为“特殊亲密关系”的代名词。例如，电视剧《사랑이 오네요》（42）中，看到作为本部长的丈夫与女员工在一个房间后，妻子找女员工询问原因，并生气地问了下面的话，如（16），对韩国人来说，“우리”代表的是非常亲密的关系，尤其是男女之间，所以这才让妻子对丈夫与其他女人成为“우리 我们”关系而感到非常疑虑和生气。

（16）거기다가 어제 같이 간 다희한테는 본부장과 이해인씨가 특별한 사이라고 말했다고 하던데. **우리란 표현 쓰면서 말이야**. 另外，听说你还对昨天一起去的多姬说，本部长和（李海仁）你关系很

特别，并且你还用了“우리”这个词。

第三，“**우리**”给人温暖的感觉。有一首英文歌《My Sweet Home》，译成韩语时题目被译成了“즐거운 나의 집”，其中一句歌词是“즐거운 곳에서는 날 오라 하여도 내 쉿 곳은 작은 집 내집뿐이요…”，这里的“내집”是接近现实的“一致式”翻译方法。在谈到这首歌的歌词时，이규태（1983/2011：19）认为，韩国人无法从这首歌里感受到温暖，反而会联想到孤身在外的孤独和寂寞，原因是这首歌的“我的家”直译成了“내집”，而没有意译成“우리집”。也就是说，对韩国人来说，“내집”与“우리집”已不单单是普通事物，而是成了心理感觉的代名词，只有译成“隐喻式”的“우리집”才会给韩国人带来温暖的感觉。相反，这首歌译成汉语时一般译成“我甜蜜的家”，用“我”，而不是“我们”。

“우리”的这种意义在与西方文化进行对比时表现得更清楚。一项心理学研究发现，当对加拿大学生和韩国学生分别以“当你听到‘我们’这个单词时最先想到的是什么？”进行提问时，75% 的加拿大学生说：想到的是“你和我”或“两人以上的聚会”，而 76% 的韩国学生回答说：想到是“静谧的感情”“成为一体的或归属于某处的感觉”，这些都与感情有关（Yoon & Choi，1994：69）。

第四，“**우리**”的隐喻用法被用于商业或政治目的。例如，韩国银行有“우리은행”，金融机构有“우리종합금융”，信用卡有“우리카드”，大米品牌有“우리쌀”，酒品牌有“우리술、우리막걸리、우리맥주”，公司名称有“우리회사”，政党派别有“열린우리당”（简称“우리당”）。这些名称都是用“우리”所表达的集体概念、亲密关系、温暖感觉等来拉近与消费者或民众的关系。一般店铺也多采用了这种策略，김용경（2005：35）对韩国登录在册的 6 万多个固有词店名进行研究发现，双音节店名中“우리”出现最多，共 1966 次。上述这些名称中的“우리”都是脱离现实的隐喻式用法，但却拉近了与顾客或他人的距离。

第五，“**우리**”的隐喻用法用于动植物。韩语可直接用“우리”来修饰动植物，形成“우리 강아지、우리 고양이、우리식물”这样的搭配，强调的是一种家庭成员关系。中国人也用“我们”表达所属关系，但汉语一般要用“我们家（养）的狗”“我们家（养）的猫”“我们家养的花草”，强调的是一种空间所属关系。

从领属关系的距离来看，韩语的“우리 + 事物”所表达的领属关系更近，而汉语的“我们 + 家 + 的 + 事物”所表达的领属关系更远。从领属象似性（the iconicity of possession）角度来看，两者的区别在于不可让与

(inalienable)与可让与(alienable),两类表达中前者的概念距离小于后者(王寅,1999:109)。具体而言,韩语表达的是"不可让与",相对来说,汉语表达的是"可让与",韩语领属关系中所表达的概念距离要小于汉语领属关系所表达的概念距离。

如上,从语法与语义角度来看,"우리"已从单纯的人称代词发展出了丰富的隐喻用法及隐含意义;从认知和文化角度来看,韩国人已形成了以"우리"为中心的"属于同一集体的成员间的强烈一体感",并被命名为"우리의식(we-consciousness)(교육심리학용어사전,2000)",即"我们意识"。对这种现象与意识的产生,马淑香(2001:78-80)认为韩国人这种强烈的"集团"观念是中国儒家思想"仁"的影响所致。임희섭(1994/2003)则认为,儒家的理想是修身齐家,也就是成为家族中心主义的人,朝鲜时期的村落大多不超过一百户,村里的所有人互相之间都有彼此的称呼与礼仪,从历史上来说,韩国人的生活都是以家庭为基础的村落,村民们之间形成了强烈的纽带,从而形成了具有悠久历史的"我们"思想。但최문형(2004:2)提出,韩国人之所以这样反复提"우리",其实也反映了韩国人生活中"我们"这个共同体的缺失,因为朝鲜半岛从古至今经历了很多战乱与分离,至今还处于分裂状态。也有人认为韩国人喜欢用第一人称复数形式是韩国人公私不分的表现(호영진,1993:156)。

二、第二人称代词

韩语第二人称代词使用比较受限,例如"당신"虽属于普通尊敬的人称代词,但多用于夫妻或恋人之间。因第二人称多表达亲密,但亲昵容易伴随不礼貌。所以韩国人社交中多用称谓语,如称呼对方的职务、身份,自称时也多称呼自己的身份。

尽管对第二人称代词的使用存在诸多限制,但日常交际中也会出现对长辈、上司或年长之人"不恰当"使用第二人称代词的情况,这种用法则属于"隐喻式"用法,这种隐喻用法目的不是表达代词所应具有的"指称、呼称"或"身份"意义,而是为了表达说话者对听者(或第三者)的某种特殊的消极感情义。

(17) a. 천연덕(계모): 대리점 손해는 얼만줄 알아? 다 말아먹을 작정이냐? 你知道代理店损失了多少吗? 你想把它搞垮是吧?

b. 최구형(의붓아들): 말아먹든 비벼먹든 무슨 상관입니까? 저요, 지금 대리점보다 더 중요한 일을 쫓아다니고 있습니다. 제 아버지 재산 제가 말아먹든 말든 **당신**이 무슨 상관이냐구요?

不管是搞垮还是拖垮，与你有什么关系啊？我，现在在干比代理店更重要的事情呢。我爸的财产，我就是搞垮，与你有什么关系啊？

c. 천연덕: **당신**？！어디다 대고 함부로! 너 집안 망신시키려고 작정했구나! 엉! 你说“당신？！”你这是对谁啊，这么乱说话！你这是想给这个家抹黑啊！嗯？

d. 최구형: 집안망신이요? 그럼 **당신**은 얼마나 잘하는데 술집여자 주제에! 给家门抹黑？那你又有什么了不起的啊？一个酒吧女！

e. 천연덕: 뭐?! 什么？！

f. 최구형: **당신** 몸 팔고 웃음 파는 술집여자였잖아!《폼나게 살 거야》(39) 难道你不是个酒吧的风尘女子吗？

上文是继母与继子之间的对话，两人因专卖店之事起了争执，继子开始用的还都是敬语，但到（17b）句末用了“당신”，而（17c）中继母的反应是通过重复“당신”来表示惊愕，并且说继子这样对待自己是给家门抹黑。可见“당신”这个词的蔑视作用是极强的。随着矛盾的升级，（17d，f）中继子不仅一直用“당신”，并且句尾都变成了非敬语。另外，比较称谓语和词尾可以发现：相对于词尾来说，韩国人对称谓语更敏感。（17）中虽然晚辈词尾用的都是敬语，但因称谓语用了“당신”，所以使长辈非常生气。

总之，即使词尾用“해요체”敬语标志，但如果称谓语用得不对，也是无礼的行为。对自己亲近的长辈可用非尊敬阶的“엄마, 진지 잡수셨어？”当表示对晚辈的嘲讽时，也可用添加了敬语标志“-시-”的“너 거짓말도 잘하셔.”综合这三种类型，可以说词尾是否用尊敬阶，相对称谓语和敬语语法标志“-시-”来说，影响度要小一些。但这并不是说词尾不重要。一般情况下，称谓语、敬语语法标志“-시-”、词汇敬语、词尾这四者要和谐一致才能取得好的交际效果，也就是说“一致式”表达是正常的，但有时也会出现对四者进行调整而形成的“隐喻式”用法，借此可表达丰富的感情。

第三节 敬语隐喻

词汇隐喻在认知语言学上通常理解为意义范畴的跨越，或认知范畴的跨越。本研究认为，语法隐喻也可理解为一种范畴跨越。不同的是，这个跨越中最明显的是语法范畴的跨越，如从尊敬情态到非尊敬情态的跨越，但从意义范畴来看，非尊敬情态所表达的是一种情感与心理意义，因此也可看作是意义范畴的跨越。

韩语的敬语系统除了受语言因素如称谓语、人称代词、终结词尾、非终结词尾等的影响之外，还会受到外界因素的影响，如是否认识、辈分、职位、年龄等。这些语言内外因素都要考虑到，只有语言形式切合交际双方的各种社会身份以及年龄，才是符合现实的“一致式”语言表达形式，否则就是不符合现实的“隐喻式”用法。

一、敬语隐喻的构建

敬语语法隐喻的构建须同时考虑语言内外因素。敬语符合现实的表现最明显的就是敬语的语法标志、词汇标志以及终结词尾标志等与交际双方的身份互相一致。但实际交际生活中也会出现语言内因素（敬语语法标志、称谓语等）互相不一致或与语言外因素（交际双方的身份、地位、年龄等）不一致的情况，这些特殊用法都是语法隐喻的一种形式。

当敬语的使用高于听者身份时属于敬语级阶的上移。Halliday 所提到的人际隐喻中的情态隐喻多涉及级阶的上移。一般情况下，“级阶上移的人际隐喻要多于级阶下移，这种级阶转移的不对称性可从语用角度来解释。说话人为照顾对方面子，更好实现交际目的，常需借助委婉语、客套语等形式，提供给听话人更多的选择，礼貌原则的间接化特征使语气隐喻倾向于级阶上移。”（丛迎旭，2013：49）不仅是语气隐喻，情态隐喻（包括敬语和非敬语情态）级阶的上移也都符合交际原则中的“合作原则”与“礼貌原则”，但韩语敬语语法隐喻不仅涉及级阶的上移，还常出现级阶的下移。

（一）级阶的上移

韩语敬语隐喻中所出现的级阶上移主要表现为对不需尊敬的人或物使用敬语，根据对象不同又可分为三类。

1. 敬语升级用于他人

这种敬语的异常使用也被称作“名实不符”，主要指有意地制造对他人的敬称词语，用称呼社会地位较高或是关系较密切的人物的词语来称呼实际地位不高或关系并不亲密的人（汪大昌，2009/2013：78）。根据一般敬语使用原则，对晚辈、下属、孩子不需使用敬语，如果对这些不需使用敬语的对象升级使用敬语标志就是一种不自然的隐喻用法。

（18）a. 비서：이것 회사 서류인데 공부 좀 해야 할 겁니다. 这是公司的资料，您最好好好学习一下。

b. 신기한：비서님，우리 엄마는 어떤 사람이었나요? 秘书先生，

我妈是个什么样的人啊？

c. 신속한：박비서，오래 살고 싶으면은 어느 줄에 서야 할지 판단 잘 서야 할 거야.《폼나게 살 거야》(34) 朴秘书，如果你想干得长远，最好做好判断到底站队要站在哪一边？

（18）是剧中会长的两个儿子分别与秘书的对话。（18a）中，秘书根据敬语的职场序列原则，对신기한用的是敬语。再看（18c），作为会长儿子，신속한因一直是公司老板，所以对秘书用的是非敬语终结词尾。如上，秘书与신속한各自的语言表达都符合一般的敬语和非敬语的使用原则，是与现实相符的语言表达。再看（18b），按正常情况，同是公司会长儿子的신기한对秘书应该用非敬语，即使终结词尾可使用“해요체”，但称呼语可不用加表尊敬的后缀“-님”，但신기한却对秘书刻意地使用了敬语表达。之所以出现这样的话语交际，是因为在这之前他一直作为孤儿长大，过的是穷困潦倒的生活，不久前才找到自己的会长父亲，对于自己身份和地位的改变自己还没有太适应，对他来说，秘书现在掌管着自己的一切生活，所以内心对秘书存有敬畏心理，因此对其用了敬语后缀“-님”以及尊敬阶的终结词尾，这种隐喻用法符合交际中的“合作原则”。

韩语有时出现的级阶上移的敬语表达会违背交际中的“合作原则”，这种类型多表现为各类敬语标志的不一致。主要有两种常见类型：第一，语法标志“-시-”与终结词尾的不一致。

（19）어～라，진범 여기 계셨구만. 애미 것 터는 것도 모자라서 시애미 것도 털어먹었어？《내딸 금사월》(12) 嗷～嚎，原来真凶在这里待着呢。偷了孩子他妈的不说，连你婆婆我的都偷去卖了啊？

是当大家得知是儿媳偷了家里的首饰时，婆婆所说的话，对儿媳用了敬语词汇“계시다”，但终结词尾用的非敬语。

第二，称谓语用非敬语的人称代词“너”，但后面出现了敬语语法标志和尊敬阶语尾。例如，2007年韩国电影名《너나 잘하세요》成了流行语，这句话中主语与谓语出现了敬语标志不一致的现象，表达的是嘲讽之意。

综上，当听者身份或年龄低于说话者时，一般不需对听者使用敬语，如使用敬语则都属于隐喻用法，但有时可以是符合合作原则的“敬语标志一致式”隐喻，有时可以是不符合合作原则的“敬语标志不一致式”隐喻。

2. 敬语升级用于自身

敬语一般是对听者或第三方表示尊敬而使用的语言形式，一般不用于自身。例如，汉语里“我贵姓王”的表达是不存在的。但韩语里有时会出现敬语用于自身的情况。

（20）a. 공무진（삼촌）：앞니가 다 떨어져서 핫초코 사달라고 할 때 어제 같은데，언제 이렇게 다 컸어？우리 **조카님**. 你呲着掉了两颗大门牙的嘴巴缠着让我给你买热巧克力的时候，好像就是昨天一样。什么时候长这么大了？我们的侄子大人。

b. 유찬（조카）：전 중 2 때부터 삼촌보다 컸거든. 我从初二就比你高了。

c. 유찬：아，맛나게 먹었네. 그럼 난 이젠 **안녕히 주무시러**.《서른이지만 열일곱입니다》（29）啊，真好喝。那我现在去就寝了啊。

如上，这是舅舅与侄子之间的对话，因两人关系亲密，所以从头至尾都用了非敬语语尾，但随着对话的展开，（20a）中舅舅提到侄子时用了敬语形式的"우리 조카님"，而（20c）中侄子在提到自己时用了"그럼 난 이젠 안녕히 주무시러"，这里的"주무시다"是睡觉"자다"的敬语形式。这两句话中的敬语都是异常使用，一个是对他人升级使用敬语，一个对自己升级使用敬语。

还有一种类型，就是将别人对自己使用的敬语接过来说，如（21），当백강호给自己问好时，최규리直接把他的话接过来，对自己也使用了敬语"-시-"，这里故意对自己使用敬语是为了表达满足的心情。

（21）a. 최규리（고모）：이풍길 청년！李逢吉青年。

b. 백강호（조카사위）：안녕하십니까？고모님. 您好。姑姑。

c. 최규리：그럼，나 **안녕하시지**. 아름 데려다 주고 가는 길？《최고의 연인》（33）当然好了。我很好。你这是送雅琳回来啊。

综上，当敬语升级用于自身时，所利用的多是词汇敬语形式或敬语的非终结词尾"-시-"，终结词尾大多是非敬语形式的基本阶。

3. 敬语标志升级用于物

敬语升级用于事物主要有两种类型，其一是用于动物或日月，其二是用于一般事物。用于物时所利用的敬语标志多是词汇敬语，例如敬语后缀"-님"有时会用于动物或太阳、月亮等之后，此时终结词尾可以是非尊敬阶的，如（22a，b），也可以用尊敬阶"합쇼체"，如（22c），这其实是拟人手法。

（22）a. 곰임금님，이거 먹어.《곰금님》熊王殿下，你吃这个吧。

b. 해님이 방긋 웃다 太阳爷爷在微笑。

c. 달님！제 소원을 들어주세요. 月亮奶奶，求您满足我的心愿吧。

敬语升级用于物时，也适用于一般事物，所用敬语多是词汇敬语“모시다”，如（23），富二代有一辆非常高级的摩托车，但奇怪的是他将摩托车放在了卧室里，当班主任家访看到这一怪异现象时就说了下面的话，对摩托车用了“모시다”。

（23）근데 너는 무슨 오토바이를 방안에서 모셔두었냐？《앵그리 엄마》（13）你怎么把摩托车供在房内了啊？

（二）级阶的下移

正常情况下，非敬语多用于亲密关系之间或者对晚辈。但在特殊语境下敬语也可降级用于熟悉但又不是近亲属的长辈，这种情况属于敬语级阶的下移，表达的多是说话者对听者的消极感情。如（24），对话中提到的서동필是봉희父亲的朋友，所以봉희平时都称呼서동필为叔叔，且都用敬语，但当得知对方是杀害自己父亲的凶手时，봉희在极度愤怒之下，首先直呼其名，用的人称代词是不能随便用于长辈的“당신”，终结词尾用的都是非敬语，而서동필一听到봉희对自己说非敬语，第一反应就是想举手打她，因对方所说的话极其不符合对长辈的礼仪，而听了봉희后面的话之后，手才无力地放下了。

（24）서동필：너 뭐야？你是怎么回事啊？

봉희：서동필！徐东必！

서동필（손으로 때리려고）：에씨！（举手想打人）你他妈的！

봉희：당신이지！당신이 우리 아빠를 죽였지！是你，对吧？是你把我爸杀了，是吧！

봉희：왜 말 못해？말해！사실대로 다 말해라고！为什么不说话！说！说实话！

서동필：너 지금 무슨 말을 하는 거야？내가 재균형을 왜 죽여？《별이 되어 빛나리》（95）你现在说什么呢？我为什么要杀再均哥？

二、敬语隐喻与感情

韩语敬语与非敬语所表达的分别是尊敬和非尊敬感情。但是，敬语的隐喻式用法中只有个别情况是用来表达尊敬情感的，很多类型表达的是各种不同的心理感情，具有很强的语境性。

（一）级阶上移——敬语用于自身

前面已分析，敬语用于自身属于隐喻用法，主要表达四类特殊感情。

1. 傲慢、自得

（25）공무원：너… 넌 대체 누구야？你，你到底是谁？

이몽룡：나？（품에서 신분증 꺼내들며）서울중앙지검 이몽룡 검사시다～！《쾌걸춘향》（14）我？（掏出身份证）首尔中央地方检察厅李梦龙检察官是也。

（25）是检察官将有受贿嫌疑的公务员抓住后与其发生的对话，他在表明身份时用了敬语语法标志“-시-”，借此表达了自己作为检察官的傲慢和自得。

2. 不高兴、不情愿

有时敬语标志用于自身也可表达不高兴、不情愿。如（26）是两人吵架后的对话，听到对方给自己打电话，이연대说道：“我是惶恐之至，该晕过去才是”，表达的是不情愿，不高兴的心情。

（26）장진주（친구）：내가 자존심 접고 먼저 전화해서 고맙～지！我先拉下面子来给你打电话，你很感谢是吧？

이연태（친구）：그래．황송해서 돌아가시겠다．《아이가 다섯》（2）是啊。我是惶恐之至该晕过去才是。

3. 无聊、无奈、疲惫

（27）a. 나 심심해 돌아가시겠다．《폼나게 살 거야》（4）真是无聊死了。

b. 배고파 돌아가시겠다．《그래 그런 거야》（19）快饿死我了。

（27a）中，主人公在寺庙里穷极无聊，所以自言自语说了上面的话，用了敬语标志“-시-”，表达的是无聊心情。（27b）是主人公干了一晚上的活回家后的自言自语，表达的是无奈和疲惫。

4. 不满、警告

电视剧《전생에 원수들》（15）中，当看到妹妹不把某个有妇之夫送的价值高昂的毛皮大衣还回去时，姐姐咬着牙一字一句地说了下面的话，提到自己时用了敬语“말씀하셨다”，强调自己已非常正式、郑重地强调过了，表达的是不满与警告之意。

（28）이 언니가 분명 말씀하셨을 텐데．우리가 누구보다 더 똑바로 살아야 한다고．你姐我已经说过了，我们要比别人活得更加正直才行。

（二）级阶上移——敬语升级用于他人

对不需使用敬语的他人升级使用敬语标志主要表达五类情感。

1. 尊敬

根据一般交际原则和敬语使用原则，上司对下属一般使用非敬语形式，但如果对方身份发生变化则需根据礼貌原则和合作原则适时调整话语表达，那么就会出现敬语的隐喻用法。韩语敬语的使用会反映说话人微妙的感情变化，尤其是当双方身份发生变化时。

例如，电视剧《빛나라 은수》(67）中，当刚转正成为正式员工的恩秀找组长请假时，与办公室的另外一名员工三人之间发生了下面的对话：

（29）a. 은수：저 결혼합니다. 我要结婚了。

b. 팀장：**엉? 축하해요…신랑 될 사람은?** 啊，祝贺你，新郎是谁啊？

c. 은수：윤수호씨예요. 是尹秀浩。

d. 직원：둘이 그렇게 티격대격했더니 언제 그렇게 됐어요? 你们两个天天吵吵闹闹的，什么时候变成恋人关系了？

e. 팀장（매우 놀라는 표정，이어 마음 속으로）：뭐? ...이게 무슨 운명의 장난 말입니까? 회사에 사모님이 둘 씩이나?（非常吃惊的表情，心里说）什么？……这是什么命运的安排吗？公司里竟有两个儿媳妇老板娘？

f. 은수：어쩌다 보니까요. 反正就成这样了。

g. 팀장：그래도 어떻게 그렇게 해? **저，제가 아니 내가 뭘 도와 들릴…아니 내가 도와줄 일이 없을까?** 你们怎么能成为恋人啊？我，我，不对，我有什么帮您的，不，我有什么可以帮你的吗？

对组长来说，恩秀是下属，年龄小，根据一般职场和年龄原则，可用“해요”体的终结词尾，也可用非敬语，如（29b），这是合乎现实的一般用法。但听说恩秀要结婚的人是公司老板的儿子时，组长非常吃惊，恩秀成为老板的儿媳将关系到自己将来在公司的发展，因此最后一句话中，如（29g），系长的话就开始语无伦次了，主要表现在敬语的使用上，首先组长指称自己时不自觉地用了表谦虚的人称代词“저、제가”，但因新郎是公司老板儿子这一事情在公司里是秘密，所以他又马上改成了表对等的人称代词“내가”，用的是上司对下属的口吻，但到后面又不自觉地用了词汇敬语词“도와드릴…”，随即又不好意思地改成了一般形式的“도와줄 일이 없을까”。组长这看似语无伦次的一句话，却深刻反映了韩国人是否使用敬语是随说话双方身份的变化而变化的。敬语的这种隐喻用法也是说话人内心感情变化最直接的反映。

2. 嘲讽

用敬语的隐喻表达嘲讽意义时最常使用的就是敬语的语法标志“-시-”，这种用法可以发生在长辈对晚辈、上级对下级之间，此时的终结词尾一般是基本阶或非敬语，如（30）中，当看到自己的员工出了车祸，老

板说了这样的话，用了敬语的语法标志“-시-”，表达嘲讽之情。此外也可发生在平辈之间，（31）是姐弟之间的对话，当姐姐让弟弟告诉自己卡车司机的电话号码时，弟弟觉得姐姐配不上，第一句话用了敬语的语法标志“-시-”，表达的是嘲讽语气。此时的终结词尾多基本阶、非敬语或尊敬阶。

（30）훔친 차로 사고까지 나셨네.《아이가 다섯》（8）用偷来的车还搞出了车祸。

（31）광박（누나）：트럭 주인 번호 대봐. 你把那个卡车主人的电话告诉我。

대박（동생）：꿈 깨셔. 그 형 눈이 높아.《왕가네 식구들》（2）您醒醒吧。那个哥哥的眼光可是挺高的。

3. 不满、愤怒

用敬语的隐喻用法表达不满、愤怒等消极感情时，最常出现的是敬语的语法标志“-시-”以及词汇敬语。当“-시-”或词汇敬语与人称代词、尊敬阶终结词尾都一致，并且听者或当事人是长辈、上司或年龄大的人时，属于正常用法，或者说是更接近现实的用法。当交际发生在长辈对晚辈、上级对下级之间或平辈之间，却依然使用敬语的语法标志“-시-”就是一种隐喻用法。此时，终结词尾多用基本阶或非敬语。

（32）a. 제발 나한테 관심 **끄시고** 언니 **니** 외모에 관심 좀 **가져라!**《전생에 원수들》（2）所以求您不要管我的事，还是管管你自己的外貌问题吧。

b. **니**가 이런 **누추한 데 왜 행차하니**?《가화만사성》（100）你怎么到我这鄙陋之地来了？

（32a）的场景是妹妹对姐姐说的话，前半句用了敬语“끄시고”，后面称谓语用了“니”和非尊敬阶的词尾“-라”。（32b）中，剧中的公公看到之前从不上门并且正与儿子闹离婚的儿媳来到自己店里时所说的话，主语用了“니”，谓语用了词汇敬语“행차하다”，表达的是嘲讽和不满。

4. 调侃、戏谑、喜爱

当对晚辈或年龄小的人使用隐喻式敬语时可表达亲密与调侃、戏谑、喜爱等感情。

（33）a. 내 동생님들 팩하고 **계시네**.《아버지가 이상해》（30）我的妹妹们在用面膜美容啊。

b. 야，너 쉬는 날 늦게 푹 자라구 삼촌이랑 엄마가 아침상을 **차려 바친다**.《우리집 꿀단지》（35）呀，你休息的日子，为了让你多睡一会儿，舅舅和我给你准备早饭。

（33a）是哥哥看到三个妹妹贴着面膜躺成一排时所说的话，用了敬语标志“-님”和“계시다”，话语间充满了对妹妹们的疼爱。（33b）是妈妈为哄女儿高兴所说的话，虽用了称谓语“너”，语尾用的是基本阶，但却用了表示尊敬的动词“바치다”，意为献上。

5. 恳求

（34）나노라：아까 미안해 . 조금만 먹어줘라 . 刚才对不起了。哪怕吃一点呢，吃点吧。

나주라：됐거든 . 我不吃。

나노라：주라야，주라씨，주라님…《폼나게 살 거야》（82）侏罗呀，侏罗君，侏罗大人……

上文是剧中姐姐给弟弟第二次送饭时的对话，第一次去时两人吵了一架，回家后姐姐被病重的母亲训斥了一顿，为让病重的母亲高兴，姐姐二次送饭给弟弟送饭，弟弟还是不要，姐姐没办法，先是用了“주라야”，之后用了“주라씨”，最后用了“주라님”，这里出现的敬语词汇标志“씨”与“-님”表达是恳求之意。

（三）级阶上移——敬语升级用于物

用于一般事物的敬语隐喻出现最多的是词汇敬语“모시다”，有时表达调侃之意，如（35a）是当男朋友问起给自己买的新皮鞋时，主人公说的话。有时也表达不满、愤怒等消极情绪，如（35b）中，提到放在冰箱的食物时用了“모셔놓다”。

（35）a. 사이즈가 딱 맞더라 . 집에 고이 모셔 놨어 . 아껴신으려고 .《별난 가족》（1）尺寸正合适。我把它好好地放在家里供起来了，想爱惜着穿。

b. 어차피 먹지도 않을 건데 냉장고에 모셔놓고 뭐해？《가화만사성》（19）反正也不吃，供在冰箱里干什么啊？

（四）级阶下移——敬语的降级使用

敬语标志的降级使用一般多表达消极感情，例如，词汇敬语标志“-씨”多用于成人姓或姓名、名字之后用作呼称和指称，多适用于同辈或晚辈，当用于长辈时多限于正式或事务性场所或以大多数读者为对象的文章里，日常生活中不能用于长辈，如用于长辈则表达特殊的思想感情，如（36），강만후是금사월父辈的人，所以在称呼강만후时不能使用“-씨”，但（36a）中금사월用了“-씨”。对此，강만후的反应是惊讶和愤怒。而通过（36c）中금사월所说的话可以得知강만후罪大恶极，금사월不再把강만후当作人，所以才对其用了适用于同辈的“-씨”。

（36）a. 금사월：뭘 하시는 겁니까? 강만후씨！您这是干什么呢？蒋万厚君！

b. 강만후：강만후～씨？！니가 이젠 아주 눈에 밴 것 없구나！蒋万厚君？！你这是目中无人了啊？

c. 금사월：제가 하고 싶은 말인데요. 금빛보육원 붕괴 사건의 주범이면서 생존자인 제 앞에서 어떻게 그렇게 당당하실 수 있는지，절 두 번씩이나 납치해 놓고 어떻게 매번 그렇게 뻔뻔하신지 정말 이해 불가하네요. 그 동안 인간 대접 해 드릴 만큼 드렸고，참을 만큼 참았습니다.《내딸 금사월》（50）这正是我想说的话啊。你作为金光福利院坍塌事故的主犯，在事故幸存者—我面前怎么还如此趾高气扬啊？你还两次绑架我，怎么每次都能这样理直气壮啊？真是让人难以理解啊。之前我已经对你够仁义的了，忍你也忍得时间够长了。

综上，使用敬语与否，使用一致式的敬语，还是使用隐喻式的敬语，最终都是受制于话语交际者的感情的。

三、敬语隐喻的程度与感情

关于语言形式与意义的关系，语言形式是意义的体现，意义来自形式与功能的结合，语言形式和意义之间并不存在着一对一的关系，一种形式可表示一种以上的意义，一种意义也可由两种或更多的形式体现（黄国文，1999）。具体到韩语的敬语隐喻，韩语敬语所涉及的语法因素非常多，如称谓语、非终结词尾“-시-”、尊敬阶终结词尾、词汇敬语等。在表达同一感情义可借用不同语法形式。当同时出现两种以上语法形式时，那么所表达的感情程度也会相应增强，具代表性的就是敬语“-시-”与词汇敬语共同出现。语法形式多则感情程度强的变化关系也符合语言的“数量象似性原则”，因为“数量象似性”的认知基础是：“语符数量一多，就会更多地引起人们的注意力，心智加工也就较为复杂，此时自然就传递了较多的信息”（王寅，2007：552）。这也符合交际“合作原则”中的“数量原则”，正常交际需用适当语符量来传达适量的信息，如果语符数量多了，则传递了比正常更多的信息量，那么就可起到强调信息、突出主题、产生言外之意的功能（王寅，2007：553）。韩语敬语隐喻中如果利用的敬语语法手段多了，那么自然可起到强调感情的语用效果。

根据语境的不同，韩语里同样构式的敬语隐喻所表达的感情并不相同，有时甚至大相径庭，这也符合语言的“语境性”特点。

（一）"-시-"与词汇敬语共同出现

"-시-"与词汇敬语共同出现时，如果听者或当事人是长辈、上司或年龄大的人，那么就属于敬语的"一致式"用法；但当听者或当事人是晚辈或下属时，则属于隐喻用法，与"一致式"的用法相比，"隐喻式"用法主要是委婉表达说话人的某种感情义，多表达积极的调侃、戏谑或喜爱意义。

第一，"-시-、-님"同时出现。

（37）아이구, 우리 공주님이 무슨 생각을 해보셨는데?《최고의 연인》（95）哎哟，我们大公主到底想了什么啊？

（37）是女儿说自己有想法了，爸爸笑嘻嘻地对她说的话，这里"공주님"与"-시-"一起出现表达的是对女儿的喜爱。

第二，"-시-、양반"同时出现。

（38）이번에 진애네. 여보세요. 니가 웬일이야? 바쁘신 양반이 전화다 하고. 엉? 임신?！《부탁해요 엄마》（50）这次是真爱打来的啊。喂！你怎么了？您这个大忙人竟然给我打电话？嗯，你怀孕了啊！

上面是母亲接到女儿的电话时所说的话，句中用了"바쁘신 양반"，"양반"本指古时韩国贵族，与"-시-"一起使用，表达的是对女儿的戏谑与高兴之情。

第三，"-시-、납시다"同时出现。

电视剧《나도 엄마야》（89）中，当姐姐要从二楼下来去未来婆家拜访时，弟弟从楼上先下来，并说了下面的话，这里出现的"납시다"意为"나가시다"与"나오시다"，在过去用于地位极其高的人，这里用于同辈的姐姐，表现的是调侃与喜悦的心情。

（39）자, 자, 우리 언니 납시어. 我们姐姐出来了。

第四，"-시-、계시다、께서"同时出现。

（40）그 일억 다 말아드시고 지금 우리 창고에서 쥐새끼처럼 살고 계셔. 그 천재께서!《아이가 다섯》（4）把一亿元（韩币）都赔进去，现在在我们家的库房里过着过街老鼠一样的日子呢。就是那位天才！

（40）是剧中母亲在提到梦想是电影导演的儿子时所说的话，其中"말아드시다"是"말아먹다"的敬语，后面还用了敬语"살고 계시다"，以及主格助词的敬语形式"께서"，表达的是对儿子的强烈不满。

（二）"-시-"、词汇敬语与尊敬阶终结词尾同时出现

有时也会出现"-시-"与词汇敬语、尊敬阶终结词尾一起出现的情况，可表达两类感情，一类是积极感情，如调侃、戏谑或喜爱等；另一类是消

极感情，如强烈的不满。并且以表达消极感情为主流。

1. 极度的调侃、戏谑、喜爱等

第一，“-시-、-님”与尊敬阶词尾同时出现。

电视剧《부탁해요 엄마》(33)中，儿媳说要做饭，婆婆说了下面的话，对儿媳用了敬语“며느리님은 나가 계세요”，同时出现了“-님”“-시-”“해요체”等敬语标志，表达的是程度很强的戏谑、调侃和喜爱之意。

(41) 지금 밥하게. 되네요. 지금부터 밥하고 찌개 끓여서 언제 아침 먹겠냐? 며느리님은 나가 계세요. 시에미가 할 테니까. 现在做饭？算了吧。现在做饭、煮汤，什么时候能吃上早饭啊？儿媳大人，您请外面歇着吧。我这个当婆婆的来做吧。

第二，“-시-、-마마”与尊敬阶词尾同时出现。

(42) 엄마 기운 내시라구 아버지랑 제가 아침상 다 차려놨습니다. 자, 얼른 기운내세요. 엄마마마.《우리집 꿀단지》(24) 为了让妈恢复身体，我和爸爸准备了早饭。来吧。母亲大人，您可要早点恢复身体啊。

如上，这是儿子为哄母亲高兴所说的话，除了用“-시-”，称呼语用的是“엄마마마”，“마마”是对王或王族的称呼，这里用来称呼自己妈妈。终结词尾用了“해요체”，三种方式一起表达了强烈的调侃之意。

第三，“-시-、마님”与尊敬阶词尾同时出现。

(43) 엉덩이 좀 들어주십시오. 마님. 마님. 마～님.《부탁해요 엄마》(51) 抬抬您的屁股，夫人，夫人，夫～人。

如上，这是丈夫用抹布擦地时对妻子所说的话，除“-시-”之外，称呼语用了“마님”，而“마님”是对过去达官贵人的夫人的敬称；终结词尾用了“하십시오체”，三种方式一起表达了强烈的戏谑意味。

第四，“-시-、행차”与尊敬阶词尾同时出现。

“행차”指历史上长辈或大人物整装出门，但也用于现代社会的日常生活中，如(44)，剧中姑姑辈的主人公听说对方是DREAM集团会长之子，虽然对方是晚辈，但句中仍然用了“행차、-시-”以及“해요체”敬语终结词尾，表达好奇、喜欢之情。

(44) 어떻게 이렇게 귀하신 분이 여기까지 **행차** 다 하시고 오늘 정말 반가웠어요.《최고의 연인》(33) 像您这样尊贵的人竟然屈尊到这里来，见到您真是很高兴。

2. 强烈的不满和嘲讽

第一，“-시-、상전”与尊敬阶词尾同时出现。

“상전（上典）”是历史上下人称呼自己主人的说法，在现代生活中多用于反语，如（45），剧中女主暂时居住在别人家里，但两人关系不好，所以当客人来访问女主时，房主说了下面的话，用了“-시-”、词汇敬语“상전”以及尊敬阶“해요체”，表达了强烈的嘲讽与不满。

（45）객식구가 손님까지 집안으로 불러들이고 아주 상전 나셨어요.《내딸 금사월》（26）寄人篱下的人竟然往家里领客人，你真是把自己当主人了，是吧？

第二，“-시-、께서、행차”与尊敬阶词尾同时出现。

（46）풍길당 사장님 내외분**께서** 무슨 볼 일로 이런 누추한 데로 **행차하셨대요**？《우리집 꿀단지》（74）冯吉堂老板夫妻两人有什么贵干竟然大驾光临我们小小寒舍？

“행차（行次）”是词汇敬语，当与敬语主格助词“꺼서”以及“-시-”和尊敬阶终结词尾“요”结合时，表达强烈的消极感情。如（46），剧中养女被抢走的养父看到养女亲生父母来自家小店，所以说了上面的话，表达了强烈的嘲讽之意。

第三，“-시-、서방님、며느리님”与尊敬阶词尾同时出现。

电视剧《가화만사성》（3）中，看到自己疼爱的儿媳给不务正业的儿子买了汽车，婆婆叹息地说了下面的话，用了词汇敬语“며느리+님”与敬语的非终结词尾“-시-”，终结词尾用了准敬阶“해요체”与尊敬阶“하십시오체”，并且还用了反语“잘하다”，借助多种手段表达了对儿媳给儿子买车这种行为的嘲讽和不满，但也表达了对儿媳的爱护。

（47）아이구，**그러셨어요**？십년을 넘은 이런 너덜너덜한 T 쪼가리로 버텨가며 안 입고 안 먹고 모은 돈으로 그 **잘한 서방님** 차 사 주고 **싶으셨어요**？참으로 **잘하셨습니다**. **며느리님**！아이구！모저리！아이구！답답이！哎哟，是吗？这种破 T 恤你都穿了十年了，就这样舍不得吃，舍不得穿，才攒下点钱来。你就这么想给你那“了不起”的丈夫买车啊？做得真好啊！儿媳妇大人！哎哟，你这个傻瓜啊！哎哟，你这个闷葫芦啊！

（三）词汇敬语与尊敬阶终结词尾同时出现

当词汇敬语与敬语终结词尾共同出现时，可以表达积极感情，如（48）是小姨子与姐夫的对话，面对姐姐去世后害怕姐夫再婚的小姨子，姐夫在回答时用了敬语终结词尾“-습니다”，并用了敬语后缀“-님”，如（48b），表示强烈的调侃之情，这属于隐喻用法。但之后又换成了非敬语，如（48d）是正常用法。

（48）a. 장진주：그날 나 때문에 서운했지요? 그래도 재혼은 안 돼 . 那一天您生我气了吧？但是那也不能再婚。

b. 이상태：네，알았습니다 . 처제님！是，明白了。小姨子。

c. 장진주：애들이 안 되잖아요? 孩子们多可怜啊。

d. 이상태：알아 . 무슨 말인지 .《아이가 다섯》（7）我知道你什么意思。

有时也表达消极意义。如（49）中，弟弟因为生气，对哥哥说不认他这个哥哥了，所以哥哥对此很生气，后来看到弟弟来找自己，哥哥说话时故意用了敬语"합쇼체"，自称时故意用了表谦虚的第一人称代词"저"。再看（50），（50b）中同时利用了"믿어드리다"和尊敬阶词尾"해요체"，称呼语用了敬语"동생님"，根据前后语境可知，这种隐喻用法表达是对听者的不满、嘲讽甚至是愤怒。

（49）왜요? 저한테 할 말이라도 있습니까?《폼나게 살 거야》（40）怎么了？您对我有什么指示吗？

（50）a. 강의건：저 미친 계집애가 일방적으로 지랄인 거야 . 나 잘못한 것 진짜 하나도 없다고 . 是那个疯女人单方面发疯，我一点儿错都没有。

b. 강선영：지랄도 마주해야 코피 나는 거지 . 너，뭐 가만있는데 저 계집애가 일부러 그랬다고? 응，으，그래? **믿어드릴게요** . **동생님** . 빨랑 따라오지 않나?《운명과 분노》（7）发疯也得有对象才能打出鼻血来啊。你说你没惹事，那个丫头片子故意把你弄成这样啊？嗯，哦，是吗？我相信了，弟弟大人。还不快跟我走？

（四）"–시–"与终结词尾不一致

沃德华（2009：330）在提到语体差异时，曾说过"使用低级语体加高等尊称的主要是贵族，但普通市民也会使用它；这种用法似乎暗示着需要通过使用低级语体表达亲密，又要通过使用尊称表达尊重，这是一种折中的方法。"但韩语中敬语语法标志与终结词尾的不一致可表达多种意义。

1. 亲密

敬语语法标志与终结词尾不一致有时表达亲密。최재웅（1995：316）对韩语里的敬语标志"–시–"和"一致式"原则进行了分析，认为这些敬语表达是对下位者的一种礼遇。

（51）a. 자，안으로 들어가시게 . 来，请进去吧。

b. 자，김선생，인사 좀 하시지 . 来，金老师，请打个招呼吧。

c. 어제 청주는 잘 다녀 오셨어? 昨天您从庆州平安归来了吧？

d. 그래 요즈음은 안녕하신가? 最近您安好吗？

e. 그동안 바쁘셨나? 《최재웅》(1995) 这段时间很忙吧？

但这类表达并不一定都用于下位者，有时也用于亲近的长辈。例如，韩国人在对自己的父母、长辈以及熟识的长辈说话时，虽然语尾会用非敬语，但也会用敬语的语法标志，如“엄마 / 아주머니，진지 잡수셨어？”这句话的宾语与谓语都是词汇敬语形式，即“진지”是“밥”的敬语，“잡수시다”是“먹다”的敬语，但句末用的是非敬语。

综上，韩语尊敬程度的表达与句子的长短呈正比例关系，句子越长，尊敬程度越高。而亲密程度则与句子的长短呈反比例关系，句子越长，说明关系越远。当然，这种关系表达具有强语境性，有时对长辈使用非敬语时表达的反而是消极情感。

2. 调侃

有时敬语标志语法标志“-시-”、词汇敬语与非敬语终结词尾的不一致表达的是调侃意义。如（52），对话中的男女主人公曾是恋人，因父母反对而分手，但却仍然爱着对方。所以男主说话时用了主语敬语标志“께서”，以及敬语的语法标志“시”，但终结词尾用的却是非敬语“은가？”之所以如此，是因为女主现在是自己的病号，所以要用敬语，但又由于两人的私人关系，所以终结词尾又用了非敬语，这样的用法造成了一种轻松的调侃氛围。所以女主说话时用了“의사선생님”来与这种氛围进行吻合。但到了下面，男主就恢复了一般的非敬语表达，而女主仍然用了非常正式的“-습니다”敬语，这也是故意为之，也是为了实现一种轻松的调侃氛围。

（52）우진（의사）: 이해수 환자께서는 몸상태 좀 어떠신가? 李海秀患者身体状态怎么样啊？

해수（전여친）: 당장이라도 날아갈 것 같은데요. 의사선생님. 好像现在马上就能飞一样。大夫。

우진: 아무리 처녀장사이더라도 함부로 움직이면 수술한 부위가 터질수 있어서 조심해야 돼. 不管自己多么厉害，如果乱动的话，手术部位会崩开的，要小心。

해수: 명심하겠습니다. 의사선생님.《가족을 지켜라》(113) 我记住了。大夫。

3. 蔑视、嘲讽等

韩语有时还会借助敬语语法标志“-시-”与终结词尾的不一致表达蔑视和嘲讽。如（53）是剧中前妻与现任妻子之间的对话，两者是平辈，但

由于是前妻和现任妻子这种有距离感的关系，所以用非敬语一般是不可以的，所以（53b）中，现任妻子用的是敬语终结词尾“-지요”。（53a）中，前妻用了语法敬语标志“-시-”，但终结词尾用的却是非敬语词尾“아（어、여）”，这种看似矛盾的表达，隐含的是对对方的蔑视。

（53）a. 천태화（전처）：대단하셔. 한윤호 배사고 어쩌구 어쩌면서 내 혼을 빼놓더니 놀림수였네. TSK 주인 자리 뺏으려고 **애를 많이 쓰셨어**. 您真厉害啊。你拿韩敏浩的船只着火事故说这说那，吓唬我，原来是骗局啊。看来您为了夺取 TSK 东家位置费了很大心思啊。

b. 은영애（후처）：뺏을 작정이었으면 마대표를 해임시켰겠지요.《당신은 선물》（77）如果我想抢这个位置的话，肯定会先让马代表卸任了。

综上，韩语敬语的隐喻用法既有级阶上移，也有级阶的下移，主要表达说话人对听者的心理感情义，除表达尊敬意义外，还可表达调侃、戏谑、喜爱等积极感情，也可表达不满、嘲讽、愤怒等消极感情。敬语隐喻用法中最常出现的就是敬语的非终结词尾“-시-”，其次是词汇敬语，终结词尾单独出现的形式较少。但这些敬语形式可两类或三类同时出现。根据所动用的敬语形式的多少，所表达的心理感情义也会出现强弱之分，这符合语言符号数量象似性原则，即语符数量越多，语义程度越强。

第四节 语符长度隐喻

Brown & Levinson 曾指出，礼貌会话中语符长度的增加，象似于社会距离的增加（John Haiman，1985：290）。王寅（1999：112）也认为“语符的长度象似于社会距离，正式的、复杂的、较长的语句象似于较远的社会距离；随意的、简单的、较短的语句象似于较近的社会距离。在表达同一命题时，使用的语言单位量越多，说话者就显得越客气，社会距离就越大。出于礼貌、委婉、含蓄时，思想表达就不那么直率，语符增多，语言形式复杂化。”从语符量来看，句子长意味着语符数量多，句子短意味着语符数量少。这种借助语符量所表现出的双方角色的不同也是语言象似性的一种（王寅，1999：128）。

具体到词语，戈德伯格（2003：333）认为“比较长的词语会给人一种较庄严的感觉”。具体到句子长短，沃德华（2009：331）发现某些情况下

较长的句子比较短的句子显得更礼貌。具体到句子的复杂程度，구현정、전영옥（2006：208）提到恭逊程度与语言表达的量成正比，这里“量”指的是句子的复杂程度，而复杂句子最明显的特点就是句子很长。也就是说，语符数量多、长、复杂是成正比的，所表现的社会距离与感情程度也成正比。

下面首先分析韩语句子长度以及称谓语长度与社会距离的象似性，然后分析非敬语的长度与感情程度之间的关系。

一、句子长度与社会距离

韩语里有众多表达敬语的标志，使用敬语标志的结果是句子变长，敬语使用越规范，句子就越长，所表达尊敬与礼貌程度就越高，尊敬与礼貌反映的是不亲密与距离感，因此从句子的长短便可判断身份或关系的远近。换句话说，句子（包括各个成分）长短可隐喻尊敬与礼貌程度以及感情距离的远近。

韩语句子如果不用各种词汇敬语或语法标志“-시-”，尤其是终结词尾使用非敬语时，那么句子就会明显缩短，所以韩国人的交际中常出现下面这样的句子，如（54），这句话的字面义为“为什么你的话这么短？”但实际是委婉地指责对方“为什么说话不用敬语？”或“你为什么这么没礼貌？”因此这个句子本身就是语法隐喻的一种。

（54）말은 왜 이렇게 짧아?

下面看日常对话中这种语法隐喻是如何实现的。电视剧《빛나라 은수》（68）中有如下对话：

（55）a. 팀장：예식장은 정했어요? 结婚礼堂定好了吗?

b. 지은（직원）：팀장님，언제부터 은수씨한테 존댓말을 하셨어요? 组长，您什么时候开始对恩秀说敬语的啊?

b. 팀장：그거야，언제? 오은수씨 유부녀 되니까 미리부터 거리를 둬야지 . 안 그래요? 오은수씨 . 这个嘛，什么时候? 这是因为吴恩秀已经是有夫之妇了，得提前保持距离啊，对不对? 吴恩秀?

当组长询问（与老板儿子结婚的）恩秀定好结婚礼堂没有时，为表示对对方的尊敬，特意使用了敬语。而同一办公室不明真相的员工对组长的反常行为感到很奇怪，不禁对此提出质疑：为什么开始对恩秀说敬语？对此，不能挑明真相的组长只好找借口解释是为了保持距离。组长的解释是为了掩盖自己“因年龄很小的下属身份上升为老板儿媳，所以用了敬语表达”这一卑躬屈膝的现象，但系长的解释也说明了：语符数量多、句子长的敬语表达代表了距离感，相反，语符数量少、句子短的非敬语表达的是亲近感。这反映的是语符数量多少、长度的长短与社会距离远近的象似性。

二、称谓语的长短与社会距离

交际中还会用到称谓语，称谓语也有长短之分，这种长短也间接、隐晦地包含着双方关系的远近，因此也是语法隐喻的一种形式。

称谓语的这种隐喻意义具有世界共性。费孝通（2013/2015：103－104）提到美国人连名带姓称呼对方意味着距离感，只有交往时间长了、关系亲密了才会省略姓，直呼其名，甚至还要将名字缩略。韩语也不例外，称呼一般人时，连名带姓称呼也是一种距离的表现。如（56），但如果去掉姓直接叫名字更亲切。韩国成年人交际时虽然一般仍然需在名字后面加上表示敬意的后缀“-씨”，但如果非常亲密的关系也可直呼其名以示亲近。

（56）은수: 예, 윤수호씨! 또 뭐예요? 是，尹秀浩君。又怎么了？
윤수호: “예, 윤수호씨.” 꼬박꼬박 성 붙이고 귀찮지 않아요? 그냥 수호씨 하죠.《빛나라 은수》(45)“是，尹秀浩君。”你这样连名带姓的不嫌麻烦啊？光叫我“秀浩君”就可以了。

对韩国人来说，对人直呼其名的情况比较受限。一般情况下多借助身份称谓语来称呼对方。身份称谓语的长短也能体现距离的远近，即称谓语越长说明关系越远，称谓语越短说明关系越亲近。

首先看与母亲有关的称谓语。韩语里称呼母亲主要有“어머님、어머니、엄마”三种形式，三个词语的长度逐渐变短，称呼语逐渐变短说明称呼双方的关系越来越近。所以称呼别人的母亲或婆婆时多用添加了敬语标志的“어머님”，有时也用没有敬语标志的“어머니”，但后者意味着双方比较亲密。此外双音节的“엄마”多用于称呼自己的母亲，且多限于小孩，而小孩与母亲的关系之亲近更是不言自明。

“어머니”与“엄마”还有一点不同，“엄마”可用作亲密的象征。如（57），电视剧《황금빛 내 인생》(44)中，서지수在和亲妈谈话时，说了下面的话，句中所用的“어머니”是称谓语，相当于汉语的“您”，后面出现的“엄마”已不是称谓语，表达的是抽象概念“妈妈的感觉”，也就是说“엄마”除了作为呼称、指称外，已具有了抽象义，即母亲所应具备的象征意义的总和。这是“엄마”在具体语境中所产生的语法隐喻意义，不是词语的概念意义。

（57）**어머니**한테 **엄마** 느낌 하나도 없어요. 해성에서 누릴 수 있는 건 하나도 안 아쉬워요. 我从您身上感觉不到一点妈妈的味道。在海

盛可以享受的一切我一点都不感到可惜。

韩国人非常擅长运用这些不同长短的称谓语来间接地隐喻自己的感情。如（58），电视剧《수상한 삼 형제》（19）中，已是两个孩子父亲的近四十岁的儿子对母亲一边哭一边说了下面这样一段话，剧中没得到过母爱。其表现之一是小时候没有得到过妈妈的拥抱；表现之二是称谓语，剧中大哥已四十岁了还叫“엄마”，但自己却因母亲对自己没有表现出疼爱，而与母亲有极大的距离感，所以从小一直称呼母亲为“어머니”，虽然指称对象相同，但因称谓语的感情色彩不同，所以反映了说话者与母亲的距离感和感情的隔阂，可见一个小小的称谓语会给人带来多么大的伤害。

（58）저 **어머니** 사랑 받으려고 발버둥쳤어요…**어머니** 품에 안기고 싶어도 거기 형 자리밖에 없었어요. 그것 아세요? 저도 **어머니**를 **엄마**라고 부르고 싶어요. 형은 아직도 **엄마**라고 부르는데 저는 **어머니**라고 불러요. 저도 “**엄마**” 그렇게 부르고 싶다고요. 我天天挣扎着想得到母亲您的爱……我渴望被您抱在怀里，但那里却是大哥的位置。您知道吗？我也想称呼您“妈”。大哥（这么大年纪了）还叫您“妈”，但我却叫您“母亲”。我也想叫您一声“妈”。

（59）a. 백강호（양아들）：건강하세요. **어머니**！꼭 건강하셔야 돼요. 엄마！您一定要保重身体，母亲！您一定不要生病啊。妈！

b. 구애선（양엄마）：（울면서）강호야！（달려와서 강화를 껴안기）강호야！강호야～！江浩啊！（奔过来抱住江浩）江浩啊！江浩啊！

c. 백강호：**사랑해요. 엄마**！妈，我爱你。

d. 구애선：그래，내 새끼.《최고의 연인》（108）嗯，嗯，我的孩子。

（59）是剧中白江浩被养父赶出家门前与养母分别的场面，平时白江浩称呼养母都是“어머니”，如（59a），因为韩国成人男子一般称呼母亲不再用儿称“엄마”。但（59c）中，白江浩在临别时想起养母对自己的爱，最终在这种依依惜别的感情冲击下，脱口说出了“사랑해요”，而后面跟的不是三音词“어머니”，而是双音词“엄마”，因为“엄마”代表的是感情距离的缩短和亲近，这与前面的“사랑해요”的感情是连通的。由此可见，韩国人日常交际中可通过恰当地利用不同音节的称谓语来间接表达自己的感情以及与对方的心理距离。

第二，对父亲与母亲的称呼。电视剧《왕가네 식구들》（41）中，大女儿导致家里的房子被骗走，无脸见人的大女儿离家出走前给父母留了一封

信，内容如（60）所示，信中对父母的称呼语以及相关表达出现了较大不同。其一，对父母的称呼分别是“아버지”与“엄마”，音节长短不同；其二，表示道歉的句子长短不同，对母亲先用了三音节的“미안해”，到后面则是双音节的缩略形式“미안”，对父亲道歉用的是句子更长的“죄송해요”和“용서해 주세요”；其三，从终结词尾来看，对母亲用的都是非敬语，对父亲则先后用了“해요체”与“합쇼체”。可见，在韩语里“称谓语的音节长短”“句子的长短”以及“敬语与非敬语的区分”这三者是成正比的，语符的长度与敬语是一致的。这封致歉信正是综合利用了语符的长短和不同的敬语形式，间接地表现出了写信人与母亲更亲近，与父亲则比较疏远这种关系意义。

（60）**엄마 미안해**. **아버지 죄송해요**. 도저히 집에 있을 수가 없어서 나가요…**엄마 미안**, **아버지 용서해 주세요**. 妈，对不起。父亲，非常抱歉。我在家里实在是待不下去了，所以离家出走……妈，对不起，父亲，请您原谅我。

第三，对丈夫父母和妻子父母的称呼。一般来讲，儿媳对公婆都要称呼“아버님、어머님”，但由于儿媳与婆婆相处时间长，关系亲密，所以对婆婆可称呼“어머니”，但对公公仍多称呼“아버님”，也就是说从称谓语也能看出对公公和婆婆不同的亲密程度。并且婆婆的称呼还可继续缩短，如（61），对话双方婆媳关系，儿媳对婆婆说话时虽然词尾都用了尊敬阶，但称谓语却是双音词“엄마”，所以婆婆问儿媳：“你怎么话越来越短了？”而儿媳的理由之一是：“叫‘어머니’的话，感到和您的距离太远了。”虽然对婆婆的称呼可以用“어머님、어머니”，甚至是“엄마”。但对公公则只能称呼“아버님”，不能用“아버지”或“아빠”。不过现在日常生活中偶尔会听到“시엄마、시아빠”类的表达。

（61）a. 채리（며느리）: **엄마** 그 대표아주마한테 절대 기 죽지 마시고. 妈，你绝对不要在那个当公司代表的大妈面前示弱。

b. 산옥（시어머니）: 근데 **너 어떻게 나한테 점점 말이 짧아진다**? 뭐，**엄마**? 你怎么和我说话越来越短了啊。叫我“妈”？

c. 채리: **어머니**라 하니까 **너무 멀게 느껴져서요**. 그리고 전 **엄마**도 안 계시잖아요? 《부탁해요 엄마》(34) 如果叫您“母亲大人”，感觉好有距离感啊。再说我妈不是也不在了嘛。

再看女婿称呼丈人、丈母娘的用法。韩国人称呼丈母娘一般用敬语形式的“장모님（丈母-）”或一般式“어머니”，都是三音节的词语。但称呼丈人时一般用四音节的混合词“장인어른（丈人--）”。不同音节的称谓

语间接地表达了女婿与丈母娘的关系近于与丈人的关系。电视剧《수상한 삼 형제》(32)中，女婿称呼丈人为“장인어른”时，丈人说了下面的话，如(62)，就像对话中所说，四音词“장인어른”意味着距离感，从四音节到三音节的“아버님”表明感情距离缩短了，当然这也与汉字词与固有词所表达的意义不同有关。不过，对丈人的称呼无法继续扩展成“아버지”或“아빠”，这与上面儿媳对公公的称呼是一致的。

(62) 김서방, **장인어른** 말고 그냥 **아버님** 하면 안 될까? ... **장인어른** 하면 좀 멀게 느껴서. 金女婿，你看不要叫我岳父大人，叫我爸不行吗？……叫岳父大人，感觉有距离感啊。

综上，韩语里称谓语的长短是对关系远近的语法隐喻形式，也反映了语符长度与关系远近的语言象似性。

三、非敬语句子长度与感情

非敬语尤其是极端性表达中也会出现句子长度的问题，这时句子越长说明复杂度越高，那么所表达的感情也越强烈，即句子长度、复杂度与感情程度成正比。这是一种语法隐喻形式，也是语言象似性的一种表现。

韩语有惯用语“쌈으로 먹다”，有时会用来表达消极感情，如电视剧《해피시스터즈》(34)中，当小姑子想让嫂子帮忙弄个VIP证书时说了下面的话，如(63)，本来这句话可用比较简短的形式“양심은 쌈으로 먹었나”，但在话语中却添加了定语形式“돼기 껍데기로 싼”，表达的是说话者对听者不满程度之深。汉语在表达此意时，一般用“良心被狗吃了”，如果也加上定语“良心被忘恩负义的狗吃了”，那么也会起到加强消极感情的作用。

(63) 양심은 돼기 껍데기로 싼 쌈으로 먹었나? ...사람한테는 양심이란 게 있어요. 그것 없으면 사람이 아니에요. 你的良心叫狗吃了吗？……人要有点良心。如果没了良心就不叫人了。

第八章　转喻

Radden & Kövecses（1999：30−43）认为：有理想化认知模型（ICM）存在，就有转喻存在，人类语言本质上具有转喻特征。与隐喻不同，转喻涉及的是同一个认知域的整体和部分或部分和部分的关系，源概念与目标概念的关系是邻近性，源概念的功能是为理解目标概念提供心理可及性（Kövecses，2002：145，转引自束定芳，2008：188）。"邻近性"包括语言、现实和概念三者内部的、三者之间的邻近性（曾容、文旭，2019：93）。这种邻近性是以"理想化认知模型（ICM）"为基础的，包括两种类型：一、整体 ICM 与其部分之间的邻近性；二、同一个 ICM 中部分与部分之间的邻近关系（文旭，2014：69）。

本章主要从韩语转喻的构建基础、词汇转喻、惯用语转喻、谚语转喻，以及转喻与隐喻的结合等五方面来分析韩语转喻的特点。

第一节　转喻的构建基础

与隐喻相同，转喻的构建与识解都需具备一定的自然条件、认知条件以及相关的语言条件。认知语言学认为语义植根于语言使用者和接受者的百科知识体系中（王寅，2007：303）。百科知识不仅塑造了人们的概念结构，也构建起转喻运作的认知背景（马辰庭，2016：372），是来源义与目标义之间的转喻关系能够形成并被识解的基础。转喻可分为常规性转喻与偶然性转喻，韩语里的常规性转喻多表现为词汇转喻、惯用语转喻、谚语转喻等，常规性转喻"更易在常规语境中得到呈现，故部分转喻目标义的概念化对百科知识中心度的依赖性要大于语境，受语境约束相对较小"（马辰庭，2016：373）。

转喻的构建与识解也要基于一定的文化共性。关于某事物或事件，不同社会文化背景会形成不同的认知参照点和理想化认知模式，因此也会形成不同的转喻关系，并且也会出现常规性与偶然性转喻的不同。下面主要以婚姻这一文化现象所表现出的转喻现象来分析。

婚姻是不同社会文化里都会出现的文化现象，可建立起与婚前、结婚典礼、婚后以及婚姻的维系等各自不同的理想认知模型。根据“事件域认知模型（Evernt-domain Cognitive Model，简称 ECM）”理论，人们常以“事件域”为单位来体验和认知世界，将其储存于大脑中，在此基础上逐步概括出事件的抽象概念结构，并形成各种语言表达（王寅，2007：240）。反过来，在交际、表述意义时，人们不可能也无需将所有信息都说出来，将某一或某几个信息表达出来就可达到交际目的。因为事件的任何一个部分、阶段或特征都可代替或指向整个事态场景（Panther & Thornburg，1998，转引自张辉等，2010），这个过程实际就是激活或转喻的过程。

在中韩文化里，关于婚姻的认知模型、各个认知框架以及显著关系的突显虽然具有相似性，但也有较大的不同，因此在词汇化的形式以及语言的规约性上也产生了较多的差异。

第一，举行结婚典礼首先需要场地，韩国传统婚礼是在庭院里举行，这一框架成分成为婚姻框架里的突显成分，因此被词汇化，所以韩语里产生了惯用语借场地“마당을 빌리다”，转喻举行结婚仪式。虽然中国传统婚礼也一般在庭院里举行，但庭院并没有产生类似于韩语的转喻意义。

与场所有关，现代社会的结婚典礼多在酒店、饭店举行，韩国的酒店都有专门的“예식장”，因此“예식장을 잡다”也可转喻准备结婚。但在中国人的认知里，“订饭店”可形成多种认知框架，如果要突显结婚认知框架，那么需在前面添加“结婚”一词，形成“结婚订饭店”类表达，也就是说汉语“订饭店”来转喻结婚的规约性很低。

第二，结婚前，新人要梳洗打扮，在韩国人的心智空间中可以激活与此相关的多个认知框架，并且大部分都与头发有关。首先看男人，过去韩国男人都留发、扎辫子，需改成发髻，因此“상투（를）틀다”则可转喻男人结婚成为大人。再看女人，女人结婚需要盘头，所以“머리（를）얹다/올리다”可转喻女子结婚。韩国女人少女时代的代表性发型是将头发从额头中心分开往后扎成一条大辫子，那么盘头时首先要将大辫子解开，因此盘头前的这一具体动作也可形成惯用语“귀밑머리（를）풀다、귀밑머리 풀어 얹다”，转喻挽上发髻结婚。并且“귀밑머리 마주 풀고 만나다”转喻正式结婚。相反，没举行正式婚礼而盘起的头称作“외대머리”，可转喻妓女和卖淫的人。

中国也有结婚盘头的习俗，因此汉语里“盘头”也可转喻结婚的女人，

"梳辫子"转喻未婚女人，如（1），但与韩语常规性转喻相比，汉语的"盘头"与"梳辫子"等用法的规约性要低，并没有形成常规性转喻意义。

（1）这可好，破开盘头，再梳辫子，又变成没出阁的大闺女啦！（冯志《敌后武工队》）

韩国传统婚礼中，新娘还要在额头上点红点，所以"연지곤지 찍다"也转喻结婚，如（2）。中国人过去新娘子结婚虽也有抹胭脂的习俗，如（3），但汉语"抹胭脂擦粉"转喻结婚的规约性要低，语境性很强，因为"抹胭脂擦粉"更常规的意义是"打扮"。

（2）선 봤다고 다 결혼해? 결혼 날짜부터 먼저 잡아. 그리고 그 아가씨가 연지곤지 찍어놓으면 그 땐 휘경이 인사 이동이야.《가화만사성》（21）谁说相亲就得结婚啊？先把结婚日子定好吧。另外，那女孩子（和辉京）结了婚，那时候再给辉京升官。

（3）街上也常常有穿了红绸子大裤过身的女人，脸上抹胭脂擦粉，小小的髻子，光光的头发，都说明这是一个新娘子。（沈从文《街》）

第三，结婚时需要一系列的流程。韩语里与现代婚礼有关产生了很多转喻表达，如"청첩장 찍다 印请柬""반지를 끼다 戴戒指""웨딩드레스 입다 穿结婚礼服""면사포를 쓰다 戴头纱"等都可转喻结婚，如（4-6）。

（4）나는 승혜 언니가 사장님과 청첩장 찍을 줄 알았거든요.《오늘부터 사랑해》（91）我还以为盛惠姐会和老板你结婚呢。

（5）그러면 뭐 해? 반지 다 끼고 청첩장 받고 다했는데.《오늘부터 사랑해》（93）那还能有什么办法啊？她已经戴上了戒指、收了结婚请柬，（结婚）该干的都干了。

（6）a. 남의 면사포는 그만 씌우고 니 것 좀 써봐.《사랑이 오네요》（7）你不要再给别人戴头纱了，自己也戴上（结婚）吧。

b. 언니 웨딩드레스도 입히고 면사포도 씌워야지.《사랑이 오네요》（31）我们要给姐姐穿上结婚礼服、戴上头纱，送她出嫁啊。

如上，汉语里"印请柬、戴戒指"以及"戴头纱"等位于"结婚"这一百科知识的边缘，中心度很低，因此在认知框架中被激活的可能性与突显性很弱，规约性很低，因此很难与"结婚"这一目标义建立明确的转喻关系。因此韩语惯用语译成汉语时都需将"结婚"这一目标义明示化，根据语境也可添加"送她出嫁"，如（6b）。

在韩国不论是传统婚礼还是现代西方婚礼，一般都会出现蜡烛，多是在礼桌的两侧各放一支蜡烛，举行婚礼时一般由双方母亲来把蜡烛点着，

花烛的这种特殊文化意义使惯用语“화촉을 밝히다”可转喻举行结婚仪式，如（7）。但中国文化里一般是在洞房里点燃花烛，所以有了“洞房花烛”或“洞房花烛夜”，有时也用“点花烛”，汉语的这些表达也属于常规性转喻。但根据汉语要求语义明确的特点，有时需在后面添加“结了婚”。

（7）부모님은 너무 가난해서 찬물 한 그릇 떠 놓고 화촉을 밝히셨습니다. 父母太穷了，所以倒了一碗水就点花烛结了婚。

韩国人举行婚礼时一般新娘最后入场，所以“식장에 들어가다”可转喻结婚的完成，如（8），这种转喻表达的规约性较低，但根据上下文依然可转喻结婚。汉语多用“走向 / 步入 / 进入 / 踏进婚姻的殿堂”，要将“婚姻”这一中心意义明示化，因为“进入殿堂”无法成为“结婚”的参照点，或者说无法进入“结婚”的认知框架。

（8）평범한 집안의 애가 아니고 식장 안에 들어가봐야…《가화만사성》（21）她家又不是一般家庭，所以要最终进入结婚礼堂才算（结婚）……

第四，中韩两国人婚礼后都要宴请宾客，所以韩语“잔치”可转喻结婚仪式，如（9a），动词“잔치하다”转喻举行结婚仪式，如（9b）。汉语类似的有“吃喜酒”或“喝喜酒”，但主体是客人，而韩语的“잔치”与“잔치하다”的主体是结婚的人，因此译成汉语多用“办喜宴”或“办酒席结婚”，因为汉语“办宴会”或“办酒席”无法与目标义“结婚”形成规约性的关系，不处于“结婚”这一百科知识的中心，而是处于边缘，因此如果不是在特殊的前后语境里则无法形成“办宴会、办酒席”与“结婚”之间的语义联想，所以韩语的“잔치、잔치하다”译成汉语需添加“喜”或“结婚”来进行语义界定。有时汉语也用“吃喜宴”来转喻去参加别人的婚礼。

（9）a. 그 가을에 덕이와 봉네의 잔치가 있었다.《이범선，학마을 사람들》那年秋天，德和凤办了喜宴 / 办酒席结婚了。

b. 해순이，우리 날 받아 잔치하자！《오영수，갯마을》海顺，我们选个日子办酒席结婚吧。

再看婚宴食品。韩国人结婚招待客人的婚宴最后都会上一碗面条——“국수”，所以“국수를 먹다”可转喻结婚，这是用结婚这个事件中特有的食物来转喻结婚，可用于疑问句“국수는 언제 먹이냐？”或“잔치국수는 언제 먹이냐？”表示询问对方什么时候结婚，如（10a），也可用于陈述句来转喻自己的婚礼，如（10b）。

汉语里用饮食转喻结婚或婚礼时，一般用“喝喜酒”或“吃喜糖”，此时属于规约性转喻，因为中国人的婚宴上都会准备酒与糖，在中国式婚礼这一百科知识中，“喜酒”与“喜糖”的中心度比较强，相关的认知框架会被激活。有时汉语里也有“吃喜面”类转喻表达，但中国人结婚的“喜面”一般是新人吃，而不是客人吃。类似的还有“吃喜蛋”。汉语里“吃喜面”与“吃喜蛋”也可转喻指其他喜庆场合所吃的面或鸡蛋，因此在转喻结婚时，规约性要弱于“喝喜酒”与“吃喜糖”。

（10）a. 그나저나 팀장님이랑 최팀장님의 국수를 먼저 먹어야 할 텐데요. 언제쯤 먹여주실 겁니까?《우리집 꿀단지》(44) 话说回来，得喝我们组长和崔组长的喜酒了啊。什么时候请我们喝啊？

b. 그냥 변두리 예식장 잡아서 국수나 말아먹고 말아야지.《가화만사성》(93) 只能找个偏僻的结婚用会场，吃碗喜面就行了。

第五，韩国传统婚礼中，结婚前男方要去女方家迎亲，现代婚礼中，新婚旅行回来也要先去女方家拜访父母，然后再去男方家里，因此“장가가다、시집가다”分别用去丈人家或婆婆家来转喻结婚。汉语相关的有“不是一家人不进一家门”，也是用“进入家门”来转喻联姻。与“婆家”有关，汉语有“找婆家”，不过是转喻找婚姻对象。

第六，与婚后生活有关，结婚意味着同床共枕，而韩语用共用一床被子的动词性名词“합금（合衾）”或惯用语“한 이불 덮었다”来转喻婚姻生活，汉语是用“同床共枕”来转喻婚姻生活。

第七，不仅是结婚多用转喻表达，离婚也可用转喻，中国人离婚用“去民政局”，因为中国人离婚必须去民政局办手续。韩国人离婚一般都要在离婚协议书上盖章，所以“도장 찍다”可转喻离婚，而签订离婚协议书“서류를 정리하다”也可转喻离婚。

综上，转喻的构建与识解需以人类的体验为自然条件，人类共通的认知能力以及文化共性则是转喻形成的认知条件。这些自然条件以及认知条件共同构成转喻的百科知识背景。在跨文化背景下，各自所形成的与“婚姻”有关的理想认知模型不同，各类动作或行为在“结婚”这一百科知识背景中所占据的地位不同，各个认知框架被激活的程度也不同，因此形成了不同的转喻形式。即使两种文化中拥有同样的“结婚子模型”，但在形成转喻时也会表现出很强的文化性，有时表现为规约性程度高低的不同，有时会因为主体或地点的不同出现不同角度的转喻形式或转喻意义。有时汉语里甚至没有出现转喻表达。不论是哪一种类型，韩语都是用具体的动作或行为来转喻结婚或离婚，表现在语言上，那就是在话语交际中可不出现“结婚、婚礼、婚姻、离婚”等字眼；相反，汉语除了“盘头、梳辫子、抹胭脂擦粉、不是一家人不进一家门、找婆家”等之外，很多都需添加“结婚、婚礼、婚姻、离婚”或“喜”等字眼以使语义更加明确，这也反映了汉韩两种语言表现在语义上的显著不同之处。

第二节　词汇转喻

韩语的转喻从语言层面来分类的话，首先可分为词汇隐喻、惯用语隐喻以及谚语隐喻。而根据始源域与目标域的邻近性或相关性，词汇转喻主要可分为“整体转喻部分”与“部分转喻整体”。惯用语转喻与谚语隐喻则主要表现为“部分转喻整体”。

韩语词汇转喻主要分为三类：部分转喻整体、整体转喻部分，以及身体部位转喻衣服。

一、部分转喻整体

根据事物或动作本身的特点以及百科知识所形成的每个理想认知模型都由多个认知框架构成，每个认知框架又由多个不同的框架成分（或小的认知框架）组成。框架整体与其部分或框架成分之间会因某种相关性而产生显著关系（张辉，2003：255），这些显著关系就有可能被人们关注到并被突显，那么就有可能被词汇化。虽然认知框架整体与成分之间可形成多种关系，但人类在表达概念时，经常将个别关系当作整个关系的对象（吕新炎，2015：200），经常激活某个或某些框架成分来当作整体，这种认知过程就是以部分转喻整体的思想。韩语词汇里部分转喻整体主要有五种类型。

（一）身体部位转喻主体

韩语词汇里部分转喻整体最典型的就是用身体部位转喻人，例如，手是人做事用的最重要的身体器官，所以可用手来转喻人，如“일손”指干活的人手，“큰손”指有势力的人。

韩语里“어깨”意为肩膀，还指整天炫耀武力或暴力的不良之辈，这是先用身体部位“肩膀”来转喻人，然后再利用这类人的突出特征——抖擞肩膀、耀武扬威的动作来转喻不良之辈，因为不良之辈总会抖擞着肩膀，扬武扬威。有时“어깨”还被用作外号，如电视剧《수상한 삼 형제》(17)中，高利贷放贷人率领的要账兄弟，就叫“어깨”。这是通过具体的身体部位比喻具有这一身体语言的某一类人或者特点。

韩语有时可以用身体状态来转喻人的品质，如“목곧이”是用挺直

的脖子比喻耿直的人，也属于部分转喻整体。韩语还用骨头来转喻人，如“통뼈”指不是由两根骨头组成而是连成一根的下臂骨头，可比喻力量大或心胸宽广、意志坚强。

（二）性状转喻主体

性状转喻主体的类型主要分为六类：第一，服饰转喻人。汉语里有时用服饰来转喻人的身份，如“绅”本是古代士大夫束于腰间的大带子，所以束绅的人称作“绅士”。韩语里也可用服饰来转喻人的身份，例如用帽子来转喻不同身份的人，其中不戴帽子的人称作“백두（白頭）”，转喻身份高但不做官的人；“황관（黃冠）”比喻不做官的百姓；纱帽“감투”转喻官职或职位，“송진감투（松津--）”俗指性情黏黏糊糊、让人心烦的人；“초립둥이（草笠--）、초립동（草笠童）”转喻刚结婚的人。有时也用鞋子转喻人，如“고무신”转喻女人。有时也用头发绑带“댕기”转喻女人，如（11a）；有时用衣服转喻人，如“때때”指小孩子漂亮可爱的衣服、鞋子等，可转喻孩子，如（11b）。

（11）a. 댕기 그네 女孩子打的秋千

b. 때때 그네 小孩子的秋千

韩语里有时也用服饰颜色来转喻人。例如，韩国小孩子即使是男性一般也都穿粉红色的上衣，所以韩国有了“분홍방（粉紅榜）”这种说法，因为高丽禑王十一年（1385 年）的“감시（監試）”中，监考官尹就所选拔的九十九个人中有很多是豪门世家的孩子，都穿着粉红色上衣，乳臭未干，因此被称作“분홍방”或“홍분방（紅粉榜）”。

第二，食物转喻人。韩语里“사발술”指用沙钵喝的酒，也指一沙钵或几沙钵的酒，能够用沙钵喝酒的人，自然酒量很大，所以“사발술”也比喻酒量大的人。韩国人过年时一定要喝糕汤，所以“떡국”就与年龄增长连通起来，因此可转喻年纪大的人，这是用特定食物来转喻人，因此有了谚语“떡국 농간하다”。

第三，声音、动作转喻人的行为。例如，人们喝酒尤其是喝白酒时，一般会发出“啁啁”的声音，韩语里用副词“졸졸”形容这种声音，但“졸졸이”还转喻酒，这是用喝酒的代表性动作来转喻行为。韩语还有动词“쉬쉬하다、쉬쉬거리다”，指把食指放在嘴唇上，说“嘘！”因为人们偷偷说话时常常伴随这样的动作，所以“쉬쉬거리다”比喻偷偷说，如（12），是用特定的动作来转喻行为。

（12）1 주일이 다 돼 가는데 니들 어쩌려고 쉬쉬거리고 있어?《그래 그런 거야》（54）都快一周了，你们想怎么弄啊，这么偷偷地不

说给我听?

第四，行为转喻人。韩语里用筷子打着节奏唱的歌或大众歌谣称作“니나노”，可转喻酒吧女，是用常用的唱歌方式来转喻人。“초시（初試）”指科举考试的初试，可转喻第一次考试合格的人，是用典型的行为和事件来转喻人。因为通过初试的人都懂汉文、有一定学识，所以过去也用“초시”来转喻懂汉文的有知识的两班贵族，是用特定的某个类型的人来转喻整个群体。

第五，构成转喻物。物品有很多特点，如颜色、形状、材质等，所以可借助各个特点来转喻物品。例如，韩语里“쇠”意为铁，也指锁、钥匙、钱、磁石、锣等，因为这些物件都是用铁做的，这是用材料来转喻物件。韩语里“동그라미”意为圆，可转喻钱，这是用铜钱或硬币的形状来转喻钱，也可看成是“部分转喻整体”，因为铜钱和硬币只是钱的一种类型。

第六，性状转喻物。韩语里还有“직행（直行）”，意为途中不停一直走，根据这种特点也可转喻直达汽车或火车，如“서울 직행 탈 사람 坐直达首尔的汽车 / 火车的人”。

（三）生产转喻主体

生产活动包括众多信息，如人、行为、工具、对象、产物、地点等，这些不同信息之间可发生转喻，韩语里经常出现的喻体是工具、产物或对象等。

第一，工具转喻人。韩语里“먹물 墨水”可转喻学识丰富的人或文章写得好的人，“서궤（書櫃）”转喻在各个领域博学多识的人[①]，这都是用特定人群的常用工具来转喻特定的人。这些转喻都具有积极意义。

还有很多类似的转喻具有消极意义。例如，韩语里煎药的锅称作“약두구리（藥---）”，也用来嘲笑那些体弱多病药不离口的人，是用吃药的器具来转喻病人，汉语“药罐子”也是这种用法。“술독”指具体义的酒缸，还比喻人酒量大，是用器具来转喻人的酒量，汉语的“酒桶、酒篓子”有时也转喻酒量大的人。韩语有“장님（杖-）”，指盲人（조항범，2014：150），也是用常用典型物品来转喻人。过去女性干家务重要的工具之一有“杵”，称作“절굿공이”，可转喻已婚女性，这是用工具来转喻主体——人。韩国女性出门买菜常用的器具是“바구니”，所以韩国家庭主妇也被贬称为“바구니짜리”，这是用买菜器具来转喻女人。

第二，工具转喻物。例如，韩语“꼬치”本来指尖尖的铁棒或木棒，

① “서궤”也可以看作隐喻，就像书柜里装满书一样而饱读诗书。

也可转喻食物，即用这种工具串成的肉串。再如，韩国人杀牛时用斧头，所以在寺庙这些禁止杀生的地方，牛肉被称作“도끼나물”，意为斧子素菜，是一种隐语（박갑수，2014a：143），这是用“工具+나물”来转喻事物。

第三，工具转喻职业。汉语的“饭碗、铁饭碗”作为吃饭的器具，可转喻职业。韩语里主要是用做饭的器具“밥통、철밥통”来转喻职业。

第四，工具转喻行为或状态。人喝酒时需要各种酒杯，其中“대포”意为大酒杯，还转喻用大酒杯干喝酒。“억병”可转喻极多的酒，此外，这个词也指酒量大，也指喝酒喝多了的状态。这都是用喝酒或装酒的器具来转喻行为或状态。

酿酒需要酒槽子，韩语称作“고조”，后来变形成为“고주”，酿酒剩下的酒糟称作“모주”，酒篓称作“고주망태”或“모주모태”，因为这些酿酒用、装酒用的东西以及酒糟都与酒有关，所以“고주、고주망태、모주망태”可转喻人醉酒，是用酿酒的器具来转喻人醉酒的行为。

第五，产物或对象转喻人。韩语有“문장（文章）”转喻文豪，是用文豪的创作物——文章来转喻人。汉语里看风水的人称作“风水先生”，韩语里称作“풍수（風水）”或“풍수쟁이（風水--）”，对风水地理说一知半解的人则称作半风水“반풍수”，这里的“풍수”和“반풍수”都是以对象“风水”来转喻看风水的人。

第六，产物转喻地方。例如，“물”可比喻在某一地的生活，如“외국 물을 먹다 在外国生活”，因“水”是生活的最基本物品之一，这是以部分来指称整体——国家或地区，也是用地方产物来转喻地方。汉语有“一方水土养一方人”的表达，因“水土”是代表一个地方的典型事物，所以是用“水土”来转喻一个地区或国家。汉语还用“井”来转喻人口聚居地、家乡，如“背井离乡”，这都是用部分（产物）来转喻整体（主体）。

第七，动作转喻产物。例如，“휘호（揮毫）”指艺术作品，是用挥毫这个动作来转喻由此动作而产生的产物——作品。

（四）载体转喻整体

学识或学问需要用语言和文字表达出来，后者是前者的载体，在过去教育不普及的时代，“识文断字”就成了文化的象征。韩语里文字的固有词是“글”，汉字词为“문자（文字）”，所以两者也都可转喻学识或学问，成为有文化的象征，如（13）。尤其是（13b）里的“문자”，指用汉字太多，尤其是四字格的汉字成语，所以听起来像私塾，因为对部分韩国人来说，汉字成语是非常难的内容。韩语还用“문자”转喻手机短信，这时的

"文字"并不专指汉字，而是上义词，如"문자를 보내 给我发短信"，因为手机短信的表现形式是文字。

（13）a. 그는 견문도 넓거니와 글도 대단하다. 他经多见广、学识也高。

b. 근데 여기 문자 너무 써요. 서당 같아요.《그래 그런 거야》（19）不过这家人说话太文绉绉的，好像私塾一样。

二、整体转喻部分

因为认知模型的整体是由多个认知框架构成的，因此整体也可以代表部分。韩语里整体转喻部分主要表现为用身体来转喻个别身体部位，或者用地方来转喻人、物或活动，还有一部分是用容器来转喻内容。

（一）身体转喻部位

韩语里头"머리"可转喻头上的头发，是整体转喻部分。韩语里手指是"손가락"，也可用"손、손끝"表达，分别是用手这个整体或手的末端来转喻部分——手指。鼻子"코"可转喻鼻涕"콧물"，脖子"목"可转喻喉咙"목구멍"和嗓音"목소리"。"가슴"是胸部，也可转喻乳房"젖가슴"，也是用整体代替部分。

另外还有一种类型，即词语中的某个组成部分属于整体转喻部分。例如，手指中有食指，用食指点人是不礼貌的行为，因为人们在骂人时，多用食指，但表现在语言上不具体到食指，而是用整体意义的"손가락질"，表示点着手指头骂人，如（14a）。有时，韩语还用汉字词"지탄（指彈）"，意为指出对方错误并进行指责，如（14b）。汉语表达此意时也用与手指有关的"戳手指头、指指点点、指责"等。"손가락질"以及汉语表达中的"手指头"和"指"都是用整体来转喻部分——食指。

（14）a. 세상 사람들한테 손가락질 받으면서 평생을 살게 하는 것은 배려라고 하는 거니?《최고의 연인》（37）让她一辈子过被世人戳手指头的生活，就是你所说的关照吗？

b. 지탄의 대상 指责的对象

（二）地方转喻人、物、活动

地方是一个空间，这个空间包括在其中的人、物、机构以及所举行的活动。韩语里常用这样一个大的空间来转喻其中的部分，即人、事物、状态或活动。

第一，地方转喻人。韩语里用地点转喻人具代表性的就是称呼语，如丈夫称作"바깥 양반"，妻子称作"아내"，分别用外、内来转喻人。"서방（書房）"也是用居住地来转喻女婿。另外还有非称呼语的转喻。如"산

림（山林）”比喻德高望重有学识的人不做官、归隐的读书人，是用隐居之人常待的地方来转喻人。“논두렁”可用来嘲笑农民，是用农民经常待的地方来转喻人。“짠물”被用来嘲笑出生于海边或住在海边的人，这里先是用水的性质——咸水来转喻海水，继而用海水、海边来转喻人。“사령탑（司令塔）”本指指挥塔，也转喻指挥官，是用处所来转喻人。类似的还有“장석（丈席）”，是用坐着讲学的席子来转喻学问与德望非常高的人。

第二，地方转喻事物或机构。例如，韩语里“산”意为山，还指“산소（山所）”，即墓地，之所以产生这种意义，是因为墓地一般都是修在山上的，这是用处所转喻墓地。韩语里门牌号码称作“번지수（番地數）”，俗指人的所属单位或机构，这是用门牌号所代表的空间或地方来此地的单位或机构。韩语里还有汉字词“원두（園頭）”，本义指菜园，但本义已不再使用，而是用地点转喻种在菜园里的瓜类，并且还产生了派生词“원두막（園頭幕）”，也只用于转喻意义。

第三，地方转喻状态。例如，韩语里住址为“현주소（現住所）”，指现在住处的位置，也比喻现在的状况、处境、状态等，如“우리나라 학교 교육의 현주소 我国学校教育现状”，是用位置来转喻状态，汉语多用“现状”。

第四，地方转喻活动。汉字词“산림（山林）”指山林，而佛教宣传佛法等多在山林里举行，因此“산림”可转喻聚众学习佛法的活动。

（三）容器——内容

韩语有“배반（杯盤）”，指酒桌上的器具，也转喻杯盘里的食物，是用容器来转喻里面盛的食物，“배반”还指兴致正浓的宴席，这是用部分器具来转喻宴席整体。韩语“억병”本义是瓶，可转喻极多的酒，也是用容器来转喻内容。

韩语里花盆为“화분（花盆）”，也可转喻盆花，是用容器来转喻容器里的植物。

三、身体部位转喻衣服

韩语里也可用身体部位来转喻服饰，例如，“멱살”指脖子前面的肉，也转喻衣领；“어깨”指肩膀，也转喻衣服的肩部；“가슴”指胸部，可转喻衣服的前端，义同“옷가슴”；“팔”指手臂，也转喻衣服的袖子；“겨드랑이”指人体腋下，也转喻衣服的腋部；“윗도리”指人体腰部以上，也转喻上衣；“아랫도리”指人体腰部以下，也转喻下衣；“가랑이”指人体裆部，也转喻裤子的裆部。

第三节　惯用语转喻

韩语里的惯用语转喻主要表现为事件转喻。根据“事件域认知模型（ECM）”，韩语里的事件隐喻可表现为多种形式，主要分为：个别身体部位的行为转喻人的行为，个别行为转喻整个事件行为、部分动作转喻职业三种类型。

一、个别身体动作转喻整体行为

此类型的转喻中所涉及的身体部位主要有头、脸、耳朵、手、手指等。其中“머리、얼굴”等常用于惯用语中，如“머리（를）내밀다”转喻人出现在某地，是用头部来转喻人，“머리가 굳다、머리가 굵다”是用头变大、变粗来转喻人长大、年龄变老。

二、个别行为转喻整个行为

个别行为可以转喻整个行为或事件，如“옷을 벗다”是用脱掉某种制服来转喻辞职，“소매를 걷다 / 걷어붙이다”是用挽袖子来转喻积极干事，“소매치기”是词组“소매를 치다 动袖子”的名词形式，是用动袖子这样的动作来转喻小偷，“허리띠를 늦추다 / 풀다 / 끄르다”是用松腰带比喻生活富裕、不紧张、放下心，“허리띠를 조르다 / 졸라매다”是用勒紧裤腰带来转喻下决心做事、节衣缩食、忍受饥饿。与帽子有关的动作可转喻事件，如“고깔모자를 씌우다”转喻把别人弄成罪犯，“두건을 쓰다”转喻家里有丧事。与鞋子有关的动作也可转喻事件，如“연못 골 나막신을 신긴다”是用给对方穿木屐转喻拍马屁，“고무신을 거꾸로 신다”是用倒穿鞋子（见其他男人）这一动作转喻“女人与前男友分手”这一事件。

三、部分动作转喻职业

根据 ECM 理论，动作构建的认知框架非常多。首先，动作一般与一定的地点或位置有关，因此可用处于某个地点或空间位置来转喻职业，如“강단에 서다”是用站讲台来转喻做教师，“산에 들어가다”是用进山比喻当和尚，“벤치를 지키다”是用比赛时总是坐在赛场边上的长条椅子上来转喻成为候补选手，“무대를 밟다、무대에 서다”是用站在舞台上转喻参加演出。

其次，用典型动作来转喻职业时，一般都伴随某种职业代表性的器具或物品，这种类型特别普遍。例如，“땅을 파다”用挖地转喻从事农业，“청진기를 들다”用拿听诊器转喻当医生，“술구기를 들다 / 잡다”用拿酒勺转喻卖酒，“메가폰을 잡다”用拿麦克风来转喻担任电影等的导演，“쪽박(을) 차다”用身挂破瓢子来转喻成为乞丐。

有的职业代表性的器具是多种类型的，那么就会出现多个转喻表达。例如，表示与写作有关的职业时，韩语里是用笔有关的动作来进行转喻，例如“붓을 대다、붓을 들다”都用提笔的动作来转喻写字或写文章，“펜대(를) 놀리다 / 굴리다”是用转笔的动作来转喻从事写作。“붓을 놓다 / 꺾다 / 던지다”分别是用放笔、折笔、弃笔的动作转喻不再进行写作活动，“붓을 꺾다 / 던지다”还转喻放弃从事写作的希望而从事其他事情。

第四，用动作转喻结果。例如，中韩两国过去都有“黥刑”，是在人体上留下印记来作为惩罚的刑罚，被称作“경을 치다”，刑罚的结果是为了教训别人。随着社会的发展，这种刑罚消失了，但其结果义却被保留下来形成了惯用语意义，比喻教训或斥责别人。挨打的人称作“경을 칠 놈”或“경 칠 놈”，由此又产生了骂人的话“경칠”(김동진・조항범，2001：41)，相当于汉语的“找打”。汉语里这种刑罚称作“刺青、刺字”，但没有产生转喻意义。

第四节　谚语转喻

除了上面所分析的词汇隐喻、惯用语隐喻外，韩语里还存在大量的谚语转喻。

第一，与身体有关的谚语转喻。例如，韩语里“외주둥이”俗指一张嘴，有谚语“외주둥이 굶는다”，这里的“외주둥이”是用身体部位——一张嘴来转喻人，而谚语意为一个人生活会经常不吃饭饿肚子。韩语还有很多与头有关的转喻，例如“머리에 피도 안 마른다”是用头上的血还没干这种生理现象或状态来转喻人年轻。

与孩子有关，可用脐带和头垢的状态来进行转喻，如谚语“배꼽도 덜 떨어지다”，是用脐带剪掉的痕迹还没有完全长好来转喻小孩子；“딱지가 덜 떨어지다”是用小孩子的头垢还没有掉干净来转喻稚气未脱的样子。这都属于性状转喻。

第二，与地点有关的转喻。与肚脐有关，韩语还有谚语“배꼽 떨어진 고장”，是用脐带被剪掉的地方转喻出生地。韩语还有谚语“행랑이 몸채 노릇 한다”，这里是用不同的地点门房“행랑”和正房“몸채”来分别转喻“客人、仆人”和“主人”，因此谚语转喻客人像主人一样行事，也转喻下人代替主人来主事。在谚语“어설픈 약국이 사람 죽인다”中，“약국（藥局）”转喻医生，也是用处所转喻人，而谚语的意思是医术不好的人害人。

第三，声音转喻。韩语里铁制品、铃铛、钟、风铃、马铃等晃动时产生的声音为“뎅그렁”“뗑그렁”，有谚语“만날 뗑그렁”，意为每天唧个里唧地唱，是用人的代表性的行为来转喻生活富裕、没有一点愁事。

第四，事物性状转喻。桌子是用来摆放饭菜的容器，形容菜丰盛时，韩语多用“상다리가 부러지다 / 휘어지다”，有时还用“상이 어둡다”，如（15），是用桌子腿断了或桌面不见了这种事物的性状来转喻食物的丰盛。

（15）a. 아줌마는 잔치할 때면 상다리가 휘어지게 준비한다. 大妈逢年过节准备的饭菜丰盛得都能把桌子腿压断。

b. 아침 점심에 없던 반찬이 많아서 상이 어두웠다.《홍명희，임꺽정》上了很多早饭午饭时没有的饭菜，都看不见桌面了。

第五节　隐喻与转喻结合

在语义扩展中，隐喻与转喻常常交织在一起，交织程度很复杂（张辉，2003：250）。本研究所涉及的韩语转隐喻现象可分为六种类型，其中与词语有关的主要有三种类型，与惯用语有关的主要有一种类型，最后一种是与谚语有关的类型。

一、多义词先隐喻后转喻

此类型是多义词的其中一个意义是隐喻形成的，一个是转喻形成的。这类例子多是用特征来转隐喻人。用人体部位、生理特征或典型打扮来转喻一个人，这种表达一般是粗俗的，多被用作绰号。因为这种用法是将人贬低成自身的组成部位，等于对人的否定（史蒂芬·平克，2015：143）。这种类型的转喻主要集中在外貌表达上。如表 8-1 所示：

表 8-1　韩语里与头、头发有关的转隐喻

分类	表达	意义
头	대갈장군（--將軍）	嘲笑头大或那样的人
	가분수（假分數）	嘲笑与身体相比头过于大或那样的人
	요강대가리	用尿罐子比喻光头或那样的人
	공산명월（空山明月）	嘲笑光头或那样的人
头发	갓털	嘲笑部分头发竖着或不整齐的样子或那样的人
	까까중머리 / 까까중이머리	和尚头或留着和尚头的人
	중머리	板寸头或留着板寸头的人
	몽구리 / 뭉구리	板寸头，也用来嘲笑和尚
	경텃절몽구리아들	指和尚，也比喻留着板寸头的人

与头有关，韩语主要用马蹄钉和假分数比喻头大，用尿罐和空山明月比喻光头。与头发有关，多用鸟毛比喻头发乱，用和尚头比喻板寸头。这些比喻都利用了形象特征的相似性，是一种隐喻。这些隐喻表达还有第二个意义，即指拥有这些特征的人，是用典型特征如“头大、光头、头发不整齐、和尚头”等来转喻人，是部分转喻整体。

还有其他一些隐转喻类型。例如，韩语里拳头“주먹”比喻物理的力量或暴力，这里利用形象和结果的相似性来进行隐喻，此外，因为拳头是喜欢用武力的人的突出象征，所以可比喻暴力组织的人，是用部分转喻整体。

二、多义词先转喻后隐喻

多义词先转喻后隐喻的类型也有很多。例如，鱼有鳞，贝有壳，所以“인갑（鱗甲）”可转喻鱼类和贝类，这是部分转喻整体。“인갑”还比喻人非常阴险，从不向他人露出自己的内心想法，这种比喻义利用的是“仅露出鳞甲即为隐藏原形和内心想法，隐藏内心想法的人是阴险的”这种隐喻思维。

韩语还用“핫바지”或“핫바지 저고리”比喻人傻，“바지 저고리”比喻人没有主见，这三个表达都是先用服饰来转喻人，然后再用服饰的形态特点来隐喻人的特点。类似的还有“노리개”，这是女人身上戴的饰品，所以可以用饰品来转喻女人，又因为饰品是玩物，所以“노리개”又隐喻被带在身边当作玩物的女人。

三、多义词隐喻、转喻交织出现

先看复合词结构的多义词。例如，韩语“치맛바람”比喻教育热，这里首先是用裙子“치마”来转喻妈妈，再用“바람”的作用和威力来隐喻

妈妈的教育热；同样，“바짓바람”是先用裤子“바지”转喻爸爸，然后再用“바람”隐喻教育热。这属于 Benczes（2006）中所提到的“修饰成分是转喻用法，中心成分是隐喻用法”类型。

韩语还有“앞방석、곁방석”，先是用“방석”转喻人，形成了“坐在前面的人、坐在旁边的人”，再根据所坐位置分别隐喻“秘书、依附在有权有势人周围的人”。这属于 Benczes（2006）中所提到的“修饰成分是隐喻用法，中心成分是转喻用法”类型。

多义词有时还会出现复杂的隐喻与转喻现象。例如，韩语里“대필（大筆）”意为很大的毛笔，可转喻写得很大的书法，是用器具来转喻内容；也比喻写得很好的书法，这是转喻与隐喻的结合，先是用器具转喻内容，再根据“大的即好的”这一隐喻相似性，用大笔来隐喻好的书法；“대필”也转喻书法写得很好的人，是用器具（笔）和创作物（书法）一起来转喻人。

韩语里喉咙的粗细称作“목통”，也指脖子的粗细或俗称脖子，这是部分转喻整体，因为喉咙是脖子的内部构成部分。此外，“목통”还用来嘲笑贪心的人，这是用脖子粗比喻贪心，依据的是“脖子粗——吃得多（相关性）——贪吃——贪心（相似性）”这样一个认知思维，这个过程中先后利用了转喻和隐喻思维；“목통”还比喻大手大脚消耗财物的态度，利用的则是隐喻思维，即利用了“粗——贪——多（大手大脚）”三者之间的相似性。

四、惯用语的隐喻转喻

韩语惯用语都具有异于字面义的特殊意义，这些特殊意义最具代表性的产生方式就是比喻，主要有两种类型。

第一，先隐喻后转喻。例如，韩语的身体语言可表达丰富的心理和思想感情，鼻梁高“콧대가 높다”可比喻人得意洋洋，因为人得意洋洋时会伴随类似的身体变化，这是一种隐喻意义，而用鼻梁的状态比喻整个人的心理状态，又是一种部分转喻整体的现象。再看“어깨가 가볍다 / 무겁다”，这两个惯用语分别是用人体的具体感受来隐喻人抽象的心情，而肩膀的轻松和沉重又是用身体部位来转喻整个身体的感觉。韩语里与身体部位有关的表达很多都具有这种综合比喻的用法。

第二，先转喻后隐喻。例如，韩国人过去抓貉子一般会用烟熏，据此产生了惯用语“너구리(를) 잡다”，比喻在封闭空间里烧火或抽烟而弄得乌烟瘴气的，是用整体行为来转喻部分行为——先用烟熏。韩国人有时还用“너구리 잡니？”来委婉地表达不要抽烟之意，这是一种基于相似性的隐喻意义，利用的是抽烟与抓貉子用烟熏之间的相似性。

五、谚语转喻、隐喻、转喻交织出现

韩文字母中第一个辅音是“ㄱ”，读作“기역”，谚语“기역 자 왼 다리도 못 그린다、기역자도 모른다”比喻非常无知，是用不会写或不认识“ㄱ”作比喻“不识字”，属于部分转喻整体，然后用“不识字”来隐喻“无知”。“속으로 기역 자를 긋는다”比喻在心里决定某事，是用在心里写“ㄱ”作比喻，也属于转隐喻类型。

韩语字母中第一个元音是“아”，第二个是“어”，这两个字母也常用于谚语“아 다르고 어 다르다”中用来转喻文字，也体现了空间隐喻的思维。译成汉语时，有时用“一是一二是二”，如（16a），有时用“东、西”，如（16b）。

（16）a. 그래도 아 다르고 어 다른데 당신 처음부터 그런 음흉한 계를 낸 것 아니잖아요?《나도 엄마야》(99) 尽管是这样，但一是一,二是二，最初想出那么凶狠奸计的并不是你啊。

b. 이거 진짜 못 쓰겠구만. 와이프가‘아’하고 얘기했는데 왜‘어’라고 말하는 건데? 그렇게 코끼리 뒷다리 긁으니가 이혼당하는 거야.《밥상 차리는 남자》(22) 你这人真是不可救药啊。你媳妇说“东”，你为什么说“西”？你这样不知道问题在哪里，所以才被离婚的，知道吗?

（17）He doesn't even know abc of the subject. 他对那个领域是一无所知。

如上，韩语的“ㄱ”“기역니은”“아 다르고 어 다르다”分别是用辅音、元音来转喻文字，而汉语是用“一、二”来转喻文字，而英语一般用“abc”表达基本知识，如（17）。这都属于转喻，并且都是用最前面的部分来隐喻整体，是先转喻后隐喻。

韩语里“머리 头”可指头发，是用整体转喻部分。而操心过度或者年龄增大头发都会变白，与此相关有谚语“머리에 서리가 앉다、머리가 모시 바구니가 되었다”，意思分别是“头上下了霜、头成了用麻布作的篮子”，两个谚语本身利用了颜色的相似性，即霜是白色的，麻布是白色的来隐喻头发白了，在此基础上，又利用头发白了来转喻人老了，是部分状态转喻整体状态。

韩国人婚宴上吃的面条都是热面，也称作“온면（温麵）”。因为吃面条意味着结婚，所以也可形成谚语隐喻，如“온면 먹을 제부터 그르다”意为从吃面条结婚的当天就出问题了，这里是用“온면을 먹다”来转喻结婚，然后又用“结婚时”来隐喻“事情开始时”，因此谚语产生了隐喻意义，比喻事情开始就出了问题。

第三编　概念整合理论与语义、语法

第九章　概念整合理论与语义泛化

法国符号学家 P.Guiraud（1975）曾说，语言的创造都与语源具有一定的关系。而使已有的词语意义发生变化产生新义也是语言创造的一种，并且是最常见的方式，但是，是什么原因？促使选择哪些已有词语？使其发生怎样的变化？变化的方式和结果如何？这些问题都是我们需要来探讨的。

从范畴的层次角度来看，基本层次范畴的词语容易产生比喻义，而基本层次范畴的词语一般表达最初的具体义，之后其语义逐渐发生扩大，适用范围越来越大，对适用对象的限制越来越模糊，语义也逐渐具有了模糊性。这种语义的变化过程就是语义泛化。语义泛化指的是词语在保持越来越少的原有语义特征的情况下不断产生新的使用方式，并将越来越多的对象纳入自己的指谓范围（刘大为，1997：33）。

体验哲学还认为范畴成员具有原型与非原型的区别，范畴内的成员具有家族相似性，但地位并不相同。如果从原型范畴理论来分析词义的话，词语最基本的核心义属于原型意义，而语义泛化所产生的意义属于非原型的、引申意义，与原型意义具有家族的相似性，原型意义与引申意义形成了一个意义链（Meaning Chain）。语义泛化的结果是边缘义与核心义的语义关联性越来越弱，抽象性越来越强，因此也会出现原型意义不同的两个词的引申意义产生共同的属性成为近义词的现象。

韩语词汇语义演变的重要方式也是语义泛化。过去的很多研究主要集中于语义泛化的表现上，而鲜有研究来对韩语的这种语义泛化过程做出详细解释。本章拟借助心理空间与概念整合理论来解释词语（尤其是复合词）、惯用语语义泛化的步骤与层次，解释前后组合部分是如何影响新义产生的，解释语义泛化形成的各种结果。首先分析概念整合与韩语语义泛化的基础，然后分析概念整合与语义泛化的方向，最后分析概念整合与语义泛化的结果。

第一节　概念整合与语义泛化基础

前面第三章已分析了相关概念整合理论。概念整合理论非常重视百科知识观，因为是百科知识与具体语境被投射到类属空间，然后在联想和逻辑推理等创新思维的作用下，通过对类属空间概念元素的组合、完善、扩展和凝缩，再结合具体语境，形成搭配，并在融合空间里形成新的意义。

一、体验

在人类生活中，人处于中心位置，人从自己的身体出发逐渐转向周围的物理世界，反过来人也会利用外在的身体行动表达内心世界（Aitchison，2003/2004：297），而这个过程带来的结果表现在语言上，就是人类认知的概念化、词汇化，并且还会伴随语义的生成与演变，而语义演变非常重要的形式就是语义泛化。

语义的泛化要以经验为基础。人类的原始思维都是具体的形象思维，本研究所分析的韩语的基本义都是具体义，其抽象义的产生都基于具体义，都是以人类的自我体验为基础发展出来的。“语言成分，标明经验的符号，必须和整组的经验，有一定界限的一类经验相联合”（萨丕尔，2011：11），而这些经验获得的基础就是对自然万物、行为、事件的细致观察。如果没有细致的观察，就无法形成形式直观，那么就无法将这些观察和经验进行简化和一般化，并最终上升为语言符号。

人类的经验具有很强的主观性与文化性，根据心智空间理论与概念整合理论，在人们的心智空间中，事物的哪一部分或哪几部分相关的认知框架被激活并进行概念整合而产生意义不是盲目的，而是深受人的主观性与文化性的影响。在不同文化里，如果某一事物被激活并产生意义的部分或特点越多，那么在相应文化里的意义就越多，那么相应的语言形式从语义变化的角度来看，就发生了语义泛化。

例如，动词“자다”的基本义为人睡觉，这是原型意义，这个事件作为意向或观察对象，很多特点可以被人的意识所认知，如果借用框架语义学或理想化认知模型（ICM）的理论来分析的话，那么睡觉的动作行为可形成多个框架模式或模型，如（1）所示：

（1） a. 动作模式：躺着、不动、静止

b. 主体模式：有生命的东西

c. 客体模式：身上盖着被子、褥子

d. 状态模式：被压在身下

e. 特殊模式：性生活

（1a–d）是普遍意义上与睡觉有关的框架，是能被睡觉联想起的最明显的模式，（1e）是根据人类的生活习性与经验产生的特殊模式。在韩国人的心智空间里，这些不同模式与相关因素都被激活，并且主体模式与客体模式的相关事物发生了扩展，然后分别与动作模式一起进入融合空间进行了概念整合，因此“자다”在这些不同的搭配中产生了不同的新义，这些新义最终成为了被词典收录的规约意义，如表 9–1 所示：

表 9–1　“자다”的意义

意义			例句	汉语
一	1	风或水等安静下来。	폭풍우가 지나가자 파도가 잔다．暴风雨过后，波浪停了。	停
	2	机器停下来。	시계가 자서 아침에 늦게 일어났다．表停了，所以早上起晚了。	
	3	骚乱或激动的氛围降下来、安静下来。	그는 장내 분위기가 자기를 기다렸다가 이야기를 꺼냈다．等场内安静下来，他开始讲话。	静
二	4	打牌时某张牌被压在下面。	광이 밑에서 자는지 좀처럼 나타나지 않는다．“광”是不是压在下面了，一张也没有啊。	压
三	5	蓬松的东西被压扁。	솜이 자도록 눌러 놓았다．使劲压着想把棉花压实一点。	
四	6	某种东西没被利用起来。	물건이 팔리지 않고 창고에서 자고 있다．东西卖不掉积压在仓库里。금고에 자는 돈을 끌어내어 산업에 투자하도록 해야 한다．得把在保险柜里睡大觉的钱拿出来投资产业啊。	睡大觉
五	7	男女之间发生性关系。	그들은 결혼 전에 이미 같이 잔 적이 있다．他们结婚前已经睡过了。	睡

“자다”有七个引申意义，都从原型意义发展而来，但都已偏离原型意义，这些意义分别与睡觉的状态、动作、结果以及相关行为有关。第一，根据模式（1a），睡觉意味着结束一切工作，停下来，安静下来，模式（1b）的主体可以从有生命的人而扩展为水、风等无生命的自然地理事物（如意义 1）或机器等具体实物（如意义 2），或抽象的氛围（如意义 3），当主体为以上事物时，“자다”的语义也整合成为“停下来、静下来”。第二，根据模式（1c，d），睡觉是人盖上东西躺下来，而盖的东西和被盖的人都可扩展为无生命的“牌”，因此“자다”的语义又被整合为“打牌时

某张牌被压在下面”（如意义 4）。第三，根据模式（1d），睡觉时身下的东西被压着，如果其客体从寝具扩展到其他事物，如棉花，那么“자다”的语义就被整合成了“蓬松的东西被压扁”（如意义 5）。第四，根据模式（1a），睡觉躺着不动意味着不工作，其主体可扩展为东西，因此“자다”的意义被整合为“某种东西没被利用起来”（如意义 6）。第五，根据模式（1d，e），男女发生性关系时，一般都是晚上睡觉时进行，并且多是一方在上，一方在下，所以可用睡觉这个相关动作来转喻“发生性关系”（如意义 7）。当然，“发生性关系”也可看作是“睡觉”的特殊模式。

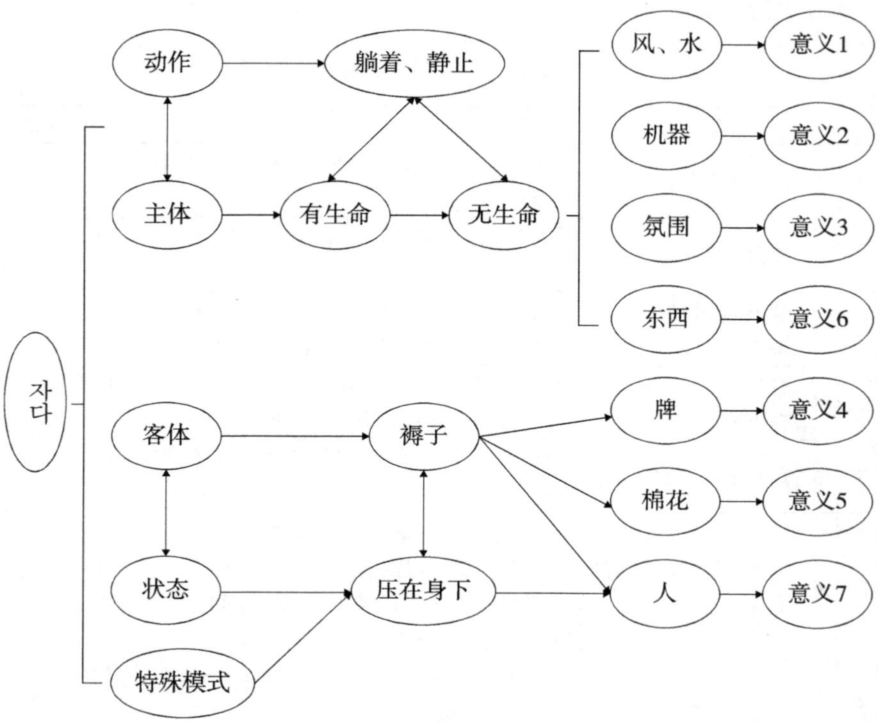

图 9-1 “자다”的认知框架与整合

综上，在“자다”的语义泛化过程中，“자다”的动作模式与状态模式未发生变化，发生变化的是主体模式与客体模式，主体模式扩展之后又与动作模式进行概念整合，最终产生了意义 1、2、3、6，客体模式扩展后与状态模式进行概念整合，最终产生了意义 4、5、7。“概念整合过程是心智活动的动态过程”（王正元，2009：25），通过上述概念整合过程可以发现，在韩国人的心智空间里发生了以“자다”为中心的一系列丰富且复杂的心智活动。

如上，根据“자다”的丰富的意义可以发现，韩国人对睡觉这个行为的关注度非常高，所有的理想化认知模式都被关注到，并与其他事物发生概念整合，在这个过程中“자다”的意义也发生了语义的泛化。如果与汉语进行对比的话，会发现对同一动作和行为的认识在不同的文化背景下有不同的关注点，被激活的认知模式并不相同，汉语“睡觉”与韩语对应的主要是“자다”的第6、7个意义，如（2）。也就是说，对睡觉这个事件或行为，中韩两国人的观察角度只有两个一致的地方，韩国人注意到的其他角度，中国人都没有予以关注，也没有被激活相应的认知框架。

（2）a. 此书的出版竟是十分的步履维艰，书稿长时间躺在某处睡大觉。（CCL）

b. 就算你和爱丽睡了……（CCL）

韩国人对睡觉的关注还表现在丰富的与睡眠有关的名词性表达，这都说明了在韩国人的认知中，“睡觉”这个事件以及“睡眠”这个事物占据很重要的位置。因此事物或事件的重要性与语言的语义泛化是成正比的。

再看一个文化性较强的例子。例如，中韩两国都有祭祀文化，根据不同祭祀目的，韩语里有三种表现形式，如“제사（祭祀）、차례（茶禮）、고사（告祀）”，汉语有“祭祀、上供”等。与祭祀相关可产生多种认知框架，如（3）。

（3）a. 祭祀时一般都会将祭品、祭酒等整整齐齐地放在眼前

b. 祭品非常多

c. 祭品放着不吃，留给灵魂吃

d. 祭品祭祀结束后吃

e. 磕头

f. 祈祷帮助实现某种愿望

韩国人激活了“饭菜放着不吃”与“祈祷”两个认知框架，首先，与“饭菜放着不吃”这个框架有关，“차례를 지내다”多比喻看着饭菜不吃，而与告祀有关的惯用语“고사（를）지내다”可指将酒杯放在面前长时间不喝，如（4）。

（4）자네, 고사 지내지 말고 한 잔 마시게. 你不要光看不喝啊，来喝一杯吧。

另外，这种意义又发生了语义的扩张，如果将什么东西放在眼前目不转睛地看着，韩国人也会用“고사 지내다”作比喻，例如电视剧《가족을 지켜라》（117）中，当看到丈夫拿着手机在犹豫该不该打电话时，妻子对他说道：

（5）당신 지금 휴대폰 놓고 고사 지내고 있어요? 老公，你这是拿着手机祭祀呢？

其次，“고사 지내다”还激活了“祈祷”框架，但多用于消极意义，可表诅咒，如（6a）；有时用反问表质疑，如（6b）；有时用反问表示未干某事，如（6c）；有时用让步形式表示后面的事情不可能发生，如（6d）。表达这些意义时也用“제사를 지내다”，如（7a）；有时为表示强调可并列使用“제사를 지내다”和“고사를 지내다”，如（7b）。

（6）a. 내가 너 죽어라 쫓아다니면서 망하라고 고사를 지낼 거야.《가화만사성》(23) 我会追你到天涯海角，还会天天祷告，让你早死。

b. 지금 우리 엄마 빨리 죽으라고 고사 지내요?《폼나게 살 거야》(9) 你这是（诅）咒我妈早死啊！

c. 내가 어쨌다고? 내가 형부 망하라고 고사라도 지냈어?《왕가네 식구들》(3) 我做什么了？我又没有求老天爷让姐夫破产！

d. 둘이 안 만나면 여기에 오라고 고사를 지내도 안 옵니다.《아이가 다섯》(31) 只要他们两个不再见面，你就是求我来，我也不来。

（7）a. 내가 이혼해달라고 제사를 지냈대?《수상한 삼 형제》(5 회) 难道是我祈祷他们离婚的吗？

b. 내가 니 엄마 아프라고 제사를 지내냐, 고사를 지내냐? 왜 여기 와서 따져?《폼나게 살 거야》(35) 难道我天天上供、搞祭祀让你妈生病了？为什么上我这儿来找茬啊？

如上述，“제사를 지내다”与“고사를 지내다”在韩语里激活的是两个框架。但在中国人的认知框架中“上供”激活的是“供奉祭品祈求实现某种愿望”，因此比喻将财物送给上级或有关部门、人员，以求得到照顾，如（8），并且还多用双引号标注以示是特殊用法。有时也会激活“祭品很多”这一框架，如（9）。

（8）二是知名度提高了，社会上各种“神仙”都来要求“上供”，各种名目繁多的赞助、捐款、摊派、集资、“办好事”者，纷至沓来……（CCL）

（9）就像上供一样，摆一大桌子，最后都叫她自己吃了。

综上，语言是以体验与文化为基础的，面对同一客观现实时，不同文化背景的人们的心智空间中被激活的认知框架并不完全相同，有时甚至出现较大差异，因此就会出现不同的语言表达以及不同的意义。

二、现实可能性

语言是基于体验的。因此很多词语、惯用语的语义能否发生泛化，还与现实可能性有关。这里所说的具有经验意义的现实可能性表现在多个方面，主要有以下三种类型：

第一，表现为身体上的可能性。韩语有丰富的身体语言表达，并且很多发生了语义泛化，但其前提是需要具有相关的身体基础。前面已分析了“자다”，下面再看手“손”，这个词具有丰富的意义并形成了各种惯用语，如（10），这些表达的产生都具有现实基础，因为正常人的手都可以做出相当的动作。与“손”所结合的很多动词无法与其他身体器官结合表达比喻义，因为很多其他身体器官无法产生这样的动作。当然，即使身体动作具有现实可能性，也不代表就一定产生相关的语言表达和比喻义，因为这与文化背景和认知有关。

（10）손에 넣다、손에서 주무르다、손을 벌리다、손을 내밀다、손을 뻗다、손을 빼다、손을 떼다、손을 주다、손을 대다、손을 닿다、손에 손을 잡다、손을 걸다、손들다、손이 나다、손이 돌다、손이 놀다、손을 맺다、손을 멎추다、손을 놓다、손이 떨어지다、손을 씻다、손사래를 치다

人体有某种心理或感情变化时会伴随多个动作与行为，由此就出现了与这些动作或行为有关的多个近义表达，如表达艳羡时，既可以用与口水有关的“침（을）삼키다、침（을）흘리다、군침 흘리다”，也可以用于眼睛有关的“눈독을 들이다”。

第二，表现在事理上的可能性。事理上的可能性通俗地讲就是要符合一般的常理，与大多数情况相符。例如，韩语里“늦깎이”有四个意义，可以指年纪大了才成为和尚的人、开始做某事的人、比别人懂事晚或那样的人，也指水果或蔬菜等成熟晚。“늦깎이”的反义词是“올깎이”，但“올깎이”是单义词，指年纪轻轻成为和尚的人。这对反义词产生的义项上的差异与一般的事理有关，首先出家当和尚年龄不论大小都有可能，所以“늦깎이、올깎이”两种表达都是符合事理的；而开始做事情时一般都强调早开始，所以年纪大了再开始就成了比较特殊的情况，如（11）；同样的道理，懂事也是越早越好，年纪大了才懂事是比较异常的；从收益的角度来看，水果蔬菜也是成熟得越早越好，成熟晚是不合乎人们心理的，因此在这三种情况下，“늦깎이”成了标记项，但“올깎이”却没有产生这些意义。标记项反映的是特殊的文化和语言现象，语义一般容易发生泛化。

（11）늦깎이로 서울대 상학과에 입학했고.《동아일보》（2017.02.01）
年纪大了才进入首尔大学商学系。

不仅是词义，惯用语的意义也需要现实可能性。例如，“눈이 여리다”意为眼睛很软，指心软，爱流眼泪，如（12），韩语之所以产生这种表达是因为心软的人表现之一是爱哭，因此心理感觉与眼睛发生联系，两者具有关联性，又因为韩语的搭配灵活性，所以产生了“눈이 여리다”。

（12）그녀는 눈이 여려서 조그만 일에도 운다.她心肠软，一点小事就哭。

再如，韩国人喜欢吃辣，辣椒中的刺激性成分，称作“약”，因为这种成分会刺激人的味觉、消化器官，所以“약”还用来指心情受伤时的感觉，因此惯用语“약(이) 오르다”就具有了两种意义，第一个指辣椒或烟叶刺激性成分增多；也可比喻伤心、不高兴、暗自生气。也用于使动形式，如“약(을) 올리다”，但这个使动意义的惯用语只有一个比喻义，比喻使对方生气、发火，之所以没有产生具体义，是因为辣椒等植物的生长是自然过程，所以与“약(을) 올리다”这种使动结构是无法匹配的，也就是说没有共享性（王芳、王波，2022e：59）。

第三，现实可能性还包括历史现实可能性，这主要涉及语义泛化的顺序。例如，有吝啬鬼意义的“구두쇠”，关于这个词有一种民间词源，认为这个词指皮鞋后掌，最初指为了怕鞋子磨坏而在皮鞋上钉后掌的人，但这种说法并不可信，因为“구두쇠”最早出现于19世纪末的《國漢會語36》，而皮鞋“구두”是韩国开化期（1876年）之后引入的日本借词（조항범，2014：127），一个具体义的借词发生语义泛化进而产生比喻义需要很长的时间，所以这个民间词源令人怀疑。안옥규（1989：42）认为这个词源于“굳（다）+우+쇠”，即“굳은 사람”。这种说法与汉语的“铁公鸡”也是从“硬”意义发展而来具有相似之处，所以笔者认为后一个词源说法具有理据性。

综上，某些语言形式能否产生、能否发生语义泛化、意义泛化的顺序如何等都与客观现实密切相关，如果相关的动作、事物或现象在客观现实里并不存在，那么就很难形成相应的语言表达或发生语义泛化。

三、想象、比喻

表达概念时语言有时还会超越“现实可能性”，其中的一种手段就是语义泛化，即通过使词语发生语义泛化，而使不具有现实可能性的搭配具有搭配可能性，这利用的就是人类的想象与比喻思维以及概念整合能力，这可以称作“语言学上的可能性”。

前面已分析了想象联想与比喻在认知中的重要位置以及对语言所起的重要作用。想象和联想多发生在不同事物之间，使不同事物、性质、动作等之间建立起某种关系，在心智空间中被连通在一起，最终进入融合空间，进行概念整合，最终产生新的比喻义。下面分别分析固有词与汉字词是如何利用想象与比喻发生语义泛化的。

（一）固有词的语义泛化

例如，对韩国人来说，煮“삶다”的过程会形成三个认知框架，如表 9-2 所示：

表 9-2　“삶다”的意义

	认知框架	对象	意义	对应的汉语
一	被煮的事物变得很烂	人	比喻劝说、哄骗别人听自己的话	骗、融化
		土地	平地	平地
二	热气四冒	天气	天气炎热	炙烤
		街道	炙烤	
三	煮熟了吃	电话	不满	

当第一个认知框架被激活时，“삶다”产生了很多比喻义，当对象是人时，如（13a），汉语多用“骗”，有时根据语境也可译成“把心融化了”，如（13b）；当对象是土地时，“삶다”比喻平地，如（13c）。当第二个认知框架被激活时，其对象可以是天气或街道，如（13d），汉语多用“炙烤”，这反映了不同的思维，韩国人是将热气看作一个容器，将“太萨斯街道”看作容器里的食物，中国人是将热气看作是从上往下垂直扩散的东西，而下方的街道是被炙烤的对象。第三个认知框架被激活时，其对象可以是事物“电话”，表示不满的情绪，如（14）。

（13）a. 우선 그 집 하인을 잘 삶아서 내 편을 만들어야지 . 首先我们得把那家的仆人骗过来，让他变成我们一伙的。

b. 완전 모태솔로인 이해인을 누가 이렇게 삶아놓은 거야? 대체?《사랑이 오네요》（67）从娘胎里就是独身主义的李海仁，这是谁把她的心给融化了啊？到底是谁呢？

c. 밭을 삶다 平地

d. 살인적인 무더위가 텍사스 거리를 푹푹 삶고 있었다.《최인호, 지구인》致命的闷热炙烤着太萨斯街道。

（14）전화를 두었다가 삶아 잡수시려고 갖고 다닌 거요? ... 전화는 왜 안 받아요?《그래 그런 거야》（8）拿着电话当摆设啊？……为什么不接电话啊？

再看一个例子。韩语里表示“补”义的词语有“꿰매다”，其基本义指将衣服破烂或出了窟窿的地方补好，如（15a）；也指将出问题的事情重新整理，使问题得以解决，如（15b，c）。如果从搭配的字面义和具体动作是否能够实现的现实可能性来看，因为（15b，c）的宾语分别是“일 事情”和“좌석 坐席”，显然这两种事物都不具备被缝合的现实可能性，类似的还有“봉합（縫合）”。但韩语却通过动词“꿰매다”与“봉합”的语义泛化而使这些搭配具有了“语言学意义上的可能性”，这里的语义泛化主要是利用了比喻思维和韩语语义搭配强的特点，或者说韩国人利用了“解决问题”与“缝合东西”的结果的相似性，所以对他们来说这种语义搭配是成立的。但“语言学上的可能性”具有很强的文化性和民族性，所以即使是利用人类所共通的联想与比喻思维，汉语“缝、缝合”也不会与“事情”或“席间、座椅”等形成搭配，也就是说，汉语里这种搭配既不具有“现实可能性”，也不具有“语言学上的可能性”，因此汉语需意译。

（15）a. 해진 양말을 꿰매다 缝破了的袜子

b. 틀어진 일을 꿰매다 将搞砸的事情弄好

c. 노파는 불안한 좌석을 꿰매려고 딴청을 쓰며 미소를 강작한다.《이기영，신개지》老婆婆为了恢复席间不安的气氛，故意视而不见，极力微笑着。

正是对事物不同角度的观察、想象（联想）和比喻思维的发散，才使语言符号有了多义性。因为“词所兼指的现实事物之间的相互联系，这种联系激发的人们的相应联想，是词义引申的外部根据和心理基础”（周光庆，1989：161；邢福义，2000：517）。并且，“语言表达式仅具有产生某种意义的潜势，只有当其与人们的百科知识、认知结构、情景和语境相互作用并进行整合处理后才能产生完整的意义”（王寅，2007：310）。

例如，睡觉这个事件是一个立体多面的行为，包含了很多的特征和结果，而这也与周围很多事物发生关系，形成了多个理想化认知模型，韩国人以此为基础，又动用了关联思维、联想思维，在心智空间内进行概念整合，从而使“자다”这个动词的语义发生了泛化，最终使其变成了多义词。而借助比喻思想，可以用“睡觉”这个日常生活行为表达抽象的概念，“睡觉”这种具象意义的意象也使引申出来的抽象概念产生了“意象图式”和生动感。反过来，从范畴角度来看，一个词语义的泛化必然与原型意义——基本义（或者说核心义）密切相关，是在基本义基础上发展起来的，联想、激活、整合都需以原型意义为出发点和基础，否则就成了无源之水、无本之木。“삶다”与“꿰매다”语义的泛化也毫不例外。

（二）汉字词的语义泛化

想象与比喻具有很强的文化性。这种文化性在外来语的语义变化之上表现得最为明显。外来语进入语义系统后一般都会出现语义缩小的情况，相反韩语中很多汉字词出现了语义泛化的倾向，这种变化无疑受了韩语固有词以及韩国人思维的影响。

例如，汉字词“절벽（绝壁）”意为悬崖峭壁，但与汉语“绝壁”不同，“절벽”有很多比喻义，这里主要分析三个意义。第一，比喻听力不好、听不懂话的人，可直接用“귀가 절벽이다”，也可用“절벽강산”，也可单独用“절벽”，如：

（16）a.（강호）오빠 한아름이 어떤 애인지 뻔히 알면서 왜 저렇게 절벽인지? 진짜!《최고의 연인》（96）（江浩）哥明明知道韩雅凛是什么样的人，（我的话）为什么还是听不进去啊？

b. 그래, 그럼 둘 다 절벽으로. 어디 나 하고 싶은 소리 해보지.《그래 그런 거야》（38）那好吧。我们这两个聋子。我也想说说我想说的话。

c. 내가 일년에 백번이나 다가섰나? 그래도 모르더라구. 절벽도 그런 절벽 없어.《아이가 다섯》（18）我一年向她示爱少说也有一百次吧？但她就是不明白。真没见过这样的木头疙瘩。

“절벽”能够与“听力”连接起来并进行概念整合产生以上意义与地理知识有关。韩国画论认为：远山无树，远江无纹，远地人无眼（오주석 2003/2011：103）。这种画论是基于地理常识产生的，因为远处山上的树木纹理、远处大江之上的水波以及位于远处的人的眼睛都是看不见的，我们可以在后面再加上一句远处的声音是听不见的。正是根据这种生活常识“절벽”产生了听力不好或听不懂别人话这种意义。

第二，比喻非常固执、不听劝的人，这是第一个意义的延伸。与此意相关还有新词“절벽녀”，新词“절벽녀”被整合出了新义，即没有人情味、人际交往比较有原则性的人。

第三，比喻黑暗、一无所知。这个意义也与对客观现实的认识经验有关。根据常识，从绝壁之上往下看时，是一片黑暗，看不清，所以“절벽”比喻非常黑暗、看不清前面的状态，如（17）。中国人虽也有这种背景知识，但在中国人心智空间里“绝壁”没有与“黑暗”成为输入空间并进行概念整合，“절벽”译成汉语多是“黑暗、漆黑一片”或“绝望”。“절벽”如果与黑暗意义的“깜깜、캄캄”结合形成“깜깜절벽（--絕壁）、캄캄절벽（--絕壁）”，可以比喻一无所知，如（18）。

（17）a. 절벽에 부딪치다．一片黑暗

b. 동굴 속은 절벽 같은 어둠 속이었다．洞窟内漆黑一片。

c. 건넌방의 덧문까지 닫고 보면 아랫방은 아주 절벽이 된다．《심훈，영원의 미소》把对面房间的门关上后，靠近厨房的房间就陷入了黑暗。

d. 절벽 같은 절망감에 사로잡히다．陷入了无尽的绝望中。

（18）그의 소식에 대해 캄캄절벽이다．我们没有关于他的丁点消息。

第四，比喻困难处境。这个意义与“绝壁”具有高耸、难于攀登等形象特征有关，也就是说，在韩国人的心智空间中将“절벽”与“处境”进行概念整合产生了比喻义，并且可形成多种搭配，如“일자리／고용 절벽 求职难”“주거 절벽 住居难”“창업 절벽 创业难”“인구절벽人口锐减”。

如上，汉字词“절벽”传入韩国后，韩国人根据自己的认知与思维方式激活了“绝壁”所具有的各种形象特征以及相关背景知识，产生了丰富的联想和比喻，使“절벽”整合出了具有文化性的多种意义，实现了语义泛化，具有了与一般外来语不同的发展。

综上，语言的产生需以客观现实和人类的体验为基础，不同表达受现实可能性约束的程度不同。有的表达如果不具备现实可能性则无法产生，有的即使不具备现实可能性，但却可借助想象与比喻使语言搭配具有可能性，即具有“语言学上的可能性”。语言的产生具有很强的文化性，在韩国人看来具有现实可能性以及语言学上的语义搭配可能性的表达，对中国人来说可能并不具备可能性。

四、语用频率

日常生活中常用的词语发生变化的可能性更大。前面提到的“자다、삶다、케매다、절벽”都是生活常用词，“차례를 지내다、고사를 지내다”都是常用惯用语，语用频率非常高，人们对它们的观察和经验非常丰富，对相关动作、对象的区分非常细致，所以语义就容易发生变化。从大的范畴来看，人体、地理环境、动植物、衣食住行、农业、政治、法律、经济、军事、医学、教育等因为与人类息息相关，所以相关的语言形式被人们在日常生活中反复观察、利用和思考，相应的语言符号都发生了变化，产生了比喻义。而与精神文化有关的或具体或抽象的语言表达也都经历了这样的演变过程，例如一些人名、地名会因为历史性的长期反复使用而“变成某种品质的代表”（赵毅衡，2017：156），慢慢地成为典故，产生比喻义，进而成为一个象征。而与外来文化有关的语言表达也呈现出同样的变化轨

迹，例如，由于中国文化对韩国的深重影响，中国古代的很多人名、地名在韩语里都产生了丰富的象征意义。

所以，普通事物意义的丰富化和语言学上的语义泛化，“都是人类每时每刻重复使用符号的自然结果。随着文化交流的加速，意义累积也在加速，社群中的总体意义量日益富厚，人类文化也就日渐丰厚”（赵毅衡，2017：157）。具体到语言，那就是词语的语义日益扩大，所具有的文化内涵意义越来越丰富。

第二节 概念整合与语义泛化方向

在概念整合过程中，语义泛化的方向上表现出一定的规律性，具体而言，词的核心义一般会决定词的语义扩展方向，这个扩展方向不仅指概念意义，还包括词语的感情色彩意义。虽然语义泛化过程会出现某些色彩义征的弱化，但更多情况下，词语的隐含义征，尤其是感情色彩义征一般会被继承到新义里。换句话说，如果一个词的原型核心义具有积极的感情色彩，那么其引申意义一般情况下也具有积极的感情色彩，反之亦然。

感情色彩意义的产生有多种因素，例如因人们的生理感觉而产生的感觉意义，受文化和价值观影响而产生的价值评价意义等，这些都具有明显的主观倾向性。也就是说，人们对事物或概念的主观认识决定了词语的语义泛化方向。

一、积极意义的词语

例如，“좋다”的基本义指性质或内容等在普通以上，值得满意，如“품질이 좋다 质量好”“그는 집안이 좋다. 他的家庭很好。”，由于“좋다”的核心义是积极的、肯定的，所以尽管其引申意义有十几种（表 9-3），适用对象各不相同，但从本质来看，其引申意义也都是积极的、肯定的。

表 9-3 “좋다”的意义

	意义	例句
1	指性情或人格等温和、善良	그녀의 성격은 더할 수 없이 좋다. 她脾气好得不能再好了。
2	话语、态度温和，不伤人感情	사람을 대하는 그의 태도는 좋다. 他待人和蔼可亲。

续表

	意义	例句
3	身体条件或健康状态强于一般水平	혈색이 좋다 脸色很好
4	天气晴朗	햇볕이 좋은 날이다. 阳光明媚的一天。
5	头发浓密、长得长	손님은 숱이 좋아서 어떤 머리를 해도 어울릴 거예요. 您的头发多，不管做什么发型，都好看。
6	日子或机会等吉利	이번 기회는 돈을 왕창 벌기에는 좋지 않다. 这不是赚大钱的机会。
7	某件事或对象合心意	나는 지금 하고 있는 일이 좋다. 我喜欢现在正在做的事。
8	心情高兴、满足	나는 지금 기분이 최고로 좋다. 我现在心情非常好。
9	某种行动或事情不成问题	나는 지금 일도 좋고 가정도 좋다. 我现在工作顺利、家庭和美。
10	某种物质对身体或健康能起到积极的效果	몸에 좋은 보약 对身体好的补药
11	某种东西比其他东西的质量或水平更高或更有价值	꿈보다 해몽이 좋다. 与梦本身相比，解梦更重要。
12	合得来、亲密	나는 친구들과 사이가 좋다. 我和朋友们关系很好。

类似的还有表尊敬的后缀“-님”，这个词是从过去指称王或丈夫的实质性名词“님”经过语法化过程演变而来（안병희，1963），在儒家文化圈，过去的一国之主或一家之主都是典型的需尊敬的对象，其核心义征是[+上位][+尊敬]，发展成后缀之后，这些核心义征也被继承到了后缀意义中。汉字词也有这种现象，如“황제（皇帝）、제왕（帝王）、여제（女帝）、왕（王）、예황제（-皇帝）、왕좌（王座）、등극（登基）、대관식（戴冠式）”等词语都与封建社会的阶级制度有关，在封建社会价值体系内，这些词语所代表的人、事物、行为等都是人们所向往的，都具有积极的语义韵，所以当发生语义引申时产生的也都是积极的比喻义。“왕”还发生了词缀化现象，形成了前缀和后缀，也都具有积极意义。

二、中性意义的词语

韩语里的很多中性意义的词语都发展出了消极的比喻义。例如，“때리다”的基本义指用手或用手中物打，还指激烈撞击，如“파도가 바위를 때린다. 波浪击打着岩石。”，此外还有四类比喻义，第一类比喻批判，与原型意义的“打”距离较近，只不过所使用的工具从具体的身体或实物发展成了言语；第二类意义贬称胡乱做，多用于“때려 + 动词”形式，仍然有具体的动作，如“때려 먹다、때려 마시다、때려치우다”等，因为“吃、喝、收拾”

等仍然需要肢体。在此意义基础上，发展出了第三类意义，表示某种行为，这些行为虽然仍与手有关系，但动作性不是非常明显，其中打电话需要用手指按键，在练歌房唱歌也需要按键，而发广告、下通缉令、举报、闹腾等更是一种行为。第四类意义更加抽象，更多地表达一种特点或品行。由此可见，“때리다”的语义已非常广，但总体而言，这些意义都已发展成了贬义。

表 9-4　“때리다”的意义

	意义	例子
1	比喻用话或文章来批判他人的错误	비리 정치인들의 잘못을 신문에 때리다. 在报纸上抨击腐败政治人士的问题。
2	贬称随便、胡乱地做	때려 마시다 牛饮
		완전히 밥차 간다. 밥차 가. 지가 얼마 때려먹겠다고?《폼나게 살거야》(29) 简直就是来了个饭桶啊！饭桶！他这是要吃多少啊？
		오늘 우리 다 때려 먹자.《부탁해요 엄마》(53) 今天我们就敞开肚皮大吃一顿。
		김 서방은 남은 재산을 다 때려 쓰고 거지꼴이 되었다. 金姑爷把剩下的财产都挥霍一空，成了穷光蛋。
		그는 그동안 해 오던 공부를 때려치웠다. 他放弃了多年的学习。
		그 영화감독인지 뭔지 당장 때려치우라구!《아이가 다섯》(4) 那个什么电影导演不导演的，趁早拉倒！
3	贬称某种行为	전화 한 통 때리다 打一个电话
		노래 한곡 때려봐.《내조의 여왕》(5) 来唱一首吧。
		광고를 때리다 发广告
		수배령을 때리다 下发通缉令
		제보를 때리다 举报
		야단을 때리다 闹腾
4	贬称某种特点或品行	배신을 때리다 背信弃
		멍을 때리다 发呆
		눈치를 때리다 察言观色

类似的还有与狩猎有关的“덫、치이다、함정、올무、올가미”，与钓鱼有关的“낚시、낚시질、낚다、낚싯밥、미끼”等，这些词语本身是中性的，但都引申出了消极的比喻义，这种意义的产生与相关事物或动作的具体特点密切相关。

三、消极意义的词语

如果一个词的核心义是消极的，那么发生语义引申时一般产生的也是

消极的引申意义。例如，韩语有形容词“더럽다”，如表 9-5 所示，其基本义是不干净，具有消极意义。在此基础上又发展出四个比喻义，其中第 3 个意义表达不满、不快的心情，其他 2、4、5 三个意义表达的也是令人不满意的状态。基本义与比喻义都具有消极的感情色彩。

表 9-5　“더럽다”的意义

序号	意义	例子	汉语
1	有灰或渣滓等而显得不干净	더러운 손	脏手
2	言行目的不纯或者吝啬	더러운 행실	龌龊的行为
		더러운 심보	心术不正
3	不满、不快	더럽고 치사해서 이 일을 그만 두겠네.	烦透了，这事不能干了。
		정말 더러워서 못해 먹겠군.	真是没法干了。
4	不顺或难办	일이 잘 풀리지 않고 더럽게 되어 간다.	事情进展不顺利，惹了一身骚。
		저런 악질과 한방을 쓰게 되다니 이번엔 아주 더럽게 걸렸군.	竟然和那种混蛋同住一屋！这次真是倒了血霉了。
5	程度深、过分	날씨 한번 더럽게 덥네.	天气要热死人啊。
		차도 더럽게 안 오네.	车怎么还不来啊。

再看一组名词。例如，“잡탕（雜湯）”本指食物，但与可比喻许多东西掺杂在一起乱七八糟的状态或样子，在此基础上产生了“잡탕말（雜湯-）”，俗指多种外语掺杂在一起失去了语言的民族纯粹性。此外还产生了“오가잡탕（--雜湯）、오구잡탕（烏口雜湯）”以及在此基础上又派生出的“오사리잡탕놈（---雜湯-）、오사리잡놈（---雜-）”等都用来比喻坏事做尽的坏蛋，类似的还有“오색잡놈（五色雜-）”。此外，“오사리잡놈”还指各种闲杂之人。这些与“杂乱”相关的食物名词所产生的消极的比喻义都与“杂乱”所具有的消极意义有关。

根据上面的分析可以发现核心义是肯定、积极意义的，那么其引申意义一般也是比较肯定、积极的。如果核心义是否定、消极意义的，那么其引申意义一般也是比较否定、消极的。如果一个词的用法违反了其核心义，那么就会让人觉得很别扭。

例如，名词“깡패”意为黑社会、黑帮、流氓、地痞、匪帮等，具有“人”“消极”“非正义”“力量”“对他人有害”等语义特征，核心义是“消极”。但是现在产生了“음원깡패、음색깡패”等积极肯定意义的合成词，取的是“깡패”的义素之一的“力量强大”。这种搭配组合明显是利用了

“깡패”的非核心义。동초연（2016：63）提到，“음원깡패”中的“깡패”的意义从“加害”变成了“在某部分或某领域足以给他人带来危害的杰出存在”。也就是说，贬义词“깡패”出现了褒化现象。虽然从历史上来说，贬义词的褒义化并不是没有，如“당돌하다”，但出现的比例却非常小，根据前面的分析可知，语义的扩展要受到核心义的限制，所以韩语里现在出现的“음원깡패、음색깡패”以及“개미남、개이득、개맛”等表达让人感到别扭。因此这些新词能否存活下来还需拭目以待。

四、正反引申

正反引申指的是由一个语义形式引申出的两个具有不同甚至相反的感情色彩的意义。这与前面所分析的“词的核心义决定词的引申方向”这一点并不相悖，因为积极意义的词语发展为消极意义的词语这种类型很少，更多的是积极意义的词语在保持积极意义的同时，还发展出消极意义。所以这也符合核心义决定引申方向这一规律，只不过在此基础上又引申出了反方向意义，从而使引申方向具有了正反两面。并且这类正反引申一般没有强烈的感情色彩，更多的是中性意义，如汉语的“贷”既可指借出，也可指借入。

除了词语具有这种正反引申现象之外，惯用语和谚语也具有这种正反引申现象。

（一）词语的正反引申

韩语有与地理环境有关的“그늘”，其本义为暗处，即没有太阳照射的地方，有三个比喻义：第一个比喻无法显露于外的处境或环境，如（19a）；第二个比喻心理不安或不幸的状态，或因此而出现的阴暗表情，如（19b）；但“그늘”也产生了积极的比喻义，可比喻保护与惠泽，如（19c）。“그늘”的三个比喻义属于正反语义引申，即既有消极意义，也有积极意义。

（19）a. 그는 언제나 형의 그늘에 묻혀 지냈다. 他总是生活在哥哥的阴影下。

b. 얼굴에 그늘이 서리다 脸上带着忧愁

c. 참봉나리[①] 의 그늘에서 벗어나니까 고생이 이만저만이 아니었습니다.《역적：백성을 훔친 도적》（2）没有参奉老爷的保护，我可受苦受惨了。

动词“사리다”指把线状的面条、绳子等缠成一团，也指蛇把身体盘

① “참봉（参奉）”指朝鲜时代各官衙里的从九品官员。

旋起来，也指动物害怕时将尾巴夹起来，也指把冒出来的钉子弄歪使之贴紧木头；在这些具体的动作基础上，还产生了两个比喻义，第一个比喻面对某事不积极参与而是躲躲闪闪地往后缩，如（20a）；第二个比喻振作精神，如（20b）。这两个比喻义是正反两面的意义，因为在人在退缩时，身体会缩成一团，而人在振作精神的时候，也会感到心里紧张而有紧缩感，表现的是身体动作的多义性，即退缩和振作精神表现在身体上时感觉反应是非常相似的，因此产生了两种相反的意义，一个是消极的，一个是积极的。

（20）a. 그는 이번 일로 불이익이 있을까 몸을 사리는 눈치였다. 他缩头缩尾的，好像是害怕因为这件事情给自己带来什么坏处。

b. 경옥이는 어머니하고 단단히 담판을 하려고 다시 마음을 사려 먹었다.《송기숙，녹두 장군》敬玉再次下定决心要和母亲好好谈一下。

韩语还有与服饰有关的形容词"쫀쫀하다"，这个词有三个意义，其本义指皮革纹路细密，是具体的事物；第二个意义比喻行动细密、没有破绽，是积极意义；第三个意义比喻见识短浅、吝啬、卑鄙，是消极意义。其中第二、三个比喻义都是根据与基本义在形态和结果上的相似性而产生的隐喻意义，但第二个意义适用的主体是行动，第三个意义适用的主体是人，两个比喻义所具有的两种不同色彩的意义与文化认知有关，即工作时细密是值得提倡的；反过来，作为人的品行太过细密就成了短浅、吝啬、卑鄙的。

（二）惯用语的正反引申

韩语里还有很多惯用语也产生了正反两种意义。从核心词与惯用语意义的类型来看，可分为三种类型。第一，惯用语的组合部分是中性词。例如，惯用语"물고 늘어지다"中的"물다、늘어지다"都是中性词，惯用语有两个意义，第一个比喻纠缠于某事不放松，如（21a）；"물고 늘어지다"也指抓住别人的话柄，总是计较、追问个不停，如（21b）。"물고 늘어지다"的这两个褒贬义也是矛盾的统一体，当对象是工作时，表达的是褒义；当对象是别人的话柄时，表达的是贬义。

（21）a. 그는 한 번 틀린 수학 문제는 완전하게 풀릴 때까지 물고 늘어지는 성미였다. 他的性格是只要错了的数学问题就咬定青山不放松，一直到解决为止。

b. 너 기분 나쁘게 내가 하는 말에 자꾸 물고 늘어지는데 다시는 그러지 마라. 我说的话你总是打破砂锅问到底，让人心里不舒

服，以后不要再这样了。

第二，惯用语的组合部分是贬义词。例如，惯用语“주둥이를 까다”中的两个相关词“주둥이、까다”都是贬义词，惯用语有两个意义，可比喻偷偷告诉别人，根据一般的价值判断，这属于贬义；第二个意义是口才好，是褒义。“주둥이를 까다”的这两个褒贬义的产生是矛盾的统一体，因为喜欢嚼舌头的人一般也都是好口才的，而不爱说话、口才不好的人也不会乱说话。

第三，惯用语相关词是褒义词。例如，“보금자리”是褒义词，惯用语“보금자리（를）치다”有两个意义，第一个指做窝，如（22a）；第二个指建立窝点，如（22b），表达的是贬义，因为主语是贬义词“건달”，所以使句子整体具有了消极的语义韵。

（22）a. 까치가 고목에 보금자리를 쳤다 . 喜鹊在枯树上建了一个鸟窝。

b. 건달들이 종로 뒷골목에 보금자리를 치고 행동의 근거지로 삼았다 . 社会痞子们在钟路后面的胡同里设了个窝点当活动根据地。

（三）谚语的正反引申

很多谚语也具有多义性，并且褒贬各不相同。产生褒贬两种不同意义的谚语一般都与人们的性格、行为有关，当人们从不同的角度对其进行判断分析时，就会产生正反两种不同的比喻义。

例如，“머리카락에 홈 파겠다”意为能在头发上挖条沟，韩国人赋予这个行为两个意义，一个比喻手艺非常精巧，因为在纤细的头发丝上挖沟不言而喻需要精湛的手艺；第二个意义比喻人的性格非常小气，这是从另外一个角度来观察的，因为一个人如果纠结于这种琐碎、无意义的小事，自然是非常小气的。

谚语“가난할수록 기와집 짓는다”有两个意义，一个指越是没吃没喝，穷得叮当响的人，越会盖瓦房，比喻穷人害怕别人看不起，所以打肿脸充胖子。但这个谚语还辩证地告诫人们，不能因为穷就自暴自弃，应该下定决心好好过日子，开始干大事。也就是说，同一个事件可能有两种原因或可能性，如果消极地去看，就是消极意义；如果积极地去看，就是积极意义。

“양반은 죽어도 문자 쓴다”中的“문자（文字）”指由汉字组成的成语、词组或句子，因为过去会汉文是有知识的表现，而有知识就有威信，所以这个谚语可比喻非常注重威信，但这是从两班贵族的角度来分析的；如果从一般老百姓角度来看，就会觉得可笑，因此这个谚语也被用来嘲笑痴迷于汉文的两班贵族。也就是说，从不同立场去分析的话，会产生两种

不同的意义。

综上，关于某一事物、事态产生正反两种意义的语言形式反映的是韩国人对事物、事态不同的认知。认知语言学认为，虽然人们的认知是以客观现实的体验为基础的，但人们在对客观现实进行判断、分析时却可以产生很强的主观性，甚至出现两种截然不同的认知。

五、语义泛化的文化性

语义泛化的方向虽然与语言形式的核心义密切相关，但也与人们的认知紧密相连。如果在两种不同文化里，人们在认知与思维方式上会表现出不同，而这也会影响到语义泛化的方向，使表达同一概念的语言形式在语义泛化的方向上会表现出不同的文化性。

例如，韩语里用固有词“적시다”来表达用水等液体将某物弄湿，因为物体被弄湿后的结果是形状发生变形，一般也会变得柔软，在韩国人的心智空间中，“적시다”所形成的各种认知框架中，“对象是［具体物体］”这一认知框架被忽略，取而代之的是“对象是［抽象感情］或［心灵］”框架，因此产生了新义，比喻使紧张或生硬的感情、情绪、疲惫的心灵变得温柔起来，如（23a）。在表达这个意义时，汉语可以用“浸润”，与“적시다”利用的是同样的隐喻思维。

“적시다”还有第二个比喻义，其隐喻思维与第一个比喻义一致，但概念整合时的动作主体与对象都发生了变化，分别变成了“主体是［色彩］”框架与“对象是［固体］”框架，所以比喻用某种色彩或感觉来感染对方，如（23b）。相反，汉语“浸润、湿”的对象框架一般都需要是［液体］，所以无法继续发生变化并扩展为色彩或感觉，所以（23b）对应的汉语是能够与色彩结合的“照亮”。

“적시다”还有第三个比喻义，指女人的贞操被破坏而失身，如（23c）。因为“적시다”这个词的基本义导致的结果是“弄脏”，这与韩国传统观点认为“女人被侵犯会变［脏］”这种思想产生了关系，因此在心智空间里被连通起来，使“적시다”产生了第三个比喻义。也就是说，韩国文化成了两者被连通的背景知识。

（23）a. 음악의 선율이 마음을 적셔 준다. 音乐旋律浸润了我们的心灵。

b. 새벽빛이 문살을 창백하게 적시기 시작했을 때야 …晨光照亮窗棂子的时候，你才……

c. 더럽게 몸을 적시고 살아 무엇 하겠는가? 身子都被糟蹋了，还活着干什么？

此外，因为“적시다”本身隐含了“脏”之意，如“손에 물 한 방울 묻히지 않고 살다”指女人不用干粗活，生活得很舒服，实际这后面隐藏着“水沾手——不好”的意义。与此相关有两个表达手湿的惯用语，其中“손을 적시다”意为用水把手弄湿了，这个惯用语还产生了两个抽象的新义，比喻参与某事，也比喻涉足不好的事情。此外，近义惯用语“손을 잠그다”也比喻涉足一般事情，如（24）表达的也是消极意义。但汉语里没有相似的表达。

（24）그는 처가의 일이라면 궂은일도 가리지 않고 손을 잠그려 한다.

只要是妻子家的事情，哪怕是脏活累活，他都会去干的。

综上，语义泛化的方向不仅受到事物本身特点的影响，还深受背景知识的影响。在跨文化环境中，如果文化背景类似，一般也会出现类似的语义泛化方向。但不同文化的具有不同的认知和思维方式，对事物的特点的认知与联想、比喻思维不同，在细节之处也会表现出不同。因此有时可以对应，但有时无法对应。

第三节　概念整合与语义泛化结果

具体到一种语言形式来说，概念整合带来的是语义泛化，这个过程也是语义抽象化、多义词形成的过程，而抽象化带来的便是语义的模糊性。除一般性的多义化之外，有的词语表现出了正反引申的现象。如果具体到一组词的语义泛化，其结果是产生大量的近义词。多义词如果用在惯用语和谚语中，有时还会产生多义惯用语和谚语。但惯用语和谚语的多义性还受其他因素的影响，并且多义词即使用在惯用语和谚语中也并不一定能使惯用语和谚语产生多义性。

一、多义词的出现

概念整合的基础是输入空间中某些认知框架被忽略、相关义征被弱化。进入类属空间与融合空间后，被忽略的认知框架空白会被其他认知框架所填充或替代，被弱化的义征会被其他义征填充，使语言形式具有了多义性。换句话说，义征弱化与词义适用范围扩大是事物的两个方面，是此消彼长的关系。所以，“泛化的特点可以部分地描述为某一形式增加多义性的过程。”（Hopper & Traugott 2008：125-129）

多义词的出现一般会伴随语义的抽象化，有时也会出现语义的具象化。

（一）具象化

具象化是用抽象的事物比喻具体的形象，这种类型较少，其中有代表性的就是与人有关的抽象词作隐喻的始源域。

例如，韩语“밥도둑”有两个意义，第一个比喻不干活只知吃喝玩乐的人，第二个比喻好吃的下饭的菜，是以人喻物的具象化过程，这个意义的形成过程是：首先输入空间Ⅰ（贼）与输入空间Ⅱ（好吃懒做的人）根据行为与性质的相似关系被连通在一起。然后“贼”“好吃懒做的人”会触动人们的认知机制，并激活相应的背景知识，即贼与好吃懒做的人都是靠不劳而获获取财物或食物，这是常识。最后在融合空间产生层创结构，第一个新义是：因为都是不劳而获，所以好吃懒做的人吃饭就像贼偷东西，好吃懒做的人就像贼，所以输入空间Ⅱ的“밥”被挤压进入输入空间Ⅰ“도둑”，从而完成了“밥도둑”的形态整合，并产生了新义，比喻好吃懒做的人。然后“밥도둑”再遵循以人喻物的思想，根据“使食物减少”这一结果意义，从而使“人”与“菜”产生了相似性，因此“菜”被挤压进入“밥도둑”，从而使“밥도둑”产生了第二个新义指下饭多的菜。而这个意义相对于第一个新义来说是具象化的意义。

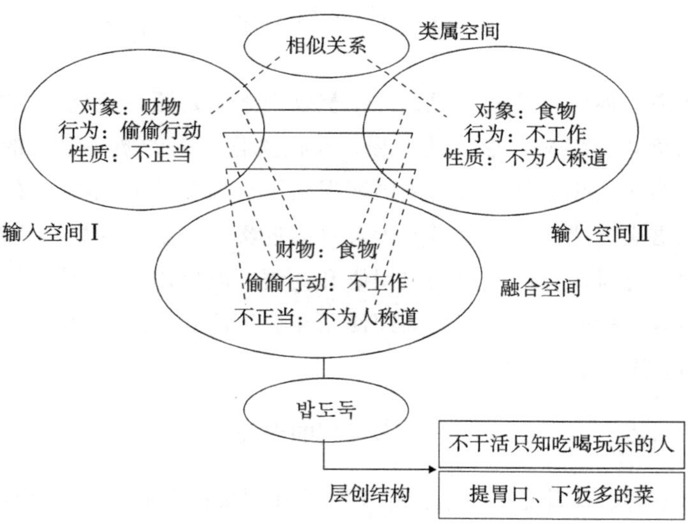

图 9-2 “밥도둑”的概念整合

韩语还有与“밥도둑”具有类似结构的词组“냉장고 도둑”。但其意义的概念整合过程却与“밥도둑”不同。在“냉장고 도둑”的概念整合过程中也存在两个输入空间，输入空间Ⅰ是“冰箱”，输入空间Ⅱ是“贼”，“冰箱空间”具有“器具、很多食物”等元素，“贼空间”具有“偷、物品”

等元素，两个空间因为类属空间的“对象关系”被连通起来。然后人们的认知机制被激活，相关的背景知识也被激活，即贼是偷东西的，这个东西可以是冰箱，也可以是冰箱里的食物。然后在融合空间的层创结构里就会产生两个新义：偷冰箱的人，或偷冰箱里的食物的人。不同语境里所实现的是各自不同的新义。

（二）抽象化

动词“울다”的语义抽象化因主体不同而不同。“울다”原型意义指有生命的事物发出声音，主体可以是人，这是原型意义的主体，产生了基本义：哭与呻吟；主体还可扩大到身体部位，与“주먹”搭配时，如（25a），通过概念整合产生了新义，比喻忍着、无法攻击对方而愤怒不已的心情；与工具“방망이”搭配时，如（25b），形成的是“工具＋울다”结构，通过概念整合产生了新义，比喻手里拿着工具却无法攻击对方的郁闷心情；“울다”主体还可以是动物，这也是原型意义的主体，意为“叫”；其主体又扩大成为“风、物品”等，在这些搭配中，“울다”又通过概念整合产生了另外的新义，比喻事物发出声响。

（25）a. 주먹이 운다 울어！我的拳头要忍不住了，忍不住了！

b. 방망이가 울다！《왕가네 식구들》（1）气死我了！

表 9-6　“울다”的意义

<table>
<tr><th colspan="2">主体</th><th>意义</th><th>序号</th></tr>
<tr><td colspan="2" rowspan="2">人</td><td>哭</td><td>1</td></tr>
<tr><td>呻吟</td><td>2</td></tr>
<tr><td rowspan="2">身体部位</td><td>拳头</td><td>忍着、无法攻击对方而愤怒不已的心情</td><td>3</td></tr>
<tr><td>手里握着的工具</td><td>手里拿着工具却无法攻击对方的郁闷心情</td><td>4</td></tr>
<tr><td>动物</td><td>늑대、첫닭、새、밤 벌레</td><td>叫</td><td>5</td></tr>
<tr><td>风</td><td>겨울바람</td><td>呜呜地刮风、吼</td><td>6</td></tr>
<tr><td rowspan="2">物品</td><td>전깃줄、문풍지</td><td rowspan="2">发出声响</td><td rowspan="2">7</td></tr>
<tr><td>종이、천둥、전화벨、사이렌</td></tr>
</table>

如表 9-6 所示，“울다”通过主体范围的扩大形成了不同的搭配，在这些搭配中产生了很多新义，这些意义最终成为规约化的词典意义，而“울다”最终成了多义词。

饮食用语中，烹饪方式的对象一般都是“物”，这是原型意义所决定的，但韩语里很多烹饪动词的宾语却可以是“人”，如表 9-7 所示：

表 9-7　对象可以是人的烹饪词

<table>
<tr><th>烹饪方式</th><th colspan="2">宾语可以是人的烹饪词</th></tr>
<tr><td>收拾、拾掇</td><td colspan="2">닦달하다</td></tr>
<tr><td>做料理</td><td colspan="2">요리하다</td></tr>
<tr><td>煮</td><td>구워삶다</td><td rowspan="2">구슬려삶다</td></tr>
<tr><td>烤</td><td>구슬리다</td></tr>
<tr><td>蒸</td><td colspan="2">찜 쪄 먹다</td></tr>
<tr><td rowspan="2">炒</td><td colspan="2">볶다、달달볶다、들들볶다、들볶다、볶아채다</td></tr>
<tr><td colspan="2">볶이다</td></tr>
<tr><td rowspan="2">熬</td><td colspan="2">달게 굴다</td></tr>
<tr><td colspan="2">우려주다、우려내다、우려먹다</td></tr>
</table>

韩语里表示烹饪的众多词语绝大部分都可以将对象扩展为人，如（26），在这些与人的搭配里，韩语的烹饪动词所建立的心智空间中，“食物”框架被忽略，取而代之的是“人”框架，相关动词的意义也发生了概念整合，形成了新义，并最终变成了多义词。译成汉语时，很多无法译成与烹饪方式有关的表达，只有（26f）可译成“把我吃了”，其他只能意译。因为汉语里有关相同概念的烹饪用语很少能够形成这样的搭配，所以也无法通过概念整合产生类似的新义。

（26）a. 이제 와서 그 분을 닦달해서 어쩌려구요?《옥중화》（3）现在你去训她有什么用啊？

b. 기다려 . 내가 너희들을 어떻게 요리하는지 두고 봐 .《최고의 연인》（66）等着吧，看我怎么收拾你们，咱们骑驴看唱本——走着瞧。

c. 이 집구석에서 우리 아들을 어떻게 구워삶았길래 애가 이래요?《우리집 꿀단지》（45）你们家到底是怎么给我儿子洗脑了，他这个样子啊？

d. 그날 잘 구슬려서 돌려보냈으면 되지 .《아이가 다섯》（17）那天，你安慰安慰她，把她送回家就行了，不是吗？

e. 김 과장은 부하 직원을 잘 구슬려 삶아 자기편으로 만들었다 . 金课长哄骗手下职员都站在了自己一边。

f. 나를 찜 쪄 먹으려고 들지만 그렇게 쉽게는 안될 거다 . 你想把我（蒸着）吃了，但是想得逞可没那么容易。

g. 수빈이 아빠가 윤찬이 애 갖고 매일 달달 볶아 .《가족을 지켜라》（86）秀彬爸爸每天拿云灿的孩子说事。

h. 제발 그만 사람을 들볶으세요.《최고의 연인》(61) 求求您了，别再这样折磨人了。

i. 대화건설하고 사돈 맺어야 한다고 들들 볶은 게 아버지 아니세요?《가화만사성》(6) 天天要死要活地说必须和大华建设结成亲家的不是父亲你吗？

j. 지들도 지지고 볶고 살아봐야 수준 차이 느끼고 정을 떼지 않겠어요?《최고의 연인》(90) 他们在一起锅碗瓢盆吵吵闹闹地过过，才会感到双方的差异，感情才会出现变化，不是吗？

k. 시어머니에게 볶이는 며느리 受尽婆婆折磨的儿媳妇

l. 한아름 계집애가 겁도 없이 나 우려먹으려고 들어?《최고의 연인》(72) 韩雅凛这丫头片子竟然不知天高地厚地来要我？

综上，韩语各种词语发生语义泛化的过程多表现为主、客体搭配的扩大化，而汉语里相关的词语却深受搭配主体、客体的限制，需根据不同的主体、客体来搭配不同的谓语。韩语里词语语义泛化的这种现象其实与韩语是“以谓语为中心的语言”这种特点是一脉相通的，因为韩语句子属于“分总”结构，句子中心位于“右侧”，即以“谓语”为中心，而前面的主语非常灵活，有时还可出现主语不一致的情况。不仅是句子成分之间如此，就是词组、惯用语、合成词的搭配也受此支配，都表现出了“以状态、动作为中心”的搭配特点。而韩语词语的这种语义泛化特点与韩语所具有的语义模糊性和灵活性是一致的。

另外，韩语词语的语义泛化、搭配灵活性、语义模糊性都与作为黏着语的韩语重形不重意、重视形态象似性的特点有关。也就是说，在语义泛化过程中，以意合为最大语言特征的汉语依然受到语义的限制，而作为形态语言的韩语几乎不受语义的限制，尤其是对主体、客体的语义限制很低。

二、多义惯用语的出现

很多惯用语也具有多义性，那么就需分析影响惯用语多义性的因素，相关的影响因素主要可分为两种类型。

（一）核心词具有多义性

有的惯用语的核心词是多义词，当多义词的基本义与比喻义同时进入惯用语时，那么惯用语就会成为多义惯用语。

例如，“손”是多义词，即使与同一个动词结合也可通过概念整合产生多种意义，如“손（을）나누다”，当“손”指肢体——手时，产生的新义

是分手，如（27a）；当“손”指人手时，产生的新义是分活，如（27b）。也就是说，“手”的空间中的两个意义都通过动宾关系被映射到了“나누다”动词空间中，使惯用语完成了概念整合。

（27）a. 어느덧 갈림길에 당도하자 그들은 손을 나누었다.《이기영, 신개지》不知不觉间岔路口到了，他们马上分了手。

b. 손을 나누어 하면 많은 일도 빨리 할 수 있다. 把活分开的话，即使活再多，也能很快完成。

韩语里“바람”是多义词，有惯用语“바람（을）쐬다”。当“바람”用于基本义时，惯用语产生的新义是为转换心情而去外面或其他地方散步或游逛；当“바람”用于氛围、流行、思想倾向等意义时，惯用语产生的新义是观看他地的氛围或生活。再看惯用语“바람（을）잡다”，当“바람”意为鼓动他人时，惯用语产生的新义是企图干或鼓动干不切实际的事；当“바람”意为按捺不住的心情或想法时，惯用语产生的新义是按捺不住地到处走；当“바람”偷偷与异性建立关系时，惯用语产生的新义是对异性产生憧憬。也就是说，“바람”空间的各自不同的意义，借助动宾关系被分别映射到动词“쐬다”空间或“잡다”空间中，使两个惯用语完成了概念整合。

（二）惯用语产生比喻义

惯用语本身产生比喻义可分为多种类型。第一，核心词不是多义词，但惯用语通过不同的搭配，在概念整合中产生了新义。例如，“고래”的基本义为鲸鱼，没有比喻义，多用于惯用语“고래 등 같다”，这个惯用语在与所修饰的中心语的搭配中，经过概念整合产生了新义，与“집”结合时，比喻房屋又高又大，如（28a），这源于与鲸鱼背的形态相似性。惯用语与“배포”搭配时，通过概念整合又产生了新义，比喻人心胸宽广，如（28b）。

（28）a. 고래 등 같은 집에서 쫓겨나 얻어낸 것 여기야?《우리집 꿀단지》（97）从高大的房子里被撵出来找的房子就是这里啊？

b. 니 새언니 배포가 아무리 고래 등 같아도 시조카를 끌어들여도 좋아라 하겠다.《우리집 꿀단지》（21）你嫂子心胸再宽广 / 再宰相肚子能撑船，能喜欢把小姑子家的侄子也领来在这里住吗？

第二，惯用语的核心词虽是多义词，但核心词本身没有明显的比喻义。惯用语的意义是在基本义基础上通过概念整合产生的新义。例如，韩语里“김”仅指具体的、看得见的气，如热气、水蒸气、嘴里呼出的气，或啤酒、碳酸饮料里含的二氧化碳等。但惯用语“김이 식다”与“일”搭配时，

通过概念整合产生了新义，比喻抽象的兴趣或热情消失，如（29）。

（29）나는 그 일에 대한 김이 식어서 이제는 아무것도 하고 싶지 않다.
我对那件事已经失去兴趣，现在什么也不想做。

第三，惯用语的核心词是多义词且有比喻义，但惯用语没有继承核心词的比喻义，而是在搭配中通过概念整合产生了新义。例如，韩语有与抓鲇鱼有关的惯用语“메기（를）잡다”，其中动词“잡다”是多义词，但惯用语的意义却与核心词的多义性无关。抓鲇鱼会构建多个认知框架，如“鲇鱼通体湿滑”“难以抓住”“弄一身泥水”等，这些认知框架在韩国人的心智空间中都被激活，由此产生了两个意义，第一个是比喻与预想或期待不同的是抓了瞎，第二个是比喻落水或淋雨后湿漉漉的样子。

（三）复杂类型

前面已分析“바람”是多义词，共十个意义，其惯用语“바람（이）들다”根据搭配有不同的意义。与“무”搭配时，如（30a）激活的是“바람”的第二个意义，惯用语通过概念整合产生了新义，指萝卜因冻了或化冻而水分消失变得软软的。与“일”搭配时，如（30b），又在上一个意义的基础上产生了新的概念整合意义，比喻事情在快完成的时候出现问题，这个新义的产生与人们的体验有关，因为出了问题的事情，肯定是由于有很多漏洞导致的，而没了水分的萝卜中间也会出现一些小洞一样的东西，两者有相似性，因此才具有了搭配的可能性，并最终产生了新的意义。与“사람”结合时，如（31），此时激活的是“바람”心智空间中的第八个框架，即产生不安分的想法，因此产生了新义。也就是说，“바람（이）들다”三个意义，其中第一、三个意义与核心词的多义性有关，第二意义是在惯用语本身产生的比喻义基础上再次通过概念整合产生的新义。

（30）a. 바람 든 무로 깍두기를 담갔더니 제맛이 안 난다. 用冻了的萝卜做了腌萝卜泡菜，但味道不好。

b. 이 일이 끝까지 바람 들지 않도록 모두들 각별히 주의하기 바란다. 希望大家都能特别上心，不能让这件事出现任何问题，要善始善终。

（31）사람이 살다 보면 …바람 들 때 있어. 니가 시방 이런 땐가 봐.《그래 그런 거야》（34）人活在世上，有时会出现心浮气躁的时候，你现在就是那种时候。

三、多义谚语的出现

Lakoff & Johnson（1980：187）认为：“对谚语的理解，总是要关涉到

一定的预设和价值所构成的背景，在不同的背景之下，同样的隐喻可以引向迥异的解释。”谚语的隐喻方向与一般概念隐喻不同，是从具体的概念隐喻出发，在不同的“背景”之下被引向不同的方向。可见多义谚语的出现因素有多种类型。

（一）核心词具有多义性

有时谚语的多义性是因为核心词具有多义性。例如，动词“씹다”是个多义词，其基本义指反复地咀嚼，还比喻公开批评别人。这两个意义都出现在了谚语“개가 벼룩 씹듯”中，第一，由于跳蚤的习性是蹦来蹦去，狗需要追着上下、反复地去舔舐才能吃得着，所以与“씹다”的基本义一致，比喻吃相不好；第二，因为“씹다”可以比喻批评别人，所以“개가 벼룩 씹듯”还比喻反复唠叨一些闲话。

韩语固有词“쇠”意为铁，也指钥匙、钱、磁石、锣等，有谚语“쇠 먹는 줄”，当“쇠”指“铁”时，谚语的字面义是锉会磨铁，所以根据概念整合产生了新义，比喻大手大脚花钱的人；当“쇠”指“钱”时，也产生了新义，比喻能产生大笔钱的事情，这个新义的产生与人们的体验有关，因为过去的铜钱都是用绳子穿在一串的，用绳子把钱都穿走、圈走的事情，即赚钱的事情。

（二）谚语产生两个比喻义

有时即使谚语的核心词是多义词，但谚语的多义性不是来自于核心词，而是谚语本身产生了多义性。前面从联想综合的角度分析了多义谚语的产生，后又分析了谚语因正反引申所产生的多义性，这里主要从概念整合的角度来分析一下。

韩语的谚语绝大部分都只出现喻体而不出现本体，这些谚语意义的构建与识解需借助概念整合理论。尤其是产生多个比喻义的谚语都是复杂的双域型网络。双域型网络的两个输入空间有不同的认知框架、元素，它们都部分地投射到融合空间，从而形成层创结构（查清兰，2013：209）。不论是哪种类型的概念整合，谚语的概念整合都经历了“组合、完善、扩充”等步骤（查清兰，2013：210）。韩语里产生多义的谚语具有多种类型。

1. 简单型网络汉语谚语的意义构建

在简单型网络中，融合空间依据输入空间Ⅰ提供的认知框架来组织输入空间Ⅱ所提供元素的运作（查清兰，2013：208），可以分为四种类型。

第一类，韩语谚语出现“같다”类字眼。例如，韩语有谚语“장발에 치인 빈대 같다”，输入空间Ⅰ提供了事物变化因果关系的“因A而变形的B”认知框架，输入空间Ⅱ提供了“桌子腿”“跳蚤”这样的元素。输入

空间Ⅱ中的具体元素能够填充完全抽象的输入空间Ⅰ。类属空间里“因果关系”这一特征使两个输入空间实现了跨空间映射。再经过投射，输入空间Ⅱ中的两个具体元素被用来填充抽象框架中的A和B，从而完成了概念整合的组合步骤。以此为基础，输入空间Ⅱ中“桌子腿”“跳蚤”触发人们的认知机制，激活了人们的知识记忆、背景知识等，即被压扁的跳蚤很难看。这属于基本常识。这个过程是概念整合的完善步骤。以此为基础，“桌子腿”“跳蚤”与激活的相关背景知识相结合，在融合空间产生一个层创结构：被桌子腿压扁的跳蚤很难看。因此谚语产生了两个新义，首先比喻东西非常扁，很难看。这就完成了概念整合的扩充步骤。此类谚语的构建与识解过程都是通过框架——元素的连接和压缩进而构建谚语的含义，这一含义的构建是在组合、完善、扩充等认知机制下完成的（查清兰，2013：208）。

但根据存在巨链理论（Great Chain of Being），谚语“장발에 치인 빈대 같다”还可与人联系起来。存在巨链是指世界上事物的存在是分层次等级的：人类、动物、植物、无生命物，其中人类有推理的特性，动物有本能行为，植物有生物功能，无生命物具有物理属性。（Lakoff & Turner，1989：167）Lakoff & Turner（1989）指出基础巨链涉及人类和“低”层次生物的关系，而扩大的巨链则涉及人类与社会、上帝以及整个宇宙的关系（汪少华、王鹏，2011：42）。所以，通过与人相联系，因此产生了第二个比喻义，比喻遭到变故，没了脸面，抬不起头来。而韩语谚语之所以产生多义性是因为在层创结构中，将事物的认知框架又投射到了人的框架。

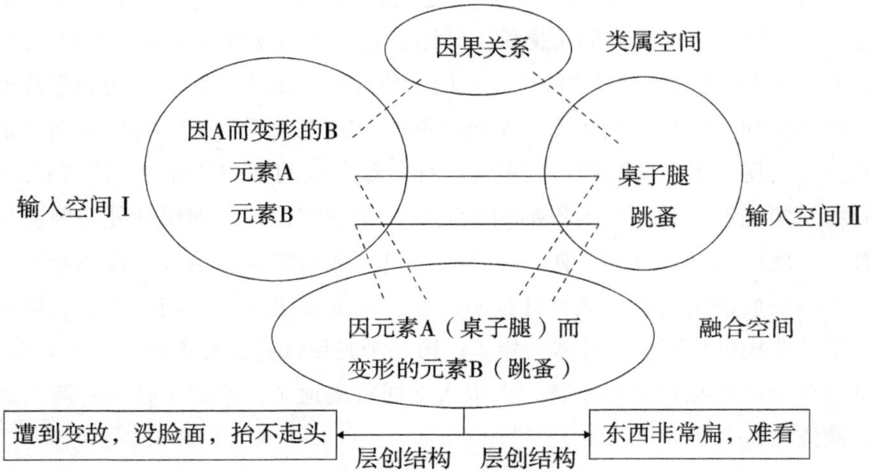

图 9-3　“장발에 치인 빈대 같다”的概念整合

第二类，有时简单型网络并不出现“같다”类的词语。例如，谚语“독 안에서 푸념”，输入空间Ⅰ提供了事物相似关系的“A像B”认知框架，输入空间Ⅱ提供了“缸”“抱怨”这样的具体元素。输入空间Ⅱ中的元素能够填充完全抽象的输入空间Ⅰ。类属空间里“相似关系”这一特征使两个输入空间实现了跨空间映射。与前述一样，输入空间Ⅱ中“人”“缸”触发人们的认知机制，激活了人们的知识记忆、背景知识等，即缸的空间很小、内里很暗。以此为基础，“人”“缸”与激活的相关背景知识相结合，在融合空间产生一个层创结构：人在缸里抱怨，因此谚语产生了两个新义，第一个意义是害怕别人听见而偷偷地说闲话，比喻心胸狭窄，所做之事令人感到窝囊；第二个意思是内心凶险不知会干出什么事来。

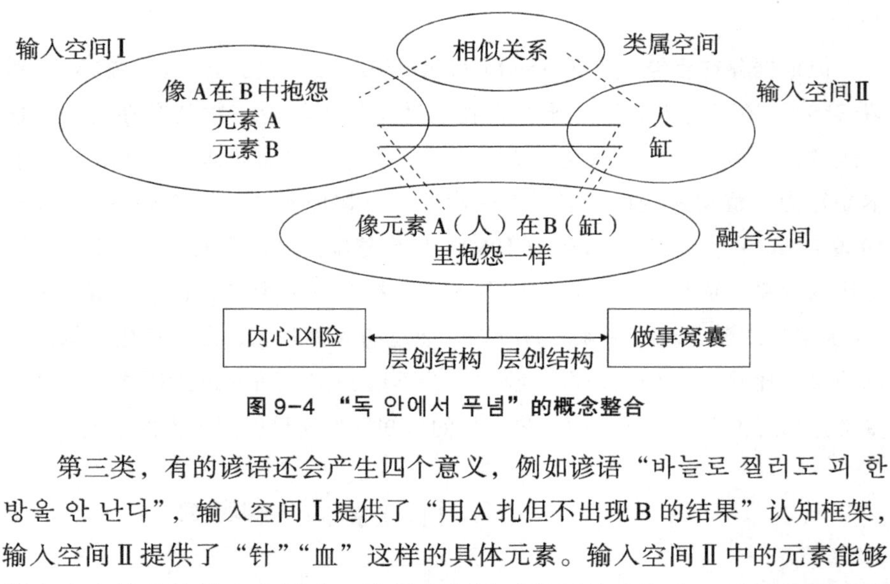

图9-4　“독 안에서 푸념”的概念整合

第三类，有的谚语还会产生四个意义，例如谚语“바늘로 찔러도 피 한 방울 안 난다”，输入空间Ⅰ提供了“用A扎但不出现B的结果”认知框架，输入空间Ⅱ提供了“针”“血”这样的具体元素。输入空间Ⅱ中的元素能够填充完全抽象的输入空间Ⅰ。类属空间里“相似关系”这一特征使两个输入空间实现了跨空间映射。与前述一样，输入空间Ⅱ中“针”“血”触发人们的认知机制，激活了人们的知识记忆、背景知识等，即用针扎一般会出血。以此为基础，“针”“血”与激活的相关背景知识相结合，在融合空间产生一个层创结构：人被针扎但不出血，因此谚语产生了四个新义，第一个是用针扎也扎不动，身体太棒了；第二个是用针扎也扎不出一点毛病来；第三个是用针扎也无动于衷，人也太不懂得变通了；第四个是一针不出血的铁公鸡。

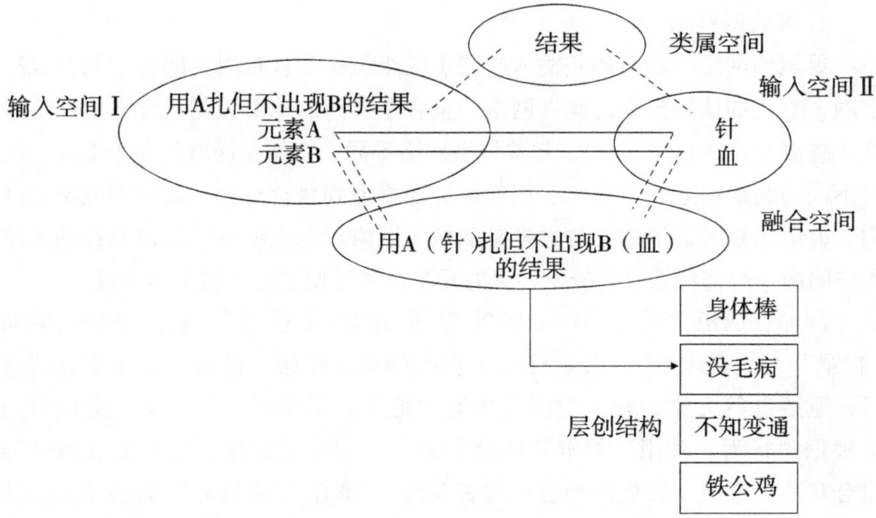

图 9-5 "바늘로 찔러도 피 한 방울 안 난다"的概念整合

第四类，韩语的谚语有时还会出现疑问形式。例如，谚语"돈피 옷 잣죽에 자랐느냐"，输入空间Ⅰ提供了"像穿A喝B那样长大"认知框架，输入空间Ⅱ提供了"貂皮""松子粥"这样的具体元素。输入空间Ⅱ中的元素能够填充完全抽象的输入空间Ⅰ。类属空间里"结果"这一特征使两个输入空间实现了跨空间映射。与前述一样，输入空间Ⅱ中"貂皮""松子粥"触发人们的认知机制，激活了人们的知识记忆、背景知识等，即穿貂皮喝松子粥是很奢侈的，是娇生惯养。以此为基础，"貂皮""松子粥"与激活的相关背景知识相结合，在融合空间产生一个层创结构：像穿貂皮喝松子粥长大那样，因此谚语产生了两个新义，第一个比喻生活非常豪奢，第二个，因为生活豪奢的人反而会不健康，所以这个谚语还比喻气血很弱。

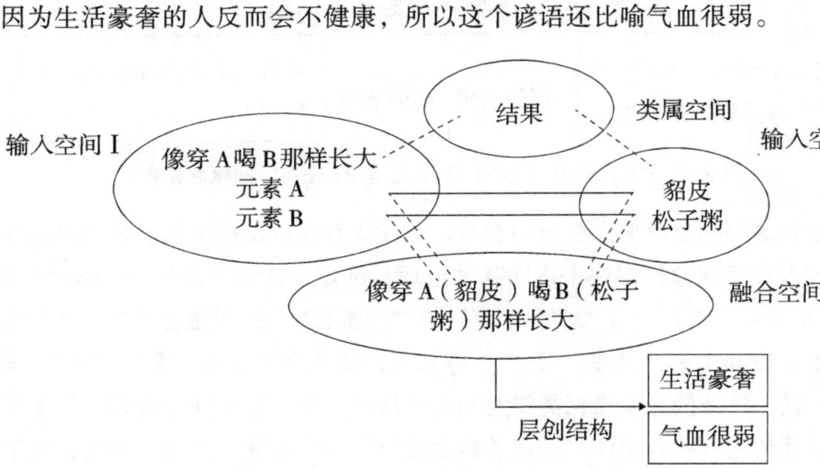

图 9-6 "돈피 옷 잣죽에 자랐느냐"的概念整合

2. 双域型网络

单域型网络一般指的是输入空间Ⅰ的组织框架被投射到融合空间并且决定融合空间的认知操作，此类网络的整合是典型的来源域到目标域的隐喻映现（查清兰，2013：209）。与单域型网络不同，双域型网络的两个输入空间有不同的组织框架、元素，它们都部分地投射到融合空间，从而形成层创结构。韩语的多义谚语建立的大多是双域型网络。此类型的韩语谚语在两个输入空间内一般都包括具有概念冲突的元素，并且使谚语具有了多义性。

例如，谚语“제 옷 벗어 남의 발에 감발 쳐 준다”，有两个输入空间“衣服”与“裹脚布”，分别建立了相关的认知框架，输入空间Ⅰ中有“自己、重要”等元素，输入空间Ⅱ中有“他人、不重要”等元素。类属空间中根据“行为、功用”等框架将两个输入空间连通起来，这是概念整合的组合步骤。然后，在概念整合的完善阶段，“衣服”“裹脚布”会触动人们的认知机制，并激活相应的背景知识，即衣服于人是重要的事物，裹脚布是非重要事物，两者具有概念冲突。最后，在融合空间中产生一个层创结构，形成了两个新义，第一个比喻将自己非常需要的东西送给别人，第二个比喻将自己重要的东西用于别人不怎么重要的事情上。

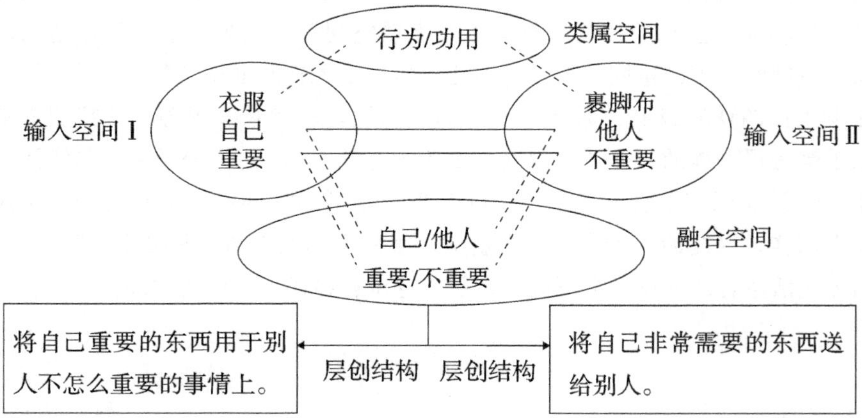

图 9-7　“제 옷 벗어 남의 발에 감발 쳐 준다”的概念整合

在双域型的谚语概念整合中有时也需建立存在巨链的谚语。这类谚语都是通过对自然现象的描述来说明某种道理。例如，谚语“꿀은 적어도 약과만 달면 쓴다”有两个输入空间“蜜”与“油蜜果”，分别建立了两个认知框架，输入空间Ⅰ有“蜜多”“蜜少”等元素，输入空间Ⅱ有“甜”“不甜”等元素。输入空间的元素根据类属空间的“因果关系”互相连通起来，相关元素有选择地进入融合空间，完成了概念整合的组合步骤。在融合空间，元素“蜂蜜”与“油蜜果”激活人们的认知机制，并激活相应的背景知识，即蜂

蜜放得多，油蜜果就甜，但有时也会出现特殊情形，蜂蜜放得少但油蜜果味道也不错，因此“蜜少，但油蜜果好吃”这样的概念被激活。如果仅是描述生活现象，那么就不是谚语。要想成为谚语需使其与“人”相关。那么就需借助存在巨链理论。因此谚语通过层创结构与人的活动建立了联系，进入概念整合的完善步骤，在层创结构中产生了新义，比喻即使投入的力气或材料很少，但只要结果好，就行；在此基础上语义继续抽象，又产生了第二个比喻意义，比喻即使手段不同，但只要能达到目的就可以。

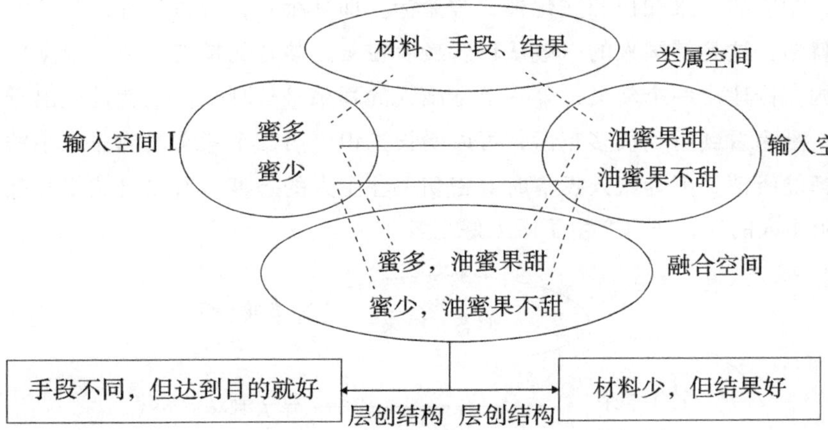

图 9-8 “꿀은 적어도 약과만 달면 쓴다”的概念整合

3. 多重概念整合过程的融合

有的谚语会经历多次的概念整合过程才能构建谚语的比喻义。例如，谚语“나그네 귀는 간짓대 귀”这个谚语经历了一个比较复杂的概念整合过程。首先是形成了“간짓대 귀”这样的词组搭配，这个搭配的过程是形式整合与概念整合的综合过程。

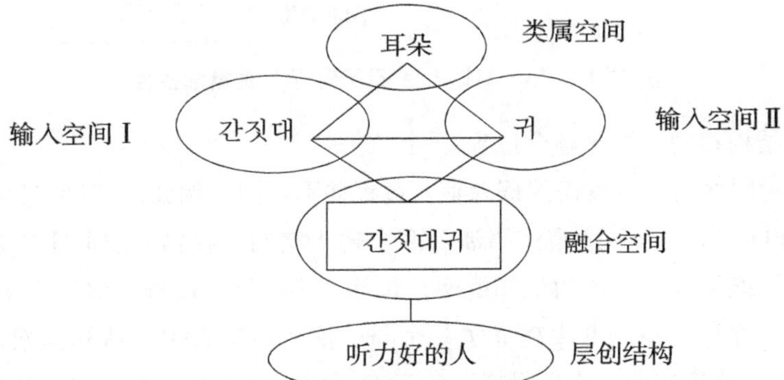

图 9-9 “간짓대 귀”的形式整合与概念整合

在谚语“나그네 귀는 간짓대 귀”中，有两个输入空间“竹竿耳朵”与“旅人耳朵”，其中输入空间Ⅰ建立了“竹竿耳朵”的认知框架，涉及“耳朵像竹竿一样长、听的结果”等元素，输入空间Ⅱ建立了“旅人耳朵”的认知框架，涉及“耳朵长、听的结果”等元素，类属空间的“形态、结果”两个元素为输入空间Ⅰ和输入空间Ⅱ实现跨空间映射提供了可能并使之连通起来，“耳朵长、听的结果”等具体元素被有选择地投射到融合空间，然后在概念整合的完善环节，元素“竹竿耳朵”“旅人耳朵”激活人们的认知机制，相应的背景知识和文化模式被激活，即耳朵长，听力就好，听到的东西就多，这是韩国人的一般认识。最后在概念整合的扩充环节，根据层创结构，构建出两个新义，第一个指旅人的耳朵是长耳朵，也就是说出行在外，沿途看到听到很多东西，可以增长见识。第二个意义比喻非常小的声音都能听清，因为旅人投宿时要密切关注主人的态度，所以自然要竖起耳朵听主人的话，所以产生了听力好之意。

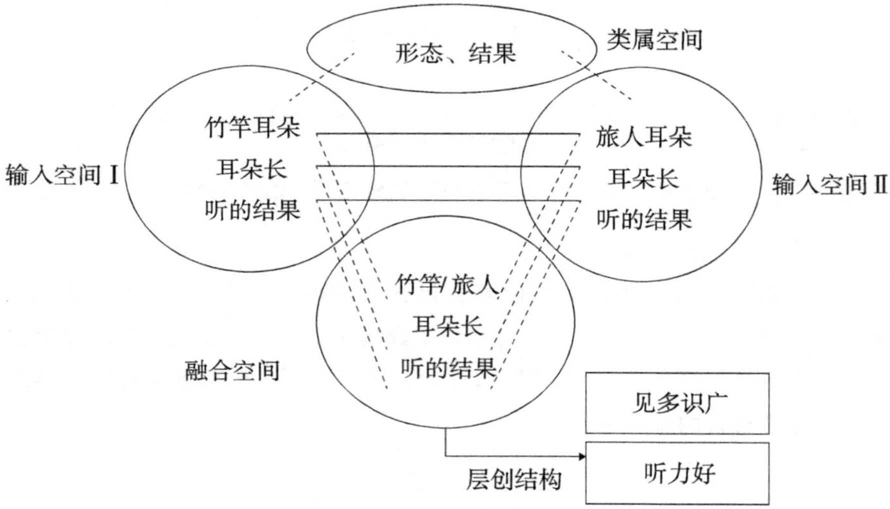

图 9-10　“나그네 귀는 간짓대 귀”的概念整合

4. 结构相同、概念整合过程不同

有时同样结构的谚语的概念整合过程并不相同。例如，“담배씨로 뒤웅박을 판다［ 딴다 ］”这个谚语涉及两个输入空间，在输入空间Ⅰ中建立了一个与“抠烟种”有关的认知框架，包括“小事物、动作细致、产生噪音”等元素，在输入空间Ⅱ中建立了一个与“挖葫芦”有关的认知框架，包括“大事物、动作细致、产生噪音”等元素，两个输入空间中的“小事物”与“大事物”具有明显的概念冲突。类属空间的“材料、施事、结果”为两个

输入空间映射进入融合空间提供了可能并使之连通起来。这是谚语的组合步骤。然后在融合空间中，“抠烟种”“挖葫芦”激活人们的认知机制，关于抠烟种、挖葫芦的背景知识与文化模式被激活，即把小小的烟种子的瓤掏出来做成小瓢子，动作要求非常精细，并且动作会伴随嘈杂的声音。以此为基础，“动作细致”“产生噪音”等具体元素被部分地投射到融合空间。两个组织框架的相对性和部分具体成分的相似性是人们理解此类谚语的关键（查清兰，2013：210），融合空间依据投射来的组织框架和元素继续进行完善，从而形成了层创结构，构建出三个新义：比喻做事非常小气；非常爱唠叨；性情非常缜密、仔细，擅长细密的、费工夫的活。这就完成了概念整合的扩充步骤。

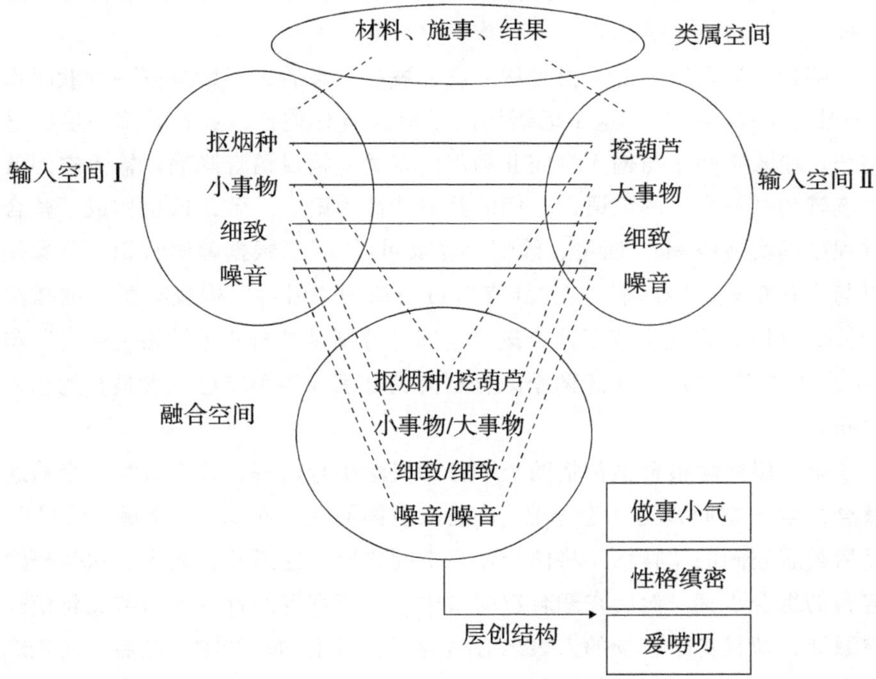

图 9-11　“담배씨로 뒤웅박을 판다 / 딴다”的概念整合

与“담배씨로 뒤웅박을 판다 / 딴다”结构类似的谚语还有“좁쌀에 뒤웅 판다”，但两者的意义并不太相同。因为在后者的输入空间中所构建的认知框架中并没有激活“动作细致”这一元素，只是激活了“小事物”“大事物”这一语义冲突的元素以及“产生噪音”这一共通的元素。这些元素也通过“材料、施事、结果”等映射进入融合空间，然后通过层创结构产生了两个新义，第一个根据“产生噪音”比喻非常唠叨，第二个根据“小

事物”与“大事物”之间的概念冲突，比喻做没有希望的事情，这个意义是谚语“담배씨로 뒤웅박을 판다 / 딴다”所没有的。

比较“**담배씨로 뒤웅박을 판다 / 딴다**”与“**좁쌀에 뒤웅 판다**”两个谚语，可以发现，同样结构的谚语通过概念整合可以产生不同的比喻义，而这也反映了谚语意义形成的主观性与文化性。

（三）核心词是同音异义词

有时谚语之所以具有多义性，是因为核心词是同音异义词。前面已分析了无意识的同音异义词与谚语的概念整合，后又分析了有意识的同音异义词所形成的具有幽默、委婉意义的谚语。一般情况下，同音异义词即使出现在谚语里，所实现的也是其中一个词的意义。但有时有的谚语里会根据不同的同音异义词而产生不同的意义，因此使谚语具有了多义性。

例如，韩国历史上燕山君从王位上被赶下来后，开始流行一首歌叫作“충성이 사모냐？”，这个谚语构成了双层概念整合，首先看第一层概念整合。输入空间Ⅰ与输入空间Ⅱ利用同音关系构成语音隐喻。输入空间Ⅱ为读音为“사모”的词语，它们的共有特性为语音一致，这也构成了整合过程中的类属空间：“四毛、纱帽、詐謀이냐？”。根据韩语常识、背景知识与文化模式，“纱帽”与“詐謀”可与谓词“이냐”构成有意义的搭配“사모이냐”，由此形成了两个融合空间，分别是“사모（紗帽）이냐”与“사모（詐謀）이냐”，这两个融合空间又分别成为第二层概念整合的输入空间Ⅱ。

第二层概念整合又包括两个平行的概念整合过程，首先看第一个概念整合，输入空间Ⅲ是“충성은”，输入空间Ⅵ是“사모[8]（紗帽）이냐”，然后类属空间的“官场”将两个输入空间之所以连通组合起来，这是概念整合的组合步骤。然后在融合空间Ⅲ中，关于官场的背景知识与文化模式被激活，即置身于官场的人表忠心是为了头顶上的乌纱帽。最后，在概念整合的扩充步骤中，通过层创结构产生新义，即讽刺人们为了乌纱帽而表忠心。

再看第二个概念整合，输入空间Ⅴ还是“충성은”，但输入空间Ⅵ是“사모（詐謀）이냐”，然后类属空间的“官场”将两个输入空间之所以连通组合起来，这是概念整合的组合步骤。然后在融合空间Ⅳ中，关于官场的背景知识与文化模式被激活，即置身于官场的人会为了头顶上的乌纱帽而勾心斗角。最后，在概念整合的扩充步骤中，通过层创结构产生新义，即讽刺人们为了乌纱帽而勾心斗角。

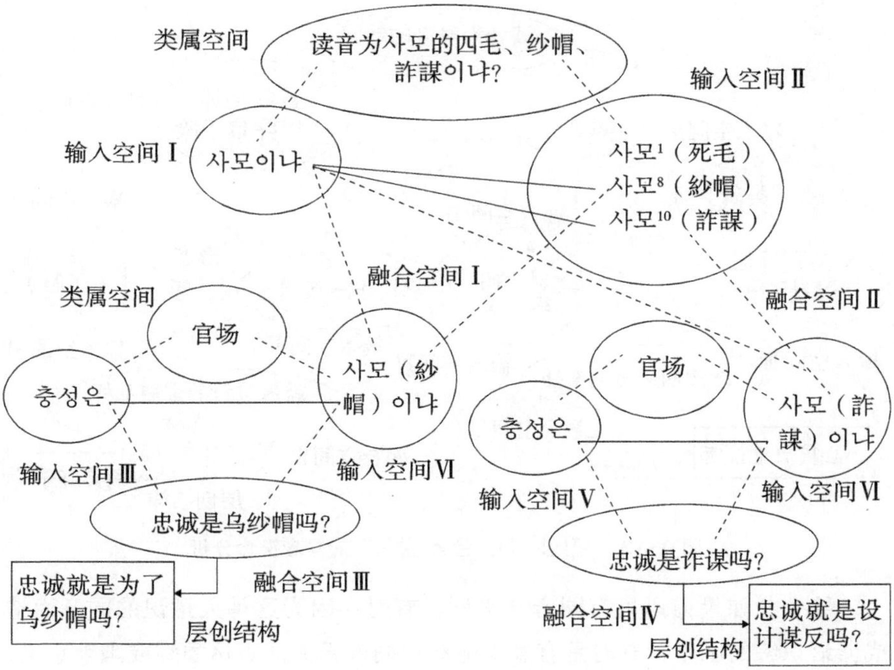

图 9-12　"충성은 사모이냐"的概念整合分析

如上，正是因为谚语里存在同音词异义词，所以使谚语的概念整合过程更加复杂。

类似的还有谚语"진상 가는 꿀병 / 봉물짐 얽듯"，这个谚语有两个同音异义的动词，分别是意为捆绑的"얽다"和意为麻子脸的"얽다"。根据两个不同意义的"얽다"，这个谚语也产生了两个意义，其概念整合过程也分为两个层次。首先在第一层概念整合过程中，输入空间Ⅰ与输入空间Ⅱ根据类属空间的同音关系被联通在一起，并投射到融合空间，形成了两个融合空间Ⅰ、融合空间Ⅱ，两个融合空间分布又进入第二层次的心智空间。

在第二层概念整合过程中，输入空间Ⅲ、Ⅳ因类属空间的"行为"而被连通起来，并进入融合空间Ⅲ，在融合空间中，关于进贡与捆绑东西的文化背景与文化模式被激活，即进贡的东西不能出差错，要小心捆绑，然后在层创结构中产生了新义，比喻小心翼翼地捆绑东西。另外，还有一个平行的心智空间，输入空间Ⅴ、Ⅵ因类属空间的"形态"关系而被连通起来，并进入融合空间Ⅳ，然后关于进贡装蜂蜜的瓶子与麻子脸的文化背景与文化模式被激活，即受过去瓶子制作工艺的影响，有时瓶子的表面并不光滑，而麻子脸也不光滑，两者在形态上很相似，然后在层创结构中产生了第二个新义：嘲笑麻子脸。

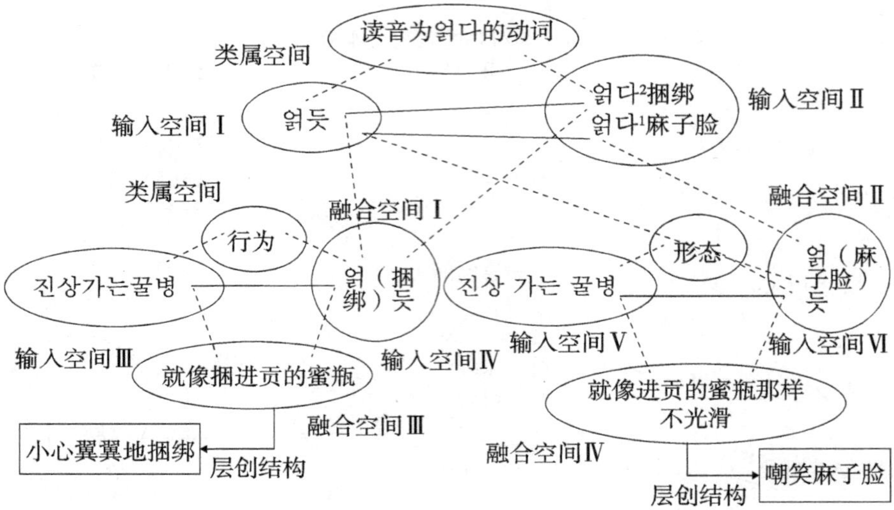

图 9-13 “진상 가는 꿀병 얽듯”的概念整合分析

综上，如果谚语里有同音异义词，有时会因为这种无意识的同音而造成谚语识解的困难，有时是有意识地利用同音异义词表达委婉或幽默意义，但不一定会产生多义性，有时谚语会因同音异义词的出现而经过多次概念整合过程而产生多义性。

（四）语法结构的多义性

语法结构或成分也会影响谚语的多义性，因为与语法相关的连词、助词、副词也具有多义性。

首先看与连词有关的例子。例如，谚语“산지기가 놀고 중이 추렴을 낸다”是用并列连词“-고”形成的并列结构，但“-고”是多义词，可以表示前后动作承接，也可单纯表示动作并列。谚语的概念整合过程是简单型网络，当“-고”表示前后动作承接时，输入空间Ⅰ提供了动作承接的组织结构“A 玩乐，B 凑份子结账”，输入空间Ⅱ提供了“看山人”“和尚”这样的价值元素，输入空间Ⅱ中的具体元素能够填充完全抽象的输入空间Ⅰ。类属空间里的“承接”这一特征决定了两个输入空间的跨空间映射。再经过投射，输入空间Ⅱ中“看山人”与“和尚”两具体元素被填充到抽象框架中的A和B，这是概念整合的组合步骤。然后，输入空间Ⅱ中“看山人”“和尚”触发人们的认知机制，调动人们的知识记忆，相关的背景知识、文化模式等被激活，看山人玩乐却让和尚来结账，这是不符合常识的。因此“看山人”“和尚”与激活的相关背景知识相结合，在融合空间产生一个层创结构：看山人玩乐，和尚付了钱，产

生了新义，比喻因为没有任何关联的事情而付出代价。这样就实现了谚语概念整合的扩充。

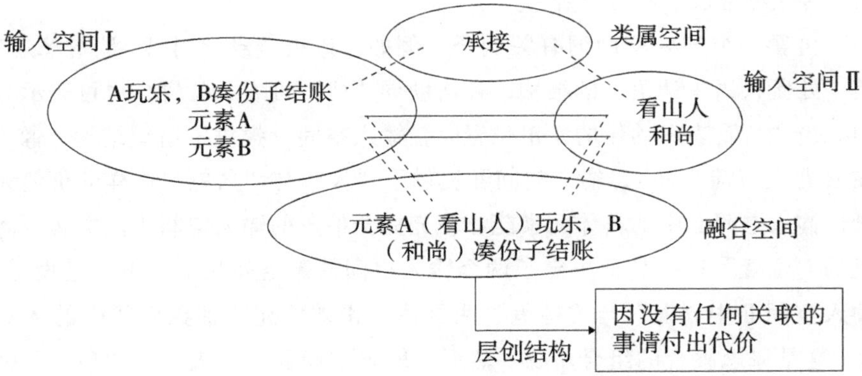

图 9-14 “산지기가 놀고 중이 추렴을 낸다”的概念整合

当“-고”表示动作并列时，输入空间Ⅰ提供了动作并列的组织结构“A 玩乐，B 凑份子喝酒”，输入空间Ⅱ提供了“看山人”与“和尚”这样的价值元素，输入空间Ⅱ中的具体元素能够填充完全抽象的输入空间Ⅰ。类属空间里的“并列”这一特征决定了两个输入空间的跨空间映射。再经过投射，输入空间Ⅱ中“看山人”与“和尚”两具体元素被填充到抽象框架中的 A 和 B，这是概念整合的组合步骤。然后，输入空间Ⅱ中“看山人”与“和尚”触发人们的认知机制，调动人们的知识记忆，相关的背景知识、文化模式等被激活，看山人不看山反而玩乐，和尚不念经反而凑份子喝酒，这些行为都是不符合常识的。因此“看山人”与“和尚”与激活的相关背景知识相结合，在融合空间产生一个层创结构：看山人玩乐，和尚凑份子喝酒，产生了新义，比喻因离经叛道不干正事。

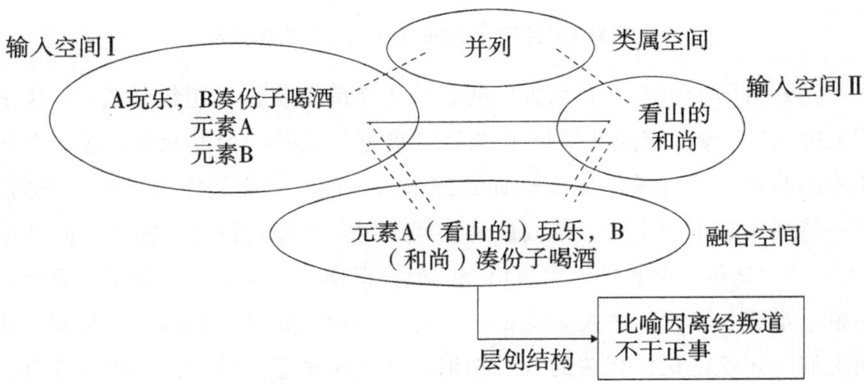

图 9-15 “산지기가 놀고 중이 추렴을 낸다”的概念整合

如上，同一个谚语，因为“-고”意义的不同，而产生了不同的类属空间。而类属空间里的“承接”或“并列”决定了两个输入空间的跨空间映射，并最终形成了不同的新义。

再看一个与处格助词有关例子。例如，谚语“남생이 등에 활쏘기”是“处所状语＋谓语”的结构，处格助词“에”可表示位置，也可表示方向。当“에”表示动作的发出位置时，输入空间Ⅰ提供了组织结构“像A在B背上射箭一样”，输入空间Ⅱ提供了“人”与“乌龟”这样的价值元素，输入空间Ⅱ中的具体元素能够填充完全抽象的输入空间Ⅰ。类属空间里的“位置”这一特征决定了两个输入空间的跨空间映射。再经过投射，输入空间Ⅱ中“人”与“乌龟”两具体元素被填充到抽象框架中的A和B，这是概念整合的组合步骤。然后，输入空间Ⅱ中“人”与“乌龟”触发人们的认知机制，调动人们的知识记忆，相关的背景知识、文化模式等，即人站在乌龟背上射箭，这种行为是不常见而且实施起来很困难的。因此“人”“乌龟”与激活的相关背景知识相结合，在融合空间产生一个层创结构：站在乌龟背上射箭，产生了新义，比喻做非常困难的事情。

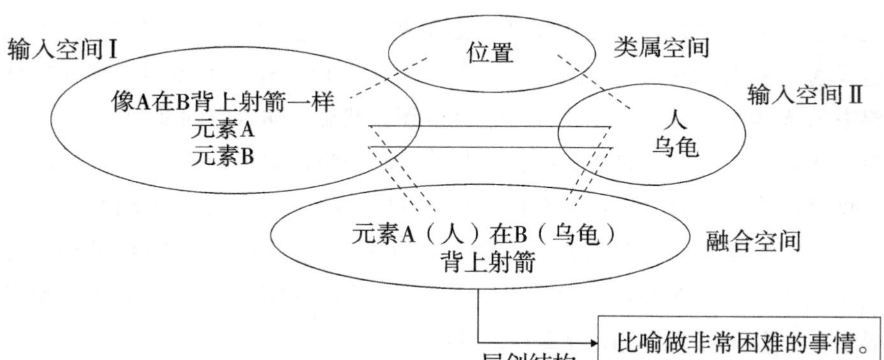

图9-16　“남생이 등에 활쏘기”的概念整合

当处格助词“에”表示方向时，输入空间Ⅰ提供了组织结构“A朝B背上射箭”，输入空间Ⅱ提供了“人”“乌龟”这样的价值元素，输入空间Ⅱ中的具体元素能够填充完全抽象的输入空间Ⅰ。类属空间里的“方向”这一特征决定了两个输入空间的跨空间映射。再经过投射，输入空间Ⅱ中“人”与“乌龟”两具体元素被填充到抽象框架中的A和B，这是概念整合的组合步骤。然后，输入空间Ⅱ中“人”“乌龟”触发人们的认知机制，调动人们的知识记忆，相关的背景知识、文化模式等被激活，人朝乌龟背上射箭，而龟壳非常坚硬，不会受到损伤。因此“人”“乌龟”与激活的相关

背景知识相结合，在融合空间产生层创结构：朝乌龟背上射箭，产生了新义，比喻想伤害对方但对方却毫发未伤。

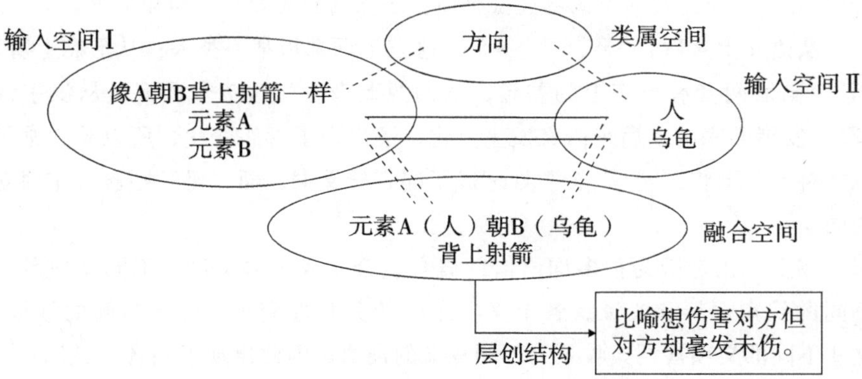

图 9-17 “남생이 등에 활쏘기”的概念整合

综上，谚语语法结构的多义性导致概念整合的类属空间出现不同，而类属空间又决定两个输入空间的连通与映射，因此最终使谚语产生了两个不同的意义。

四、同音异义词的出现

语义泛化会产生很多多义词，并且多义词的各个义项之间的语义联系也会越来越小，尤其是与原型意义之间的语义联系会越来越小，当与基本义的语义关联小到一定程度之后，词典就会将非常抽象的意义单独列为一个词条，那么被单列的词与其原型词就会成为同源关系，两个词就被称作“同音异义词”。

例如，“뒷손[1]”和“뒷손[2]”被词典处理成了同音异义词，“뒷손[1]”有两个意义，首先指伸到身后的手；也指表面谦让但却偷偷伸出来接东西的手。“뒷손[2]”也有两个意义，分别指事情结束后又做整理；偷偷在后面搞的事情。但根据原型范畴理论与概念整合理论，可以发现“뒷손 1”和“뒷손[2]”是同源词。

语义关联变小有时还会伴随词性、语音和形态的变化，这些因素也被视作同音异义词的原因，如果形态变化很大，那么还有可能被视作不同的词。例如，韩语有名词“군[1]”指一起干某事的成员，如（32a）；类似意义的有名词“꾼[1]”，用来贬称那些善于做某事尤其是自己喜欢的事情的人，如（32b）。此外还有后缀“-꾼[2]”，有多个意义，都表示做某事的人，只不过在意义上略有区别。

（32）a. 군이 많다 干活的人很多

b. 많은 상금이 걸린 낚시 대회에 전국의 꾼들이 모두 모였다 . 因为此次钓鱼比赛奖金很高，全国的钓鱼爱好者纷至沓来。

从语义上来看，“군、꾼、-꾼”这三个词都指某一类人；从形态上看，“군”与后两者有形态上的差异；从词源上来看，这三个词都是从汉字词“军”发展而来的，后来语义发生分化，还出现了形态变化，所以《표준국어대사전》上将“꾼、-꾼”处理成了同音异义词，而“군”则被看作独立的词。

综上，正是因为很多词语借助概念整合变成了多义词，不同义项具有不同的认知框架和义征，各个义项之间的关联性变小。随着时间的推移，这些不同的义项被词典收录为不同意义的词语，因此出现了同音异义词。

五、近义表达的出现

概念整合与语义泛化带来的是语义的抽象化，那么就容易出现这样一种现象：即使一组词语的原型意义或基本义各不相同，但语义抽象化的结果却可能产生一组某个义项语义相近的近义词、近义惯用语或近义谚语。也就是说，互不相同的词汇、惯用语或谚语之间也可能拥有关系非常密切的语义，并且不同词汇所拥有的密切关系比同一词汇的不同语义间的关系更加紧密（Nida，1975；转引自조항범，1991：16）。

例如，与感觉词有关，“순하다（顺--）”的基本义指趋向同一方向，另外还有四个引申义，分别指性子不执拗或者脾气随和；气势不大；事情进行顺利；味道醇厚，不冲。“부드럽다”有五个意义，分别指接触或掠过的感觉不粗或者柔软；性子或态度不生硬，很温和；粉末一类的东西非常细腻；事情的状况或动作不生硬；酒味道不烈，容易下咽。“싱겁다”也有五个意义，分别指食物的味道不到普通的程度，很淡；人的言辞或行为与情况不符，多少有些出乎意料或唐突的感觉；有些行为或言辞、文章等提不起人的兴趣，马马虎虎。也就是说，三个词语的基本义各不相同，其中“순하다、부드럽다”的原型意义分别是空间、触觉意义，但两个词最后都发展出了味道意义，而“싱겁다”基本义是味道意义，但最后发展出了感觉（心理、视觉）意义。三个词各自通过概念整合发生语义泛化的结果是都有了类似的味道意义，那就是比喻味道不浓、不烈。在表达这个意义时，三个词成了近义词。

与钱有关，比喻小钱时可以用“푼돈、서푼/서푼짜리、칠푼（짜리）、땡전（-錢）、노린동전（--銅錢）、노린전、피천、오리동록（五鳌銅

緣)、쇠천、담뱃값、술잔거리(-盞--)”等，这些词语表达的具体义并不相同，但在比喻“小钱”时，意义一致，这是因为它们都经历了从“具体义”到“抽象义”的语义演变过程。

语义泛化还有一种表现，就是上义词与下义词之间的灵活转喻。例如“손、손가락、손끝、손톱”的范围依次变小，但可以互相转喻，可以整体转喻部分，也可以部分转喻整体，因此产生了很多相似的惯用语和谚语，如惯用语“손이 닳도록、손톱 닳도록”都比喻吃苦受累；谚语“손가락 하나 까딱 않다、손끝 안 건드리다、손톱 하나 까딱 않다”都比喻什么都不干；“열 손가락으로 물을 튀긴다、손끝으로 물만 튀긴다、손끝에 물도 안 튀긴다、손톱을/손톱으로 튀기다”都比喻什么活也不干，只是玩，这种意义的产生与日常生活经验有关，因为不干活的人，多数会有弹手指玩的动作，所以借助这一特定的动作比喻不干活。

一组反义词有时也会因语义泛化而发展成近义词。例如，汉语形容人多时一般用“黑压压的”，而韩语在形容人多时却有两种表达，即“까맣게、하얗게”，但这两个词是反义词，一个为黑色，一个为白色，但最终却都可以表达人多这样的数量意义，可以说在表达“人多”这个意义时，“까맣게、하얗게”是近义词，即两个词根据基本义形成相反词关系，根据引申义形成近义词关系，这种奇怪现象的原因就是语义泛化，当然这里也有文化原因在起作用。

类似的例子还有汉字词。例如，“생전(生前)”意为活着的期间，用于此意义时，还有近义词“사전(死前)”，从这两个词的结构来看的话，两个词应该是反义词，但实际却意义近似，所以这两个词中的“生”与“死”的意义已发生弱化，两个词的语义重心都在“前”之上。

再看近义惯用语、谚语的形成。韩语可用与划桨、舂米等相关的词语“배질、고갯방아”、谚语“곳병 든 병아리 같다 得鼻炎的小鸡”等形容打盹的样子，还用“하늘 높을 줄 모름、천정부지로、천장을 모르다、다락 같다”等比喻价钱高，与这些表达相关的具体事物虽互不相干，最后却可形成某意义的近义表达，这也是语义泛化造成的结果。

综上，不同原型意义的词语、惯用语、谚语等可以通过概念整合发展成近义词、近义惯用语或近义谚语。也就是说，近义词或同类词具有相近的演变方向，这与人类的思维认知有关，因为语义的演变与相关事物的特征密切相关，而一个民族在面对近似或同类事物时被唤起的联想意义一般也是近似的，所以表现在语义的演变方向上也会出现相似性。反过来，我们可以利用这一规律来为近义词的进行概念重塑。

本研究发现，很多盛东西的器具都发展成了后缀，如“꿀단지”中的“단지”，“울동이”中的“동이”都发展成了后缀，“슬기주머니”中的“주머니”虽然词典没有将其标成后缀，但却具有了后缀的性质，表示“充满……的人”。所以根据“단지、동이、주머니”的演变方向，可以推测其他盛东西的器具也会发生类似的语义演变。

韩语里包东西的物品还有汉字词“보[16]（褓）”，意思是包东西或盖东西的四四方方的布，意为汉语的包袱或盖布；也指游戏“剪子、包袱、锤”中的“包袱”。韩语还有两个后缀“-보[23]”与“-보[22]”，《표준국어대사전》没有为这两个后缀标注汉字，也就是说认为这两个后缀都是固有词。其中“-보[23]”意为某物聚集形成的，如（33）。而“-보[22]”有三个意义，第一个指具有某种特性的，如（34a）；第二个意义指以某种行为为特性的，如（34b）；第三个意义指具有某种特性的人，如（34c）。

（33）말보 话多的人、심술보 울음보 哭包、웃음보 爱笑的人

（34）a. 꾀보 机灵鬼、싸움보 惹祸精、잠보 睡虫、털보 大胡子

b. 먹보 大吃包、울보 哭包、째보豁子嘴 / 小气鬼、잡보 杂种

c. 땅딸보 뚱뚱보 胖子

根据上面两个后缀的意义以及膀胱“오줌보（오줌주머니）”来看，这里的“-보”指的就是包袱。所以这两个后缀的原型与名词“보”具有一定语义联系，都可理解为“被某种东西包起来的”，当然“某种东西”已从具体实物逐渐发生虚化，可以是抽象名词“말、심술、울음、웃음、꾀、싸움、잠、털”等，继续虚化后也可以是动词、形容词词根“먹-、울-、째-、땅딸-、뚱뚱-”等。所以后缀“-보[22]”是由“-보[23]”发展来的。

根据近义词的语义与语法变化，可以推理上面的“**보**[16]（褓）”与“-**보**[22]、-**보**[23]”是同源词，都是从“褓”发展而来的。其次，韩语里的这一组同音词的溯源在汉语中也可找到支撑资料，汉语里“大吃包”用来比喻吃饭多的人，并且还出现了“安装包、表情包”等表达，这些“包”的意义也都是从包东西的器具意义发展而来的，也已发生抽象化。

第十章　框架移位理论与双关

韩语有大量多义词、多义惯用语、多义谚语等，韩国人经常会有意识地利用语言的多义性进行话语交际，并且形成了很多双关表达。双关的话语意义不在言语符号中，而是由说话者积极地根据语言和非语言的信息建构起来的。

Coulson 曾提出解释幽默生成机制的框架移位理论（frame-shifting），她认为，幽默的生成过程最常见的是意想不到的框架移位，先是从一个视角来创建并描述一个框架，然后突然用另外一种完全不同的方式来调整并激活相关的场景知识与元素，借此建立起另外一个框架，从而实现了从第一个框架向第二个框架的转移（Coulson，2001：32）。韩语的双关表达虽不同于一般的幽默，但也可用框架移位理论来分析，在双关语的建构过程中也会出现字面框架与目标框架的移位。

本章主要分析韩语多义词双关的构建背景以及双关的类型与结构、目标以及识解。

第一节　背景与双关构建

“导致双关语义形成的具体因素可能很多，但总体来说不外语言材料本身和语境制约两个方面。从语言材料本身看，言语结构体中至少要有一个词或语或句必须具备两种以上的能指义；从语境看，必须有可利用的因素，帮助言语结构体实现两种所指义，或者（以境表义）或者（借境含义）”（王殿珍，1998：52）。这里所说的语境就是双关构建的背景，不仅包括大的文化背景，也包括话语交际时的前后语境。在双关这样一个话语系统中，背景信息的作用远远超出了填补空白的作用：当前经验与背景知识的创造性整合是理解的本质（Coulson，2001：91）。语义的构建与理解永远离不开双方交际者，所以交际者也会影响双关的构建。对双关构建来说，背景知识与交际者是一个统一的整体。

一、文化背景

这里所说的文化背景是大文化背景。双关有寓意双关与常规话语双关。首先看比较特殊的寓意双关。寓意双关指的是某种事物被拿来通过双关表达了一种特殊的寓意。例如，考试尤其是高考礼物文化是非常有特色的韩国文化。其中，韩国人传统的高考礼物是“찹쌀떡、엿”等，也就是说给考生送年糕、麦芽糖来预祝考试成功。对这种文化现象，如果动用常规的默认认知框架是无法理解的，所以需启动另外一个框架，那就是动词的多义框架，因为年糕与麦芽糖都有一个共同的特性，即黏性大，粘住所用的动词是“붙다”，而考试成功也可以用动词“붙다”，两者用的是同一动词“붙다”的不同义项，因此在人们的心智空间中，两者成为不同的输入空间并根据类属空间的“多义关系”而连通组合起来。再经过投射，两个输入空间的部分元素有选择地进入融合空间，在融合空间里，人们的认知机制被激活，与“年糕”“考试”有关的背景知识与文化模式被激活，即年糕黏性大，年糕与考试都用动词“붙다”。最后在融合空间通过层创结构产生了新义：两种食物粘在考试场所的大门上或吃了这两种食物就相当于考试的人粘住了，所以可以用送年糕或麦芽糖来祝愿考试成功。从而实现了具体的礼物框架向“祝愿考试成功”这一目标框架的移位。

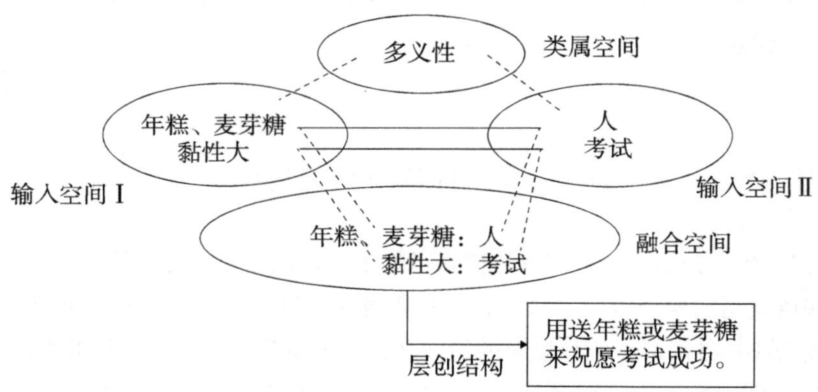

图 10-1　“찹쌀떡、엿”的概念整合

随着社会的发展，韩国人还流行送树袋熊项链“고릴라 목걸이”当作考试礼物，同样，用常规的认知框架是无法理解这种礼物文化的，因此需动用另外一个认知框架，那就是动词的多义性认知框架，那么就会建立一个概念整合的过程。两个输入空间“树袋熊趴在树上”与“人考试”因为

类属空间中的“动词多义性”关系而被连通组合起来，再通过投射，两个输入空间的部分元素有选择地进入融合空间，在融合空间中，人们的认知机制被激活，“树袋熊趴在树上”与“人考试”的相关背景与文化知识也被激活，即树袋熊的习性是牢牢粘贴在树干上，这个习性与考生考试成功都用动词“붙다”来表达。最后在融合空间通过层创结构产生了新义，用送树袋熊项链来祝愿考试成功。从而实现了具体的礼物框架向“祝愿考试成功”这一目标框架的移位。

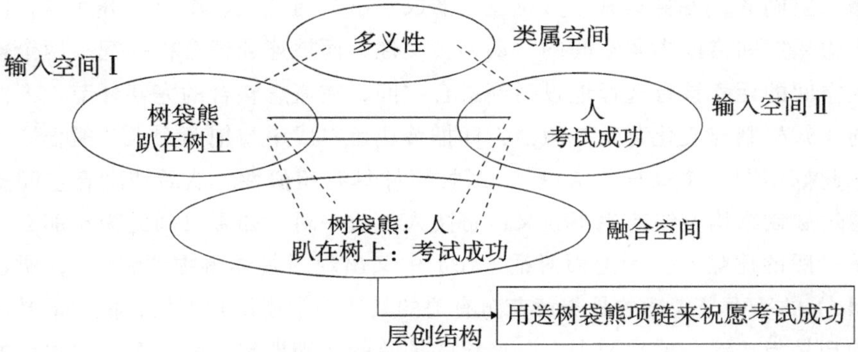

图 10-2 “고릴라 목걸이”的概念整合

如上，上述两类高考礼物都利用了动词的多义认知框架，但所激活的文化背景知识并不相同。这两类高考礼物属于寓意双关，并不是常规意义上的话语双关。

常规意义上的双关多表现为话语形式，话语双关的构建与识解也需一定的文化背景。

（1）a. 배삼도：그러니까 장가를 가. 마누라 해주는 밥 당당하게 먹으면 되잖아…所以说，你赶快娶媳妇吧。理直气壮地吃自己媳妇给做的饭，不就行了？

b. 복선녀：동숙이는 다른 것 다 괜찮은데 딱 한 마디로 음식 솜씨는 젬병인데. 东淑别的都不错，但是做饭的手艺，一句话概括，就是“很差”。

c. 서 준：**틈만 나면 엮어대는 구먼…내가 굴비야**？只要有机会，就把我们两个人捆在一起。……我是黄花鱼吗？

d. 복선녀：뭔 소리야？你这是说啥呢？

e. 서준：나랑 동숙씨 왜 **못 엮어줘서 난리냐구**？내 스타일이 아니라는데 왜？《월계수 양복점 신사들》(10) 你为什么总是把我和东淑捆在一起说事啊？我说她不是我的理想型，怎么了？

如上，剧中복선녀总是想撮合서준和동숙，所以서준生气了，因此用在（1c）中说了“틈만 나면 엮어대는 구먼…내가 굴비야?”，这里的“엮어대다”是双关语。如果用常规的认知模式无法理解这个双关，需动用动词的多义认知框架。

韩国人食用黄花鱼时一般先将其腌制好后再用绳子缠起来，此时用的动词多是“엮다”，“엮다”的基本义是编制、捆扎，根据黄花鱼的制作特点，所以就有了“새끼로 굴비를 엮다”类表达。因此形成了输入空间Ⅰ与输入空间Ⅱ，各自具有“黄花鱼、捆成一串”与“人、撮合”等元素，两个输入空间借助类属空间的“动词多义性”而被连通组合在一起。两个输入空间的元素被有选择地投射到融合空间，在概念整合的完善环节，人们的认知机制与文化背景被激活，即把黄花鱼串成串与把两个人“撮合”在一起都用同一个动词“엮다”，两类事件具有相似性。然后在融合空间里通过层创结构最终产生了新义：将两人连成一对。如果仅到此为止那么就是一般的比喻。但因上面对话（1c）中又出现了具体事物“굴비”，所以（1c）的字面义表达的是与黄花鱼有关的具体的常规认知框架，但话语激活的却是与“撮合男女两个人”这样的抽象的认知框架，因此符合双关语的构建。当然，这种双关语也表达了说话者的不满情绪。

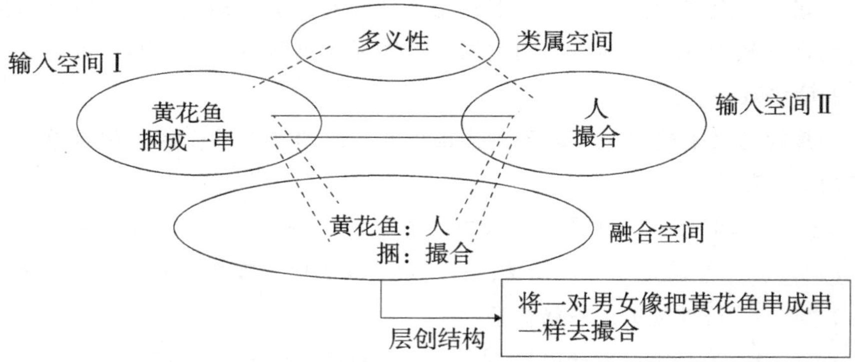

图 10-3　“黄花鱼、撮合”的概念整合

再看例（2），其中加粗部分也是双关用法。这些双关的构建与识解如果借助常规的认知框架是无法实现的，需激活动词“뒤집다”的多义框架以及文化背景。“호떡”与“부침개”是韩国传统的两类煎制食物，这些食物在煎制时都涉及同一类动作，需要将食物翻来翻去，韩语用的动词是“뒤집다”，这个词本身也有比喻义，指将正在进行或准备做的事情推翻。因例句中都出现了具体食物，所以字面义实现的是“뒤집다”的具体的常规框架，但根据概念整合实现的却是“뒤집다”的抽象的比喻认知框架，

最终实现了双关意义的构建与识解。

（2）a. **결혼은 호떡도 아니고 뒤집는 것 아니야**. 딴생각하지 말아.《가족을 지켜라》（117）结婚又不是“烙烧饼”，这样反复不行啊。所以不要想三想四的了。

b. 그렇다고 **판을 뒤집어**? 이렇게! **니 인생 무슨 호떡이야**?《연인》（23）虽说这样，但你的人生难道是什么烧饼吗？说翻（过来）就翻（过来）/说变卦就变卦。

c. 어떻게 **호떡을 뒤집듯이 말을 뒤집어**?《아이가 다섯》（32）怎么说话像翻烧饼似的说变就变啊？

d. 도저히 이해가 안 된다. 여자들이 왜 이러냐? 결혼하겠다고 약속해 놓고 어떻게 한 **순간에 뒤집어**? **개가 부침개여**?《폼나게 살 거야》（6）真是不理解啊。女人怎么都这样？说好了要结婚，怎么瞬间就翻脸变卦啊？以为自己是煎饼呢。

在中国文化里，烧饼的制作过程与韩国“호떡、부침개”等的制作过程类似，也是翻来翻去的，汉语网络语言里用“烧饼”比喻轻浮的女人，也就是说在中国人的心智空间中激活的是与“烧饼”有关认知框架，不同于韩语里激活的是“翻动”这个动作框架，在翻译时，虽可以将韩语里的相关食物译成“烧饼”或“煎饼”，动词“뒤집다”虽然有时可译成“翻脸”，但很多情况下需意译成“反复、变卦、变、反悔”等。

综上，韩语的双关构建与识解深受文化背景的影响，具有很强的文化性。

二、上下文背景

双关话语的构建还需要上下文背景。这种背景知识也可称作“认知语境”。认知语境不是实现了的、确定了的、静态的，而是动态性的，是在语言交际过程中通过假设、揣测和推理不断被创造出来的（Sperber & Wilson，1995）。上下文背景可以以多种形式出现，虽然形式不同，但都是双关话语中必不可少的因素。

背景因素有时可以直接出现在话语中。例如，“나가다”基本义指离开一定的地区或空间范围移动到外面去；还有一个意义指出去干某事。电视剧《별난 가족》（46）中当수경来到男朋友家要长期住下去时，男朋友的前丈母娘很不高兴，想撵她走，于是有了下面的对话，（3a）中的“나가다”用的是基本义，指让对方离开，激活的是“집”这个大的空间框架，而（3b）中，听者话语中的“나갈게요”与“나간 김에”的字面义激活的

是“안방”这个小的空间框架，即从卧室里出去，但因后面的主句“훈이 유치원에서 데려오겠습니다”表达的是还要回来，因此表明（3b）中的两个“나가다”都是双关语，除空间框架外，还激活了“出去干某事”这个框架，实现了空间框架与抽象框架之间的移位。

（3）a. 이진숙（남친의 장모）：어서 우리집에서 이젠 나가요．你赶快从我们家出去。

b. 수경：네，**나갈게요．나간 김에** 훈이 유치원에서 데려오겠습니다．我会出去的，既然出去，我就去幼儿园接勋儿回来。

背景因素也有可能是双方事前已经共享的信息。例如，韩语动词“터지다”的基本义是裂开，与“배”结合会形成词组“배 터지다”，表达具体义，即肚子炸开了；如果与“속”结合会形成惯用语“속 터지다”，比喻气愤、发愁、憋闷。韩语还有一个多义动词“배부르다”，指肚子饱了或因怀孕而肚子大了。根据这两个动词的多义性，所以有了下面的对话，如（4），这段对话中有一个共享信息，即“나노라”怀孕的事实。其中，（4a）中“나노라”因为替哥哥着急，所以先说了“속 터지다”，意为愁死了，后面又接了一句“내 배 터지지”，这里分别用了“터지다”的两个意义，其中“속 터지다”激活的是抽象的“心焦”框架，而“내 배 터지지”激活的是具体的“撑破”框架。然后又紧跟了一句“안 그래도 배 부른데”，这里的“배 부르다”不仅与前面的“배 터지다”形成语音和语义照应，还是双关，因为剧中有不断喝水的情节，而她现在又是怀孕状态，同时实现了“肚子饱了”与“怀孕肚子大了”两个框架。这自然又引出了后面哥哥的话。（4）对话中提到的“배부르다”激活的都是“怀孕”框架。总之，在上下文的特殊语境里，基于双方共享的背景知识，两者的对话实现了不同框架之间的自由移位。

（4）a. 나노라：에이，**속 터져**．진짜！（계속 물 마신다）이러다 내 **배 터지지**．（자기 배를 내려본다）안 그래도 **배 부른데**．哎哟，真愁死了。真是的。（不停地喝水）这样下去，我的肚子该炸开了。（看着自己的肚子）本来肚子就大。

b. 나대라：**배가 불러오냐**？肚子很大了？

c. 나노라：몰라．谁知道呢。

d. 나대라：**배 불러올 때** 되잖아？该显肚子了吧？

e. 나노라：애 셋 있어서 아는 것도 많아요．내 **배 불러오는 것** 걱정말고 오빠 문제나 풀어．《폼나게 살 거야》（51）不愧是有三个孩子的人，知道的挺多。你不用担心我的肚子，还是把你自己的问题先解决了吧。

话语交际中有时还会出现一些没有明示的，并且缺乏共享的背景，那么就会造成双关识解难度的增加。例如，韩语“아가씨”是多义词，可以指姑娘或小姑子。当指小姑子时一般既可作呼称，也可作背称，因为韩国儿媳称呼小姑子时不能直呼其名。根据“아가씨”的多义性以及韩语称谓语的用法，所以有了下面的对话，对话中“아가씨”出现了五次，其中，（5b，d，f）中的“아가씨”意为未出嫁的姑娘，但（5e，g）中说话者进行了框架移位，将“姑娘”意义的框架移向了“小姑子”意义的框架，因为说话者知道弟弟所谈的女朋友是自己的小姑子。但如（5f）所示，作为听者的母亲却压根也没想到儿子的女朋友会是自己女儿的小姑子，所以无法理解女儿的这种框架移位，因此只好反问“그 아가씨 누구냐구？”，所以造成了交流和理解上的偏差。

（5）a. 윤찬누나：엄마，윤찬이가 만나는 여자가 누군지 알아？妈，你知道云灿交往的女人是谁吗？

b. 윤찬어머니：**너도 아는 아가씨니**？是你也认识的姑娘？

c. 윤찬누나：알지，너무 잘 알지．너무 잘 알지．当然认识了，非常认识，非常认识啊。

…

d. 윤찬어머니：그건 다행이네．**어떤 아가씨야**？那太好了。是做什么的姑娘啊？

e. 윤찬누나：**바로 아가씨야**．就是小姑子。

f. 윤찬어머니：그러니까 **그 아가씨 누구냐구**？所以说，那姑娘是谁？

g. 윤찬누나：**아가씨라니까！**我说是我小姑子！

h. 윤찬어머니：애는 지금 누굴 놀려？你这是逗我呢！

i. 윤찬형부：제 동생입니다．장모님．是我妹妹，妈。

j. 윤찬어머니：자네 동생이라면 사돈 처녀 말이야？《가족을 지켜라》（49）你妹妹的话，是亲家家的姑娘？

有时文化背景与上下文背景无法截然分开，需综合考虑才能构建和识解双关意义。例如，电视剧《맛 좀 보실래요？》（107）中，女朋友在电视录播时做了一道大头鱼汤，并且将菜名叫作“행복한 대구탕”，利用的是“대구탕”与男朋友名字“대구”的同音隐喻，表达了对男朋友所产生的幸福感情，所以旁边的工作人员说了下面的话，如（6），句中“대구탕”是双关语，同时激活了两类认知框架，首先激活的是饮食框架，然后又激活了人名框架，实现了饮食框架向人名框架的移位。随后，说话者又说到了

“배가 너무 아파서”，这里的“배가 아프다”是多义词组，既可以表达具体的“肚子疼”意义，也可以表达因嫉妒而心里不舒服之意，为了怕听者误解为具体框架意义，所以又在后面添加了补充说明，“不是去厕所”，因此强调这里激活的是“배가 아프다”的抽象框架意义，也实现了具体框架向抽象框架的移位。

（6）정말 행복한 대구탕이네요. 전 이만 가볼게요. 배가 너무 아파서…화장실 가는 거 아니에요.《맛 좀 보실래요？》（107）真是幸福的大头鱼汤啊。我先走了啊。（你们）真是太让人羡慕转嫉妒了啊。……我可不是去厕所啊。

三、交际者的因素

语言理解涉及一系列复杂的过程，在话语交际过程中，听者通过将语言输入与背景知识和局部语境信息相结合，积极地构建意义（Coulson，2001：92）。尤其是双关构建更要求话语双方都具备一定的语言学知识以及对文化背景、上下文背景的理解，这就对交际者提出了很高的要求，如果达不到这些要求，就会出现交际障碍。

动词“팔다”是多义词，其对象可以是东西，也可以是抽象事物。例如，电视剧《당신은 선물》（76）中，作为成人的순이因车祸伤了大脑，智力水平停留在了儿童时代，因此难以区分韩语“팔다”的多义性，所以发生了下面的小插曲。如（7），순이的小姑子要带한솔去玩，目的是想利用侄孙可爱的一面诱使别人对自己投资，在表达这一目标意义时，（7c）中利用了“팔다”的多义性，即具体的“买卖”框架向“卖萌”框架的移位。但作为第三者的순이却没有理解小姑子话语中的框架移位，只停留于“팔다”的具体“买卖”框架，所以误认为小姑子真的去卖小孙子，因此非常吃惊，并赶紧去告诉了婆婆，如（7d，e）。这种情节安排是以순이的智力状态较低为基础并在“팔다”是多义词的条件下展开的。

（7）a. 순이 시누이：한솔아 고모할머니랑 놀러갈까？韩帅，你和（姑奶奶）我去玩吧。

b. 한솔（조카）：어디？去哪儿？

…

c. 순이 시누이（한솔이 머리를 만지면서）：어쩔 수 없다. 투자받으려면 널 좀 **팔아야지**.（摸着韩帅的头）没办法，要想拿到投资的话，得利用你了。

d. 순이：고모야！지금 뭐라 그랬어？他姑，你这是说什么呢？

…

e. 순이：어머니! 큰일났어요. 고모가 한솔이를 **팔러 갔어요**? 妈，不好了。他姑去卖韩帅了。

f. 순이 시어머니：예? 한솔이 **팔다니**! 什么？卖韩帅！

再看一般性的交际障碍。韩语“부인（夫人）”也是多义词，指对他人妻子的尊称；古代中国指天子的妃子或诸侯之妻；也是过去士大夫对自己妻子的称呼，此外还指古代对女人的封号。不同意义的实现需要语境，所以有时根据语境和对话双方的理解，会出现歧义，如电视剧《보보경심：려》（12）中有对话，如（8）所示，对话中出现了“부인”，其中（8a）中的“부인”用的是第二个意义，（8b）中听者却误认为是第一个意义的“부인”，所以一惊。这是多义词的模糊性所造成的交际障碍，也就是说，是听者没有适时进行框架移位导致的。而백아为了调侃他，故意没有把话说明白，直到最后在（8g）中才指出“这个夫人虽是夫人，但却是父亲的夫人”。

（8）a. 백아：**부인**은 밥 차리고 기다리니 얼른 가봐야겠다. 夫人已经做好饭等我呢，我得抓紧走了。

b. 우희（놀람）：**부인**이 있어? 你有夫人啊？

c. 백아：왜? 내가 혼인한 것 거슬려? 怎么？我结婚了，你不舒服？

d. 우희：거슬리긴? 내가 무슨 상관이라구? 혼인한지 오래되고? 아이도 있어? 什么不舒服啊？我有什么关系啊？你结婚很久了吗？也有孩子了？

e. 백아：어디 보자. 한 20 년이 족히 넘었지. 잘난 아들도 하나 있고. 我想一想，已经足有 20 年了。还有一个了不起的儿子。

f. 우희：뭐? 什么？

g. 백아：**부인은 부인인데** 아버지의 **부인**이시거든. 어머니께서 기다리시니 얼른 가봐야 한다. 这个夫人是夫人不假，但却是父亲的夫人。我妈她等我，我得抓紧走了。

h. 우희：너 날 갖고 놀아? 겁도 없이!《보보경심：려》（12）你这是逗我呢！大胆！

第二节　双关词与双关构建

双关涉及多个认知框架，一个是字面义所构成的认知框架，一个是说话者所想要达到的目标框架。听者的理解过程就是一个不断寻找和建立最佳关联的推理过程，但如果听者仅理解了说话者的字面义，那么说话者的交际意图就不可能得到很好的实现，交际也就得不到最佳关联（王寅，2007：80-82）。从另外一个角度看，字面框架与目标框架被放在同一个话语行为中使语言表达更加含蓄。双关话语行为中有起核心作用的双关词，从双关词的类型来看，主要有三种类型。

一、单义词的语境双关

单义词的语境双关指的是一个词语虽然是单义词，但语境义却表现出了多义性，借助这种多义性，说话者可以表达自己实际想表达的目标意义。

韩语里垫肩为“뽕”，也可称作“어깨 뽕”，韩国人会灵活地激活这两个词的相关框架表达自己的思想感情。例如，电视剧《우리 갑순이》（43）中，母亲说儿子当医生让自己很场面，韩语里“感到场面、得意”可以用“어깨뽕 세우다”表达，母亲的这种想法让儿子非常伤心，因此当关系缓和后，母亲把自己衣服的垫肩掏了出来，并与儿子发生了下面的对话，如（9b）中的“어깨 빼다”激活的是“把垫肩拿掉”这一具体框架，但在作为听者的儿子这里，却被联想到了“把肩膀耷拉下来”这一抽象的比喻框架，所以（9c）中儿子的反应是惊讶。（9d）句中，母亲口中说出的多个“뽕”中，前两个激活的也是具体的“垫肩”框架，最后“뽕 없어도 돼”则是双关语，同时激活了两个框架，意思是自己肩膀耸不起来也不要紧，但实际上是告诉儿子：不再去注重面子问题了。儿子在（9e）中所说“뽕 들어가게 해줄게”“뽕 세우도록 해 줄게”则实现了从具体框架向比喻框架的移位，体现的是“垫肩 = 抖肩膀 = 神气”这样的比喻认知，母亲在（9f）中所说的则是具体义的“垫肩”框架。此段对话中，母亲与儿子根据语境激活了“뽕”的不同框架，借助具体义与语境中所形成的比喻义使交际达到了最佳关联的效果。

（9）a. 신세계：안 자고 뭘 하세요? 您不睡觉，做什么啊？

b. 인내심：**어깨뽕 빼다**. 把垫肩拿出来。

c. 신세계：엄마！妈！

d. 인내심：맞아. 이 놈의 **뽕**이 안 들어가면 어땠어? **뽕** 넣는 것도 한때 유행인데 나 어깨 쳐지지 않아서 **뽕** 없어도 돼… 你说的对，没有这个破垫肩有什么关系啊？放垫肩曾经挺流行的，我的肩膀又不耷拉，没有垫肩也没关系……

e. 신세계：기다려. 엄마. **뽕 들어가게 해줄게**. 꼭 돈이 아니더라도 아들 덕에 **뽕 세우도록 해 줄게**. 妈，你等着。我会让你的肩

膀抖起来的。即使没有钱，我也会让你因为儿子而挺胸抖肩的。

f. 인내심：그럼 뽕 떼 놨다가 그때 다시 꿰 입을까? 那么，我现在先把垫肩拿下来，到时候再缝上？

二、多义词的双关

韩语里利用多义词表达双关意义的词语，从词性来看，主要有名词、动词、形容词、副词。首先看名词的多义双关，如表 10-1 所示：

表 10-1　多义双关名词

名词	多义双关词
一般名词	바람、전망、약、속
称谓语	애기、아가씨、부인
人称代词	우리
食物名词	고기、국물、대구탕、죽사발、약과、약밥、떡

* 这里主要举例分析一个名词，其他名词分散在下面各部分分析。

“우리”是表复数的人称代词，可以自称，也可以指称说话者与听者双方，有时可以利用这两个意义来取得双关效果，如（10），오순정与고민중曾是恋人关系，但后来因故分手，多年后重逢，（10）是两人偶遇后的对话，当被问及领着的孩子是否是自己的女儿时，（10c）中오순정说了一句“우리딸”，用的是复数形式的“우리”，听者고민중没有任何反应，也就是说，听者激活的是“우리用于自称”这一认知框架。但对说话者오순정来说，“우리”是双关语，同时激活了两个框架，借此暗示미호是고민중与自己的孩子。也就是说，听者的理解框架与说话者的目标框架并没有达到一致，因此交际效果没有达到最佳关联。

（10）a. 오순정：오빠! 哥！

b. 고민중：응，딸이야? 嗯，这是你女儿啊？

c. 오순정：네，우리딸 미호 . 미호야，인사해 .《왕가네 식구들》（28）嗯，是我们的女儿美湖，美湖啊，问好啊。

d. 고민중：…

韩语还有很多形容词可用于多义双关。例如，“끔찍하다、건조하다（乾燥--）、쿨하다”等。这里看“건조하다”，这个词是多义词，可以指水分少，也可比喻话没有感情，如（11），（11a）中广播局局长所说的“건조하다”激活的是比喻框架，意思是不要添加感情，但这种比喻框架是具体框架发生移位产生的。（11b）中，记者却故意装作没有理解他的话语含义，在回答时同时激活了“건조하다”的具体框架与比喻框架两个框架，

后面又加了一句"我是脱水机啊？"借此突出了具体框架，虽然（11b）的回答从字面义来看与（11a）不是最佳关联，但（11b）实际表达的却是对（11a）的说话者的不满情绪，从交际效果来看，这是一种特殊的最佳关联。

（11）a. 방송국국장：대한민국 재벌들이 횡령하고 탈세하는 것 어제와 오늘의 일이야？내가 뉴스 전에 분명히 얘기했지．최회장 구속 건 얘기할 때는 **최대한 건조하게 감정 빼고 전달하기만 해**．내가 말했어 안했어？자식아！大韩民国的财阀们贪污、漏税又不是一天两天的事？我在播新闻之前分明和你说了。在播崔会长被捕一事时要最大可能干燥无味、简单、不要添加任何感情！我说没说？混蛋！

b. 이화신（기자）：**건조하게**？**탈수기예요**？**내가**？**감정없이**？**내가 로보트야**？**앵무새마냥 그냥 읽기만 해**？몽땅！마무리는 앵커소신대로 해도 된다고 그랬잖아요．국장님이．《질투의 화신》（4 회）干燥无味？我是脱水机啊？我没有感情啊？我是机器人啊？要像鹦鹉那样照着念？不是说最后的结尾可以由播音员按照自己的想法来吗？局长大人。

韩语里动词的多义双关也非常典型，可用于多义双关的动词如表 10-2 所示：

表 10-2　多义双关动词

动词	多义双关词
一般动词	끝나다、떨어지다、팔다、붙다、풀다、풀리다、들어가다、돌리다、끄다、꺼지다、깨지다、막히다、엮다、접다、긁다、덮다、갈아타다、타다、나가다、뒤집다、차다、터지다、배부르다、끝나다、돌리다、날아가다、떨어지다
饮食动词、词组	끓다、씹다、먹다、씹어먹다、우려먹다、데치다、말아먹다、죽을 쑤다

* 这里主要分析一个例子，其他例子详见下面其他部分。

例如，韩语动词"데치다"意为焯，也指狠狠地批评使气短，比喻义的产生源于隐喻所产生的概念整合，利用的是人被批评后垂头丧气的样子与被热水焯过的蔬菜的相似性。电视剧《솔약국집 아들들》（1）中，因为儿子不听话，所以母亲백옥희与儿子之间有了下面的对话，如（12），（12a）中母亲所说的"데치다"激活的是比喻框架，发生了具体框架向比喻框架的移位。但儿子却故意用"시금치 菠菜"以及"데치다"的具体框架来化解妈妈的意思。之所以出现"菠菜"与"焯"的搭配，是因为韩国人吃菠菜一般都不炒而是焯一下凉拌着吃，也就是说，韩国人的饮食文化

背景将两个词语连通到了一个认知框架里。儿子借助这种非最佳关联的反问句形式，表达了对母亲的反驳。

（12）a. 백옥희：이 데쳐도 시원치 않은 놈아 . 你们这些焯也焯不烂的坏小子！

b. 송대풍：또 시작하시네 . **제가 시금치입니까**? **데치시길** . 又开始了！我是菠菜吗？让你焯着吃！

韩语里有时也会出现副词的多义双关。例如，韩语副词“깜빡”是多义词，指交通信号一闪一闪的，也指眼睛一眨一眨的样子，还指意识或精神突然恍惚了，如（13），“신호등”与“깜빡”一起搭配时，激活的是“깜빡”作为交通信号的具体框架，但也同时激活了比喻框架，意思是记忆力不好。

（13）너도 내 나이 돼봐，안 적어놓으면 **깜빡깜빡 신호등**이요 .《가족을 지켜라》（89）等你到我的年龄试试，如果不抄下来，就总是好忘。

三、词组的多义双关

一些惯用语或词组也具有多义双关的特点，分为两类。第一，词组的组成部分都不是多义词，只有放在一起使用时才会产生多义性。例如，韩语里“옷”与动词“벗다”都是单义词，但惯用语“옷을 벗다”是多义词组，可指脱衣服的具体动作，也指丢掉工作，多用于“옷을 벗기다”中。（14）中，前面的“옷을 벗다”激活的是具体框架，后面的“옷을 벗기다”是双关意义，意为让对方下台。这种双关意义译成汉语时，可以将“옷”译成“制服”，因为汉语里“制服”象征一定的职业。

（14）오늘 제가 **옷을 벗는** 이유는 저도 또한 누군가의 **옷을 벗기기 위함입니다** .《너희들은 포위됐다》（19）今天我脱制服是为了“脱掉另外一个人的制服”。

第二，词语本身是多义词，但没有比喻义，只有在词组或惯用语中时才表达双关意义。例如，“간”统称盐、酱等调味料，也指食物的咸淡，有词组“간을 보다”，除具体的“品尝味道”意义外，还比喻试探，是一种语境义。（15）是母女两人的对话，（15a，b）中的“간”指饭菜的咸淡和味道，激活的是具体框架，而（15c-f）中出现的“간을 보다”字面义是指尝味，但激活的都是比喻框架，意为试探对方。

（15）a. 나노라（딸）：근데 엄마 **간 보지도 않고 간이 딱 맞아** . 신기해 . 妈，你连尝都不尝，怎么这么好吃啊。真神奇啊！

b. 모성애（엄마）：중간에 **간 봐가면서** 하는 것 선수 아니지 . 中间不断地尝味那就不是专家了。

c. 나노라：사람들 **간 봐가면서** 하는 것 선순데 . 有一些人就像蜜蜂一样到处尝味挑过来挑过去。

d. 모성애：뭔 소리여？说什么呢？

e. 나노라：사람 만나면서 **간 보는 것들** 있어 . 선수들 . 좋으면 좋은 거지，**간은 왜 봐**？有的人见对象时总是先"尝尝味"，这样的人叫选手。好就是好呗，为什么要尝味啊？

f. 몽성애：**사람 간 보는 것들은** 썩을 것들이여 .《폼나게 살 거야》（23）见人先"尝味"的就是混蛋！

四、同音异义词双关

韩语还有同音异义词双关。韩语有两个同音异义词"꼬이다 1"与"꼬이다 2"，前者表达具体义，意为被缠、被拧，后者表达抽象义，意为心地扭曲，根据语义可以发现两者应该是同源词，"꼬이다 2"是从"꼬이다 1"发展而来的，因为这符合一般人的思维，即"扭曲的是不好的"这种思想。具有"扭曲"特点的食物有麻花，根据麻花的制作与形态特点，韩语里"꽈배기 麻花"产生了抽象的意义，比喻那些总喜欢说反话、对着干的人。如（16），两句话里出现的"꼬이다 2"激活的都是比喻框架，但在建立这个比喻框架前，首先要为其创建一个域"꼬이다 1"有关的具体框架，才能与具体事物"꽈배기"发生语义关联。两句话里所出现的"꽈배기"激活的是具体框架，而不是抽象的比喻框架。

（16）a. 아이구，저 여자 말이야 맨날 **꽈배기를 잡아먹나**？어떻게 **속은 뱅뱅 꼬여** 그래？《별난 가족》（24）哎哟，那个女人，她是不是天天吃麻花，要不怎么心理这么扭曲啊？

b. 일이 왜 이렇게 **꼬여**？**꽈배기도 아닌데** .《옥중화》（44）事情怎么这么不顺啊？又不是麻花。

第三节　多义双关的结构

一般的多义双关多表现为前面例（10）中所分析的"우리"类的双关，即在一句话或一段话里没有更多的额外说明。韩语里的双关还表现出了另外比较特殊的现象，即会借助具体义或具体事物对双关意义进行解释性说

明，并且借此使表达显得更加生动有趣。对这两种不同的双关结构，我们分别命名为“单纯双关”和“比较双关”。此外，双关根据程度还可单独分出一类，即双关加强。

一、单纯双关

韩语里“**어디**”与“**까지**”经常连用形成词组“**어디까지**”与动词“**가다**”结合，意为“最远到哪里了”，根据语境“어디까지 가냐”还指男女关系发展到了哪种程度。

例如，电视剧《아버님，제가 모실게요》(32)中，当得知表妹오동희和自己的小叔子한성준在谈恋爱，所以서혜주把妹妹叫出来，两人之间有了下面的对话，(17a)中，说话者说的“어디까지 갔냐”激活的是“男女关系”框架，是问两人的交往到什么程度了，但(17b)中听者却理解成了字面义，即一般行为框架“去哪里了”，因此回答说“到了坡州图书馆”，这种东问西答的回答不禁让서혜주哑然失笑。

(17) a. 서혜주：야，오동희，너 나랑 바로 묻고 바로 답하자 . **너 우리 도련님하고 어디까지 갔어**? 빨리 대답 안해? **어디까지 갔냐구**? 呀，吴东姬，你和我实话实说。你和我小叔子到“哪里”了？还不快说？到底“到哪里”了？

b. 오동희：저기，파주까지 갔어 . 这个，一直到了坡州。

c. 서혜주：파주？坡州？

d. 오동희：응，파주도서관까지… 嗯，一直到了坡州图书馆……

e. 서혜주 (어이없이)：흐흐，야，진짜 미치겠네 . …좋아 . 초딩 같은 너한테 내가 질문은 너무 앞서가는 것 같고 그것 미안하게 생각하고 .《아버님，제가 모실게요》(32)(感到不可思议地)呵呵，呀，我真是要疯了。……好吧。你像个小学生似的，看来是我的问题太超前了，这一点很抱歉。

二、比较双关

韩语里的比较双关可以分为一句双关与对话双关两种类型。

(一)一句双关

“一句双关”指的是双关意义出现在同一句话里。根据核心词的出现次数、相关名词的出现与否、框架的移动方向等因素，“一句双关”又可以分为三种类型。

第一，双关核心词出现两次。动词“타다”基本义为燃烧，四个引

申义是：皮肤被晒黑、东西受热变黑、非常操心、无水分非常干。电视剧《가화만사성》(8)中，丈夫봉만호对要出门的妻子说：出门的话就抹点防晒霜，气头上的妻子说了下面的话，如(18)中同时出现了两次“타다”，其中“얼굴이 타다”激活的是“晒黑”框架；“속이 타버리다”激活的是“令人操心”框架，是从具体框架向抽象的心理框架移动。汉语可仿照前面的“晒黑”将后半部仿译成“气黑”，加引号以示双关。再看(19)，句中出现了两个“막히다”，第一个“막힌”指生长板停止生长；后面的“막혔냐”指人非常保守、固执，通过具体框架向抽象框架的移位表达了说话者的不满情绪，同时也显得非常幽默。

(18) 내 **얼굴이 타는 게 아니라** 내 **속이** 너희들때문에 **시커머게 타버렸거든**. 不是我的脸晒黑了，而是我的心被你们给“气黑”了！

(19) 이 언니, **십년 전에 막힌 성장판도 아니고 왜 이렇게 꽉 막혔냐**? 《전생에 원수들》(2) 姐，你又不是十年前就停止生长的生长板，怎么这么死板啊！

有时惯用语“죽을 쑤다”也可用来作双关语。电视剧《우리 갑순이》(8)中因女儿和男友未婚先孕并同居，父亲被气得躺在了床上，所以女儿갑순在厨房给父亲熬粥，这时母亲进来问她干什么，一旁的姑姑说了下面的话，如(20)，这句话用了两次“죽을 쑤다”，第一个是字面义，第二个比喻把事搞砸，并且前面的名词“죽 粥”与后面“죽게 생겼슈”中的动词“죽다 死”是谐音。有时“죽을 쑤다”可用于自身，如(21)也出现了两个“죽을 쑤다”，第一个用的是比喻义，第二个用的是字面义，借双关表达的是自嘲意义。

(20) 지 아빠 준다고 **죽 쑨대요**. 요새 갑순이 **죽 겁나게 쑤네**. 언니 얼굴도 다 **죽게 생겼슈**. 她说给爸爸熬粥呢。最近甲顺熬粥熬得(光出坏事，)真让人害怕啊。嫂子你的脸色也不是很好看啊。

(21) 제가 원래 **인생을 죽쑤는 사람이라 죽을 잘 쒀요**.《우리 갑순이》(41) 我本来就是把人生都煮成粥的人，所以很会熬粥。

有时形容词也会形成一句话双关。例如，“맵다”基本义是辣，也指呛眼睛或呛人，有时会形成临时搭配形成语境性多义双关。(22)中，“맵다”首先形成了临时搭配“매운 인생”，“매운”表达抽象的痛苦意义，第二个“매워요”表达具体的辣味，框架移动方向是从抽象到具体。

(22) 매운 인생을 살아봐서 양파 냄새 맡아도 안 매워요.《별난 가족》(94) 我的人生过得像吃了辣椒一样痛苦，所以洋葱味闻着并不辣。

第二，核心词只出现一次，具体框架与抽象框架的区分表现在后面的其他成分上。电视剧《쾌걸춘향》(7)中，春香将梦龙堵在大门外边，梦龙于是说了下面的话，(23)中，多义词“들어가다”只出现了一次，但根据后面所结合的处所状语的不同发生了框架从具体到抽象的移位，当与具体的“대문”结合时，指具体地进入某个空间；当与抽象的“마음”结合时，比喻进入别人的心里，获得认可和接受。

(23) ... 내가 **들어가면** 안 되는 게，**이 대문이냐，니 마음이냐**.我不能进去的，是这个大门呢？还是你的心扉呢？

第三，具体表达与抽象表达糅合在一起。例如，名词“속”指物体的里面、人的内心、食物馅料等，常与动词“터지다”结合形成“속 터지다”结构，可指具体义“馅儿破了”，也可指抽象义“心烦”。电视剧《가화만사성》(28)中，当양말숙打电话要求还钱时，오만정说了下面的话，如(24)，句中出现的“만두 속 터지는 소리”的结构有两种分析方法，(25a)表达字面义“说饺子馅破了”，但此义与前后语境不符。另外也可将其看作是“만두 속 터지는 소리”与“속 터지는 소리”通过截搭形成的，结构如(25b)所示，意为“让饺子心烦的话”。“속”在(25a)中是具体义，在(25b)中是抽象义。所以(24)将“만두 속”的具体框架与抽象框架“속 터지는 소리”截搭在一起形成了特殊双关。汉语只能用“令人心烦”表达。

(24) 뭐？갑자기 무슨 **만두 속** 터지는 소리야？뭔돈？什么？没头没脑地说什么让人心烦的话啊？什么钱啊？

(25) a. [[만두 속] [터지는]] 소리

b. [만두 [[[속] [터지]] 는 소리

(二) 对话双关

“对话双关”指的是在一段对话里出现多义词的两个不同意义。可分为三种类型。第一，前面出现抽象比喻义，后面出现具体义，用具体义对前者进行委婉地反驳。韩国有突出的“汤文化”，汤水义的“국물”也比喻利益；汤里的菜是“건더기”，也比喻代价性东西。首先看“국물”的双关，(26a)激活的是“국물”的抽象框架，表达威胁义，比喻什么好处也得不到。(26b)激活的是“국물”的具体框架。嫂子借助“국물”传达的威胁性比喻义被兄弟媳妇用“국물”的具体义给抵消了。(27)是“국물”与“건더기”同时出现的类型，(27a)中激活的是“국물”的抽象框架；(27b)中儿子安慰母亲时用了“국물”和“건더기”，既可理解成具体框架义，也可理解成抽象框架义。

(26) a. 우진이 엄마：후불 월세 이번주 금요일인 건 알고 있지. 늦으

면 **국물도 없는 줄 알아**. 你记得这周五要交后付月租钱的，是吧？晚了，我可饶不了你，“剩菜汤”也没你的。

b. 우진이 작은엄마：**전 국물은 별로 안 좋아해요**. 형님.《가족을 지켜라》(87) 嫂子，我不喜欢喝汤。

(27) a. 박살라 (엄마)：그렇게 바리바리 사들고 처가에 가고 싶대? 엄마한테 **국물도 없으면서**. 你就这样想大包小包地买了送到你丈母娘家去？可你亲妈连“汤”都喝不上。

b. 허세달 (아들)：시시하게 **국물 안 줘. 건더기 주지**.《왕가네 식구들》(12) 我不给你汤喝，那多不带劲儿。我给你稠的吃。

动词“긁다”也是多义词，具体义指用手或器具来挠，也有很多抽象义，其中一个指使别人的感情或心情等受到伤害，如（28a）中的“고서방 긁지마”与（28b）中的“긁을 만 하니까 긁지”激活的都是抽象框架，比喻折磨人，（28b）后面出现的“맥없이 긁어요”激活的是具体框架，因为后面出现了具体义的“누런지”。

(28) a. 왕봉：수박이한테 단단히 일러. **고서방 너무 긁지마**. 你一定要嘱咐秀泊，让她不要再抓挠高女婿了。

b. 이앙금：**긁을 만 하니까 긁지. 맥없이 긁어요? 누런지도 아닌데**. 누런지 맛이라도 있는데.《왕가네 식구들》(12) 需要抓挠才抓挠的啊。还能没事瞎抓挠啊？又不是什么锅巴。锅巴至少还有点味呢。

第二，多义词的基本义因适用对象不同而产生双关。例如，动词“차다 1”的基本义指空间被人、东西、味道等占满，因适用对象不同具有了多义性，（29b）中的“차다”激活的是具体事物占据空间意义，前面出现了表空间小的“좁아서”；（29a）中的“차다”激活的空气中充满了某种气息，是相对抽象的意义。

(29) a. 고민중：우리 미호가 있으니 기분이 좋은데 **집이 꽉 찬 것 같고**. 有美湖在，我真高兴。整个家都显得“满当当”的。

b. 구미호：안 그래도 **좁아서 꽉 차요**.《왕가네 식구들》(47) 本来就因为房子小，所以显得特别满。

第三，词语因义项之间的程度或褒贬性不同形成双关。例如，形容词“끔찍하다”有三个意义是：程度之深让人吃惊、竭尽诚意照顾、非常惨痛。如（30），对话双方是亲家关系，谈到孩子们的关系时都用了“끔찍하다”，（30a）中用的是第二个意义，激活的是积极框架；（30b）中，虽然说

话者先用了“네”表示同意对方的话，但根据前后语境，说话者用的其实是第三个意义，激活的是反讽框架，汉语需译成加引号的“越来越好”表达双关与反语意义。

（30）a. 오만정：설마요? 언제 깨질지 모르다니? 우리 태준이는 세진이한테 얼마나 **끔찍한데요**. 怎么可能呢？他们不知道什么时候就散伙？这是什么话啊？我们太俊对世珍多好啊。

b. 박유경：네，저들이 지금 점점 **끔찍해져가고 있어요**. 근데 제가 어떻게 돈을 해드려요?《가화만사성》(67) 是啊。他们现在真是变得“越来越好”啊。话说回来了，我怎么给您钱啊？

三、双关加强

除人称代词“우리”外，韩语的大部分双关都会提到具体事物，例如前面提到的“어깨뽕、탈수기、시금치、신호등、대문、성장판、굴비、만두 속、건더기、누런지”等。有时为加强语气会在同一句话里连用几个相关事物。例如，动词“접다”基本义指折东西，也比喻放弃主张或意见。（31）中，剧中大儿媳犯了错，婆婆不高兴，（31b）中二儿媳劝婆婆让步，激活了“접다”的抽象框架，（31c）中为强调不会改变态度，婆婆激活了“접다”的具体框架并连用了“종이배”和“종이비행기”。

（31）a. 전과자（시어머니）：걔（큰 며느리）는 왜 우리 집 명절에 끼어? 她怎么到我们家里来过节啊？

b. 도우미（둘째 며느리）：그래도 어머님，어쨌든 아주머니랑 같이 사는 사람인데 어머님은 한 번만 **접어주시면**… 妈，不管怎样，她和大伯哥已经过上了，您就让这一次吧。

c. 전과자：**접긴**? **뭘 접어**? **종이배야**? **종이비행기야**?《수상한 삼 형제》(34) 让什么让？为什么让？为什么每次都是我让？

第四节　多义双关的目标

韩语多义双关的目标并不是话语的字面义，而是为实现某种特殊目标。除寓意双关是表达美好祝愿外，韩语双关多用来化解矛盾，表达诙谐、调侃或讽刺、不满等情感。

一、化解矛盾

动词“먹다”基本义是吃，比喻义是受贿。（35a）中的“먹다”激活的是比喻义，意为吃别人的贿赂，（35b）句中，“아침도 안 먹었는데”中的“먹다”激活的是具体框架，后面反问句中的“먹긴 뭘 먹습니까”则是双关语，同时激活了具体框架与抽象框架，把对方令人难堪的提问给搪塞过去了。

（32）a. 유종회：지천득… 너 얼마 **먹었어**？池天得……你吞了多少啊？

b. 지천득：내가 **아침도 못 먹었는데 먹긴 뭘 먹습니까**？《옥중화》（18）我早饭都还没吃上，吞什么吞啊？

二、表达诙谐、调侃

韩语里的多义双关可以使语言显得诙谐有趣，当然有时也会兼有讽刺之意。先看动词双关。动词“돌리다”基本义指使转动，比喻义是使人改变想法。（33a）中激活的是抽象框架，（33b）中首先激活的是抽象框架，但因后面又出现了具体事物，所以抽象框架又移位具体框架，因此使话语充满了诙谐和幽默。动词“날아가다”的基本义是飞走，语境中可表达心情好，但还未成为词典义。如（34b）激活的就是“心情”框架；（37c）中说话者故意激活了“날아가다”的具体框架，调侃对方“想往哪里飞？”

（33）a. 공주：어머니，오빠랑 다시 잘해보고 싶어요．어머니，**오빠 마음을 좀 돌리게 해 주세요**．妈，我想和他复婚。妈，您给他做做工作，让他回心转意吧。

b. 고모：아니，그게 **돌리는 게 아니거든．멧돌도 아닌데**．《우리 갑순이》（44）行不通的，他不会回心转意的。你以为是石磨啊，说转就能转过来。

（34）a. 최시우：어，기스 풀었네요．噢，石膏解掉了啊？

b. 정진아：오늘 풀었어요．**날아갈 것 같은 것** 있지요？今天去解掉了。我心情好得想飞。

c. 최시우：어～어，**날아가다니요**？공모전 합격했으니까 죽어라 일해야지．어디 **날아갑니까**？《비켜라 운명아》（19）哎，哎，想飞？你报的公开选拔赛已经合格，现在要拼命工作啊。想往哪里飞啊？

再看动词词组双关。（35）是一组对话，（35b）中出现了两次“시동이

안 걸리다”，第一个激活的是具体框架，指汽车打不着火；第二个是双关语，字面激活的是具体框架，但前面有主语“인생”，因此又激活了比喻框架，意为人生不开挂，使表达更加有趣。

（35）최소형：시동이 안 걸리는데 봐줘 . 打不着火，你给看一下吧。

최구형：**시동이 안 걸리는 것** 나보고 어쩌라구? 보험회사에 연락해 . 난 내 인생도 **시동이 안 걸린 사람**이다 . 보다시피 .《폼나게 살 거야》（28）打不着火，叫我怎么办？给保险公司打电话吧。如你所见，我的人生也已经打不着火了。

最后看惯用语双关。惯用语“입을 다물다”有两个意义：闭嘴、不说话，这两个意义在具体语境里会出现看似矛盾的表达。如（36），因准女婿吃饭时说了不合适的话，所以（36a）中丈母说了“입 다물다”，激活的是“不说话”框架，但因惯用语的多义性，所以“입 다물고 밥이나 먹어 .”形成的字面义是“闭上嘴吃饭吧”，这两个动作如果中间没有断句，就具有矛盾性，因此女婿借此又说了（36b）中的话，表达的是幽默与调侃。韩语还有惯用语“코를 납작하게 하다”，基本义是将别人的鼻子弄扁，比喻义是打消别人的傲气，（37a）中激活的是比喻义，妈妈将儿子的话接过来激活的是具体义，如（37b），对话充满了诙谐和幽默。

（36）최곡지（장모）：**입 다물고** 밥이나 먹어 . 闭嘴（别说话了），吃你的饭吧。

성태평（예비사위）：**입을 다물고 어떻게 밥을 먹습니까**? 장모님 . 입을 악 벌려야 밥을 먹지요 .《월계수 양복점 신사들》（34）把嘴闭上怎么吃饭啊？妈。得把嘴大张开饭才能吃进去啊。

（37）a. 윤수호（아들）：아버지 **코를 납작하게 해드리고** 꼭 사업자금 받을 거야 . 我要让爸爸心服口服的，一定要让他给我投资。

b. 이선영（엄마）：애! 안 그래도 **납작한 코를 더 납작하게 만들면** 얼굴에 묻혀! 《빛나라 은수》（12）孩子啊！本来他的鼻子就是塌塌鼻，再给他弄扁了，不就贴脸上了啊。

三、表达不满

韩国人经常借助多义词的双关用法表达不满情绪。例如，“자식”是多义词，可以指孩子，也可以骂人，话语交际中可通过框架移位表达不满感情，如（38b）中，当哥哥骂自己是“자식”时，（38c）中弟弟故意对“자식”进行了框架移位，利用了“자식”的孩子意义，说“나 형 자식 아니거든”，表达的是对哥哥的不满与反抗。

（38）a. 권무혁（弟弟）：그러니까 왜 진형우하고 붙어서 그런 짓을 해？所以说，你为什么和陈恒宇搅在一起弄出这种事来啊？

b. 권준혁（哥哥）：뭐야？야！**자식아**！什么？呀！你小子！

c. 권무혁：**나 형 자식 아니거든**！말씀 좀 조심해주시지 .《화려한 유혹》（39）我不是你的儿子！你说话小心点！

再看动词。"끓다"基本义为煮，比喻义是感情上涌，（39）中出现了四个"끓다"，前三个"끓다"因为有主语"국"，激活的是具体框架。句末的"끓다"因为有主语"내 속"，所以激活的是比喻框架，表达对现状的不满。

"깨지다"的基本义指很结实的物体碎成几瓣，比喻义是出现问题完成不了。"붙이다"的基本义是使具体物连在一起，比喻义是抽象物连起来。如（40），（40a）中的"깨지다"与"붙이다"激活的都是比喻框架，而（40b）中的"깨지다"激活的是具体框架，"붙이다"激活的是具体与比喻两个框架，表达说话者的不满情绪。（40c）中的"붙이다"受前面所出现的"그릇"的影响激活的是具体框架，但"깨지다"受抽象词"마음"的影响激活的是比喻框架。

（39）에이구！**국 끓는다**，**국 끓어**！**국은 끓고** 내 **속 더 끓는다** .《아이가 다섯》（14）哎哟！汤都溢出来了！溢出来了！汤溢出来了，我心里的火也溢出来了！

（40）a. 천옥순：결혼식장에서 **깨진 결혼**은 **다시 붙이기**가 힘든데 . 结婚典礼上破裂的婚姻就很难再"合好"了。

b. 마선영：무슨 **깨진** 그릇이야？다시 **붙이게**？又不是什么破罐子？要再"合"起来？

c. 천옥순：**그릇**이면 **붙여서** 다시 사용하기라도 하지 . **깨진 마음** 어디 그렇게 쉽게 **붙어**？《별난 가족》（49）如果是破罐子还能"合"住继续用，但是破裂的心怎么能轻易地"合"起来啊？

第五节　多义双关的跨文化识解与翻译

根据前面的分析可以发现，多义双关具有很强的文化性，听者要想理解双关需具备比理解一般语言还要高的理解能力以及背景知识，尤其是在跨文化语境中。

一、直译

韩语的双关用法有时可以在汉语里找到类似或相关的双关，此时可采取直译的方法。例如，“전망（展望）”指建筑物视野好，也指抽象的未来发展，（41）中，（41a）激活的是“전망”的具体框架，（41b）中激活的是比喻框架，意思是住在阁楼的人的现状一般不太好、将来发展也很受限。译成汉语时，具体义可译成“景观”，抽象义可译成“前景”。

（41）a. 석준수：탑하우스 **전망**이 정말 좋네요 . 这种阁楼的景观真好。

b. 안단태：그런데 이런 데 살면 인생 **전망**이 별로 안 좋아 .《미녀 공심이》（2）不过住在这种地方的人的人生前景并不太好。

再看动词。“풀다”的具体义是解东西，比喻义是使感情等降温、解开心结等。（42）是与二女儿一起吃饭后夫妻两人之间的对话，（42b）中，丈夫让妻子与女儿好好谈一谈，用了两个“풀다”，激活的都是比喻框架，但因为妻子有情绪，所以（42c）中首先故意激活了“풀다”具体框架，但也同时激活了比喻框架，借此表达了对丈夫的不满情绪。汉语里与“풀다”对应的是“解”，汉语也有“解开心结”，所以（42c）可译成“什么时候系上的啊？解什么解！”

（42）a. 이앙금（아내）：식구들을 다 빼놓고 우리 둘을 불렀을 때는 둘이 한탕 하라는 것 아니에요? 其他家里人都不叫，只叫我们两个（来吃饭），是不是叫我们两个火拼啊？

b. 왕봉（남편）：한탕은 아니고 그동안 **쌓인 것 풀라구** . 부모자식간에 **못 푸는 것 뭐 있어**? 不是火拼，而是让你们把之前的矛盾解开。父母和孩子之间有什么解不开的啊？

c. 이앙금：언제 묶었나? **풀게** .《왕가네 식구들》（10）什么时候系上的啊？解什么解！

韩语还有动词“덮다”，基本义是盖住，比喻义是将事件置之不理，不再去调查，在（43b）中激活的抽象框架，但（43c）中说话者故意激活了基本框架，借助这种表达方式表达自己对上面指示的不满和不遵从。译成汉语时可以将“덮다”译成“盖住”，因为根据语境可以被理解为抽象义，后面的具体事物“일불”也可直译成“被子”。

（43）a. 정제윤:（혼잣말로）왜 저하께서 이 사건을 직접 조사하고 계셨던 건가? 世子殿下为什么自己亲自调查这件事啊？

b. 상관：자네，그것 왜 굳이 또 들여다보고 있나? 위에서 **덮으라고 그랬다니까** . 你怎么又看这个啊？上头不是说让把这件事

盖住嘛。

c. 정제윤：이게 이불입니까? 덮으라고 덮게.《백일의 낭군》(4) 这是被子吗？让盖住就盖住？

再看外来语，"쿨하다"是英语外来语，基本义是凉，比喻义是"酷"，(44a)中梦龙的话中激活的是比喻框架，意思是现在结婚，将来也可以酷酷地分手，(47b)中，春香听了之后，先反问一句"쿨하게? 酷酷地？"，此时激活的是比喻框架，后半句"저 강물도 쿨 할텐데"激活的是具体框架，用的是具体义"凉"，译成"cooling"可能更好一些。

(44) a. 몽룡：이건 우리 세대에 딱 맞고，가장 추천하고 싶은 방법인데. 아무 일 없었던 것처럼 **쿨 하게 잊고** 각자 떨어져서 새 출발 하는 거지. 这是我最想推荐的方法（结婚），正好符合我们这个年龄。那就是当作什么事也没发生一样，酷酷地分手然后重新开始新的人生。

b. 춘향：**쿨 하게**? **저 강물도 쿨 할텐데**. 한번 빠져 볼래?《쾌걸춘향》(2) 酷酷地？那江水看起来也很cooling，你要不下去试试感觉怎么样？

如上，韩语的这些双关语之所以能够采取直译的方式，是因为在中国文化和汉语里也有类似的认知、语言知识和文化背景。

二、直译 + 意译

韩语的双关表达中，有时为了将对话中前面的抽象义与后面的具体义互相照应起来，需要对抽象义采取"直译 + 意译"的方法。

例如，"약（藥）"是多义词，惯用语"약을 팔다"具体义是卖药，比喻义是花言巧语地骗人。电视剧《김과장》(17)中，在审问嫌疑人时，看到搜查官火气太大，检察官为了让她消消火，所以有了下面的对话，(45a)中，搜查官对嫌疑人说"약을 팔다"激活的是比喻框架，(45b)中，检察官为了让她消气，故意说"약은 약국에서 파는 건데요"，激活的是具体框架。译成汉语时，为了与(45b)中的具体义——"药在药店里卖"相照应，(45a)中的抽象义可译成"卖假药骗人"，因为"卖药"在中国人认知里没有消极意义，但消极意义的"卖假药"的比喻义又不突出，所以需添加"骗人"来凸显消极性语义。

(45) a. 홍가은（수사관）：본인은 지시를 내린 것 맞잖습니까? 어디서 **약을 팔고 있어**? 这不都是您下的指示吗？竟然在这里"卖假药"骗人?!

b. 한동훈（검사）：약은 약국에서 파는 건데요. 살살，살살할까？药在药店里卖，（哪有在检察厅这里卖的？）悠着点，悠着点来吧。

三、意译 + 改译

韩语的双关表达译成汉语时，有时需采用意译的方式，并对后面出现的具体义或具体事物进行改译，使前后形成照应。

动词“꺼지다”基本义指火、灯等熄灭；也可用于命令形式，俗指滚开。（46）中，서율被奇怪的人绑走后，其部下准备开车去追，김성룡也想一起去，但对方却说“꺼져！”如（46a），激活的是“꺼지다”的比喻框架。于是김성룡说了（46b）中的话，激活的是“꺼지다”双关义。译成汉语时，因命令形式的“꺼져”只能译成“滚”，김성룡的话直译成（46b'）显得极不协调，因此需根据动词“滚”将原文中的具体事物“현광등 灯棍”换成能够滚动的代表性事物“陀螺”，如（46b''）。

（46）a. 직원：**꺼져！** 滚！

b. 김성룡：내가 **현광등**이야？ **꺼지게！** 《김과장》（17）

b' 你以为我是灯棍啊？让我灭！

b'' 你以为我是陀螺啊？让我滚！

改译时还可能需临时造词。例如，“끄다”基本义是灭火，比喻义是关闭、解决，惯用语“신경을 끄다”意为不关注。（47a）中的“신경 끄다”激活的是比喻框架，意为不要管我，（47b）中的“신경 끄셔”则同时激活了惯用语中的“끄다”的两个框架，但后面又借助“아주 스위치를 달지？”突显了具体框架。译成汉语时，（47a）译成“别管我”，（47b）要以前面的意译为基础，后面用临时造词“别管姐”进行换译，译成“动不动就‘别管我’。那你干脆就叫‘别管姐’吧。”

（47）a. 춘향：남 촌스럽든 말든. **신경 끄셔**. 我土不土与你有什么关系？你别管我。

b. 몽룡：빽하면 **‘신경 끄셔’**냐. **아주 스위치를 달지**？《쾌걸춘향》（3）动不动就“别管我”。那你干脆就叫“别管姐”吧。

四、意译

韩语的多义双关有时具有不可译性，无法译成汉语的多义双关。这种类型多是因为汉语里没有相应的文化或表达，从而导致无法对译。这种类型在饮食用语里表现得最为突出。

韩语里“죽사발”是多义词，可以指打得粉碎，也指打人，如电视剧《내 남자의 비밀》(2)中，当기서라给大姐기대라做好粥端到房间后，却被姐姐打翻在地，所以三妹기차라对听见声响跑进来的妈妈告状，如(48)，句中“죽사발”出现了两次，第一个“죽사발”激活的是具体框架，第二个“죽사발”激活的是比喻框架。汉语只能意译，因为汉语里没有类似的用“粥碗”作比喻的文化。

(48) 엄마, 작은언니가 정성껏 끓린 죽을 큰언니가 **죽사발로 만들었어**…큰언니가 나까지 **죽사발로 만들겠대**. 妈，二姐辛辛苦苦熬好的粥让大姐全打翻了。……大姐还说饶不了我呢。

前面已分析了“약”是多义词，除了基本义之外，还比喻贿赂。韩语还有“약밥(藥-)”，类似于中国的八宝糕，如(49)，“약밥”中“약”激活的是具体框架，而惯用语“약 먹이다”中的“약”是双关，经历了从具体框架向比喻框架的移位，指行贿。译成汉语时，“약밥”译成“八宝糕”，“약 먹이다”译成“贿赂”，韩语的双关义就消失了。

(49) **약밥**으로 대표님 **약도 먹이고** 참 다양하고 현란한 전법을 쓰네요.《사랑이 오네요》(38) 用营养八宝糕来贿赂代表您，她的作战方法真是让人眼花缭乱啊。

韩国有很发达的“糕文化”，糕做好了称作“떡이 되다”，也比喻喝酒喝大了，(50)是看到女儿한아름天天喝醉酒回家时母亲나보배的责备之语，第一句话出现了磨坊“방앗간”，字面义激活的是“떡이 되다”的具体框架，但实际激活的是抽象比喻框架。汉语如果译成具体框架意义“你是开磨坊啊？天天做糕？”那么就难以译出原文的目标意义，因此需根据目标意义意译为：“你这是干什么啊？天天喝得烂醉如泥的。”

(50) **방앗간** 하냐? 맨날 **떡 되게**.《최고의 연인》(15) 你这是干什么啊？天天喝得烂醉如泥的。

“바람”是多义词，可以指一般意义上的风，也指出轨，如(51)，剧中丈母娘恨不得自己女儿与女婿离婚，当丈母娘看到女婿与其他女人(백도희)在一起聊天时产生了疑心，所以就产生了下面的对话，(51b)中的“바람”激活的是具体框架，指自然意义上的风，(51c)中的第一个“바람”激活的也是具体框架，但第二个“바람”却是双关用法，同时激活了具体与比喻两个框架，意思是出轨很好啊，因为丈母巴不得女婿出轨和自己女儿离婚。对中国人来说，“透气”没有这种多义性，所以无法从字面上理解原文的双关意义。

(51) a. 서유경(장모)：산책 중인 거니? 在散步啊？

b. 박태준（사위）：잠깐 **바람** 좀 쐤어요 . 出来透透气。

c. 서유경：**바람**？그래，**바람** 그것 좋지 .《가화만사성》（82）透气？嗯，透气好啊。

五、改译

为使“对话双关”中前后的抽象义与具体事物能够前后照应，有时需同时对两者进行改译。改译与意译的不同之处在于，意译是完全归化式的翻译，改译是在意译的基础上，为了使前后语义连贯而将原文中的某些表达有意识地改变成其他事物。

韩语惯用语“종 치다”是多义表达，可以指敲钟，也比喻完蛋。（52a）中的“종 치다（敲钟）”激活的“关系结束”框架，而（52b）中听者却反问道“又不是学校？敲什么钟啊？”之所以可以产生这种框架移位，是因为韩国中小学都用敲钟表示放学。汉语“敲钟”没有比喻义，但有“敲响丧钟”比喻结束，因此“종 치다”可改译为“敲响丧钟”。第二句话中出现的“학교”如果译成“学校”，那么与“敲响丧钟”在感情色彩意义上出现冲突，又因为“敲响丧钟”与宗教有关，所以可将前面的“学校”改译成“教堂”。

（52）a. 천옥순：이제（순경이가）니 아들하고 **종 친 거지**？你是说，她现在和你儿子的关系“敲响了丧钟”？

b. 마선영：**학교야**？**종치게**？《별난 가족》（44）又不是教堂？什么“敲响丧钟”啊？

“씹다”基本义是咀嚼，比喻义是无视对方的电话、短信等。（53）中，当看到민형주不回短信也不接电话时，세란生气地说了下面的话，这句话中出现了的两个“씹다”，第一个激活的是抽象框架“不接电话”，第二个是双关用法，因为前面出现了具体事物“껌（口香糖）”，所以字面义激活的是“咀嚼”框架，但实际激活的是抽象框架。因汉语“咀嚼”没有类似的比喻义与双关用法，所以需意译，而后面出现的“口香糖”在汉语里无法与“不接电话”以及“不理我”发生语义关联，因此需要将“껌”改译成“臭狗屎”。

（53）와！이젠 전화까지 막 씹네 . 민형주！내가 껌이야？왜 계속 씹기만 해？啊！《해피시스터즈》（34）现在连我的电话也不接啊！闵亨柱！我是臭狗屎吗？为什么总是不理我啊？

“먹다”除基本义吃东西外，还指产生某种感情。（54）是夫妻两人的对话，（54b）中的有三句话，第①句、第③句的“먹다”激活的都是比

喻框架，意思是感受到某种感情，第 ② 句激活的是具体框架，目的是为了逗乐。译成汉语时，因为第 ①③ 句中的“먹다”无法译成汉语的“吃”，所以第 ② 句中的“먹다”译成“吃”就觉得很突兀，可根据前后语境意译成“反正你就喜欢这个是吧？”并且第 ③ 句中的“배가 터지게”是为了强调后面的“감동을 먹다”的程度，但汉语“肚子破 / 炸裂”无法与感动发生语义关联，因此需改译成与感动密切相关的“眼泪哗哗的”。

（54）a. 왕호박（아내）：신통 아빠，고마워 . 神通他爸，谢谢你。

b. 허세달（남편）：뭘 그걸 갖고 **감동까지 먹고** 그러냐？ ① 하여튼 **먹는데 밝히는 것** 뭐가 있어요 .② 앞으로도 **배가 터지게 무한 감동을 먹게** 해줄게 .③《왕가네 식구들》（9）怎么这么点小事你就感动了啊？反正你就喜欢这个是吧？将来我会让你感动得眼泪哗哗的。

如上，韩语的双关在译成汉语时需根据文化背景、前后语境以及两种语言的语言学知识，有时还会出现同样的表达在不同的语境中需译成不同的汉语，这也说明了双关表达的强语境性。

例如，韩国人喜欢吃泡饭，这种方式叫作“말아먹다”，这个词还比喻将财物等一下子全都弄飞。如（55），这是继母与儿子的对话，（55a）中的“말아먹다”激活的是比喻框架，（55b）因出现了“비벼먹든”，所以“말아먹든”同时激活了两个框架，汉语需意译成“赔光”。“말아먹다”的这种吃饭方式与“국밥”密切相关，所以韩语里“국밥”可用作外号，后面再与“말아먹다”结合，如（56），此时，“말아먹다”也同时激活了两种框架，汉语“泡汤”也有比喻义，因此可以将“국밥”译作“汤饭”，“泡汤”与“汤饭”产生了语义关联，与韩语具有了异曲同工之妙。

（55）a. 천연덕（계모）：대리점 손해는 얼만줄 알아？ **다 말아먹을 작정이냐**？你知道代理店的损失有多少吗？你想都赔光是吧？

b. 최구형（의붓아들）：**말아먹든** 비벼먹든 무슨 상관입니까？《폼나게 살 거야》（39）不管是赔光还是我吃光，与你有什么关系啊？

（56）（그 사람이）별명이 **국밥**이야 . 야심차게 사업을 시작했다가 줄줄이 **말아먹었어** .《달콤한 원수》（28）他的外号叫“汤饭”，因为他雄心勃勃开展的事业最终都泡了汤。

第四编　语言象似性与语义、语法

第十一章　语言象似性与语序

认知语言学认为，语言形式是体验、认知、语义、语用等多种外在和内在因素促动的结果，很多学者认为语言符号是有理据、具有象似性的。王寅（1999：32）对符号象似性的定义是："符号在音、形或结构上与其所指之间存在映照性相似的现象"，其中所指包含两层含义，"即客观世界中的某参照物或抽象概念，世界结构、概念结构和经验结构"。

象似性的研究对解决语言与认知的关系有重要意义（沈家煊，1993：7）。本章借助"语言符号象似性"原则来分析语序与认知的关系，有六个基本观点：第一，词序的结构反映了人的认知结构，正如 H.Weil（1887）所说"思想彼此间的关系会明显影响句中词语的安排"。第二，合成词的形成规则之一是重要的放在前面（노대규，1988：258）。心理语言学的研究表明，居于首要位置的成分容易引起更多的注意并易记忆（文旭，2001：91），如果合成词的语序不同则说明该文化对相关事物的重要性的认识不同。第三，固有词词序反映的是韩国人传统的思维认知，而汉字词反映的是中国人的思维认知[①]，即词序与"文化观念和思维定式"一致，所以本研究会借助韩语汉字词以及部分汉语合成词来与固有词的词序进行对比，探讨反映在词序里的中韩两国人的不同认知和思维。第四，词序虽受认知、思维与语义的影响，但语音也具有重要作用，音节多少、发音的难易程度都会影响合成词的语序。第五，不同的句序也反映了不同的认知顺序、思维方式、信息传达方式，句子结构反映的是不同的思维方式与话语习惯。第六，韩语形态语言的特点表现在词序以及句序，这与汉语形成了鲜明对比。

① 韩语汉字词的来源分为三部分，分别是汉源汉字词、日源汉字词、韩国自创汉字词，其中韩国自创汉字词数量极其有限，而日源汉字词虽来自日本，但这些词语大部分只是在内容上反映了近现代文明的发展，其词序结构与汉源汉字词的结构并无明显区别，所以在文中不再做特别区分，只在需要时加以说明。

第一节　词序

词序主要指复合词（合成词与派生词）各个组成部分之间的语序，这里不仅涉及词序，还会涉及词组各个组成部分之间的语序以及一些谚语。

一、合成词的基本词序及影响因素

语言是以体验哲学为基础的，所以一般情况下合成词的构词规则与人们的空间感觉一致，即遵循“上下、左右、前后、内外、远近、大小、长短、粗细、宽窄、直曲”等语义象似性原则。合成词的构词规则也遵循时间上的“先后、早晚”、意觉上的“肯定与否定、积极与消极”等语义象似性原则，这种由语义来决定合成词词序的观点被称作“语义说”。

人的这种感觉认知与合成词词序表现出来的象似性具有文化共性。韩语里绝大多数的合成词词序都遵循了顺序象似性原则，如表 11-1 所示：

表 11-1　合成词的词序

固有词			汉字词
앞뒤	이것저것	그래저래	개폐（開閉）
나들이	이곳저곳	그러나저러나	공방（攻防）
여닫다	이래저래	그러니저러니	발착（發着）
오르내리다	이래라저래라	그러저러하다	투타（投打）
뛰놀다	이랬다저랬다	그렁저렁	수지（收支）
빼닫다	이러나저러나	그렇다저렇다	진퇴（進退）
들락날락	이러니저러니	그럭저럭	출입（出入）
오가기가 힘들다	이러저러하다		인과（因果）
	이러쿵저러쿵		시말（始末）
	이럭저럭		전후（前後）
	이렁저렁		선후（先後）
	이렇다저렇다		조석（朝夕）
	이렇든저렇든		조만（早晚）
	이렇든지저렇든지		표리（表裡）
	이리저리		피골（皮骨）
	여기저기		

以上例子根据노대규（1982）整理而成

上表中的合成词中，前三栏都是固有词合成词，最后一栏是汉字词。固有词中，如“앞뒤 前后”“이것저것 这个那个”“그래저래 这样那样”等都是“这”在前。这种词序符合“说话人接近”原则中的“时空接近”原则（文旭，2001：91）。再看汉字词，如“개폐、공방、발착、투다、수지、진퇴、출입”等的词序符合动作的先后顺序，“인과、시말”符合原因先后顺序，“전후、선후、조석、조만”符合时间顺序，“표리、피골”符合由外及里的顺序，基本都遵循了同样的合成规则。

不过，韩语里个别意义的合成词会出现两种书写顺序，如与性别有关的合成词中，表示动物性别的词语中，固有词是“암수”，汉字词是“자웅（雌雄）”，都是雌在前，雄在后，类似的还有“阴阳”。这些词语的顺序反映了史前文化中以雌为先、为主的思想（叶舒宪，2005：25）。相反，与人有关的合成词有两种词序现象：第一种是男在前、女在后，如合成词“부모（父母）、부부（夫妻）”和固有词词组“남편과 아내”；第二种是女在前、男在后，如韩语里骂人时用“연놈”，而不用“놈녀”，채완（1986：156-157）认为“正常情况下男在前、女在后，骂人时正好相反”的两种语序反映的是男尊女卑思想对语言的影响。这是依据文化观念语义来解释合成词词序，也反映了语言所具有的“文化规约象似性”（文旭，2001：94）。这也是“语义说”的一种类型。

但有时仅凭借语义很难对词序做出完美的解释，为解决这一问题，汉语界提出了“调序说”的观点，这种观点最初是由余嘉锡（1993：1）提出的，与“语义说”认为决定合成词词序的是前后词语的语义相反，“调序说”认为语调对合成词的词序起重要作用，后来周祖谟（2000：280）详细解释认为“在汉语里两个词并举合称的时候，两个词的先后顺序，除了同是一个声调以外，一般是按照平仄四声为序，平声字在前，仄声字在后。如果同是仄声，则以上去入为序。先上，后去、入或先去，后入”。张博（1996：18）认为“在意义关系与调序产生矛盾时，意义制约力并不绝对起决定作用”。

从语义角度来看，具有上下空间意义的词语一般遵循“上下”结构，但韩汉两种语言中有一类服饰语遵循的却是“下＋上”词序。与上下衣有关，韩语有“바지저고리 裤褂”“치마저고리 裙褂”，遵循的是“下上”词序，对此，박갑수（2015：395）认为这可能是因为韩语在列举单词时音节少的多放在音节多的前面，这是一种诗性排序。金海月（2017）从类型学角度认为很多语言都具有这种词序特点。汉语在表达同样的服饰时虽有“上下”结构的“衣裳”，但也有“下上”结构的“裤褂”，而很少用“上

下”结构的“褂裤”，笔者从北大中文语料库中共搜索到“裤褂”有128条，但“褂裤”只有13条，两者的语用频率差距很大。与韩语的“바지저고리”“치마저고리”相反，汉语的“裤褂”“褂裤”没有音节差异，都是“单音节＋单音节”结构。

对汉语“裤褂”这种“下＋上”结构的服饰语构词，笔者认为可从两个方面去分析，第一，从认知和文化语义角度去分析，从人类社会的发展来看，包括现在一些未开化民族，不论男女，他们的穿衣习惯都有很明显的规律特点：即使裸露上身，下身一般也不裸露，哪怕只是用树叶来遮羞。而服饰最重要的功能是遮羞的，所以下衣的重要性远远高于上衣，因此在语言上就多表现为“下衣＋上衣”的结构。第二，从语音角度去分析，虽然“裤”和“褂”都是单音词，但从语音构成来看，前者的发音是“ku”，后者是“gua”，从字母的多少和发音的难易度来看，前者发音更轻松，所以形成了“发音轻松的在前”这种合成词顺序规则。这种构词规则也可用来解释韩语“바지저고리”“치마저고리”的词序。

综上，服饰语言中的“下＋上”词序既符合认知与文化语义特点，也符合“发音轻松＋发音困难”这样的词序特点。

再看一组例子，汉语有“猪狗不如”，从语义上来说，“猪、狗”都具有贬义，无明显的先后之分，所以可从调序说角度去分析，因“猪狗”符合“平仄”结构。韩语里类似的有“개돼지、소돼지、개소”，前两个词都“单音节＋双音节”结构，符合音节“少＋多”这样的词序结构。再看“개소”，根据金海月（2017：46；45）的分析，当前后两个词的音节都是辅音时多遵循“擦音、鼻音在前，塞音、塞擦音在后”的词序顺序，其中提到的与辅音“ㅅ＋ㄱ”有关的例词有“씩뚝꺽뚝、시난고난”，并认为这种词序顺序也适合双音节并列合成词；考虑元音因素的话一般情况下舌位高的在前，舌位低的在后。这种解释中的辅音原则无法解释“개소”的词序，但可用舌位的高低来解释“개소”的语序。本研究认为“개소”的语序形成是根据发音的难易度形成的，因为“개”的发音要比“소”更轻松。①

所以本研究将汉语界的“调序说”扩大为“音序说”，即发音影响词序的现象，不仅限于汉语的声调，还包括音节的长短、多少以及发音的难易度大小。

---

① 也有一种可能，即固有词“개소”的形成也不排除汉字词“소개（紹介）”的影响，也就是说，因汉字词“소개（紹介）”的存在，为避免出现重复而采用了逆序的“개소”。但根据汉字词作为外来语的特点，所以汉字词“소개（紹介）”影响固有词“개소”词序的可能性不大。

二、汉字词存在两种词序

有的汉字词存在两种词序，从构词成分来看，多表现为前后语素是反义词。这类汉字词在汉语里也有同样的两种词序的合成词，被称作“并列双音词”。这种相反语序且成对出现的语言现象多被称作“逆序词”。两种语言里共同存在的逆序词在语用频率和语序上并不相同，下面从调序说来进行探讨。

悲喜：喜悲。“悲”和“喜”是反义词，韩语既有“희비（喜悲）”，也有“비희（悲喜）”，从语用频率来看，前者的语用频率更高，如“희비극（喜悲劇）、희비쌍곡선（喜悲雙曲線）、희비애락（喜悲哀樂）、희비애환（喜悲哀歡）”[①]，这符合一般合成词的构词规则，即含积极意义的在前，含消极意义的在后。韩语还有逆序的“비희교집（悲喜交集）、비희극（悲喜劇）、비희우락（悲喜憂樂）”，但语用频率很低。汉字词源于中国，汉语里也有“喜悲”和“悲喜”两种合成词，但与韩语相反，现代汉语一般多用“悲喜”，如“悲喜交加、悲喜剧”；反过来，逆序的“喜悲”用的较少。

这就需解释两个问题，第一，为什么汉语里“悲喜”的语用频率高？第二，为什么韩语里是“희비（喜悲）”的语用频率高？首先，关于现代汉语多用“悲喜”而不是用“喜悲”，可尝试用“调序说”来解释，根据“调序说”的观点，“悲喜”是“平声＋仄声”，符合“调序说”，而“喜悲”是“仄声＋平声”，不合“调序说”的顺序，所以现代汉语很少使用“喜悲”。再看第二个问题，一般情况下汉字词输入韩语后，有的会发生语义变化，有的会发生语音形态上的变化，但一般构词语序不会发生变化，因为这属于语法内容，是变化最缓慢的部分，但如果出现一对逆序汉字词，那么就会出现使用上的取舍问题，两个逆序词之间就要展开生存竞争，在这个过程中，语音就成了一个重要的影响因素，因为汉字词是以韩语发音来进行交际的，从发音角度来看，虽然韩语不像汉语有音调，但也有发音的难易之分，与“비희”相比，“희비”的发音更轻松。也就是说，韩语多用“희비”，既符合“语义说”，也符合“音序说”。

三、固有词词组与汉字词词序一致

固有词词组与汉字词词序一致的类型比较少，例如与“有无”意义有

---

① 汉语也有类似的意义相近的“喜忧参半、喜怒哀乐”，是“喜”在前，“忧”或“怒”在后。

关，韩语没有相关固有词表达，只有汉字词“유무（有無）”，这与汉语的“有无”“有没有”的顺序一致。表达类似意义时韩语还有固有词词组“있어 없어？”“있거나 말거나”等，都是“有”在前，“无”在后，这与汉字词“유무”的语序以及汉语的语序一致。

韩语还有与粥饭有关的“죽이 되든 밥이 되든 모르겠다”，比喻不管怎样，无论如何，不管事情进展如何。汉字词有“죽밥간（粥–間）、죽밥간에（粥–間–）、죽식간（粥食間）、죽식간에（粥食間–）”，意为不管干什么。这两类表达都是“粥”在前，“饭”在后。

四、固有词（组）与汉字词的词序相反

固有词与汉字词语序相反的情况比较多，不同的词序表现出中韩两国人对词语所反映的现实认知的不同。根据语言象似性原则，位于合成词前面的都是被认为重要的、需强调的事物与概念。

第一，与“耳朵”和“眼睛”有关的表达。与耳朵、眼睛有关，韩语有固有词“눈귀”，是眼睛在前，耳朵在后。再看句子，与固有词有关的“보는 눈과 듣는 귀가 많다 人多嘴杂”，也是眼睛在前。韩语还有词组“눈이 열리고 귀가 트이다 耳聪目明”，是眼睛在前，耳朵在后。再看谚语，“귀 소문 말고 눈 소문 하라 / 내라”“귀 장사 하지 말고 눈 장사 하라”中，“귀”在前，“눈”在后，但因谚语用于否定句，表达是否定意义，所以强调的还是眼睛。因此，韩语固有词的合成词、句子、谚语表现出的都是对眼睛的强调。相反，汉字词“이목（耳目）”是“耳”在前，这种语序与汉语一致，如汉语有“耳聪目明、耳聋眼黑、耳聋眼花、耳聋眼瞎”等，词序都是“耳”在前，“眼、目”在后。

第二，与土地有关的词语。韩语固有词有“논밭”，水田在前，旱田在后，但汉字词却是“전답（田畓）”，是旱田在前，水田在后。这种不同的语序是对韩国地理环境和生产方式的反映。因韩国人的主食是大米，水稻的种植历史很长[①]，水田重于旱田，所以形成了“논밭”。代表水田的“畓”字是韩国人自己创造的，“田畓”的词序反映的是造字顺序，这也符合一般合成词的构词规则，即历史时间早的在前，历史时间晚的在后。

第三，与牛马有关的词语。韩语有固有词“마소”，马在前，牛在后，这反映了过去马对韩国人的重要性，因为直到清朝，当中国已大量使用车

① 윤서석（1970：191–297）与장태진（2008：283）都提到朝鲜《三国史记》中记载百济时期就已普及了水稻种植。由此可判断“논밭”的语序属于自然语序。

辆来运输时，朝鲜人的主要运输工具还是马，所以当时朝鲜人与中国之间的贸易被命名为“余马贸易”。另外，“마소”的发音也符合“发音轻松的在前”的“音序说”。与固有词相反，汉字词“우마（牛馬）”的语序是牛在前，马在后，这反映了牛对古代中国人的重要性，因为在农耕社会与主要作为军事物资的马相比，可农耕与日常运输的牛更重要。并且汉字词与汉语“牛马”的词序也符合汉语并列双音词所涉及的“平声＋仄声”的调序说。

第四，与白天黑夜有关的表达。韩语汉字词“일야（日夜）、주소（晝宵）、주야（晝夜）”等中都是白天在前，黑夜在后，符合一般合成词的词序。但固有词“밤낮”是黑夜在前，白天在后。关于固有词“밤낮”这种语序，노대규（1982：8）认为这是遵循了从无到有的认知习惯，因为黑夜象征着“黑暗、静止、无”，而白天象征着“明亮、动、有”，这种“从黑暗到明亮，从静止到动，从无到有”的过程符合生命生长的过程，是人类认识过程的一种自然反映。这种说法也可用于“죽살이、죽살、죽고 살기로”等固有词词序的解释，因为“死生”是“从无到有”的过程。

第五，与生死有关的表达。汉字词“생사（生死）”，是生在前，死在后，与汉语“生死”的词序一致，都符合生命体的繁衍规律，符合一般的合成词构词规则。不过汉语还有相反词序的“死生有命”，张博（1996：25）发现在先秦五书中“生死”出现了2次，“死生”出现了9次。也就是说，在过去“死生”的语用频率比“生死”高，只不过发展到现代汉语“生死”语用频率更高了。但用于否定句时汉语一般用“死”在前的“死活”，如“不管死活”[①]，表达此类意义时韩语用“죽었는지 살았는지 관심도 없다”，两者语序一致。韩语还有固有词“죽살이、죽살”以及词组“죽고 살기로、죽었다 깨어나도、죽고 못 살다”[②]等，都是死在前，生在后，但一般没有肯定或否定的限制。

第六，与阴阳有关的表达。汉字词“음양（陰陽）”是阴在前，阳在后，与汉语“阴阳”的词序一致，这反映了史前文化中以雌为先、为主的思想（叶舒宪，2005：25）。但韩语还有固有词词组，如（1）中的“이승과 저승”，意为“阳间与阴间”，是阳在前，阴在后，而汉语在表达此类意义时依然是“阴间与阳间”或“阴阳两隔”等，是阴在前，阳在后。之所

① 北大中文语料库中，“死后”与否定词“不”结合的比例是69.32%。

② 김승렬（1990：153-154）从生死轮回角度解释了韩语“死生”类的词序，即死了后才可重生，因此死在前，生在后。

以出现这种差异，与韩语方位词“이”与“저”的语序有关，一般表示近距离的在前，表示远距离的在后。也就是说，韩语汉字词与固有词词组之间语序的差异，是因为分别受到了性别词与方位指示词语序的影响。

（1） 특히 오리는 먼 곳으로 이동하는 철새이기 때문에 사람들은 오리가 **이승과 저승**을 오갈 수 있으며 죽은 사람의 영혼이 오리가 되어 하늘로 날아 올라간다고도 생각하였다.《延世韩国语阅读 4》（솟대와 장승）尤其因为鸭子属于能够飞向远方的候鸟，人们认为鸭子可以往返于阴阳之间，而且相信人死后灵魂可以变成鸭子飞向天空。

五、固有词与汉字词词序相反，固有词词组的词序不固定

首先看雨雪和风雨有关的例子。韩语有固有词“눈비”，结合顺序是“눈”在前，“비”在后，如谚语“기암절벽 천층석（千層石）이 **눈비** 맞아 썩어지거든”。对这种词序现象出现的原因，채완（1986：160）认为雨是每个季节都可能出现的现象，但雪只有冬天才出现，雪比雨更少见，所以“雪”放在“雨”之前。但这种解释无法适用于汉语的“雨雪”，因为中国的气候与韩国非常相似，也是雪比雨少见，但形成的却是相反语序的“雨雪”，并且채완的这种解释也不符合合成词的一般构词规则，因为合成词一般是常见的、重要的在前，而不是少见的、次要在前；其次，这种解释也难以解释词组、惯用语的混乱现象。

韩语里与雨雪有关的词组语序表现出混乱的状态，有时“비”在前，“눈”在后，例如，韩国有一首歌就叫作“비가 오나 눈이 오나”；但有时又是“눈”在前，“비”在后，如谚语“어느 구름에 눈이 들며 어느 구름에 비가 들었나”，比喻不知道未来之事何时会变成何样。日常话语生活中两者的顺序也更是“毫无顺序”可言，例如韩国《인천일보》2017 年 10 月 20 日有一篇新闻，题目如（2a）所示，雪在前，雨在后，但正文如（2b）所示，却又出现了相反语序的表达，是雨在前，雪在后。

（2） a. **눈이 오나 비가 오나** ‘주민 생각’ 30 년 묶혔던 민원숙제도 풀었다.

b. 여기에 지역 주민들의 복지 향상을 위해 **비가 오나 눈이 오나** 현장도 둘러보고 있다.[①]

从表达的意义来看，韩语的“雨”与“雪”的意义基本一致，都象征

① http://www.incheonilbo.com/?mod=news&act=articleView&idxno=783809

天气不好。尤其是“雨”在韩语里所具有的联想意义一般都是消极的。

与固有词和固有词词组相反，韩语还有汉字词“우설（雨雪）”，这个语序符合汉语“雨雪”的顺序，这种先后搭配反映的是中国人的思维。因为汉语里一般总是雨在前，雪在后，北大中文语料库中检索到“雨雪”938条，“雪雨”只有70条。

即使用于词组中，汉语里用自然现象表达比喻义时一般语序比较固定，除“雨雪”外，其他很多情况下一般都是风在前，如“不管刮风下雨、风吹浪打、风霜雨露”，因为在中国人的思维方式里，“风雨、风浪、风霜”等才是经常配对出现的自然现象。并且用自然现象比喻挫折、困苦意义时，最常用的就是“风”。“风雨、风浪、风霜”也符合“调序说”的特点。

与汉语相反，韩国文化里的“风”没有这样的意义，韩语固有词“바람”虽然有多个意义，但却没有产生困苦或挫折类意义。在惯用语里，即使用到风，也总是放在最后，如“비가 오나 눈이 오나 바람이 부나”，按照韩语的顺序翻译是：不管下雨下雪还是刮风。即使在合成词里也是“비바람”，是雨在前，风在后，这个词也没有特殊的比喻义，所结合的动词也多是与雨有关的“씻기다”，如（3），也就是说在这个合成词起关键作用的是“비”，而不是“바람”，相反，汉语一般用“侵蚀”类词语，可统称风雨的效果。当然“비바람”的语序也可从“调序说”的角度去解释，因为“비”是单音词，而“바람”是双音词，“1+2”的语序要比“2+1”的发音更轻松。

（3）세월이 지나면 쇠도 녹슬어 사라지고 바위도 **비바람에 씻겨** 바스러진다.（이규태,《한국인의 의식주조（3）》）。随着岁月的消逝，铁也生锈逐渐消失，岩石也被风雨侵蚀/磨蚀/磨砺/侵袭/剥蚀/浸蚀/腐蚀/摧残而土崩瓦解。

综上，韩语里与“雨雪”有关的合成词、词组其语序不固定，这反映了韩语的配义性与灵活性的特点，相反，汉语语序相对固定，一般是“雨雪”。当“风”与“雨”结合时，韩语一般是“风”在后，但汉语是“风”在前，韩汉两种语序的不同，可以从“调序说”的角度去分析。

再看与天地有关的例子。韩语有汉字词“천지（天地）”，与汉语“天地”语序一致。但韩语也有固有词词组“하늘과 땅”以及“땅과 하늘”，语序不定，如（4）在同一个句子中出现了两个正相反的语序，之所以如此，是因为前者是为了强调从天到地的上下关系，后者是为了强调从地到天的下到上的关系。但同时也说明韩语固有词词组语序的灵活性。汉语多用“天地”。

（4）장대는 **하늘에서 땅으로 내려오는 통로**이며 꼭대기의 새는 **땅과 하늘을 오가며** 인간과 신을 연결하는 존재이다.《延世韩国语阅读4》（솟대와 장승）长柱子是连接天与地的通道，顶端的鸟儿则穿梭于天地之间，将人与神连在一起。

六、固有词是多义词，存在逆序词，逆序词是单义词

韩语还有合成词“위아래”，统称上下，表达此意义时还有逆序词“아래위”，如（5a，b），可替换为“아래위”；“위아래”还统称上下级或长辈与晚辈，如（5c），相当于汉字词“상하（上下）”，此时无法替换为逆序词“아래위”。也就是说，韩语的逆序词在语义上出现了差异，“위아래”的语义更丰富，也更抽象。

（5）a. **위아래** 입술을 꾹 다물다.紧紧咬住了上下唇。

b. 그 남자는 그들을 **위아래**로 찬찬히 훑어보더니，고개를 양옆으로 잘래잘래 흔들었다.《서정인，철쭉제》那个男人上上下下地仔细打量过他们，然后左右轻轻摇了摇头。

c. 그것은 우리들이 모두가 하나로 철통같이 뭉쳐 **위아래**가 한마음 한뜻이 되어 있는 힘을 다했기 때문이오.《송기숙，녹두 장군》这是因为我们团结一致、上下一条心团结奋斗的结果。

汉字词“상하”只表达抽象义。汉语“上下”与“下上”都可表达类似于“위아래”的意义，“下上”在表达这些意义时语用频率很低，此外“下上”还可表达“下等中的上等”之意。

七、韩语只有汉字词，固有词词组语序不定

韩语还有一类表达，词语只有汉字词，但没有对应固有词，固有词只有词组出现，但语序并不固定。代表性的就是与冷热有关的表达。汉语一般都是“冷热、寒暑”顺序，即使是四字格结构，也是“严寒酷暑”较多，“酷暑严寒”较少，两个四字格在北大中文语料库检索到的词条分别是71条、36条。

与汉语相反，韩语里没有对应固有词，只有汉字词“냉열（冷熱）”，与汉语的语序一致，反映的是中国人的思维与认知。韩语里用固有词词组表达此类概念时可以是“더우나 추우나”，也可以是“추우나 더우나”，语序不固定，表达的意义无明显区别。

如果将雨雪与冷热放在一起时，不论汉语还是韩语，一般都是雨雪在前，冷热在后，如（6），这与合成词的一般构词规则一致，即根据时间和

发生顺序排列，因为只有天气发生变化，人们才会产生冷热感觉，所以表示天气变化的“雨雪”在前，表示温度变化的“冷热”在后。

（6）**눈이 오나 비가 오나 바람이 부나 더우나 추우나** 지상과는 별천지다.《경북일보》(2018.03.27) 不管刮风下雨还是天冷天热，和地面上的景致都完全不同。

八、韩语没有汉字词，固有词合成词与固有词词组语序不定

与吃穿有关，韩语没有汉字词，只有固有词合成词“**옷밥**”，是“옷”在前，“밥”在后，如（7）。韩语还有固有词词组，如（8）中的谚语语序是“잘 먹고＋잘 입어”。汉语不论何种情况都是“吃”在前，“穿”在后。

（7）a. 참 그때 세상이 좋았으니 **옷밥** 걱정이 있겠나?《이기영，서화》啊，那时世道好，还用担心吃穿吗?

b. **옷밥**이 남부러울 것 없어 아무 하는 일 없이 몸 편히 있어.《최찬식，안의 성》吃穿不愁，而无事可做，身体也舒适得很。

（8）**잘 먹고 잘 입어** 못난 놈 없다. 只要吃好、穿好，就没有不好看的人。

九、韩语没有合成词，固有词词组顺序不定

有时在表达某类意义时，韩语没有合成词，并且固有词词组的语序也并不固定。汉语有两种类型，一类是存在两种语序，例如，(9) 中的“크고 작다”，是大在前；(10) 中的语序为“작고 크다”，是小在前，这两个韩语词组都指大小的程度或物体的大小。汉语有“大小”，也有“小大”，都可以指大小的程度、尊卑或长幼、大人和小孩、物体的大小等，但“小大”的语用频率不高，常用的有“小大人、小大姐”。汉语还有重叠词组“大大小小”，但很少用“小小大大”。

（9）a. 성북구 길음2동, “힘내라 대구” **크고 작은** 기부전파《위클리오늘》(2020.03.11) 城北区吉荫（音译）2洞，以“加油，大邱”为口号的大大小小的救助活动如火如荼。

b. 대구의료원에 쏟아지는 **크고 작은** 온정들《뉴스프리존》(2020.03.06) 大邱医疗院接收到了大大小小的温暖救助。

（10）a. 고향에서 겪었던 **작고 큰** 이러한 공간을 빠짐없이 시화하는 것은 그만큼 소중하기 때무이다.《성기조，언어와 시대정신》他将在家乡所待过的或大或小的这种空间都变成了诗，这也说明它们是多么的重要。

b. 모든 삶은 **작고 크다**.（书名，作者루시드폴）生活中的大与小

第二种类型，汉语语序比较固定，如（11），这两组惯用短语的语序正相反，（11a）是饱在前，（11b）是暖在前，但并没有明显的语义区别。但汉语多是固定语序的"吃饱穿暖"，或用谚语"老婆孩子热炕头"。

（11）a. 배부르고 등 따습다 吃饱穿暖 / 老婆孩子热炕头

b. 등 따습고 배부르다 吃饱穿暖 / 老婆孩子热炕头

十、韩语固有词词组语序与汉语相反

此类型指的是韩语只有固有词词组，但语序与汉语表达相反。例如，与哭笑有关，韩语多是"웃다"在前，"울다"在后，如（12）。相反，汉语多用词语"哭笑不得、又哭又笑"，词组一般也是"哭"在前，"笑"在后，北大中文语料库里检索发现，相关的检索条共 18 条，其中"笑"在前的只有 6 条，而"笑"在后的有 12 条。

汉语有"烟酒"，一般不用"酒烟"。相反，韩语多用"술이나 담배"，如（13）。

（12）니 엄마 원래 **웃었다 울었다** 변덕이 죽 끓었어.《폼나게 살 거야》

（5）你妈本来就是一会儿哭一会儿笑，变化无常。

（13）그는 **술이나 담배**는 전혀 입에 대지 않는다. 他烟酒不沾。

再看（14），韩语有"개나 고양이나"，汉语同时存在两种语序，其中"小狗小猫、狗呀猫呀、狗啊猫的、阿狗阿猫"，与韩语一致；相反语序的有"小猫小狗、阿猫阿狗"等，但语用频率更高。

（14）**개나 고양이나** 바깥 세상을 구경하고 들어오면 자주 나가려고 그런다. 그 바람 들면 안 되는데 그 녀석 사적 문제 있어? 역말살은 없어?《그래 그런 거야》（40）就是小狗小猫 / 狗呀猫呀 / 狗啊猫的 / 阿猫阿狗出趟门看了外面的风景后，也总是想往外跑。如果这样上了瘾就不好了，那小子私下里有问题吗？没有有空就往外跑的毛病吧？

十一、韩语混合词组语序不定

韩语还有一些混合词组的语序非常灵活，但汉语一般语序比较固定。如（15），韩语有两个相同的并列结构的短语"똑똑하고 능력 있는 사람"与"능력없고 모자라는 사람"，其定语分别是"똑똑하고 능력 있는"与"능력없고 모자라는"，两个定语都是"-고"并列结构，但前后两部分语序相反，前者是意为聪明的"똑똑하다"在前，意为有能力的"능력있다"

在后，后者的语序正好相反。

（15）위에서 이야기한 **똑똑하고 능력 있는 사람**들이 분대 정도를 이룬다면，**능력없고 모자라는 사람**들은 군단 규모라고 할 수 있다.（장승욱，2004/2005：337）如果上面所说的有能力的聪明人有一个小分队，那么没有能力的笨人则是军团规模。

十二、词序、词组语序与句子语序的关系

根据前面的分析可以发现，不论是合成词，还是惯用结构，现代汉语的语序都比较固定，即使出现两种语序，一般语用频率较高的表达的语序比较一致。相反，韩语固有词、固有词词组的语序则显得比较随意，尤其是惯用结构。这与韩语语序灵活、配义性强的语言特点密切相关。韩语的这些语言特点也反映在句序上。

韩语句子虽属于“SOV”结构，但各句子成分可灵活变动，如（16a）① 是最常用的表达，但其他表达也都没有问题。但译成汉语后，虽然汉语在强调某个成分时也可将其提前，但（16c，d，f，g，h）的语序在汉语里却显得非常不自然，语义搭配不合理。

（16）a. 오늘은 길에서 그 소녀를 두 번이나 만났다. 今天我在路上两次碰到了那个女孩。

b. 길에서 오늘은 그 소녀를 두 번이나 만났다. 在路上我今天碰到那个女孩两次。

c. 길에서 그 소녀를 오늘은 두 번이나 만났다. 在路上那个女孩我今天碰到了两次。？

d. 길에서 두 번이나 오을은 그 소녀를 만났다. 在路上两次今天我碰到了那个女孩。？

e. 그 소녀를 오늘은 길에서 두 번이나 만났다. 那个女孩我今天在路上碰到了两次。

f. 그 소녀를 길에서 오늘은 두 번이나 만났다. 那个女孩在路上我今天碰到了两次。？

g. 그 소녀를 두 번이나 기에서 오늘은 만났다. 那个女孩两次在路上我碰到了。？

h. 두 번이나 오늘은 그 소녀를 길에서 만났다. 两次今天我在路上碰到了那个女孩。？

① 韩语例句来自왕문용（1997：77）。

综上，合成词的词序具有语言象似性，适合“语义说”，同时也受语音影响，遵循“音序说”。固有词（组）与汉字词词序不同反映是韩中两种文化的不同思想观念，有的词序不同反映了语音的影响。与词语相反，韩语固有词词组因更接近句子形式，所以语序比较灵活，也反映了韩语配义性与灵活性强的特点，相反，汉语搭配固定性更强，受语义限制的程度强。

第二节　句序与认知顺序

汉语的基本句子形式是“SVO”结构，韩语的基本句子形式是“SOV”结构，两种类型句子结构的不同可从认知顺序、思维方式、信息传达、形态特征等角度去分析。

一、句子整体结构与认知顺序

从思维和认知顺序来看，王寅（1999：139）认为“SVO”结构“更象似于思维顺序，也反映了现实动作的正常顺序，从施事者开始，发出动作，再到动作所及对象”，他还说，汉语的基本语序与思维顺序的象似度更高，反之，日语的象似度要低。韩语与日语的语序相同，都是SOV语序，据此可得出“韩语的语序与思维顺序的象似度低”这样的结论。但关于韩语语序，태평무（2005：36）也曾说，韩国人的SOV语序可能更符合人们的认知顺序。这与王寅（1999）的观点是截然相反的。那么为什么会出现这样两种截然不同的观点呢？原因在于两种观点都只分析了思维顺序的某一阶段，而没有做全面分析。笔者认为不同语言基本语序的结构都与思维顺序具有很高的象似度，只不过是在所反映的思维顺序的阶段上出现了不同。

在认识事物的过程中，当面对一个不熟悉或未知对象时，一般首先要经历一个思考过程（认知过程①），这个过程中必然受到事物对主体的影响（认知过程②），人们同时会衡量主体与对象之间的关系以及准备对其采取的动作（认知过程③），当决定之后才会对其实施相关的动作（认知过程④），因此从人类对事物的发现、分析之后再采取行动的认知顺序来看，韩国人的语序更象似于发出动作前的认知和思维顺序，如图11-1，手语话语者的语序也是SOV语序。与韩语相反，汉语的“SVO”反映的是：经历前面的思考过程之后（认知过程③），发出动作、对事物产生影响（认知过程④）这样的认知阶段，如图11-2。

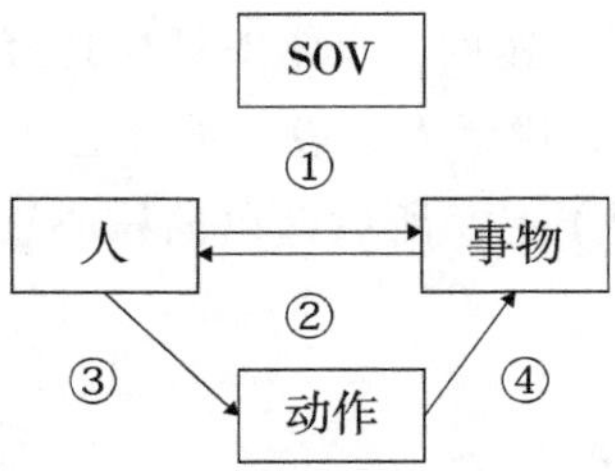

图 11-1 “SOV”句型的认知过程

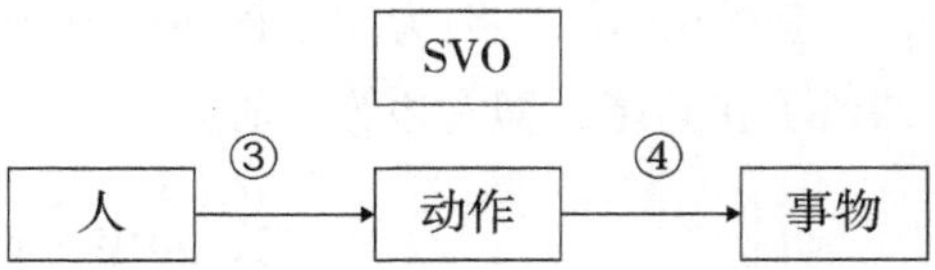

图 11-2 “SVO”句型的认知过程

SOV 与 SVO 所反映的这两个思维阶段有先后之分，将图 11-1 的认知过程 ③④ 展开之后，就是图 11-2 所反映的认知过程 ③④。人类思维的两个阶段过程是一个“连续统”。因此 SOV 与 SVO 语序在反映现实和人类思维之上并无程度差异，反映的只是“动作前”与“动作后”的顺序差异，所以很难说哪一种语序与思维顺序的象似度高或低，因为不论是 SOV 语序还是 SVO 语序都是人类思维顺序的反映，都象似于人类的思维顺序。

石毓智（2018：17）曾提到“英语原来是 SOV 语言，在 15 世纪左右最终变成了今天的 SVO 语序”，他还说：“更重要的是，人类语言基本语序的改变是单向的（unidirectional）。世界上很多原来为 SOV 的语言，都变成或者正在变成 SVO，与此同时，它们的形态标记大量简化，特别是‘主格’和‘宾格’标记的消失；但是没有相反方向的发展。”根据这种现象，著名语言学家 Kiparsky（1997）认为，靠语序来区别主宾语是最经济、最优化的手段，是不是最优化尚需学术论证，然而肯定是最经济的（石毓智 2018：17）。关于两种不同的语序，笔者认为，英语发展过程中所出现的从 SOV 向 SVO 转变的这种语序变化也证明 SOV 反映的是动作前的思维顺序，从 SOV 语序发展成为 SVO 语序的可能性更高，因为这符合人们思维顺序的前进方向。

不同语言中的基本语序反映了观察、分析事物的先后顺序以及思维与行事的特点。韩语 SOV 的基本语序也符合韩国人的行事特点。首先，S 排在前面是因为“人类语言句子的 S 明显倾向于已知信息，新信息主要由宾语提供。根据信息结构的‘已知-未知’（或‘旧信息-新信息’）的结构原则，S 排在 O 前面才合乎逻辑”（金立鑫，2019：2）。SVO 结构中 S 也排在 O 前面，所以也符合这一逻辑。但与 SVO 相比，SOV 中，S 与 O 的距离更加接近，即与 V 提供的信息相比，韩语中 O 所提供的信息更加重要，这与韩国人认为“关系至上”的文化思想一致，即交际中总是首先把对话双方确定下来，再根据听者反映调整后面出现的动词或形容词。这属于先分后总的逻辑，也是一种以说话者为中心的表达方式。其次，从听者角度

来看，韩语的语序会影响重要信息的接收顺序和速度，日常对话中还经常出现这种现象：当听者没听完就误会说话人时，说话人会说“한국말은 끝까지 들어야 돼.”因为句子的重心在V（谓语）上，所以韩语的核心意思（谓语）在句尾，即右边为核心。

二、句序与时间顺序

首先看目的从句。目的从句可分为两类，第一类如（17），韩语的两个例句左边都是“-러”结构的目的从句，右边都是主句，体现的是“以右核中心”的语言特点。译成汉语后，（17a）是连动句“去理发”，（17b）是“说他干什么”，表现的也是时间顺序，即“说他”在前，表目的的“干什么”在后。因汉语叙述类句子多按照事理内容的展开顺序来组合，所以汉语句子的核心在左边。

（17）a. 머리를 **깎으러 간다**.（정재호 1995：101）我去理发。

b. 가고 없는 사람 얘기 **뭐하러 말해**?《비켜라 운명아》(22) 已经不在这个世上的人，说他干什么？

第二类目的从句如（18）所示，韩语中画横线部分是一个由“-을 위해서”连接起来的复句，前面的从句表示目的，但译成汉语时要将韩语后半部的动词提前，形成“齐心协力解决问题”结构。两个事件“齐心协力”与“解决问题”虽无明显的先后顺序，但韩语中依然是目的在前，动作行为在后；相反，汉语依然是动作行为在前，目的或结果在后。

（18）카페나 커뮤니티를 통해 <u>서로의 의견을 나누고 공동의 문제 해결을 **위해서** 때로는 힘을 모으기도 한다</u>.《延世韩国语阅读4》(인터넷 사랑방）人们经常通过贴吧、社区论坛相互交换意见，有时也会齐心协力共同解决一个问题。

再看状中结构的句子。如（19），两个韩语句子是以“-고”连接而成的复句，左边的“입에 침이나 바르고”或“입에 침도 안 묻히시고”表示方式或手段，右边的“거짓말을 하다”表示结果，是句子核心。译成汉语后的句子结构是“撒谎＋不打草稿/眼睛都不眨”，前后两部分所表达的动作更符合时间顺序，也就是说，撒谎的想法发生在前，而实施撒谎的动作表现“不打草稿”或“眼都不眨”发生在后，这一结构可简化为“想法＋动作”，这也是一种状中结构。也就是说，韩语是“方式＋结果”的状中顺序，但汉语是“想法＋动作”的状中顺序。

（19）a. 입에 침이나 바르고 **거짓말을 해**. 你撒谎都不打草稿啊。

b. 입에 침도 안 묻히시고 **거짓말 하시네**.《도둑놈, 도둑님》

（50）你撒谎眼都不眨啊。

综上，韩语的语序反映了韩国人重视动作前思维以及“以右为核心”的语言特点，汉语的语序反映了以时序与重要性等事理顺序展开叙述以及“以左为核心”的语言特点。

三、句序与范围顺序

表达范围时韩汉也会出现不同，从范围的前后语序来看，韩语一般是从小到大排列，如（20），“언니도，세상 그 누구도”的语序是表小范围的“언니”在前，汉语是表大范围的“在这个世界上，无论谁”在前。

（20）**언니도，세상 그 누구도** 봄 님이 마음속으로 기대하는 종류의 사랑과 보살핌을 줄 수는 없습니다.《延世韩国语阅读 4》（문제도 해결책도 내부에 있습니다）在这个世界上，无论是谁，包括那位姐姐，都不可能给与您所期待的那种爱与关照。

韩汉也会出现限定范围的大小不同，如（21a）中的限定助词“만”用于“나의 머리에 맴돌기”之后，表示对动作本身的限制。译成汉语后与“만”对应的是“只是”，用于“在我脑海里打转”之前，是对处所状语和动词的限制。（21b）中，“만”只限定“입만 아프다”中的“입”，译成汉语后，“只是”限定“我自己嘴疼”这个整体。总之，“만”的限定范围小于“只是”。

（21）a. 그렇게도 **나의 머리에 맴돌기만** 하던 창문의 이미지가 문득 머리에 떠올랐다.《이청준，퇴원》一直只是在我脑海里打转的昌玟的形象突然浮现在眼前。

b. 밤낮 자기 자리는 자기가 치우자 치우자 그렇게 얘기했는데도 이 모양이니. 말해야 **내 입만 아프니** 그만두지. 我不分白天黑夜地说自己的位置要自己整理、自己整理，但却还是这个样。说了也只是我自己嘴疼，还是不说了。

四、句序与句子成分

韩汉两种语言有时只出现语序（如定语、状语）的不同，有时句子成分之间出现对应差异，随之而来的就是语序的差异。

（一）定语的顺序

韩语定语成分主要有人称词、指示词、形容词或动词的定语形式等，首先看人称代词与指示词的语序。（22）中，“이런 제 자신의 성격”与“이런 한국인의 모습”都是定语词组，结构是“指示形容词 + 人称代词 / 专

有名词＋所有格＋名词”，但汉语“我自己的这种性格”与“韩国人的这种状态”结构是“人称代词 / 专有名词＋指示形容词＋名词”，也就是说，韩语的指示代词最靠前，汉语的人称代词或专有名词最靠前。

（22）a. **이런 제 자신의 성격**을 고쳐 보려고 노력하는 중입니다만 몸에 밴 마음의 기억들이 쉽게 지워지지 않네요.《延世韩国语阅读 4》（문제도 해결책도 내부에 있습니다）虽然我正在努力改变我自己的这种性格，但是那些烙刻在身上的记忆却难以轻易抹去。

b. **이런 한국인의 모습**을 보여 주는 말로 ‘우물에 가서 숭늉 찾는다’라는 속담이 있습니다.《延世韩国语阅读 4》（우물에 가서 숭늉 찾는다）韩语中有一句谚语恰恰反映了韩国人的这种状态，即“우물에 가서 숭늉 찾는다”。

再看谓词定语与所属关系的语序。（23）中，韩语定语“무거운 아빠의”与“대수롭지 않은 상대방의”的结构是“形容词定语＋称谓语 / 人称名词＋名词”，但汉语“父亲沉重的表情”与“别人的一点抗拒”的结构是“称谓语 / 人称名词＋形容词＋中心语”。也就是说，韩语的谓词定语最靠前，汉语所属关系词最靠前。

（23）a. **무거운 아빠의** 얼굴《延世韩国语阅读 4》（한스밴드，오락실）父亲沉重的表情

b. 어렸을 때 부모에게 관심을 별로 받지 못하고 자라서 그런지 **대수롭지 않은 상대방의 거부**에도 너무나 큰 상처를 받습니다.《延世韩国语阅读 4》（문제도 해결책도 내부에 있습니다）或许是因为我从小到大几乎没从父母那里感受到过关爱，如果感受到别人的一点抗拒，我也会觉得受到了巨大的伤害。

（二）状语的顺序

状语根据词性以及句中位置与作用可分为副词状语、时间状语、处所状语等。

首先看副词状语，韩语副词状语一般与谓语紧密相接，其他（方向、方式、手段）状语放于副词状语之前。相反，汉语副词状语与谓语之间可插入其他（方向、方式、手段）状语。如（24a）中，韩语“집어넣다”的两个状语中表处所的“자판기”在前，表动作数量的“다시”在后；汉语则是“又重新”位于“往售货机”之前。（24b）中，“인터넷을 통해 일본의 텔레비전 드라마를 자주 본다”是复句，表方式的“인터넷을 통해”在前，副词“자주”直接修饰动词“보다”，相反，汉语副词“经常”位于表

方式的“上网”之前，形成“经常上网看日剧”结构。

（24）a. 책 위에 몇 잔의 차를 받쳐 들고 있던 분이 500 원 동전을 **자판기에 다시** 집어넣는다.《延世韩国语阅读 4》（동전 한 개의 오블리주）他用书托着几杯茶，又重新往售货机里投了一枚 500 韩元的硬币。

b. 그러고 보니 **인터넷을 통해 일본의 텔레비전 드라마를 자주 본다**는 한 학생이 그 감상을 말한 적이 있다.《延世韩国语阅读 4》（말 안 해도 알지？）这也让我想起之前有一个经常上网看日剧的学生曾谈到的自己的观剧感。

第二，时间状语。韩语时间状语多放在句中，汉语时间状语多放在句首，如（25）中的时间状语“단옷날、대보름날에、매년 5 월 첫째 주에”都位于主语“이몽룡은、한국에서는、남원에서는”之后，但对应的汉语时间状语都位于句首。

（25）a. 사또의 아들인 이몽룡은 **단옷날** 그네를 타던 성춘향에게 첫눈에 반한다.《延世韩国语阅读 4》（춘향제에 다녀와서）端午节那天，使道之子李梦龙遇见了正在荡秋千的成春香，一眼就迷上了她。

b. 한국에서는 **대보름날에** 아홉 가지 나물을 먹는 풍습이 있다.《延世韩国语阅读 4》（음식 속에 담긴 의미）正月十五那一天，韩语有吃九种蔬菜的习俗。

c. 남원에서는 **매년 5 월 첫째 주에** ‘춘향제’ 가 열리는데 이 축제는 1931 년에 시작되었다고 한다.《延世韩国语阅读 4》（춘향제에 다녀와서）每年 5 月的第一个星期，南原都会举办“春香祭”，据说这一活动始于 1931 年。

第三，带定语的处所状语。如（26），韩语句中处所状语“잔칫집 앞마당에는”译成汉语时放在了句首，其定语“사람이 괴는”转换成了汉语中的小句“到处是人”。

（26）사람이 괴는 **잔칫집 앞마당에는** 발 디딜 틈도 없었다.办喜事人家的院子里到处是人，连插脚的地方都没有。

（三）定语与状语的转换

韩语状语有时可转换为汉语定语，如（27a）中的状语“담백하게”译成汉语后成为“淡雅”，作定语修饰“韩服”。（27b）中的状语“가수 인생에”译成汉语时转换成了定语“作为歌手的”。（27c）中的句首状语“이렇게”译成汉语“这种”作定语修饰“问答形式”。

（27）a. 어머니께서 한복을 **담박하게** 차려입으셨다. 母亲穿了一身淡雅的韩服。

b. 소유가 **가수 인생에** 제 2 막을 열었다.《뉴스 1》（2017.12.13）SOYOU 开启了作为歌手的第二人生篇章。

c. **이렇게 문답식**으로 도서관에서 지켜야 할 것들을 설명하고 있으니 친절해 보이기도 한다.《延世韩国语阅读 4》（경고문에 담긴 세상）采用这种问答形式来介绍图书馆内的规定给人一种亲切感。

韩语定语有时可转换为汉语状语。如（28）是复句，在“낯선 사람과 빠른 인간관계를 맺는 데”中，“빠른”作定语修饰“인간관계”，译成汉语时，“빠르다”所表达的“快”或“迅速”等意义无法与“（人际）关系”形成语义搭配，又因“建立关系”与“人”的语义概念更紧密，所以副词“迅速”与动词“建立”之间插入了同位结构“和陌生人”，形成小句“迅速和陌生人建立起关系”。

（28）반면에 서양인은 **낯선 사람과 빠른 인간관계를 맺는 데**에는 능숙하지만，속마음을 쉽게 털어놓을 수 있는 친밀하고 깊은 인간관계를 맺는 데에는 상대적으로 취약하다.《延世韩国语阅读 4》（‘우리’ 중심의 동양인）相反，西方人比较善于迅速和陌生人建立起关系，但是他们却难以与他人建立能轻易交心的、亲密的深层人际关系。

（四）状语与其他句子成分的转换

韩语状语有时会转换为汉语主语。如（29），韩语状语“눈에”位于句中，译成汉语时，需把“你的眼睛”提前放在主语位置上。韩语状语有时对应汉语宾语。如（30a），时间状语“평생”对应汉语动词“过”的宾语“一辈子”。（30b）中，方向状语“한국에”对应汉语动词“来”的宾语“韩国”。（30c）中，方向状语“병원으로”对应汉语动词词组“送到”的宾语“医院”。韩语状语有时对应汉语补语，如（31），韩语状语“얼음장과 같이”译成汉语时对应补语“就像冰块一样”。

（29）슬픔에 가득차서 마치 **눈에** 검은 호수를 담은 사람처럼 그렇게 변해가더라구《비켜라，운명아》（22）你的眼睛充满了忧愁，就像装着一潭黑水，你就那样变了。

（30）a. **한국에 막** 부임했을 때…《延世韩国语阅读 4》（말 안 해도 알지？）我刚来韩国上任时……

b. **평생** 그 아이 보면서 가슴에 못질하면서 살래？《가화만사성》

（11）你要看着那孩子而伤心地过一辈子吗？

c. **아비규환의 현장에서** 응급환자들을 **신속히 병원으로** 실어 날랐다 .《동아일보》（2018.02.01）迅速将急救患者从惨不忍睹的现场送到了医院。

（31）시장의 평가는 **얼음장과 같이 차갑다** .《쿠키뉴스》（2018.01.15）市场评价冷得就像冰块一样。

（五）宾语与其他句子成分的转换

韩语宾语有时对应汉语主语，如（32），韩语句子的主语是“영규”，宾语是“골목”，但译成汉语时需要将宾语“골목”变为主题主语“这条胡同”，且置于句子前面。

（32）영규는 **한 번 지나갔던 골목**이지만 자세히 기억하고 있었다 .《황석영，무기의 그늘》

a. 虽然这条胡同永奎只走过一次，但却记得清清楚楚。

b. 这条胡同虽然只走过一次，但永奎却记忆尤深。

c. 这条胡同，虽然永奎只走过一遍，但却记得非常清晰。

韩语宾语有时对应汉语定语，如（33）中韩语共三个小句，小句②“하늘을 보니”是动宾结构，宾语是“하늘”，小句③“구름이 손에 잡힐 듯했다”中的主语是“구름”，译成汉语时小句②的宾语“하늘”变成了小句③的主语“구름”的定语“天上的”。

（33）산 정상에 올라 ① **하늘을 보니** ② **구름이** 손에 잡힐 듯했다 .③
登上山顶，抬头一看，天上的云彩好像触手可及。

综上，汉韩两种语言里多个定语与多个状语各自之间不同的语序，以及两种语言互相转换时所表现出的主语、定语、状语、宾语、补语等相互之间的转换，这些不同的语序反映了中韩两国人不同的话语习惯以及相异的认知顺序。

五、句子的扩展与转换

虽然韩汉两种语言的基本句型分属不同的 SVO 与 SOV 结构，但韩语的定语也像汉语一样放在中心语前面，与汉语定语逆向延伸受限相反，韩语允许主语、宾语或状语前面有长定语，谓语中心语前面也可以有长状语，并且可无限制拉长，如图 11-3 所示，这种结构被称作“left-branching structure”，是一种“先分后总”结构。当主语、宾语、状语以及谓语的修饰语部分被拉长时，就使韩语句子出现头重脚轻的现象。

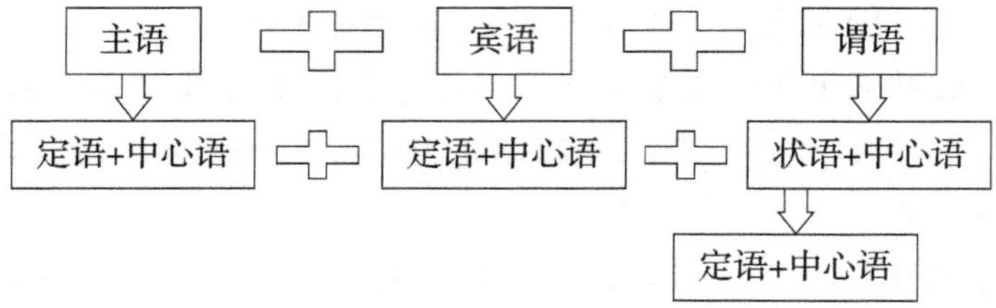

图 11-3 韩语句子结构

（一）主语有长定语

韩语主语常出现长定语，译成汉语时也经常把定语转变为小句，从而形成向右扩展的单句或复句。（34）笔者做了处理，只保留了主语部分。句中主语是“대가들”，有两个并列定语 ①②。译成汉语时，如按照原句的语序译成（34a），就会使主语过长，因此最好译成（34b），为主语保留定语 ①，而将定语 ② 译成谓语，这样就使韩语定中结构的短语变成了一个主语带定语的汉语谓语句。

（34）미술사학계를 수놓았던 ① 기라성 같은 ② 대가들…《WL》

a.* 为美术史学界增光添彩的灿烂如绮罗星的名家们……

b. 为美术史学界增光添彩的名家们灿烂如绮罗星……

（二）名词谓语出现长定语

韩语名词谓语句中，名词性谓语常出现长定语。如（35），句子省略了主语，谓语是“극작가이다”，其中心语“극작가”有三个定语，①② 都是句子，③ 是单词。译成汉语时，长定语形式的（35a）不符合汉语习惯，需译成（36b），其中离中心语“극작가”最近的 ③“이력”直接译成定语，两个距离远的定语 ①② 分别译成了两个小句。

（35）단막극이 지상에 소개되었을 뿐만 아니라 ① 공연까지 되기도 한 ② 이력의 ③ 극작가였다 .《김원우, 짐승의 시간》

a.* 他是一个不仅让独幕剧登上了报纸，而且还进行了公演的很有资历的剧作家。

b. 他是一位很有资历的剧作家，不仅让独幕剧登上了报纸，而且还进行了公演。

（36）也是名词谓语句，“거리”前面有 3 个小句，小句 ④ 前面还有状语 ③，译成汉语有两种方式，一种是将韩语中的名词谓语转换成了（36a）中的主题句，汉语主语是“这个距离”；（36b）则将其转换成了状语，如“从距离上来看”。

（36）전화를 받고 나서 ① 10 분이면 ② 너끈히 ③ 얼굴을 내밀 수 있는

④ 거리였다 .《이동하，도시의 늪》

a. 这个距离接电话后十分钟就可以轻松赶到。

b. 从距离上看，接电话后十分钟就可以轻松赶到。

（三）宾语有长定语

韩语的宾语有时也会出现长定语。如（37），其中 ② 是主句，宾语 ① 是一个复句，并且被提前到主语“우리”之前，这也充分证明了韩语是向左扩展的句子这一特点。因此使整个句子出现了不均衡的感觉。这种头重脚轻的韩语句子译成汉语时，要先把主句 ② 译出，即“我们能经常看到”，宾语 ① 译成复句，使谓语“看到”与后面的宾语从句（或流水句）紧密相连，不像韩语那样，宾语和谓语之间间隔着主语“우리는”和副词“종종”，这与汉语的非形态性这一特点有关。宾语既然没有形态标志，因而人们愿意让宾语离动词近一点，免得费解，甚至误解（武树元，1992：315），汉语译句的整个结构是向右扩展的复句。

（37）훌륭한 대의라도 독선과 경직을 동반하게 되면 다음 시대에는 오히려 악으로 기능하게 됨을① 우리는 종종 보아 왔습니다②.《이문열，시대와의 불화》我们能经常看到②，即使有大义名分，如果伴随着独善其身和呆板的话，在下一个时代反而会发生作用成为“恶”①。

再看（38），韩语中的宾语是“눈”，有七个修饰成分，分别是“단정한、박인의、얼굴 한 가운데、빛나고 있는、호수같이、맑은、두”，转换成汉语后，需调整修饰成分的前后顺序，如图 11-4 所示，首先互换 ①② 的语序，把表示所属关系的定语放在最前面；其次是调整 ④⑤ 的前后顺序，把状语“像湖水一样”放在前面修饰后面的形容词“熠熠生辉”。

（38）윤은 단정한 ① 박인의 ② 얼굴 한가운데 ③ 빛나고 있는 ④ 호수같이 ⑤ 맑은 ⑥ 두 ⑦ 눈을 보았다 .《선우휘，깃발 없는 기수》尹看着朴仁 ② 那端端正正的 ① 脸上 ③ 像湖水一样 ⑤ 熠熠生辉的 ④ 明亮的 ⑥ 双 ⑦ 眼。

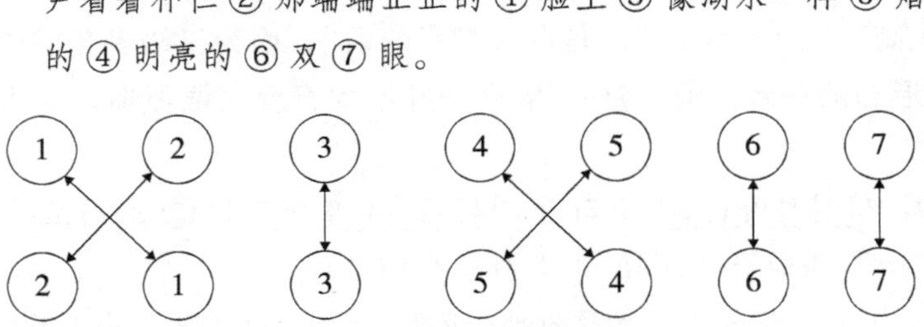

图 11-4 多定语的语序转换

再看其他类型的句子。韩语动宾结构中宾语有时具有多个定语，但

都与一个动词谓语结合，相反，汉语却要形成三个动宾式并列结构，如（39），第二个小句中“모습”是动词“하고 있다”的宾语，但“모습”有三个并列定语，分别是“사람、귀신、부처”，译成汉语时，把谓语提前，形成了“像人的、像鬼的、像佛的”等三个并列的竹竿型结构。

（39）보통 얼굴과 몸체로 이루어졌는데 얼굴은 대개 **사람이나 귀신，부처의 모습**을 하고 있다.《延世韩国语阅读 4》(솟대와 장승）一般由面部和身子组成，面孔有像人的、像鬼的，也有像佛的。

（四）状语有长定语

韩语状语也常出现长定语。如（40），状语是“유리창이 많고 지붕의 경사가 급한 일본식 구조의 기와집에서”，“집”有四个定语，其中①和②是小句，③是词组结构“일본식 구조”，④是名词“기와”做定语直接修饰“집”。从与中心语的距离来看，①②距离远，③④距离近。译成汉语时，与中心语近的③④“日式结构的瓦房”直接做“住进”的宾语，距离远的定语①②变成了两个句子，对宾语“瓦房”进行解释说明。

（40）우리는 유리창이 많고 ① 지붕의 경사가 급한 ② 일본식 구조의 ③ 기와 ④ 집에서 살게 되었다.《윤흥길，황혼의 집》

a.* 我们住进了一处有很多玻璃窗、屋顶倾斜度很大的日式结构的瓦房里。

b. 我们住进了一处日式结构③的瓦房④里，房子有很多玻璃窗①，屋顶倾斜度很大②。

（五）多个成分都有长定语

有时韩语还会出现多个成分都有定语的情况。如（41），韩语句子结构是“소리가 ……소리보다……소리구나”，第一个“소리”是主语，第二个“소리”是状语，第三个“소리”是谓语（省略了“이다”）。从成分来看，主语前面有定语①，谓语前面有定语②③。译成汉语时，（41a）的结构与韩语基本一致，但后面的谓语“소리”被省略掉了，汉语结构是“话令人高兴”，而不用“话是令人高兴的话”，因为汉语多考虑语义顺畅而不是形态的一致。但（41a）的译法并不太符合汉语习惯，汉语更常用（41b）。

（41）퇴원하라는 ① **소리**가 가뭄에 비 떨어지는 ② **소리**보다 반가운 ③ **소리**구나.《내 사랑 치유기》(7）

a. * 让我出院①的这句话比干旱天听到下雨声②还令人高兴啊③。

b. 让我出院①，（我）实在是太高兴了③，比干旱天听到下雨声②还高兴③。

（六）多个并列从句

韩语有时前面会出现并列的多个目的从句，如（42），前面出现了三个“-기 위해”结构的目的从句，后面是主谓结构的“모두들 장으로 나갔던 것이다”，译成汉语时，虽然汉语目的从句也可放在主句前面，但因有三个并列从句，如果像韩语那样放在前面，就会造成头重脚轻的感觉，所以要将谓语提前，而将目的从句置后。并且，韩语将目的从句前置可以只用一个主语，但汉语将目的从句置后时需补译出三个主语“有的”。

（42）이 속담에서처럼 장이 서는 장날이면 사람들은 곡식이나 가축들을 팔기 위해 ①，필요한 물건이나 먹거리를 사기 위해 ②，아니면 장날의 분위기를 즐기기 위해 ③ 모두들 장으로 나갔던 것이다.《延世韩国语阅读 4》（오일장）过去，每逢集市日，大家都会去赶集，有的是为了去卖粮食或家畜 ①，有的是为了去买自己需要的东西或食物 ②，还有的是为了感受一下集市的氛围 ③。

（七）多重复句的语序转换

韩语还有多重复句，如（43），其中阴影部分也是一个表原因的多重复句，译成汉语时，韩语句首小句 ① 对应汉语句末小句 ❶；韩语句末小句 ④ 对应汉语句首小句 ❹；韩语句中两个定语成分 ② 与 ③ 分别应汉语的句中小句 ❸ 与 ❷。两种语言的语序对应如图 11-5 所示正好是相反的。

（43）누구나 읽고 쓸 수 있도록 하면서 평생 필요한 지식과 정보를 활용할 수 있도록 ① **늘 열려 있는** ② 지식과 정보제공 기관인 ③ **도서관을 잘 만들어온 탓에** ④ 국민들 각자의 민주적 역량과 개인적 능력이 크게 성장할 수 있었던 것이다.《延世韩国语阅读 4》（삶의 등대，도서관）（那些发达国家）在图书馆建设方面做得非常好 ❹。作为提供知识和信息的机构 ❸，他们的图书馆时时刻刻为所有国民敞开着大门 ❷，人们可以在那里尽情地读和写，也可以获取自己所需要的一切知识和信息 ❶，这不仅使民主力量得到壮大，国民的个人能力也得到了大大提升。

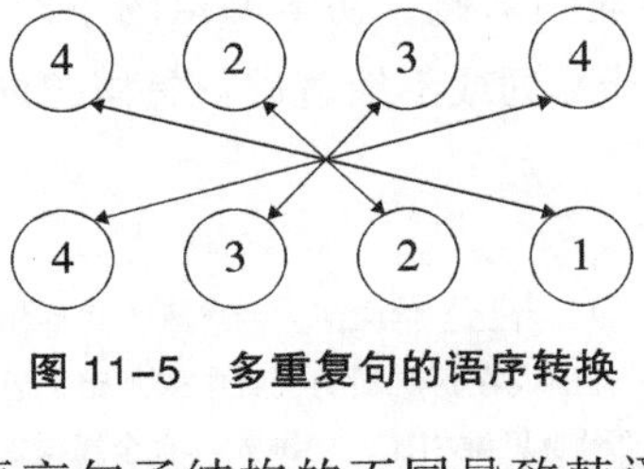

图 11-5 多重复句的语序转换

综上，韩汉两种语言句子结构的不同导致韩译汉时首先要调整句子结构。汉语“总分”式句子结构使在“分”这一部分也形成了一个个小的“总分结构”，即形成一个个的散连句型的“分句”，就像多个小尾巴，即形成“竹竿型结构”，而不是像韩语那样形成头重脚轻的结构。表达同一概念时，汉语动用的句子数量要远远多于韩语。

第三节　句序与思维方式

从句子形态结构来看，SVO 结构属于总分结构，SOV 结构属于分总结构。박갑수（2013：48）曾提出，总分结构可以明确表达自己主张，进行分析和批判性的思考，而分总结构属于定义性、统合性的，容易造成自我主见的缺失。但他并没有具体解释为什么句子结构会影响思考方式。下面我们来进行详细分析。

一、句子结构与思维方式

从思维方式来看，韩国人非常重视事物的微观细节[①]，而中国人更关注全局和宏观，这种思维方式与两种语言里的基本句子结构密切相关。

如图 11–6 所示，SVO 结构反映的是“总分”结构的思维方式，这种思维方式长于“总”，注重宏观思维、提纲挈领，显示的是一种抽象思维；但这种思维弱于“分”，即对细节的分化和观察容易不够细致和细腻。相反，如图 11–7 所示，SOV 结构反映的是“分总”结构的思维方式，这种思维方式长于“分”，可以注意到事物的各个细节和枝节，观察全面，反映的是一种具象化思维，例如韩国人发达的具象化思维、微观思维以及语言表达的细化（详见第十一章）；但当进行概括和综合时，韩语形态语言的特点还需在谓语部分进行词形和语尾变化，不仅要决定谓语用什么，还要根据语境恰当收尾，这无疑使“总”的工作量非常繁重。但因思维方式是受语言结构影响的，以汉语为母语的学习者熟悉汉语的总分结构，所以掌握韩语的分总结构时就会遇到阻碍，初学韩语的中国人往往在最后的语尾部分出现错误，不知道用什么词或不知道进行怎样的词形和语尾变化。

---

① 이규태（1983/2011c：82，126）将韩国人的思维方式称作“山林式思维”或“青山式思维”，认为这种思维方式影响了韩国人在更广阔的视野中来观察、思考问题的方式（参见王芳、王波，2022d：187）。与韩国人的微观思维相比，中国人具有全局与宏观思维。中国人的这种全局与宏观思维在与西方人进行对比时也比较明显（尼斯贝特，2017：Ⅸ）

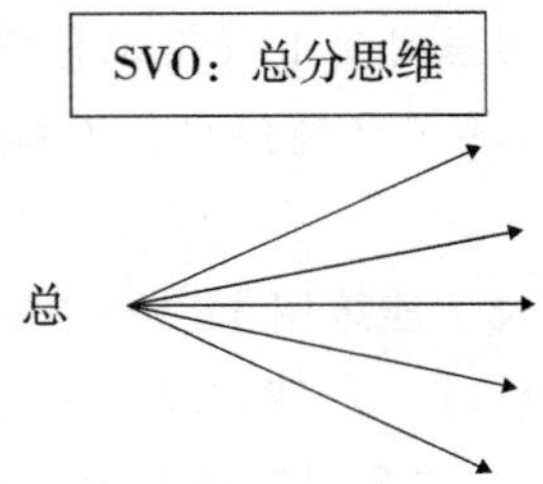

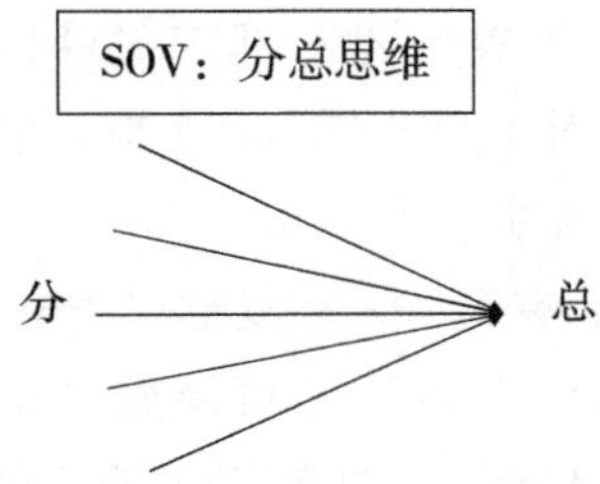

图 11-6　SVO 结构与总分思维　　图 11-7　SOV 结构与分总思维

二、繁复与简练

韩语“分总”结构的思维方式使韩语句子比较繁复，例如喜欢使用多层叠加的修饰语（长定语、长状语），表达比较具象化。但韩语的分总结构很容易在“分”的阶段就戛然而止。例如，韩国人常省略谓语，写信时文末祝福语会说“건강하시기를”，文章题目、广告语会自动省略动词，如广告“남자는 묵묵히 ×× 맥주”[①]省略谓语“마시다”，但汉语需补译出谓语形成“男人默默地喝 ×× 啤酒”结构。再如，韩语谓语成分多有缩略形式，如“한다고 합니다”缩略为“한답니다”，各种语法缩略形式的出现是韩国人面对多重结构的长句子时根据经济性原则所采取的语言策略之一。省略或缩略导致韩语句子的谓语非常简短，但主语、宾语以及谓语的状语部分却又非常繁复，所以使韩语“头重脚轻”的语言特点更加突出。韩语句子繁复还表现在行文中句子成分的重复。相反，总分结构的 SVO 语言在“分”的阶段上可繁可简，甚至可以只“总”无“分”，只将最核心的谓语部分说出来即可。所以韩语与汉语形成了繁复与简练的基本风格对立。

第一，称呼或指称的繁简。如（44），因韩语很少用第二人称代词，表示对象时韩语出现了两个“봄 님에 대해”，译成汉语时可用人称词“您”。韩语还有表他人的“남”，如（45）中“남의”出现两次，译成汉语时，“别人（家）的”只出现一次。

（44）그때마다 상대방이 **봄 님에 대해** ① 사랑이나 미움의 감정을 갖기는 커녕 **봄 님에 대해** ② 생각조차 하지 않았다는 사실을 확인하게 될 것입니다.《延世韩国语阅读 4》(문제도 해결책도 내부에 있습니다) 那时您 ① 会发现，对方脑海里压根就没有您 ② 这个人，更别提什么喜欢或是讨厌了。

（45）**남의** ① **집 주차장 앞**，**남의** ② **가게 앞에** 차를 잘못 세우면 무

---

① 广告出自《延世韩国语阅读 4》(말 안해도 알지？)

슨 일이 생길지 모른다.《延世韩国语阅读 4》(경고문에 담긴 세상) 如果将车停在别人家的停车位前或商铺门口，不知道会出什么事。

韩语还有第一人称复数“우리”，如（46）连续用了三个“우리”，译成汉语时，“우리”①可译成“我们”，“우리”②可译成“自己”，“우리”③可不译，这样就使句子显得比较简练。“우리”还与家庭身份结合形成惯用结构，如（47）中的“우리 아빠”已不表复数，译成汉语时，因“我们”复数色彩强，从数的概念上与前面的“내가 我”形成冲突，所以汉语译成了“我”。此外，“우리”可表达亲切的称呼意义，但“我们”不具有这种用法，所以韩转汉语的过程中“우리”的特殊意义消失了。

（46）**우리도**① **우리가**② 가진 범위 안에서 **우리의**③ 정성을 사회에 환원하는 것이다.《延世韩国语阅读 4》(동전 한 개의 오블리주) 我们①也可以在自己②能力范围之内做点事情回报社会。

（47）내가 제일 사랑하는 **우리 아빠**《延世韩国语阅读 4》(한스밴드, 오락실) 我最爱的爸爸

第二，一般表达的繁简。如（48）中，韩语出现了三个表“定期聚会”的“정모、정기 모임、정기적으로”，汉语中“定期聚会”仅出现一次即可。（49）中，韩语有两个并列句，都是“표준 크기는 ……는 크기이다”结构，汉语中“……的＋大小”结构可省略中心语“大小”，因此基本结构就缩成了“大小是适合……饮用的（大小）”。

（48）또 일명 **‘정모’** 라고 하는 **정기 모임**을 **정기적으로** 갖기도 한다.《延世韩国语阅读 4》(인터넷 사랑방) 另外也会举行所谓的“定期聚会”。

（49）동양 맥주병의 **표준 크기는** 여럿이 함께 나눠 마실 수 있는 **크기이고**, 서양 맥주병의 **표준 크기는** 한 사람이 한 병씩 마시도록 되어 있는 **크기이다**.《延世韩国语阅读 4》(‘우리’ 중심의 동양인) 东方人啤酒瓶大小是适合多人共同饮用的，西方人啤酒瓶的大小是适合独自一人饮用的。

（50）中，韩语出现了两个“밤”，分别是“밤”与“밤바다”，（50a）的译文中出现了两次“夜”，有重复之嫌，所以可译成（50b），将“밤”译成“晚上”，“밤바다”译成“夜海”，这样就避免了重复。

（50）**밤**이 되면, **밤바다**에 떠 있는 어선의 불빛이 열어놓은 창으로 쏟아져 들어온다.(신경숙, 외딴방)

a. 夜晚，漂浮在夜海上的渔火冲进了敞开的窗户。（薛舟等，《单

人房》）

b. 到了晚上，漂浮在夜海上的渔火冲进了敞开的窗户。

三、语义联系性

与韩语相比，汉语强调语义的联系性，这种语义联系性表现为隐含内容的明示化与搭配成分之间的距离。

（一）隐含与明示

隐含内容指表达某种意思时不需明确指出的常识或说话双方事前知道的内容，但在跨文化环境中因对隐含内容的认识会出现不同，并且又有语言内部因素的影响，所以进行语言转换时有时须对源语中的隐含内容进行明示，以使目的域的意思表达更清楚。

1. 主语

与汉语相比，韩语比较喜欢省略主语。如（51a），韩语第二句话省略了主语，译成汉语时需根据语境将语义主语“人们”明示出来。（51b）也没有主语，译成汉语时也需要将隐含主语“人们”明示化。可见，在韩语里“人类”意义经常不被凸显，这种语言的特点体现为喜欢凸显物体，因此常用被动态，如（52）有表示被动意义的“보이다”，这是一种以啤酒瓶为主体的视角，对说话人来说，啤酒瓶是被看到的，所以需用被动句，也就是说在韩国人以物为主体的思维与视域中需要将这种被动意义明示出来。但中国人是以人为主体来观察事物，是一种人类发现事物的思维与视域，凸显的是人类，所以不需要用被动语态，只需将人所看到的现象陈述出来就可以。

（51）a. 한국은 인구 밀도가 높은 편이다. 게다가 아파트와 같은 대규모 거주 단지에 밀집해 살고 있다.《延世韩国语阅读 4》（인터넷 사랑방）韩国属于人口密度较高的国家。而且人们大都住在公寓这种集合式住宅中，居住相对密集。

b. 카페나 커뮤니티를 통해 서로의 의견을 나누고 공동의 문제 해결을 위해서 때로는 힘을 모으기도 한다.《延世韩国语阅读 4》（인터넷 사랑방）人们经常通过贴吧、社区论坛相互交换意见，有时也会齐心协力，共同解决一个问题。

（52）다음 사진에 **보이는** 맥주병의 크기를 비교해 보자.《延世韩国语阅读 4》（‘우리’ 중심의 동양인）我们来比较一下下图中啤酒瓶的大小。

韩语有的主谓搭配是转喻，但译成汉语时受语义明确性与搭配的限制，

需改变相应的主语。例如（53）中的“눈이 여려서”是主谓搭配，这里的“눈”转喻“마음”，译成汉语时“眼睛软”不符合汉语语义搭配，需将其换成“心肠软”。

（53）그녀는 **눈이 여려서** 조그만 일에도 운다. 她心肠软，一点小事就哭。

2. 状语

韩语有时会省略处所状语，如（54）中的“서양인의 자아”，因为自我是一种心理认知，所以韩语省略了“마음 속”。但汉语一般要将“心目中”明示出来，以使句子的逻辑更加通顺。

（54）**서양인의 자아**는 대체로 개인에 한정된다. 말 그대로 ‘나’는 ‘나’인 것이다.《延世韩国语阅读 4》（‘우리’중심의 동양인）
西方人心目中的“自我”通常是个人，即“我”就是“我自己”。

3. 动作

韩语有时会省略表达想法的动作成分，如（55a）中的第②句话表达的是一种想法，但未出现相关的“생각하다”类动词，译成汉语时要把表达“认为”意义的字眼明示出来，以说明是一种想法。韩语有时还会省略表一般动作的成分，如（55b）中“인간관계 방식에서”是名词词组，表达的不是“人际关系方式”，而是“处理人际关系的方式”，所以译成汉语时要把动词“处理”明示出来。

（55）a. 동양인은 특히 가족과 나를 동일시하는 경향이 크다. ① **가족이 잘되어야 나도 잘되고, 나의 성공은 곧 가족의 성공이 된다**. ②《延世韩国语阅读 4》（‘우리’중심의 동양인）东方人尤其重视家庭，通常把家庭和个人看得同等重要，认为家庭好了，“我”才会好，“我”的成功就是家庭的成功。

b. 이렇게 ‘우리’를 중심으로 생활하는 동양인과 ‘나’를 중심으로 생활하는 서양인은 **인간관계 방식에서도** 차이를 보인다.《延世韩国语阅读 4》（‘우리’중심의 동양인）以“我们”为中心的东方人和以“我”为中心的西方人，在人际关系的处理方式上也存在差异。

（56a）中，韩语动词“보내다、읽다”对应的汉语是“寄过去、看”，因汉语非常注重表达前后之间的逻辑与语义连贯性，所以还需添加“买”与“拿”，如“把书买了寄给”与“拿来自己看”，语义更明确。（56b）中，韩语谓语是“자라다”，意为从小长大的过程，译成汉语时，“从小到大”可以使突出时间上的连贯性。（56c）中，韩语句末谓语是“몸을 돌리

다”，意为“转身”，但句中表达的却是“转身朝……走去”，译成汉语时要把隐含动作“走到”补充出来。

（56）a. 언니에게 책을 **보낼** 게 아니라 그 책을 자신이 **읽고** 스스로를 사랑하면서, 행복감과 활기를 느낄 만한 일을 찾아서 행하는 것입니다 .《延世韩国语阅读 4》（문제도 해결책도 내부에 있습니다）不是把书买了寄给姐姐，而是拿来自己看，学会爱自己，做些能给自己带来幸福感、能让生活充满朝气的事情。

b. 내 여자 친구는 집안의 막내로 귀여움을 받으면서 **자랐다** .《延世韩国语阅读 4》（문제도 해결책도 내부에 있습니다）我女朋友是老小，所以从小到大备受宠爱。

c. 아침도 제대로 못 먹고 나왔다는 반원들에게 따끈한 차나 한잔 하자며 자판기 앞으로 **몸을 돌렸다** .《延世韩国语阅读 4》（동전 한 개의 오블리주）我提议没来得及正儿八经 / 好好吃早饭的人 / 朋友一起喝杯热茶，然后转身走到了自动售货机前。

韩语标题类表达也经常省略动词谓语，汉语一般要明示出来。例如（57）中，“독서는 많이, 텔레비전 시청은 더 적게！”中，“독서”与“시청”都是动词性名词，当表达行为义时一般需添加动词“하다”，但做标题时却只保留了副词作状语，转换为汉语时为使语义更明确，需补充动词“读”与“看”。

（57）텔레비전을 꺼야 삶이 살아난다！**독서는 많이, 텔레비전 시청은 더 적게！**《延世韩国语阅读 4》（텔레비전 끄기 운동）关掉电视才能更好地生活！多读书，少看电视！

4. 关系

韩语还经常省略关系的成分，如（58）中，韩语的“공통점”没有同位语，译成汉语时要将同位结构“别人和自己”明示化。（59）中的韩语是“–에 따라 ×”构式，译成汉语时要根据后面出现的成分补全“×”前面隐含的内容，如（59a）添加了“不同”，（59b）添加了“我们必须说话”。

（58）한국인들은 어떤 **공통점**을 발견하면 모임 만들기를 좋아한다 .《延世韩国语阅读 4》（인터넷 사랑방）韩国人通常只要发现别人和自己有某种共同点，就喜欢一起聚会。

（59）a. 커뮤니케이션에서 침묵이 지니는 의미는 그 사회의 문화적 **배경에 따라 다르다** .《延世韩国语阅读 4》（말 안 해도 알지？）在人际交往中，沉默代表的含义根据人们所处社会文化背景的不同而不同。

b. 물론 상황에 **따라서 말없이 있을 수만은 없지만**, 침묵으로 상대방을 압도하거나 나아가 강한 의지를 표현하는 경우 또한 있다.《延世韩国语阅读 4》(말 안 해도 알지?) 虽说有些时候根据情况我们必须说话，不能一直保持沉默，但也有一些情况是可以用沉默压倒对方或表现坚定意志的。

5. 连词

韩语有的连词可以成对出现，但有时并不一定，但汉语有的连词需成对出现，如(60)，“즉시”译成汉语是“立即”，但前面还需添加“一旦”。

(60) 바로 내 집 앞 골목에서 '쓰레기를 버리지 마시오. 발견 **즉시** 신고함' 이라는 강력한 내용이 담긴 문구를 만난다.《延世韩国语阅读 4》(경고문에 담긴 세상) 在我家前面的胡同里就写着/有/贴着“严禁倒垃圾，一旦发现立即举报”这样措辞严厉的语句。

6. 多种交叉类型

有时还会出现比较复杂的现象。(61) 中，首先，韩语的三个复句都未出现主语，汉语要把隐含主语“我”明示化，复句③中“생중계 되고 있는”前面也省略了主语，汉语要把“电视上”明示化。其次，复句①的第二个小句中，根据一般常识先打开电脑才能上网，韩语隐含了这一连续过程，汉语一般需要将“打开电脑”明示化。第三，复句②中，查看邮件时首先是看有没有新邮件，然后再确认新邮件，韩语将第一步省略了，译成汉语时需要将其明示化。第四，复句③句末“인터넷에 접속해 보다”仅点明了动作，汉语需补充动作的后续目的是“看了在线直播”。

(61) 직장에 출근하면 제일 먼저 **인터넷에 접속한다**①. 새로 들어온 **이메일을 확인하고** 실시간 뉴스를 검색해 본다②…동창들과 모인 저녁 식사 시간. **생중계 되고 있는** 다른 나라와의 축구 경기가 어떻게 되어 가는지 궁금해 휴대전화로 **인터넷에 접속해 본다**. ③《延世韩国语阅读 4》(인터넷 사랑방) 我一上班就先打开电脑上网，确认一下有没有新邮件，然后搜索一下实时新闻。……晚上和同学们聚餐的时候，电视上正在直播我们国家和别的国家之间进行的足球比赛，因为想知道比赛的具体情况，所以我用手机连接网络，看了在线直播。

7. 惯用语

韩语的语言特点也表现在惯用语上，例如，惯用语“손을 들다”本身仅指明了具体的动作，后面没有“总”，即未对动作目的或结果进行总结和明确，因此语境性非常强。但汉语多用“举手投降”或“举手(表示)同

意”，如（62）。韩语有时也会添加抽象词，如（63）中的“환영하다”，但即使去掉也不影响语义的表达；相反，汉语可删掉“举双手”也不会影响语义的完整性，但如果删掉“欢迎”则会使语义显得不够完整。

（62）김 대리의 제안에 모두 **손들었다**.

a. 大家都（举手）同意了金代理的提案。

b. 大家对金代理的提案都（举手）表示同意/赞同/欢迎。

（63）내가 좋아서 **두 손 들고 환영한** 줄 알아?《우리집 꿀단지》（108）

你以为我很高兴，所以（举双手）欢迎她来的啊？

（二）搭配成分的距离

前面所分析韩汉语序与句子成分转换的不同可用“语法距离原则”来进行解释。René Dirven 和 Marjolijin Verspoor（1998）曾提出语法具有距离原则。即在语言表达上同属于一个概念的事物倾向于放在一起，而不属于同一概念的事物之间有一定的距离（侯奕松，2011：162）。也就是说，紧密相关的语义内容不宜距离太远。关于概念的相关性，不同语言有不同的理解，表现在搭配成分之间的距离上就会出现差异。

1. 主谓结构

韩语的基本句子结构是“SOV”，主语与谓语的距离较远，中间可插入宾语，也可插入状语，而宾语又可带定语，甚至可添加从句，主谓之间距离可以非常远。相反，汉语的基本句子结构是“SVO”，主语与谓语的距离相对来说很近。如（64），韩语的大主语与谓语之间可插入条件从句“어떤 문제가 생기면”，与（64b）相比，（64a）更符合韩语的话语习惯。译成汉语时（65a）虽也成立，但（65b）更符合汉语习惯，因为主语与谓语的距离更近，语义联系更强。再看状语和宾语，韩语喜欢将宾语放在状语前面，宾语距离动词的距离远，而状语距离动词近，即“그 원인을+외부에서+찾다”，而不是“외부에서+그 원인+찾다”。相反，汉语是“从外部+找+原因”，即汉语动词“找”位于状语与宾语之间，与双方的距离持居中平衡状态。

（64）a. 우리는 **어떤 문제가 생기면 그 원인을 외부에서 찾는** 습관이 있습니다.《延世韩国语阅读 4》（문제도 해결책도 내부에 있습니다）

b. 어떤 문제가 생기면 우리는 그 원인을 외부에서 찾는 습관이 있습니다.

（65）a. 每当遇到问题时，我们总是习惯于从外部找原因。

b. 我们遇到问题时总是习惯于从外部找原因。

再看（66），韩语句子是复句，其中①是大主语，谓语是⑤，在主语与谓语之间可以插入原因从句②、时间从句③以及比较从句④。汉语也有主题句，但主题与谓语之间受语义联系的限制不宜距离过远，译成汉语时，要把原因从句②提前，且在句首添加了限定成分“在西方”，之后是比较从句④，最后是核心句子“西方人不愿意和别人分享私事”①⑤③。

（66）서양인은 ① **개인의 경계가 분명하기 때문에** ② 사적인 이야기를 타인과 공유하는 데 ③ **동양인에 비해** ④ 어려움을 느낀다. ⑤ 《延世韩国语阅读 4》（‘우리’ 중심의 동양인）在西方，因为人与人之间的界限划分得非常清楚②，所以与东方人相比，西方人①不愿意⑤和别人分享自己的私事③。

2. 动词与宾语的距离

韩语动宾结构构式有“$S+O+V_1V_2$”与“$S+O_1O_2+V$”，结构不同，语义关系不同，对应的汉语也各不相同。

1）“$S+O+V_1V_2$”类型

此时韩语的两个动词直接语义关系非常紧密，表现在语法距离上是一起使用。对应的汉语结构有五个小类。

第一，对应的汉语是“$S+V_2V_{1+}O$”，此时出现的“V_2”多处于状语位置。如（67），韩语是“성격＋고쳐 보다＋노력하다”，译成汉语是“努力＋改变＋性格”，“努力”是状语。

（67）이런 제 자신의 **성격을 고쳐 보려고 노력하는** 중입니다만 몸에 밴 마음의 기억들이 쉽게 지워지지 않네요. 虽然我正在努力改变我的这种性格，但是刻在心中的那些记忆并不容易被抹去。《延世韩国语阅读 4》（문제도 해결책도 내부에 있습니다）

第二，对应的汉语是“$S+V_1+O+V_2$”，即连动句。如（68a），句中出现的“책을 사서 보내다”是“宾＋动＋动”结构，译成汉语时是“动＋宾＋动”结构的“买了书寄给她”，两个动词被宾语“书”分开了。（68b）中，“커피를 …수입하여 판매하는”也是“宾＋动＋动”动宾结构，译成汉语时是“动＋宾＋动”结构的“进口咖啡（然后）销售”，两个动词被宾语“咖啡”分开了。

（68）a. 조금 전에도 시집살이로 힘들어 하는 언니에게 인터넷으로 **책을 사서 보내고** 그 사실을 알리려 전화했는데 “내가 책 읽을 시간이 어디 있니?”라는 언니의 말에 또 섭섭해집니다. 就在刚刚，因为姐姐和公婆住在一起很辛苦，所以我从网上买了本书寄给她，给她打电话时，她说：“我哪有时间看书啊？”听了

这话，我心里又开始不好受了。《延世韩国语阅读 4》(문제도 해결책도 내부에 있습니다)

b. 한국에는 네팔이나 동티모르에서 재배한 **커피를 공정한 가격에 수입하여 판매하는** 커피 전문점이 있는가 하면…《延世韩国语阅读 4》(공정무역이란 무엇일까?) 在韩国，有的咖啡馆直接以公允的价格从尼泊尔或东帝汶进口咖啡然后销售……

第三，对应的汉语是"S+V_2+O"，如（69）中的，韩语横线部分是"宾语 + 찾아서 + 행하다"结构，汉语如译成"S+V_1+O+V_2"则是（69a），因"找一些"与"去做"之间的宾语过长，导致句子头重脚轻，所以如（69b）所示，需要省略"找"，保留"做"，译成"S+V_2+O"结构的"做些 + 宾语"。

（69）언니에게 책을 보낼 게 아니라 그 책을 자신이 읽고 스스로를 사랑하면서, **행복감과 활기를 느낄 만한 일을 찾아서 행하는** 것입니다 .《延世韩国语阅读 4》(문제도 해결책도 내부에 있습니다)

a. 不是给姐姐买书寄过去，而是自己读那本书，学会自爱，去找一些能让自己获得幸福感、能让生活充满朝气的事情去做。

b. 不是把书买了寄给姐姐，而是拿来自己读，学会爱自己，做些能给自己带来幸福感、能让生活充满朝气的事情。

第四，对应的汉语是"S+V_1+O+V_2+O"，"O"分别出现在两个动词之后。如（70），横线部分是动宾结构，宾语是"노래"，并列谓语动词"듣다"与"부르다"译成汉语时无法并列使用，译成（70b）更符合汉语习惯。（71）中"즐겨 듣거나 부르는 노래"是定中结构，译成汉语可转换为"S+V_1+V_2+ 的 +O"结构的"听的和唱的歌"。

（70）여러분은 **노래를 즐겨 듣거나 부릅니까**?《延世韩国语阅读 4》(노래와 일상)

a. ? 大家平常喜欢听或唱歌吗?

b. 大家平常喜欢听歌或唱歌吗?

（71）이렇게 사람들이 **즐겨 듣거나 부르는 노래**는 우리들의 삶과 현실을 담고 있습니다 .《延世韩国语阅读 4》(노래와 일상)

a. 所以说，人们喜欢听和唱的歌通常是我们生活和现实的写照。

b. 所以说，人们喜欢听和喜欢唱的歌通常是我们生活和现实的写照。

c. 所以说，人们喜欢听的和喜欢唱的歌通常是我们生活和现实的写照。

第五，对应的汉语是"S+V_1+O_1+V_2+O_2"，其中"O_2"是补译出来的，

如（72），画横线部分是动宾结构的句子，宾语是“사회를 위해 무엇인가를 환원하는 것”，谓语是两个并列动词“여기다”与“실천하다”，译成汉语时两个动词无法并列使用，按照原文去翻译应该是（72a），但“履行”属于带宾动词，极少单独使用，所以译成（72b），后面添加了宾语“这个职责”，这样更符合汉语的习惯。也就是说，韩语动宾搭配对语义要求较低，同一个宾语可与多个并列动词结合，而汉语对动宾搭配的语义要求高。

（72）이는 가진 자가 **사회를 위해 무엇인가를 환원하는 것을** 자신의 사회적 의무처럼 **여기고 실천하**는 것을 말한다.《延世韩国语阅读 4》（동전 한 개의 오블리주）

a. 指具有较高社会地位的人将回报社会当成自己的社会责任并去践行。

b. 指具有较高社会地位的人将回报社会当成自己的社会责任，并去践行这个职责。

2）“$S+O_1O_2+V$”类型

此类型的韩语译成汉语一般对应“$S+V_2+O_1+V_1+O_2$”，其中“V_2”是补译出来的。如（73），韩语后半部分是动宾结构，横线部分是并列复句作宾语，前面的小句①与谓语“꿈꿔 보다”的距离变得很远，韩语不会出现问题，但汉语一般不习惯这种表达，需添加谓语“希望”，原有的谓语译成“期待”，“期待”前可添加并列连词“并且”。

（73）꼭 필요한 것이 아니라면, **우리가 사는 사회에서 부닥치게 되는 경고문이 점차 줄어들어① 경고가 필요 없는 세상이 되기**를 **꿈꿔 본다**.《延世韩国语阅读 4》（경고문에 담긴 세상）如果不是非常必要，希望我们身边的警示语越来越少，并且期待有一天我们能生活在一个不需要警告的世界里。

3. 否定结构

韩语里表范围的副词与否定词之间的距离可以很远，但汉语多放在一起。如（74）中，韩语否定词“아니다”在句尾，表范围的主语“모두”在句前，两者距离很远。转换为汉语是“不全都是”，否定词“不”直接修饰“全都是”。

（74）하지만 **모두가** 딱딱하고 위협적인 문구로 이루어진 건 **아니다**. 但它们并不全都是些既刻板又具有威胁性的语句。《延世韩国语阅读 4》（경고문에 담긴 세상）

韩语“-ㄹ 수 없다”的多重并列否定结构中，否定词“없다”可只出

现一次，汉语否定结构虽也可并列，但不宜过多，否则易造成语义的隔离。如（75）中画横线部分是五重否定结构，但前四个中都省略了否定词“없다”，只在最后出现了一次，但这种缩略式表达非常自然，没有任何的违和感。表达同样的概念时，汉语有否定词“无法”与“不”，当用“无法”时，如（75a），由于后面所统领的句子多达五个，否定词与动词直接的距离拉得太远，会造成语义隔离，不符合汉语表达习惯。因此最合适的表达如（75b）所示，“不”要出现五次，以使语义表达更准确顺畅。

（75）오감으로 느낄 수 없는 것은 존재하지 않는다고 한다면 '마음'은 직접 눈으로 볼 수도①, 귀로 들을 수도②, 코로 냄새를 맡을 수도③, 혀로 맛볼 수도④, 손으로 만질 수도 없⑤으니까 결국 없다고 해야 옳다.《延世韩国语阅读 4》（마음에는 형태가 있다）

a.？如果说所有事物无法感觉到就不存在，那么像人的心灵这样，如果无法用肉眼看到、用耳朵听到、用鼻子闻到、用舌头尝到、用手摸到，那么在这个世界上应该是不存在的。

b. 如果说所有事物无法感觉到就不存在，那么像人的心灵这样，如果肉眼看不到、耳朵听不到、鼻子闻不到、舌头尝不到、手摸不到，那么在这个世界上应该是不存在的。

如上，韩语并列结构中省略否定词的现象很普遍，不仅表现在一般话语中，也表现在惯用语中。

4. 状谓结构

韩语状语与谓语的距离可相隔甚远，但汉语状语与谓语的距离不宜过远。如（76），副词状语“가끔”位于句首，中间插入了主语“아빠도”与处所状语“회사에”，转换为汉语时，如（76a）与韩语语序一致，但不符合汉语习惯，如（76b）所示，汉语需要将副词状语放在主语后面。（77）中，副词状语“하여튼”放在主语“언니”之前，译成汉语时，更符合汉语习惯的是（77b），即将副词“反正”放在谓语“是享不了福”之前。（78）中，“어렸을 때”与“자라다”对应，但中间插入了“부모에게 관심을 별로 받지 못하고”，译成汉语时，（78a）语序同于韩语，但“从小”与“长大”的语义距离太远，（78b）中的“从小到大”可使语义搭配更紧密，更符合汉语习惯。

（76）**가끔** 아빠도 회사에 **가기 싫겠지**.《延世韩国语阅读 4》（한스밴드，오락실）

a. * 偶尔，爸爸也会讨厌去上班吧？

b. 爸爸偶尔也会讨厌去上班吧？

（77）하여튼 언니는 늘어질 팔자는 못 돼.《내 사위의 여자》（120）

a. ？反正，姐，你是享不了福啊。

b. 姐，你反正是享不了福啊。

（78）**어렸을 때** 부모에게 관심을 별로 받지 못하고 **자라서** 그런지 대수롭지 않은 상대방의 거부에도 너무나 큰 상처를 받습니다.《延世韩国语阅读 4》（문제도 해결책도 내부에 있습니다）

a. 或许是因为我从小就没感受到过父母的关爱而长大，如果感受到别人的一点抗拒，我也会觉得受到了巨大的伤害。

b. 或许是因为我从小到大几乎没从父母那里感受到过关爱，如果感受到别人的一点抗拒，我也会觉得受到了巨大的伤害。

综上，虽然中韩两种文化都具有具象思维的特点，但韩国人的具象思维特点更突出。韩国人的这种思维特点与语言特点不仅表现在语义上，也表现在句子结构上，第一，韩语基本语序强于“分”弱于“总”，其中“分”代表的是具象思维，“总”代表的是抽象思维；第二，韩语经常省略某些句子成分，汉语要求将隐含的部分明示化；第三，韩语句子成分之间的距离可以很大，中间可插入其他句子成分，这使句子成分之间的语义联系显得比较模糊，相反，汉语主谓、动宾、否定结构、状谓结构等一般不宜插入其他成分拉大之间的距离，语义关系比较明确。

第四节　句序与信息传达

SVO 与 SOV 两种不同的句序在信息传达上也表现出很大差异。

一、说话者角度

首先，从说话人角度来说，韩语 SOV 结构以右为核心，使说话者有充足的时间来调整最核心的内容——谓语部分，以适应交际时所出现的各种复杂的客观情况变化。如（79），韩语重心在右边，首先叙述行为的目的，然后再叙述结果即“성공하였다”，因此使说话者有充足的时间去根据客观环境决定自己所要叙说的结果。再看（80），“바람”是多义词，（80b）中与“피다”结合时意为有外遇，（80d）中与“쐬다”结合时意为出去散心。韩语 SOV 结构要求先说宾语再说谓语，当意识到说错话时可马上将“피다”换成“쐬다”。再看（81），（81d）中，최신형先是说

了自己的真实想法“그럴 수도 있지”，但看到对方的反应是吃惊和不满，于是（81f）中马上后加了直接引语标志“-라고 말하다”，将真实想法收回来，变成了“‘그럴 수도 있지’ 라고 말하면 안 되지”，因为韩语语序决定了最核心部分在后面，前面不论说什么，后面都可通过调整谓语予以挽回。

（79）교통량을 줄이**는 데 성공하였다**.《延世韩国语阅读 4》（살기 좋은 도시）有效降低了交通量。

（80）a. 나노라：근데 자다말고 둘이 어디 가다 와？我说，你们两个不睡觉干什么去了？现在才回来。

b. 모성애：엉，엉…**바람 피고 왔어**. 这个，这个……我们去搞外遇了。

c. 나노라：뭐？什么？

d. 신기한：**바람 핀 것 아니고 바람 쐬다 왔다고**. 我是说，不是搞外遇，是搞浪漫了。

e. 모성애：그려，그려. 말이 급하게 헛나온다. **바람 쐬고 왔어**.《폼나게 살 거야》（24）是啊，是啊。一着急说错话了。我们出去浪漫了一下。

（81）a. 나아라：내 친구 혜주 알지？한혜주. 你认识我的朋友慧珠吧？韩慧珠。

b. 최신형：응. 嗯。

c. 나아라：걔 남친 말이야 혜주 몰래 선봤대. 어떻게 생각해？听说她男朋友瞒着慧珠去相亲了，这种事你怎么看？

d. 최신형：뭘，**그럴 수도 있지**… 这种事，也是可以理解的嘛……

e. 나아라：뭐?! 什么?!

f. 최신형：…**라고 말하면 안 되지**.《폼나게 살 거야》（11）……这样说的话，肯定不行啊。

汉语 SVO 语序是先总后分，从说话者的角度来看，汉语使用者交际时需快速做出主观判断以形成句子的最核心内容——谓语部分，然后再进入反映客观现实的“对象”，即宾语部分，所以没有回旋余地，谚语“说出去的话泼出去的水”就生动表明了汉语的这种特点，这种思维方式被李惠然（1988：174）称作“结论先行型”思考，也是一种主观性思考。所以，（79）中，汉语首先叙述结果，很难再有机会改变结果。（80d）中，因谓语“搞”具有消极性，将句子限定成了消极性的，即使将宾语勉强改成“浪

漫”，但语义韵不搭配，因为“浪漫”具有积极性。但韩语的语义是被后面出现的动词所控制的，所以即使改口说“쬐다”也不会出现语义不和谐的感觉。（81d）中“그럴 수도 있지”对应的汉语是“这也是＋可以理解的＋嘛”，就把态度全说出来了，即使后面再进行补救说“这样说不行”，但基本于事无补。总之，韩语语序使韩国人可以在最后适时调整谓语以适应语境，而汉语语序导致话语发出者在话语交际时比较被动。

其次，韩语SOV结构可省略谓语部分，借此委婉表达自己的想法，如（82）中的“더 이상 드릴 말씀이”后面加了省略号，省略号代表的是表示拒绝意义的谓语“없다”，这样就使说话者的语气非常委婉。相反，译成汉语时首先要将核心动词“没有”译出来，形成完整的句子“我没有其他可说的了”，因此显得语气比较直接。

（82）양말 같으면 뒤집어 보여드릴 수 있는데 저는 더 이상 드릴 말씀이…하늘이 알고 땅이 알아주겠지요.《그래그런 거야》（28）如果是袜子，我还可以把它翻过来让大家看。我没有其他可说的了。相信老天爷、土地爷会知道我的真心的。

二、听者角度

从听者角度来看，SVO与SOV两种语序也表现出不同之处。태평무（2006）曾这样论述过：“汉语是SVO结构的语言，动词V出现在宾语O之前，动词的信息传达要快于宾语。又因为宾语词汇（与动词）属于同一范畴，所以听者可以（根据动词）事前来确定宾语的位置。因此，从行动状态来看，使听者具有主动性和确定性，并且相对从容。相反，韩语是SOV结构的语言，宾语O比动词V出现得早，因此宾语信息的传达比动词快，所以使听者容易出现瞬间找不到行动方向而犹豫或情绪上产生焦虑的状态。”

第五节 “문 닫고 들어와”的语序问题

句序反映的是思维顺序与方式，理解句子逻辑时充分考虑句序背后所反映的思维特点，那么就可以对一些看似不合逻辑的句子“문 닫고 들어와”做出合理的解释。

首先看韩语里用语尾“-고”连接形成的句子，这类句子有的表达对等关系（83a），有的表达前后两个事实具有某种关系（83b），有的表达

动作的先后关系（83c），有的表达对比关系（83d），有的表达强调关系（83e）。译成汉语时，因汉语无明显的形态语素，所以（83a）直接用“高低起伏”，（83b）用连词“然后”表达两个事实的前后关系，（83c）用连动句“背着……跑到”，（83d）用“又……又……”，（83e）用状中结构形容词“漫长”。

（83）a. **높고** 낮은 산봉우리 高低起伏的山峰

b. 오빠는 나에게 얼른 눈짓을 **하고**는 나가 버렸다. 哥哥赶紧冲我使了个眼色，然后出去了。

c. 어머니는 나를 **업고** 병원까지 달려가셨다. 妈妈背着我一直跑到医院。

d. 실성한 사람처럼 울고 **웃고** 하더라. 她就像疯子似的，又哭又闹。

e. **길고** 긴 세월 漫长的岁月

再看“문 닫고 들어와.”类表达，其字面义是：关上门进来。乍一看，这种表达从逻辑上是讲不通的，因为这不符合动作发生的逻辑顺序，即不符合语言的象似性原则。허세립与천소영（2014：86）认为这种结构是为了强调“把门关上”这种行为，这是韩语强语境性的一种表现。类似句子还有相反意义的表达，如电视剧《마녀의 사랑》第 6 集中，成泰妈妈对秘书说道：“김비서，문 닫고 나가 있어요. 金秘书，你把门关上，出去。”从动作发生的顺序来看，这种句子逻辑上是讲不通的，所以译成汉语是“金秘书，你出去，（然后）把门关上。”这些看似不合逻辑的表达可根据韩语句子特点去分析。因韩语句子以“右侧为中心”，最核心的内容放在右边，即后边，因此“문 닫고 들어와”与“문 닫고 나가”的核心义分别是“들어와 进来”与“나가 出去”，前面的“문 닫-”只是后面动作的方式或手段而已，并不是强调动作的先后顺序，因此也就不能从语言的顺序角度去分析。

这种类型的句子在译成汉语时都要调换顺序，使之符合汉语语序，因为汉语最重要、核心的内容要放在左边，即前边。（84）（85）中“-고”连接的都是动词，（86）（87）中“-고”连接的都是形容词，（84）（86）是动词或形容词直接作谓语，（85）（87）是“-고”结构又作定语修饰中心语。译成汉语时一般都要将“-고”后面的句子调换到前面去。不管句子多长一般都遵循这样的规律，如（88）中“-고”所连接的分别是复句①②，译成汉语时也需要将后面的复句②调换到前面去。

（84）a. 경영하던 일을 **그만두고 폐업하다**. 歇业，放弃所经营的事情。

b. 남의 요구에 **응하지 아니하고 버티다**. 硬撑着，不答应别人的要求。

（85）a. 홍이는 숨이 **막힐 것 같고 흡사 바늘방석에 앉은** 기분이다.《박경리，토지》洪感到如坐针毡，连呼吸都要停止了似的。

b. 어려움이나 고난을 **겪지 아니하고 그저 곱게만 자란** 사람 生活在安逸的环境里，没有经历过艰难困苦的人

（86）a. 음성이 곱지 **못하고 탁하다**. 声音浑浊，不好听。

b. 일하는 것이 **빈틈없고 매우 꼼꼼하다**. 工作非常仔细，很完美。

（87）a. **겁이 많고 나약한** 사람 软弱胆小的人

b. **귀신이 안 무섭고 물가가 무서운** 세상이라니까.（网络）现在这个世道，物价高得比鬼还可怕。

（88）500 원 동전을 넣어 주며 웃음을 주셨던 분의 얼굴조차 제대로 **확인하지 못하고**①，자판기에 빨갛게 켜 있는'500 원'이라는 숫자에만 멍하니 눈을 두고 있었다②.《延世韩国语阅读 4》（동전 한개의 오블리주）那一刻，我只是呆呆地盯着售货机显示屏上亮起的那个红色的"500 元"数字，都忘了仔细看看那个笑着帮自己投币的人长什么样。

再如（89），韩语"손 높고"与"보고만 있다"是"从句 + 主句"结构，译成汉语时，与韩语语序一致的是四字格"袖手旁观"，如（89a）；但如转换为小句就需调换前后两个句子的语序，如（89b）。

（89）이렇게 **손 놓고**① **보고만**② 있을 거야?《최고의 연인》（35）

a. 袖手①旁观②

b. 就这样眼睁睁地②放手不管①吗？

最后看间接引语句，如（90）是间接引语句，出现了两个"-고"，根据韩语右核中心的结构特点，③是主句，是核心，构成引语从句的①②中，表原因的②是核心。译成汉语时，因汉语以左为核，所以汉语语序是③②①，形成"总说，再解释"结构。

（90）그녀는 주초에 **집회에 못 나가고**① **친척 집에 갈지도 모른다**고② **이빨을 까 놓았다**③. 她撒谎说③周初说不定要去亲戚家②，所以无法去集会①。

综上，根据对"-고"结构各类型句子的分析发现，过去一直被认为存在逻辑问题的"문 닫고 들어와 进来，把门关上""문 닫고 나가 出去，把门带上"等是韩语以右为核心的典型句型，并不存在逻辑不通问题，也不是为了强调"문 닫고"这个动作。

第六节　句序与形态特征

韩语形态语言的特点与汉语形成了比较明显的对比。首先看动词谓语句，沈锡伦（1995：67）曾提到汉语的句子缺乏严格的形态特征使汉语的施受位置比较灵活。他举了下面一组例子，如（91），汉语“想死”的宾语可以是“你”，也可以是“我”，而（91b）中的“我”其实是“想死”的主体，但从结构上却表现为客体。但韩语的施受关系是借助宾格助词表达的，具有明显的形态特征，所以位于宾语位置的只能是“너”。

（91）a. 半年没见面，想死你了。반년 못 봐서（너를）보고 싶어 죽겠어.

b. 半年没见面，想死我了。반년 못 봐서（너를）보고 싶어 죽을 지경이야.

再看名词谓语句，韩语名词谓语句有时即使调整主谓语语序也不会影响意义，如（92）两个例句的后半部分是名词谓语句，并且主谓语语序不同，意义却无太大不同，转换为汉语时对应的都是（93b），其中（92b）与（93b）语序一致，但（92a）的语序与（93b）的语序并不相同。如果不想变换语序使汉语与（92a）对应，那么汉语就需变换相关谓语动词或搭配，如（93a）汉语用的是动词“占”，而非“이다”的汉语对应词“是”。

（92）a. 같은 반을 제외하고는 **낯선 얼굴들이 대부분이었다**.《延世韩国语阅读 4》（동전 한 개의 오블리주）

b. 같은 반을 제외하고는 **대부분은 낯선 얼굴들이었다**.

（93）a. 除了同班的，陌生人占了大部分。

b. 除了同班的，大部分都是陌生人。

第十二章　语言的象似性与灵活性

人类语言经历了一个从象似性到任意性的发展变化过程，早期的人类语言，无论是口语还是手语，应该以象似性为主，之后象似性逐渐削弱，任意性不断增强。这种转变实际上是人类认知水平不断发展的反映。人类早期的语言系统简单，表达的概念具体而形象，象似性在这个时候发挥着关键作用；随着人类认知水平的不断提高，语言越来越复杂，表达的概念也更加抽象，任意性的优势日益凸显（马军，2023：9）。这种任意性在韩语中表现为惯用语、谚语的灵活性，本章将重点分析韩语惯用语用法的灵活性及韩语谚语的各种变形变化，探讨韩语的灵活性特点。

第一节　惯用语的灵活性

韩语惯用语的灵活性主要表现四大方面。

一、不同程度的惯用语

韩语很多惯用语可通过添加某种成分的方式产生多种加强型的表达形式。例如，韩语有惯用语“콩 볶듯”与“콩 튀듯”以及加强型的“콩 튀듯 팥 튀듯”。“담을 쌓다”有对称加强型的惯用语，如“담을 쌓고 벽을 친다”和“담 쌓고 벽친다”（后者没有带宾格助词），此外还可以先形成名词“벼락”的同义重复结构“담벼락”，然后再形成程度加强型的惯用语“담벼락을 쌓다”。

二、近似惯用语的形成

汉语词和词的搭配与使用比较固定，尤其是产生比喻义的搭配，而韩语的配义性却可形成很多相似的词语或搭配，其方式主要是借助变换惯用语的某些成分形成类似结构的惯用语，并灵活运用于话语中。例如，韩语

有惯用语“소（가）뜨물 켜듯이”，比喻一下子喝很多水的样子，汉语也有“牛饮”，如（1），两者有时可对应。韩语还有类似结构的惯用语“소 먹듯 하다、소같이 먹다”比喻吃得很多，但汉语没有与“牛饮”类似的“牛食”或“牛吃”，只有固定结构的“食量大如牛”，因结构不同而无法像韩语惯用语那样进行替换，如（2）。再如，中韩两国人都喜欢用动物作比喻，如汉语有“猪狗不如”，韩语也有“개돼지”，也多用于否定结构，如“개돼지만도 못한 사람 猪狗不如的东西”，但韩语还有“개소만도 못하다”，是“狗牛不如”，如（3）。汉语很难根据“猪狗不如”再形成“狗牛不如”这样类似的结构，所以将韩语译成汉语时仍需译成“猪狗不如”。

（1）a. 梁大牙一仰脖子，咕咕咚咚一阵牛饮。

b. 소 뜨물 켜듯이 물 마시는 걸 보니 무척 목이 말랐었구나. 看他牛饮的样子，看来是渴得不行了。

（2）a. 점심때 **소 먹듯 했더니** 사람들이 아침 안 먹었느냐고 묻는다. 午饭时我吃得很多，所以大家都问我是不是没吃早饭？

b. 옆방 학생은 저녁을 **소같이 먹고도** 밤이 깊어지면 먹을 것을 찾느라 부엌 근처를 기웃거린다. 隔壁房间的学生晚饭即使吃很多，但到深夜就又在厨房里转悠着找东西吃。

（3）당신들 인간도 아니야. 개소도 못한 것들이야! 정말! 《돌아온 복단지》（117）你们真不是人啊！猪狗不如的东西！

三、用法灵活

汉语成语具有结构上的凝固性，一般不能变动词序，也不能抽换、增减成分。例如，与“箭”有关的成语中，（4a–e）虽然可变换某些字眼或前后语序，但四字格的形式一般不会改变，（4f–g）中虽有四字格、三字格、多字格，但一般不能发生变换，也一般不能添加其他成分[①]。

（4）a. 箭不虚发、箭无空发、箭穿雁口、箭穿雁嘴、弩箭离弦、乱箭攒心、万箭穿心、万箭攒心、暗箭难防、暗箭伤人、暗箭中人

① 汉语里有的三字格或四字格的惯用语可插入其他成分，如“敲竹杠”与“敲他的竹杠”，“喝墨水”与“喝过点儿墨水”；有时可颠倒语序，如“戴绿帽”与“绿帽子给他戴上了”；有时可变换语序并插入其他成分，如“喝西北风”与“西北风喝了好几个月了”（여정남，2010：72–73）。相比之下，韩语惯用语没有出现颠倒语序的情形，但却有其他多种灵活用法。

b. 飞箭如蝗、如箭离弦、如箭在弦、似箭在弦

c. 归心如箭、归心似箭、光阴如箭、光阴似箭、流光如箭、日月如箭、韶光似箭、时光似箭

d. 暗箭明枪、明枪暗箭、南金东箭、东箭南金、东南竹箭、畏刀避箭、拈弓搭箭

e. 一箭上垛、一箭射两垛、一箭双雕、一箭之地、一箭之遥

f. 折箭为誓

g. 放冷箭

h. 开弓不放箭、开弓没有回头箭、拿着鸡毛当令箭

从性质来看，韩语惯用语与成语一致，都是词组中的固定搭配，具有意义的整体性；从语义上来看，韩语惯用语多经历了比喻引申，类似于汉语的成语；从用法上来看，韩语惯用语表现出很强的灵活性，搭配范围很广，表现出很强的语境性与模糊性。

（一）惯用语之间可随意添加其他成分

韩语惯用语具有很强的灵活性，对结构要求不高，既可形成主谓结构，也可形成动宾结构，既可以是主动结构，也可以是被动结构，并且惯用语之间可以灵活添加其他成分。

例如，与箭的发射方向有关，韩语可形成主动结构的“화살이 날아오다 / 날아가다 / 넘어오다 / 돌아가다”，如（5a–d）；也可形成动宾结构的“화살을 돌리다 / 날리다”，如（5d，e），惯用语的主语和谓语之间可添加其他成分，如（5a–c），有的宾语和谓语之间可添加其他成分，如（5d），并且“화살”可带修饰语，如（5a，b，d）。

（5）a. 일제히 수십 개의 **화살이** 하늘로 **날아올랐다**. 数十支箭一起飞向天空。

b. 그러나 세상의 **화살은** 멈추지 않고 신애 쪽으로 **날아갔다**. 但是世人的指责不停地向新爱飞去。

c. **화살**이 결국은 나한테까지 **넘어오고**, 마침내는 눈물바람으로 끝을 맺는다. 人们的唇枪舌剑最终也飞到了我这里，最后我以痛哭收场。

d. 병역 비리에 쏠린 **화살을** 청와대 쪽으로 **돌렸다**. 针对兵役不正之风的批判又转向了青瓦台。

e. 이번에는 **나의 아내에게 화살을 돌렸다**. 这次（他的）批评又转向了我的妻子。

动宾结构的惯用语虽然是一个整体，但作为宾语的名词前面可添加修

饰语，（6a）中，惯用语“칼을 빼 들다”的“칼”前面可添加定语“언론 개혁의”。（6b）中，“날（을）세우다”的“날”前面可添加定语“신경”，指集中精神。（6c）中，惯用语“칼을 품다”的“칼”前面可添加表数量的定语“여러”。

（6）a. 정부가 *언론 개혁의* **칼을 빼 들** 것인지에 관심이 쏠린다. 大家都关心政府会不会大刀阔斧地来改革舆论（机构）。

b. *신경의* **날을 세우고** 集中精神

c. 가슴에 *여러* **칼을 품었다**. 心怀太多仇恨。

（二）惯用语可用于多种语气

韩语惯用语可灵活运用于话语中，但汉语受各种因素的影响，灵活性显然弱于韩语。有时表现为语气的不同。例如，汉语“嗤之以鼻”与韩语“콧방귀를 뀌다”语义一致，如（7a），“콧방귀”可用于疑问句和否定句，但汉语“嗤之以鼻”的用法比较固定，所以此时无法与“콧방귀”对应，如（7b，c）。

（7）a. 남편은 언제나처럼“넌 아직 멀었다”며 **콧방귀를 뀐다**.《동아일보》（2018.01.13）丈夫一如既往地对她嗤之以鼻，并说：“你还嫩着呢。”

b. 그깟 것 던져준다고 해서 내가 **콧방귀를 뀔 줄 알았어**?《우리 집 꿀단지》（57）她以为给我那么点破东西，我就认了吗？（不再管春儿的事情了）。

c. 그 사람이 하는 짓을 보니 **콧방귀도 안 나왔다**. 看他干的好事，连理都不想理他了。

（三）惯用语可用于多种句型

韩语惯用语的句型灵活性多表现为两类。第一，有时表现为是否单独成句，是否用于单句或从句等。例如，韩语里常用泥鳅比喻人溜奸耍滑，经常与“-같은、같이、처럼”等结合，可作句子成分，如（8a，c，d），也可单独成句，如（8b）。

（8）a. 이 **미꾸라지 같은** 놈한테 소금 팍팍 뿌려!《내딸 금사월》（28）给这个泥鳅似的家伙身上狠狠地撒盐！

b. **미꾸라지 같은** 놈! 너 평생 고통 속에서 몸부림치게 만들어놓텐니까 기다려!《최고의 연인》（69）你这种软蛋、滑头！我会让你一辈子活在痛苦之中的，你等着吧！

c. 그 **미꾸라지 같은** 놈 때문에 또 우리 경찰만 헛고생했네. 那小子又是油手攥泥鳅——溜了，害得咱们警察又白跑了一趟。

d. 채리 개는 **미꾸라지처럼** 잘도 빠져나간다.《부탁해요 엄마》
（53）彩利这孩子像泥鳅一样，真会耍滑头。

第二，名词与惯用语的灵活使用。例如，韩语可以用与捣米有关的名词“입방아”以及惯用语“입방아（를）찧다”比喻乱说话，有时可以单独用名词形式的“입방아”，如（9）；有时可以用定中结构的“나불거리는 입방아”，如（10）；有时可以用动宾结构的惯用语形式“입방아를 찧다”，如（11）。

（9）아니? 수상이라니? 어떤 시아코들이 **입방아를**? 《그래 그런 거야》（1）

a. 什么？奇怪？是什么混蛋这样嚼舌头？

b. 什么？奇怪？是什么混蛋嘴这么贱？

（10）살얼음 밟듯 조심스럽게 진행되어 가던 수사가 기자들이 **나불거리는 입방아**로 풍비박산이 나 버릴 때가 적지 않았다.《유재용, 성역》小心翼翼地、如履薄冰似的进行的搜查，有时因记者们的轻言肆口而前功尽弃，这种情况不在少数。

（11）가는 데마다 참새들이 **입방아를 찧는데** 형님과 애들이 얼마나 힘들까? 《사랑이 오네요》（110）到哪儿都是说闲话的人，姐姐和孩子们该多么难受啊?

（四）语态灵活

韩语惯用语的灵活性还表现在语态灵活上，主动态与使动态可表达同一意义。例如，与眼睛有关的“눈에 쌍심지가 나다 / 돋다 / 뻗치다 / 서다 / 솟다 / 오르다”是主动态，如（12）；而“눈에 쌍심지를 켜다 / 돋우다 / 세우다 / 올리다”是使动态，如（13）。

（12）슬쩍 던진 농담에 그는 눈에 **쌍심지가 나서** 소리쳤다. 不经意的一句玩笑话，他就眼冒怒火，叫了起来。

（13）a. 재 왜 저래요? 요즘 주라 얘기만 나오면 **쌍심지를 켜고** 덤비네.《폼나게 살 거야》（37）那孩子是怎么回事啊，最近只要一提到侏罗，她就眼冒怒火，朝我发火。

b. 우리 만날 때마다 **눈에 쌍심지를 켜고** 이러십니까? 《별이 되어 빛나리》（106）为什么我们每次见面，您都这样两眼冒火啊?

（五）惯用语直接作其他句子成分

韩语惯用语可作为一个整体直接作谓语。如（14）韩语惯用语“엄지손가락으로 치다”，表示最好。有的韩语惯用语直接作谓语时可直译，如（15a）中的“이도 안 나다”，当此惯用语作定语时，如（15b），此时汉语

只能意译。有的韩语惯用语直接作状语，例如惯用语“서릿발 같다”可作状语，比喻牙齿雪白，如（16）。

（14）a. 우리 중에 힘은 그를 **엄지손가락으로 친다**. 我们中间若论力气他是老大。

b. 그는 조직에서 **엄지가락으로 꼽힌다**. 他在组织里是数一数二的人物。

（15）a. **이도 안 나서** 황밤을 먹는다. 没长牙就吃大栗子。

b. 벌써 그 일을 맡게 해 달라니 **이도 안 날 소리** 하지도 마라. 竟然现在就让把那活交给你，别说这种门儿都没有的话。

（16）눈썹은 우아하고 눈은 가늘고，웃을 때는 **서릿발같이** 희고 가지런한 이를 보이곤 하였다.《김동리，등신불》眉眉很优雅，眼睛细长，一笑就露出一排又白又整齐的牙齿。

四、成分的不完整性

韩语惯用语的灵活性还表现在其成分的不完整性上，如无中心语、无谓语、无间接宾语、无限定客体、无状语、发生缩略等。

（一）无中心语

韩语有的惯用语仅保留了状态或动作义，而将核心部分省略掉了。如汉语“铁石心肠”，铁石与修饰的心肠搭配已十分固定，韩语有形容词形式的“철석같다”和副词形式的“철석같이”，仅表达状态义，灵活性很强，搭配范围很广，其中形容词可修饰“다짐、맹세、사랑”等，如（17a–c）；副词可修饰动词“믿다、약속하다”等，如（17d，e）。但随之带来的便是“철석”具有了很强的语境性和模糊性。因为根据语言象似性理论，语符数量越少所表达的意义就越具有模糊性。

（17）a. 문제는 안타깝게도 내무부 장관의 **철석같은 다짐**에도 치안 상황이 좀처럼 호전되지 않고 있다는 점이다. 问题是虽然内务部长官下了很大的决心，但是令人可惜的是治安状况一点也没有好转的迹象。

b. 철석같은 맹세 海誓山盟 / 信誓旦旦

c. 우리 두 사람은 **철석같은 사랑**을 약속하였다. 我们两人相约爱到地久天长。

d. 바보같이 내 딸인 줄 알고 **철석같이 믿었는데**.《내딸 금사월》（10）我就像个傻瓜一样，认为她是我的女儿，没有丝毫怀疑。

e. 요컨대 10년 가깝게 국민들에게 **철석같이** 약속해 온 공약을

뒤집고 ... 总之，(政府)又推翻了与国民们信誓旦旦了10年的公约……

(二)无谓语

有的韩语惯用语省略谓语仅保留了宾语。例如，汉语“菽麦不辨”很难发生变形，但韩语却将动词“不辨”省略仅保留了“숙맥 菽麦”，比喻不分事理、不懂人情世故的人。因其结构简单，所以用法非常灵活，如(18)。不仅是汉字词惯用语具有这种特点，就是固有词惯用语也有这种现象。这些仅保留了宾语的惯用语语符数量减少的同时，用法更灵活，语义更抽象、模糊。

(18) a. 똑똑한 누님이 이럴 때 **숙맥**이더라 .《연인》(24) 大姐，你平时这样聪明，但这个时候怎么这么迟钝啊？

b. 우리딸 워낙 **숙맥**에 숙기가 없어서요 . 제가 잘 타일러서 날짜를 다시 잡을 게요 .《우리집 꿀단지》(35) 我女儿本来比较死板，不成熟。我好好劝劝她，然后再定日子吧。

c. 저，저，걔 **숙맥** 아니야? 여기가 어디라고 겁도 없이 들어오겠다는 거야 .《그래 그런 거야》(13) 这，这，她不会是有点傻吧？这是什么地方，竟敢说要搬进来住。

(三)无间接宾语

韩语有的动宾结构惯用语没有间接宾语。例如，动宾结构的惯用语“혼을 뽑다”意为使人六神无主，这个惯用语中“혼”是直接宾语，没有出现“혼”的主体，也就是说间接宾语没有出现。使动结构的惯用语“눈살을 찌푸리게 하다”中同样没有出现间接宾语。韩语还有一些表达心理感觉意义的惯用语虽不用于使动句，但表达的却是使动意义。例如，主谓结构的惯用语“눈살이 따갑다”表达的不是当事人的感觉，而是让对方所感受到的，因此也具有使动意义，具有隐含的间接宾语。

(19) a. 시끄러운 소리가 온통 **혼을 뽑아 놓았다** . 声音嘈杂，让人心烦意乱。

b. 그의 무례한 행동은 저절로 **눈살을 찌푸리게 했다** . 他的无礼行动让人不自觉地就皱起了眉头。

(20) 사업 초창기라 부쩍 아버지 **눈살이 따갑고** 원칙 어길 일은 내가 나서서 어길 수 없어 .《사랑이 오네요》(40)

a. 因为是刚开始的事业，我爸的眉头老是皱着让我感到难受，所以有违原则的事情我不能做。

b. 因为是刚开始的事业，我爸又管得严，所以有违原则的事情我不能做。

（四）无限定客体

韩语有的惯用语没有限定客体，用法上具有了灵活性，但也使语义出现模糊性。例如，汉语有成语“目中无人”，这里的“人”虽然是抽象的人，但成语语义已被限定，仅表达抽象的“看不起”之意。韩语里类似结构的惯用语有“안 중에도 없다”，但这个惯用语仅有心理状态义，并未限定前面的客体是谁，在具体语境中前面的客体可以是“人”，如（21a）；也可以是抽象的“幸福”等，如（22b），表达的意义都是不关心或不重要。

（21）a. 너 때문에 20 년이나 떨어져 사는 니 부모 **안 중에도 없어**?《우리집 꿀단지》（73）因你而分离了 20 年的父母，你一点都不关心，是吧？

b. 영광의 행복이 **안 중에도 없어**?《최고의 연인》（86）你眼里一点也没有荣光的幸福？/荣光的幸福对你来说一点儿都不重要，是吧？

（五）无状语

有的韩语惯用语没有状语。例如，韩语惯用语“목을 매다”与汉语“一棵树上吊死”两者语义一致，但汉语有状语“一棵树上”，所以不能再直接搭配其他成分，但韩语的“목을 매다”却可加“人”作宾语，如（22a，b）；或加间接引语等，如（22c，d）。再看汉语“如鲠在喉”，其语义和结构已被限定住，而韩语“목에 걸리다”却省略了前面的状语“如鲠”，所以前面既可以轻松添加词语主语，如（23a，b）；也可添加带长定语的主语，如（23c）。

（22）a. 너 아직도 *우리 수호한테* **목매니**?《우리집 꿀단지》（93）你还无休止地纠缠我们秀浩啊？

b. **그 깟 계집애가** 뭐라구 이렇게 **목을 매**?《우리집 꿀단지》（71）那种丫头片子有什么啊？你这样要死要活的/一棵树上吊死。

c. 아침 저녁으로 문자에 전화에 *죽겠다고* **목매는데**.《왕가네 식구들》（17）不分早晚又是发短信又是打电话，寻死觅活地缠着我。

d. 지아한테 *결혼해 달라고* **목매더니만** 결국 쫓겨나는구만.《우리집 꿀단지》（71）你死乞白赖地缠着智雅和你结婚，最终要被（父母）赶到国外去了啊。

（23）a. 엄마가 몸져누우셨다는 소식에 *밥이* **목에 걸려** 넘어가지 않았다. 听说母亲病倒了，饭卡在嗓子眼里，一点也吃不下了。

b. *과제가* **목에 걸렸는데** 그런 일은 나중에 하기로 하자. 课题现

在卡住了，那种事情以后再做吧。

c. 아직까지 돈을 마련하지 못한 어머니는 다음 주가 막내 등록금 마감일이라는 말이 하루 종일 **목에 걸렸다**. 母亲到现在还没筹够钱，但下周就是老小交学费的最后期限了，所以母亲一整天都是如鲠在喉。

（六）发生缩略

韩语惯用语有时会发生缩略，如（24a）中的惯用语“낙동강 오리알 신세”，有时也用“낙동강 오리알 되다”，如（24b）；有时也用省略修饰语的“오리알 되다”，如（24c）。

（24）a. 강실장만 **낙동강 오리알 신세 됐어**.《그래 그런 거야》（32）只有姜室长成了姥姥不疼舅舅不爱了。

b. 그러다가 고서방이 덜컥 결혼이라도 해봐. 너만 **낙동강 오리알이 되지**.《왕가네 식구들》（44）这样三弄两弄的，（你的前夫）高女婿要是一下子结了婚，就剩下你成了没人要的了。

c. 해솔 애미가 이 집 가족으로 인정 못 받으면 나도 **오리알 되는 건데** 무조건 찬성이지.《내 남자의 비밀》（50）海松妈在这个家里如果得不到认可，我也就成了无水之木，所以我也是无条件赞成。

综上，韩语惯用语因中心语或动词消失、没有限定客体或状语、出现缩略等原因，可结合更多主客体，具有了搭配上的灵活性。

第二节 谚语的灵活性

谚语作为一种固化的语言形式一般不能随便变换其中的词语或表现形式。但韩语谚语却表现出了很强的灵活性，根据形态与影响因素可分为六类。

一、成分变形

韩国《속담사전》（이기문，1980）所收录的谚语中 40% 左右是近义谚语（이종철，1998：49）。韩语近义谚语的形成手段是变换句子成分。

（一）变换主体

韩语中有的近义谚语只是主体不同，如（25a）中两个谚语的主语分别是“메밀”和“달걀”，但谚语意思都是不管什么事情总有结束的时候，也

比喻好脾气的人也有发火的时候。(25b)中的两个谚语都是并列结构，第一个谚语前后两个小句的主语分别是“낯”与“물”，第二个谚语前后两个小句的主语分别是“산”与“물”，虽然各自的主语不同，但对应的汉语都是“人生地不熟”。

(25) a. 메밀도 굴러가다가 서는 모가 있다: 달걀도 굴러가다 서는 모가 있다 任何事情都有曲终人散的时候；兔子急了会咬人，狗急了会跳墙

b. 낯설고 물설다: 산 설고 물 설다 人生地不熟

(二) 变换客体

韩语有的近义谚语只是客体出现了不同，如(26a)中的客体分别是“두부、메주”，(26b)中的客体分别是“비짓국、진잎죽”，但比喻义并未发生变换，两组谚语分别比喻完全不相信、摆架子。

(26) a. 콩 가지고 두부 만든대도 곧이 안 듣는다: 콩으로 메주를 쑨다 하여도 곧이듣지 않는다 偏听偏信

b. 비짓국 먹고 용트림한다: 진잎죽 먹고 잣죽 트림 한다 装腔作势

(三) 变换状语

韩语有的谚语只是状语发生了变化，如(27)中的谚语“내 손에 장을 지지다”，其中“내 손에”是状语，但“손”可变成其他更小的部位，如“손가락에 장을 지지겠다、손톱에 장을 지지겠다、손바닥에 장을 지지겠다”等。

(27) 니가 드림에 입성하면 **내 손에 장을 지져!** 《최고의 연인》(76)

如果你能进军DREAM公司，我就在我手上炒酱吃。

(四) 多个句子成分发生变化

韩语有的近义谚语的多个句子成分出现不同，如(28)的主体分别是“중”与“의사”，其客体也随之发生了变化，分别是“제 머리”与“제 병”，但谚语都比喻无法做好与自己相关的事情，需要借助他人之手。再看(29)，(29a)中的主体分别是“외”与“오이”，两者是异形词；谓语也发生了变化，分别是“자라다”与“굵다”，两个谚语比喻义一致，都比喻遇到好的机会或环境而茁壮成长。(29b)中两个谚语的主体分别是“싹”与“꽃”，谓语分别是“나다”与“피다”，都比喻没有任何希望。再看(30)，三个谚语都是拿老虎和兔子进行对比，但(30a，b)中主体是固有词“호랑이”，(30c)中的主体是汉字词“범”；处所状语也不同，其中(30b，c)都是“골”，(30a)是“산중”；最后的谓语也不同，分别是“선

생、왕 노릇 하다、스승이라”。

（28）중이 제 머리를 못 깎는다：의사가 제 병 못 고친다 医不自医

（29）a. 장마 뒤에 외 자라듯：장마에 오이 굵듯 久旱逢甘霖

b. 볶은 콩에 싹이 날까：볶은 콩에 꽃이 피랴 炒熟的黄豆——难发芽

（30）a. 호랑이 없는 산중에 토끼가 선생 山中无老虎，兔子当先生

b. 호랑이 없는 골에 토끼가 왕 노릇 한다．谷中无老虎，兔子称霸王

c. 범 없는 골에 토끼가 스승이라 谷中无老虎，兔子做先生

（五）变换复句中小句成分

如果谚语是复句结构，有的还会变换后面的小句，如（31）中的谚语都是复句，前面的小句相同，只有后面的小句分别变成了：吃豆饭、吃栗子、啃骨头、啃排骨，利用的都是硬度比较大的食物。

（31）a. 이도 아니 나서 콩밥을 씹는다．没长牙就吃豆饭。

b. 이도 아니 나서 황밤을 먹는다．没长牙就吃大栗子。

c. 이도 안 난 것이 뼈다귀 추렴하겠단다 / 추렴한다．没长牙就敛钱凑份子要啃骨头。

d. 아직 이도 나기 전에 갈비를 뜯는다．没长牙就啃排骨。

（六）成分的多种变形

韩语谚语灵活性很强，可通过替换谚语前后部分的方式形成多个近义谚语。当近义谚语非常多时则容易出现更复杂的变换。（32）中有五个谚语，其中（32a–c）的三个谚语只有主体不同，分别是“호랑이、범、시골 놈”；（32d）中的谚语与前三个谚语不仅主体不同，“하다”的客体也不同，分别是“말”（32a–c）和“소리”（32d）。（32e）是对称结构的复句谚语，是拿老虎与人进行对比。再看（33），四个谚语都比喻非常冷酷没有人情味，（33a，b）中，两个谚语的主句主体不同，分别是“진물도、피 한 방울”；对（33a，c），两个谚语表达对象的格助词分别是“를、에”，让步从句的谓语分别是“뚫어도、송곳을 박아도”；（33d）中的让步从句省略了对象。

（32）a. 호랑이도 제 말 하면 온다 说老虎，老虎到

b. 범도 제 말 / 소리 하면 온다 说老虎，老虎到

c. 시골 놈 제 말 하면 온다 说村夫，村夫到

d. 까마귀 제 소리 하면 온다 说乌鸦，乌鸦到

e. 범도 제 소리 하면 오고 사람도 제 말 하면 온다 说虎虎到，说人人到

（33）a. 이마를 뚫어도 진물도 아니 / 안 난다 额头扎不出血

b. 이마를 찔러도 피 한 방울 안 나겠다 额头连一滴血也扎不出来

c. 이마에 송곳을 박아도 진물 한 점 안 난다 额头用锥子扎也不出血

d. 찔러도 피 한 방울 안 나겠다 一滴血也扎不出来 /（一针）扎不出血

二、语序变化

韩语的近义谚语有的可随意调换语序而不改变意义，如（34）所示，每组里面的两个谚语前后语序不同，但表达的意义完全相同。

（34）a. 두부살 바늘뼈：바늘뼈에 두부살 弱不禁风

b. 곡식과 사람은 가꾸기에 달렸다：사람과 곡식은 가꾸기에 달렸다 庄稼与人全靠打理 / 百炼成钢

c. 고기는 안 익고 꼬챙이만 탄다：꼬챙이는 타고 고기는 설었다 劳而无功

d. 대문 밖이 저승이라：저승길이 대문 밖이다 人有旦夕祸福

e. 돌로 치면 돌로 치고 떡으로 치면 떡으로 친다：떡으로 치면 떡으로 치고 돌로 치면 돌로 친다 针锋相对、以牙还牙

f. 신이야 넋이야：넋이야 신이야 胡言乱语、信口开河

三、句式变形

韩语因为是形态语言，所以可以将很多词组、句子借助词尾“-기”或名词派生后缀“-ㅁ”转换为词语，用在句中作句子成分。首先看“-기”结构的谚语。例如，韩语有“울며 겨자 먹기、눈물 흘리면서 겨자 먹기”等谚语，前面的小句虽然不同，但后面的小句都是“겨자 먹기”，这两个谚语都比喻强忍着干某事，如（35）。

（35）a. 어쩔수 없이 **울며 겨자 먹기**로 내주었지만 .《가족을 지켜라》（113）没办法只能吃哑巴亏，给他了。

b. 이러면 진짜 **울며 겨자 먹기**로 아름 개를 내 며느리로 받아들여야 하는 건가?《최고의 연인》（54）这样的话，难道我真得打破牙齿和血吞，接受雅凛当我的儿媳妇吗?

c. 우리 큰 놈 선 보러 나갔어 . 지가 원해서 나간 것 아니고 우리 늙은이들이 눈 뜨고 죽을까봐 **울며 겨자 먹기**로 나갔어 .《그래 그런 거야》（8）我们老大去相亲了，不是他自己想去就去的，而是怕我们这些老东西死不瞑目才不得不答应去相亲的。

d. 지가 좋다고 윤실이한테 목을 매니까 윤실이 그 착한 것 **울며 겨자 먹기**로 결혼을 결심한 모양인데 식도 못 올리고 생과부 됐잖아 .《월계수 양복점 신사들》(15) 因为他要死要活地说喜欢尹诗，尹诗那个小可怜没办法才决心和他结婚的。结婚典礼都没弄利索，就成了活寡妇了。

类似的名词结构谚语还有“약과(를) 먹기(라)、개떡 먹기、기름떡 먹기、깨떡 먹기”等，比喻做起来非常容易、愉悦的事情，从结构上来看前面的宾语出现了不同。

再看与名词性后缀“ㅁ”相关的谚语，如（36）都是以“…걸음”为中心的谚语，其中（36a，b）是状语不同，（36a，b）与（36c）是中心语的定语不同，分别是“소(의)”与“양”，并且（36a，b）的定语是“状语 + 动词”的结构“푸줏간에 들어가는”与“관에 들어가는”，（36c）的定语是直接的表达“죽으러 가는”。

（36）a. 푸줏간에 들어가는 소 걸음 进入庖厨的牛——裹足不前

b. 관에 들어가는 소(의) 걸음 进入肉店的牛——踌躇不前

c. 죽으러 가는 양의 걸음 赴死的羊——畏手畏脚

第三，有的近义谚语是名词形式与动词形式共存。例如，汉语有“隔靴搔痒”，韩语有六种表达，其中（37a–e）都是名词形式，（37f）是动词形式。具体到内部结构，则表现为句子成分的变形，其中（37a，b）的后半部分都是“발바닥”，前半部分的宾语分别是“신”和“버선”；（37c，d）的后半部分表达为“발등”，前半部分的宾语分别为“구두、목화”；（37e，f）虽然前半部分的宾语都是“옷”，但动词各不相同，分别是“격하다、입다”，后半部分的句式不同，分别是动词陈述句“긁는다”和名词形式“긁기”。

（37）a. 신 신고 발바닥 긁기 隔靴搔痒

b. 버선 신고 발바닥 긁기 隔袜搔痒

c. 구두 신고 발등 긁기 隔靴搔痒

d. 목화 신고 발등 긁기 隔棉搔痒

e. 옷 입고 가려운 데 긁기 隔衣搔痒

f. 옷을 격해 가려운 데를 긁는다 隔衣搔痒

第四，有的近义谚语还表现为句子、名词短语等之间的变换。例如，句子形式的“호박이 굴렀다 / 떨어졌다”“호박이 넝쿨째로 굴러 떨어졌다”与名词短语结构的“굴러 온 호박”意义并没有太大差别，都比喻得到意外之财或意外遇到幸运之事。

第五，有的近义谚语表现为更为复杂的类型。如（38），韩语足有七种表达，其中（38a–e）属于同一谚语的不同变形，首先（38a，b）是对称句型，其他不是对称句型；其次，（38a，b）的动词不同，并且都是疑问句，（38c，d）都是陈述句；（38c，d）的状语和谓语相同，但（38d）的主语添加了修饰语；（38e）的谓语是否定句。（38f，g）属于近义谚语，其主语分别换成了“손”和“제 손가락”，并且（38g）中的动词换成了“곱히다”。

（38）a. 팔이 안으로 굽지 밖으로 굽으랴? 胳膊都是往里拐，哪有往外拐的?

b. 팔이 들이굽지 내굽나? 胳膊都是里拐，哪有外拐的?

c. 팔이 안으로 굽는다. 胳膊肘往里拐

d. 잔 잡은 팔이 안으로 굽는다. 手握酒杯往里拐

e. 잔 잡이 팔이 밖으로 펴지 못한다. 手握酒杯难以外拐

f. 손이 들이굽지 내굽나? 手都是里拐，哪有外拐的?

g. 제 손가락이 안으로 곱힌다. 自己的手指都是往内弯曲的。

四、缩略变形

韩语谚语的缩略变形可分为两类，一类是成分变形与缩略，一类是句式变形与缩略。

（一）成分变形与缩略

有的谚语发生变形时会同时出现成分变形与缩略变形，如（39），韩语的这些谚语都比喻自作多情、做美梦。其中（39a–c）都是并列结构的复句，前面的小句虽然表达的意义类似，但表现形式不同。（39d）是单句形式，直接用“喝泡菜汤”比喻做白日梦。

（39）a. 떡 줄 사람은 꿈도 안 꾸는데 김칫국부터 마신다 没人想给年糕，却先喝泡菜汤准备吃年糕。

b. 떡방아 소리 듣고 김칫국 찾는다 听见打糕声就找泡菜汤喝。

c. 앞집 떡 치는 소리 듣고 김칫국부터 마신다 听到邻居打年糕的声音就先喝泡菜汤了。

d. 김칫국부터 마신다 喝泡菜汤做好准备。

（二）句式变形与缩略

韩语有的谚语变形会同时发生句式变形与缩略变形，例如，谚语“이도 아니 나서 콩밥을 씹는다”是复句形式的动词结构谚语，也可省略后面的小句，同时使前面的小句发生变形形成定中结构的名词谚语“이도 안 날 소리”。韩语还有复句结构的谚语“앵무새는 말 잘하여도 날아다니는 새

다”，也有缩略谚语“말은 앵무새”，都用来挖苦那些话说得很好，但却不付诸实践的人。韩语还有很多谚语，如（40），义同汉语的“饱汉子不知饿汉子饥”，在此基础上还产生了缩略形式的“배부른 소리、배부른 사람”，如（41）。

（40）a. 배부른 사람은 배고픈 사람 사정을 모른다 饱汉不知饿汉饥

b. 배부른 상전이 배고픈 하인 사정 모른다 饱腹主人不知下人饥

c. 배부른 상전이 하인 밥 못하게 한다 饱腹主人不让下人做饭

（41）a. 영감이 멀쩡하게 살아 있는 게 **배부른 소리** 하고 자빠졌다야.《왕가네 식구들》（16）老公健健康康地活着，（你还不知足），你真是饱汉子不知饿汉子饥 / 吃饱了撑的。

b. 그러니까 난 늘 **배부른 사람**처럼 이야기하지 마.《황금빛 내 인생》（39）所以你不要把我看成高枕无忧的人。

五、复杂变形

有的韩语谚语表现为更为复杂的类型。例如，汉语有成语“人为刀俎我为鱼肉”，比喻任人宰割的处境，这个成语由两部分组成，即“人为刀俎 + 我为鱼肉”，句型是肯定句，一般两部分的顺序和句式都不能改变，也很少拆开来用。韩语有谚语“조상（俎上）의 고기”与“도마에 오른 고기”，与汉语的意义类似。此外，韩语还因自动与他动的不同产生了新的变形，例如“조상에 오르다”与“도마 위에 오르다”，意为上了案板，比喻成为批判的对象，如（42a，b），两个结构都用了自动词“오르다”，“도마”前还可添加其他修饰语，形成“…의 도마（위）에 오르다”结构，如（42c，d）。有时也用“도마 위에 오른 음식처럼”，如（42e）。此外，还有与使动词“올려놓다”相关的“도마 위에 올려놓다”，意为把某人放在案板上，指将某个事物当作问题进行批判或评论，如（43）。当然还有更加简化的派生词“도마질”，如（44），结构虽简化了，但比喻义相同。

（42）a. 이번 사태에 대한 정부의 안일한 대응도 **도마에 올랐다**.《동아일보》（2017.08.16）政府对此次事态表现出的消极应对也成了众矢之的。

b. 그의 세금 회피 의혹도 **도마 위에 올랐다**. 他的偷税漏税嫌疑也成了被攻击的对象 / 靶子。

c. 그가 저지른 비리가 여론 / 비판의 **도마 위에 올랐다**. 他所犯下的腐败成了舆论攻击 / 被批判的对象。

d. 세인들의 도마에 오르다. 成为世人批判的对象。

e. 복잡하고 말도 많은 대가족 식구 속에 후취로 들어간 여자는 일단 편치 못할 것이라는 대전제가 **도마 위에 오른 음식**처럼 시청욕을 돋구었다.（김환표，2012：68）她作为后娶的老婆进入人多嘴杂这样一个大家族，这样一个大前提就会像上了桌的饭菜一样，会勾起大家的收看欲望。

（43）홍성숙과 임명희를 **도마 위에 올려놓고** 품평에 열을 올리는가 하면…《박경리，토지》如果把洪圣淑和任明熙放在桌面上，展开热烈的品行评论会的话……

（44）남의 일을 함부로 **도마질하면** 안 된다. 不要随便批评别人的事情。

有时还有句式和语气的变换，例如前面的类型都是陈述句语气，但韩语有时还可转换为疑问句语气，如"도마 위의 고기가 칼을 무서워하랴 案板上的肉，还会怕刀吗？"比喻视死如归的人没什么好怕的。再如，汉语有"开弓没有回头箭"，一般只用于肯定句，但韩语表达此类意义时，有肯定句形式的"칼을 뽑고는 그대로 집에 꽂지 않는다"，也有疑问句形式的"장부가 칼을 빼었다가 도로 꽂나"。

六、变形与文化

韩语里有时还会随着时代与文化的变化而不断变换谚语的相关部分。如有"火上浇油"意义的"불난 집에 부채질한다、불난 집에 기름 붓는다"，随着时代的发展又发展出了"불난 집에 가스통 던진다"。

韩语里汉字词成语与固有词谚语共存的情况也很常见。例如韩语有汉字词成语"공중누각（空中樓閣）、사상누각（沙上樓閣）"，还有固有词谚语"모래 위에 쌓은 성、모래 위에 선 누각 / 집"等。有的还根据汉字词成语发展出了固有词谚语，如韩语有谚语"쇠귀에 경 읽기 对牛念经"，在此基础上又仿造出了"말 귀에 염불 对马念佛"，另外还有很多类似的固有词谚语，如"벽 보고 얘기하다、담벼락하고 말하는 셈이다、너하고 말하느니 개하고 말하겠다"等。"无立锥之地"在韩语里为"입추의 여지가 없다"，此外还有变形的固有词谚语"송곳 박을 땅도 없다、송곳 모로 박을 곳도 없다、송곳 세울 틈 / 자리도 없다"等。

七、形态与意义

（一）变形与意义

虽然韩语很多谚语即使发生变形但语义也不会发生变化，但也有谚语会因出现句型的变换而改变意义。例如，与南瓜有关的谚语中，句子形

式的“자라나는 호박에 말뚝 박는다”比喻散布谣言来搞砸别人好事的坏心肠或行动，而名词短语形式的“호박에 말뚝 박기”比喻又坏又残忍的行为。

再如谚语“우물 안 개구리 / 고기”与“우물에 든 고기”，两个谚语有一字之差，前者用的是“안”，后者用的是“든”，两个谚语的意义也因此发生不同。前者与汉语的“井底之蛙”意义一致，后者因用了动词“들다”，强调“进到井里的鱼”，而不是土生土长的，所以谚语比喻无法摆脱困难处境，只能等待最后的命运了，对应汉语的“瓮中之鳖”。

有的是比较复杂的类型，例如，与烤山鸡有关的谚语中，句子形式的“꿩 구워 먹은 자리엔 재나 있지”和名词短语形式的“꿩 구워 먹은 자리”虽然句式不同，但意义一致，都比喻某事没有留下任何痕迹或没有任何成效。与烤山鸡有关，还有名词短语形式的谚语“꿩 구워 먹은 소식”，由于其核心词变成了“소식”，所以意义发生了变化，比喻没有一点消息。

（二）否定结构与意义

韩语谚语有时会通过不同的否定词来变换句子结构，有时也会带来语义的变化。如表 12–1 所示，韩语有很多与棉花去籽机有关的谚语，谚语 1、2 因前面表示否定的“아니”与“못”不同而出现意义不同，谚语 1 比喻到处传话，谚语 2 比喻逞能、说大话。谚语 3 和 4 用的是长形否定结构“–지 않다”，这种结构的两个谚语除表达谚语 2 的意义之外，还比喻什么也不干却做出干的样子到处炫耀。

表 12–1　与去籽机不工作有关的谚语

	谚语	意义
1	아니 먹는 씨아가 소리만 난다	不工作的去籽机反而出声音，比喻越是没用的人越到处传话。
2	못 먹는 씨아가 소리만 난다	比喻越是没用的人越逞能、说大话。
3	먹지 않는 씨아에서 소리만 난다	比喻越是没用的人越逞能、说大话；比喻什么事情也不干但却做出干的样子并且到处夸耀。
4	들지 않는 솜틀은 소리만 요란하다	

（三）语义的模糊性

综上，韩语谚语可通过变形得到简化，甚至简化为一个词语，而词语在句子中可作多种成分，并因语境产生多种语境义，灵活性非常强。但这也带来了谚语意义的模糊性和难解性。这也反映了语符长度与语义的象似性。

例如，“코 아래 진상이 제일이라”语义很明确，但简化形式的“코 아래 진상”却具有了语义的模糊性。如“이웃이 사촌보다 낫다”意为远亲不如近邻，简化形式的“이웃 사촌”的语义具有了模糊性。

谚语“닭 잡아먹고 오리 발 내놓기”比喻做了不好的事情之后却想通过不合理的手段来瞒天过海，这个谚语缩略后形成了惯用语“오리발을 내밀다”，比喻装没事人。从谚语到缩略变形而形成的惯用语，如果不了解其语义之间的关系，那么将很难理解惯用语的意义。심지연（2009：259）通过调查发现，“오리발을 내밀다”的意义合成性最低，也就是说，与其他惯用语相比，“오리발을 내밀다”意义的可分析性最差。这也反映了语符数量少但语义模糊的象似性理论。并且“오리발을 내밀다”还可继续与其他语符结合而形成截搭型的表达“오리발을 내밀면서 발뺌을 하다”，因为发生了第二次变形结合，所以其语义更加难以分析，具有了语义的模糊性。

（四）谚语的汉译

韩语灵活性与语义模糊性在转换为汉语时表现得更加明显。前面所分析的谚语或变形产生的惯用语一般都需意译。

例如，韩语谚语“참새는 방앗간을 그냥 지나치지 못한다”意为麻雀看见磨坊不会不进去的，如（45a）；原型是否定句的谚语有时还会变形成为肯定句，如（45b）。在此基础上还出现了“+ 기”形式的“눈치가 참새 방앗간 찾기다”，意为眼力就像麻雀找磨坊那样，比喻非常善于察言观色。麻雀进磨坊后会叽叽喳喳地找食吃，因此又出现了偏正短语形式的“참새의 방앗간”，可用来比喻唠嗑、说闲话，如（45c）。译成汉语时，虽然（45a，b）可直译，但（45c）中的缩略型谚语却只能意译成“聊天室”。

（45）a. **참새는 방앗간을 그냥 지나가면 돼**? 맥주는 뭐니뭐니해도 편의점 맥주가 최고지 .《사랑이 오네요》(3) 麻雀怎么能白白经过磨坊啊？（所以我得去喝点啤酒，）啤酒还是超市的啤酒最好喝。

b. 요즘 왜 코끝머리도 안 보인대? **참새가 방앗간 드나들듯 들락거리는 양반이** .《전생에 원수들》(96) 最近怎么一点也不来了啊？以前就像麻雀进磨坊一样天天来的人。

c. 언제부터 파출소의 취조실은 **참새의 방앗간이 되는 겁니까**?《우궁화》(9) 派出所的调查室什么时候成了聊天室了啊？

韩语还有谚语“첫단추는 잘 끼워야 한다”，比喻开始最重要，如（46a）；也有否定结构的“단추를 잘못 끼웠다、단추는 잘못 채웠다”，比喻不合拍，如（46b）。

（46）a. 인연은 **첫단추가 중요한 법인데** . 자긴 그걸 잘 꿰었잖아 . 아무

런 사심 없이, 날 도왔구. 날 좋아해줬구.《내조의 여왕》(1)缘分的第一步非常重要，你这一步做得很好。一点也没有私心地帮了我，喜欢我。

b. 내가 **처음에 단추를 잘못 끼웠기 때문에** 내 동생 일구가 죽었고.《동네변호사 조들호》(4)我一开始没有做好，所以我弟弟一九死了。

第十三章　语言象似性与配义性

韩语的“배의성（配意性）”指的是一个基本词或形态在保持原有意义的基础上又和其他形态结合而形成合成词或派生词的性质。配义性在韩语也称作“유연성（有缘性）”，两者有时被视为一个概念，这两个不同说法反映的是不同的层面，其中“配义性”反映的是语义上的强搭配性，而“有缘性”反映的是形态上的象似性。

前几章所分析的韩语的语义泛化、词序（句序）的灵活性、惯用语与谚语的灵活性都与韩语的配义性有关。可以说，韩语配义性强的特点也是韩语灵活性强的一个表现。本章首先分析配义性的语言基础、认知基础，然后具体分析配义性在形态搭配、语义搭配、词缀形成、句内搭配、从句搭配、谚语的语篇搭配等方面的表现。

第一节　配义性的语言基础

韩语所具有的配义性与韩语的特点具有很大的关系。表达新的事物或概念时，韩语经常采取赋予旧词以新义的方式。这种现象的最初产生过程是：首先用一个词来对某一事物进行命名，但随着社会的发展又发现了另一事物与原有事物的共性，从而将新事物也归类于先前存在的一类，并用先前的词语来表达，因此促使词语意义发生扩张，语义逐渐泛化，从而出现了大量的多义词。虽然多义词的这种产生过程具有语言共性，但韩语却表现出了更突出的语义泛化的特性。这其实也反映了一个事实：韩国人过去在给事物命名时的语言表达的匮乏。有需要表达的事物或概念，但却没有新的语言手段，因此只好借助既有的表达。借助已有表达来表现新义的过程就是概念整合的过程，在这个过程中，首先要忽略旧词的某些语义元素，引起语义弱化，才能避免旧词的字面义与新义之间的语义冲突，其结果就是已有词语出现语义上的无限泛化。语义泛化其实反映的也是配义性问题，因为词义的产生始于搭配，首先形成搭配意义或语境义，然后再上升为词典意义。所以韩语语义泛化的特点是韩语配义性强的间接反映。

表达新事物与新概念时，韩语还经常借用旧词构成多音节新词。例如，韩国人用“닭살”比喻肉麻，还可形成“닭살멘트”类新的表达，韩语“생파리”指活着的苍蝇，也比喻性格冷淡、挑剔的人，可形成合成词“생파리같다”。旧词复合成新词的构词方式导致韩语词语的音节越来越长，韩语最长的词语有21个音节，《표준국어대사전》所收录的词语中单音词与双音词仅约占三成，三音词以上的多音节词约占七成。

综上，作为形态语言的韩语喜欢用旧词构成新词，喜欢一词多用，更关注从形态上如何去统一一组事物，这样势必会忽视内部的语义搭配，从而形成了大量合成词、多音节词语以及丰富的派生词。

第二节 配义性的认知基础

韩语的语序是“SOV”的“分总”结构，韩国人的思维是“从分散到收合”的过程，在“分散”过程中，韩国人重视事物的各个微观细节，而到了“收合”的阶段，那么就要忽略很多微观细节，只保留韩国人认为最核心和最重要的部分，从而达到“合”的结果。这种思维过程不仅表现在思维习惯和语序上，还表现在不同事物之间的联系和词语之间的搭配上，正像Langacker（1987）所说，词素、词、词法和句法是一个连续体，在词法中也可以发现很多出现于句法中的结构规律（Croft & Cruse, 2004：254; 王寅，2007：322）。也就是说，韩国人的认知和思维方式，使韩国人能够更轻松地将两种完全不相干的事物联系在一起，表现在语言上，就是能够轻松将两个代表不同事物或有语义冲突的词语搭配在一起，这个特点还可以扩大到词组以及句子之间的搭配上。另外，韩语是字母文字、形态语言，更注重形态的搭配和象似性。

第三节 配义性与形态搭配

一、形态搭配的灵活性

韩语里词与词的搭配非常灵活，可以不受词性、成分、语义等的限制，因此搭配的可扩展度很高。

（一）不受词性限制

韩语词组或构词一般不受词性的限制。例如，根据闪电快的特点，韩语的“번개”可以修饰名词形成“번개탄”，意为点燃蜂窝煤的速燃炭。此外，也可与动词性名词结合形成“번개 결혼、번개 데이트、번개 회식”等表达，如（1）。

（1）a. 계획도 없이 이렇게 **번개 결혼식**을 하게 되더니 모아둔 돈도 없고.《사랑이 오네요》（1）本来没有一点计划，现在突然要举行婚礼，又没有攒下的钱。

b. 점심 시간을 이용해서 이렇게 **번개 데이트**하니까 완전 좋다. 利用午饭时间忙里偷闲约会，感觉真好。

c. 그는 거의 매일 퇴근 한 시간 전“오늘은 뭐 먹지？”라며 **번개 회식**을 잡았다.《동아일보》（2018.02.01）他几乎每天下班一个小时前一边问“今天吃什么？”然后突然让大家聚餐。

不仅固有词具有搭配灵活的特点，韩语的汉字词也具有此特点，例如“세례（洗禮）”一般多与名词搭配形成词组，但这些词组进行句子搭配时，受所搭配名词、动词的影响，意义并不完全相同。当前面的定语是“물、돌멩이、빗자루、소나기、눈총、질문”，动词是“당하다、받다”时，表示被动接受，如（2a–f）；当前面的定语是“주먹、키스、뽀뽀、미역국、카메라 플래쉬”，动词用“퍼붓다、쏟다지다”时，多表达主动意义，如（2g–j）。“세례”还有一些单独使用的名词组合，如（3）。其中只有“인격 세례”对应汉语“洗礼”。

（2）a. 물세례를 당하다 被水浇了一身

b. 나는 이골목 저골목만 다니기만 하면 **돌멩이 세례**를 받았다. 我只要去这胡同那胡同里走走，就会被别人用石头打。

c. 빗자루 세례를 맞다 挨了一顿笤帚

d. 너무 심하게 닭살 행각을 했다간 행인들의 **눈총 세례**를 받을 수 있으니 조심하자. 如果太肉麻了，容易遭到行人的白眼，小心点。

e. 아이들은 등굣길에 **소나기 세례**를 받았다. 孩子们在上学路上被阵雨淋了一身。

f. 대통령 후보는 기자들로부터 **질문 세례**를 받았다. 总统候选人被记者们的提问所围攻。

g. 불량배들이 **주먹 세례**를 퍼부었다. 不良之徒纷纷挥动了拳头。

h. 키스 / 뽀뽀 세례를 퍼부었고 用接吻展开攻势

i. 미역국 세례를 퍼부었다 . 用裙带菜兜头浇了他一身。

j. **카메라 플래쉬 세례** 쏟아진다 .《내조의 여왕》(15)(现场)响起一阵阵的照相机咔嚓咔嚓按快门的声音。

(3) a. 닭살 **세례** 浑身起了一身鸡皮疙瘩

b. 극찬 **세례** 得到高度赞扬

c. 닭살 키스・포옹에 **'야유 세례'** 又是亲吻又是拥抱的，被大家好一顿笑话。

d. 인격 **세례** 遭受人格上的洗礼

（二）不受成分限制

韩语很多词语不仅可作修饰语，也可作中心语，可形成多种结构的搭配。如表 13-1 所示，韩语里与眼泪有关的表达非常丰富，共有五种类型，其中与汉语类似的有三种类型，分别是第 3、4、5 类。第 1、2 类与汉语不同，第 1 类是"눈물 + 名词"，汉语里除"泪腺"外，很少用这种结构。第 2 类是"动物名 + 눈물"或"스님 눈물"，汉语没有这种比喻表达。因为汉语"眼泪、泪"在前面时多形成"泪干肠断、泪如泉涌、泪如雨下"结构，这时"泪"是主语。汉语这种成语或四字格在韩语里成了一般性比喻结构，如类型 4。"泪"在后面时，多形成类型 5，而不会形成类型 2，因为汉语里表达与动物相关的类似意义时都用动词"哭"的相关结构，如"猫哭老鼠"，也没有与"鸡哭"或"鸡的眼泪"等有关的表达，也没有"和尚的眼泪"这种表达，虽然有"鳄鱼的眼泪"，但"鳄鱼的眼泪"是外来的西方谚语，是西方的搭配结构。

表 13-1　与"눈물"有关的表达

分类		搭配	对应汉语
1	～ + 名词	눈물바다	泪如雨下
		눈물단지	
		눈물바가지	
2	动物名 + ～	고양이 눈물	猫哭老鼠
		병아리 눈물	
		닭의 똥 같은 눈물	豆大的眼泪
		스님 눈물 같다	
3	惯用语	눈물이 핑 돌다	眼泪汪汪
		눈물 콧물 쏟다	鼻子一把，泪一把
		눈물을 쏟다	泪如雨下
		눈물이 괴다	眼含热泪
		피눈물 나다	痛哭流涕

续表

分类		搭配	对应汉语
4	比喻结构	억수같이 눈물을 흘리다	泪干肠断、泪如泉涌、泪如雨下
		눈물이 물 끓듯 넘쳐흐르다	
		눈물이 고짝 나다	
5	形容词定语 + ～	뜨거운 눈물	热泪
		굵은 눈물	豆大的眼泪

（三）不受语义限制

韩语配义性强与灵活性强的特点还表现为不受所搭配成分的具体语义的限制。前面的“세례、눈문”等已充分表现出了这样的特点。下面再看一个例子。

“벼락”也可以直接作定语修饰众多的名词，如表 13–2 所示，“벼락”的结合范围很广，虽然修饰的都是名词，但这些名词既可以是人，也可以是食物、工具、官帽或抽象词“행운”。“벼락”既可以直接作定语修饰名词，也可以用“벼락 같은”形式来修饰名词。除了作修饰语，“벼락”比喻意料之外地被浇了一身水时，可形成很多合成词“물벼락、돈벼락、소금벼락”等，如例（4），这些表达中的“벼락”都作中心语。

表 13–2　“벼락”修饰的词语

分类	语言表达	意义
人	벼락부자	一夜暴富的人
食物	벼락김치	用酱油腌制可直接吃的泡菜。也称作“급살김치（急煞--）”。
	벼락장	腌了七八天就直接吃的酱
工具	벼락방망이	突然挨的打
官帽	벼락감투	没有任何能力却突然当了官
幸运	벼락같은 행운	从天而降的幸运。

（4）a. 저한테 물벼락 준 것 사과하시라구요.《폼나게 살 거야》（35）你泼我一身水，你给我道歉！

b. 돈벼락 맞았는데 그 깟 풍길당 경비는 뭐 대수야?《우리집 꿀단지》（99）我已经发大财了，丰吉党保安有什么呀？

c. 소금벼락 그 정도 맞았으면 되지. 왜? 아직도 심심해? 또 뿌려줘?《최고의 연인》（43）我给你撒盐撒得够可以了吧？怎么？还觉得无聊啊？我再给你撒？

（四）可扩展度高

韩语形态搭配的灵活性还表现在形态上具有很高的自由扩展度。韩语

“타다”的配义性很强，可以自由搭配，不仅可形成“바람을 타다”搭配，还可以扩展成“‘3 저 호왕’의 훈풍을 타다”搭配，如（5）。

（5）경제도 … **‘3 저 호황’의 훈풍을 타고** 1980 년대 내내 성장률 두 자릿수를 오르내렸다 .《동아일보》（2016.12.31）经济……也搭上了“三低（油价低、美元价值低、国际利率低）”这一顺风车，20 世纪 80 年代一直保持着两位数的增长率。

韩语还有一些惯用语，如“소 먹듯 하다、소같이 먹다”，指吃得很多，可灵活用于句中如（6）。

（6）a. 점심때 **소 먹듯 했더니** 사람들이 아침 안 먹었느냐고 묻는다 . 午饭时我吃得很多，所以大家都问我是不是没吃早饭？

b. 옆방 학생은 저녁을 **소같이 먹고도** 밤이 깊어지면 먹을 것을 찾느라 부엌 근처를 기웃거린다 . 隔壁房间的学生晚饭即使吃很多，但到深夜就又在厨房里转悠着找东西吃。

二、配义性与形态象似性

韩语配义性强的搭配与构词特点使很多表达具有形态上的象似性。例如，韩语里蜜为“꿀”，还形成很多合成词比喻甜蜜、好，如“꿀밤”意为甜美、香甜的梦，“꿀물”比喻努力的成果或生活的韵致，“꿀맛”比喻好吃、有意思、有利可图等意义。随着“꿀”意义的抽象化，有时也用于“꿀같은”结构，如（7a）。“꿀”还直接作定语形成新词“꿀직장、꿀자료、꿀메이커”等，如（7b–d）。与“꿀”有关的合成词还有“꿀벅지、꿀피부”等，指光滑、有弹性、有光泽的大腿或皮肤。在这些合成词里，“꿀”的意义虽各不相同，但相关合成词从形态上来看却具有象似性，形成了以“꿀”为中心的词族。

（7）a. 이런 **꿀같은 휴가**를 그냥 놓치시는 거예요?《아이가 다섯》（38）你们就这样把这么好的休假放弃了吗？

b. 우리한테 이런 집은 **꿀직장**이야 .《내 사위의 여자》（15）对我们（保姆）来说，（人口少的）这样的人家是最好的职场。

c. 이게，이게 완전 **꿀자료**지 . 꿀자료!《김과장》（14）这，这完全是上好的资料啊！上好的资料啊！

d. 재가 저렇게 다닌 것 봤어? 요 앞의 슈퍼에 가도 **굴메이커**하고 다니는 애야 .《미워도 사랑해》（14）你什么时候看她那样（不化妆）出门过？去前面的超市她都描完眉画完眼才去。

不过，韩语形态象似性强的语言特点也会产生另外一种结果：形态象

似性强的语言形式在语义上并不一致，有时甚至相距甚远或相反，因此会带来理解上的混乱。如上面“꿀”的各种表达中，“꿀”的意义已各不相同，很难从原型意义上去进行推理识解。

再看一个例子。韩语“짝”意为一对、一双，或其中的一个，这个词已发展成了前缀“짝-”，如（8）。其中（8a）指单相思，（8b）指大小不同的，（8c）指不成对的，（8d）指成双成对、关系非常相配的。其中（8a–c）所涉及的思想或事物正常情况下都是成双成对的，否则是不正常的，而这却都用“짝-”来表达；（8d）中的中心语所表现的事物不一定是成双成对的，也用“짝”来表达。“짝-”的这些派生词具有形态上的象似性，但意义却不相同，这样就会影响人们的识解与记忆。

（8）a. 짝사랑

b. 짝귀、짝눈、짝불알、짝젖

c. 짝신、짝버선

d. 짝꿍、짝문、짝별、짝쇠

韩语因为是形态语言，所以可以根据很多语法手段来改变形态，表现出很强的灵活性，从而形成丰富的同源表达。韩语有惯用语“발（을）빼다/씻다”，比喻从某种关系中脱离、退出来，如（9a）。这个惯用语还有名词形式“발뺌”，如（9b）。“발뺌”又可以在后面添加动词“하다”，形成“발뺌을 하다”。虽然形态发生了三次变化，但意义并未发生质的变化，只是“발”的意义弱化了，但“脱离、逃脱”意义仍然存在，如（9c，d）。总之，韩语从形态上有“발을 빼다、발뺌、발뺌하다”三种形式，从而使语言表达从形态上显得非常丰富，且具有形态象似性，产生一定的理据性。

（9）a. 나 없으면 꼭 죽을 것 같이 울고불고 난리를 치더니 사람 마음을 싱숭생숭해놓고 이제 와서 **발을 빼**?《우리집 꿀단지》（31）你寻死觅活地说没有我你活不下去，把人的心撩拨起来了，现在又想撤啊？

b. 니 아들 단속도 못해놓고 왜 우리 딸을 잡아놓고 **발뺌이야**? 이것!《우리집 꿀단지》（43）你连自己儿子都管不住，却来找我女儿的茬，现在又想抵赖/狡辩啊！

c. 범인 취조하는데 범인 **발뺌하고 있다**.《쾌걸춘향》（1）正在审问犯人，犯人正在狡辩。

d. 증거가 여기에 다 있는데 **발뺌만 하시는 거예요**?《불어라 미풍아》（30）证据在这里呢，你还想狡辩吗？

e. 편지뿐만 아니라 확실한 정거 영상까지 있어요. 이런데도 **발뺌**

을 할 건가요?《최고의 연인》(69)不仅有信，还有铁证——视频资料，你还狡辩吗？

还有一些韩语表达，虽然在韩语里不会出现任何语义搭配问题，但如果直译成汉语，语义却是冲突、矛盾的。例如（10），这句话在韩语里虽然成立，译成汉语时，如果直译成（10a）却不成立，因为从语法上讲虽然符合语法结构，但语义上却无法搭配。所以汉语要根据语义译成（10b），才符合汉语的表达。

（10）흉악한 것들이 **오리발 내밀면서 발뺌**을 하면 안 되니까.《사랑이 오네요》(89)

a. 那些恶人借助把鸭掌伸出去来抽脚，是不行的。

b. 不能任由那些恶人装傻，找个漏洞溜了。

综上，韩语搭配上的灵活性使很多韩语表达具有了形态上的象似性，但这种形态象似性因为还伴随着语义的泛化与抽象化，当语义抽象到一定程度并与原型意义距离很远、差异很大时，那么就会出现形态象似而语义差距甚大的现象，那么就会带来识解上的困难，甚至是混乱。韩语形态语言的特点以及搭配的配义性使韩语产生了很多同源表达与丰富搭配，这是用具象化的语言形态表达抽象义，汉语如果直译有时会出现语义冲突。

第四节 配义性与语义搭配

韩语的合成词和词组搭配非常自由，尤其是很多具象化名词可作修饰语形成很多偏正搭配。这些搭配之所以成立，是因为韩语具有配义性强的特点，因此使韩语的相关词语在心智空间里可以通过语义弱化、比喻、映射等连通组合起来，形成搭配，并进入融合空间，经历概念整合，最终产生新义。

一、具象名词的语义搭配

韩语有很多“具象名词+名词”的搭配。例如：

（11）a. 밤엿 栗子大小的麦芽糖/块糖

b. 녹두밤 小栗子

c. 빈대밤 小扁栗

d. 덕석밤 大扁栗

（11）中有四个合成词，首先看（11a，b），这两个词的中心语是食物“엿、밤”，前面的修饰语“밤、녹두”也都是食物，从中国人的思维来

看，这种“食物＋食物”的搭配一般会被认为是并列构成，即修饰语也是这个合成词食物的一个组成部分。但在韩语里（11a）中的“밤”和（11b）中的“녹두”都不是食材之意，而是比喻后面食物的体积小。再看（11c，d），两者的结构相同，中心语都是“밤”，但修饰语不同。其中（11c）的修饰语是“빈대”，字面义是“跳蚤栗子”，指又小又扁的栗子。（11d）的修饰语是“덕석”，“덕석밤”的字面义是“草苫子栗子”，即又大又扁的栗子。

另外，韩语的四个合成词中都出现了“밤”，“밤”在（11a）中所起的作用是类前缀，是用栗子比喻大小；在（11b–d）中是具体义，相反，是前面定语位置的“녹두、빈대、덕석”等比喻栗子的大小与形状。这充分反映了韩语搭配的灵活性，同时也使“밤”的语义具有了强语境性。

韩语的这种搭配非常普遍。例如，（12a）中，具体事物“고추 辣椒”可直接修饰“바람 寒风”，比喻刺骨寒风（12b）中，韩语里“노른자위 鸡蛋黄”可以修饰“업무”。

（12）a. 고추바람 寒风

b. 노른자위 업무 重要业务

韩语“具象化名词＋名词”结构有时在汉语里没有相应的词或词组。如（13），韩语有很多“修饰语＋춤”所形成的词语，修饰语分别是“홍두깨、뚝배기、도랑、깨、떡、이”，其意义分别是大棍子、饭碗、水沟、芝麻、年糕、虱子，都是借具体事物表达特殊的人体动作。汉语的相关事物一般不会形成相关意义的词语或词组，需要解释性翻译。

（13）a. 홍두깨춤 假面舞中硬挺挺地站着双手向上跳舞。

b. 뚝배기춤 比喻舞姿生硬、不柔和。

c. 도랑춤 济州岛跳大神时大幅度旋转、动作激烈的舞蹈。

d. 깨춤 用炒芝麻时芝麻乱蹦的样子比喻体形小的人上蹿下跳。

e. 떡춤 指济州岛地区跳大神时，一边往天上扔年糕，一边跳的舞。

f. 이춤 衣服穿得太厚、身上背着东西无法用手挠痒痒、借助动弹身体来止痒的动作

综上，韩语里的这些词组、合成词的修饰语部分都是具象化词语，所形成的认知框架非常丰富，由于韩语词与词的搭配非常灵活，不受语义限制，所以形成了在中国人眼里看似冲突或无法联系到一起的很多搭配。

二、抽象词的语义搭配

除具象表达之外，韩语的抽象词也有很强的配义性。例如，韩语里毕

业为汉字词"졸업（卒業）"，指某一阶段学习的结束，还指熟悉、精通某些事情、技术或学问等，也可指结束。"졸업"可与动词性名词、人、职务、身份、事物等结合，表示结束，如（14）中的"화장실 청소 졸업"指厕所清扫工作结束；（15）主要与人结合，（15a）中的"자식한테서 졸업하다"指不再为孩子服务，去过属于自己的人生，（15b）中的"가장 졸업"指不再当家长，（15c）中的"남자 졸업"意为离开男人，不再找男人。"졸업하다"如果与物品结合，则表示结束使用某物，如（16）中的"전자레인지를 졸업"指的是不再使用微波炉。现在还出"결혼을 졸업하다"，还有缩略语"졸혼"，指结束婚姻关系但不走离婚手续的婚姻状态。总之，"졸업"的搭配非常广，几乎不受任何语义的限制。

（14）막내，오늘 신입이 왔으니까 **화장실 청소 졸업**. 이 놈이 알아서 할 거야.《사랑이 오네요》（113）老幺，今天有新人来了，你的厕所清扫可以结束了。这小子会看着办的。

（15）a. 나 이젠 이 집 **가장 졸업**이야. 我现在不想再当这个家的家长了。

b. 자식한테서 졸업하고 싶다. 我不想再为孩子操心了。

c. 아이구，**남자 졸업**을 못하고 남편 죽고 벌써 몇이냐? 셀 수도 없다야. 지저분한 계집애.《그래 그런 거야》（50）哎哟，你真是离了男人活不了啊。老公死了，这是第几个男人了啊？数都数不过来了。脏死了。

（16）**청소기를 졸업했더니** 청소가 좋아졌고，전자레인지를 졸업했더니 밥이 맛있어졌다.《문화일보》（2018.02.09）不用吸尘器了卫生更好了，不用微波炉了，饭更好吃了。

三、形态搭配与语义搭配的交织

韩语的形态搭配与语义搭配往往是交织在一起的，很难单独分开。例如，"보따리"这个词指小包裹，此外还有很多比喻义，如表13-3所示：

表13-3　"보따리"的搭配

搭配		翻译
抽象名词＋数词＋～	두 분의 사랑 **이야기는 한 보따리** 되겠네.《폼나게 살 거야》（4）	你们两位的爱情故事一箩筐也盛不了啊。
	근데 그 집 엄마 보면 **걱정이 한 보따리**예요.《최고의 연인》（80）	不过看他家母亲那样，我是一肚子的担心。

续表

搭配		翻译
具体名词＋～	누가 니 아빠를 데려간 값으로 **돈 보따리**라도 주겠대?《우리집 꿀단지》(18)	谁把你爸抢走了，作为代价要给钱袋子吗？
抽象名词＋～	이야기 보따리	一大堆话 / 话匣子，一大堆故事
	꾀 보따리	一包心眼
	그가 입만 열면 **익살 보따리**가 술술 나왔다.	他只要一张嘴就是一大堆的俏皮话。
	추억 보따리	记忆的橱窗
	고생보따리	一大堆困难 / 困难重重 / 书包
动词性名词＋～	웃음보따리	大笑不止 / 笑料、包袱
	울음보따리	又哭又闹 / 哭包

词典里虽标注“보따리”多比喻内心的想法或才气等，但实际应用时却有众多搭配。第一，可形成“抽象名词＋数词＋보따리”的结构，如“이야기 한 보따리”“걱정 한 보따리”；第二，可与具体名词结合，如“돈보따리”；第三，直接与抽象名词结合，如“이야기 보따리”；第四，与动词性名词结合，如“웃음보따리”。也就是说，韩语“보따리”可以有规律地搭配各种成分，并且更重视形态的结合。

例如，“사랑 이야기는 한 보따리”对应“爱情故事一箩筐”；而“이야기 보따리”根据“이야기”的语义，当指“话”时，可对应“一大堆话 / 话匣子”，当指“故事”时，对应“一大堆故事”，是将话、故事类的语义数量化了；而“걱정이 한 보따리”对应“一肚子的担心”，因为“担心”与身体有关，所以用“一肚子”强调数量多；“꾀 보따리”对应“一包心眼”，因为“꾀”与人的心思有关，所以用“心眼”，而量词用“一包”，因为这里主要强调包起来这种意义；“익살 보따리”对应“一大堆俏皮话”，与前面的“이야기 보따리”一致；“추억 보따리”与“记忆的橱窗”对应，因为中国人认为记忆与片段、场景有关；“고생보따리”对应“一大堆困难、困难重重”，这两种表达反映了中国人将困难看成数量或间断性东西的两种视角，所以可用数量词“一大堆”，亦可也用“重重”，青少年隐语中还将书包称作“고생보따리”，言外之意是上学很苦。当“보따리”与动词性名词结合时，如“웃음보따리”表动作时对应汉语“大笑不止”，表东西时对应汉语“笑料、包袱”；“울음보따리”表动作时对应“又哭又闹”，表人时对应“哭包”，之所以有这样的对应方式，是因为汉语的隐含主体也会对语义搭配起限制作用，但韩语没有这种限制。

如上，韩语“보따리”注重形态结合，即使与数词结合，量词可以不出现，前面的修饰成分对“보따리”没有语义的限制要求。韩语“보따리”还作定语，如“보따리 장사 小商贩、보따리 강사 大学的时间讲师”等。

综上，韩语配义性的特点使韩语可以用具象化词语作修饰语表达抽象义，用具象化事物表达动态意义，有的搭配表达的意义甚至与字面义相距甚远。很多名词可以灵活作中心语或修饰语，几乎不受语义的限制。可以说，韩语配义性强、语义搭配灵活性强的特点是韩语具有普遍性的特点之一。

第五节　配义性与词缀的形成

韩语里丰富的偏正结构以及韩语配义性强的特点为韩语词缀的发生以及派生词的形成提供了必要条件。前面已分析，韩语重视形态搭配，即韩语的搭配受语义限制小，在韩国人的心智空间中，只要一个词能有某一个方面能与另一个词产生联系就可作为两个输入空间被连通在一起，并形成新的合成词，而处于修饰地位的词语就有扩大修饰范围的可能性，从而形成同一系列的合成词，日久天长这个词如果再经历形态变化，有的甚至变成单音节形式，语义并且泛化（虚化）到一定程度，那么就具备了发展成前缀的可能性。

但偏正结构的合成词要想发展成派生合成词需要很多条件，例如词缀的形成条件之一是语义虚化，但语义虚化有程度之分。例如，韩语“집”意为家，其意义已发生泛化，有很多“-+집”的系列合成词，如（17）中的“집”在汉语里都不能对应“家”，虽然“집”已具有了后缀的功能，但《표준국어대사전》还未把“집”的这些用法视作词缀意义。

（17）a. 갈비집 排骨店、꽃집 花店、어린이집 幼儿园

b. 갓집 纱帽盒、거울집 镜盒

c. 몸집 个子/身材、살집 胖瘦、귓집 耳帽、웃음집 笑声不断

d. 고름집 脓包、병집 病因/病灶、흠집 伤痕/伤疤

偏正合成词的某一部分要想发展成词缀还受音节的限制。例如，双音节词“바다”不仅可与空间词、范围词（18a）结合，也可与非空间词（18b）结合，“바다”的语义已发生泛化并且虚化，但因“바다”是双音词，所以发展成后缀的可能性较小。

（18）a. 곡식바다（穀食——）粮食满仓、구름바다 云海、꽃바다 花海、나무바다 林海、물바다 一片汪洋、별바다 繁星满天/浩如烟

海、불바다 火海、피바다 血海

b. 눈물바다 泪流成河、울음바다 哭天喊地、웃음바다 爆笑连连 / 哄堂大笑

一般情况下单音节容易发展成词缀，双音节及以上的音节发展成词缀的情况较少。王芳（2013）所研究的129个韩语前缀中，单音节前缀为117个，这些单音节前缀很多都是从双音节以及多音节的原型变形而来的。仅有的12个双音节前缀分别是“어루、어리、옹달、가랑、각시、배냇（배내）、모다기、허튼、오른、도래、가막、까막、거머、막내、작은、내리、들이”，其中除了“어루、어리、옹달”的语源无法确定之外，这些前缀很多也都经历了形态变化，其中“허튼、오른、작은”是变形后的冠形词形式，“각시、배냇（배내）、모다기、도래、가막、까막、거머、막내”都是其他形态的变形，只有“내리、들이”与其原型动词“내리다、들이다”同形。

例如，“가루”本来是面粉之意，后来形态发生变化成为“가랑-”，在修饰其他词语形成合成词的过程中，具象框架“面粉”以及相关概念元素被忽略并慢慢消失，留存下来的是隐含框架与义征［+细的］［+小的］，并且具有一定的搭配能力，如“가랑눈、가랑말、가랑개미、가랑좁쌀”，因此“가루”最终发展成了前缀“가랑-”。

综上，韩语的配义性形成了一系列偏正结构的合成词，这些合成词具有形态与语义上的象似性，当处于修饰地位的部分语义足够虚化时，就具有了演变成词缀的可能性。

第六节　配义性与句内搭配

韩语句内成分的连接搭配虽然也要考虑语义搭配，但却表现出了很强的灵活性，对前后从句的语义要求不高，这也是韩语配义性强的一种表现与反映。

一、主谓搭配

韩语主谓搭配表现出了极强的配义性，主谓搭配的句子核心在动词之上，主语语义并不起主要作用，多种类型的主语都可与同一谓语进行搭配。

韩语动词“깊어가다”可与春夏秋冬结合形成相同的主谓搭配，具有形态上的一致性，如（19）。

（19）a. 봄이 **깊어간다** 暮春来临

b. 여름이 **깊어간다** 仲夏将至

c. 가을이 **깊어간다** 深秋将至

d. 겨울이 **깊어 간다** 寒冬将至 / 来临

韩语有词组“하늘에 닿다”，其搭配不受主体语义限制，可自由结合很多主体，如（20），主体可以是抽象的“爱、想法、赞扬、神仙风流”，也可以是“声音（哭声、喊声）”，但谓语都是“하늘에 닿다”。

（20）a. 어머니의 사랑이 **하늘에 닿았다**. 母爱比天高。

b. 지성으로 생각한 것이 **하늘에 닿다**. 一念通天。

c. 찬양이 **하늘에 닿다**. 赞扬满天飞 / 高度赞扬。

d. 통곡소리 **하늘에 닿다** 哭声震天

e. 웅장한 공연장 꽉 채운 팬들…‘함성이 **하늘에 닿다**’ 宏伟的演播厅里挤满了粉丝……“喊声震天”。

f. ‘신선 풍류, **하늘에 닿다**’ 를 주제로 열린 이날 음악회는 제주시 오라동주민자치위원회가 매년 준비하는 행사로 올해 일곱번째를 맞았다.《연합뉴스》（2010.10.16）这一天，一年一届的以“神仙风流：敢与天公试比高”为主题的音乐会在济州市吾罗洞市民自治委员会的主办下迎来了第七届盛会。

二、动宾搭配

韩语属于黏着语系，句子的基本结构是 SOV，与语义相比，更看重形态结构，这种重形不重义的语言导致韩语很多惯用语或动词可以比较自由地结合更多的宾语，因此也使这些动宾搭配根据语境产生了丰富意义，从而形成了一形多义的现象。

（一）动宾结构的惯用语

韩语有很多动宾结构的惯用语，如（21）中惯用语“문을 열다”有四个意义，指开始营业、开放门户、某个组织没有限制地接收人员、因故停止或中断的事情重新开始等。

（21）a. 저 옷 가게는 처음 **문을 열었을 때부터** 손님이 북적대었다. 那家服装店从刚开 / 开业时就人满为患 / 人头攒动。

b. 일찍이 외국 열강에게 **문을 열었다고** 하더라도…即使早早地对外国列强实行门户开放。

c. 우리 등산 모임은 희망자 모두에게 **문을 열어 놓고 있다**. 我们登山协会的大门对有意参加的人都是敞开的。

d. 이제 **마음의 문을 열고** 사람을 대하기로 결심하였다. 我现在决心打开心扉去对待他人。

（二）动宾合成词

韩语里动宾结构的惯用语很多发展成了动宾结构的合成词。这类动词一般也都产生了比喻义，还可与多种宾语搭配。

首先看合成词“수놓다”，这是从动宾词组“수를 놓다”发展来的动词，所表达的意义因宾语的不同而不同，（22a）是具体义，（22b）比喻景致就像用彩线绣上的那样美丽。“수놓다”有时也可用于抽象事物，如（22c）。

（22）a. 꽃과 나비를 수놓은 치마 绣了花、蝴蝶的裙子

b. 군데군데 **단풍을 수놓은** 산봉우리 枫叶染红了山峰

c. **미술사학계를 수놓았던** 기라성 같은 대가들…（网络）为美术史学界增光添彩的大家们灿烂如绮罗星……

再看由词组“주름을 잡다”发展而来的动词“주름잡다”，这个词比喻所有的事情都是自己占主动地位，按照自己的想法去处理，其宾语几乎不受任何限制，如（23），“주름잡다”的宾语可以是某个地区、天地、大海、舞台、时间等，从而使韩语句子具有很强的形态象似性与语义象似性。

（23）a. 인천 일대를 주름잡던 사나이 在仁川一带叱咤风云的男人

b. 천하를 주름잡다 将天下视作囊中之物

c. 그는 **바다를 주름잡는** 용감한 해군이었다. 他是个勇敢的海军，对他来说，大海就是一个玩物。

d. 홍진영, **행사장을 주름잡다** ‘이래서 행사의 신!’《미디어펜》（2017.06.16）洪真英在活动现场风头尽出，不愧“活动女神”。

e. 박신혜, **2014 년을 주름잡다!**《스포츠투데이》（2014.12.30）朴信惠接管 2014 年。

有时韩语的同一动词还会出现在同一句话里表达类似的意义。如（36），句中出现了两个“주름잡다”，所结合的都是处所名词，分别是“무대、극장”。

（24）연극무대 **주름잡던** 배우들 안방극장 **주름잡다**《스포츠동아》（2015.04.21）曾经活跃在话剧舞台的演员们接管了电视剧舞台。

因为韩语是形态语言，句子成分之间的关系并不是那么紧密，可以随时调整前后顺序，动词中间也可以添加其他成分。例如，（25b）中的“주름잡다”指的是在美国长期定居，而（25c）在“주름잡다”中间添加了主体“아무나”，从而将合成词临时拆分开了。

（25）a. 신다희：정훈씨는 미국 못 가봤어요? 郑勋你没去过美国吗?

b. 김정훈: 학창 시절에 잠깐 다녀봤습니다만 신다희씨처럼 **주름 잡았던** 것 아니고요. 上学的时候去过一段时间，但是不像申多惠你那样待了那么多年。

c. 신다희: 주름은 아무나 잡나? 《사랑이 오네요》(90) 你以为美国是谁都可以待的地儿吗?

(三)一般动词的搭配

动词还有及物与非及物的区别。例如，韩语的“흘려보내다”是及物动词，可以带宾语，如(26)中的“세월을 흘려보내다”，但在汉语里类似意义的“流逝”多用于主谓结构“岁月流逝”，其中“流逝”是不及物动词，即使强调是人的不作为浪费了时间，一般要用“任由/任凭时间流逝”类结构，借助“任由”或“任凭”表达及物意义。正因为“흘려보내다”是带宾合成词，其宾语可以从时间扩大为话语，因此“흘려보내다”还指不注意听，如(27)。

(26) 세월을 흘려보내다 任由/任凭岁月流逝

(27) 나는 그들의 지저분한 잡소리를 한쪽 귀로 흘려보냈다.

a. 对他们之间的难听话，我充耳不闻。

b. 对他们之间的难听话一只耳朵进，一只耳朵出。

三、状中搭配

韩语很多惯用语在句子中可以灵活地做状语修饰谓语，不受语义的限制。例如，韩语有主谓结构的惯用语“허리가 휘청거리다”，不仅可用于句尾做谓语，如(28a)，也可用于句中与“-ㄹ 만큼”结合做状语，如(28b)。

(28) a. 그녀는 두 자녀의 학비와 학원비로 **허리가 휘청거렸다**. 她因两个孩子的学费和辅导费而累弯了腰。

b. 어머니는 **허리가 휘청할만큼** 비싼 물건을 구입했다. 母亲买的东西昂贵得令人难以负担。

韩语配义性强，因此并不限制同一句子中出现相同的词语。例如，韩语有惯用语“헌신짝 버리듯”，比喻用的时候很珍惜，但之后就毫不珍惜地丢掉，如(29)，“버리다”中前后出现了两次，第一次出现是作状语，第二次出现是作谓语。

(29) 너 윤재한테 뭘 잘못했어? 어쩔길래 결혼까지 약속해 놓고 **헌신짝 버리듯 버려져**? 《별난 가족》(48) 你到底做了什么对不起允在的事? 到底是因为什么? 定好结婚却又被他像扔破烂一样抛弃?

有时韩语还会出现一些状中搭配。例如，韩语有主谓结构的惯用语“오금이 가렵다”，可与“-도록”结合做状语，如（30），意为程度非常高并且，韩语状语因为主语是泛义的“人”，所以将主语省略了。

（30）**오금이 가렵도록** 멋있는 청탁 처리 유형이 아닐 수 없다.《이규태，한국인의 버릇》这种处理人情世故的方式真令人拍案叫绝。

综上，韩语惯用语因为具有很强的配义性，可以灵活作各种句子成分，并且重复出现的情况很普遍，也可以省略泛义的主语。

四、定中搭配

韩语的配义性也表现在定中搭配上。

韩语里“개다리”意为狗腿子，可做定语修饰多种中心语，具体而言，可以根据狗腿不直这一特点修饰器物（31a）；也可以修饰其他抽象词表达不合礼法的（31b）、不是通过正常渠道的（31c）、放肆的、令人讨厌的（31d）。

（31）a. 개다리소반 曲脚盘子、개다리밥상 曲脚饭桌

b. 개다리상제 不合礼法的丧制

c. 개다리참봉 狗屁小官、개다리출신 狗屁出身／武官

d. 개다리질 令人讨厌的行为／贱／狗腿子

韩语的中心语可以带多种类型的定语。例如，韩语汉字词“귀신（鬼神）”可做中心语形成“살림 귀신”“갈비 귀신”“청국장 귀신”“연애 귀신”等搭配。其中（32a-c）中的“귀신”比喻只做某件事的人，（32d）中的“귀신”比喻善于干某件事的人。

（32）a. 너희 어미처럼 팔자소관만 하며 살게 하지도 않을 테고，너희 할머니처럼 **살림 귀신** 노릇만 하게 하지도 않을 작정이다.（我）不会让你像你母亲那样认命地活着，也不会让你像你奶奶那样整日地忙于生计。

b. 웬일 이래? 그 **갈비 귀신**이.《가화만사성》（11）这是怎么了？他不是看见排骨就流口水吗？

c. 먹고 가든가. **청국장 귀신**이잖아?《우리 갑순이》（16）要不就吃了走。你不是看见发酵黄豆汤就拉不动腿吗？

d. 내가 **연애 귀신**이야.《빛나라 은수》（49）我是恋爱专家。

韩语不强调灵性搭配问题。例如，韩语“콧노래”指用鼻子哼着唱歌，一般高兴的时候才会哼歌，所以“콧노래”还比喻高兴如（33），“콧노래”的主体是“은행 银行”这种非人的东西，是拟人用法。再看如（34），“곳”的定语“다정하다”与“좋다”，其中“다정”意为多情。类似的还

有形容词“정겹다”，当其中心语是非灵主语时，需译成使动结构“令人愉悦”（35a），或者译成“亲切、亲密、甜蜜”等（35b，c）。韩国人的这种拟人比喻思维也使韩语很多惯用语也具有了类似的语义特点，例如惯用语“손（을）주다”指给青藤植物搭架子，是一种比喻和拟人用法。

（33）앞으로 시중금리도 자연스럽게 따라 오를 것으로 보여 내년까지 **은행들의 콧노래**가 이어질 가능성이 높아졌다.《동아일보》（2016.10.23）（大家认为）今后各银行的利息会自然上升，所以银行的好日子很可能会延续到明年。

（34）내게는 서울처럼 **다정하고 좋은 곳**이 없다. 对我来说，没有比首尔更亲切、更舒服的地方了。《延世韩国语阅读 4》（내고향 서울）

（35）a. 고향 마을의 **정겨운** 분위기가 더욱더 그립다. 更加怀念故乡村落那令人愉悦的氛围。

b. **정겨운** 목소리 亲切的声音

c. **정겹게** 이야기를 나누다 亲密交谈 / 谈论甜蜜的话题

韩语对音律、重复的限制小。如（36），韩语“늙다리”贬称年纪大的人，与“노처녀”结合形成了定中搭配，因为两者近义，所以属于同义重复结构。

（36）**늙다리 노처녀**도 면사포 쓰는데.《사랑이 오네요》（83）连老处女都穿婚纱结婚了。

五、数量搭配

韩语的数量搭配主要表现在复数词“들”以及具有复数意义的动词之上。如（37）中，后面的谓语是“속출하다”，意为连续出现，具有复数意义，具体运用时，前面的主语有时还可加复数词“들”，如（37a），有时并不加，如（37b，c）。也就是说，韩语复数词“들”的使用非常随意。

（37）a. 병원에는 그동안 기묘한 **사건들이 속출하고 있다**.《홍성원，육이오》期间医院里断不了发生奇怪的事情。

b. 이번 경기에서는 **신기록이 속출하고 있다**. 此次比赛中新纪录层出不穷。

c. 계속되는 불황에 문을 닫는 **가게가 속출했다**. 由于持续的不景气，关门的商店是一家接一家。

六、复杂搭配

前面分别分析了主谓、动宾、状中、定中等搭配形式，但韩语里某些词语或惯用语可形成这些搭配中的两种以上的形式，表现出很强的配义性。

例如，韩语“고프다”是自动词，指有饥饿的感觉，其搭配范围与形式很广，从搭配结构来看，可形成主谓搭配，如（38a，b），也可形成状中搭配，如（38c）；从搭配范围来看，与“고프다”所结合的事物中，“肚子”是最常规的搭配，此外还有“酒”（38a）、抽象话语（38b）或称赞（38c）等。

（38）a. 무슨 와인은 술처럼 마셔? **술 고팠어**? 《아버지가 이상해》（29）怎么喝红酒就跟喝水似的啊？你馋酒了，是吧？

b. 배가 고프면 식당 가고 **말이 고프면** 경로당 가요.《다시，첫사랑》（25）肚子饿了去饭店，没人唠嗑去老年活动中心啊。

c. 나 요즘 너무 **칭찬에 고파**. 나한테 칭찬해 준 사람 없어.《질투의 화신》（19）最近我非常渴望别人称赞我。因为没人称赞我。

汉韩两种语言都用“马蜂窝”作比喻，但汉语多限于“捅了马蜂窝”这种搭配，韩语“벌집”的搭配却非常灵活，可以像汉语那样与他动词“건드리다”形成动宾搭配，如（39a）；还与自动词“터지다”形成主谓搭配，汉语需意译成“出现麻烦”，如（39b）；“벌집”还与“되다”结合形成“大主语+[小主语+谓语]”搭配，主语可以是“마음”，如（39c）。

（39）a. 한아름 너 왜 **벌집을 건드린** 거야? 왜? 《최고의 연인》（63）韩雅琳为什么去捅这个马蜂窝啊？为什么？

b. 이해인을 건들리면 더 **벌집 터지겠지**. 우는 아이에겐 사탕이 최곤데.《사랑이 오네요》（36）如果动李海仁，肯定会出现更大的麻烦。要想哄哭泣的孩子，最好用糖块。

c. 그러다가 우리 은수 **마음 벌집만 될까봐** 못 물어보겠어.《빛나라 은수》（10）我怕我一问，恩秀心里不好受，所以没敢问。

韩语还有汉字词“일침（一鍼）”，意为一针，比喻令人感到疼痛的忠告或警告，可形成多种搭配，如（40a，b）分别与“가하다、놓다”结合形成动宾结构，（40c）与“되다”结合形成主谓结构，并且“일침”还可以带定语形成定中结构“뼈 아픈 일침”。

（40）a. 그는 문제의 급소에 **일침을 가했다**. 他一针见血地指出了问题的核心所在。

b. 이들은 우수한 인재들이 서울에 편중되어 있는 현상에 **일침을 놓았다**.《동아일보》（2016.10.03）他们给优秀人才总是偏向去首尔这种现象以重重的一击/当头一棒。

c. 선생님의 말씀은 방황하는 나에게 **뼈 아픈 일침이 되었다**. 老师的话深深刺痛了彷徨不安的我。

韩语还有固有词“소나기”，指骤雨，也比喻突然喷下、发生或降临的东西，用于此义时可做定语与主语，当做定语时，“소나기”所具有的核心义“雨”已消失，被激活的是附属框架，如（41a）激活的是“突然发生的、大量的”框架；做主语时激活的是“声音很大”这一认知框架，如（41b）。“소나기”也比喻爱情，韩国小说《소나기》（黄顺元著）比喻的也是青春期的短暂爱情，如（56c）。

（41）a. **소나기** 펀치를 퍼붓다 一阵乱捶

b. 포성은 여전히 정신없는 **소나기가 되어**…《박영한，머나먼 송바 강》炮声依旧震天……

c. 우리 지석이 이렇게 끝낼 거야. 어차피 잠깐 지나가는 **소나길** 거라고.《전생에 원수들》（74）我们智硕会结束（这段爱情）的。只是一阵“雷阵雨”罢了。

第七节 配义性与单复句搭配

韩语对语义搭配要求低的这种语言特点不仅表现在词语、词组或惯用语的搭配之上，还表现在一般的主从句搭配之上。汉语一般情况下要求从句的前后两个句子成分的主语一致，但韩语却可以容许出现前后两句话句子主语不一致。

一、短语

先看下面的例子。

（42）벼락이 따라가서 맞아 죽을 놈. 林丛刚《新编词汇学概论（第二版）》（221 页）

a. 雷跟着过去，被雷劈死的小子。

b. 被跟着过去的雷劈死的人。

c. 雷会跟着过去劈死他。

d. 遭 / 被雷劈的小子。

e. 遭 / 被雷劈的。

（43）벼락이 따라가서（**따라간 벼락에**）맞아 죽을 놈. 雷跟着过去，被跟着过去的雷劈死的人。

如（42），韩语是定中结构的短语，定语是并列复句结构的“벼락이 따라가서 맞아 죽다”，但复句中的两个小句的主语并不一致，第一个小句的主语是“벼락”，根据语义，后面的小句应用使动词“죽이다”，但因为“맞다”是被动意义动词，因此其主语不能是动作的施事者“벼락”，只能是动作的被动接受者“놈”，因此受被动意义动词“맞다”的影响，那么后面只能出现表结果的自动词“죽다”，而不能出现具有使动意义的“죽이다”，因为“맞아 죽이다”的语义不合逻辑，因此就形成了句中出现的“맞아 죽다”结构，但这个动词词组所隐含的主语是“놈”，因此其字面义如（42a）所示，是“雷跟着过去，被雷劈死的小子”，而“雷跟着过去”与“被雷劈死的小子”这两句话虽然从语义上来看，属于“原因与结果”或“事情发生的先后”这样的关系，因此韩语也用了“-아 + 서-”连词，但从主语与隐含主语以及主动与被动角度来看，逻辑上是讲不通的。这种逻辑矛盾的出现应该与句子省略了“따라간 벼락에”有关，因为其原型应该是（43）。（42）类型的句子是（43）通过“截搭型”概念整合的方式所形成的，如图 13-1 所示。

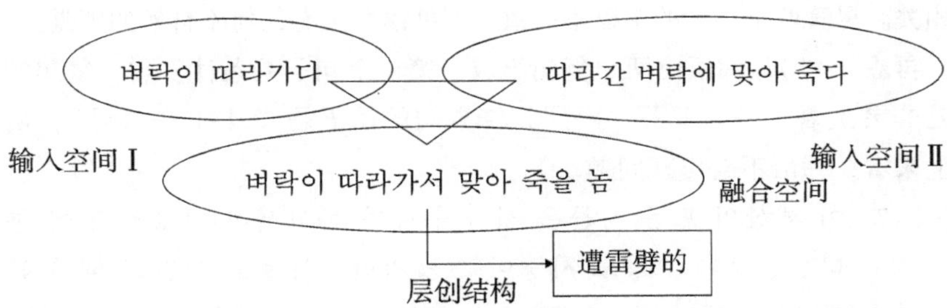

图 13-1 “벼락이 따라가서 맞아 죽을 놈”的形式整合与概念整合

二、单句

首先看主谓搭配的句子。（44）中的韩语是单句，句子主语是“좋은 생각 好点子”，谓语是“머리에 떠올랐다”，但前面的状语“곤란한 상황에서”其实隐藏了说话人“我”，也就是说，这句话状语的主语是“我”，但句子的主语却是“好点子”，前后主语不一致，认知框架出现了转换，但韩语却没有任何不自然的感觉。

（44）곤란한 상황에서 마침 좋은 **생각이 머리에 떠올랐다**.

a.（当我）正犯愁的时候，正好一个好点子浮现在了脑海里。

b.（当我）正犯愁的时候，正好想到了一个好点子。

再看主宾谓搭配的句子，如（45）中主语是“선풍기”，宾语是“열

풍”，谓语是“끼얹다”，其中谓语“끼얹다”指液体或固体的东西倾撒在某物之上，但（45）的主语却是电风扇、宾语是热风，但在韩语里这种表达很自然，也就是说，韩语对主谓宾的语义搭配要求不高。

（45）손바닥만 한 **선풍기**는 후텁지근한 **열풍**만 얼굴에 **끼얹어 댈** 따름이다.《안정효，하얀 전쟁》
手掌大的电风扇只是不断地将闷热的热浪吹到脸上而已。

三、复句

（一）书面语

先看下面的例子。

（46）오전 내내 생각해 봐도 그 사람의 이름이 떠오르지 않는다.
虽然（我）想了整整一个上午，但就是想不起他的名字。

（46）是个复句，前面的让步从句隐藏了主语“我”，后面句子的主语是“名字”，两个句子的主语不一致，而主语的不一致也可以从动词判断出来，因为韩语两个小句的谓语分别是“생각하다、떠오르다”，明显与不同的主体相关。尽管两个小句的主语不一致，但韩语并没有任何不自然的感觉。

再看（47），韩语由两个复句组成。第一个句子是条件复句，复句的主语是非灵主语——“모든 사물”，结果句的谓语是“정이 통하다”，从语义上来看，韩语不会出现问题。

（47）이 세상의 **모든 사물**은 시간의 때가 묻고서야 비로소 **정이 통한다**. 우정이 그렇고 사랑이 그렇지만，사물도 시간의 때가 묻어야 정이 붙는다. 通常人们对世界上的所有事物都是日久生情的。对朋友是这样，对爱人是这样，对东西也是这样。《延世韩国语阅读 4》（내공항 서울）

再看比较复杂的复句，如（48）有三个小句，其中第一个小句的主语是“트럭”，第二个小句的主语是“주민들”，第三个小句省略了主语，根据后面的动词“교환해 주다”，可以推测被省略的主语是“트럭”，也就是说，韩语的小句的主语可以隔空承前省略，并且“교환해 주다”的主语可以是无生命的。

（48）**트럭** 몇 대가 15 일 마다 저소득층이 살고 있는 교외 여러 곳을 돌아다니는데 / 이때 **주민들이** 모아 둔 재활용 쓰레기를 가져가면 / 필요한 식료품으로 **교환해 주었다**.《延世韩国语阅读 4》（살기 좋은 도시）每隔 15 天，会有几辆货车开进低收入人群居住的郊区，这时，居民们可以用平常收集的可回收垃圾来换取一些食物。

（49）也是复句，有四个分句，其中第一个分句的主语是隐含意义的说话者“나”，第二个分句的主语是“한강의 냄새”，第三、四个分句的主语是隐含主语“나”。也就是说，韩语四个分句的主语不一致，但读起来却很自然。

（49）촬영 여행을 갔다가도 멀리 **한강의 냄새**가 풍겨 오면 이제 집에 다 왔구나 싶어 **마음이** 놓이고 **긴장이** 풀림을 느낀다.《延世韩国语阅读 4》（내공향 서울）
摄影旅行归来，远远闻到汉江的味道时，我就会产生一种到家的感觉，心情变得轻松，紧张情绪也随之消散。

（二）口语

口语中的例子可以分为两种类型，有的主语是明示出来的，有的主语是隐含类型的。

（1）明示化的主语

（50）是前后主语不一致的例子，韩语是三个分句，第一、三个分句的主语都是隐含的“我”，第二个分句的主语是“星星”。（51）的韩语有两个主语，分别是“지훈애미”与“난리”。

（50）집안이 망했다는 소식을 듣고 **별이 보이더니** 정신이 없었다. 听到家族没落的消息后，我一阵眩晕，不禁蒙了。

（51）**지훈애미가** 사돈처녀를 기압을 주고 **난리가** 났었나봐.《아버님, 제가 모실게요》（31）好像是志勋他妈对亲家姑娘施压，大闹了一场。

（2）隐含主语

韩语口语里经常省略主语，如（52），并且后面的复句中两个小句都省略了主语。

（52）안 봐도 비디오네. **애를 얼마나 잡았으면 반쪽이 됐어**.《당신은 선물》（13）不用看也知道。不知道她是怎么折磨孩子的，那孩子完全瘦了一圈啊。

韩语的很多复句存在隐含主语，例如（53），第一句话中，前面分句的主语是隐含的“我”，后面分句的主语是“谁”，前后主语不一致。

（53）봉사하러 가다가 **누가** 실수로 좀 쳤어…조금 전까지는 눈앞에 **별이** 번쩍번쩍했는데 이젠 괜찮아.《빛나라 은수》（48）
我去做义工的时候被谁不小心打了一下……刚才（我）还疼得眼冒金星呢，现在好多了。

再如（54），“초대를 하기에 맥도 모르고 갔더니”是原因复句，但表

原因的小句“초대를 하기에”的主语是隐含的他人，但后面“맥도 모르고 갔더니”的隐含主语是第一人称，前后主语不一致。

（54）초대를 하기에 맥도 모르고 갔더니 그 친구 생일이었다.

他邀请我，我不知就里地就去了，结果发现是那个朋友的生日。

韩国人喜欢用被动句，因此会导致前后的语态不同，并且还会伴随着被动句主语的省略。如（55）的第二句话中，主语是“다들”，但分句“꼭 잡힐 겁니다”隐含了被动主语“옥녀”。

（55）제가 포도청 밥 먹은 이내로 이렇게 큰 포상금 처음 봤어요. **다들** 눈 뒤집혀서 찾고 있으니까 **꼭 잡힐 겁니다**.《옥중화》(10)

自从我干捕盗厅这一行以来，这么大的悬赏还是第一次见。大家眼馋这笔钱，都急疯了眼似的正在查找，人很快就会被抓到的。

根据语境的不同，韩语的主动句有时需要转换为汉语的被动句或把字句。（56）的第二句话中，条件从句的主语是隐含的“너”，属于承前省略。后面的“바로 넘어오고”的主语是隐含的第三人称主语“그”，译成（56a）时，明示结果句的主语“他”，将“넘어오고”译成“过来”，但没有译出“算计”的意思。译成（56b）时，明示主语“他”，用被动句体现“算计”意义，但前后主语不一致。译成（56c）时，是将隐含的主语译成宾语，语态是把字句，前后的主语一致，表达更流畅，“算计”意义更突显，更加符合原文的意义。

（56）너 대체 누구를 닮았냐? **날 닮았으면** 바로 **넘어오고** 살림도 차리고 깨도 볶고 살겠다.《불어라, 미풍아》(35)

a. 你到底是像谁啊？（你）要是像我的话，他早就过来和你一起生活，甜甜蜜蜜地过日子了。

b. 你到底是像谁啊？（你）要是像我的话，他早就被你弄到手一起生活，甜甜蜜蜜地过日子了。

c. 你到底是像谁啊？（你）要是像我的话，早就把他弄到手一起生活，甜甜蜜蜜地过日子了。

第八节　配义性与谚语

虽然学界一般将配义性局限在词内，但韩语配义性的特点也表现在语篇里，也就是说语境义的产生。除了词语、词组、惯用语会产生语境义外，谚语也会产生语境义。韩语的谚语可以灵活用于多种意境中而产生丰富的语境义。

例如，韩语有谚语“번데기 앞에 주름잡듯”，字面义是在蚕蛹面前拿褶皱，意为班门弄斧、关公面前耍大刀，但在具体语境里，这个谚语所表达的意义并不一致。例如，电视剧《그래 그런 거야》中，因孙子的就业问题，婆婆把儿媳训了一顿，大意是因为不满意孩子就整天摆个臭脸，并且两人之间还有了下面的对话，

（57）a. 김숙자（시어머니）：니가 왕이야? 你是王啊?

b. 한혜경（며느리）：환갑 넘어 꾸중 맞은 왕은 어딨어요? 上哪儿去找过了花甲还挨训的王啊?

c. 김숙자：**번데기 앞에 주름잡아**? 어디서 나이 자랑이야? 你班门弄斧啊? 你这是在谁面前装大啊?

（57c）中，“你在我面前说自己年龄大，说得着吗？”这段对话的概念整合过程如图 13–2 所示，两个输入空间“儿媳妇在婆婆面前说年龄大了”与“没皱纹的人或事物在蚕蛹面前拿褶皱”借助类属空间的相似性而被连通起来，并且在融合空间激活了相关认知框架与背景知识与文化模式，即儿媳的年龄一般比婆婆小，这是常识。然后在层创结构产生了新义，即在婆婆面前装老。

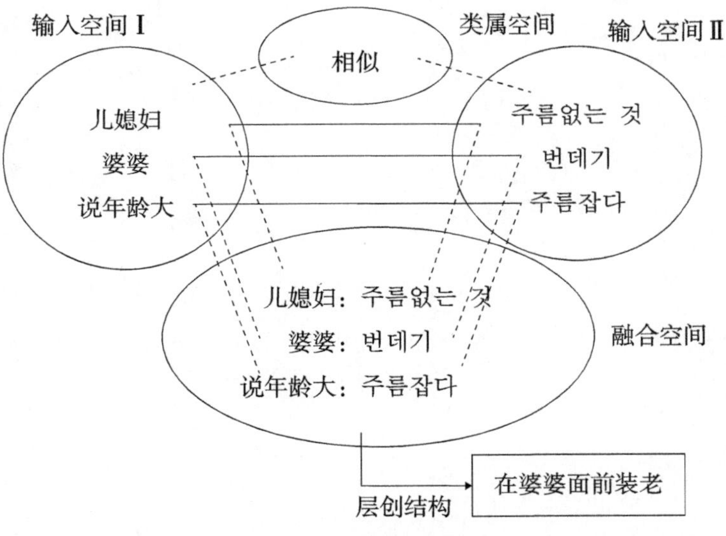

图 13–2　“번데기 앞에 주름 잡다”的概念整合

再如电视剧《월계수 양복점 신사들》(50）中，当看到丈夫破产后，최지연说自己压力很大，婆婆고은숙对此大为不满，骂道：

（58）**번데기 앞에 주름잡는 것도 아니고**? 니가 스트레스 쌓이면 우

리 효상보다 더 쌓이겠냐? 니가 괴로우면 우리 효상보다 더 괴롭겠냐구? 你这是在谁面前装啊? 你有压力，能比我们孝尚压力大吗? 你难受，能比我们孝尚难受吗?

在（58）中，“번데기 앞에 주름잡다”通过概念整合产生了“儿媳压力不大、难受程度不高，但却说压力大、很难受”这一新义。

如上，“번데기 앞에 주름잡다”可以适合不同的语境，根据不同语境可以产生不同的新义。这些语境义的产生，是因为“번데기 앞에 주름잡다”所激活的认知框架是“形态”“逼真、相像”，因此“年龄大、压力大”都可以通过相似性而与“形态”相连通。

第十四章　语言象似性与模糊性

韩语具有语义模糊性的特点。其中，韩语形态语言的特点是造成韩语语义模糊的一个重要原因，例如，从字词本身来看，韩语的“매듭”本身是形意分离的。从词义和构词来看，“매듭”与“结”作名词时意义一致，“매듭”还产生了很多比喻义，可比喻事情不顺利所形成的症结、疙瘩、难题，如（1a）；也比喻事情的结尾，如（1b）；有时也比喻结束，如（1c，d），也就是说，同一个形态“매듭”表达除基本义之外还有另外三个比喻义。

（1）a. 문제는 이 **매듭**만 풀면 해결된다. 只要把这个症结打开，问题就解决了。

b. 사태의 **매듭**은 빠를 수록 좋다고 강조해 마지않는다. 极力强调事态的结尾越快越好。

c. 여기서 **매듭** 지어. 그래야 서로가 편해.《가화만사성》(26) 我们就此了结吧。只有这样我们相互之间才会舒服。

韩语语义的模糊性特点的直接表现有：同音词、多义词等，这些语言形式本身就具有语义模糊性；韩语的语义模糊性还表现在其他一些方面，如：主体、对象或客体、谓语、修饰语等都表现出很强模糊性。

本章首先分析语义模糊与语言象似性的关系，然后再分别对韩语的模糊性进行一一分析。

第一节　语言象似性与语义模糊

在具体的语言交际中，人们在面对关系熟悉的内群体交际时，“语言出现缩减和省略的程度”（王寅，1999：128）要高于与外群体交际时的程度。也就是说，人们交际时所动用的语符数量与语境成反比现象，如果是低语境社会，那么所动用的语符数量就高，如果是强语境社会，那么所动用的语符数量就低。这种现象被称作语言的“数量象似性”，即“形式简短象似于概念熟悉，可预测度高；形式量多象似于概念生疏，可预测度低”（王寅，1999：120），也就是说，语符数量象似于概念数量（王寅，1999：117）。

具体而言，与某一概念有关，如果词汇量少，那么语法规则就复杂，语法象似度就高（王寅，1999：136）。因为如果词汇量少，那么就需要借助词组、较长的词组甚至句子来表达或进行解释性说明，而词组的形成、句子的形成需要借助更多的语法规则，因此语法象似度就高；如果词汇量多，那么在表达相关概念时，就无需借用更多复杂的语法规则，因此语法象似度就低，因此可以说“词汇数量与语法象似性成反比”（Haiman，1980：536；王寅，1999：135）。

根据语言象似性理论，语言的象似性不仅表现在词汇之上，还表现在词组、句子，甚至语篇之上。在中韩跨语言环境中，因为韩国社会是比中国社会更突出的强语境社会，所以韩国人在表达同一概念时所动用的语符数量相对来说就少，其主要表现形式就是：韩国人在交际时会有意识地省略一部分内容，例如惯用语因此表现出很强的灵活性，可以省略或不出现某些成分，这种现象并且非常普遍；韩语还会形成多种形式的缩略表达，如缩略型谚语。

关于语符数量与语义的关系，王寅（1999：134）曾提出“形式简短象似于语义呈隐性状态，形式量多象似于语义呈显性状态”，这里所说的“语义呈隐性状态”也就是本研究所说的语义模糊性。当表达某一概念时，如果使用的语符数量少，那么语义就会具有模糊性。韩语惯用语与谚语的缩略变形，从形态上来看，缩略变形使语言形式的用法非常灵活，受限制小，由此带来的便是语义的模糊性，语符数量越少的缩略形式，其语义的模糊性就越强。

除了语符数量与语义模糊性之间的这种象似性之外，语义的象似性还可以从语义的理解的角度来分析。可以分两种类型，第一类是多义词（惯用语、谚语）的模糊性，当一个语符表达多个意义时，也就是说单位语义量多时，那么每个意义的识解就要依靠丰富的背景知识以及前后语境，因此语义就具有了模糊性；反之，如果每个语符表达的意义非常固定，那么语义就非常明确。韩语具有很强的语义泛化特点，很多语符具有多义性。第二类是比喻性表达的模糊性，如果与某一概念有关，在某种语言里有相应的具有比喻义的具象化语言形式，而在另一种语言里却需要用其他抽象的语言形式，两种语言形成了“比喻性具象化表达”与“抽象表达”的不同。虽然具象化语言具有形象、特点明确的特点，但因为这类比喻具象化语言形式绝大多数所表达的却是抽象性意义，因此在识解时就会经历一个“比喻性具体语言形式→抽象语义→理解”的过程，这是一个较复杂的过程，因此位于最前端的“语言形式”就具有了语义的模糊性。相对来说，直接用抽象语言表达语义的话，其语义的表达与理解过程是“抽象表达=抽象语义→理解”，因此少了一个步骤，相比之下，使语义具有了明确性的特点。也就是说，比喻性和具象性的强弱与语义的模糊性强弱成正比关系。

第二节　主体意义的模糊性

汉语主谓结构的词语、惯用语、句子一般都拥有各自相应的主体，但韩语里很多类似表达却表现出了主体不明确的特点，有的甚至发生了主体意义的弱化或消失，在句子中有时用外界事物或他人表达主体，有的用身体部位表达主体，有时说话者会发生隐身现象，这都使韩语主体意义具有了模糊性的特点。

一、主体不明确

对象或主体的模糊性可以表现为四种类型。

（一）词语主体不明确

首先看知觉词语的例子。知觉具有很强的主体性，但韩语知觉词的意义不仅受名词影响，还受动词影响，因动词不同能结合不同的主体。例如，韩语“찬바람”与“나다、돌다”（2a）或与“일으키다”（2b）结合时，指露出冷淡态度，主体是第三人称；与“일다”结合（2c）时，指心情或氛围变得冷淡，主体是第一人称。也就是说，“찬바람”本身主体性模糊，要与动词结合才能界定，并适用于多种主体。

（2）a. 그 후에 학교에 찾아가도 **참바람이 쌩쌩 불었단 말이야**.《아이가 다섯》（9）这之后再去学校找她，她都冷冰冰的。

b. 그는 **찬바람을 일으키며** 상대편의 부탁을 거절했다. 他板着脸 / 阴沉着脸 / 冷冰冰地拒绝了对方的请求。

c. 공연히 **찬바람이 이는 마음**을 꾹꾹 눌러 지르면서…《박경리, 토지》强忍着心头涌起的凄凉……

再看动词。韩语“기막히다”字面义是“气被堵住”，有两个意义，第一个指因某事不愉快，如（3），主体一般是人。“기막히다”第二个意义指好得或程度大得无以言比、不得了，主体是物（4a）或人（4b）。也就是

说，“기막히다”主体不明确，具体表达哪种感情要依靠前后语境。

（3）나는 그의 제안이 너무 **기막혀** 아무 말도 못했다.

a. 他的建议使我惊讶得都说不出话来了。

b. 他的建议把我气得都说不出话来了。

（4）a. 음식 맛이 **기막히다**. 菜的味道好极了 / 很棒。

b. 그들의 초상화를 **기막히게** 그려 주었다. 为他们画了惟妙惟肖的肖像画。

再看其他类型的例子。例如，汉语“温居”也叫“温锅、暖房、热炕、添囤”，指亲戚朋友带礼物来祝贺对方搬新家，主体是他人。与其对应的韩语是“집알이”，即“집-알이”，指来了解新家在哪儿。如果主体是主人则用“집들이”，即“집-들이”，指搬入新家，但现在“집알이”已消失，不管主人还是他人都用“집들이”（박갑수，2014b：288），也就是说，反义词的消失使另一个词的主体具有了多向性，语义也变得模糊。

（二）谚语主体不明确

韩语很多谚语不出现主体。例如谚语“새벽 봉창 두들긴다”字面义是大清早突然砸窗子，没有主体，如果主体是自己，比喻突然说意外的话或做意外的事情；如果主体是他人，即别人来砸自己的窗子，则比喻突然遇到意外的事情。再如，“호박에 침주기”也没有主体，如关注点是主体——打针之人，比喻易如反掌；如关注点是客体——南瓜，比喻对什么刺激都没反应。两个谚语都因主体不明确具有了多义性。

（三）惯用语的主体不明确

韩语很多惯用语没有主体，意义的实现具有很强的语境性。例如，“하늘 높은 줄 모르다”未出现主体，主体是人时指不知分寸，如（5a）；主体是物价时指物价飞涨，如（5b）。因主体不同谚语具有了多义性，多义性的实现主要依靠上下文语境。

（5）a. 기고만장 **하늘 높은 줄 모르고** 날뛰고 온통 동네를 휘어잡고.《박경리，토지》不知天高地厚地上蹿下跳，控制整个地区。

b. 물가가 하루가 다르게 **하늘 높은 줄 모르고** 치솟아 서민들의 형편이 점점 어려워지고 있다. 物价一天一个样地飞涨，老百姓的生活是越来越难。

很多需借助语境实现意义的韩语惯用语对应的是主体明确的汉语成语或固定结构。如（6）中的“물 퍼붓듯”，主体是“장맛비”时，对应汉语“瓢泼似的”，出现主体“瓢”；当主体是“말”时，对应汉语“信口开河”或“口无遮拦”，主体是“口”。再如（7a），韩语惯用语“물 끓듯 하다”

在句中出现了主体“눈물”，汉语用自带主体的“泪如泉涌、泪眼婆娑、泪眼迷蒙”等。（7b）中，“물 쏘듯 총 쏘듯”在句中只出现了间接的行为主体“형”，对应汉语“信口开河”，出现了直接主体“口”。（7c）中，“날（을）세우다”在剧中未出现主体，对应汉语“针锋相对”，出现了直接主体“针”。（7d）中，“염불 외듯”在句中只出现了间接主体“경매사”，汉语对应“和尚念经”，出现主体“和尚”。

（6）a. **물 퍼붓듯** 하는 **장맛비가** 일주일 동안 내렸다. 瓢泼似的梅雨下了有一周了。

b. **말**이 점점 극도에 달하여 확확 함부로 **물 퍼붓듯** 나온다.《이해조, 화의 혈》话说得逐渐到了极点，开始信口开河/口无遮拦地乱说。

（7）a. 그의 눈에도 나의 눈에도 그렁그렁한 **눈물이 물 끓듯** 넘쳐흐른다. 不论是他，还是我，都是泪如泉涌/泪眼婆娑/泪眼迷蒙。

b. 형은 술이 얼큰하게 취하자 **물 쏘듯 총 쏘듯** 지껄이기 시작했다. 哥哥酒劲一上来，就开始信口开河地乱说起来。

c. 전 형님과 **날 세우고** 싶지 않습니다.《이름없는 여자》(7) 我不想和大哥您针锋相对。

d. 경매사는 **염불 외듯** 빠른 속도로 각지에서 모여든 과일을 경매에 부치고.《대구신문》(2016.09.07) 拍卖师就像（和尚）念经一样快速地对各地来的水果进行拍卖。

（四）一般句子主体不明确

如果一个句子中的事件主体不被突显出来，就会出现多种解释，那么就具有了模糊性和隐晦性。例如，（8a）中，“해줄 일이 있어”没有主体，也没有对象，如果要补全主体和对象，那么就出现两种情形“너 나한테 해 줄 일이 있어”与“나 너한테 해 줄 일이 있어”，根据前后语境，实际所表达的是第一种情形。汉语一般会将行为主体明确出来，即“有事需要你办”，如果是没有主体的“有事要办”，会被理解为行为主体是说话人，即“（我）有事要办”。

（8）a. 구해라: 내가 그 돈 두 배 줄게. 부산 일 정리하고 서울로 올라와. **해줄 일이 있어**. 我给你双倍的钱。把釜山的事情整理了来首尔吧。有事需要你办。

b. 김창수: 아니, 지금 누나 돈 어디 있다고? 나 비싸다.《운명과 분노》(12) 不过，姐你现在有什么钱啊？我的身价可是很贵的。

再看（9）。韩语里指爱说别人闲话的人的嘴时用“입줄”，多用作“입줄 닫히다”，例句中，句①的大主语是“아버님”，与句②的主语一致，但“입줄 닫히고”是动宾结构，没有出现主语，但又与大主语“아버님”紧密相连，这样就形成了主体的模糊性。根据韩语常识，“입줄 닫히다”是贬义词，一般不能以加了敬语标志“-시-”的形式用于长辈，因此可以判断“입줄 닫히다”的主体是他人。正因为韩语主体的不明确所以使这一分析过程成了必须经历的步骤与过程。

（9）태호씨와 내가 좋은 성과를 얻어서 아버님 공으로 돌려야 회사에서 **아버님도 입줄 닫히고** ① **자리 굳히실 거라구요** ②.《우리집 꿀단지》(104) 泰浩你和我得取个好成绩，把这个功劳安在公公头上，那公公才能在公司里把别人的那些闲言碎语堵住，巩固在公司里的位置。

综上，韩语里很多词语、谚语、惯用语、一般句子等都具有主体不明确的特点，具体义的实现要依靠前后语境。相反，汉语更强调主谓的语义搭配，谓语随主体而变。韩汉表达多形成一对多的对应方式，与汉语的明确性相比，韩语的语义模糊性更强。

二、主体意义的消失

主体意义的消失指的是某一表达中虽有主语出现，但表达的并不是字面上的主体意义。代表性的主谓结构合成词与偏正结构惯用语。

（一）合成词

此类型出现最多的是主谓结构合成词，主体意义的消失一般会形成语义模糊的多义词。例如，韩语“낯익다”是“낯＋익다”结构的主谓合成词，但主语“낯 脸”的意义已消失，合成词表达的意义已不仅限于脸，其中（10a）的主语是“얼굴”；再看（10b），韩语的主语是“눈짓”和“주름살”。“낯익다”还指事物眼熟，如（10c）。“낯익다”也指声音听起来很熟悉，如（10d）。总之，“낯익다”的主体——“낯”的意义已被淡化，语义重心在“익다”之上，与“낯익다”的模糊性相比，汉语“脸熟、面熟、眼熟、耳熟”却分别是用不同的器官表达各自具体而明确的意义。

（10）a. **얼굴은 낯익은데** 이름이 생각나지 않는다.（脸）很面熟，但名字想不起来了。

b. **그녀의 눈짓 그녀의 주름살 하나까지도** 그에겐 모두 사랑스럽고 **낯익은** 것이었다.《홍성원，육이오》连她的眼神、她的皱

纹，都让他感到那么可爱、亲切。

c. **가방이 낯익어** 나는 친구가 찾아온 것을 알았다. 看到包很眼熟，我知道是朋友来找我了。

d. 가만, **목소리가 낯익지 않아요**? 영감?《가족을 지켜라》(26) 等等，那声音怎么（听起来）这么熟悉啊 / 耳熟？老头子。

有的主谓合成词用于具体义时还会出现主体意义，当用于比喻义时主体意义则会消失，因此也产生了语义的模糊性。例如，动词“좀먹다”是“좀＋먹다”结构的主谓合成词，具体义是蛀蚀，如（11a）。“좀먹다”也比喻使事物一点点被损坏，此时主体意义已消失，如（11b）。

（11）a. 좀먹은 헌책 被虫蛀了的旧书

b. 부정부패는 나라를 좀먹는 일이다. 腐败正在吞噬着这个国家。

（二）惯用语

惯用语主体意义的消失会产生大量近义惯用语。“입 안의 소리”与“목 안의 소리”“입에 거미줄 친다”与“목에 거미줄 친다”“눈 빠지게 기다린다”与“목 빠지게 기다린다”是三组偏正结构的惯用语，其修饰语表达主体意义，虽然主体是不同的身体器官，但其主体意义已消失，所以各组惯用语成为近义表达，分别是“低声说的话”“挨饿”“翘首以待”。

三、外界事物或他人表达主体

韩国人经常借助周围的事物、场所或他人来间接表达感情，这样的表达的语义就有了模糊性。

（一）天的颜色

韩国人可以利用天的颜色表达感觉或心情，其中“하늘이 노랗다”指因过于劳累或伤心而气衰力竭，也指受到打击精神眩晕，如（12）。第二个意义与“하늘이 캄캄하다”相似，如（13）。“하늘이 노랗다”还有“하늘이 노래지다”形式，如（14）。韩语是直接用“天黄、天变黄、天变黑”等表达眩晕，但汉语用的是“眩晕、晕”等直接表达人的感受的语言。与汉语相比，韩语是一种更隐晦的表达。

（12）a. 이틀을 굶었더니 **하늘이 노랗고** 현기증이 난다. 饿了两天，觉得眼前发黑 / 模模糊糊的，一阵眩晕。

b. 계획도 없고 처음에 나도 **하늘이 노래고** 벼락 맞은 느낌이었지만.《아이가 다섯》(27) 也没有什么计划，所以才开始我也是感到一阵眩晕，感到像是被雷击了一样。

（13）그는 부도 소식을 듣고 **하늘이 노래졌다**. 听到破产的消息，他不禁一阵眩晕。

（14）내일까지 이 일을 다 해야 한다니. 생각만 해도 **하늘이 캄캄하다**. 竟然要求明天全做完！光想想就已经觉得晕了。

（二）处所的状态

韩语有时用处所的状态表达人的感情。例如，（15）中，句子主语是“강당 안”，谓语是“달아올랐다”，状语是“사람들의 열기로”，这是用礼堂的温度变化表达人们的情感状况，而不是用人做主语，这是一种间接的情感描述和表达，具有隐晦性。再看（16），韩语是复句，后面小句的主语是“관중석의 열기”，谓语是“고조되어 갔다”，是用观众席的温度变化表达人们的情感状况，也是间接的情感表达。

（15）**강당 안은** 사람들의 열기로 **달아올랐다**.

a. 礼堂内人们的热情高涨起来。

b. 礼堂内人们兴奋起来。

（16）역전의 기미가 보이자 **관중석의 열기**가 점차 **고조되어 갔다**.

a. 一看到有逆转的迹象，观众席上的人们越来越激动。

b. 一看到有逆转的迹象，观众们的热情越来越高涨。

再看（17），这是韩国人经常说的话，这里出现的“동네（洞-）”指很多人居住的地方，是“창피해서 丢人”与“시끄럽게 让人烦”等心理感受的主语，根据语境可知，这里的“丢人”与“让人烦”是说话者本人的感受，句中没有用说话者自己的视角去描述，而是间接利用了集体处所——“동네”所代表的他人的感觉，因此语义具有了模糊性。

（17）a. 내가 자식들때문에 **동네 창피해서** 밖으로 나갈 수 없어.《아버님, 제가 모실게요》（36）（我）因为这些孩子，丢死人了，都没法出门啊。

b. **동네 시끄럽게** 왜 이러시는 거예요?《우리집 꿀단지》（8）你们怎么这么让人烦 / 烦人 / 闹腾人啊?

（三）石佛、动植物或特殊人群

韩语还借助石佛、动植物或特殊人群表达主体的感觉，这种类型多出现在谚语里。如表 14-1 所示。因为“돌아앉다、웃다、비웃다、짖다、아래턱 떨어지다、울다”等动作的主体主要是没有生命的事物“돌부처”、植物“수박”、动物“소，개，까마귀，박쥐”、居丧之人“초상상제”等，都不是说话者本人。

表 14-1　借助外界事物表达主体感觉的谚语

分类	谚语	感情
石佛	길 아래 **돌부처**도 돌아앉는다	愤怒
	돌부처가 웃다가 배꼽이 떨어지겠다	不合常理、让人匪夷所思。
	길가의 **돌부처**가 다 웃겠다	
植物	**수박**이 비웃다	
动物	**소**가 짖겠다	
	개가 웃겠다	
	개가 웃을 일이다	
	까마귀 아래턱이 떨어질 소리	可笑的话
	까마귀가 아저씨 하겠다	可以给乌鸦当叔叔了。可以和乌鸦称兄道弟了。嘲笑手脚或身体上灰太多，很脏。
	까마귀와 사촌	
动物、特定人群	**박쥐**가 나와 춤을 추고 **초상상제**가 나와 웃을 노릇이다	可笑

韩国人借用外界事物表达人的感情也表现在很多词语上。与“春寒”有关，韩语有“꽃샘、잎샘、꽃샘잎샘”与“꽃샘추위、잎샘추위”，指嫉妒鲜花盛开、绿叶萌发的寒冷，虽然后一组词出现了“추위”，但前一组词未出现“추위”，语义比较模糊。不管是哪一组词语，韩语都是用与鲜花、绿叶有关的拟人心理词语比喻寒冷，而汉语“春寒、倒春寒”等表达中都有“寒”字出现，“寒”字表达的是人自身的感觉。与韩语可省略“추위”相反，汉语不能省略“寒”字。

（四）他人的感情

韩国人有时也借用他人的感情或感觉比喻自身的感情或感觉。除前面提到的“박쥐가 나와 춤을 추고 초상상제가 나와 웃을 노릇이다”之外，韩语还有谚语“제갈량이 왔다가 울고 가겠다”，如（18），比喻谋略出众让诸葛亮都自愧不如。

（18）명예회장님，**제갈량이 와도 울고 갈** 해결책이십니다.《돈꽃》

（13）名誉会长，这个解决办法就是诸葛亮再生也会自叹不如啊。

四、身体部位表达主体

韩语用身体部位表达主体时分为两类，第一类是用某身体部位动作表达主体的感觉或感情，第二类是用某身体部位表达主体的动作。都是以部分转喻整体。

首先看第一类。例如，韩国人常用“얼굴”表达某种心理状态，如

（19）中的“얼굴”前面都出现了表心理感情的成分，这是用脸来呈现人的心理感情。

（19）a. 기쁨에 충만한 얼굴 兴高采烈的样子

b. 내가 제안을 거절하자 그녀는 **실망한 얼굴이** 되었다. 我一拒绝她的提案，她马上面露失望之色。

c. 동생은 **겁에 질린 얼굴로** 아버지의 눈치를 살폈다. 弟弟一脸/非常胆怯地小心翼翼地观察着父亲的脸色。

d. 형은 **심각한 얼굴로** 내게 와서 부모님의 병세를 알려 주었다. 哥哥一脸严肃地走向我并告诉了我父母的病情。

再看第二类，韩国人喜欢用个别部位的动作来转喻主体的动作。如（20），韩语主语是“시선들이”，是用视线来转喻人，伴随的两个动作是“노인을 향해”与“화살을 날렸다”。

（20）탐욕스러운 **시선들이 노인을 향해** 저마다 **질문의 화살을 날렸다**. 人们贪婪的视线都射向了老人，并且还伴随着质疑的提问。

五、说话者的隐身与现身

说话者隐身指的是韩国人在话语中不出现代表说话者的代词或指称词的现象，这就使说话者与话语的主体或客体出现不同。如果话语的主体或客体与说话者一致，那么就叫作说话者的现身。

（一）说话者的隐身

韩语话语表达中常出现说话者的隐身，这使韩语具有了比汉语更突出的语义模糊性。

第一，与“卖花”有关的表达。如（21），从所用动词来看，韩语用表示“买”的动词，汉语用表示“卖”的动词。从句式来看，韩语表达恳求义，而汉语是单纯陈述现实，是对自己状态或行为的描述，并不对他人提出请求，即我卖花，但没有提出让你买[①]。从句子主体来看，虽然汉韩一般都不出现主语，但背后却有隐含的主语。韩语的隐含主语是他人，如果恢复主语，则要变成“아저씨，꽃 사세요. 叔叔，请买束花吧”，如（21a），但“아저씨”可是买花的主体，不是卖花兼说话者的主体；但汉语的隐含主语是卖花人自己，恢复主语应该是“我卖花了”，卖花的主体出现了，如（22b）。因为韩语的卖花人兼说话者始终处于隐身状态，因此与汉语相比，

① 허세립、천소영（2014：197）以“두부 사세요 卖豆腐了”为例，认为汉语的这种表达只是为了强调说话者正在卖豆腐这种行为。

韩语的语义更加模糊。

（21）a. 꽃 사세요 . 请买束花吧。

b. 아저씨，꽃 사세요 . 叔叔，请买束花吧。

（22）a. 卖花了。

b. 我卖花了。

第二，表示欢迎或祝福的话语。韩国人招呼客人进门时一般也会省略主体，说“어서 오세요”，如果恢复主语是“손님，어서 오세요”，即“顾客朋友，欢迎光临”，如（23a）。中国人在相同情况下一般说“欢迎光临”，如果恢复主语和宾语则是“我欢迎您的光临”，如（23b）。对商人表示祝福时也是同样的情况，韩语用“많이 파세요”或“대박나세요”，如果恢复主语，一般是“사장님，많이 파세요 / 대박나세요”，即“老板，祝您生意兴隆”，如（24a）。而汉语多用“祝您生意兴隆”，恢复主语是“我祝您生意兴隆”，如（24b）。也就是说，不论是否有主语，韩语的说话者自身都被隐藏了。

（23）a.（손님，）어서 오세요 .（顾客朋友，）欢迎光临。

b.（我）欢迎（您）光临。

（24）a.（사장님，）많이 파세요 / 대박나세요 .（老板，）您生意兴隆。

b.（我祝您）生意兴隆。

第三，说话者做宾语。如（25），这是剧中当看到妈妈把滚到自己脚下的球踩住了时，儿子김대영走过来对妈妈所说的话。在汉韩两种语言里，“주다”和“给”都是带宾动词，但“주다”能够直接结合的是直接宾语，如果带间接宾语需要加“한테 / 에게”，所以一般口语中经常省略间接宾语——说话者“나”。但汉语“给”一般需要带间接宾语和直接宾语，有时根据语境可以省略直接宾语，如（25a）；或者用把字句，如（25b）；也可以用（25c）中的结构，但不管用哪种方式，说话者“我”都必须出现，因为在汉语里，说话者是动作的对象，动作的对象一般不能省略。

（25）엄마，공 주세요 .《차달래 부인의 사랑》（5）

a. 妈，给我（球）。

b. 妈，把球给我。

c. 妈，球，给我。

（二）说话者的现身

根据前面的分析可以发现，韩国人说话时多会隐藏说话者，尤其是当说话者作宾语时。但韩语有时也会出现说话者现身的情况，这种情况多是说话者处于危急情况的时候，此时说话者都是作宾语。例如，当落水者寻求帮助时，不同文化有不同的表达，如（26）。

（26）a. 사람 살려!

b. 救命!

c. Help me!

如上，三种语言都出现了宾语，韩语的宾语是“사람”，汉语的宾语是“命”，而英语的宾语是“me”。关于韩语为什么出现“사람”，有人认为这体现了韩语的不透明性（허세립、천소영 2014：92），有人认为这反映了韩语以谓语为中心的语言特点，而“사람”的出现反映了韩国人重视集体的精神思想（천소영 2005：54）。不管“사람”具有什么特点或者表现了什么思想，但有一点是明确的，那就是与韩语经常省略说话者相比，“사람 살려!”中出现的“사람”指的是说话者本人，说话者被突显成了显性成分。从指称范围来看，韩语“**사람**”是统称词，语义具有模糊性。相反，汉语的“救命”突出了“命”，明确表明了命悬一线的危急状况。英语“Help me”中的“me”突出了“我”，明确强调了自己请求他人的帮助。

（26a）中的“사람 살려!”出现的是集体名词“사람”，韩语有时也会出现个体名词“나 我”。例如，韩国人逃跑时会喊“걸음아 날 살려라”“다리야 날 살려라”“오금아 날 살려라”，如（27a–c），这三个谚语里都出现了直接宾语——说话者“나”，并且求救的对象是与跑这个动作有关的身体部位“다리、오금”或动词性名词“걸음”。这里之所以出现第一人称代词，而不是集体名词，是因为“사람 살려!”是说话者为求救而大声喊出来的话语，而“걸음아 날 살려라”“다리야 날 살려라”“오금아 날 살려라”等是说话者在准备或逃跑途中的一种心理活动或自言自语，所以用了第一人称单数“나”。

（27）a. 취임사 끝나자 마자 손님들 앞에서 **걸음아 날 살려라** 도망갔대 .《사랑이 오네요》（108）听说他就职演说一结束，就在来宾面前慌不择路地逃跑了。

b. 얼마나 무서운지 그냥 **다리야 날 살려라** 죽자고 뛰었지요 .《그래 그런 거야》（36）不知道心里有多害怕，一边喊着“天啊，快跑吧”一边拼命跑。

c. 황소처럼 노하여 달려오는 것을 본 두만이 **다리야 날 살려라** 하고 달아났다 .《박경리，토지》看到对方老黄牛一样疯了似的扑上来，杜满开始逃跑，一边还喊着“救命啊”。

第三节　对象或客体的模糊性

韩语语义的模糊性还表现在对象或客体的模糊性上。对象或客体的模糊性也会造成三种语言现象的产生。

一、多义词

对象或客体的模糊性有时会形成语义模糊的多义词。例如，韩语“재탕（再湯）”指已熬过一次的中药再熬第二次，比喻已用过的话或做过的事情再重复一次，如（28），对象可以是故事，也可以是电视剧；有时也可以是衣服，如（29）。因为“재탕”没有明确的客体与对象，所以语义的实现依赖语境，因此语义具有了模糊性。

（28）a. 그 이야긴 저 친구가 이미 **재탕**까지 다 했네. 那个故事那个朋友已经说了两遍了。

b. 경제 사정이 나빠진 뒤로 방송국에서는 예전 드라마를 **재탕하여** 방송하는 일이 많아졌다. 经济状况变差以后，很多广播电视局开始重播以前的电视剧。

（29）a. 우진엄마：태진이 장가갔을 때 맞추셨던 한복이잖아요? 어머니가 한복을 입으시면 태가 나시잖아요? 这不是太真娶媳妇时定做的韩服吗？妈您穿韩服很有品位。

b. 우진할머니：우진이 결혼할 때 이걸 **재탕해도** 되겠나? 宇真结婚的时候，继续穿，也行，是吧？

c. 우진할아버지：왜 **재탕**을 해? 손주며느리가 어련히 예단을 안 해올까봐서? 为什么继续穿？怕孙媳妇不给您买韩服当礼单啊？

二、多义惯用语

对象或客体的模糊性有时会形成语义模糊的惯用语。先看动宾结构的“눈을 감다”，这个惯用语指闭眼，但动作对象即客体并不明确，客体是自己时指下决心，如（30a）；客体是他人时，比喻对他人网开一面，如（30b）。

再看主谓结构的“손가락 까닥 안 하다”，当动作主体与句子主语一致时，比喻不干活，如（31），因没有动作的客体，语义比较模糊。当动作主体与句子主语不一致时，一般用作“손가락 하나 까닥할 수 없다”形式，

如（32）出现了动作的客体，比喻动不了对方。

（30）a. 이번 기회에 **눈 딱 감고** 자동차를 한 대 샀다. 趁这次机会两眼一闭，心一横 / 不管三七二十一买了台车。

b. 형님이 한 번만 **눈 딱 감아 주신다면** 다시는 이런 짓 안 하겠습니다. 大哥您这次就睁一只眼闭一只眼吧，以后我再也不干这种事了。

（31）남편이라는 인간은 손가락 까딱도 안하고.

叫丈夫的那个人连手指头都不动一下（酱油瓶子倒了都不扶）。

（32）감히 이 대고응자를 손가락 하나 까닥할 수 있을 것 같애?《최고의 연인》（90）你以为你能动我大高亨子一根手指头吗？

三、近义表达

对象或客体的模糊性会形成大量近义表达。先看词语的例子。例如，汉语饲养牲畜的地方因牲畜的不同而有不同的称呼，如“猪圈、羊圈、牛栏、马厩”，虽然韩语里有专门的“우사（牛舍）”，但一般情况下却不这么细分，一般养马养牛的地方都称作“외양간（-養間）”，韩国西南部方言里有“오양간”，济州岛方言里有“쇠막、쇠왕이”，而江原道与庆尚道叫作“마구간（马厩间）”，虽然是养牛的地方，但叫作“마구간”（한국민족문화대백과，한국학중앙연구원）。因为韩语上述词语中字面上的“马、牛”等意义都已消失，所以这些表达都成了模糊的近义词。

再看惯用语的例子。韩语动词“새기다”比喻牢记于心，可与多个身体器官如“마음、마음 속、가슴、심장、폐부、뼈、골수”等结合，形成“마음에 새기다、마음 속에 새기다、가슴에 새기다、심장에 새기다、폐부에 새기다、뼈에 새기다、골수에 새기다”等多个近义惯用语，这说明了表处所的身体部位意义的消失、“새기다”的语义泛化与模糊性，也说明这些惯用语语义近似度非常高。

再看谚语的例子，（33）中的三个谚语通过各自省略不同的句子成分成了近义谚语，其中（33a，b）省略了主体，只有（33c）出现了主体是“어린 아들”，三个谚语的间接宾语是“굿 구경에 간 어미”，（33a，c）省略了“구경”，三个谚语都省略了直接宾语“会不会拿年糕回来”。

（33）a. 굿에 간 어미 기다리듯

b. 굿 구경 간 어미 기다리듯

c. 어린 아들 굿에 간 어미 기다리듯

就像孩子等着去看跳大神的妈妈会不会拿年糕回来一样。

第四节 谓语的消失

谓语消失主要表现为两类，第一类是惯用语不出现谓词。例如，韩语“뒤통수 后脑勺”常与动词“치다、맞다”结合形成惯用语“뒤통수를 치다、뒤통수를 맞다”，表达否定意义，“뒤통수”有时也可单独使用，如（34），剧中当听说姑爷婚前女友所生的儿子找上门来，丈母娘김말분卧床不起，嘴里还喃喃地说了下面的话，句中并未出现“치다、맞다”等动词，但由于惯用语整体具有否定意义，所以“뒤통수”也具有了否定意义，因谓词消失，所以也产生了语义的模糊性。

再看“콩깍지 豆荚”，这个词与“눈”结合形成惯用语“눈에 콩깍지 씌었다”，比喻盲目喜欢，如（35a），“콩깍지”单独使用时也表达同一意义，如（35b），也具有了语义模糊性。

（34）어메，어메，환장해요．세상에 믿을 놈 없다 하더니만 **뒤통수도 이런 뒤통수가 없어**．《아버지가 이상해》（16）哎哟，哎哟，这是让人非疯不可啊。虽然都说世界上没有一个男人是可信的，但是也不能这么坑人啊。

（35）a. 눈에 **콩깍지 씌었다**．爱/喜欢得昏头/晕头转向了。

b. **콩깍지야!** 그게 바로 **콩깍지야**．《최고의 연인》（89）你这是爱/喜欢得晕头转向/昏头了啊！你这就叫晕头转向/昏头！

谓语消失的第二类是句子省略谓语。如（36），当说话者说了表祝愿的话（36a）之后，听者直接用“너（人称代词）+도（副词）”表达同样的祝福义，省略了谓语部分“좋은 꿈 꾸세요”，如（36b）。

（36）a. 강시영：좋은 꿈 꾸세요．祝您做个好梦。

b. 차요한：너도．《의사요한》（14）也祝你做个好梦。

第五节 修饰语的消失

修饰语的消失指的是具有修饰语的表达在不改变意义的情况下可以去掉修饰语的现象。分为两类。

第一，韩语同时存在带修饰语与不带修饰语的两个同义表达韩语存在近义表达。例如，韩语有带修饰语“색（色）”的惯用语“색안경（을）쓰

다 / 끼고 보다”与不带修饰语的惯用语“안경(을)쓰다”，都比喻戴有色眼镜看人，后者语义更模糊。

韩语还有两个同时与眼睛和眼镜有关的近义惯用语“제 눈에 안경”与“눈에 안경”，后者省略了代词“제 我的”，语义比前者模糊。

韩语还用“손바닥 위의 벼룩 手心里的跳蚤”比喻无路可退，如（37），因为后面有解释性的句②出现，所以语义比较明确。但韩语可以通过省略修饰语的方式继续缩略惯用语，如（38）只出现了“벼룩이다”，前后没有相关解释，因此语义非常模糊。

（37）뛰어봤자 **손바닥 위의 벼룩이야**①. 너 벼룩，윗사람은 바닥 .②《천상의 약속》(37)

a. 再蹦跶，也是手掌心里的跳蚤。你是跳蚤，上司是手掌心。

b. 再蹦跶，也是如来佛手掌心里的孙猴子。你是孙猴子，上司是如来佛（的手掌心）。

（38）뛰어봤자 **벼룩입니다** .《내딸 금사월》(12)

a. 再跑，也在我的手掌心里。

b. 再跑，也在如来佛的手掌心。

第二，韩语没有修饰语，但汉语有修饰语。韩语有动宾结构的惯用语“기름을 끼얹다、기름을 붓다”，只有动作义，没有出现作状语的修饰语，与其对应的汉语是“火上浇油”，有状语“火上”，语义更明确。

第五编　关于认知语言学的反思

第十五章　百科语言文化网的构建与解释力

认知语言学非常重视“百科”知识背景，认为语言知识尤其是词义离不开百科知识，换句话说，“意义具有百科知识性”（刘瑾，2018：86）。但之前的研究都是将百科知识作为同一文化背景者所自然拥有的、共同的、体验性的社会生活背景。这个百科性的背景知识所构成的语境是语义实现与理解的前提条件，由百科知识组成的背景知识结构就是“认知域”或“概念域”（Langacker，1987；Evans et al.，2006），也被称作“认知框架”（Fillmore，1982）或“理想化的认知模型（ICM）”（Lakoff，1987）。

但笔者在研究过程中也产生了很多疑问：第一，百科背景知识是如何构建的？在语言解释中按照怎样的步骤去选择性地激活相关的百科背景知识？第二，当遇到在某一文化背景中难以解释的语言现象时，是否可以构建更大的跨文化百科背景？这种百科背景与语言之间又会形成怎样的关系？第三，认知语言学主要探讨了百科背景对语义的形成与解构的正向作用，那么语言会对文化（百科背景）发生反向作用吗？如何发生作用？

对这些问题，认知语言学还没做出系统的回答。本研究认为应构建更大广度与深度的认知语言学的百科背景知识，即百科语言文化网，本章首先讨论百科语言文化网建立的必要性、目的与范围，然后分析构建实例，最后探讨百科语言文化网与对比认知语言学之间的关系。

第一节　百科语言文化网的构建必要性

关于百科语言文化网构建的必要性，从两方面进行分析。首先是语言与文化关系的复杂性。第二，语言对文化反向解释作用的教学应用需求。

一、语言与文化关系的复杂性

首先看文化的复杂性，文化现象错综复杂地交织在一起，涉及多方面的人、事物以及事件，反映在语言上会出现多种表现形式，前面第八章已分析了与结婚有关的语言表达，如（1），反过来，借此也可解释韩国人对“结婚”这一文化现象观察视角的多样性以及语言表现文化的手段丰富性。只有将两者结合起来才能形成与结婚有关的完整的认知框架。

（1）a. 마당을 빌리다、예식장을 잡다

b. 상투를 틀다、머리를 얹다 / 올리다、귀밑머리를 풀다、귀밑머리 풀어 얹다、귀밑머리 마주 풀고 만나다、연지곤지 찍다

c. 청첩장 찍다、반지를 끼다

d. 웨딩드레스 입다、면사포를 쓰다

e. 화촉을 밝히다

f. 식장에 들어가다

g. 잔치하다、국수를 먹다、국수는 언제 먹이냐、잔치국수는 언제 먹이냐

h. 장가가다、시집가다

i. 한 이불 덮다

二、语言对文化的反向解释作用

传统外语教学实践中，常规的课程设置与教学模式是将语言教学与文化教学分开的。大多数外语主干课程中语言现象的讲解都局限于词典意义，这使学习者很难关注到语言符号所隐含的社会文化意义以及从社会文化到语言符号的认知过程。但如果构建了语言文化网，就可利用归纳教学法，在语言教学的同时归纳文化现象，使语言教学与文化教学融为一体，而借用语言来研究文化这也是语言哲学的重要内容。

韩国日常起居具有席地而坐的文化特点[①]，这样的文化背景是如何影响韩国人的认知与思维的呢？可以借助语言现象来进行分析。首先，韩国日常生活中常见坐具有坐垫——“**방석**（方席）”，并且产生了众多表达。例如，谚语“윤선달엔 앉은 방석도 안 돌려놓는다”意为闰腊月时最好连坐垫都不要动，比喻闰腊月时什么事情都不做。由此也可得知：韩国人居家时不是任由坐垫四处摆放而是要随时把坐垫收纳好。“방석”还产生了多种合成词，如“꽃방석、비단 방석”意为又好又有意义的地位或位置，“바늘방석、가시방석、송곳방석”都比喻坐上去非常难受的地方或场合，“엄나무 방석”指用刺楸做的垫子，有谚语“아쉬워 엄나무 방석이라”比喻虽不满意也只能将就。“돈방석”比喻钱非常多，惯用语“돈방석에 앉다”比喻拥有很多金钱，

① 详见《韩国文化语言学综论》（王芳、王波 2022d：381−391）。

处境变好。“방석”还用所处位置转喻坐在上面的人，如“앞방석”转喻做秘书，“곁방석（-方席）”比喻依附在有钱有势的人周围的人。“방석”还可比喻事物大小与形态，如“방석만한 팬케이크 / 연잎”是用坐垫比喻蛋糕、荷叶等的大小。因坐垫是平的，所以“臼齿”被称作“방석（方席）니”。

韩国人的坐具还有一般席子，可用来坐着或躺着，根据用途、材质的不同，主要有三大类：第一，**“자리”**。“자리”指席子或被褥，“자리에 눕다”意为卧病在席。把铺盖收起来意味着不用再躺着了，所以“자리를 걷다”比喻痊愈。表达此意时也用“자리를 걷고 / 털고 일어나다”，不过这个惯用语也比喻卷起铺盖去别的地方。“자리를 걷다”这一惯用语还反映了深层文化思想。韩国传统韩屋一般没有单独的会客厅，卧室把被褥收起来就当会客厅用。所以传统韩国人起床后都会将被褥放进柜子，因为被褥是隐秘的东西，代表着“里、内”，不能为外人所看，这反映的是“표리사상 表里思想”；韩国人夫妇在过去如果吵架比较激烈的话，男人会将同床共枕的枕头扔出房门或家门外，前者表示把妻子赶回娘家，后者表示要和妻子离婚的决心（이규태，1991b：363），也就是说，以隐私之物示人意味着夫妻关系已到不顾及脸面的地步了。第二，**“돗자리”**。这个词指草席，把席子铺开意味着占据一席之地，所以“돗자리를 펴다”比喻插手干涉他人之事。事情结束时要把席子卷起来，草席卷起来很轻松，所以“돗자리 말듯 하다”比喻非常麻利地干完。惯用语“돗자리를 깔다”意为铺上席子，有两个比喻义，第一个指坚守某个地方，第二个指算命，此意义的产生与韩国算命先生都是拿张席子铺在地上算命的这种习俗有关。第三，**“멍석”**。这个词指很大的垫子，“멍석을 깔다 / 펴다”比喻为让对方尽情干某事而给他准备机会。

综上，根据各种坐具相关的语言形式与意义可反观席地而坐文化对韩国人的影响之深，在外语课堂教学上可借此讲授丰富的韩国文化现象，形成块状教学模式，提升教学效果与趣味性。

第二节　百科语言文化网的构建目的与范围

构建百科语言文化网，目的是为认知语言学构建更全面的百科背景，借助古今、中外、东西方等各种文化背景全面、系统解释各种语言现象。也就是说，认知语言学的“百科语义”背景应包括古今、中外、东西等大文化背景。

一、古今语言文化网

韩语有“한솥밥、한솥엣밥、한가맛밥”，是用一口锅吃饭比喻关系亲

密，谚语“종과 상전은 한솥밥이나 먹지”意为下人与主人还一口锅吃饭呢（癞蛤蟆还想吃天鹅肉呢），主要指差距太大无法相处、谈话。语言解释若止步于此还远远不够，还可以借助跨文化的古代知识进一步分析。例如，汉语表达亲密的人时常用“伙伴、同伙、合伙”，这里的“伙”字指同在一处生活或工作的人，其原型意义是“火”，古兵制十人为“火”，同火的人互称火伴，现称作“伙伴”。同火的人即一起吃饭的人，所以可比喻亲近的人。

由此可见，汉韩两种语言在表达亲密之人时都可涉及“锅、饭”，因为汉语也有“一口锅里吃饭”，但中国人还关注“火”，这是异于韩国之处。但如果不借助古代背景知识分析词源可能就无法全面分析中韩两国人在认知关注点上的这种异同点。另外，汉韩两种语言都反映了饮食文化背景在人际交往中的重要纽带作用（见图 15-1、图 15-2，虚线代表相关过程没有出现直接相关的具有比喻义的语言形式），在从文化到语言的发展过程中两种文化所激活的认知框架既有相同点亦有差异，所以最终形成的语言表达也表现出相同与差异。

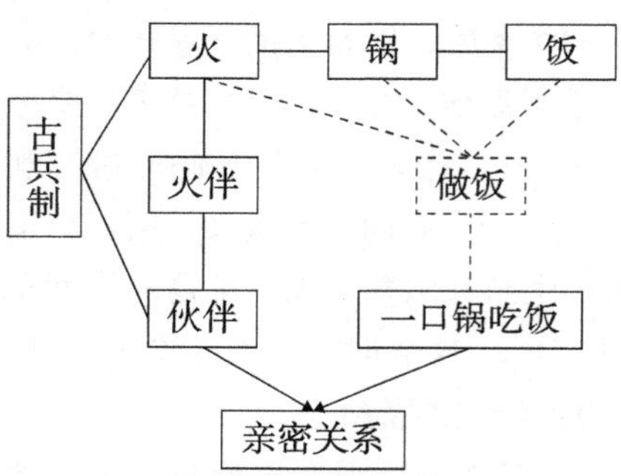

图 15-1 中国与饮食有关的“亲密关系”语言文化网

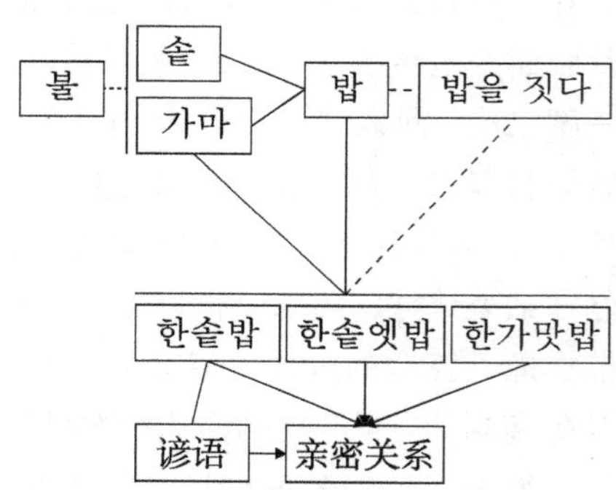

图 15-2 韩国与饮食有关的“亲密关系”语言文化网

二、东西语言文化网

有时须利用东西文化知识来分析语言与文化共性。例如，韩语里鳐鱼称作“가오리”，有谚语“첫맛에 가오릿국、초미에 가오리탕”，比喻让人感到不舒服或让人感到不足的事物。合成词“가오리흥정”意为讨价还价时弄不好会把本来较低的价钱抬高了。这些表达与意义的产生原因是什么呢？这种语言现象是否具有文化共性呢？

在英格兰，鳐鱼被视为劣等的食用鱼（本迪纳，2016：44）。加拿大纽芬兰文化也非常鄙视鳐鱼，鳐鱼自古以来就被用来喂雪橇犬，是“狗食”，虽然现在鳐鱼已不被当作狗食，但这种文化记忆却被传承下来，也影响了纽芬兰渔民的食物获取方式，即使捕到这类鱼也都直接扔回海里（奥莫亨德罗，2017：76）。

如上，不同文化里鳐鱼都具有不好的象征意义，原因应是源于鳐鱼长得非常丑，这具有文化共性，并且与西方文化相比韩语还产生了相应的语言形式与更进一步的比喻义。借此可构建与鳐鱼有关的东西方“大百科”背景，增强对鳐鱼的全面理解，也可验证从文化到语言现象的飞跃与差异性。

第三节　百科语言文化网的构建实例

语言解释力依赖于语言与文化的关联性与显性程度，而显性程度依赖于语言与文化认知框架的关联度与显豁程度。要想提高语言解释力，就需构建尽可能密集且宽广的语义网络。

一、低层级语言文化框架的构建实例

所谓语言文化框架，就是将一组相关语言符号借助文化关联起来形成一个认知模型。

暖炕是韩国代表性文化符号并拥有丰富的语言表达，如“온돌（温突/堗）、구들、방고래、구들장”等，惯用语“구들장（을）지다”俗指躺在暖炕上，合成词“구들동티”中“구들”是用热炕头来转喻家，这个词用来嘲笑无缘无故的死。而“구들직장（--直長）”指炕头上的官，“구들더께”指赖在床上的人，两者都用来嘲笑“宅男、宅女”。

与烧暖炕有关有谚语“급히 더운 방이 쉬 식는다、쉬 더운 방/구들 이 쉬 식는다”，比喻快速轻松完成的事情其结果不会持续太久。“초저녁 구들이 따뜻해야 새벽 구들이 따뜻하다”比喻前面的事情做好了才能做好后面的事情。

暖炕这种取暖方式还产生了“따뜻한 아랫목 热炕头”，“아랫목”也成了韩国房屋中最尊贵的地方，是老人、父亲、长兄睡觉的地方，若来了客人，即使年龄、辈分很小，也安排睡在“아랫목”，这种暖炕文化极大地促进了韩国人价值观的形成，甚至有人认为这也为朝鲜时期儒家文化在韩国的发展和壮大提供了土壤（안기수，2011：303–304），对形成韩国人重视年龄、身份、秩序的文化起到了促进作用。在这种文化影响下，“아랫목”可比喻好的条件，如谚语“나중에 들어온 놈이 아랫목 차지한다”比喻后来者居上，也可用来嘲笑晚来之人不知分寸占据好位置并洋洋得意。

过去能够吃饱饭、睡热炕是非常难得的事情，因此韩国人形容幸福感

时会说“배부르고 등 따뜻하다”或“등이 따스우면 배부르다”或用反问句“등이 더우랴 배가 부르랴”，并用“배부르고 등 따습다、등 따습고 배부르다”比喻生活富裕。反过来，如果睡冷炕则是不幸的，惯用语“소금을 굽다”指在非常寒冷的房间里睡觉，“사명당(의) 사첫방(같다)、사명당이 월참하겠다、춥기는 삼청 냉돌이라”等谚语都比喻房间冰冷难耐，谚语“봄 방 추우면 맏사위 달아난다”比喻春天房子很冷难以忍受。语言形式之多说明韩国人对睡冷炕的关注度之高。

暖炕文化也衍生了很多其他文化现象，韩国人每到年末会举行“送温暖”活动，有的活动名称就是“따뜻한 아랫목 만들기”，如果送烧炕用的煤炭称作“연탄 봉사”，现在则多送电褥子以及新产品“온수매트”等；韩国还有发达的“찜질방”文化，这和其他国家的“桑拿”文化不同，因为韩国的“찜질방”更强调烙后背，韩国人身体疲惫时会去“찜질방”，消除疲劳的常见方式是去烙一下后背。

综上，韩国的暖炕形成了与构造、情感、社会管理、生活、休闲娱乐等有关的文化网以及一组语言符号，文化与语言符号结合起来最终构建出了暖炕的语言文化框架，见图 15-3：

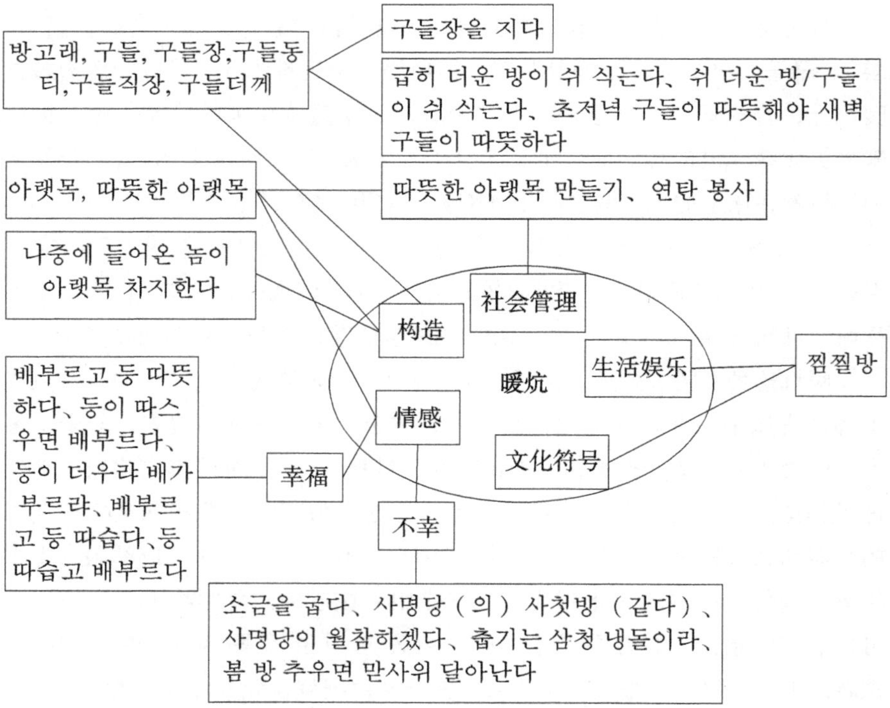

图 15-3　韩国暖炕语言文化框架

二、高层级语言文化框架的构建实例

将多个语言文化框架关联起来就可构建更高层级的语言文化框架，见图 15-4：

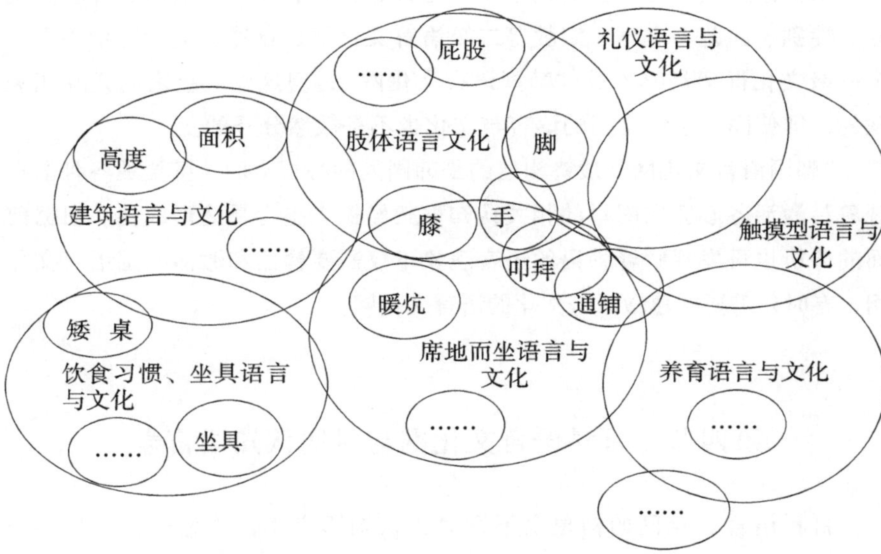

图 15-4　韩国“席地而坐”三级语言文化框架

如上，如果将“住居”视作二级语言文化框架，那么“席地而坐”就是位居其下的三级框架，而“暖炕”属于四级框架。同时，“席地而坐”这个三级框架又与“建筑”“肢体”“触摸型”“礼仪”“养育”“饮食习惯、坐具”等语言文化框架交叉关联。另外，“触摸型”“礼仪”“养育”等可视作精神文化的分支，“住居”“建筑”“饮食”等可视作生活文化的分支，“肢体”可视作自然文化的分支，所以自然、生活与精神等语言文化交叉关联了起来。

文化整体观视域下构建起来的各层级语言文化框架之间大多处于交叉关联之中，其交叉关联的构建以大规模语言文化分析为基础，如缺乏相应的语言文化知识背景则难以构建框架之间的关联，反之，随着语言与文化知识越来越丰富，这些框架之间的交叉关系会不断被显化，框架边界不断被拓展。总之，语言文化框架具有很强的模糊性与可延展性。

三、韩国语言文化网的构建

如果按照文化三分法将文化分为自然文化、生活文化与精神文化，那么就可构建自然语言文化框架、生活语言文化框架与精神语言文化框架等三个一级框架，其中自然语言文化框架主要包括人体、动物、植物、地理环境等二级语言文化框架，生活语言文化框架主要包括饮食、服饰、住居、出行、农业、经济、政治法律、军事、教育、医学等二级语言文化框架；精神语言文化框架主要包括事大主义、关系、人名、地名、外貌、交际、性别、曲艺、文学、宗教等二级语言文化框。自然、生活与精神等三个一级文化框架最终构成"韩国语言文化网"，但这些层级之间是互相关联的，即使同一层级之间的语言与文化也不是截然分开的。

"韩国语言文化网"最终构建的是韩国人的心智空间，韩语的各种语言现象是激活各心智空间里的相关认知框架经概念整合最终形成的。根据前面的分析也可发现解释韩语的语言现象不仅需要构建和激活韩国语言文化网，有时还需要构建激活跨文化的语言文化网。

第四节　百科语言文化网与对比认知语言学

百科语言文化网的构建离不开对比认知语言学，要想构建囊括整个人类语言与文化的语言文化网，需要对更多文化背景下的语言与文化现象进行全面梳理与分析。进行跨文化对比认知语言学分析时，如出现语言现象有无差异、语言形式多少差异、比喻义差异等情况，可从九个方面去分析[①]：第一，如果缺乏相关语言表达，须分析相关文化背景是否缺失。第二，表达相似概念时语言形式不同，须分析相关文化背景是否出现差异。第三，如果某一事物在两种文化背景中都存在，但出现语言形式多少或比喻义多少的不同，须区分该事物在各自环境背景中的重要性或熟悉度是否相同。第四，如果两种文化里都出现了相关文化背景或事物，但有的没有产生相关比喻义与语言形式，须分析是否出现了比喻联想的缺失。第五，如果两种文化里相关事物都产生了比喻联想，但比喻义以及相关语言形式出现不同，须具体分析比喻联想的不同。而这种比喻联想的不同又可分为两类：其一，面对同一事物时所产生的比喻联想不同；其二，表达同一概念时采用了不同事物作喻体。第六，在两种文化背景下，面对同一事物时有时还会出现关注点的不同，那么一般会导致产生不同的比喻联想，因此产生不同的比喻义与语言形式。第七，在两种文化背景下，即使面对同一事物时

① 详见作者的《语言与文化》(王芳、王波 2022e：465−526)。

会出现关注点相同的情况，但这也并不意味着会产生同样的语言形式或意义。第八，在两种文化背景下，面对同一事物时有时会出现关注点数量的不同，那么就会出现语言形式与语义数量以及意义的不同。第九，有时上述情况还会综合发生作用，这样就会导致同一事物在不同文化里所对应的语言形式与意义产生较大差异。

参考文献

中文文献

白化文，汉化佛教与佛寺［M］，北京：北京出版集团北京出版社，2011.

曹日昌，普通心理学［M］，北京：人民教育出版社 .

曾　容、文旭，流行语语义动态范畴化的模因研究［J］，当代修辞学，2019（3）：86-95.

査清兰，概念整合理论视阈下汉语谚语的认知阐释［J］，江西社会科学，2013，33（9）：206-210.

常敬宇，语义在词语搭配中的作用——兼谈词语搭配中的语义关系［J］，汉语学习，1990（6）：4-8.

陈美玲，韩语动词“자르다 / 베다”的认知分析及其在汉语中的对应研究［D］，延边大学硕士学位论文，2016.

陈望道，修辞学发凡［M］，上海：上海教育出版社，1979.

陈望道，修辞学发凡［M］，上海：上海教育出版社，1982.

陈新葵、莫雷、张积家，隐喻在文章语境中的理解——概念隐喻理解探讨，心理科学，2006（1）.

陈新夏、郑维川、张保生，思维学引论［M］，长沙：湖南人民出版社，1988.

陈载舸，东方魔块之“魔”：汉字社会功用的厘定与阐释［M］，广州：广东人民出版社，2017.

丛迎旭，汉英错位修饰现象语法隐喻研究［D］，上海外国语大学博士学位论文，2013.

戴昭铭，文化语言学导论［M］，北京：语文出版社，1996/2010.

翟学伟，中国人的关系原理［M］，北京：北京大学出版社，2011/2014.

丁　伟，中国民族性［M］，西安：陕西师范大学出版社，2006.

丁广惠，中国传统礼仪考［M］，哈尔滨：黑龙江教育出版社，2016.

范文芳，试论语法隐喻的综合模式［J］，外语教学，2007（4）：12-15.

方文文，关于韩语认识情态短语主语制约的认知分析［D］，西安外国语大学硕士学位论文，2018.

费孝通，美国人的性格［M］，上海：华东师范大学出版社，2013/2015.

冯广艺，汉语语境学概论［M］，银川：宁夏人民出版社，1998.

付鸿军，论文化对语言的制约［J］，外国语，2000（6）：39－43.

付凯琳，产生“谐音”的手段［J］，四川外语学院学报，1992（1）：77－83.

付胜云、盛爱萍，谐音的层级［J］，修辞学习，2008（2）：74－77+65.

高长江，文化语言学［M］，沈阳：辽宁教育出版社，1992.

宫　铭，经验和语言——实用主义文学理论转型研究［D］，北京大学博士论文，2011.

缑瑞隆，汉语感觉范畴隐喻系统［J］，郑州大学学报（哲学社会科学版），2003（5）：108－112.

郭　熙，中国社会语言学（第3版）［M］，北京：商务印书馆，2013.

郭淑伟，概念隐喻的重新识解及其哲学基础［J］，学术探索，2012（3）：149－151.

郭友鹏，“秋天是收获的季节”——谈应景辞令的交际效果［J］. 当代修辞学，1986（6）：6－7+21.

韩香花，韩语助词 ga 和 neun 的分布计量及替换分析［D］，复旦大学博士学位论文，2013.

何兆熊，语用学概要［M］，上海：上海外语教育出版社，1989.

侯晓丹，金忠实，论汉韩语相对量范畴中的动词隐喻表达对比［J］，东疆学刊，2016，33（4）：43－47.

侯玉波，社会心理学（第三版）［M］，北京：北京大学出版社，2013.

胡壮麟，语法隐喻［J］，外语教学与研究，1996（4）：1－7.

黄　星，徐盛桓，自主—依存框架中的隐语理解机理［J］，深圳大学学报（人文社会科学版），2010，27（2）：111－115.

黄国文，英语语言问题研究［M］，广州：中山大学出版社，1999.

黄树先，比较词义探索［M］，成都：四川出版集团，2012.

吉益民，网络变异语言现象的认知研究［M］，南京：南京师范大学出版社，2012.

金海月，朝鲜语并列复合词词素顺序的类型学特征［J］，民族语文，2007（2）：42－55.

金晶银，汉韩“愤怒”表达方式的人体隐喻化对比［J］，东疆学刊，2019，36（1）：93－97.

金立鑫，汉语语序的类型学特征［J］，解放军外国语学院学报，2019，42（4）：1－13+159.

雷　卿，语言表征的感知基础——心智哲学视角［J］，现代外语，2012，35（4）：346－352+436.

李　弘，语音隐喻初探［J］，四川外语学院学报，2005（3）.

李惠然，中日语言、文化之对比［A］，顾嘉祖、陆昇，语言与文化［C］，上海：上海外语教育出版社，1988：163－185.

李鹏程，当代文化哲学沉思（修订版）［M］，北京：人民出版社，1994/2008.

李善熙，汉韩词汇认知语义对比研究［D］，黑龙江大学博士学位论文，2017.

李伟大，“× 花”的语义语法特征［J］，长春大学学报，2009（7）：37－40.

李秀红，韩语让步关系连接语尾的认知情况及偏误分析［D］，延边大学硕士学位论文，2015.

梁珊珊，汉韩语含“手”和“脚”的惯用语的认知对比研究［D］，西南民族大学硕士学位论文，2018.

梁漱溟，东西文化及其哲学［M］，北京：商务印书馆，2010/2015.

廖巧云、徐盛桓，心智怎样计算隐喻［J］，外国语（上海外国语大学学报），2012，35（2）：46-52.

林语堂，吾国与吾民［M］，西安：陕西师范大学出版社，2003.

刘　芬，概念整合中的类属空间及映射解析［J］，湘潭大学学报（哲学社会科学版），2012（4）：157-160.

刘　瑾、华先发，关联理论关照下的语言符号隐喻象似性，江淮论坛，2016（2）：174-179.

刘　瑾，意义的百科知识观——兼谈认知语义学的原则和主张［J］. 外国语文，2018，34（06）：86-91.

刘承华，文化与人格——对中西方文化差异的一次比较［M］，合肥：中国科学技术大学出版社，2003.

刘大为，流行语的隐喻性语义泛化［J］，汉语学习，1997（4）：33-37.

刘丹青，科学精神：中国文化语言学的紧迫课题［A］，文化语言学中国潮［C］，邵敬敏，北京：语文出版社，1995a：92-105.

刘丹青，语义优先还是语用优先——汉语语法学体系建设断想［J］，语文研究，1995b（02）：10-15.

刘宓庆，汉英对比研究的理论问题（上）［A］，对比语言学论文集［C］，王福祥编，北京：外语教学与研究出版社，1992a：57-66.

刘宓庆，汉英对比研究的理论问题（下）［A］，对比语言学论文集［C］，王福祥编，北京：外语教学与研究出版社，1992b：67-75.

刘中富，文字词汇探究［M］，北京：中国社会科学出版社，2017.

卢　彦，现代汉语视觉词的意觉隐喻［J］，鲁东大学学报（哲学社会科学版），2009（26-04）：89-90+94.

卢红梅，论英汉比喻的文化差异及其互译［A］，刘重德，英汉语比较与翻译［C］，上海：上海外语教育出版社，2006：294-304.

陆俭明、沈阳，汉语和汉语研究十五讲（第二版）［M］，北京：北京大学出版社，2016.

罗常培，语言与文化［M］，北京：北京出版社，2011/2016.

吕新炎，语言及意识探究［M］，上海：上海三联书店，2015.

马辰庭，转喻的百科知识表征［J］，现代外语，2016（3）：369-380.

马利军，张积家，汉语歇后语前、后语节相互作用关系研究［J］，苏州大学学报（教育科学版），2016，4（3）：86-95.

马淑香，语言现象中积淀的韩国人的文化思想［J］，天津外国语学院学报，2001（1）：78-80.

马未都，醉文明 + 收藏马未都（1）［M］，北京：中信出版社，2017.

马未都，醉文明 + 收藏马未都（8）［M］，北京：中信出版社，2017.

马心丹，日语、汉语词词素的位置颠倒［A］，对比语言学论文集［C］，王福祥编，北京：外语教学与研究出版社，1992：123-128.
孟 琮，北京话的拟声词［A］，语法研究和探索（一）［C］，北京：北京大学出版社，1983：120-156.
孟劲飞，韩语语尾“-았/었/였”的认知分析及在汉语中的对应研究［D］，延边大学硕士学位论文，2013.
孟庆鑫，韩语多义助词“에”的认知语义研究［D］，天津外国语大学硕士学位论文，2015.
孟昭泉，汉文化的语音精灵——谐音［J］，台州学院学报，2003（1）：21-25.
欧阳敏慧，中国韩语学习者主体敬语法的认知现状研究［D］，上海外国语大学硕士学位论文，2018.
潘文国，汉英语对比纲要［M］，北京：北京语言文化大学出版社，1997/2014.
潘文国，中国的语言和文化研究综观［A］，文化语言学中国潮［C］，邵敬敏，北京：语文出版社，1995：276-289.
潘文国，字本位与汉语研究［M］，上海：华东师范大学出版社，2002.
齐振海、王义娜，“心”词语的认知框架［J］，外语学刊，2007（1）：61-66.
钱冠连，美学语言学——语言美和言语美（第二版）［M］，北京：高等教育出版社，2004/2006.
钱冠连，语言人类最后的家园：人类基本生存状态的哲学与语用学研究［M］，北京：商务印书馆，2005.
邱根成，评《日汉对比认知语言学——基于中国日语学习者偏误的分析》［J］，日语学习与研究，2017（4）：125-127.
邱明正，审美心理学［M］，上海：复旦大学出版社，1993.
任韶堂，食物语言学［M］，上海：上海文艺出版社，2017.
邵敬敏，关于中国文化语言学的反思［A］，邵敬敏，文化语言学中国潮［C］，北京：语文出版，1995：80-91.
申小龙，汉语与中国文化［M］，上海：复旦大学出版社，2014.
申小龙，语言与文化的现代思考［M］，郑州：河南人民出版社，2000.
沈怀兴，汉语谚语中意合法的应用［J］，语言教学与研究，2004（03）：72-80.
沈家煊，句法的象似性问题［J］，外语教学与研究，1993（1）：2-8.
沈锡伦，表现民族文化的语言形式［A］，文化语言学中国潮［C］，邵敬敏，北京：语文出版社，1995：59-67.
石毓智，汉语自信的理据［J］，中国外语，2018，15（1）：16-23.
石毓智，语法的概念基础［M］，上海：上海外语教育出版社，2006.
束定芳，隐喻学研究［M］，上海：上海外语教育研究出版社，2000.
束定芳，认知语义学［M］，上海：上海外语教育出版社，2008.
宋德生，通感单向映射的工作机制［J］，外语与外语教学，2006（8）：21-24.
孙 机，中国古代物质文化［M］，北京：中华书局，2014/2015.
孙红娟，黄有福，朝汉人体隐喻认知对比研究［J］，语言文字应用，2010（4）：142.
汪大昌，语言和文化［M］，北京：首都师范大学出版社，2009/2013.

汪凤炎、郑红，中国文化心理学（第五版）[M]，广州：暨南大学出版社，2004/2015.
汪如意，文字里的意象世界[M]，长春：吉林文史出版社，2016.
汪少华、王鹏，歇后语的概念整合分析[J]，外语研究，2011（4）：40-44.
汪堂家，思想的历程：从意志哲学到哲学诠释学[J]，活的隐喻[M]，保罗·利科著，汪堂家译，上海：上海译文出版社，2015.
汪新筱，严秀英，张积家，董方虹，平辈亲属词语义加工中长幼概念的空间隐喻和重量隐喻——来自中国朝鲜族和汉族的证据[J]，心理学报，2017，49（02）：174-185.
王　芳，韩语前缀语义系统研究[M]，青岛：中国海洋大学出版社，2013.
王　芳、王波，韩语汉字词与汉语词对比研究[M]，北京：商务印书馆，2020.
王　芳、王波，韩国自然文化语言学[M]，首尔：亦乐出版社，2022a.
王　芳、王波，韩国生活文化语言学[M]，首尔：亦乐出版社，2022b.
王　芳、王波，韩国精神文化语言学[M]，首尔：亦乐出版社，2022c.
王　芳、王波，韩国文化语言学综论[M]，首尔：亦乐出版社，2022d.
王　芳、王波，语言与文化[M]，首尔：亦乐出版社，2022e.
王　寅，英汉语言区别特征研究[M]，北京：新华出版社，1996.
王　寅，论语言符号的象似性——对索绪尔任意说的挑战与补充[M]，北京：新华出版社，1999.
王　寅，事件域认知模型及其解释力[J]，现代外语，2005（1）a：17-26.
王　寅，语言的体验性——从体验哲学和认知语言学看语言体验观[J]，外语教学与研究，2005（1）b：37-43.
王　寅，认知语言学[M]，上海：上海外语教育出版社，2007.
王　寅，认知语言学的意义新观：体验性概念化——十三论语言体验性[J]，解放军外国语学院学报，2008a（4）：1-6.
王　寅，语言研究新增长点思考之四：后语言哲学探索——语言哲学、后语言哲学与体验哲学[J]，外语学刊，2008b（4）：2-10.
王　寅，从后现代哲学的人本观看语言象似性——语言学研究新增长点之六：象似性的哲学基础与教学应用[J]，外语学刊，2009（06）：32-37.
王安红，音系认知同化与对韩汉语辅音声母教学[J]，汉语学习，2015（5）：91-96.
王殿珍，双重语义的语境制约[J]，辽宁师范大学学报，1998（6）：53-55.
王世德，审美学[M]，济南：山东文艺出版社，1987.
王文斌，论隐喻解读中主体间性和隐喻间性[J]，外语学刊，2007a（1）：51-60.
王文斌，隐喻的认知构建与解读[M]，上海：上海外语教育出版社，2007b.
王永聘，走出民族文化语言交际的困惑[J]，北京大学学报，2003：158-161.
王正元，概念整合理论及其应用研究[M]，北京：高等教育出版社，2009.
文　旭，词序的拟象性探索[J]，外语学刊，2001（3）：90-96+112.
文　旭，以认知为基础的英汉对比研究——关于对比认知语言学的一些构想[J]，中国外语，2009，6（3）：25-30.
文　旭，语言的认知基础[M]，北京：科学出版社，2014.
吴礼权，修辞心理学（修订版）[M]，广州：暨南大学出版社，2013.

伍铁平，比较词源研究［M］，上海：上海外语教育出版社，2011/2015.

武树元，俄汉语言对比研究与翻译［A］，对比语言学论文集［C］，王福祥编，北京：外语教学与研究出版社，1992：310–317.

向二兰，“脸”的隐喻意义探源［J］，外语学刊，2007（03）：28–31.

肖家燕、庞继贤，文学语境与人名隐喻的翻译研究［J］，浙江大学学报（人文社会科学版），2007（5）：193–200.

邢福义，文化语言学（修订本）［M］，武汉：湖北教育出版社，2000.

熊培云，一个村庄里的中国［M］，北京：新星出版社，2011/2016.

徐　莲，日汉语感觉词语的通感式词义引申之比较［J］，日语学习与研究，2003（4）：39–43.

徐烈炯、刘丹青，话题的结构与功能（增订本）［M］，上海：上海教育出版社，2007.

徐盛桓，常规推理与“格赖斯循环”的消解［J］，外语教学与研究，2006a（3）：163–170.

徐盛桓，相邻和相似［J］，暨南大学华文学院学报，2006b（3）：33–41.

徐盛桓，话语理解的意向性解释［J］，中国外语，2006c（4）：33–42.

徐盛桓，基于模型的语用推理［J］，外国语，2007a（3）：2–9.

徐盛桓，自主和依存——语言表达形式生存机理的一种分析框架［J］，外语学刊，2007b（2）：34–40.

徐盛桓，隐喻为什么可能［J］，外语教学，2008（03）：1–7.

徐盛桓，转喻语句与真值条件——“转喻与逻辑”研究之三［J］，外语教学与研究，2009，41（1）：3–10+80.

徐盛桓，心智哲学与语言研究［J］，外国语文，2010a（5）：30–35.

徐盛桓，语言研究的心智哲学视角——“心智哲学与语言研究”之五［J］，河南大学学报（社会科学版），2011，51（04）：1–12.

徐盛桓，从“事件”到“用例事件”——从意识的涌现看句子表达式雏形的形成［J］，河南大学学报（社会科学版），2012，52（04）：137–144.

徐盛桓，隐喻的起因、发生和建构［J］，外语教学与研究，2014，46（03）：364–374+479–480.

徐盛桓、陈香兰，感受质与感受意［J］，现代外语，2010b（4）：331–338.

徐盛桓、廖巧云，隐喻“意识感受性”理论模型［J］，外语学刊，2017（01）：10–16.

许　晖，古人原来是这样说话的［M］，青岛：青岛出版社，2015.

许烺光，祖荫下——中国乡村的亲属·人格与社会流动［M］，王芃、徐隆德合译，台北：南天书局有限公司，2001.

杨　琳，汉语词汇与华夏文化［M］，北京：语文出版社，1996.

杨仕章，“通感”与俄语感觉形容词的词义演变［J］，外语学刊，1998（2）：82–85.

杨元刚，英汉词语文化语义对比研究［D］，华东师范大学博士论文，2005.

姚双云，由“语义镜像法”看“而且”的并列用法［J］，汉语学报，2017（3）：2–8+95.

姚亚平，文化的撞击——语言的交往［M］，长春：吉林教育出版社，1990.

叶舒宪，高唐神女与维纳斯［M］，西安：陕西人民出版社，2005.
游顺钊，手势创造与语言起源：离群聋人自创手语调查研究［M］，北京：语文出版社，2013.
余嘉锡，世说新语笺疏［M］，上海：上海古籍出版社，1993.
袁明军，《现代汉语词典》里的拟声词［J］，语文研究，2007（1）：38-41.
张　博，先秦并列式连用词序的制约机制［J］，语言研究，1996（2）：14-27.
张　辉，熟语：常规化的映现模式和心理表征——熟语的认知研究之一［J］，现代外语，2003（3）：250-258+249.
张　辉、卢卫中，认知转喻［M］，上海：上海外语教育出版社，2010.
张　莉，现代汉语多义词研究［D］，山东大学博士学位论文，2005.
张　萌，反语认知的心理学研究［M］，广州：暨南大学出版社，2010.
张公瑾，文化语言学发凡［M］，昆明：云南大学出版社，1998.
张世广，德汉合成词比较［A］，对比语言学论文集［C］，王福祥编，北京：外语教学与研究出版社，1992：129-136.
张晓失，诗经动物笔记［M］，北京：化学工业出版社，2021.
张彦昌、张而立，一份英汉词汇对比调查报告［A］，刘重德主编，英汉语比较与翻译［C］，上海：上海外语教育出版社，2006：109-122.
张永言，语文学论集（增补本）［C］，北京：语文出版社，1999.
张之沧、张禹，身体认知论［M］，北京：人民出版社，2014.
赵朴初，佛教常识答问［M］，北京：北京出版集团北京出版社，2011/2017.
赵毅衡，哲学符号学：意义世界的形成［M］，成都：四川大学出版社，2017.
郑述谱，试论词汇的比较研究［J］，对比语言学论文集，王福祥编，北京：外语教学与研究出版社，1992.
郑载儒，认知隐喻视野下的汉韩惯用语对比研究［D］，山东大学硕士学位论文，2013.
支顺福，释名析义——万物名称与中外文化探微［M］，上海：上海外语教育出版社，2012.
周　勤，词义系统与中国古代哲学之互证——以“毒”字义项为考察对象［J］，东南学术，2012（1）：275-280.
周成兰，谐音现象蕴涵的文化信息——谐音现象的文化解读之一［J］，社会科学家，2005（3）：182-185.
周光庆，从认知到哲学：汉语词汇研究新思考［M］，北京：外语教学与研究出版社，2009.
周光庆，古汉语词汇学简论［M］，武汉：华中师范大学出版社，1989.
周文华，基于口语语料的韩国学生“比”字句习得认知过程考察［J］，汉语学习，2018（3）：94-103.
周祖谟，周祖谟语言文字论集［M］，北京：人民教育出版社，2000.
朱　跃、朱小超、鲍曼，语言与社会［M］，北京：北京大学出版社，2015.
朱永生，英语中的语法比喻现象［J］，外国语，1994（1）：8-13.
宗守云，章梅，汉语“口”和韩语“입”的认知对比分析［J］，浙江工商大学学报，

2014（5）：4-9.

邹爱芳，基于实证的汉韩隐喻认知对比研究——以中韩新闻报道中的政治隐喻为中心［J］，东疆学刊，2019，36（1）：86-92.

中文译著

〔澳〕罗伯特·迪克森，语言兴衰论［M］，朱晓农译，北京：北京大学出版社，2010.

〔澳〕约翰·哈特利、贾森·波茨，文化科学——故事、亚部落、知识与革新的自然历史［M］，何道宽译，北京：商务印书馆，2017.

〔丹〕奥托·叶斯柏森，语法哲学［M］，何勇等译，北京：商务印书馆，2011.

〔德〕爱娃·海勒，色彩的性格［M］，吴彤译，北京：中央编译出版社，2017.

〔德〕恩斯特·卡西尔，人论［M］，唐译编译，吉林出版集团有限责任公司，2014.

〔德〕威廉·冯特，情感三度说［M］，谭越译，武汉：湖北科学技术出版社，2016.

〔德〕威廉·冯·洪堡特，论人类语言结构的差异及其对人类精神发展的影响［M］，姚小平译，北京：商务印书馆，2011.

〔法〕丹尼斯·库什，社会科学中的文化［M］，张金岭译，北京：商务印书馆，2016.

〔法〕克洛德·列维-斯特劳斯，神话与意义［M］，杨德睿译，郑州：河南大学出版社，2016.

〔法〕克洛德·列维-斯特劳斯，图腾制度［M］，渠敬东译，北京：商务印书馆，2012/2015.

〔法〕克洛德·列维-斯特劳斯，野性的思维［M］，李幼蒸译，北京：中国人民大学出版社，2006/2014.

〔法〕让·安泰尔姆·布里亚·萨瓦兰，厨房里的哲学家［M］，敦一夫、付丽娜，南京：译林出版社，2017.

〔韩〕李御宁，韩国人的手，韩国人的心［M］，田建国等译，北京：中国出版集团现代出版社，2015.

〔韩〕赵要翰，韩国人的美［M］，黄红辉译，济南：山东人民出版社，2008.

〔荷〕艾布拉姆·德·斯旺，世界上的语言——全球语言系统［M］，乔修峰译，广州：花城出版社，2008.

〔加〕罗纳德·沃德华，社会语言学引论（第五版）［M］，雷洪波译，上海：复旦大学出版社，2009.

〔加〕齐瓦·孔达，社会认知——洞悉人心的科学［M］，周治金、朱新秤译，北京：人民邮电出版社，2013.

〔加〕约翰·奥尼尔，身体五态［M］，张绪春译，北京：北京大学出版社，2010.

〔美〕C. 恩伯、M. 恩伯，文化的变异——现代文化人类学通论［M］，杜彬彬译，沈阳：辽宁人民出版社，1988.

〔美〕I. 戈德伯格，语言的奥妙——语言入门人人学［M］，张梦井译，太原：山西人民出版社，2003.

〔美〕Neil R. Carlson，生理心理学——走进行为神经科学的世界（第九版）［M］，苏彦捷译，北京：中国轻工业出版社，2017.
〔美〕爱德华·霍尔，无声的语言［M］，何道宽译，北京：北京大学出版社，2010/2015.
〔美〕彼得·布鲁克斯，身体活［M］，朱生坚译，北京：新星出版社，2005.
〔美〕彼得·里克森、罗伯特·博伊德，基因之外——文化如何改变人类演化［M］，陈姝、吴楠译，杭州：浙江大学出版社，2017.
〔美〕杜安·舒尔茨、西德尼·舒尔茨，人格心理学——全面·科学的人性思考（原书第10版）［M］，张登浩、李森译，北京：机械工业出版社，2016.
〔美〕段义孚（Yi-Fu Tuan），空间与地方——经验的视角［M］，王志标译，北京：中国人民大学出版社，2017.
〔美〕菲利普·津巴多、迈克尔·利佩，态度改变与社会影响［M］，邓雨等译，北京：人民邮电出版社，2007/2017.
〔美〕加里·R. 卡比（Gary R·Kirby）、杰弗里·R. 古德帕斯特（Jeffery R. Goodpaster），批判性思维与创造性思维（第四版）［M］，韩广忠译，北京：人民大学出版社，2016.
〔美〕金伯莉·J. 达夫，社会心理学［M］，宋文、李颖珊译，北京：中国人民大学出版社，2013.
〔美〕肯尼思·本迪纳，绘画中的食物——从文艺复兴到当代［M］，谭清译，北京：电子工业出版社，2016.
〔美〕兰格克，L.W. 认知语法概观［A］，王榕培、顾雅云编译，八十年代国外语言学的新天地［C］，沈阳：辽宁教育出版社，1992.
〔美〕雷·韦勒克、奥·沃伦，文学理论［M］，刘象愚等译，北京：生活·读书·新知三联书店，1984.
〔美〕理查德·尼斯贝特，思维版图［M］，李秀霞译，北京：中信出版社，2017.
〔美〕理查德·舒斯特曼，身体意识与身体美学［M］，程相占译，北京：商务印书馆，2014.
〔美〕路易斯·亨利·摩尔根，古代社会［M］，杨东莼、马雍、马巨译，北京：商务印书馆，1981.
〔美〕罗伯特·迪尔茨，语言的魔力——用语言转变信念的神奇旅程［M］，谭洪岗译，长春：北方妇女儿童出版社，2016.
〔美〕罗伯特·F. 莫菲，文化和社会人类学［M］，吴玫译，北京：中国文联出版公司，1988.
〔美〕马尔科姆·格拉德威尔，异类［M］，苗飞译，北京：中信出版社，2014/2016.
〔美〕玛格丽特·维萨，饮食行为学——文明举止的起源、发展与含义［M］，刘晓媛译，北京：电子工业出版社，2015.
〔美〕迈克尔·H. 普罗瑟（Michael H. Prosser），文化对话——跨文化传播导论［M］，何道宽译，北京：北京大学出版社，2013.
〔美〕迈克尔·托马塞洛，人类沟通的起源［M］，蔡雅菁译，北京：商务印书馆，2012/2016.
〔美〕乔治·莱考夫，女人、火与危险食物：范畴显示的心智（一）［M］，李葆嘉等译，北京：世界图书出版公司，2017.
〔美〕任韶堂，食物语言学［M］，王琳淳译，上海：上海文艺出版社，2017.
〔美〕萨丕尔，语言论——言语研究导论［M］，陆卓元译，北京：商务印书馆，2011.
〔美〕史蒂芬·平克，思想本质—语言是洞察人类天性之窗［M］，张旭红、梅德明译，杭州：浙江人民出版社，2015.
〔美〕威尔·杜兰特，哲学的故事［M］，蒋剑锋、张程程译，北京：三联书店，1997.
〔美〕威廉·A. 哈维兰等，文化人类学——人类的挑战［M］，陈相超、冯然译，北京：机械工业出版社，2014.
〔美〕约翰·奥莫亨德罗，像人类学家一样思考［M］，张经纬等译，北京：北京大学出版社，2017.
〔美〕约翰·比奈尔，生物心理学（第九版）[M]，杨莉等译，北京：机械工业出版社，2017.
〔美〕约翰·杜威，我们怎样思维·经验与教育，姜文闵译，北京：人民教育出版社，2005/2016.
〔美〕约翰·麦奎德，品尝的科学［M］，林东涵、张琼懿、甘锡安译，北京：北京联合出版公司，2017.
〔苏〕斯大林，马克思主义与语言学问题［M］，中共中央马克思、恩格斯、列宁、斯大林著作编译局，北京：人民出版社，1971.
〔意〕翁贝托·艾柯，丑的历史［M］，彭淮栋译，北京：中央编译出版社，2012/2015.
〔意〕翁贝托·艾柯，美的历史［M］，彭淮栋译，北京：中央编译出版社，2011/2017.
〔英〕J.L. 奥斯汀，如何以言行事［M］，杨玉成、赵京超译，北京：商务印书馆，2013.
〔英〕L.R. 帕默尔，语言学概论［M］，李荣等译，北京：商务印书馆，2016.
〔英〕R.R.K. 斯托克、F.C. 哈特曼等，语言与语言学词典［Z］，黄长著、林书武等译，上海：上海辞书出版社，1981.
〔英〕彼得·史密斯，〔加〕彭迈克，〔土〕齐丹·库查芭莎，跨文化社会心理学［M］，严文华、权大勇译，北京：人民邮电出版社，2009/2015.
〔英〕吉莉恩·罗斯，观看的方法——如何解读视觉材料（第二版）[M]，肖伟胜译，重庆：重庆大学出版社，2017.
〔英〕麦克斯·缪勒，宗教的起源与发展［M］，金泽译，上海：上海人民出版社，2010/2014.
〔英〕特伦斯·霍克斯，结构主义和符号学［M］，瞿铁鹏译，上海：上海译文出版社，1997.
〔英〕朱尔斯·埃文斯，生活的哲学—寻找人生意义的 12 堂哲学课［M］，贝小戎译，北京：中信出版社集团，2016/2017.

韩文文献

Wang Nanan, 한중 공간어의 인지언어학적 연구［D］, 경북대학교 박사학위논문, 2016.

강명관, 조선풍속사（1）[M], 서울: 푸른역사, 2010/2011.
강범모, 동음이의어의 사용 양상 [J], 어학연구, 2005, 41（1）.
강신항, 오늘날의 국어생활 [M], 서울: 도서출판 박이정, 2007/2008.
강준만, 세계문화의 겉과 속 [M], 서울: 인물과 사상사, 2012.
고명, 한· 중 습식 관련 관용표현 대비와 교육 방안 연구 [D], 건국대학교 박사학위논문, 2017.
고영진, 한국어의 문법화 과정–풀이씨의 경우 [M], 국학자료원, 1997.
구현정, 남. 여성형 어휘의 사회언어학적 의미 [J], 어문학연구, 1995（3）: 45–75.
구현정. 전영옥, 의사소통의 기법 [M], 서울: 박이정, 2006.
권경일, 국어 관용구 연구 [D], 연세대학교 박사학위논문.2005.
권연진, 인지언어학에서 은유의 보편성과 상대성 [M], 서울: 한국문화사, 2017.
권연진, 인지언어학에서 은유의 보편성과 상대성 [M], 서울: 한국문화사, 2017.
권연진, 인지의미론, 황규홍 외 현대언어학의 흐름, 서울: 도서출판 동인, 2013: 167–228.
권오경, 한국어교육에서 문화교육 내용 구축 방안 [J], 언어와 문화, 2009（5–2）: 49–72.
권희정, 한중 기본미각어 의미확장 공통성 연구 [J], 남도문화연구, 2008（15）: 7–38.
권희정, 한중 후각형용사의 구성 체계와 의미 확장 양상 – '고소하다 / 구소하다（香）' 와 '구리다（臭）' 를 중심으로 [J], 중국언어연구, 2014, 51: 93–110.
길본일, 시간 표현의 인지언어학적 연구 [D], 부산대학교 박사학위논문, 2006.
김광식, 한국사회에 반말공용화를 묻는다—인지문화철학자의 반말 선언 [J], 사회와 철학, 2014, 28: 25–40.
김동섭, 언어를 통해 본 문화 이야기 [M], 서울: 신아사, 2013.
김동진. 조항범, 선인들이 전해 준 어원이야기 [M], 서울: 태학사, 2001.
김동환, 인지언어학 연구 방법론 [J], 우리말연구, 2010, 27: 5–28.
김동환, 인지언어학과 개념적 혼성이론 [M], 박이정, 2013.
김동환, 인지언어학과 의미 [M], 서울: 태학사, 2005.
김미형, 우리말의 어제와 오늘—정신의 변화를 안고 흐른 국어의 역사 [M], 서울: 제이앤씨, 2012.
김미형. 김형주. 엄소영. 최기호, 한국어와 한국 사회—한국어를 통해 들여다본 한국인의 자화상 [M], 서울: 한국문화사, 2013.
김민혜, 미각 형용사의 의미 도식과 확장 원리에 대한 연구 [D], 전북대학교 석사학위논문, 2009.
김병균, 국어 동음이의어 연구 [D], 원광대학교 박사학위논문, 1988.
김보미, 한· 중（韓中）인체어휘의 의미 확장 비교 연구 [D], 제주대학교 석사학위논문, 2007.
김수남, 몸과 언어의 만남——독일어 신체관련 관용어를 중심으로 [A], 성광수. 조광제. 류분순, 몸과 몸짓 문화의 리얼리티 [C], 서울: 소명출판, 2003: 166–216.

김숙현 외, 한국인과 문화간 커뮤니케이션 [M], 서울: 커뮤니케이션북스, 2001/2007.
김순자·송원찬, 한.중 단맛 형용사의 의미 확장 대조 연구 [J], 한국언어문화, 2015 (56): 87-107.
김승렬, 국어어순연구 [M], 서울: 한신문화사, 1990.
김영란, 중국인 학습자를 위한 한국어 관용표현의 교재 구성연구: 한·중 관용표현의 번역을 바탕으로 [D], 동국대학교 박사학위논문, 2015.
김영순, 몸짓의 문화, 문화의 손짓 [A], 성광수.조광제.류분순, 몸과 몸짓 문화의 리얼리티 [C], 서울: 소명출판, 2003: 58-104.
김옥분, 신체어 관용어의 인지적 이해 [J], 한국학연구, 2000, 11: 33-47.
김용경, 토박이말 가게 이름에 나타난 특징 연구 [J], 겨래어문학, 2005, 34: 27-58.
김용선, 현대국어의 신어형성 연구 [D], 충북대학교 박사학위논문, 2010.
김욱동, 수사학이란 무엇인가 [M], 서울: (주) 민음사, 2002/2003.
김웅헌, communication 수단으로서의 illustration 에 관한 연구 [D], 동덕여자대학교 석사학위논문, 1989.
김정우, 제품군에 따른 광고 언어의 사용 양상-라디오 광고를 중심으로 [J], 우리어문연구, 2012, 44: 333-360.
김정탁, 禮 & 藝——한국인의 의사소통 사상을 찾아서 [M], 서울: 도서출판 한울, 2004.
김정필, '半空' 의 인지모형과 한중 공간 인식의 비교 [J], 동북아문화연구, 2014a, 40: 207-219.
김정필, 한중 역수대역어 의 의미상관성 분석 [J], 중국학, 2014b, 49: 31-44.
김종도, 인지문법적 관점에서 본 환유의 세계 [M], 서울: 경진문화사, 2005.
김종도, 인지언어학적 원근법에서 본 은유의 세계 [M], 서울: 한국문화사, 2004.
김주리, 모던 걸, 여우 목도리를 버려라 [M], 파주: 살림출판사, 2005.
김중현, 국어 공감각 표현의 인지 언어학적 연구 [J], 담화와 인지, 2001 (2): 23-46.
김진우, 인지언어학의 이해 [M], 서울: 한국문화사, 1999.
김철규, 한국어 형용사 '착한' 의 연어에 관한 단기 통시적 고찰 [J], 언어과학, 2012, 19 (4): 65-87.
김해미, 짜다 계열 어휘의 의미 확장 연구 [J], 한국어 의미학, 2014 (46): 247-278.
김해연, 신문 보도 기사 텍스트의 전달 구문 분석 [J], 텍스트언어학, 2017a, 42: 1-29.
김해연, 야구 용어의 비유적 의미의 은유 이론적 분석 [J], 언어, 2016a (2): 217-237.
김해연, 언론 담화에서 경제 불황 묘사 의학 용어의 비유적 사용에 대한 은유 이론적 분석 [J], 텍스트언어학, 2018, 45: 97-214.
김해연, 언론 담화에서의 항해 비유 표현의 은유 이론적 분석 [J], 담화와 인지, 2017b (4): 43-64.
김해연, 언론담화 선거기사의 비유적 표현의 은유 이론적 분석 [J], 어학연구, 2016b

（3）: 393−420.
김향숙, 한국어 감정표현 연구［D］, 인하대학교 박사학위논문, 2001.
김향숙, 한국어 감정표현의 관용어 연구［M］, 서울 : 한국문화사, 2003.
김향숙, 한국어 감정표현의 관용어 연구［M］, 서울 : 한국문화사, 2003.
김혜숙, 현대국어의 사회언어학적 연구［M］, 서울 : 태학사, 1991.
김혜원, 중· 한 관용표현 대조 연구［D］, 한국외국어대학교 박사학위논문, 2006.
김혜정、안태형、임지아, 대학생 글쓰기에 나타난 어색한 문장 사용 양상［J］, 우리말연구, 2016, 46: 1−21
김희영, 현대 국어의 신어 연구［D］, 한국교원대학교 석사학위논문, 1999.
남광우, 현대국어 국자의 저 문제［M］, 서울 : 일조각, 1970.
노대규, 국어 의미론 연구［M］, 서울 : 국학자료원, 1988.
노대규, 국어의 복합어 구성 법칙［J］, 인문논업, 1982（4）: 5−27.
铃木孝雄, 언어로 살펴본 일본 문화［M］, 서울 : 소화, 2005.
동초연, 개념적혼성의 시각에서 본 신어의 의미구성［J］, 중국조선어문, 2016（4）: 59−65.
료자자, 한중 맛 그림씨의 인지의미론적 대조 연구［D］, 부산대학교 국어국문학과 석사학위논문, 2010.
문금현, 색채어 관련 관용표현에 나타난 인지의미 양상［J］, 국어국문학, 2013, 163: 73−102.
민현식, 국어 문화에 나타난 종교문화의 요소［J］, 한국언어문화학, 2004（2）: 89−118.
박갑수, 고전문학의 문체와 표현［M］, 서울 : 집문당, 2005.
박갑수, 언어・문학・문화, 그리고 교육 이야기［M］, 서울 : 역락, 2015.
박갑수, 우리말 우리 문화（상）[M］, 서울 : 역락, 2014a
박갑수, 우리말 우리 문화（하）[M］, 서울 : 역락, 2014b.
박갑수, 한국어교육과 언어문화 교육［M］, 서울 : 역락, 2013.
박갑천, 재미있는 어원 이야기［M］, 서울 : 을유문화사, 1995.
박근희, 한국어 학습자를 위한 인지언어학 기반 관용표현 교육 연구［D］, 세종대학교 박사학위논문, 2018.
박기환, 성격속의 우리말 어원을 찾아서［M］, 서울 : 해피 & 북스, 2009.
박동근, 한국어 어휘 연구의 새로운 모색［M］, 서울 : 소통, 2008b.
박동근, 한국어 흉내말의 이해［M］, 서울 : 역락, 2008a.
박선옥, 한국인과 중국인의 단어 연상의미 조사 분석과 단어 연상을 활용한 한국어 어휘 교육 방법［J］, 한국어 의미학, 2008, 25: 71−98.
박숙희 . 유동숙 편, 뜻도 모르고 자주 쓰는 우리말 나이 사전［M］, 서울 : 책이있는마을, 2005.
박영순, 한국어 은유 연구［M］, 서울 : 고려대학교출판부, 2000.
박영준, 한국어 금기어 연구, 유형과 실현 양상을 중심으로［A］, 조선대학교 BK21, 언어와 금기［C］, 서울 : 역락, 2015: 141−170.

박영환 , 국어 동음어 연구 [D] , 숭전대학교 석사학위논문 , 1978.
박일환 , 우리말 유래 사전 [M] , 서울 : 우리교육 , 1994.
박종순 , 신어의 형성과 특성연구 [D] , 충남대학교 석사학위논문 , 2003.
박태순 , 장인 [M] , 서울 : 현암사 , 2009/2010.
방영심 · 이정화 , 한국어에 나타나는 한 (恨) 의 개념화 양상 [J] , 한국어 의미학 , 2007 (22) : 95−121.
백영석 , 신조어 조어법 연구 [D] , 단국대학교 석사학위논문 , 2001.
서정범 , 어원별곡 [M] , 서울 : 범조사 , 1986.
서준 , 한중 번역 중에 어휘 오역에 대한 인지언어학적 고찰 [J] , 중국학연구 , 2011, 58: 203−214.
석수영 , 한중 사물 명칭에 나타나는 해석의 양상 대조 연구 [J] , 한국어의미학 , 2017, 55: 29−52.
석수영 , 한중 온감어의 감정 전이에 대한 인지언어학적 분석 [J] , 국어교육연구 , 2014, 55: 181−210.
송기호 , 시집가고 장가가고−송기호 교수의 우리 역사 읽기 (1)[M] , 서울 : 서울대학교출판문화원 , 2009/2010.
송현정 , 국어 피동 담화 특성 연구 [J] , 선청어문 , 1994 (1) : 303−334.
송현주 , 국어 구조와 의미 간의 동기화 연구 [D] , 경북대학교 박사학위논문 , 2011.
송현주 , 국어 구조와 의미 간의 동기화 연구 [D] , 경북대학교 박사학위논문 , 2011.
송현주 , 색채 형용사의 의미 확장 연구 [J] , 언어과학연구 , 2003, 24: 131−148.
신명선 · 박재영 , 신문 기사의 텍스트의 언어학적 분석 [M] , 서울 : 미디어연구소 , 2004.
신현숙 , 한국어 의미 확장과 한국어 사용자의 인지 모형 [J] , 한국언어문화학 , 2005 (1) : 131−147.
신현정 , 개념과 범주화 [M] , 서울 : 아카넷 , 2002.
심영택 , 국어과 교육과 언어 정책 [J] , 한국초등국어교육 , 1997, 13: 29−53.
심재기 , 국어의 동의중복현상에 대하여 [J] , 논문집 , 서울대학교 교양과정부 , 1971: 1−16.
심지연 , 국어 관용어의 인지의미론적 연구 [D] , 고려대학교 박사학위논문 , 2009.
심지연 , 국어 관용어의 인지의미론적 연구 [M] , 고려대학교 박사학위논문 , 2009.
안기수 , 다문화 가족을 위한 한국인의 의 . 식 . 주 문화의식의 양상과 의미 [J] , 다문화콘텐츠연구 , 2011 (11) : 287−311.
안병희 , 15 세기 국어의 경어법접미사 '−님−' 에 대하여 [J] , 문리대학보 (건국대학교) , 1963 (1) .
안옥규 , 어원사전 [M] , 연변 : 동북조선미족교육출판사 , 1989.
양나영 , 한중 음식관련어 개념적 은유 대조 연구 [D] , 한국외국어대학교 석사학위논문 , 2011.
양념 , 한국어 동음이의어 교육 방안 연구 [D] , 중아대학교 석사학위논문 , 2013.
여정남 , 汉韩人體 慣用語认知研究 : 以脸、心、头、眼为主 [D] , 한국외국어대학교

박사학위논문 , 2010.

여정남 , 汉韩人體 慣用語认知研究 : 以脸、心、头、眼为主 [D] , 한국외국어대학교 박사학위논문 , 2010.

오성아 , 중국어권 한국어 학습자를 위한 관용표현 교육 방안 연구 [D] , 충북대학교 박사학위논문 , 2017.

오예옥 , 인지 의미론적 언어사용의 보편성 [M] , 서울 : 역락 , 2015.

오주석 , 오주석의 한국의 미 특강 [M] , 서울 : 솔 , 2003/2011.

왕문용 , 문체와 통사 [J] , 국어문체론 [M] , 박갑수 편저 , 서울 : 대한교과서 (주) , 1997.

왕보하 , 한 . 중 관용어의 의미 대조 연구 : '체언 + 용언' 형 관용어를 대상으로 [D] , 고려대학교 박사학위논문 , 2010.

용은미 , 국어 분노 관용표현 연구 [D] , 세종대학교 석사학위논문 , 2000.

우유선 , 인지의미론적 접근을 통한 중국어의 어휘교육 : 한중 양국어 신체어휘의 다의 현상을 중심으로 [J] , 이화여자대학교 석사학위논문 , 2002.

유양 , 한국어와 중국어 미각혀용사의 확장의미 대조 연구 [D] , 서강대학교 석사학위논문 , 2013.

유진 , 한· 중 신체 관련 관용표현 대조 연구 [D] , 영남대학교 박사학위논문 , 2011.

윤서석 , 한국식품사 , 한국문화사계 Ⅳ , 풍속 . 술사 [M] , 서울 : 고려 민족문화연구소 , 1970.

윤태일 , 유머광고에 나타난 한국 웃음문화의 특징과 전통성 [A] , 김유정탄생 100 주년기념사업추진위원회 , 한국의 웃음문화 [C] , 서울 : 소명출판 , 2008: 258−299.

이민 , 음식 '맛' 과 관련된 한국어와 중국어 어휘 대조 연구 , '달다' 와 '쓰다' 를 중심으로 [D] , 상명대학교 석사학위논문 , 2011.

이경수 , 한국어 미각 형용사의 의미와 개념화 [D] , 상명대학교 박사학위논문 , 2012.

이규태 , 한국인의 밥상문화 (2)[M] , 서울 : 신원문화사 , 2000.

이규태 , 한국인의 버릇 [M] , 서울 : 신원문화사 , 1991a.

이규태 , 한국인의 의식구조 (1) (한국인의 옷 이야기)[M] , 서울 : 기린원 , 1991b.

이규태 , 한국인의 의식구조 (1)[M] , 서울 : 신원문화사 , 1983/2011a.

이규태 , 한국인의 의식구조 (2)[M] , 서울 : 신원문화사 , 1983/2011b.

이규태 , 한국인의 의식구조 (3)[M] , 서울 : 신원문화사 , 1983/2011c.

이규호 , 우리의 말과 우리 삶 [J] , 창작과 비평 , 1968 (4) : 692−696.

이기동 편저 , 인지언어학 [M] , 서울 : 한국문화사 , 2000.

이기문 , 속담 사전 (개정판)[Z] , 서울 : 일조각 , 1980.

이동혁 , 마음에 기반한 의미 연구의 흐름과 전망 , 우리말연구 , 2019 (59) : 105−145.

이미숙 , 중국어 특성을 고려한 한국어 관용표현 지도 방안 연구 [D] , 충북대학교 박사학위논문, 2017.

이부영 , 한국인 성격의 심리학적 고찰 [A] , 이부영 、차재호 、황필호 , 한국인의 성격 [C] , 서울 : 한국정신문화연구원 , 1984/1988: 5−64.

이부영 , 한국적 인간관계에 나타난 무속적 요소 [J] , 한국문화인류학 , 1979, 11: 237−

240.
이석규, 언어의 예술 [M], 서울: 글누림, 2007.
이선희, 한중 '기쁨' 의 개념화 연구 [J], 중국어문학지, 2010a(34): 391–422.
이선희, 한중 '슬픔' 과 '두려움' 은유 표현 인지적 연구 [J], 중국어문학, 2010b (56): 241–274.
이선희, 한중 '애정 (愛情)' 은유표현 –개념적 은유의 관점에서– [J], 2011b, 58: 381–401.
이선희, 한중 '화 (火)' 의 개념적 은유 [J], 중국어문학, 2011a, 57: 373–388.
이선희, 한중 광고에 나타난 공감각적 은유의 인지적 연구 [J], 중국어문학, 2015, 68: 205–242.
이선희, 한중 광고에 나타난 공감각적 은유의 인지적 연구 [J], 중국어문학, 2015, 68: 205–242.
이선희, 한중 식품 광고에 나타난 공감각적 은유 양상 [J], 중국어문학, 2014, 65: 289–317.
이성모・이재호, 인지심리학의 제문제 (Ⅱ): 언어와 인지 [M], 서울: 학지사, 1998.
이수련, 한국어와 인지 [M], 서울: 박이정, 2001.
이어령, 기조강연: 번역과 아시아의 문화적 배경–번역자는 배신자인가 창조자인가 [A], 번역의 질적 향상을 위한 방향 모색 [C], 한국문학번역원, 2009: 11–20.
이용주, 국어교육의 반성과 개혁 [M], 서울: 서울대학교 출판부, 1995.
이을환, 이용주, 국어의미론 [M], 서울: 현문사, 1975.
이재원, 광고로 읽는 언어학 [M], 서울: 유로, 2008.
이재춘, 관용구를 활용한 한국어 문화 교육 연구 [D], 단국대학교 박사학위논문, 2010.
이정모 외, 인지심리학 [M], 서울: 학지사, 2009.
이정애, 문화간 의사소통을 위한 '화' 의 의미분석 [J], 담화와 인지, 2007 (1): 87–110.
이종렬, 개념적 환유 이론에 대한 비판적 연구 [J], 국어교육연구, 2007, 40: 253–272.
이종렬, 국어 문법현상에 대한 환유적 동기화 양상 연구 [J], 어문학, 2005, 88: 107–127.
이종렬, 국어 환유 표현의 사상적 특징과 의미 작용 [J], 어문학, 2002, 76: 65–93.
이종열, 정신공간을 통한 시제의 의미분석 [J], 한국어의미학, 2000 (6): 211–232.
이종열, 정신공간을 통한 합성어의 인지적 의미 해석 [J], 언어과학연구, 1999, 16: 483–504.
이종열, 비유와 인지 [M], 서울: 한국문화사, 2003.
이종철, 속담의 형태적 양상과 지도방법 [M], 서울: 이회문화사, 1998.
이현진, 규범적 국어인식 능력 교육 연구 [D], 서울대학교 석사학위논문, 2007.
이훈종, 민족생활어사전 [Z], 서울: 한길사, 1992.
임지룡 외, 어휘 의미의 인지언어학적 탐색, 서울: 태학사, 2016.
임지룡, 한국어의 의미 특성의 인지언어학적 연구 [M], 서울: 한국문화사, 2017.

임지룡，'기쁨' 과 '슬픔' 의 개념화 양상［J］，국어학，2001b（37）：109–143.

임지룡，'긴장' 의 개념화 양상［J］，담화와 인지，2001a（2）：205–227.

임지룡，감정 표현의 관용성과 그 생리적 반응의 상관성 연구［J］，기호학연구，2003, 25: 53–94.

임지룡，국어 어휘범주의 기본층위 탐색 및 의미특성 연구［R］，한국연구재단 보고서，2011.

임지룡，말하는 몸：감정 표현의 인지언어학적 탐색［M］，서울：한국문화사，2006.

임지룡，말하는 몸：감정 표현의 인지언어학적 탐색［M］，한국문화사，2006.

임지룡，원형이론과 의미의 범주화［J］. 국어학，1993a, 23: 41–68.

임지룡，의미범주의 원형탐색에 관한 연구［J］，국어교육연구，1993b, 25: 115–152.

임지룡，의미의 인지언어학적 탐색［M］，서울：한국문화사，2008.

임지룡，현대 국어 동물 속담의 인지언어학적 가치론［J］，국어교육연구，2012, 50: 377–404.

임지룡，'화' 의 개념화 양상［J］，언어，2000（4）：693–721.

임혜원，공간 개념의 은유적 확장［M］，서울：한국문화사，2004.

임혜원，공간 개념의 은유적 확장［M］，서울：한국문화사，2004.

임혜원，언어와 인지–몸과 언어 의미에 대한 인지언어학적 고찰［M］，서울：한국문화사，2013.

임희섭，한국의 문화변동과 가치관［M］，서울：나남，1994/2003.

장경희，문체와 의미［J］，국어문체론［M］，박갑수 편저，서울：대한교과서（주），1994.

장승욱，재미나는 우리말 도사리［M］，서울：하늘연못，2004/2005.

장태진，국어 병렬 어순의 유형 및 그 사외언어학적 규칙과 패턴［J］，사회언어학，2008（1）：265–298.

정대현，한국어와 철학적 분석［M］，서울：서울여자대학교 출판부，1985.

정문기，명태의 이름과 어원［J］，한글，1936（4–6）：7–9.

정수진，국어 '단맛' 표현의 인지적 의미 해석［J］，언어과학연구，2003, 24: 303–320.

정수진，국어 '맛' 표현의 의미 확장 양상：'단맛' 과 '쓴맛' 을 중심으로［J］. 문학과언어，2005a, 27: 71–88.

정수진，미각어의 의미 확장 양상［J］，한국어 의미학，2005b（18）：149–174.

정아영，한중 동물 관용어에 대한 인지의미론적 연구：12 支 동물을 중심으로［D］，한국외국어대학교 석사학위논문，2016.

정재윤，우리말 감각어 연구［M］，서울：한신문화사，1992.

정재호，언어와 민족문화［A］，고려대학교 대학국어 편찬실，언어와 사상［C］，서울：고려대학교 출판부，1995: 99–110.

정종수，국어교육을 위한 한국속담 인지적 분석［J］，동남어문논집，2015, 40: 275–298.

조기원，현대 단편소설의 교체론적 연구——김동리와 황순원을 중심으로［D］，고려대학교석사학위논문，1982.

조윤경，한중 미각형용사 “짜다，싱겁다” 대비연구［J］，중국조선어문，2009（5）：20-24.
조지훈，한국문화사서설［M］，파주：나남출판，1996.
조항범，국어 어원론（개정판）［M］，청주：충북대학교 출판부，2014.
조항범，그런 우리말은 없다［M］，서울：태학사，2005.
조현용，우리말로 깨닫다［M］，서울：도서풀판 하우，2009.
조현용，한국어，문화를 말하다——한국어 문화 언어학 강의［M］，서울：도서출판 하우，2017.
주월랑，문화어휘 ‘우리’ 의 사용 양상과 ‘우리＋명사’ 구조의 의미 인식 연구-중국인 한국어 학습자를 중심으로［J］，한국언어문화학，2013: 275-294.
채완，국어의 반복 및 병렬에 있어서의 어순에 대한 연구［D］，서울대학교박사학위논문，1986.
채춘옥，한중 대조를 통한 완곡 표현 연구［D］，서울대학교 박사학위논문，2014.
천소영，우리말의 문화 찾기-고유어 어원에 담긴 한국문화［M］，서울：한국문화사，2007/2010.
천소영，한국어와 한국문화［M］，서울：도서출판 우리책，2005.
최문형，한국전통사상의 탐구와 전망［M］，서울：경인문화사，2004.
최상진，한국인의 심리특성［A］，한국심리학회 편，한국심리학의 이해［C］，서울：학문사，2003.
최재웅，한국어 ‘일치’ 현상의 문제점，한국정보과학회 언어공학연구회 학술발표 논문집，1995: 310-318.
최지훈，국어 관용표현의 은유· 환유 연구：인지언어학적관점으로［D］，이화여자대학교 박사학위논문，2007.
최창렬，말과 의미［M］，서울：집문당，1999.
최창렬，어원산책［M］，서울：한국학술정보（주），2006.
최창렬，어원의 오솔길［M］，서울：한국학술정보（주），2002/2003.
최창렬，우리 속담 연구［M］，서울：일지사，1999.
최현주，한국의 아름다운 춤［M］，서울：예전사，2009.
췌이평훼이，한，중 마음（心）표현의 인지언어학적 탐색，서울：한국문화사，2017.
췌이평훼이，한· 중 마음（心）표현의 인지언어학적 탐색［M］，서울：한국문화사，2017.
태평무，사회언어학연구［M］，서울：도서출판 박이정，1999.
태평무，중국어번역이론과 기교［M］，서울：서우얼，2006.
태평무，중국어와 한국어의 어순대비연구［M］，서울：신성출판사，2005.
풍금란，한중 미각 형용사 인지 의미 대조 연구［D］，경희대학교 석사학위논문，2013.
허세립．천소영，한．중 언어문화론［M］，서울：대원사，2014.
허왕욱，조선시대 시가에 나타난 동음이의현상의 활용 양상［J］，국어교육，2002，109: 399-421.
허재영，금기어의 구조 및 발생 요인［A］，조선대학교 BK21, 언어와 금기［C］，서울：

역락 , 2015: 77−108.

호영진 , 감투공화국 [M] , 서울 : 동아출판사 , 1993.

홍경완 , 사회적 고난 (苦難) 체험으로서의 한 (恨)[J] , 신학과철학 , 2009, 15: 119−145.

황혜진 , 미각 형용사에 관한 의미론적 연구 [D] , 서울여자대학교 석사학위논문 , 2002.

其他外文文献

Aitchison, J., Words in the mind [M], Oxford: Blackwell.2003. (언어와 마음 , 홍우평 역 , 서울 : 역락 , 2004.)

Barsalou, L. W., Situated conceptualization: Theory and applications, In Y. Coello & M. H. Fischer (Eds.), Foundations of embodied cognition (vol.1): Perceptual and emotional embodiment, 11−37, East Sussex: Psychology Press, 2016.

Benczes, R., Creative Compounding in English: The Semantics of Metaphorical and Metonymical Noun-Noun Combinations [M], Amsterdam: John Benjamins, 2006.

Berlin, B & P. Kay., Basic color terms: their universality and evolution [M]. Berkeley and Los Angeles: University of California Press, 1969.

Bertrand, Pierre-Miche, 왼소잡이의 역사 [M], 박수현 역 , 서울 : 푸른미디어 , 2002.

Brown P. & Levinson, S. C., Politeness: Some universals in language usage [M], Cambridge: Cambridge University Press, 1987.

Carroll, J. B, Linguistic Relativity, Contrastive Linguistics, and Language Learning [J], International Review of Applied Linguistics in Language Teaching, 1963 (1): 1−20.

Clark, H. H., Space, Time, Semantics and the Child [J], In T. E. Moore (ed.), Cognitive Development and the Acquistition of Language [C], New York: Academic Press, 1973.

Collins, A. M. & E. F. Louftus, A Spreading Activation Theory of Semantic Prcoessing [J], Psychological Review, 1975 (82): 407−428.

Cooper, S. & Patton, R., Writing logically, thinking critically [M], New York: Pearsong / Longman, 2007.

Coulson, S., Semantic Leaps: Frame-Shifting and Conceptual Blending in Menaning Construction [M], New York: Cambridge University Press, 2001.

Croft, W. & D. Alan Cruse, Cognitive Linguistics [M], Cambridge: The University of Cambridge Press, 2004. (인지언어학 , 김두식 . 나익주 역 , 서울 : 박이정 , 2010.)

Croft, W. & D. Alan Cruse, Cognitive Linguistics [M], Cambridge: Cambridge University Press, 2004.

Croft, W., Toward a social cognitive linguistics [A], In V. Evans & S. Pourcel (eds.), New Directions in Cognitive Linguistics [C], John Benjarnins Publishing Company: Amsterdam/ Philadelphia, 2009: 395-420.

Davidson, D., Mental events [J], Foster, L. & J. W. Swanson, Experience and Theory [C],

Amhert: University of Massachusetts Press, 1970: 79−101.

De Mooij, M., Translating Advertising: Painting the Tip of an Iceberg [J], in The Translator, 2004 (10−2): 179−198.

Dirk Geeraerts, Theories of Lexical Semantics [M], Oxford: Oxford University Press, xix+341, 2010. (어휘의미론의 연구 방법 : 역사의미론에서 인지의미론까지 , 임지룡 . 김동환 , 대구 : 경북대학교출판부 , 2013.)

Dirven, R. & V. Marjolijin., Cogintive Exploration of Language and Linguistics [M], Amsterdam: John Benjamins Publishing Company, 1998.

Evans, V. & M. Green, Cognitive Linguistics—An Introduction [M], Edinburgh: Edinbu University Press, 2006.

Fauconnier, G. & M. Turner, Conceptual integration networks [J], Cognitive Science, 1998, 22 (2).

Fauconnier, G. & M. Turner, The Way We Think—Conceptual Blending and the Mind's Hidden Complexities [M], New York: Basic Books, 2002.

Fauconnier, G., Mental Spaces: Aspects of Meaning Construction in Natural Language [M], CUP, 1994.

Fiske, S. & S. Taylor., Social Cognition (2nd edition) [M], New York: McGraw-Hill, 1991.

Fónagy, I., Why Iconicity [J], In N. MAX, O. FISCHER (eds.), Form Miming Meaning—Iconicity in Language and Literature, Amsterdam: John Benjamins, 1999.

Garfinkel, H., Studies in Ethnomethodology, Englewood Cliffs [M], NJ: Prentice-Hall, 1967.

Geeraerts, D., The interaction of metaphor and metonymy in composite expressions [A].In Dirven, R.&R.Pörings (eds.).Metaphor and Metonymy in Comparison and Contrast [C]. Berlin: Mouton de Gruyter.2002.

Geeraerts, D., Theories of Lexical Semantics [M], Oxford: Oxford University Press, xix+341, 2010. (어휘의미론의 연구 방법 , 역사의미론에서 인지의미론까지 , 임지룡 . 김동환역 , 경북대학교출판부 , 2013.)

Greenbaum, S. & Quirk, R., A Student's grammar of the English language [M], Redding: Addison Wesley Publishing Company, 1990.

Grice, P., Studies in the Way of Words [M], NY: Harvard University Press, Cambridge MA, 1989.

Guiraud, P., Semiology [M], London: R.K.P., 1975.

Haiman, J., Iconicity in Syntax TSL6 [M], Amsterdam: John Benjamins, 1985.

Haiman, J., The Iconicity of Grammar: Isomorphism and Motivation [J], Language 56, 1980.

Halliday, M. A. K., An Introduction to Functional Grammar [M] (1st edition), London: Edward Arnold, 1985.

Hamilton, D.L., & Sherman, J.W., Stereotypes [A], In J.R.S.Wyer and T.K.Srull (Eds.), Handbook of Social Cognition (2nd ed., pp1−68) [C], Hillsdale, NJ: Erlbaum, 1994.

Heine, B., Cognitive Foundations of Grammar [M], Oxford: Oxford University Press, 1997.

Hofstadter, D. & E. Sander, Surfaces and essences [M], New York: Basic Books, 2013.

Hopper, P. J. & Elizabeth Traugott Closs., Grammaticalization [M]. Cambridge, UK: Cambridge University Press, 1993/2003. (《语法化学说》(第二版), 梁银峰译 , 复旦大学出版社 , 2008.)

Jackendoff, R. S., Semantics and Cognition [M], Cambridge, MA: MIT Press, 1985.

Johnson, M. & G. Lakoff, Why cognitive linguistics requires embodied realism [J], Cognitive Linguistics, 2002: 245−263.

Johnson, M., The body in the mind [M], Chicago: The University of Chicago Press, 1987.

Kay, P. & W. Kempton, What Is the Sapir-Whorf Hypothesis? [J], American Anthropologist, 1984 (1): 65−79.

Kiparsky, P. , Historical Morpho-syntax [M], Ms., Stanford University, 1997.

Kolln, M., Rhetorical grammar-grammatical choices, rhetorical effects (fourth edition) [M], Longman, 2003.

Kövecses, Z. Metaphor: A Practical Introduction [M]. Oxford: Oxford University Press.2002.

Kövecses, Z., Language, Mind, and Culture. A Practical Introduction [M], Oxford: Oxford Unviversity Press, 2006.

Kövecses, Z., Language, Mind, and Culture: A Practical Introduction [M], Oxford: Oxford University Press, 2006. (언어 . 마음 . 문화의 인지언어학적 탐색 , 임지룡 . 김동환 역 , 서울 : 역락 , 2010.)

Kuno, S., Functional syntax: anaphora, discourse, and empathy [M], Chicago: University of Chicago Press, 1987.

Lakoff, G. & M. Johnson, Metaphors We Live By [M], Chicago and London: The University of Chicago Press, 1980. (삶으로서의 은유 , 노양진 . 나익주역 , 서울 : 서광사 , 1995/2004.)

Lakoff, G. & M. Johnson, Philosophy in the Flesh—The Embodied Mind and its Challenge to Western Thought, New York: Basic Books, 1999.

Lakoff, G. & M.Turner, More than Cool Reason: A Field Guide to Poetic Metaphor [M], Chicago: The University o f Chicago Press, 1989.

Lakoff, G., Women, fire, and dangerous things : what categories reveal about the mind [M], Chicago: University of Chicago Press, 1987.

Lakoff. G. & M. Johnson, Metaphors we live by [M], London: The university of Chicago press, 2003.

Langacker, R. W., Cognitive Grammar: A Basic Introduction [M], NewYork: Oxford University Press, 2008.

Langacker, R. W., Foundations of Cognitive Grammar vol. 1: Theoretical Prerequisites [M], Stanford, California: Stanford University Press, 1987.

Langacker, R. W., Grammar and Conceptualization [M], Berlin: Mouton de Gruyter, 1999.

Li, Charles N. & S. Thompson, , Mandarin Chinese: A Functional Reference Grammar [M], Berkeley: University of California Press, 1989.

Nida, E. A., Componential Analysis of Meaning [M], The Hague: Mouton, 1975. (조항범译 , 탑출판사 , 1991.)

Panther, K. & G. Radden (eds.), Metonymy in Language and Thought [M], Amsterdam: John Bengam ins Publishing Company, 1999.

Panther, K.-U. & L. Thornburg, A cognitive approach to inferencing in conversation [J], Journal of Pragmatics, 1998 (30): 755−769.

Panther, K.-U., L. L. Thornburg & A. Barcelona., Metonymy and Metaphor in Grammar [M], Amsterdm/Philadelphia: John Benjamins Publishing Company, 2009.

Radden, G. & Z. Kövecses, Towards Theory Metonymy [A], In K. Panther & G. Radden (eds.), Metonymy in Language and Thought [C], Amsterdam: John Bengam ins Publishing Company, 1999.

Radden, G. & K. laus-Uwe Panther, Studies in Linguistic Motivation CLR 28 [C], Berlin: Mouton de Gruyter, 2004.

Rosch, E.& C. B. Mervis, Family Resemblances: Studies in the Internal Strcuture of Categories [J], Cogintive Psychology, 1975 (7): 573−605.

Rosch, E., C. B. Mervis, W. D. Gray, D.M. Johnson, and P. Boyes-Braem., Basic objects in natural categories [J], Cognitive Psychology, 1976a (3): 382−439.

Rosch, E., C. Simpson, & R. S. Miller, Structural Bases of Typicality Effects [J], Journal of Experimental Psychology: Human Perception and Performance, 1976b (2): 491−502.

Rosch, E., Onthe internal structure of perceptual and semantic categories [A], In T.Moore (ed.).Cognitive Development and the Acquisition of Language [C], NewYork: Academic Press, 1973: 111−144.

Rosch, E., Principles of Categorization, In E. Rosch, & B. Lloyd (eds.) , Cognition and Categorization, Hillsdale [M], NJ: Erlbaum, 1978.

Sacks, Sheldon (ed.), On Metaphpre [M], Chicago: The University of Chicago Press, 1978.

Shapiro, S., Philosophy of Mathematics: Structure and Ontology [M], New York and Oxford: OUP, 1997.

Sperber, D. & Wilson, D., Relevance: Communication and Cognition [M], Oxford: Blackwell, 1995.

Sweetser, EveE., From Etymology to Pragmatics—Metaphorical and Cultural Aspects of Semantic Structure [M], Chicago: The University o f Chicago Press, 1990.

Taylor, J., Linguistic Categorization: Prototypes in Linguistic Theory [M], Beijing: Foreign Language Teaching and Research Press, 2001.

Taylor, J., Linguistic Categorization—Prototypes in Linguistic Theory [M], New York and Oxford: OUP, 1989.

Thompson, G., Introducing Functional Grammar (2nd Edition) [M], London: Arnold,

2004.

Tomasello, M., Constructing a Language: A Usage Based Theory of Language Acquisition [M], Boston: Harvard University Press, 2003.

Turner, M., Reading Mind: The Study English in the Age of Cognitive Science [M], Princeton: Princeton University Press, 1991.

Turner, M., The Literary Mind [M], New York: Oxford University Press, 1996.

Tversky, A., Feantures of similarity [J], Psychological Review, 1977 (84): 327−352.

Ullmann. S., Language and style [M], oxford: Basil Blackwell, 1964.

Ullmann.S., The Principles of Senatics [M], Oxford: Basil Blackwell, 1957. (의미론 : 의미론의 원리 , 남성우 역 , 서울 : 탑출판사 , 1981)

Ungerer, F. & H.J.Schmid., An Introduciton to Cognitive Linguistics [M], London: Longman, 1996.

Urbonaitē, J. & I. Šeškauskienē, HEALTH Metaphor in polical and Economic Discourse: A Cross-Linguistic Analysis [J], Studies About Language, 2007 (11): 68−73.

Walter, J. Ong, The Expanding Humanities and the Individual Scholar [J], PMLA, 1967 (82 (4)): 1−7.

Weil, H., The Order of Words in the Ancient Languages Compared with that of the Modern Languages [M], Boston: Gnn, 1887.

Weisgerber, L., Vom Weltbild der deutschen Sprache [J], Düsseldorf, 1953 (1).

Wierzbicka, A., The Semantics of Grammar [M], Amsterdam: John Benjaamins, 1988.

Yoon, Gene & Choi, Sang-Chin, Psychology of the Korean People [M], 서울 : 동아출판사 , 1994.

Yu, Ning., Metaphorical Expressions of Anger and Happiness in English and Chinese [J], Metaphor and Symbolic Activity, 1995 (10): 59−92.

Yu, Ning., The Contemporary Theory of Metaphor: A Perspective from Chinese [M], Amsterdam: John Benjamins, 1998.